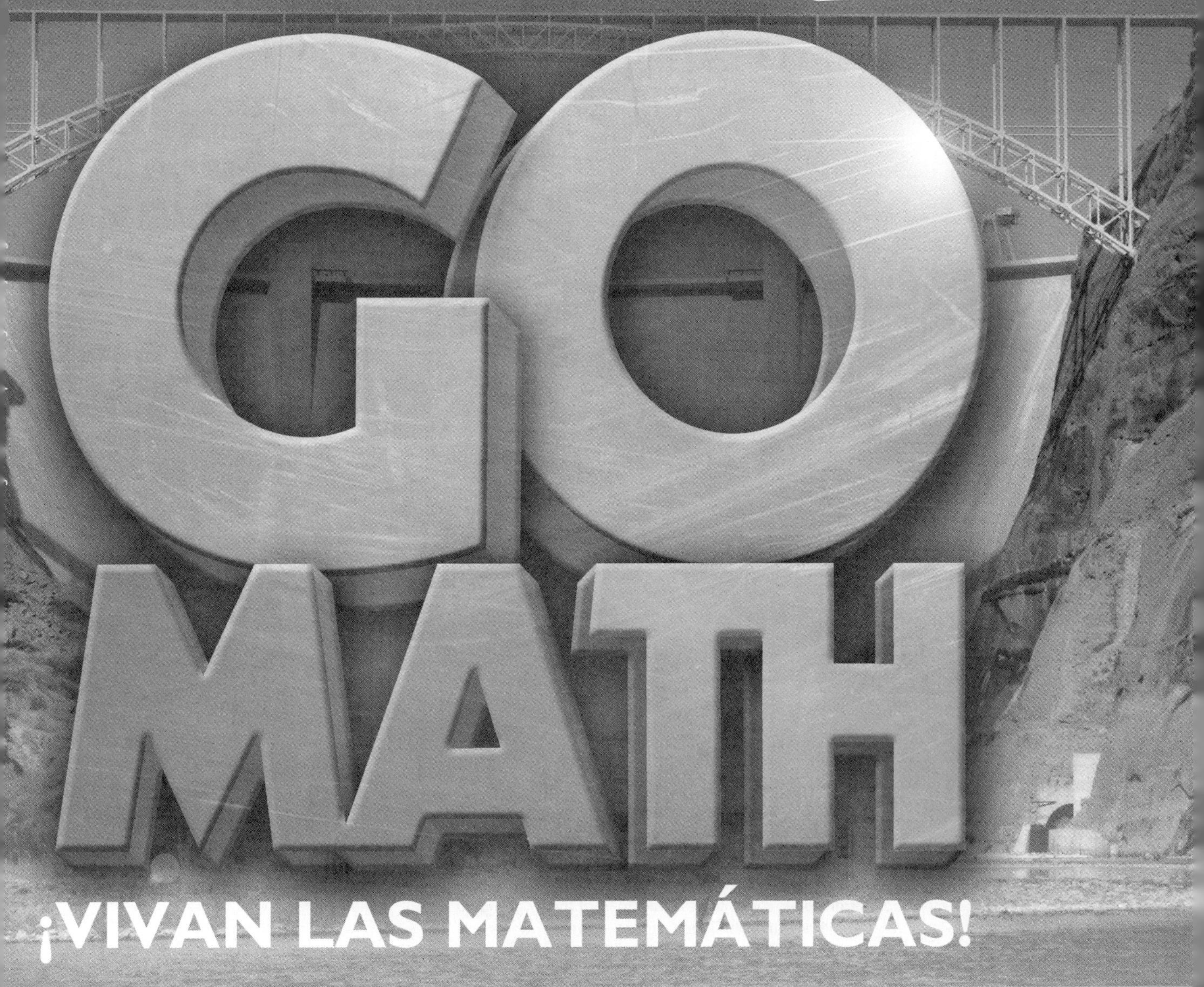

GO MATH

¡VIVAN LAS MATEMÁTICAS!

Escuela intermedia • Grado 6

Edward B. Burger
Juli K. Dixon
Timothy D. Kanold
Matthew R. Larson
Steven J. Leinwand
Martha E. Sandoval-Martinez

Cover Image Credits: ©Jupiterimages/Getty Images

Printed in the U.S.A.

ISBN 978-0-544-06410-2

4 5 6 7 8 9 10 0877 22 21 20 19 18 17 16 15

4500531583 C D E F G

Authors

Edward B. Burger, Ph.D., is the president of Southwestern University, a former Francis Christopher Oakley Third Century Professor of Mathematics at Williams College, and a former vice provost at Baylor University. He has authored or coauthored more than sixty-five articles, books, and video series; delivered over five hundred addresses and workshops throughout the world; and made more than fifty radio and television appearances. He is a Fellow of the American Mathematical Society as well as having earned many national honors, including the Robert Foster Cherry Award for Great Teaching in 2010. In 2012, Microsoft Education named him a "Global Hero in Education."

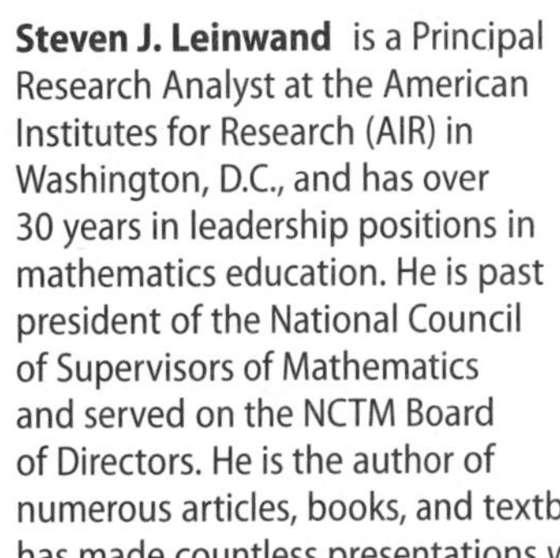

Juli K. Dixon, Ph.D., is a Professor of Mathematics Education at the University of Central Florida. She has taught mathematics in urban schools at the elementary, middle, secondary, and post-secondary levels. She is an active researcher and speaker with numerous publications and conference presentations. Key areas of focus are deepening teachers' content knowledge and communicating and justifying mathematical ideas. She is a past chair of the NCTM Student Explorations in Mathematics Editorial Panel and member of the Board of Directors for the Association of Mathematics Teacher Educators.

Timothy D. Kanold, Ph.D., is an award-winning international educator, author, and consultant. He is a former superintendent and director of mathematics and science at Adlai E. Stevenson High School District 125 in Lincolnshire, Illinois. He is a past president of the National Council of Supervisors of Mathematics (NCSM) and the Council for the Presidential Awardees of Mathematics (CPAM). He has served on several writing and leadership commissions for NCTM during the past decade. He presents motivational professional development seminars with a focus on developing professional learning communities (PLC's) to improve the teaching, assessing, and learning of students. He has recently authored nationally recognized articles, books, and textbooks for mathematics education and school leadership, including *What Every Principal Needs to Know about the Teaching and Learning of Mathematics*.

Matthew R. Larson, Ph.D., is the K-12 mathematics curriculum specialist for the Lincoln Public Schools and served on the Board of Directors for the National Council of Teachers of Mathematics from 2010-2013. He is a past chair of NCTM's Research Committee and was a member of NCTM's Task Force on Linking Research and Practice. He is the author of several books on implementing the Common Core Standards for Mathematics. He has taught mathematics at the secondary and college levels and held an appointment as an honorary visiting associate professor at Teachers College, Columbia University.

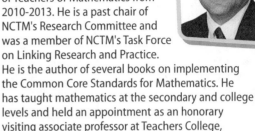

Steven J. Leinwand is a Principal Research Analyst at the American Institutes for Research (AIR) in Washington, D.C., and has over 30 years in leadership positions in mathematics education. He is past president of the National Council of Supervisors of Mathematics and served on the NCTM Board of Directors. He is the author of numerous articles, books, and textbooks and has made countless presentations with topics including student achievement, reasoning, effective assessment, and successful implementation of standards.

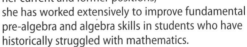

Martha E. Sandoval-Martinez is a mathematics instructor at El Camino College in Torrance, California. She was previously a Math Specialist at the University of California at Davis and former instructor at Santa Ana College, Marymount College, and California State University, Long Beach. In her current and former positions, she has worked extensively to improve fundamental pre-algebra and algebra skills in students who have historically struggled with mathematics.

Program Reviewers

Sharon Brown
Instructional Staff Developer
Pinellas County Schools
St. Petersburg, FL

Maureen Carrion
Math Staff Developer
Brentwood UFSD
Brentwood, NY

Jackie Cruse
Math Coach
Ferrell GPA
Tampa, FL

John Esser
Secondary Mathematics
Coordinator
Racine Unified School District
Racine, WI

Donald Hoessler
Math Teacher
Discovery Middle School
Orlando, Florida

Becky (Rebecca) Jones, M.Ed.
NBCT EA-Math
Orange County Public Schools
Orlando, FL

Sheila D.P. Lea, MSA
Ben L. Smith High School
Greensboro, NC

Toni Lwanga
Newell Barney Jr. High
Queen Creek Unified School District
Queen Creek, AZ

Tiffany J. Mack
Charles A. Lindbergh Middle School
Peoria District #150
Peoria, IL

Jean Sterner
Thurgood Marshall Fundamental
Middle School
Pinellas County Schools
St. Petersburg, FL

Mona Toncheff
Math Content Specialist
Phoenix Union High School District
Phoenix, AZ

Kevin Voepel
Mathematics & Professional
Development Coordinator
Ferguson-Florissant School District
Florissant, MO

UNIDAD 1 ESTÁNDARES COMUNES

Números

MÓDULO 1 Enteros

MÓDULO 2 Factores y múltiplos

MÓDULO 3 Números racionales

ESTÁNDARES COMUNES

2 Operaciones con números

Operaciones con fracciones

ESTÁNDARES COMUNES

Operaciones con decimales

ESTÁNDARES COMUNES

UNIDAD ESTÁNDARES COMUNES

3 Proporcionalidad: Razones y tasas

MÓDULO 6 Representar razones y tasas

ESTÁNDARES COMUNES

MÓDULO 7 Aplicar razones y tasas

Porcentajes

ESTÁNDARES COMUNES

UNIDAD

ESTÁNDARES COMUNES

4 Expresiones equivalentes

MÓDULO 9 Generar expresiones numéricas equivalentes

ESTÁNDARES COMUNES

MÓDULO 10 Generar expresiones algebraicas equivalentes

ESTÁNDARES COMUNES

UNIDAD ESTÁNDARES COMUNES

5 Ecuaciones y desigualdades

MÓDULO 11 Ecuaciones y relaciones

MÓDULO 12 Relaciones con dos variables

6 Relaciones en geometría

MÓDULO 13 Área y polígonos

MÓDULO 14 Distancia y área en el plano cartesiano

MÓDULO 15

Área total y volumen de sólidos

ESTÁNDARES COMUNES

UNIDAD 7 Medición y datos

ESTÁNDARES COMUNES

MÓDULO 16 Mostrar, analizar y resumir datos

ESTÁNDARES COMUNES

Common Core Standards for Mathematics

Correlations for *HMH Go Math!* Grade 6

Standard	Descriptor	Taught	Reinforced
6.RP Ratios and Proportional Relationships			
Understand ratio concepts and use ratio reasoning to solve problems.			
CC.6.RP.1	Understand the concept of a ratio and use ratio language to describe a ratio relationship between two quantities.	SE: 149–150, 152	SE: 153–154, 167–168, 197–198
CC.6.RP.2	Understand the concept of a unit rate $\frac{a}{b}$ associated with a ratio $a{:}b$ with $b \neq 0$, and use rate language in the context of a ratio relationship.	SE: 155–156, 158	SE: 159–160, 167–168
CC.6.RP.3	Use ratio and rate reasoning to solve real-world and mathematical problems, e.g., by reasoning about tables of equivalent ratios, tape diagrams, double number line diagrams, or equations.	SE: 151–152, 157–158, 162–164, 173, 176, 179, 182, 185–188, 193–194, 209–212, 215, 218, 220; *See also below.*	SE: 153–154, 159–160, 165–166, 167–168, 177–178, 183–184, 189–190, 195–196, 197–198, 213–214, 221–222, 223–224; *See also below.*
CC.6.RP.3a	Make tables of equivalent ratios relating quantities with whole-number measurements, find missing values in the tables, and plot the pairs of values on the coordinate plane. Use tables to compare ratios.	SE: 151, 161, 164, 173–176	SE: 153–154, 165–166, 177–178
CC.6.RP.3b	Solve unit rate problems including those involving unit pricing and constant speed.	SE: 155, 157–158, 175, 180–182, 193–194	SE: 159–160, 167–168, 177–178, 183–184, 195–196
CC.6.RP.3c	Find a percent of a quantity as a rate per 100 (e.g., 30% of a quantity means $\frac{30}{100}$ times the quantity); solve problems involving finding the whole, given a part and the percent.	SE: 203–206, 216, 219–220	SE: 207–208, 221–222, 223–224
CC.6.RP.3d	Use ratio reasoning to convert measurement units; manipulate and transform units appropriately when multiplying or dividing quantities.	SE: 185–188, 191–194	SE: 189–190, 195–196, 197–198

Standard	Descriptor	Taught	Reinforced
6.NS The Number System			
Apply and extend previous understandings of multiplication and division to divide fractions by fractions.			
CC.6.NS.1	Interpret and compute quotients of fractions, and solve word problems involving division of fractions by fractions, e.g., by using visual fraction models and equations to represent the problem.	SE: 85–88, 91–94, 97–98	SE: 89–90, 95–96, 99–100, 101–102
Compute fluently with multi-digit numbers and find common factors and multiples.			
CC.6.NS.2	Fluently divide multi-digit numbers using the standard algorithm.	SE: 107–110	SE: 111–112, 135–136
CC.6.NS.3	Fluently add, subtract, multiply, and divide multi-digit decimals using the standard algorithm for each operation.	SE: 113–116, 119–122, 125–128, 131–132	SE: 117–118, 123–124, 129–130, 133–134, 135–136
CC.6.NS.4	Find the greatest common factor of two whole numbers less than or equal to 100 and the least common multiple of two whole numbers less than or equal to 12. Use the distributive property to express a sum of two whole numbers 1–100 with a common factor as a multiple of a sum of two whole numbers with no common factor.	SE: 31–34, 37–38, 79–82	SE: 35–36, 39–40, 41–42, 83–84, 102
Apply and extend previous understandings of numbers to the system of rational numbers.			
CC.6.NS.5	Understand that positive and negative numbers are used together to describe quantities having opposite directions or values (e.g., temperature above/below zero, elevation above/below sea level, credits/debits, positive/negative electric charge); use positive and negative numbers to represent quantities in real-world contexts, explaining the meaning of 0 in each situation.	SE: 7	SE: 11–12, 25–26, 65
CC.6.NS.6	Understand a rational number as a point on the number line. Extend number line diagrams and coordinate axes familiar from previous grades to represent points on the line and in the plane with negative number coordinates.	SE: 7, 10, 47–50, 53, 56, 332, 334; *See also below.*	SE: 12, 17, 25–26, 51–52, 58, 65–66, 335–336, 357–358; *See also below.*
CC.6.NS.6a	Recognize opposite signs of numbers as indicating locations on opposite sides of 0 on the number line; recognize that the opposite of the opposite of a number is the number itself, e.g., $-(-3) = 3$, and that 0 is its own opposite.	SE: 8–10, 54, 56	SE: 11–12, 25–26, 57–58, 66
CC.6.NS.6b	Understand signs of numbers in ordered pairs as indicating locations in quadrants of the coordinate plane; recognize that when two ordered pairs differ only by signs, the locations of the points are related by reflections across one or both axes.	SE: 331, 334, 401–402, 404	SE: 335–336, 357–358, 405–406, 413–414

Standard	Descriptor	Taught	Reinforced
CC.6.NS.6c	Find and position integers and other rational numbers on a horizontal or vertical number line diagram; find and position pairs of integers and other rational numbers on a coordinate plane.	SE: 9–10, 53–54, 56, 331–332, 334	SE: 17, 25–26, 58, 65–66, 335–336, 357–358
CC.6.NS.7	Understand ordering and absolute value of rational numbers.	SE: 13–14, 16, 19, 22, 55–56, 60, 62; *See also below.*	SE: 17–18, 23–24, 25–26, 57–58, 63–64, 65–66; *See also below.*
CC.6.NS.7a	Interpret statements of inequality as statements about the relative position of two numbers on a number line diagram.	SE: 13, 15–16, 59–62	SE: 17–18, 64
CC.6.NS.7b	Write, interpret, and explain statements of order for rational numbers in real-world contexts.	SE: 15–16, 61–62	SE: 17–18, 26, 63–64, 65–66
CC.6.NS.7c	Understand the absolute value of a rational number as its distance from 0 on the number line; interpret absolute value as magnitude for a positive or negative quantity in a real-world situation.	SE: 19–22, 55–56	SE: 23–24, 25–26, 57–58
CC.6.NS.7d	Distinguish comparisons of absolute value from statements about order.	SE: 21–22	SE: 23–24, 25–26
CC.6.NS.8	Solve real-world and mathematical problems by graphing points in all four quadrants of the coordinate plane. Include use of coordinates and absolute value to find distances between points with the same first coordinate or the same second coordinate.	SE: 333–334, 403–404	SE: 335–336, 405–406, 413–414
6.EE Expressions and Equations			
Apply and extend previous understandings of arithmetic to algebraic expressions.			
CC.6.EE.1	Write and evaluate numerical expressions involving whole-number exponents.	SE: 237–240, 243–246, 249–252	SE: 241–242, 247–248, 253–254, 255–256
CC.6.EE.2	Write, read, and evaluate expressions in which letters stand for numbers.	SE: See below.	SE: See below.
CC.6.EE.2a	Write expressions that record operations with numbers and with letters standing for numbers.	SE: 261–262, 265	SE: 266–268, 283–284
CC.6.EE.2b	Identify parts of an expression using mathematical terms (sum, term, product, factor, quotient, coefficient); view one or more parts of an expression as a single entity.	SE: 261, 265, 279–280	SE: 266, 268, 281–282
CC.6.EE.2c	Evaluate expressions at specific values of their variables. Include expressions that arise from formulas used in real-world problems. Perform arithmetic operations, including those involving whole-number exponents, in the conventional order when there are no parentheses to specify a particular order (Order of Operations).	SE: 269–272	SE: 273–274, 283–284

Standard	Descriptor	Taught	Reinforced
CC.6.EE.3	Apply the properties of operations to generate equivalent expressions.	SE: 276–280	SE: 281–282, 283–284
CC.6.EE.4	Identify when two expressions are equivalent (i.e., when the two expressions name the same number regardless of which value is substituted into them).	SE: 263, 265, 275, 280	SE: 266–267, 281–282, 283–284
Reason about and solve one-variable equations and inequalities.			
CC.6.EE.5	Understand solving an equation or inequality as a process of answering a question: which values from a specified set, if any, make the equation or inequality true? Use substitution to determine whether a given number in a specified set makes an equation or inequality true.	SE: 297, 300, 304–305, 308, 312–313, 316, 319–320, 322	SE: 302, 309, 317–318, 323–324, 343–344
CC.6.EE.6	Use variables to represent numbers and write expressions when solving a real-world or mathematical problem; understand that a variable can represent an unknown number, or, depending on the purpose at hand, any number in a specified set.	SE: 264–265, 298, 300, 303, 306, 308, 311, 316, 321–322	SE: 266–268, 301–302, 309–310, 317–318, 323–324, 343–344
CC.6.EE.7	Solve real-world and mathematical problems by writing and solving equations of the form $x + p = q$ and $px = q$ for cases in which p, q and x are all non-negative rational numbers.	SE: 299–300, 303, 306–308, 314–316, 383–384, 386, 431–432	SE: 301–302, 309–310, 317–318, 343–344, 388, 433–434
CC.6.EE.8	Write an inequality of the form $x > c$ or $x < c$ to represent a constraint or condition in a real-world or mathematical problem. Recognize that inequalities of the form $x > c$ or $x < c$ have infinitely many solutions; represent solutions of such inequalities on number line diagrams.	SE: 319, 321–322	SE: 323–324, 325–326
Represent and analyze quantitative relationships between dependent and independent variables.			
CC.6.EE.9	Use variables to represent two quantities in a real-world problem that change in relationship to one another; write an equation to express one quantity, thought of as the dependent variable, in terms of the other quantity, thought of as the independent variable. Analyze the relationship between the dependent and independent variables using graphs and tables, and relate these to the equation.	SE: 337–342, 345–348, 351–354	SE: 343–344, 349–350, 355–356, 357–358
6.G Geometry			
Solve real-world and mathematical problems involving area, surface area, and volume.			
CC.6.G.1	Find the area of right triangles, other triangles, special quadrilaterals, and polygons by composing into rectangles or decomposing into triangles and other shapes; apply these techniques in the context of solving real-world and mathematical problems.	SE: 371–374, 377–380, 383–386, 389–392	SE: 375–376, 381–382, 387–388, 393–394, 395–396

Standard	Descriptor	Taught	Reinforced
CC.6.G.2	Find the volume of a right rectangular prism with fractional edge lengths by packing it with unit cubes of the appropriate unit fraction edge lengths, and show that the volume is the same as would be found by multiplying the edge lengths of the prism. Apply the formulas $V = l\,w\,h$ and $V = b\,h$ to find volumes of right rectangular prisms with fractional edge lengths in the context of solving real-world and mathematical problems.	SE: 425–428, 431–432	SE: 429–430, 433–434, 435–436
CC.6.G.3	Draw polygons in the coordinate plane given coordinates for the vertices; use coordinates to find the length of a side joining points with the same first coordinate or the same second coordinate. Apply these techniques in the context of solving real-world and mathematical problems.	SE: 407–410	SE: 411–412, 413–414
CC.6.G.4	Represent three-dimensional figures using nets made up of rectangles and triangles, and use the nets to find the surface area of these figures. Apply these techniques in the context of solving real-world and mathematical problems.	SE: 419–422	SE: 423–424, 435–436
6.SP Statistics and Probability			
Develop understanding of statistical variability.			
CC.6.SP.1	Recognize a statistical question as one that anticipates variability in the data related to the question and accounts for it in the answers.	SE: 469, 473	SE: 474–475
CC.6.SP.2	Understand that a set of data collected to answer a statistical question has a distribution which can be described by its center, spread, and overall shape.	SE: 471, 473	SE: 474–476
CC.6.SP.3	Recognize that a measure of center for a numerical data set summarizes all of its values with a single number, while a measure of variation describes how its values vary with a single number.	SE: 449, 452	SE: 453–454
Summarize and describe distributions.			
CC.6.SP.4	Display numerical data in plots on a number line, including dot plots, histograms, and box plots.	SE: 463, 466, 470, 473, 477–478, 480	SE: 467–468, 474–476, 481–482, 483
CC.6.SP.5a	Summarize numerical data sets in relation to their context, such as by: Reporting the number of observations.	SE: 449, 452, 477–480	SE: 453–454, 481–482
CC.6.SP.5b	Summarize numerical data sets in relation to their context, such as by: Describing the nature of the attribute under investigation, including how it was measured and its units of measurement.	SE: 450, 452, 477, 479–480	SE: 453–454, 481–482

Standard	Descriptor	Taught	Reinforced
CC.6.SP.5c	Summarize numerical data sets in relation to their context, such as by: Giving quantitative measures of center (median and/or mean) and variability (interquartile range and/or mean absolute deviation), as well as describing any overall pattern and any striking deviations from the overall pattern with reference to the context in which the data were gathered.	SE: 449–452, 455–459, 464–466, 472–473, 477, 479–480	SE: 453–454, 460–462, 467–468, 474–476, 481–482, 483–484
CC.6.SP.5d	Summarize numerical data sets in relation to their context, such as by: Relating the choice of measures of center and variability to the shape of the data distribution and the context in which the data were gathered.	SE: 451, 472–473, 477, 479–480	SE: 453–454, 475–476, 481–482

Standard	Descriptor	Citations
MP Mathematical Practices Standards		*The mathematical practices standards are integrated throughout the book. See, for example, the citations below.*
CC.MP.1	**Make sense of problems and persevere in solving them.** Mathematically proficient students start by explaining to themselves the meaning of a problem and looking for entry points to its solution. They analyze givens, constraints, relationships, and goals. They make conjectures about the form and meaning of the solution and plan a solution pathway rather than simply jumping into a solution attempt. They consider analogous problems, and try special cases and simpler forms of the original problem in order to gain insight into its solution. They monitor and evaluate their progress and change course if necessary. Older students might, depending on the context of the problem, transform algebraic expressions or change the viewing window on their graphing calculator to get the information they need. Mathematically proficient students can explain correspondences between equations, verbal descriptions, tables, and graphs or draw diagrams of important features and relationships, graph data, and search for regularity or trends. Younger students might rely on using concrete objects or pictures to help conceptualize and solve a problem. Mathematically proficient students check their answers to problems using a different method, and they continually ask themselves, "Does this make sense?" They can understand the approaches of others to solving complex problems and identify correspondences between different approaches.	36, 97–98, 190, 268, 302, 376, 454

Standard	Descriptor	Citations
CC.MP.2	**Reason abstractly and quantitatively.** Mathematically proficient students make sense of quantities and their relationships in problem situations. They bring two complementary abilities to bear on problems involving quantitative relationships: the ability to decontextualize—to abstract a given situation and represent it symbolically and manipulate the representing symbols as if they have a life of their own, without necessarily attending to their referents—and the ability to contextualize, to pause as needed during the manipulation process in order to probe into the referents for the symbols involved. Quantitative reasoning entails habits of creating a coherent representation of the problem at hand; considering the units involved; attending to the meaning of quantities, not just how to compute them; and knowing and flexibly using different properties of operations and objects.	64, 90, 193, 254, 320, 382, 462
CC.MP.3	**Construct viable arguments and critique the reasoning of others.** Mathematically proficient students understand and use stated assumptions, definitions, and previously established results in constructing arguments. They make conjectures and build a logical progression of statements to explore the truth of their conjectures. They are able to analyze situations by breaking them into cases, and can recognize and use counterexamples. They justify their conclusions, communicate them to others, and respond to the arguments of others. They reason inductively about data, making plausible arguments that take into account the context from which the data arose. Mathematically proficient students are also able to compare the effectiveness of two plausible arguments, distinguish correct logic or reasoning from that which is flawed, and—if there is a flaw in an argument—explain what it is. Elementary students can construct arguments using concrete referents such as objects, drawings, diagrams, and actions. Such arguments can make sense and be correct, even though they are not generalized or made formal until later grades. Later, students learn to determine domains to which an argument applies. Students at all grades can listen or read the arguments of others, decide whether they make sense, and ask useful questions to clarify or improve the arguments.	24, 112, 208, 248, 318, 406, 468

Standard	Descriptor	Citations
CC.MP.4	**Model with mathematics.** Mathematically proficient students can apply the mathematics they know to solve problems arising in everyday life, society, and the workplace. In early grades, this might be as simple as writing an addition equation to describe a situation. In middle grades, a student might apply proportional reasoning to plan a school event or analyze a problem in the community. By high school, a student might use geometry to solve a design problem or use a function to describe how one quantity of interest depends on another. Mathematically proficient students who can apply what they know are comfortable making assumptions and approximations to simplify a complicated situation, realizing that these may need revision later. They are able to identify important quantities in a practical situation and map their relationships using such tools as diagrams, two–way tables, graphs, flowcharts and formulas. They can analyze those relationships mathematically to draw conclusions. They routinely interpret their mathematical results in the context of the situation and reflect on whether the results make sense, possibly improving the model if it has not served its purpose.	17, 100, 215–216, 249, 324, 385, 468
CC.MP.5	**Use appropriate tools strategically.** Mathematically proficient students consider the available tools when solving a mathematical problem. These tools might include pencil and paper, concrete models, a ruler, a protractor, a calculator, a spreadsheet, a computer algebra system, a statistical package, or dynamic geometry software. Proficient students are sufficiently familiar with tools appropriate for their grade or course to make sound decisions about when each of these tools might be helpful, recognizing both the insight to be gained and their limitations. For example, mathematically proficient high school students analyze graphs of functions and solutions generated using a graphing calculator. They detect possible errors by strategically using estimation and other mathematical knowledge. When making mathematical models, they know that technology can enable them to visualize the results of varying assumptions, explore consequences, and compare predictions with data. Mathematically proficient students at various grade levels are able to identify relevant external mathematical resources, such as digital content located on a website, and use them to pose or solve problems. They are able to use technological tools to explore and deepen their understanding of concepts.	8, 91, 185, 276, 303, 371, 458

Standard	Descriptor	Citations
CC.MP.6	**Attend to precision.** Mathematically proficient students try to communicate precisely to others. They try to use clear definitions in discussion with others and in their own reasoning. They state the meaning of the symbols they choose, including using the equal sign consistently and appropriately. They are careful about specifying units of measure, and labeling axes to clarify the correspondence with quantities in a problem. They calculate accurately and efficiently, express numerical answers with a degree of precision appropriate for the problem context. In the elementary grades, students give carefully formulated explanations to each other. By the time they reach high school they have learned to examine claims and make explicit use of definitions.	13, 93, 214, 242, 336, 424, 452
CC.MP.7	**Look for and make use of structure.** Mathematically proficient students look closely to discern a pattern or structure. Young students, for example, might notice that three and seven more is the same amount as seven and three more, or they may sort a collection of shapes according to how many sides the shapes have. Later, students will see 7×8 equals the well remembered $7 \times 5 + 7 \times 3$, in preparation for learning about the distributive property. In the expression $x^2 + 9x + 14$, older students can see the 14 as 2×7 and the 9 as $2 + 7$. They recognize the significance of an existing line in a geometric figure and can use the strategy of drawing an auxiliary line for solving problems. They also can step back for an overview and shift perspective. They can see complicated things, such as some algebraic expressions, as single objects or as being composed of several objects. For example, they can see $5 - 3(x - y)^2$ as 5 minus a positive number times a square and use that to realize that its value cannot be more than 5 for any real numbers x and y.	18, 118, 214, 263–264, 311, 430, 471
CC.MP.8	**Look for and express regularity in repeated reasoning.** Mathematically proficient students notice if calculations are repeated, and look both for general methods and for shortcuts. Upper elementary students might notice when dividing 25 by 11 that they are repeating the same calculations over and over again, and conclude they have a repeating decimal. By paying attention to the calculation of slope as they repeatedly check whether points are on the line through (1, 2) with slope 3, middle school students might abstract the equation $\frac{(y-2)}{(x-1)} = 3$. Noticing the regularity in the way terms cancel when expanding $(x - 1)(x + 1)$, $(x - 1)(x^2 + x + 1)$, and $(x - 1)(x^3 + x^2 + x + 1)$ might lead them to the general formula for the sum of a geometric series. As they work to solve a problem, mathematically proficient students maintain oversight of the process, while attending to the details. They continually evaluate the reasonableness of their intermediate results.	19, 125, 149, 237, 242, 310, 378, 462

Éxito con ¡Vivan las matemáticas! de HMH

Participa activamente en el aprendizaje al escribir en la edición del estudiante. Explora conceptos, toma apuntes, contesta preguntas y completa las tareas ahí mismo en el libro de texto.

ACTIVIDAD PARA EXPLORAR En el mundo

Las actividades de exploración te ayudan a desarrollar una comprensión más a fondo de los conceptos matemáticos.

ES TU TURNO

Los ejercicios de Es tu turno comprueban tu comprensión de los conceptos nuevos.

Matemáticas al instante

my.hrw.com

Escanea códigos QR con el celular para ver vídeos instructivos de Matemáticas al instante de cada ejemplo en el libro.

UNIDAD 2 REPASO MIXTO

Preparación para la evaluación

Comprueba el dominio de los conceptos con el repaso y práctica para el examen.

APRENDE EN LÍNEA

my.hrw.com

¡Mejorar tu aprendizaje!

my.hrw.com

La edición del estudiante interactiva provee vídeos, actividades, herramientas y ayudas educativas adicionales que te prestan apoyo al estudiar.

Practica destrezas y haz las tareas en línea con el Entrenador en matemáticas, el cual provee una variedad de ayudas para el aprendizaje que te ayudan a desarrollar y mejorar la comprensión de conceptos matemáticos, incluyendo vídeos, exemplos paso guiados y soluciones paso por paso.

Entrenador personal en matemáticas

Evaluación e intervención en línea

my.hrw.com

Matemáticas al instante

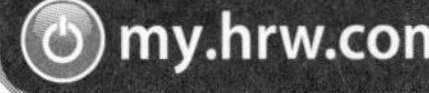

Los vídeos instructivos de Matemáticas al instante proveen instrucciones paso a paso de los conceptos matemáticos cubiertos en cada ejemplo.

Las animaciones de actividades matemáticas te permiten la exploración interactiva y la práctica de las destrezs y conceptos matemáticos clave.

Matemáticas en acción

my.hrw.com

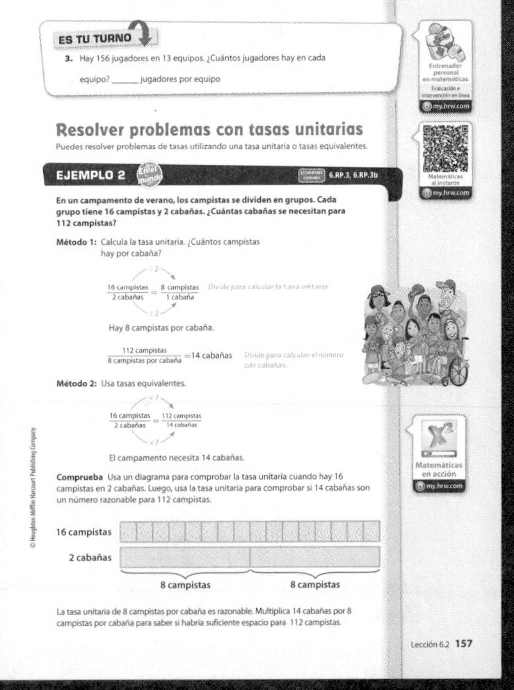

ES TU TURNO

3. Hay 156 jugadores en 13 equipos. ¿Cuántos jugadores hay en cada equipo? ______ jugadores por equipo

Entrenador personal en matemáticas — Evaluación e intervención en línea — my.hrw.com

Resolver problemas con tasas unitarias

Puedes resolver problemas de tasas utilizando una tasa unitaria o tasas equivalentes.

Matemáticas al instante — my.hrw.com

EJEMPLO 2 En el mundo — ESTÁNDARES COMUNES 6.RP.3, 6.RP.3b

En un campamento de verano, los campistas se dividen en grupos. Cada grupo tiene 16 campistas y 2 cabañas. ¿Cuántas cabañas se necesitan para 112 campistas?

Método 1: Calcula la tasa unitaria. ¿Cuántos campistas hay por cabaña?

$$\frac{16 \text{ campistas}}{2 \text{ cabañas}} = \frac{8 \text{ campistas}}{1 \text{ cabaña}} \quad (\div 2)$$

Divide para calcular la tasa unitaria.

Hay 8 campistas por cabaña.

$$\frac{112 \text{ campistas}}{8 \text{ campistas por cabaña}} = 14 \text{ cabañas}$$

Divide para calcular el número zde cabañas.

Método 2: Usa tasas equivalentes.

$$\frac{16 \text{ campistas}}{2 \text{ cabañas}} = \frac{112 \text{ campistas}}{14 \text{ cabañas}} \quad (\times 7)$$

El campamento necesita 14 cabañas.

Matemáticas en acción — my.hrw.com

Comprueba Usa un diagrama para comprobar la tasa unitaria cuando hay 16 campistas en 2 cabañas. Luego, usa la tasa unitaria para comprobar si 14 cabañas son un número razonable para 112 campistas.

16 campistas
2 cabañas
8 campistas | 8 campistas

La tasa unitaria de 8 campistas por cabaña es razonable. Multiplica 14 cabañas por 8 campistas por cabaña para saber si habría suficiente espacio para 112 campistas.

© Houghton Mifflin Harcourt Publishing Company

Lección 6.2 157

Standards for Mathematical Practice

The topics described in the Standards for Mathematical Content will vary from year to year. However, the *way* in which you learn, study, and think about mathematics will not. The Standards for Mathematical Practice describe skills that you will use in all of your math courses. These pages show some features of your book that will help you gain these skills and use them to master this year's topics.

MP.1.1 Make sense of problems and persevere in solving them.

Mathematically proficient students start by explaining to themselves the meaning of a problem… They analyze givens, constraints, relationships, and goals. They make conjectures about the form… of the solution and plan a solution pathway…

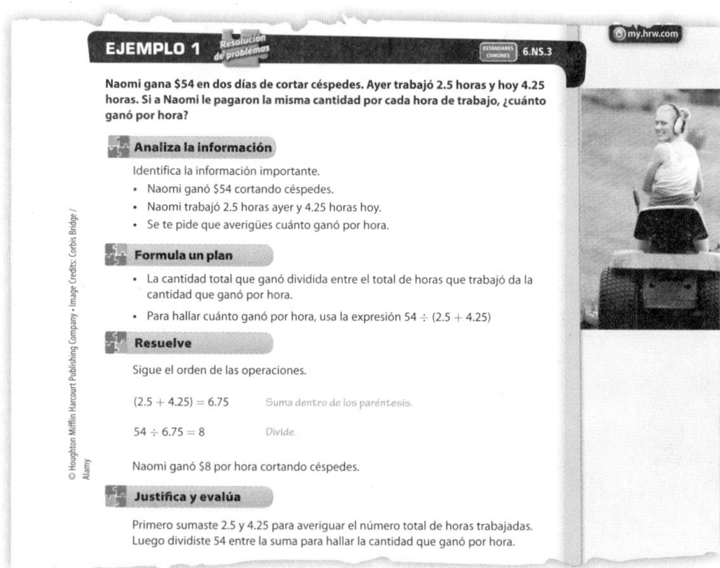
my.hrw.com

EJEMPLO 1 Resolución de problemas — ESTÁNDARES COMUNES 6.NS.3

Naomi gana $54 en dos días de cortar céspedes. Ayer trabajó 2.5 horas y hoy 4.25 horas. Si a Naomi le pagaron la misma cantidad por cada hora de trabajo, ¿cuánto ganó por hora?

Analiza la información

Identifica la información importante.
- Naomi ganó $54 cortando céspedes.
- Naomi trabajó 2.5 horas ayer y 4.25 horas hoy.
- Se te pide que averigües cuánto ganó por hora.

Formula un plan

- La cantidad total que ganó dividida entre el total de horas que trabajó da la cantidad que ganó por hora.
- Para hallar cuánto ganó por hora, usa la expresión $54 \div (2.5 + 4.25)$

Resuelve

Sigue el orden de las operaciones.

$(2.5 + 4.25) = 6.75$ *Suma dentro de los paréntesis.*

$54 \div 6.75 = 8$ *Divide.*

Naomi ganó $8 por hora cortando céspedes.

Justifica y evalúa

Primero sumaste 2.5 y 4.25 para averiguar el número total de horas trabajadas. Luego dividiste 54 entre la suma para hallar la cantidad que ganó por hora.

Problem-solving examples and exercises lead students through problem solving steps.

MP.2.1 Reason abstractly and quantitatively.

Mathematically proficient students… bring two complementary abilities to bear on problems…: the ability to decontextualize—to abstract a given situation and represent it symbolically… and the ability to contextualize, to pause… in order to probe into the referents for the symbols involved.

H.O.T. ENFOQUE EN ALTA CAPACIDAD DE RAZONAMIENTO

34. Analiza las relaciones Annalisa, Keiko y Stefan quieren comp

Unidad 5 Tareas de rendimiento

1. PROFESIONES EN MATEMÁTICAS **Botánica** La Dra. Adama es botánic
altura diaria de una variedad particular de girasol conocida cor

Focus on Higher Order Thinking exercises in every lesson and **Performance Tasks** in every unit require you to use logical reasoning, represent situations symbolically, use mathematical models to solve problems, and state your answers in terms of a problem context.

MP.3.1 Construct viable arguments and critique the reasoning of others.

Mathematically proficient students… justify their conclusions, [and]… distinguish correct… reasoning from that which is flawed.

Reflexiona

1. **Critica el razonamiento** Jo dice que puede calcular el equivalente p de $\frac{3}{4}$ si multiplica el equivalente porcentual de $\frac{1}{4}$ por 3. ¿Cómo puede demostrar esto con un modelo de barras de porcentajes?

Essential Question Check-in and **Reflect** in every lesson ask you to evaluate statements, explain relationships, apply mathematical principles, make conjectures, construct arguments, and justify your reasoning.

MP.4.1 Model with mathematics.

Mathematically proficient students can apply… mathematics… to… problems… in everyday life, society, and the workplace.

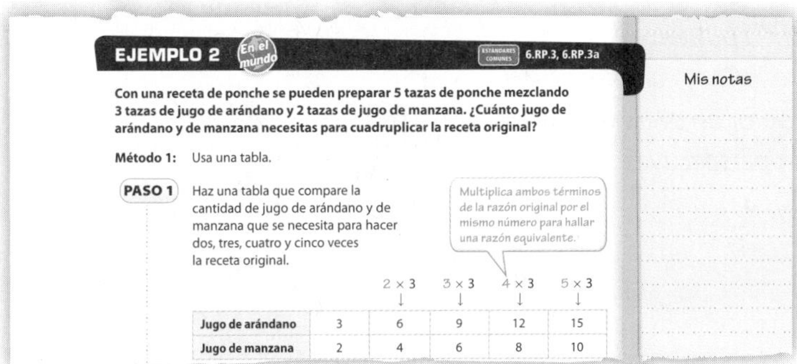

EJEMPLO 2 En el mundo — ESTÁNDARES COMUNES 6.RP.3, 6.RP.3a

Mis notas

Con una receta de ponche se pueden preparar 5 tazas de ponche mezclando 3 tazas de jugo de arándano y 2 tazas de jugo de manzana. ¿Cuánto jugo de arándano y de manzana necesitas para cuadruplicar la receta original?

Método 1: Usa una tabla.

PASO 1 Haz una tabla que compare la cantidad de jugo de arándano y de manzana que se necesita para hacer dos, tres, cuatro y cinco veces la receta original.

Multiplica ambos términos de la razón original por el mismo número para hallar una razón equivalente.

		2 × 3	3 × 3	4 × 3	5 × 3
Jugo de arándano	3	6	9	12	15
Jugo de manzana	2	4	6	8	10

Real-world examples and **mathematical modeling** apply mathematics to other disciplines and real-world contexts such as science and business.

MP.5.1 Use appropriate tools strategically.

Mathematically proficient students consider the available tools when solving a… problem… [and] are… able to use technological tools to explore and deepen their understanding…

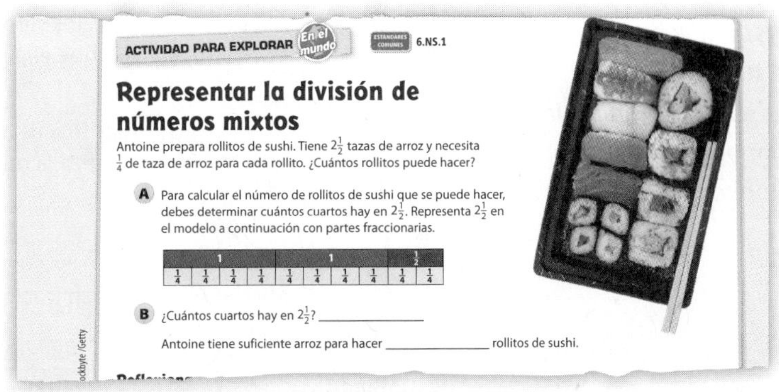

ACTIVIDAD PARA EXPLORAR En el mundo — ESTÁNDARES COMUNES 6.NS.1

Representar la división de números mixtos

Antoine prepara rollitos de sushi. Tiene $2\frac{1}{2}$ tazas de arroz y necesita $\frac{1}{4}$ de taza de arroz para cada rollito. ¿Cuántos rollitos puede hacer?

A Para calcular el número de rollitos de sushi que se puede hacer, debes determinar cuántos cuartos hay en $2\frac{1}{2}$. Representa $2\frac{1}{2}$ en el modelo a continuación con partes fraccionarias.

B ¿Cuántos cuartos hay en $2\frac{1}{2}$? ______________

Antoine tiene suficiente arroz para hacer ______________ rollitos de sushi.

Exploration Activities in lessons use concrete and technological tools, such as manipulatives or graphing calculators, to explore mathematical concepts.

MP.6.1 Attend to precision.

Mathematically proficient students… communicate precisely… with others and in their own reasoning… [They] give carefully formulated explanations…

31. Comunica ideas matemáticas Escribe un ejemplo de una expresi pueda simplificar y explica cómo sabes que no se puede simplifica

Vocabulario clave

tasa *(rate)*
Una razón que compara dos cantidades medidas en unidades diferentes.

Precision refers not only to the correctness of calculations but also to the proper use of mathematical language and symbols. **Communicate Mathematical Ideas** exercises and **Key Vocabulary** highlighted for each module and unit help you learn and use the language of math to communicate mathematics precisely.

MP.7.1 Look for and make use of structure.

Mathematically proficient students… look closely to discern a pattern or structure… They can also step back for an overview and shift perspectives.

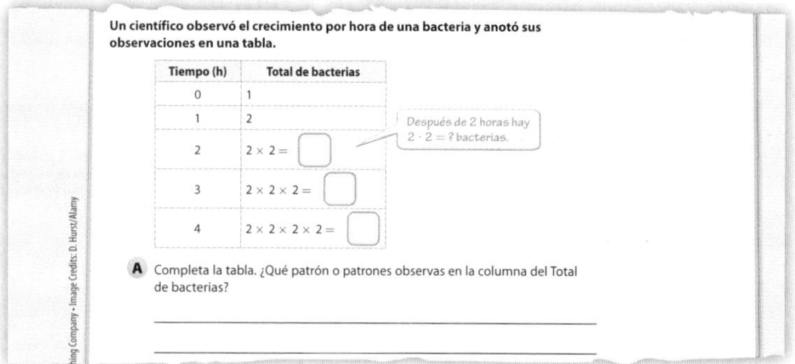

Un científico observó el crecimiento por hora de una bacteria y anotó sus observaciones en una tabla.

Tiempo (h)	Total de bacterias
0	1
1	2
2	$2 \times 2 =$ ☐
3	$2 \times 2 \times 2 =$ ☐
4	$2 \times 2 \times 2 \times 2 =$ ☐

Después de 2 horas hay $2 \cdot 2 = ?$ bacterias.

A Completa la tabla. ¿Qué patrón o patrones observas en la columna del Total de bacterias?

____

____

hing Company • Image Credits: D. Hurst/Alamy

Throughout the lessons, you will observe regularity in mathematical structures in order to make generalizations and make connections between related problems. For example, you can use what you known about multiplication to understand how to use exponents.

MP.8.1 Look for and express regularity in repeated reasoning.

Mathematically proficient students… look both for general methods and for shortcuts… [and] maintain oversight of the process, while attending to the details.

46. Busca un patrón Calcula los valores de las potencias en el siguier 10^1, 10^2, 10^3, 10^4…. Describe el patrón y úsalo para evaluar 10^6 sin

25. Justifica tu razonamiento Determina si $3x + 12 + x$ es equi Justifica la respuesta con las propiedades de las operaciones.

Reflexiona

8. Haz una conjetura Haz una conjetura con el patrón de la tabla sc puedes usar la multiplicación para dividir una fracción entre otra.

You will look for repeated calculations and mathematical patterns in examples and exercises. Recognizing patterns can help you make generalizations and obtain a better understanding of the underlying mathematics.

MATEMÁTICAS DE GRADO 5 PARTE 1

Examen de repaso

Respuesta seleccionada

1. Al usó la expresión $8 + 25 \times 2 - 45$ para calcular cuántos CD tiene. ¿Cuántos CD tiene?

Ⓐ 3
Ⓑ 13
Ⓒ 21
Ⓓ 103

2. Jamie horneó 24 panecillos. Su hermana Mia se comió 3 panecillos y su hermano David se comió 2 panecillos. ¿Qué expresión puede usar Jamie para calcular cuántos panecillos le quedan?

Ⓐ $24 + (3 + 2)$
Ⓑ $24 \quad (3 + 2)$
Ⓒ $(24 - 3) + 2$
Ⓓ $24 - (3 - 2)$

3. ¿Cuál es el número desconocido en la sucesión 2 de la tabla siguiente?

Número de la sucesión	1	2	3	5	7
Sucesión 1	3	6	9	15	21
Sucesión 2	15	30	45	75	?

Ⓐ 63
Ⓑ 90
Ⓒ 105
Ⓓ 150

4. Patel desea ser uno de los primeros aficionados en entrar al estadio para el partido de béisbol porque los primeros 30,000 aficionados recibirán gorras de béisbol. ¿Cuál muestra 30,000 como un número entero multiplicado por una potencia de 10?

Ⓐ 3×10^1
Ⓑ 3×10^2
Ⓒ 3×10^3
Ⓓ 3×10^4

5. La familia Davis paga $200,000 por una casa nueva. La cuota inicial es $\frac{1}{10}$ del precio total de la casa. ¿Cuánto es la cuota inicial?

Ⓐ $20
Ⓑ $200
Ⓒ $2,000
Ⓓ $20,000

6. Jackie encontró una roca con una masa de 78.852 gramos. ¿Cuál es la masa de la roca redondeada al décimo más cercano?

Ⓐ 78.85 gramos
Ⓑ 78.9 gramos
Ⓒ 79 gramos
Ⓓ 80 gramos

7. Una compañía manufacturera produce 295 carros de juguete al día. ¿Cuántos carros de juguete producen en 34 días?

Ⓐ 3,065
Ⓑ 7,610
Ⓒ 10,065
Ⓓ 10,030

8. Hay 6 autobuses que llevan estudiantes a un partido de béisbol, con 32 estudiantes en cada autobús. En cada fila del estadio de béisbol se pueden sentar 8 estudiantes. Si los estudiantes llenan todas las filas, ¿cuántas filas de asientos necesitarán en total los estudiantes?

Ⓐ 22
Ⓑ 23
Ⓒ 24
Ⓓ 1,536

9. Las partes de una casa que necesitan calefacción pueden representarse con un prisma rectangular que tiene una longitud de 45 pies, un ancho de 20 pies y una altura de 18 pies; y con un segundo prisma rectangular que tiene una área de la base de 350 pies y una altura de 9 pies. ¿Cuánto es el volumen total que necesita calefacción?

Ⓐ 12500 pies cúbicos
Ⓑ 16,200 pies cúbicos
Ⓒ 16,550 pies cúbicos
Ⓓ 19,350 pies cúbicos

10. Marci envió 9 cartas por correo. Cada carta pesaba 3.5 onzas. ¿Cuál fue el peso total de todas las cartas que envió Marci?

Ⓐ 33.5 onzas Ⓒ 31.5 onzas

Ⓑ 32.5 onzas Ⓓ 27.5 onzas

11. Denise, Keith y Tim viven en el mismo vecindario. Denise vive a 0.3 millas de Keith. La distancia entre las casas de Tim y Keith es 0.2 veces más larga que la distancia entre las casas de Denise y Keith. ¿A qué distancia viven Tim y Keith?

Ⓐ 0.6 millas Ⓒ 0.1 millas

Ⓑ 0.5 millas Ⓓ 0.06 millas

12. Madison debe comprar carne para hacer 1,000 hamburguesas para el día de campo de la compañía. Cada hamburguesa pesará 0.25 libras. ¿Cuántas libras de carne molida debe comprar Madison?

Ⓐ 2.5 libras Ⓒ 250 libras

Ⓑ 25 libras Ⓓ 2,500 libras

Minitareas

13. Rayna escribió 260,980 como $(2 \times 100{,}000) + (6 \times 10{,}000) + (9 \times 1{,}000) + (8 \times 100)$. ¿Qué error cometió Rayna? Escribe la forma desarrollada correcta.

____

____

____

____

____

____

14. Las cinco puntuaciones más altas en gimnasia artística en una competencia de gimnasia fueron 9.675, 9.25, 9.325 y 9.5. Ordena las puntuaciones de menor a mayor.

____

15. El padre de Ann y Joe hizo un donativo de $3 por cada piscina que nadaron los chicos en un maratón de natación. Ann nadó 21 piscinas y Joe nadó 15 piscinas. Aplica la propiedad distributiva para calcular el donativo de dinero que hizo el padre de los chicos.

____

____

____

____

16. Un grano de arena tiene un diámetro de 0.049 milímetros. Escribe 0.049 con palabras.

____

Tarea de rendimiento

17. Jennifer tiene $12 para pagar por el almuerzo y la pista de patinaje. La entrada a la pista de patinaje cuesta $5.75. Jennifer estima que puede comprar una bebida grande y un sándwich de pavo y que le quedará dinero para la entrada a la pista. ¿Estás de acuerdo? Respalda la respuesta.

Sándwiches	Bebidas
Atún $3.95	Pequeña $1.29
Pavo $4.85	Mediana $1.59
Queso a la plancha $3.25	Grande $1.79

____

____

____

____

____

____

ESTÁNDARES COMUNES

MATEMÁTICAS DE GRADO 5 PARTE 2

Examen de repaso

Respuesta seleccionada

1. Charles compró $\frac{7}{8}$ de pie de alambre de electricidad y $\frac{5}{6}$ de pie de alambre de cobre para un proyecto de ciencias. ¿Cuál es el mínimo común denominador de las fracciones?

Ⓐ 14 Ⓒ 24

Ⓑ 18 Ⓓ 48

2. Tom trotó $\frac{3}{5}$ de milla el lunes y $\frac{2}{6}$ de milla el martes. ¿Cuánto más trotó Tom el lunes que el martes?

Ⓐ $\frac{1}{30}$ de milla Ⓒ $\frac{8}{30}$ de milla

Ⓑ $\frac{3}{15}$ de milla Ⓓ $\frac{14}{15}$ de milla

3. Tres cercas en una finca miden $\frac{15}{16}$ de milla, $\frac{7}{8}$ de milla y $\frac{7}{16}$ de milla. ¿Cuál es la mejor estimación de la longitud total de las tres cercas?

Ⓐ $1\frac{1}{2}$ millas Ⓒ $2\frac{1}{2}$ millas

Ⓑ 2 millas Ⓓ 3 millas

4. Lawrence compró $\frac{2}{3}$ de libra de rosbif. Hizo un sándwich con $\frac{3}{4}$ de la carne. ¿Cuánto rosbif usó Lawrence en el sándwich? Como ayuda para resolver este problema, puedes hacer un modelo.

Ⓐ $\frac{5}{12}$ de libra Ⓒ $\frac{5}{7}$ de libra

Ⓑ $\frac{1}{2}$ de libra Ⓓ $\frac{6}{7}$ de libra

5. Sarah construyó una mesa de 6 tablas de madera que medían $3\frac{3}{4}$ pulgadas de ancho cada una. ¿Cuál fue el ancho de la mesa?

Ⓐ $18\frac{1}{8}$ pulgadas Ⓒ $21\frac{1}{4}$ pulgadas

Ⓑ $18\frac{3}{4}$ pulgadas Ⓓ $22\frac{1}{2}$ pulgadas

6. Vanessa preparó 6 sándwiches para una fiesta y los cortó en cuartos. ¿Cuántos trozos de $\frac{1}{4}$ de sándwich tiene?

Ⓐ $1\frac{1}{2}$ Ⓒ 4

Ⓑ $2\frac{1}{4}$ Ⓓ 24

7. El Dr. Watson combina 400 mL de detergente, 800 mL de alcohol y 1,500 mL de agua. ¿Cuántos litros de solución tiene?

Ⓐ 2.7 litros Ⓒ 270 litros

Ⓑ 27 litros Ⓓ 2,700 litros

8. Escoge el nombre que mejor describe esta figura.

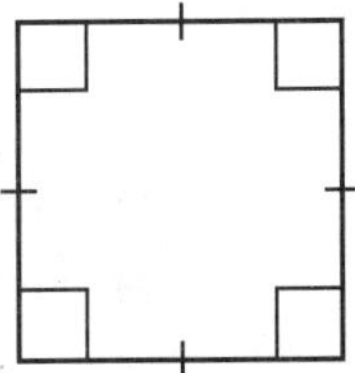

Ⓐ cuadrado Ⓒ paralelogramo

Ⓑ rectángulo Ⓓ rombo

9. Calcula el volumen del prisma rectangular.

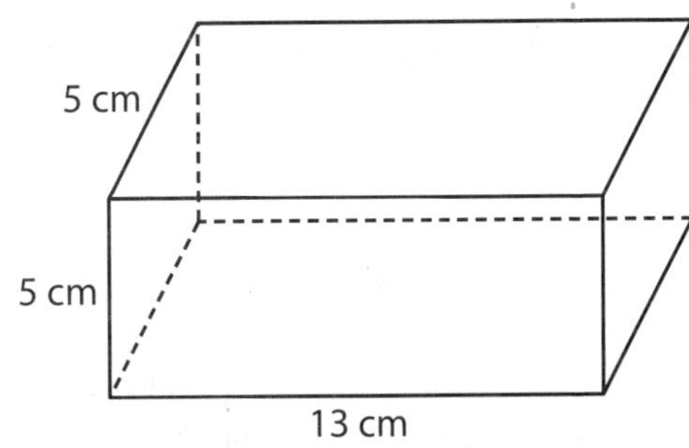

Ⓐ 310 cm^3 Ⓒ 325 cm^3

Ⓑ 184 cm^3 Ⓓ 23 cm^3

10. ¿Qué par ordenado describe la ubicación del punto A?

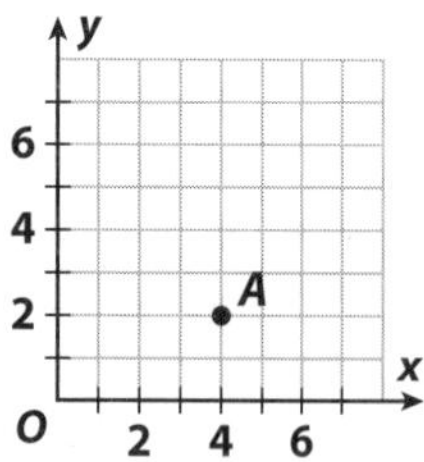

Ⓐ (0, 2) Ⓒ (4, 0)

Ⓑ (2, 4) Ⓓ (4, 2)

11. ¿Qué par ordenado describe la ubicación del punto A?

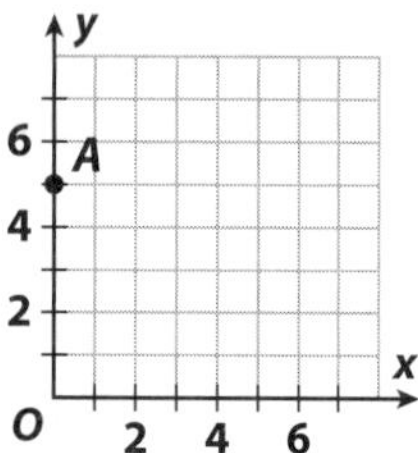

Ⓐ (0, 5) Ⓒ (5, 5)

Ⓑ (5, 0) Ⓓ (1, 5)

Minitareas

12. Cuando comenzó a jugar a los bolos, Bruce ganó $\frac{1}{4}$ de las partidas que jugó. En un lapso de seis meses, ganaba $\frac{7}{16}$ de las partidas. Si mejora a la misma tasa, ¿qué fracción de las partidas esperaría ganar después de otros seis meses?

____

13. Gina quiere enviar 3 libros que pesan $2\frac{7}{16}$ libras, $1\frac{7}{8}$ libras y $\frac{1}{2}$ libra. El peso máximo que puede enviar es 6 libras. Estima para averiguar si Gina puede enviar todos los tres libros. Explica la respuesta.

____

____

____

____

14. ¿Cuánta mezcla de nueces y frutas secas le tocará a cada persona si 5 personas comparten $\frac{1}{2}$ libra de la mezcla?

____

15. Escribe una historia que represente el problema de división $6 \div \frac{1}{3}$.

____

____

____

____

16. ¿Cuál es el volumen del sólido en centímetros cúbicos?

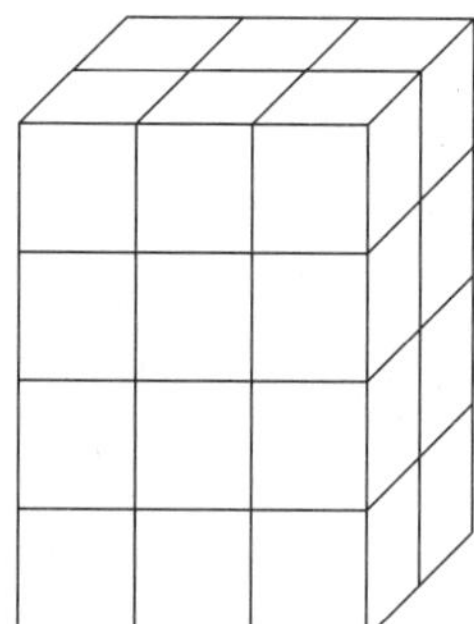

____

Tarea de rendimiento

17. Shia midió el grosor de los botones en su colección. Representó gráficamente los resultados en una gráfica lineal.

Parte A: Supongamos que Shia apila todos los botones. ¿Qué altura tendrá la pila?

____

Parte B: Supongamos que Shia quiere que la pila tenga 2 pulgadas de alto. ¿Cuántos botones de $\frac{1}{16}$ de pulgada de grosor debería poner en la pila?

____

MATEMÁTICAS 1 PARTE 1

Examen de referencia

Respuesta seleccionada

1. Supongamos que desarrollaste una escala que indica la luminosidad de la luz solar. Cada categoría en la tabla es 9 veces más luminosa que la categoría anterior. Por ejemplo: un día resplandeciente es 9 veces más brillante que un día radiante. ¿Cuántas veces más brillante es un día resplandeciente que un día iluminado?

Intensidad de la luz solar	
Categoría	**Brillo**
Tenue	2
Iluminado	3
Radiante	4
Resplandeciente	5

Ⓐ 2 veces más brillante

Ⓑ 729 veces más brillante

Ⓒ 81 veces más brillante

Ⓓ 9 veces más brillante

2. ¿Qué grupo de números está ordenado de menor a mayor?

Ⓐ $2.58, 2\frac{5}{8}, 2.6, 2\frac{2}{3}$

Ⓑ $2\frac{2}{3}, 2\frac{5}{8}, 2.6, 2.58$

Ⓒ $2\frac{5}{8}, 2\frac{2}{3}, 2.6, 2.58$

Ⓓ $2.58, 2.6, 2\frac{5}{8}, 2\frac{2}{3}$

3. ¿Qué temperatura es la más fría?

Ⓐ −13 °F Ⓒ −20 °F

Ⓑ 20 °F Ⓓ 13 °F

4. Calcula la tasa unitaria. Patricia pagó $385 por 5 noches en un hotel.

Ⓐ $\frac{\$77}{1 \text{ noche}}$ Ⓒ $\frac{\$385}{1 \text{ noche}}$

Ⓑ $\frac{\$154}{1 \text{ noche}}$ Ⓓ $\frac{\$39}{1 \text{ noche}}$

5. El combustible para una sierra mecánica es una mezcla de aceita y gasolina. El rótulo indica que se deben mezclar 6 onzas de aceite con 16 galones de gasolina. ¿Cuánto aceite necesitarías para 32 galones de gasolina?

Ⓐ 3 onzas Ⓒ 18 onzas

Ⓑ 12 onzas Ⓓ 85.3 onzas

6. León arregla canastas de frutas para regalos. Tiene 18 manzanas, 24 peras y 30 naranjas. ¿Cuál es el máximo número de canastas de frutas que puede arreglar si usa todas las frutas y cada canasta tiene lo mismo?

Ⓐ 2 canastas Ⓒ 4 canastas

Ⓑ 3 canastas Ⓓ 6 canastas

7. La luz tarda unos 134 milisegundos en viajar la distancia alrededor del ecuador de la Tierra. ¿Cuántos segundos es esto?

Ⓐ 0.000134 seg Ⓒ 0.134 seg

Ⓑ 0.0134 seg Ⓓ 1.34 seg

8. Desde el principio hasta el final de la temporada de campo traviesa, Tisha mejoró su tiempo en un 17%, Anchara mejoró el suyo en $\frac{1}{6}$, Juanita mejoró el suyo en $\frac{4}{25}$ y Julia mejoró el suyo de 16:00 a 13:30. ¿Quién mejoró el mayor porcentaje de su tiempo?

Ⓐ Tisha Ⓒ Juanita

Ⓑ Anchara Ⓓ Julia

9. Una pila de bloques mide 15.2 pulgadas de alto. Si hay 10 bloques apilados uno encima del otro, ¿cuál es la altura de cada bloque?

Ⓐ 1.62 pulgadas Ⓒ 1.72 pulgadas

Ⓑ 1.52 pulgadas Ⓓ 5.2 pulgadas

10. La razón de los estudiantes en la clase de Jaime que tienen un perro o un gato a los que no los tienen es 12 : 8. ¿Qué porcentaje de la clase NO tiene un perro o un gato en la casa?

Ⓐ $33\frac{1}{3}\%$ Ⓒ 60%

Ⓑ 40% Ⓓ $66\frac{2}{3}\%$

11. Noventa por ciento de los estudiantes de una escuela, o 540 estudiantes, participan en la asamblea escolar. ¿Cuántos estudiante tiene la escuela?

Ⓐ 486 estudiantes Ⓒ 600 estudiantes

Ⓑ 594 estudiantes Ⓓ 621 estudiantes

12. Calcula el cociente de $9\frac{3}{5} \div \frac{8}{15}$.

Ⓐ 2 Ⓒ $16\frac{7}{8}$

Ⓑ 18 Ⓓ $18\frac{3}{4}$

13. Calcula el producto de 4.51×3.4.

Ⓐ 153.34 Ⓒ 7.91

Ⓑ 1.5334 Ⓓ 15.334

14. Jorge construye una mesa con tablas de 3.75 pulgadas de ancho y quiere que la mesa tenga por lo menos 36 pulgadas de ancho. ¿Cuál es el número mínimo de tablas que puede usar?

Ⓐ 9 Ⓒ 10

Ⓑ 9.6 Ⓓ 135

Minitareas

15. Nikita prepara salsa de espaguetis y pizzas para una fiesta grande. La receta de la salsa de espaguetis pide $1\frac{3}{4}$ tazas de concentrado de tomates y la receta usa $\frac{2}{3}$ de taza de concentrado de tomates por pizza. Nikita triplicará la receta de salsa para espaguetis y hará 6 pizzas. Escribe y evalúa una expresión para averiguar cuántas latas de concentrado de tomates de $\frac{3}{4}$ de taza necesitará en total.

____

____

16. Explica cómo puedes usar la multiplicación para calcular el cociente de $\frac{3}{4} \div \frac{3}{16}$. Luego evalúa la expresión.

____

____

17. Un chef tiene 6 tazas de moras y usará $\frac{2}{3}$ de taza de las moras para cada porción de ensalada de frutas. ¿Cuántas porciones de ensalada puede hacer?

____

Tarea de rendimiento

18. El alumnado de la Escuela A es 480 y tiene 16 salones de clases. La Escuela B tiene 192 estudiantes y 12 salones de clases.

Parte A: ¿Cuál es la razón de estudiantes a salones de clases en la Escuela A?

Parte B: ¿Cuál es la razón de estudiantes a salones de clases en la Escuela B?

Parte C: ¿Cuántos estudiantes tendrían que trasladarse de la Escuela A a la Escuela B para que la razón de estudiantes a salones de clases fuera igual en ambas escuelas? Explica el razonamiento.

____

____

____

____

____

____

____

____

____

____

____

ESTÁNDARES COMUNES

MATEMÁTICAS 1 PARTE 2

Examen de referencia

Respuesta seleccionada

1. Kahlil graba el ritmo de una canción que está componiendo. Quiere que el ritmo no exceda 10 segundos de duración. Los amigos le dicen que el ritmo debe ser 5 segundos más largo para acomodar la letra que compuso.

Escribe una desigualdad que represente la duración del ritmo. Da tres duraciones posibles del ritmo que satisfagan la desigualdad.

Ⓐ $t > 5$; 16, 21, 22

Ⓑ $t > 15$; 16, 21, 22

Ⓒ $t < 15$; 4, 3, 2

Ⓓ $t < 10$; 4, 3, 2

2. Escribe una ecuación que sirva para calcular el valor desconocido en la tabla.

Edad de Tom (t)	Edad de Kim (a)
10	13
11	14
12	15
a	?

Ⓐ $a + 1$ Ⓒ $a + 3$

Ⓑ $a + 15$ Ⓓ $a + 10$

3. ¿Cuál es el área del polígono?

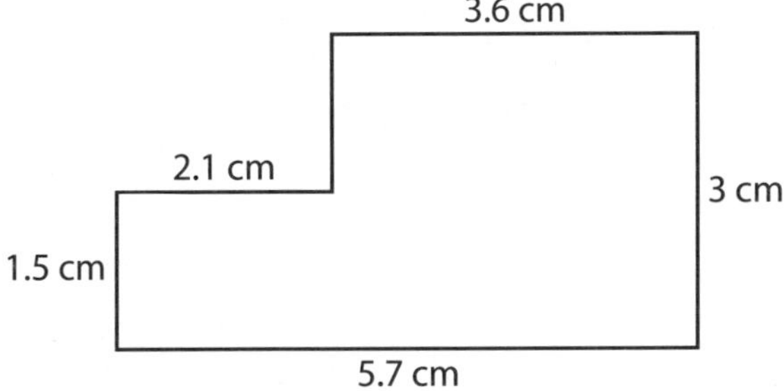

Ⓐ 3.15 cm^2 Ⓒ 13.95 cm^2

Ⓑ 10.8 cm^2 Ⓓ 1395 cm^2

4. La altura de una planta es 1.4 veces la edad de la misma. Escribe una ecuación de la situación.

Ⓐ h = altura de la planta; y = edad de la planta; $h = 1.4y$

Ⓑ h = edad de la planta; y = altura de la planta; $h = 1.4y$

Ⓒ h = altura de la planta; y = edad de la planta; $y = 1.4h$

Ⓓ h = altura de la planta; y = edad de la planta; $1.4 = hy$

5. Una caja rectangular mide $8\frac{1}{2}$ pulgadas de largo, $5\frac{1}{4}$ pulgadas de ancho y 4 pulgadas de altura. ¿Cuál es el volumen de la caja?

Ⓐ 160 pulgadas cúbicas

Ⓑ 168 pulgadas cúbicas

Ⓒ $178\frac{1}{2}$ pulgadas cúbicas

Ⓓ 180 pulgadas cúbicas

6. Escribe la frase como una expresión algebraica. 4 veces la suma de un número y 20.

Ⓐ $20 \div y$ Ⓒ $4(y + 20)$

Ⓑ $20 + y$ Ⓓ $4y - 20y$

7. Wilson compró tarjetas de regalo para algunos abogados y sus asistentes. Cada abogado recibió una tarjeta de regalo de ℓ dólares. Cada asistente recibió una tarjeta de a dólares. Hay 14 abogados y cada abogado tiene 3 asistentes. La expresión del costo total de las tarjetas de regalo es $14\ell + 42a$. Escribe una expresión equivalente a la expresión dada.

Ⓐ $14(\ell + 2a)$ Ⓒ $14(\ell + 42a)$

Ⓑ $14(\ell + 3a)$ Ⓓ $42(\ell + 3a)$

8. Al comienzo del año, Jason tenía \$120 en la cuenta de ahorros y cada mes abonó \$15 a la cuenta. Escribe una expresión de la cantidad de dinero que hay en la cuenta de ahorros de Jason cada mes. Luego usa la expresión para calcular la cantidad de dinero que hay en la cuenta al final del año.

Mes	Enero	Febrero	Marzo	*m*
Cantidad	\$135	\$150	\$165	\$?

Ⓐ $120 + 12m$; \$264

Ⓑ $135 + 15m$; \$315

Ⓒ $135 + m$; \$147

Ⓓ $15m + 120$; \$300

9. ¿Cuál es una pregunta de estadística?

Ⓐ ¿Cuáles son las edades de las escuelas en el distrito escolar?

Ⓑ ¿Qué edad tiene el edificio de la escuela intermedia?

Ⓒ ¿Cuántos salones de clases hay en el edificio de la escuela elemental?

Ⓓ ¿Cuántos períodos de clases diarios hay en la escuela secundaria?

10. Calcula el rango entre cuartiles del conjunto de datos: 10, 3, 8, 6, 9, 12, 13.

Ⓐ 12 Ⓒ 6

Ⓑ 8 Ⓓ 7

Minitareas

11. Mike está encargado de recoger contribuciones para el banco de alimentos. Recibió contribuciones de \$80, \$70, \$60, \$40, y \$80. Calcula la media y la mediana de las contribuciones.

____

12. El lado de un trapecio mide 10 pulgadas. El lado paralelo a éste es el doble de largo. La altura es la mitad de larga que la longitud del lado dado. Calcula el área del trapecio.

____

13. Calcula el perímetro del rectángulo con vértices en $R(-2, 3)$, $S(4, 3)$, $T(4, -1)$ y $U(-2, -1)$.

____

14. Brian compra entradas para un concierto en Internet. El precio de cada entrada es *t* dólares. Las compras en Internet tienen un cargo adicional de \$11 por cada entrada y \$14 por todo el pedido. El costo de comprar 7 entradas en Internet se puede representar con la expresión $7(t + 11) + 14$.

Escribe dos expresioens equivalentes a la expresión del precio. Luego, calcula el costo total del pedido de Brian en Internet si cada entrada para el concierto cuesta \$33.

____

Tarea de rendimiento

15. Jillian quiere calcular el área total de una pirámide. La base es un cuadrado con lados de 4 pulgadas de largo. Las otras caras son triángulos isósceles. La razón de la altura de cada triángulo a su base es 3 : 2.

Parte A: Da la longitud de la base y la altura de cada cara triangular.

Parte B: Calcula el área combinada de las caras triangulares.

Parte C: Calcula el área total de la pirámide.

____

____

____

____

____

Números

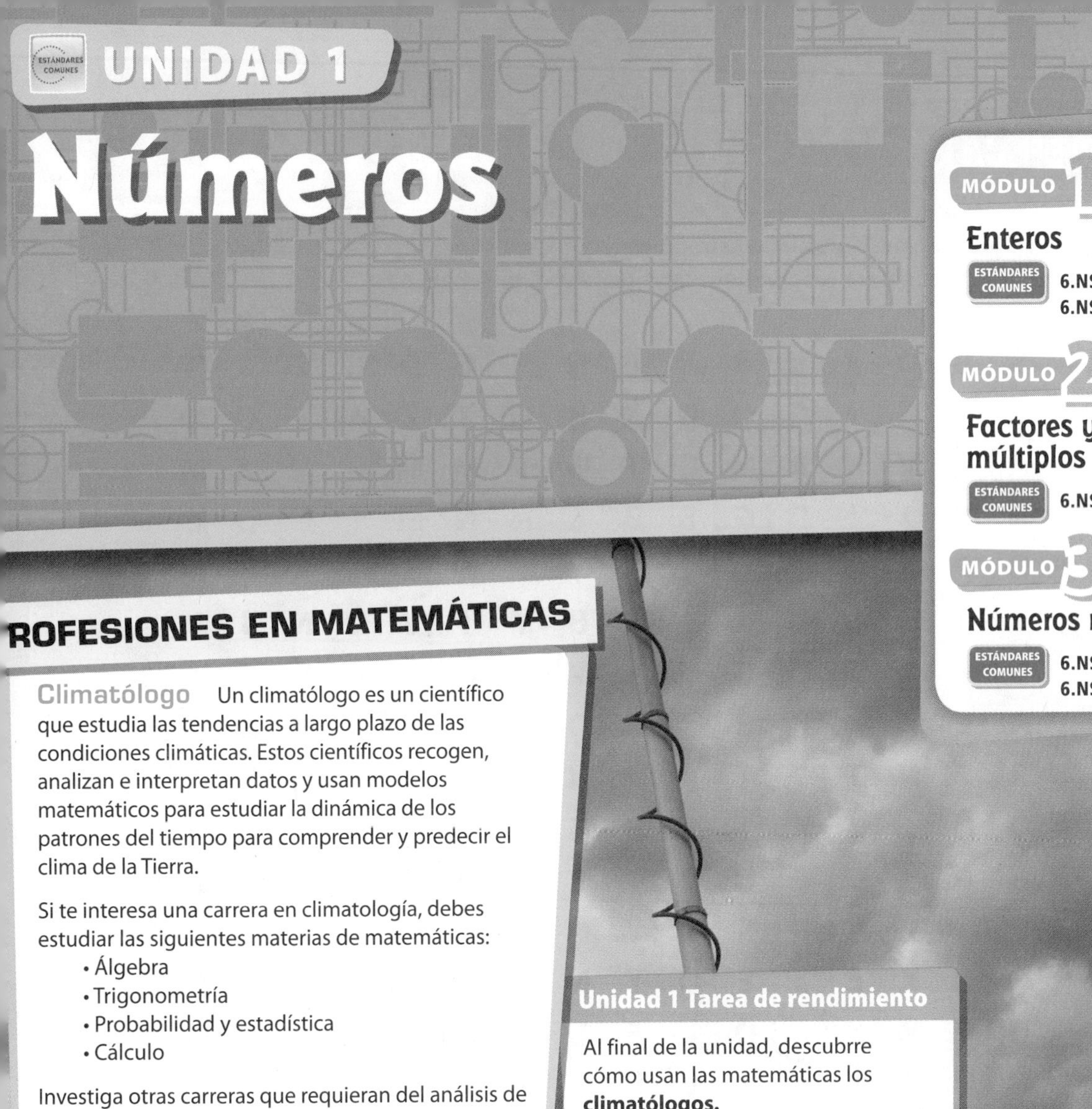

MÓDULO 1

Enteros

ESTÁNDARES COMUNES 6.NS.5, 6.NS.7b, 6.NS.7c

MÓDULO 2

Factores y múltiplos

ESTÁNDARES COMUNES 6.NS.4

MÓDULO 3

Números racionales

ESTÁNDARES COMUNES 6.NS.6, 6.NS.6c, 6.NS.7a

ROFESIONES EN MATEMÁTICAS

Climatólogo Un climatólogo es un científico que estudia las tendencias a largo plazo de las condiciones climáticas. Estos científicos recogen, analizan e interpretan datos y usan modelos matemáticos para estudiar la dinámica de los patrones del tiempo para comprender y predecir el clima de la Tierra.

Si te interesa una carrera en climatología, debes estudiar las siguientes materias de matemáticas:

- Álgebra
- Trigonometría
- Probabilidad y estadística
- Cálculo

Investiga otras carreras que requieran del análisis de datos y uso de modelos matemáticos.

Unidad 1 Tarea de rendimiento

Al final de la unidad, descubrre cómo usan las matemáticas los **climatólogos.**

Un vistazo al vocabulario

Echa un vistazo al vocabulario de esta unidad con esta sopa de letras. Ordena las letras con un círculo para resolver el acertijo al final de la página.

- Cualquier número que puede escribirse como la razón de dos enteros. (Lección 3-1)
- El mayor factor que comparten dos o más números. (Lección 2-1)
- Un diagrama que muestra la relación entre dos conjuntos o grupos. (Lección 3-1)
- Un enunciado matemático que muestra dos cantidades que no son iguales. (Lección 1-2)
- El conjunto de todos los números enteros y sus opuestos. (Lección 1-1)
- La distancia de un número a cero en la recta numérica. (Lección 1-3)
- Números menores que cero. (Lección 1-1)

Observa que una T se usa dos veces en la solución del acertijo.

P: ¿Por qué recibió el entero una mala evaluación en el trabajo?

R: ¡Tenía una ___ ___ ___ ___ ___ ___ ___

___ ___ ___ ___ ___ ___ ___ ___!

Enteros

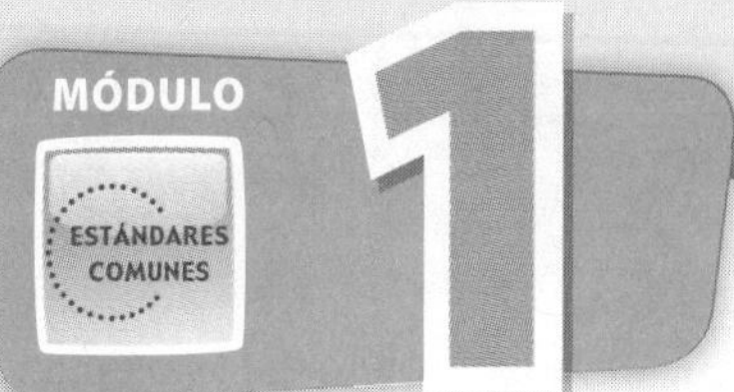

PREGUNTA ESENCIAL

¿Cómo puedes resolver problemas de la vida real usando enteros?

LECCIÓN 1.1

Identificar enteros y sus opuestos

6.NS.5, 6.NS.6, 6.NS.6a, 6.NS.6c

LECCIÓN 1.2

Comparar y ordenar enteros

6.NS.7, 6.NS.7a, 6.NS.7b

LECCIÓN 1.3

Valor absoluto

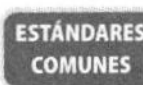

6.NS.7, 6.NS.7c, 6.NS.7d

Vídeo de la vida real

my.hrw.com

El valor de muchas cosas en la vida real se puede describir con enteros. La altura de una montaña en pies puede ser un entero muy grande, mientras que la temperatura en grados Celsius en la cima de esa montaña puede ser un entero negativo.

APRENDE EN LÍNEA

my.hrw.com

my.hrw.com

Las versiones digitales de todas las páginas del libro del estudiante están disponibles en línea.

Matemáticas al instante

Escanea con tu celular para entrar directamente en la edición en línea del Vídeo tutorial y más.

Matemáticas en acción

Explora interactivamente los conceptos clave para ver cómo funcionan las matemáticas.

Entrenador en matemáticas

Obtén comentarios y ayuda al instante a medida que trabajas en las prácticas.

¿Estás listo?

Completa estos ejercicios para repasar las destrezas que necesitarás en este módulo.

Entrenador personal en matemáticas

Evaluación e intervención en línea

Comparar números enteros

EJEMPLO

3,564 ● 3,528 Compara los dígitos en el lugar de los millares: $3 = 3$

3,564 ● 3,528 Compara los dígitos en el lugar de las centenas: $5 = 5$

3,564 > 3,528 Compara los dígitos en el lugar de las decenas: $6 > 2$

Compara. Escribe $<$, $>$ o $=$.

1. 471 ◯ 468

2. 5,005 ◯ 5,050

3. 398 ◯ 389

4. 10,973 ◯ 10,999

5. 8,471 ◯ 9,001

6. 108 ◯ 95

Ordenar números enteros

EJEMPLO

356, 348, 59, 416	Compara los dígitos. Halla el número mayor.
356, 348, 59, 416	Halla el número mayor siguiente.
356, 348, 59, 416	Halla el número mayor siguiente.
356, 348, 59, 416	Halla el número menor.
$416 > 356 > 348 > 59$	Ordena los números.

Ordena los números de mayor a menor.

7. 156; 87; 177; 99

____

8. 591; 589; 603; 600

____

9. 2,650; 2,605; 3,056; 2,088

____

10. 1,037; 995; 10,415; 1,029

____

Ubicar números en una recta numérica

EJEMPLO

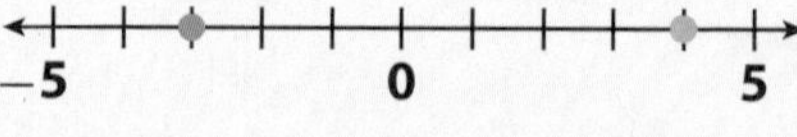

Comienza en 0 y cuenta 4 unidades a la derecha para marcar $+4$.
Comienza en 0 y cuenta 3 unidades a la izquierda para marcar -3.

Representa gráficamente los números en la recta numérica.

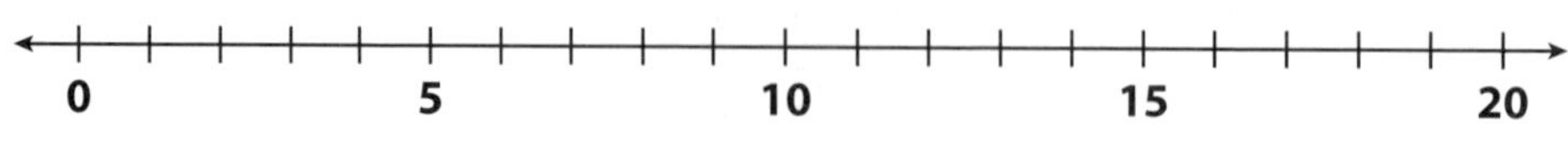

11. 12

12. 20

13. 2

14. 9

Práctica de vocabulario

Visualiza el vocabulario

Completa la tabla con las palabras que tienen un ✔.
Escribe la palabra de vocabulario correcta junto al símbolo.

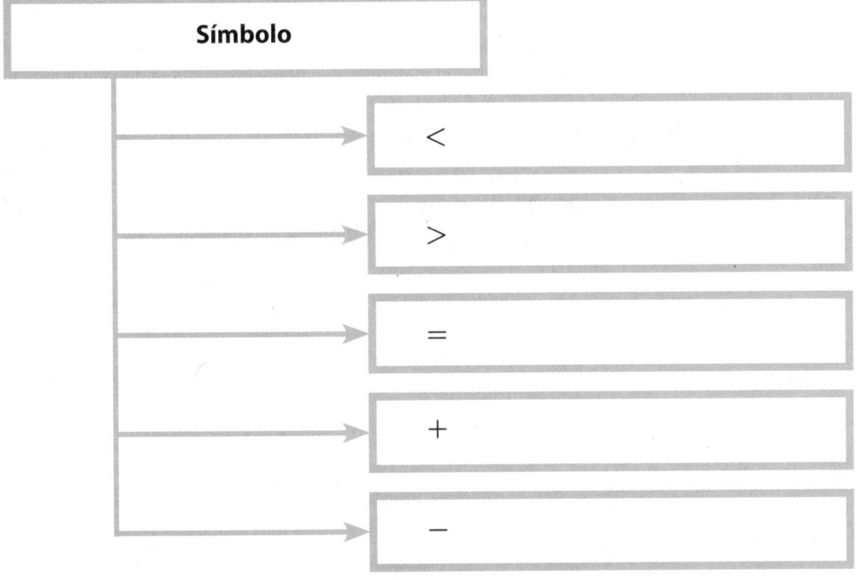

Vocabulario

Palabras de repaso

- ✔ igual a *(equal)*
- ✔ mayor que *(greater than)*
- ✔ menor que *(less than)*
- número entero *(whole number)*
- recta numérica *(number line)*
- ✔ signo más *(plus sign)*
- ✔ signo negativo *(negative sign)*
- símbolo *(symbol)*

Palabras nuevas

- desigualdad *(inequality)*
- enteros *(integers)*
- números negativos *(negative numbers)*
- números positivos *(positive numbers)*
- opuestos *(opposites)*
- valor absoluto *(absolute value)*

Comprende el vocabulario

Completa las oraciones con las palabras de repaso.

1. Una ______________ es un enunciado que indica que dos cantidades no son iguales.

2. Un conjunto de números enteros y sus opuestos son ______________

3. Los números mayores que 0 son ______________________. Los números menores que 0 son ______________________.

Lectura con propósito

Plegable de palabras clave Antes de comenzar el módulo, crea un plegable de palabras clave para aprender el vocabulario en este módulo. Escribe las palabras de vocabulario resaltadas en un lado de la solapa y la definición para cada palabra del otro lado. Examina tus conocimientos de las definiciones del módulo con este plegable.

MÓDULO 1

Desglosar los estándares

Comprender los estándares y las palabras de vocabulario te ayudará a saber exactamente lo que se espera que aprendas en este módulo.

ESTÁNDARES COMUNES 6.NS.6a

Reconocer que signos opuestos de números indican ubicaciones en lados opuestos de 0 en la recta numérica; reconocer que el opuesto del opuesto de un número es el número mismo, por ejemplo: $-(-3) = 3$ y que 0 es su propio opuesto.

Vocabulario clave

enteros *(integers)*
El conjunto de todos los números enteros y sus opuestos.

opuestos *(opposites)*
Dos números que se encuentran a igual distancia de cero en una recta numérica.

Lo que significa para ti

Aprenderás que los opuestos están a la misma distancia de 0 en la recta numérica, pero en diferentes direcciones.

DESGLOSAR EL EJEMPLO 6.NS.6a

Determina los opuestos en la recta numérica.

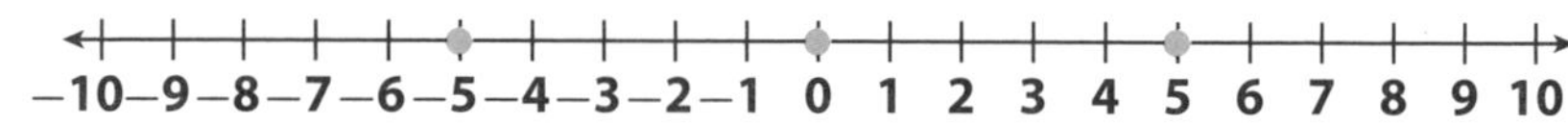

$-(5) = -5$ El opuesto de 5 es −5.

$-(-5) = 5$ El opuesto de −5 es 5.

$-(0) = 0$ El opuesto de 0 es 0.

ESTÁNDARES COMUNES 6.NS.7

Comprender el orden y el valor absoluto de números racionales.

Vocabulario clave

número racional *(rational number)*
Cualquier número que puede expresarse como la razón de dos enteros.

valor absoluto *(absolute value)*
La distancia entre un número y 0 en la recta numérica.

Lo que significa para ti

Puedes usar una recta numérica para ordenar números racionales.

DESGLOSAR EL EJEMPLO 6.NS.7

En un torneo de golf, David anotó +6, Celia −16 y Xavier −4. Uno de estos tres jugadores fue el ganador del campeonato. ¿Quién ganó el campeonato?

El ganador es el jugador con el puntaje más bajo. Traza una recta numérica y marca el puntaje de cada jugador.

El puntaje de Celia, −16, es el que se encuentra más hacia la izquierda, entonces es el puntaje más bajo. Celia ganó el torneo.

Visita **my.hrw.com** para ver todos los **Estándares comunes** desglosados.

my.hrw.com

LECCIÓN 1.1

Identificar enteros y sus opuestos

ESTÁNDARES COMUNES 6.NS.5

Understand that positive and negative numbers are used together to describe quantities having opposite directions or values.... *Also 6.NS.6, 6.NS.6a, 6.NS.6c*

PREGUNTA ESENCIAL

¿Cómo puedes identificar un entero y su opuesto?

ACTIVIDAD PARA EXPLORAR 1 

6.NS.5, 6.NS.6

Números positivos y negativos

Los **números positivos** son números mayores que 0. Puedes escribir los números positivos con o sin el signo de la suma; por ejemplo 3 es igual a +3. Los **números negativos** son números menores que 0. Siempre debes escribir los números negativos con un signo de la resta.

El número 0 no es positivo ni negativo.

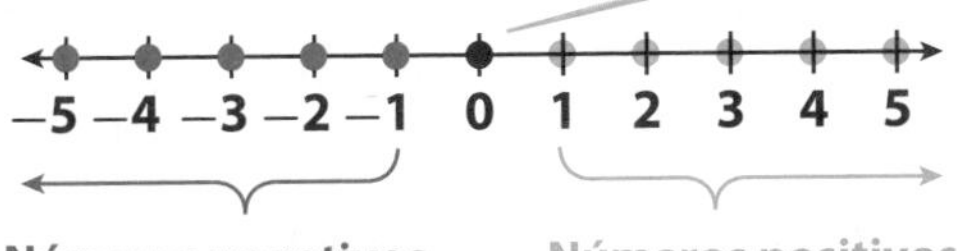

La elevación de un lugar describe su altura sobre o debajo del nivel del mar, el cual tiene una elevación de 0. Las elevaciones por debajo del nivel del mar se representan con números negativos y las elevaciones sobre el nivel del mar se representan con números positivos.

A La tabla muestra las elevaciones de varios lugares en un parque estatal. Represента los lugares en la recta numérica de acuerdo a sus elevaciones.

Lugar	Pequeño Butte *A*	Arroyo Cradle *B*	Valle Dinosaur *C*	Cadena Mesa *D*	Sendero Juniper *E*
Elevación (pies)	5	−5	−9	8	−3

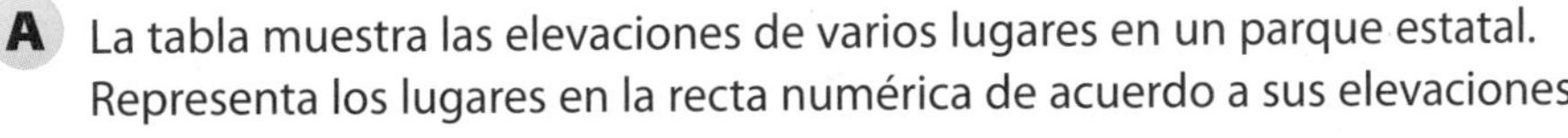

B ¿Qué punto de la recta numérica representa el nivel del mar? ___________

C ¿Qué lugar está más cerca del nivel del mar? ¿Cómo lo sabes?

____

D ¿Qué dos lugares están a la misma distancia del nivel del mar? ¿Están estos dos lugares sobre o debajo del nivel del mar?

____

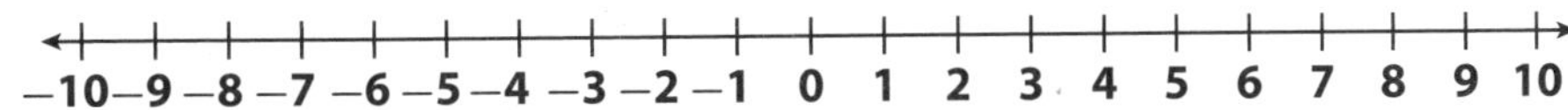

E ¿Qué lugar tiene la menor elevación? ¿Cómo lo sabes?

____

ACTIVIDAD PARA EXPLORAR 1 *(continuación)*

Reflexiona

1. **Analiza las relaciones** El arroyo Morning Glory está 7 pies bajo el nivel del mar. ¿Qué número representa la elevación del arroyo Morning Glory?

____

2. **Representación múltiple** Explica cómo representar gráficamente la elevación del arroyo Morning Glory en una recta numérica.

____

ACTIVIDAD PARA EXPLORAR 2 

6.NS.6a

Opuestos

Dos números son **opuestos** si están a la misma distancia de 0 pero en lados distintos de 0 en una recta numérica. Por ejemplo, 5 y −5 son opuestos. 0 es su propio opuesto.

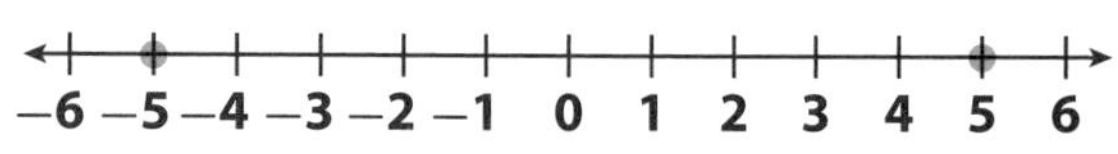

Los **enteros** son el conjunto de todos los números enteros y sus opuestos.

Recuerda que el conjunto de los números enteros es 0, 1, 2, 3, 4, 5, 6,...

Dibuja una recta numérica con una regla o escuadra en un papel cuadriculado. Rotula la recta numérica con cada entero desde −10 hasta 10. Pliega la recta numérica por la mitad de manera que el pliegue esté en el 0. Los números que coinciden al plegar la recta numérica son opuestos.

A Halla los opuestos de 7, −6, 1 y 9 con ayuda de la recta numérica. _______________

B ¿Cómo representa tu recta numérica que 0 es su propio opuesto?

____

C ¿Cuál es el opuesto del opuesto de 3? _______________

Reflexiona

3. **Justifica tu razonamiento** Explica cómo tu recta numérica muestra que 8 y −8 son opuestos.

____

4. **Representación múltiple** Explica cómo puedes hallar el opuesto del opuesto de −6 en tu recta numérica.

____

____

____

Enteros y opuestos en una recta numérica

Los números positivos y negativos se pueden usar para representar cantidades de la vida real. Por ejemplo 3 puede representar una temperatura de 3 °F sobre cero. −3 puede representar 3 °F bajo 0. Tanto 3 como −3 están a 3 unidades de 0.

EJEMPLO 1

Mis notas

Sandy registró la temperatura mínima de cada semana en su pueblo durante varias semanas. La tabla muestra la temperatura mínima en °F para cada semana.

Semana	Semana 1	Semana 2	Semana 3	Semana 4
Temperatura (°F)	−1	3	−4	2

A Representa en una recta numérica la temperatura de la semana 3 y su opuesto. ¿Qué representan los números?

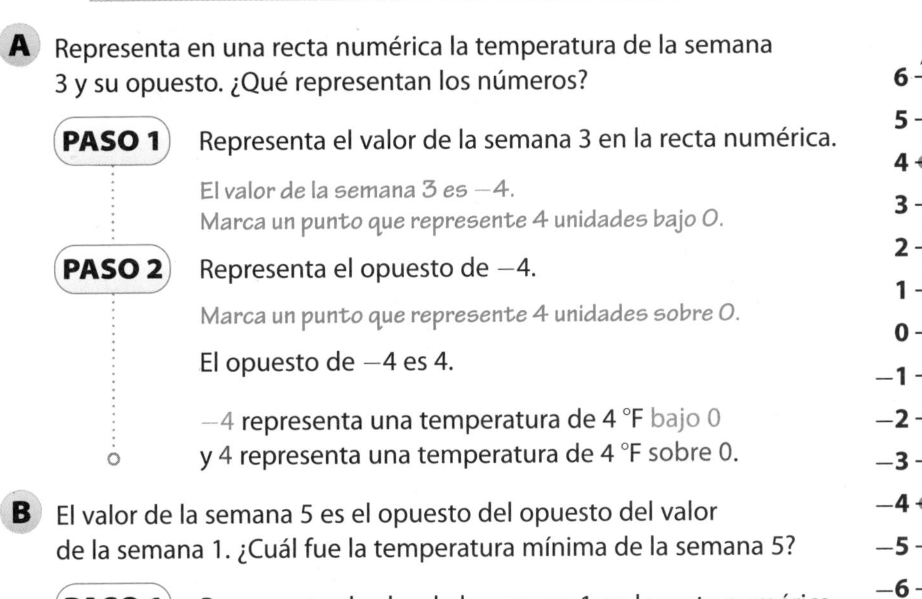

PASO 1 Representa el valor de la semana 3 en la recta numérica.

El valor de la semana 3 es −4.
Marca un punto que represente 4 unidades bajo 0.

PASO 2 Representa el opuesto de −4.

Marca un punto que represente 4 unidades sobre 0.

El opuesto de −4 es 4.

−4 representa una temperatura de 4 °F bajo 0 y 4 representa una temperatura de 4 °F sobre 0.

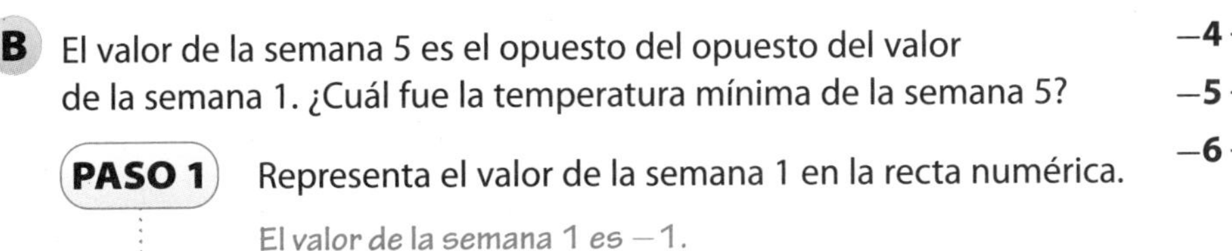

B El valor de la semana 5 es el opuesto del opuesto del valor de la semana 1. ¿Cuál fue la temperatura mínima de la semana 5?

PASO 1 Representa el valor de la semana 1 en la recta numérica.

El valor de la semana 1 es −1.

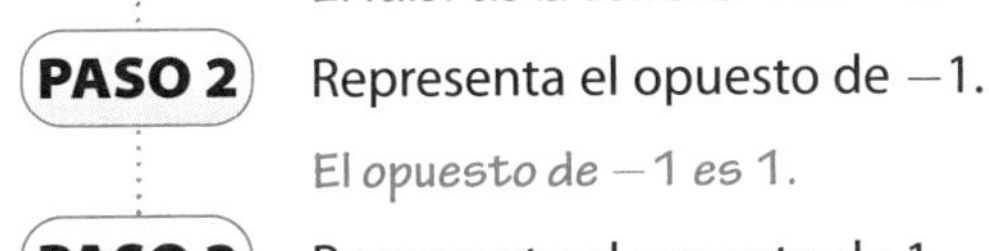

PASO 2 Representa el opuesto de −1.

El opuesto de −1 es 1.

PASO 3 Representa el opuesto de 1.

El opuesto de 1 es −1.

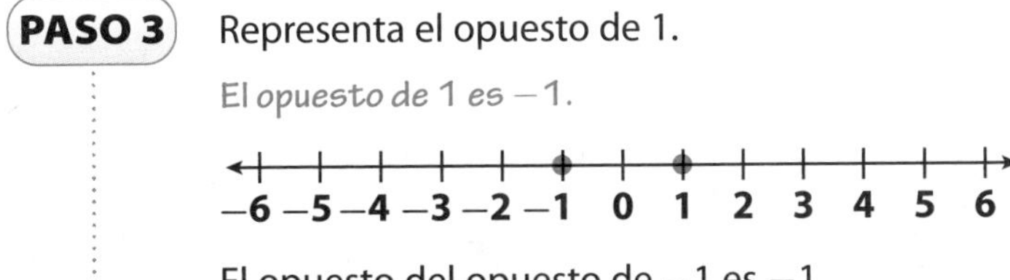

El opuesto del opuesto de −1 es −1.
La temperatura mínima de la semana 5 fue −1 °F.

Reflexiona

5. **Analiza las relaciones** Explica cómo puedes hallar el opuesto del opuesto de cualquier número sin usar una recta numérica.

____

Entrenador personal en matemáticas

Evaluación e intervención en línea

my.hrw.com

ES TU TURNO

Representa el opuesto del número que se muestra en cada recta numérica.

6. –10 –9 –8 –7 –6 –5 –4 –3 –2 –1 0 1 2 3 4 5 6 7 8 9 10

7. –10 –9 –8 –7 –6 –5 –4 –3 –2 –1 0 1 2 3 4 5 6 7 8 9 10

Escribe el opuesto de cada número.

8. 10 ____________ **9.** –5 ____________ **10.** 0 ____________

11. ¿Cuál es el opuesto del opuesto de 6? ____________

Charla matemática

Prácticas matemáticas

Explica cómo puedes hallar el opuesto de 8 con una recta numérica.

Práctica con supervisión

1. Representa y rotula los siguientes puntos en la recta numérica. (Actividad para explorar 1)

a. –2 **b.** 9 **c.** –8 **d.** –9 **e.** 5 **f.** 8

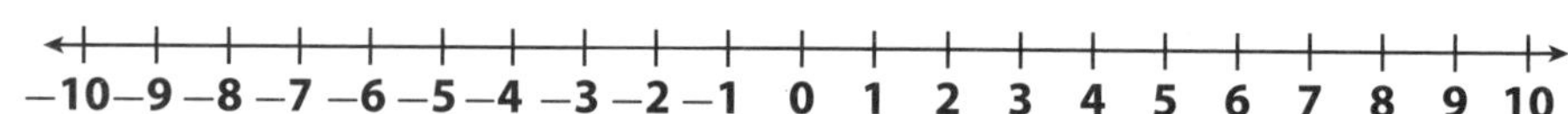

Representa el número opuesto del que aparece marcado en cada recta numérica. (Actividad para explorar 2 y Ejemplo 1)

2.

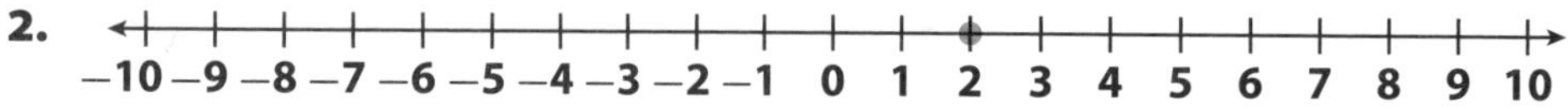

3.

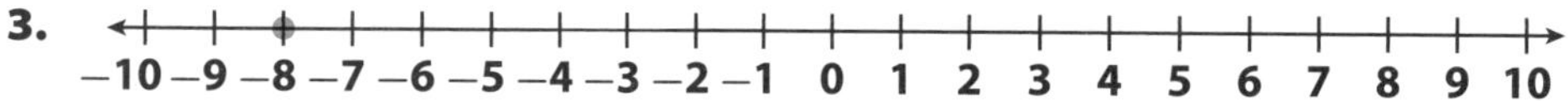

4.

Escribe el opuesto de cada número. (Actividad para explorar 2 y Ejemplo 1)

5. 4 ____________ **6.** –11 ____________ **7.** 3 ____________

8. –3 ____________ **9.** 0 ____________ **10.** 22 ____________

ÉNFASIS EN LA PREGUNTA ESENCIAL

11. Si conoces un entero, ¿cómo puedes hallar su opuesto?

____

____

Nombre ______________________ Clase ______________ Fecha ______________

1.1 Práctica independiente

ESTÁNDARES COMUNES **6.NS.5, 6.NS.6, 6.NS.6a, 6.NS.6c**

12. **Química** Los átomos tienen normalmente una carga eléctrica de 0. Algunas condiciones, como la estática, pueden hacer que los átomos tengan una carga positiva o negativa. Los átomos con carga positiva o negativa se llaman *iones*.

Ion	A	B	C	D	E
Carga	−3	+1	−2	+3	−1

a. ¿Qué iones tienen carga negativa?

____

b. ¿Qué iones tienen cargas opuestas?

____

c. ¿Cuál de los iones no tiene la carga opuesta a la de otro ion?

____

Escribe el entero que cumple con la descripción dada.

13. el opuesto de −17 ______________

14. 4 unidades a la izquierda de 0 ______________

15. el opuesto del opuesto de 2 ______________

16. 15 unidades a la derecha de 0 ______________

17. 12 unidades a la derecha de 0 ______________

18. el opuesto de −19 ______________

19. **Analiza las relaciones** Varios luchadores quieren bajar de peso para una competencia. En la tabla se muestran los cambios en sus pesos en la última semana.

Luchador	Tino	Víctor	Ramsey	Baxter	Luis
Cambio de peso (en libras)	−2	6	2	5	−5

a. ¿Subió o bajó de peso Víctor en la última semana? ______________

b. ¿Qué luchador tuvo un cambio de peso opuesto al de Ramsey? ______________

c. ¿Qué luchadores bajaron de peso en la última semana? ______________

d. Frankie tuvo un cambio de peso opuesto al de Víctor.

¿Cuál fue el cambio de peso de Frankie? ______________

e. El objetivo de Frankie la semana pasada era subir de peso. ¿Lo logró? Explica.

____

Halla la distancia entre el número dado y su opuesto en la recta numérica.

20. 6 ____________________ **21.** −2 ____________________

22. 0 ____________________ **23.** −7 ____________________

24. **¿Qué pasa si...?** Hay tres concursantes en un programa de preguntas y respuestas en televisión. La tabla muestra sus puntajes antes de la última pregunta.

Concursantes	Puntaje a[illegible] de la últi[illegible] pregunt[illegible]
Timothy	−25
Shawna	18
Kaylynn	−14

a. ¿Cuántos puntos debe obtener Shawna para que su puntaje sea el opuesto al puntaje de Timothy antes de la última pregunta? ____________________

b. ¿Qué participante tiene el puntaje más cercano a 0? ____________________

c. ¿Quién crees que va ganando el juego antes de la última pregunta? Explica.

____

H.O.T. ENFOQUE EN ALTA CAPACIDAD DE RAZONAMIENTO

Área de trabajo

25. **Comunica ideas matemáticas** ¿Qué número está más alejado de 0 en una recta numérica, −9 ó 6? Explica tu razonamiento.

____

____

26. **Analiza las relaciones** Un número está *k* unidades a la izquierda de 0 en la recta numérica. Describe la ubicación de su opuesto.

____

____

27. **Critica el razonamiento** Roberto dice que el opuesto de un entero dado es −5. Cindy saca la conclusión de que el opuesto de un entero siempre es negativo. Explica el error de Cindy.

____

____

____

28. **Representaciones múltiples** Explica cómo se usa una recta numérica para hallar los opuestos de los enteros que se ubican a 3 unidades de distancia de −7.

____

____

____

LECCIÓN 1.2

Comparar y ordenar enteros

ESTÁNDARES COMUNES **6.NS.7b**

Write, interpret, and explain statements of order for rational numbers in real-world contexts. *Also 6.NS.7, 6.NS.7a*

PREGUNTA ESENCIAL

¿Cómo puedes comparar y ordenar enteros?

ACTIVIDAD PARA EXPLORAR   **6.NS.7, 6.NS.7a**

Comparar enteros positivos y negativos

La liga de fútbol Westfield clasifica a sus equipos mediante un número llamado "registro combinado de triunfos/derrotas". Un equipo con más triunfos que derrotas tendrá un registro combinado positivo y un equipo con menos triunfos que derrotas tendrá un registro combinado negativo. La tabla muestra el registro combinado de triunfos/derrotas total de cada equipo al final de la temporada.

Equipo	Tiburones ***A***	Jaguares ***B***	Tejones ***C***	Tigres ***D***	Pumas ***E***	Halcones ***F***	Lobos ***G***
Registro combinado de triunfos/derrotas	0	4	−4	−6	2	−2	6

A Representa el registro combinado de triunfos/derrotas de cada equipo en la recta numérica.

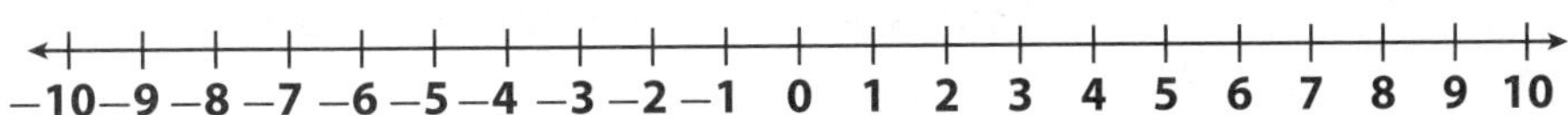

B ¿Qué equipo tiene el mejor registro de la liga? ¿Cómo lo sabes?

____

C ¿ Qué equipo tiene el peor registro de la liga? ¿Cómo lo sabes?

____

Reflexiona

1. **Analiza las relaciones** Explica qué información te dan los datos sobre los registros de triunfos/derrotas de los equipos en la liga.

____

____

____

Ordenar enteros positivos y negativos

Cuando lees un recta numérica de izquierda a derecha, los números están ordenados de menor a mayor.

EJEMPLO 1

ESTÁNDARES COMUNES 6.NS.7

Fred anotó los siguientes puntajes de golf durante la primera semana en la academia de golf. En golf, gana el jugador con el puntaje más bajo.

Día	Lun	Mar	Mié	Jue	Vie	Sáb	Dom
Puntaje	4	−2	3	−5	−1	0	−3

Representa los puntajes de Fred en la recta numérica y luego haz una lista de los números ordenados de menor a mayor.

Charla matemática
Prácticas matemáticas
¿Qué día Fred obtuvo su mejor puntaje en golf? ¿Cómo lo sabes?

PASO 1 Representa los puntajes en la recta numérica.

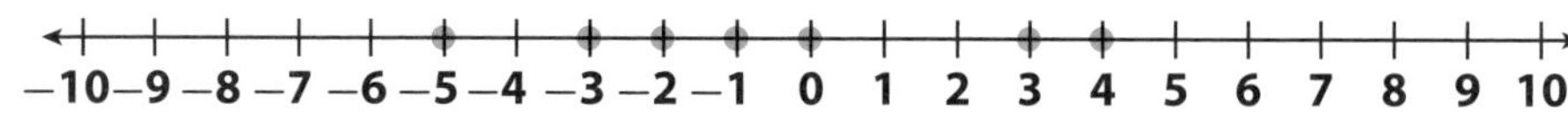

PASO 2 Lee de izquierda a derecha para hacer una lista de los puntajes ordenados de menor a mayor.

Los puntajes en orden de menor a mayor son: −5, −3, −2, −1, 0, 3, 4.

ES TU TURNO

Representa los valores de cada tabla en una recta numérica. Luego haz una lista con los números ordenados de mayor a menor.

2.

Cambio en el precio de las acciones ($)					
−5	4	0	−3	−6	2

−10 −9 −8 −7 −6 −5 −4 −3 −2 −1 0 1 2 3 4 5 6 7 8 9 10

____

3.

Elevación (metros)							
9	−1	−6	2	−10	0	5	8

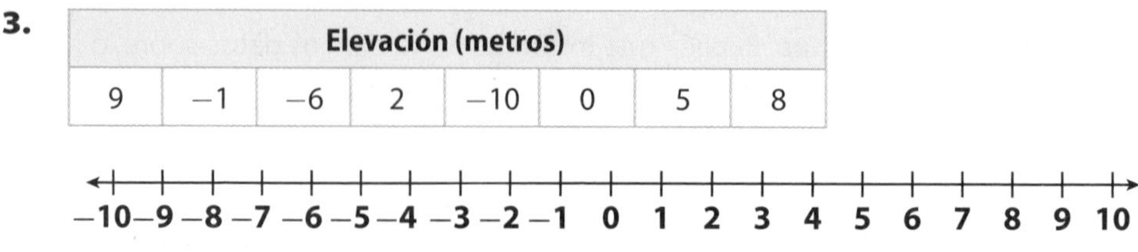

____

Escribir desigualdades

Una **desigualdad** es un enunciado con dos cantidades que no son iguales. Las desigualdades se escriben con los símbolos $<$ y $>$.

- El símbolo $>$ significa "es mayor que".
- El símbolo $<$ significa "es menor que".

Puedes escribir una desigualdad con ayuda de una recta numérica.

EJEMPLO 2

6.NS.7a, 6.NS.7b

A En 2005 en Austin, Texas, hubo una precipitación anual de 51 pulgadas. En 2009, la precipitación anual de la ciudad fue de 36 pulgadas. ¿En qué año hubo más precipitación?

Representa 51 y 36 en la recta numérica.

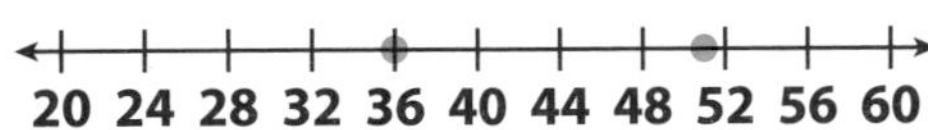

- 51 está a la *derecha* de 36 en la recta numérica.
  Esto significa que 51 es **mayor que** 36.
  Escribe la desigualdad como $51 > 36$.
- 36 está a la *izquierda* de 51 en la recta numérica.
  Esto significa que 36 es **menor que** 51.
  Escribe la desigualdad como $36 < 51$.

Hubo más precipitación en 2005.

B Escribe dos desigualdades para comparar -6 y 7.
$-6 < 7; 7 > -6$

C Escribe dos desigualdades para comparar -9 y -4.
$-4 > -9; -9 < -4$

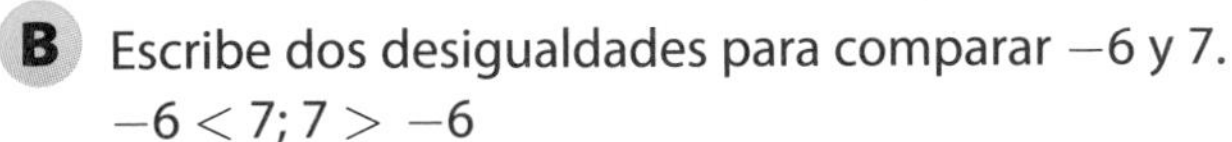

Charla matemática
Prácticas matemáticas

¿Hay un entero positivo máximo? ¿Hay un entero negativo mínimo? Explica.

ES TU TURNO

Compara. Escribe $>$ o $<$. Usa la recta numérica como ayuda.

4. -10 ◯ -2 **5.** -6 ◯ 6 **6.** -7 ◯ -8

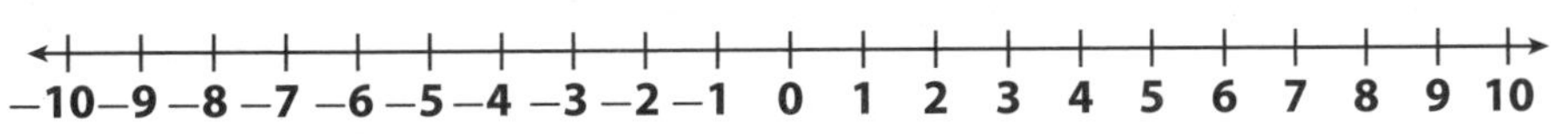

7. Escribe dos desigualdades para comparar -2 y -18. ____________

8. Escribe dos desigualdades para comparar 39 y -39. ____________

Práctica con supervisión

1a. Representa la temperatura de cada ciudad en la recta numérica. (Actividad para explorar)

Ciudad	A	B	C	D	E
Temperatura (°F)	−9	10	−2	0	4

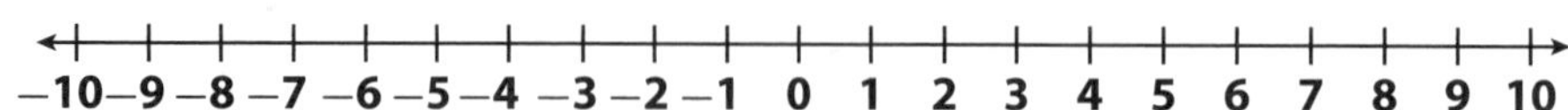

b. ¿Qué ciudad tuvo la temperatura más fría? ____________

c. ¿Qué ciudad tuvo la temperatura más cálida? ____________

Ordena los números de menor a mayor. (Ejemplo 1)

2. 4, −6, 0, 8, −9, 1, −3

____

3. −65, 34, 7, −13, 55, 62, −7

____

4. Escribe dos desigualdades que comparen −17 con −22. ____________________

Compara. Escribe $<$ o $>$. (Ejemplo 2)

5. −9 ◯ 2

6. 0 ◯ 6

7. 3 ◯ −7

8. 5 ◯ −10

9. −1 ◯ −3

10. −8 ◯ −4

11. −4 ◯ 1

12. −2 ◯ −6

13. Compara las temperaturas de las siguientes ciudades. Escribe $<$ o $>$. (Ejemplo 2)

Ciudad	Alexandria	Redwood Falls	Grand Marais	Winona	International Falls
Temperatura promedio en marzo (°C)	−3	0	−2	2	−4

a. Alexandria y Winona ____________________

b. Redwood Falls e International Falls ____________________

ÉNFASIS EN LA PREGUNTA ESENCIAL

14. ¿Cómo puedes comparar y ordenar números con una recta numérica?

____

____

____

Nombre ________________ Clase ________________ Fecha ________________

1.2 Práctica independiente

ESTÁNDARES COMUNES 6.NS.7, 6.NS.7a, 6.NS.7b

15. Representaciones múltiples Una liga de hockey lleva la cuenta de la diferencia individual de goles, que es la diferencia entre los goles anotados y recibidos por un equipo mientras un jugador dado está en la pista. La tabla siguiente muestra las diferencias individuales de goles de varios jugadores de hockey.

Jugador	A. Jones	B. Sutter	E. Simpson	L. Mays	R. Tomas	S. Klatt
Diferencia de goles	−8	4	9	−3	−4	3

a. Representa los valores en la recta numérica.

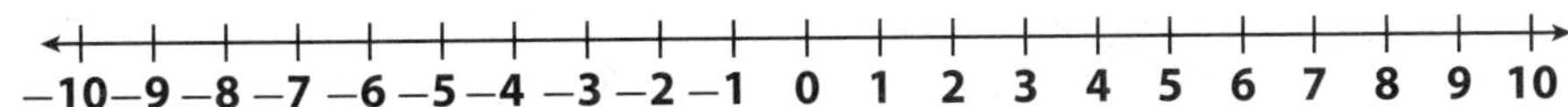

b. ¿Qué jugador tiene la mejor diferencia de goles? ________________

Astronomía En la tabla aparecen las temperaturas promedio en la superficie de algunos planetas. Escribe una desigualdad que compare las temperaturas en cada par de planetas.

Planeta	Temperatura promedio en la superficie (°C)
Mercurio	167
Urano	−197
Neptuno	−200
Tierra	15
Marte	−65
Júpiter	−110

16. Urano y Júpiter ________________

17. Mercurio y Marte ________________

18. Ordena los planetas de mayor a menor, temperatura promedio sobre la superficie. ________________

____

19. Representa problemas de la vida real Para un proyecto sobre el mercado de valores, cinco estudiantes invirtieron dinero ficticio en una acción. Llevaron la cuenta de las ganancias y pérdidas de esa acción durante una semana. En la tabla siguiente, un número positivo representa ganancia y un número negativo representa pérdida.

Estudiantes	Andre	Bria	Carla	Daniel	Ethan
Ganancias y pérdidas ($)	7	−2	−5	2	4

Representa los resultados de los estudiantes en la recta numérica. Luego ordénalos de menor a mayor.

a. Representa los valores en una recta numérica.

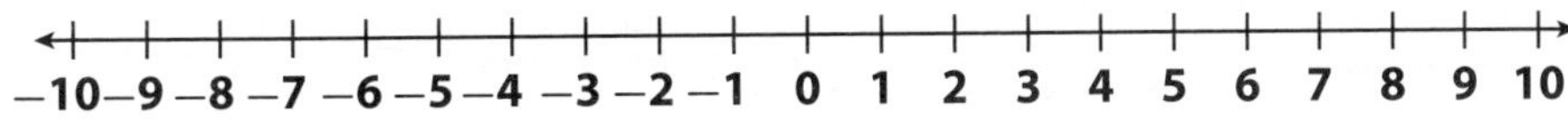

b. Los resultados ordenados de menor a mayor son: ________________.

Geografía **En la tabla aparecen las elevaciones más bajas de varios países. Un número negativo significa que la elevación está por debajo del nivel del mar y un número positivo significa que la elevación está sobre el nivel del mar. Compara la elevación más baja para cada par de países. Escribe $<$ o $>$.**

País	Elevación más baja (pies)
Argentina	−344
Australia	−49
República Checa	377
Hungría	249
Estados Unidos	−281

20. Argentina y Estados Unidos ____________________

21. República Checa y Hungría ____________________

22. Hungría y Argentina ____________________

23. ¿Qué país en la tabla tiene la elevación más baja? ____________________

24. **Analiza las relaciones** Hay tres números a, b y c, donde $a > b$ y $b > c$. Describe las posiciones de los números en una recta numérica.

____

____

____

____

ENFOQUE EN ALTA CAPACIDAD DE RAZONAMIENTO

Área de trabajo

25. **Critica el razonamiento** A las 9 a.m. la temperatura ambiente era de −3 °F. Al mediodía la temperatura era de −12 °F. Jorge dijo que estaba subiendo la temperatura ambiente. ¿Tiene razón? Explica.

____

26. **Resolución de problemas** Los puntajes de golf representan la cantidad de golpes sobre o bajo par. Un número negativo significa que se realizo una cantidad de golpes bajo par y un número positivo significa que el número de golpes realizados fue sobre par. El ganador en golf tiene el puntaje más bajo. En un partido de golf, el puntaje de Ángela fue de −5 y el de Lisa −8. ¿Quién ganó el partido? Explica.

____

27. **Busca un patrón** Ordena −3, 5, 16 y −10 de menor a mayor. Luego ordena los mismos números desde el más cercano a cero hasta el más lejano. Describe en qué se parecen ambas listas. ¿Sería igual si los números fueran −3, 5, −16 y −10?

____

____

____

____

____

LECCIÓN

1.3 Valor absoluto

ESTÁNDARES COMUNES **6.NS.7c**

Understand the absolute value of a rational number… interpret absolute value as magnitude… in a real-world situation. *Also 6.NS.7, 6.NS.7d*

PREGUNTA ESENCIAL

¿Cómo puedes hallar y usar el valor absoluto?

ACTIVIDAD PARA EXPLORAR 1

6.NS.7, 6.NS.7c

Hallar el valor absoluto

El **valor absoluto** de un número es la distancia a la que está ese número de 0 en una recta numérica. Por ejemplo, el valor absoluto de -3 es 3 porque -3 está a 3 unidades de 0. El valor absoluto de -3 se escribe $|-3|$.

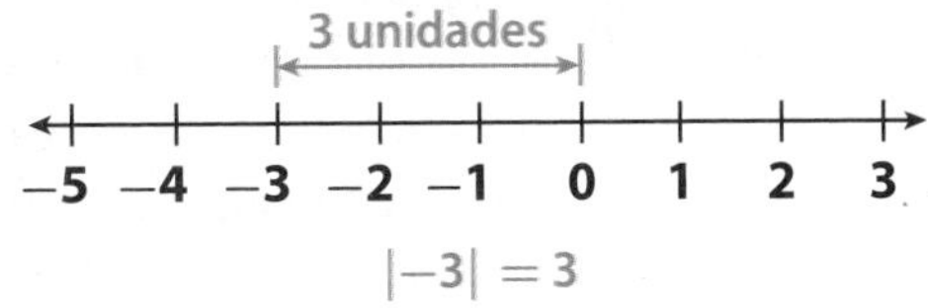

Como el valor absoluto representa una distancia, nunca es negativo.

Representa en la recta numérica los siguientes números. Luego usa la recta numérica para hallar cada valor absoluto.

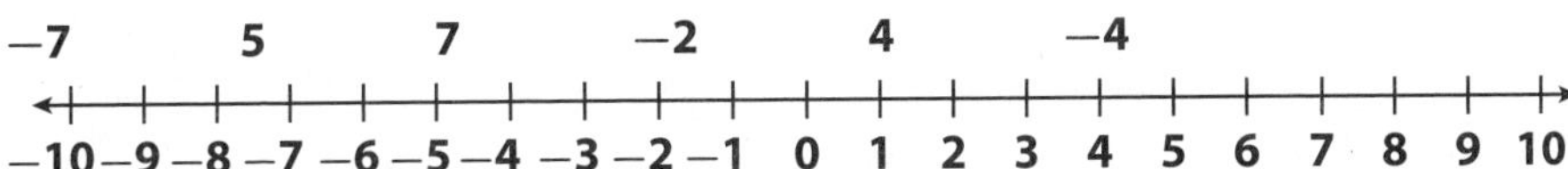

A $|-7| =$ ______ **B** $|5| =$ ______ **C** $|7| =$ ______

D $|-2| =$ ______ **E** $|4| =$ ______ **F** $|-4| =$ ______

Reflexiona

1. **Analiza las relaciones** ¿Qué pares de números tienen un mismo valor absoluto? ¿Qué relación hay entre esos números?

______

______

2. **Justifica tu razonamiento** Los números negativos son menores que los números positivos. ¿Significa esto que el valor absoluto de un número negativo debe ser menor que el valor absoluto de un número positivo? Explica.

______

______

______

______

Valor absoluto en una situación de la vida real

En general, en situaciones reales, en lugar de usar números negativos se usan valores absolutos. Por ejemplo si haces una compra de \$25 con una tarjeta de regalo de \$50, el cambio en el saldo de tu tarjeta se puede representar como −\$25.

EJEMPLO 1 En el mundo

ESTÁNDARES COMUNES 6.NS.7c

Jake compra un álbum de canciones de su banda favorita con su tarjeta de regalo de una tienda de música en línea.

Música en línea
Saldo de la cuenta $25.00
Carrito 1 álbum $10.00

Halla el número negativo que representa el cambio en el saldo de la tarjeta de Jake después de hacer su compra. Explica cómo en esta situación se puede expresar este número con un valor absoluto.

PASO 1 Halla el entero negativo que representa el cambio en el saldo.

−\$10 *El saldo disminuyó \$ 10, entonces debes usar un número negativo.*

Charla matemática
Prácticas matemáticas

Explica por qué el precio que Jake pagó por el álbum está representado por un número negativo.

PASO 2 Halla el valor absoluto de −\$10 en la recta numérica.

−10 se encuentra a 10 unidades de 0 en la recta numérica.

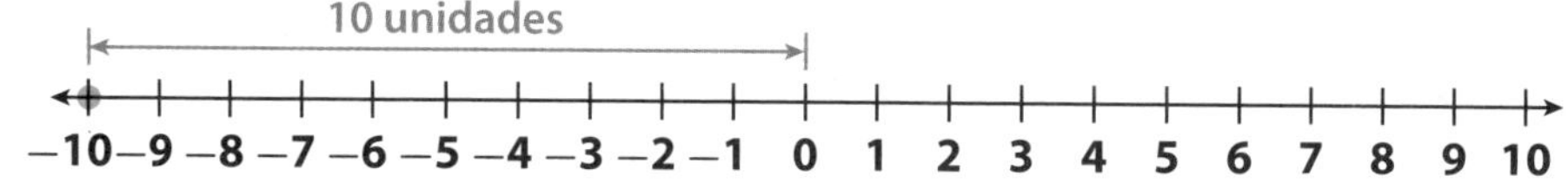

El valor absoluto de −\$10 es \$10 o $|-10| = 10$.

El saldo de la tarjeta de Jake disminuyó \$10.

Reflexiona

3. **Comunica ideas matemáticas** Explica por qué el valor absoluto de un número nunca es negativo.

ES TU TURNO

4. Por la noche la temperatura llegó a -13 °F. Escribe un enunciado equivalente sobre la temperatura usando el valor absoluto del número.

____

Halla los valores absolutos.

5. $|-12|$ ________ **6.** $|91|$ ________ **7.** $|-55|$ ________

8. $|0|$ ________ **9.** $|88|$ ________ **10.** $|1|$ ________

ACTIVIDAD PARA EXPLORAR 2 

6.NS.7c, 6.NS.7d

Comparar valores absolutos

Puedes comparar números negativos en situaciones de la vida real usando valores absolutos.

María, Susan, George y Antonio revisaron el saldo de sus tarjetas de crédito en sus celulares. A continuación se muestran las cantidades que deben.

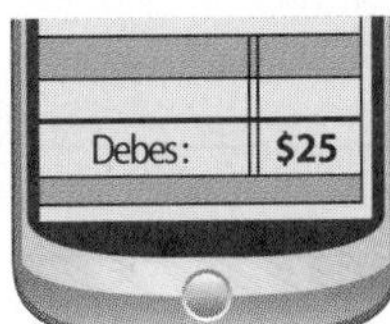

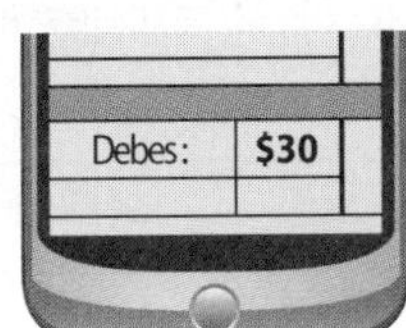

________ ________ ________ ________

Responde las siguientes preguntas. Cuando acabes, tendrás suficientes pistas para emparejar cada celular con la persona a la que le corresponde.

Recuerda: Cuando alguien debe una cantidad de dinero positiva, significa que tiene un saldo *negativo*.

A El saldo de la tarjeta de crédito de María es menor que $-30. ¿Debe María más de $30 o menos? _______________

B El saldo de la tarjeta de crédito de Susan es mayor que $-25. ¿Debe Susan más de $25 o menos? _______________

C El saldo de la tarjeta de crédito de George es $5 menor que el saldo de Susan. ¿Debe George más o menos que Susan? _______________

D Antonio debe $15 menos que María. Esto significa que el saldo de Antonio es _______________ que el saldo de María.

E Escribe el nombre de cada persona debajo de su celular.

Reflexiona

11. **Analiza las relaciones** Describe la relación entre un saldo de tarjeta de crédito negativo y la cantidad que se debe usando un valor absoluto.

____

Práctica con supervisión

1. **Vocabulario** Si un número es _______________ entonces el número es menor que su valor absoluto. (Actividad para explorar 1)

2. Si Ryan paga el total anual del seguro de su auto en un solo pago, obtiene un crédito de $28. Si decide pagar mensualmente, deberá pagar un recargo de $10 cada mes que se retrase en los pagos. (Actividad para explorar 1, Ejemplo 1)

a. ¿Cuál de estos valores se puede representar con un número negativo? Explica.

____

____

b. Halla en la recta numérica el valor absoluto de la respuesta a la pregunta a. _______________

3. Leo, Gabrielle, Sinea y Tomás juegan un videojuego. En la tabla siguiente aparecen sus puntajes. (Actividad para explorar 2)

Nombre	Leo	Gabrielle	Sinea
Puntaje	menos de –100 puntos	20 puntos más que Leo	50 puntos menos que Leo

a. Leo quiere obtener suficientes puntos para obtener un puntaje positivo. ¿Debe obtener más o menos de 100 puntos? _______________

b. Gabrielle quiere obtener suficientes puntos para no tener un puntaje negativo. ¿Debe obtener más o menos puntos que Leo? _______________

c. Sinea quiere obtener suficientes puntos para tener un puntaje más alto que el de Leo. ¿Debe obtener más o menos de 50 puntos? _______________

ÉNFASIS EN LA PREGUNTA ESENCIAL

4. ¿Cuándo es el valor absoluto de un número igual al valor del número?

____

Nombre ______________________ Clase ______________ Fecha ______________

1.3 Práctica independiente

ESTÁNDARES COMUNES 6.NS.7, 6.NS.7c, 6.NS.7d

5. Competencia en finanzas Jacob ganó $80 cuidando niños y los depositó en su cuenta de ahorros. La semana siguiente gastó $85 en videojuegos. Describe con enteros los cambios semanales en el saldo de la cuenta de ahorros de Jacob.

____

____

6. Competencia en finanzas El saldo de la cuenta de ahorros de Sara cambió $34 una semana y −$67 la semana siguiente. ¿Qué cantidad representa el cambio más grande? ______________________

7. Analiza las relaciones Bertrand colecciona carteles de películas. El número de carteles en su colección cambia cada mes porque él compra y vende carteles. La tabla muestra cuántos carteles compró y vendió cada mes.

Mes	Enero	Febrero	Marzo	Abril
Carteles	Vendió 20	Compró 12	Compró 22	Vendió 28

a. ¿En qué meses hubo cambios que se pueden representar con números positivos? ¿En qué meses hubo cambios que se pueden representar con números negativos? Explica.

____

____

____

____

b. Según la tabla, ¿en qué mes cambió más la cantidad de carteles en la colección de Bertrand? Explica tu respuesta usando el valor absoluto.

____

____

____

8. Ciencias de la Tierra El Valle de la Muerte tiene una elevación de −282 pies en relación al nivel del mar. Explica cómo puedes usar el valor absoluto para describir la elevación del Valle de la Muerte con un entero positivo.

____

____

9. Comunica ideas matemáticas Lisa y Alice juegan un juego. Cada jugadora cobra o debe pagar dinero de juguete de acuerdo a los giros de una flecha giratoria. En la tabla hay una lista de cuánto cobra o paga una jugadora en varios turnos.

Rojo	Paga \$5
Azul	Cobra \$4
Amarillo	Paga \$1
Verde	Cobra \$3
Naranja	Paga \$2

a. Expresa las cantidades en la tabla como números positivos o negativos.

___

b. Describe el cambio en la cantidad de dinero que tiene Lisa si la flecha apunta al rojo.

___

___

10. Competencia en finanzas El saldo de la tarjeta de crédito de Sam es menor que −\$36. ¿Debe Sam más o menos que \$36? ___

11. Competencia en finanzas Emily gastó \$55 de sus ahorros en un vestido nuevo. Explica cómo puede describirse el cambio en el saldo de los ahorros de Emily de dos maneras distintas.

___

___

___

H.O.T. ENFOQUE EN ALTA CAPACIDAD DE RAZONAMIENTO

Área de trabajo

12. Haz una conjetura ¿Pueden dos números distintos tener el mismo valor absoluto? Si la respuesta es sí, da un ejemplo. De no ser así, explica por qué.

___

13. Comunica ideas matemáticas ¿Es verdadero $-|-4| = |-(-4)|$? Justifica tu respuesta.

___

14. Critica el razonamiento Angelique dice que hallar el valor absoluto de un número es lo mismo que hallar el opuesto de un número. Por ejemplo $|-5| = 5$. Explica su error.

___

___

___

___

¿Listo para seguir?

1.1 Identificar enteros y sus opuestos

1. La tabla muestra las elevaciones en pies de varios lugares en un pueblo costero. Representa y rotula los lugares en la recta numérica de acuerdo a sus elevaciones.

Lugar	Oficina de correos *A*	Biblioteca *B*	Ayuntamiento *C*	Lavandería *D*	Tienda de mascotas *E*
Elevación (pies)	8	−3	−9	3	1

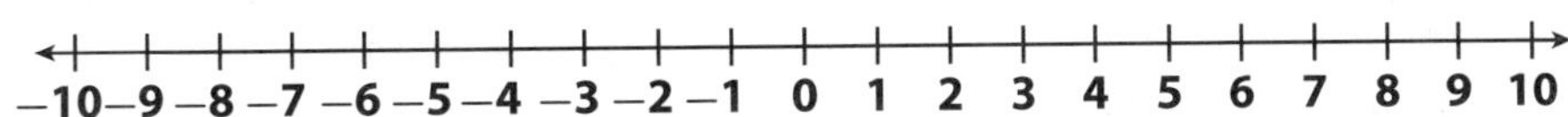

Escribe el opuesto de cada número.

2. −22 ______________

3. 0 ______________

1.2 Comparar y ordenar enteros

Haz una lista de los números ordenados de menor a mayor.

4. −2, 8, −15, −5, 3, 1 ______________

Compara. Escribe $<$ o $>$.

5. −3 ◯ −15

6. 9 ◯ −10

1.3 Valor absoluto

Represeta los números en la recta numérica. Luego halla cada valor absoluto con ayuda de la recta numérica.

−10 −9 −8 −7 −6 −5 −4 −3 −2 −1 0 1 2 3 4 5 6 7 8 9 10

7. $|2|$ ______________

8. $|-8|$ ______________

9. $|-5|$ ______________

PREGUNTA ESENCIAL

10. ¿Cómo puedes usar el valor absoluto para representar un número negativo en una situación de la vida real?

____

____

MÓDULO 1 REPASO MIXTO

Preparación para la evaluación

Respuesta seleccionada

1. ¿Qué recta numérica representa 2, 3 y −3?

Ⓐ 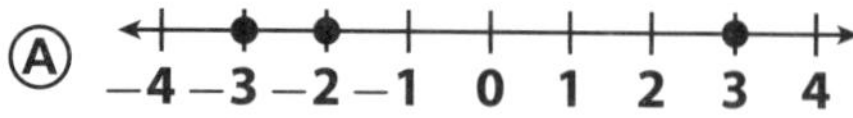

Ⓑ 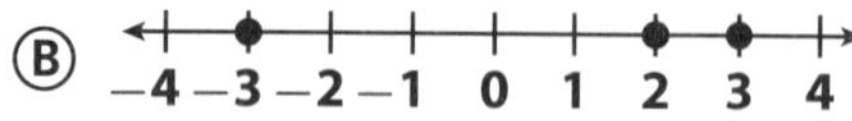

Ⓒ −4 −3 −2 −1 0 1 2 3 4

Ⓓ −4 −3 −2 −1 0 1 2 3 4

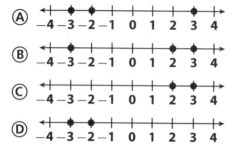

2. ¿Cuál es el opuesto de −3?

Ⓐ 3 Ⓒ $-\frac{1}{3}$

Ⓑ 0 Ⓓ $\frac{1}{3}$

3. Darrel está a 20 metros bajo el nivel del mar. ¿Qué enunciado describe correctamente la elevación opuesta a la de Darrel?

Ⓐ 20 pies bajo el nivel del mar

Ⓑ 20 pies sobre el nivel del mar

Ⓒ 2 pies bajo el nivel del mar

Ⓓ Al nivel del mar

4. ¿Cuál tiene el mismo valor absoluto que −55?

Ⓐ 0 Ⓒ 1

Ⓑ −1 Ⓓ 55

5. La temperatura en Bangor es de −3 °F, en Fairbanks es de −12 °F, en Fargo es de −8 °F y en Calgary es de −15 °F. ¿En qué ciudad hace más frío?

Ⓐ Bangor Ⓒ Fargo

Ⓑ Fairbanks Ⓓ Calgary

6. ¿Cuál muestra los enteros ordenados de menor a mayor?

Ⓐ 20, 6, −2, −13 Ⓒ −13, −2, 6, 20

Ⓑ −2, 6, −13, 20 Ⓓ 20, −13, 6, −2

7. ¿Cómo usarías una recta numérica para ordenar los enteros de mayor a menor?

Ⓐ Representar los enteros y luego leerlos de izquierda a derecha.

Ⓑ Representar los enteros y luego leerlos de derecha a izquierda.

Ⓒ Representar los valores absolutos de los enteros y luego leerlos de izquierda a derecha.

Ⓓ Representar los valores absolutos de los enteros y luego leerlos de derecha a izquierda.

Minitarea

8. La tabla muestra el cambio en varias cuentas de ahorros durante el mes pasado.

Cuenta	Cambio
A	$25
B	−$45
C	−$302
D	$108

a. Enumera las cantidades en dólares en el orden en que aparecerían en la recta numérica de izquierda a derecha.

b. ¿Qué cuenta de ahorros tuvo el mayor cambio en valor absoluto? Describe el cambio en esa cuenta.

c. ¿En qué cuenta de ahorros fue menor el cambio en valor absoluto?

Factores y múltiplos

LECCIÓN 2.1

Máximo común divisor

6.NS.4

LECCIÓN 2.2

Mínimo común múltiplo

ESTÁNDARES COMUNES 6.NS.4

PREGUNTA ESENCIAL

¿Cómo puedes usar el máximo común divisor o el mínimo común múltiplo para resolver problemas de la vida real?

Vídeo de la vida real

Los organizadores de banquetes y otros eventos especiales planean muchas cosas, incluyendo menús, distribución de los asientos, decoraciones de las mesas y los recuerdos de las fiestas. Los factores y los múltiplos pueden ser muy útiles para este trabajo.

my.hrw.com

APRENDE EN LÍNEA

my.hrw.com

my.hrw.com

Las versiones digitales de todas las páginas del libro del estudiante están disponibles en línea.

Matemáticas al instante

Escanea con tu celular para entrar directamente en la edición en línea del Vídeo tutorial y más.

Matemáticas en acción

Explora interactivamente los conceptos clave para ver cómo funcionan las matemáticas.

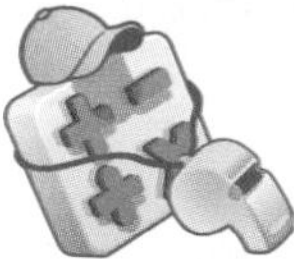

Entrenador personal en matemáticas

Obtén comentarios y ayuda al instante a medida que trabajas en las prácticas.

¿Estás listo?

Completa estos ejercicios para repasar las destrezas que necesitarás en este módulo.

Entrenador personal en matemáticas

my.hrw.com

Evaluación e intervención en línea

Múltiplos

EJEMPLO

$5 \times 1 = 5$ $5 \times 2 = 10$ $5 \times 3 = 15$ $5 \times 4 = 20$ $5 \times 5 = 25$

Para calcular los primeros 5 múltiplos de 5, multiplica 5 por 1, 2, 3, 4 y 5.

Enumera los primeros cinco múltiplos del número.

1. 7 ________ **2.** 11 ________ **3.** 15 ________

Factores

EJEMPLO

$1 \times 12 = 12$
$2 \times 6 = 12$
$3 \times 4 = 12$
Los factores de 12 son 1, 2, 3, 4, 6, 12.

Para calcular los factores de 12, usa la tabla de multiplicar por 12. Continúa hasta que los pares de factores se repitan.

Escribe todos los factores del número.

4. 24 ________ **5.** 36 ________

6. 45 ________ **7.** 32 ________

Propiedades de la multiplicación (Distributiva)

EJEMPLO

$7 \times 14 = 7 \times (10 + 4)$
$= (7 \times 10) + (7 \times 4)$
$= 70 + 28$
$= 98$

Para multiplicar un número por una suma, multiplica el número por cada sumando y suma los productos.

Aplica la propiedad distributiva para calcular el producto.

8. $8 \times 15 = 8 \times (\square + \square)$
$= (\square \times \square) + (\square \times \square)$
$= \square + \square$
$= \square$

9. $6 \times 17 = 6 \times (\square + \square)$
$= (\square \times \square) + (\square \times \square)$
$= \square + \square$
$= \square$

Práctica de vocabulario

Visualiza el vocabulario

Completa el cuadro con las palabras que tengan un ✔.

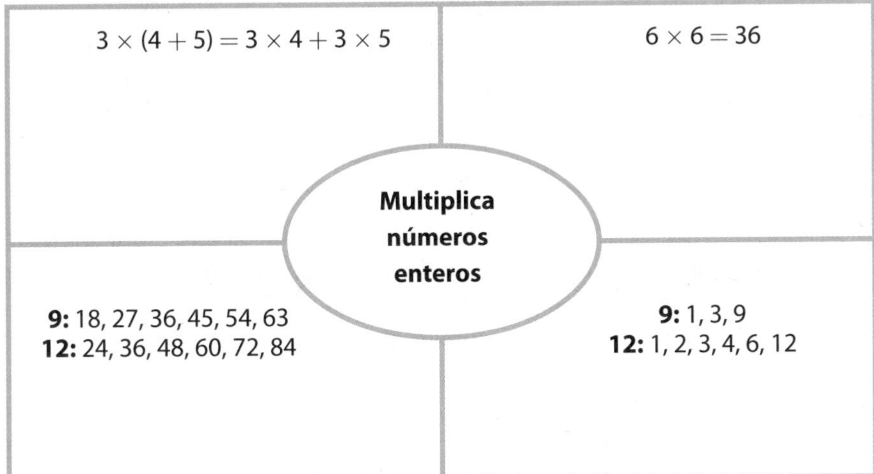

Vocabulario

Palabras de repaso

- ✔ área *(area)*
- ✔ factor *(factor)*
- ✔ múltiplo *(multiple)*
- ✔ producto *(product)*
- ✔ propiedad distributiva *(Distributive Property)*

Palabras nuevas

- máximo común divisor (MCD) *(greatest common factor (GCF))*
- mínimo común múltiplo (mcm) *(least common multiple (LCM))*

Comprende el vocabulario

Elije las palabras de repaso para completar las oraciones siguientes.

1. De todos los números enteros que dividen exactamente a dos o más números, el que tiene el mayor valor es el ______________________.

2. De todos los productos comunes de dos números, el que tiene el menor valor es el ______________________.

Lectura con propósito

Plegado de dos paneles Crea un plegado de dos paneles como ayuda para entender los conceptos de este módulo. Rotula una de los solapas "Máximo común divisor" y rotula la otra "Mínimo común múltiplo". A medida que estudies cada lección, escribe las ideas importantes en la solapa correspondiente.

ESTÁNDARES COMUNES

MÓDULO 2

Desglosar los estándares

Comprender los estándares y las palabras de vocabulario te ayudará a saber exactamente lo que se espera que aprendas en este módulo.

ESTÁNDARES COMUNES **6.NS.4**

Calcular el **máximo común divisor** de dos números enteros menores o iguales a 100 y el mínimo común múltiplo de dos números enteros menores o iguales a 12. Aplicar la propiedad distributiva para expresar una suma de dos números enteros del 1 al 100 con un factor en común como el múltiplo de una suma de dos números enteros sin factores comunes.

Vocabulario clave

máximo común divisor (MCD)
(greatest common factor (GCF))
El mayor de los factores comunes de dos o más números dados.

Lo que significa para ti

Determinarás el máximo común divisor de dos o más números y resolverás problemas de la vida real que impliquen el máximo común divisor.

DESGLOSAR EL EJEMPLO 6.NS.4

En la clase de ciencias de la Srta. Ruíz, hay 12 chicos y 18 chicas. Cada grupo de laboratorio debe tener el mismo número de chicos y el mismo número de chicas. ¿Cuál es el máximo número de grupos que puede formar la Srta. Ruíz si cada estudiante debe estar en un grupo?

Factores de 12: 1, 2, 3, 4, 6, 12

Factores de 18: 1, 2, 3, 6, 9, 18

El MCD de 12 y 18 es 6. El número mayor de grupos que puede formar la Srta. Ruíz es 6.

ESTÁNDARES COMUNES **6.NS.4**

Calcular el máximo común divisor de dos números enteros menores o iguales a 100 y el **mínimo común múltiplo** de dos números enteros menores o iguales a 12, ...

Vocabulario clave

mínimo común múltiplo (mcm)
(least common multiple (LCM))
El número menor, diferente de cero, que sea múltiplo de dos o más números dados.

Lo que significa para ti

Determinarás el mínimo común múltiplo de dos números y resolverás problemas de la vida real que impliquen el mínimo común múltiplo.

DESGLOSAR EL EJEMPLO 6.NS.4

La familia de Lydia proveerá jugos envasados y barras de granola para 24 jugadores. Los jugos vienen en paquetes de 6 y las barras de granola en paquetes de 8. ¿Cuál es el número menor de paquetes de cada uno que se necesitan comprar para que cada jugador reciba una bebida y una barra de granola sin que sobren?

Múltiplos de 6: 6, 12, 18, 24, 30, ...

Múltiplos de 8: 8, 16, 24, 32, ...

El mcm de 6 y 8 es 24. La familia de Lydia debe comprar $24 \div 6 = 4$ paquetes de jugo y $24 \div 8 = 3$ paquetes de barras de granola.

Visita my.hrw.com para ver todos los **Estándares comunes** desglosados.

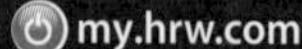

my.hrw.com

LECCIÓN 2.1

Máximo común divisor

ESTÁNDARES COMUNES 6.NS.4

Find the greatest common factor of two whole numbers. . . .

PREGUNTA ESENCIAL

¿Cómo puedes calcular y usar el máximo común divisor de dos números enteros?

ACTIVIDAD PARA EXPLORAR 1 

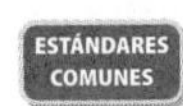

6.NS.4

Comprender los factores comunes

El **máximo común divisor (MCD)** de dos números es el factor mayor compartido por los números.

Un florista hace ramos con 18 rosas y 30 tulipanes. Todos los ramos incluyen rosas y tulipanes. Si todos los ramos son idénticos, ¿cuáles son los ramos posibles que puede hacer?

A Completa las tablas para representar las maneras posibles de repartir los dos tipos de flores en ramos.

Rosas

Número de ramos	1	2	3	6	9	18
Número de rosas en cada ramo	18	9				

Tulipanes

Número de ramos	1	2	3	5	6	10	15	30
Número de tulipanes en cada ramo	30							

B ¿Puede el florista hacer cinco ramos usando todas las flores? Explica.

____

C ¿Cuáles son los factores comunes de 18 y 30? ¿Qué representan?

____

D ¿Cuál es el MCD de 18 y 30? ______________

Reflexiona

1. **¿Qué pasa si...?** El florista tiene 18 rosas y 36 tulipanes. ¿Cuál es el MCD del número de rosas y tulipanes? Explica.

____

Calcular el máximo común divisor

Una manera de calcular el MCD de dos números es hacer una lista de todos sus factores. Luego puedes identificar factores comunes y el MCD.

Mis notas

EJEMPLO 1

ESTÁNDARES COMUNES 6.NS.4

Un panadero tiene 24 panecillos de sésamo y 36 panecillos regulares para colocarlos en cajas. Cada caja debe tener el mismo número de cada tipo de panecillos. ¿Cuál es el mayor número de cajas que puede llenar el panadero usando todos los panecillos? ¿Cuántos panecillos de sésamo y cuántos panecillos regulares habrá en cada caja?

PASO 1 Haz una lista de todos los factores de 24 y 36. Luego, encierra en un círculo los factores comunes.

El panadero puede dividir 24 panecillos de sésamo en grupos de 1, 2, 3, 4, 6, 8, 12 o 24

Factores de 24: (1) (2) (3) (4) (6) 8 (12) 24

Factores de 36: (1) (2) (3) (4) (6) 9 (12) 18 36

PASO 2 Calcula el MCD de 24 y 36.

El MCD es 12. Entonces el número mayor de cajas que puede llenar el panadero es 12. Habrá 2 panecillos de sésamo en cada caja porque $24 \div 12 = 2$. Habrá 3 panecillos regulares porque $36 \div 12 = 3$.

Reflexiona

2. **Razonamiento crítico** ¿Cuál es el MCD de dos números primos? Da un ejemplo.

____

ES TU TURNO

Calcula el MCD de cada par de números.

3. 14 y 35 ____________ 4. 20 y 28 ____________

5. La clase de sexto grado compite en el día de campo escolar. Hay 32 chicas y 40 chicos que quieren participar. Cada equipo debe tener el mismo número de chicas y chicos. ¿Cuál es el número mayor de equipos que pueden formarse? ¿Cuántos chicos y cuántas chicas habrá en cada equipo?

____

ACTIVIDAD PARA EXPLORAR 2 ESTÁNDARES COMUNES 6.NS.4

Aplicar la propiedad distributiva

Puedes aplicar la propiedad distributiva para rescribir una suma de dos o más números como el producto de sus MCD por una suma de números sin factores comunes. Para comprender cómo, puedes usar papel cuadriculado para trazar modelos de área de 45 y 60 unidades. Los siguientes son todos los modelos de área posibles de 45 unidades.

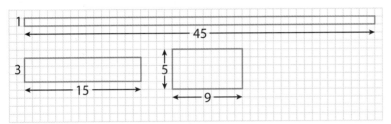

A ¿Qué representan las longitudes laterales de los modelos de área?

(1, 3, 5, 9, 15 y 45) ______________________

B Traza en el papel cuadriculado todos los modelos posibles de área de 60 unidades.

____

C ¿Qué tienen en común las longitudes laterales de los modelos de área de 45 y 60 unidades? ¿Qué representan estas longitudes laterales?

____

D ¿Cuál es la mayor longitud lateral común? ¿Qué representa?

____

E Escribe 45 como el producto del MCD por otro número. ____________

Escribe 60 como el producto del MCD por otro número. ____________

F Usa tus respuestas anteriores para rescribir $45 + 60$.

$45 + 60 = 15 \times$ ____ $+ 15 \times$ ____

Aplica la propiedad distributiva y la respuesta anterior para escribir $45 + 60$ como el producto del MCD por una suma de dos números.

$15 \times$ ____ $+ 15 \times$ ____ $= 15 \times ($____ $+$ ____$) = 15 \times 7$

Charla matemática
Prácticas matemáticas
¿Cómo puedes comprobar si está correcto el producto?

Reflexiona

Escribe la suma de los números como el producto de sus MCD por otra suma.

6. $27 + 18$ ______________________

7. $120 + 36$ ______________________

8. $9 + 35$ ______________________

Práctica con supervisión

1. Lee cose botones a chalecos. Tiene 16 botones verdes y 24 botones amarillos y cada chaleco debe tener el mismo número de botones amarillos y verdes. ¿Cuáles son los números de chalecos posibles que puede hacer Lee? ¿Cuál es el mayor número de chalecos que puede hacer Lee? (Actividad para explorar 1, Ejemplo 1)

Enumera los factores de 16 y 24. Luego, encierra en un círculo los factores comunes.

Factores de 16:								
Factores de 24:								

¿Cuáles son los factores comunes de 16 y 24? ____________________

¿Cuáles son los números posibles de chalecos que puede hacer Lee? __________

¿Cuál es el MCD de 16 y 24? ____________________

¿Cuál es el mayor número de chalecos que puede hacer Lee? __________

Escribe la suma de los números como un producto de su MCD por otra suma. (Actividad para explorar 2)

2. $36 + 45$

¿Cuál es el MCD de 36 y 45? __________

Escribe cada número como el producto del MCD por otro número. Luego reescribe la suma usando la propiedad distributiva.

$(\square \times \square) + (\square \times \square) = (\square) \times (\square + \square)$

3. $75 + 90$

¿Cuál es el MCD de 75 y 90? __________

Escribe cada número como el producto del MCD por otro número. Luego reescribe la suma usando la propiedad distributiva.

$(\square \times \square) + (\square \times \square) = (\square) \times (\square + \square)$

ÉNFASIS EN LA PREGUNTA ESENCIAL

4. Describe cómo calculas el MCD de dos números.

____

____

Nombre ______________________ Clase ______________ Fecha ______________

2.1 Práctica independiente

6.NS.4

Entrenador personal en matemáticas

my.hrw.com

Evaluación e intervención en línea

Enumera los factores de cada número.

5. 12 ______________ **6.** 50 ______________

7. 39 ______________ **8.** 64 ______________

Calcula el MCD de cada par de números.

9. 40 y 48 ______________ **10.** 30 y 45 ______________

11. 10 y 45 ______________ **12.** 25 y 90 ______________

13. 21 y 40 ______________ **14.** 28 y 70 ______________

15. 60 y 72 ______________ **16.** 45 y 81 ______________

17. 28 y 32 ______________ **18.** 55 y 77 ______________

19. Carlos ordena libros en una repisa. Tiene 24 novelas y 16 autobiografías. Cada repisa debe tener el mismo número de novelas y autobiografías. Si Carlos debe colocar todos los libros en repisas, ¿cuáles son los números de repisas posibles que usará Carlos?

____

20. La banda de la escuela intermedia tiene 56 miembros. La banda de la escuela secundaria tiene 96 miembros. Durante un desfile, una banda va a marchar enseguida de la otra y el director quiere que las bandas tengan el mismo número de columnas. ¿Cuál es el mayor número de columnas en que se pueden ordenar las dos bandas si cada columna tiene el mismo número de miembros? ¿Cuántos miembros habrá en cada columna?

____

21. En las pruebas para elegir jugadores del equipo de fútbol americano de una escuela local se van a formar grupos con 12 entrenadores y 42 jugadores. Cada grupo debe tener el mismo número de entrenadores y jugadores. ¿Cuál es el mayor número de grupos que pueden formarse? ¿Cuántos entrenadores y jugadores habrá en cada uno de estos grupos?

____

22. Lola coloca aperitivos en platos. Tiene 63 rollitos primavera y 84 cubitos de queso y quiere incluir ambos aperitivos en cada plato. Si cada plato debe tener el mismo número de rollitos primavera y cubitos de queso, ¿cuál es el mayor número de platos que puede llenar usando todos los aperitivos? ¿Cuántos aperitivos de cada tipo habrá en cada plato?

____

Escribe la suma de los números como el producto de su MCD por otra suma.

23. 56 + 64 ______________________

24. 48 + 14 ______________________

25. 30 + 54 ______________________

26. 24 + 40 ______________________

27. 55 + 66 ______________________

28. 49 + 63 ______________________

29. 40 + 25 ______________________

30. 63 + 15 ______________________

31. **Vocabulario** Explica por qué algunas veces el máximo común divisor de dos números es 1.

____

____

____

ENFOQUE EN ALTA CAPACIDAD DE RAZONAMIENTO

Área de trabajo

32. **Comunica ideas matemáticas** Tasha cree que puede rescribir la diferencia de 120 − 36 como el producto del MCD de dos números por otra diferencia. ¿Tiene razón? Explica la respuesta.

____

____

____

33. **Persevera en la resolución de problemas** Explica cómo calcular el máximo común divisor de tres números.

____

____

____

____

____

34. **Critica el razonamiento** La maestra de Xiao le pidió que rescribiera la suma de 60 + 90 como el producto del MCD de los dos números por una suma. Xiao escribió 3(20 + 30) ¿Qué error cometió Xiao? ¿Cómo debió escribir la suma?

____

____

____

____

LECCIÓN 2.2

Mínimo común múltiplo

6.NS.4

Find . . . the least common multiple of two whole numbers. . . .

PREGUNTA ESENCIAL

¿Cómo hallas y usas el mínimo común múltiplo de dos números?

ACTIVIDAD PARA EXPLORAR   6.NS.4

Calcular el mínimo común múltiplo

Un múltiplo de un número es el producto de un número por otro número. Por ejemplo, 9 es múltiplo del número 3. El **mínimo común múltiplo (mcm)** es el menor múltiplo común de dos o más números positivos.

Ned entrena para un biatlón. Nadará cada 6 días y montará bicicleta cada 8 días ¿Qué día hará ambas actividades?

A En la siguiente tabla, sombrea cada día en el que nadará y encierra en un círculo cada día en el que montará bicicleta.

1	2	3	4	5	6	7	8	9	10
11	12	13	14	15	16	17	18	19	20
21	22	23	24	25	26	27	28	29	30
31	32	33	34	35	36	37	38	39	40
41	42	43	44	45	46	47	48	49	50
51	52	53	54	55	56	57	58	59	60
61	62	63	64	65	66	67	68	69	70
71	72	73	74	75	76	77	78	79	80
81	82	83	84	85	86	87	88	89	90
91	92	93	94	95	96	97	98	99	100

B ¿En qué días hará ambas actividades? ____________________

Los números de los días en los que Ned hará las dos actividades son múltiplos comunes de 6 y 8.

Reflexiona

1. Interpreta la respuesta ¿Qué representa el mcm en esta situación?

____

Aplicar el mcm

Puedes usar el mcm de dos números enteros para resolver problemas.

EJEMPLO 1 En el mundo

6.NS.4

Una tienda tiene una promoción. Cada tercer cliente recibe un llavero gratis y cada cuarto cliente recibe un imán gratis. ¿Qué cliente será el primero en recibir un llavero y un imán gratis al mismo tiempo?

PASO 1 Enumera los múltiplos de 3 y 4. Luego, encierra en un círculo los múltiplos comunes.

Múltiplos de 3: 3 6 9 (12) 15 18 21 (24) 27

Múltiplos de 4: 4 8 (12) 16 20 (24) 28 32 36

PASO 2 Halla el mcm de 3 y 4.

El mcm es 12.

El primer cliente en recibir un llavero y un imán gratis es el 12° cliente.

Charla matemática
Prácticas matemáticas

¿Qué pasos sigues para enumerar los múltiplos de un número?

ES TU TURNO

2. Halla el mcm de 4 y 9 haciendo listas de los múltiplos. ______

Múltiplos de 4: ______

Múltiplos de 9: ______

Práctica con supervisión

1. Después de cada novena visita a un restaurante, recibes una bebida gratis. Después de cada doceava visita, recibes un aperitivo gratis. Si visitaras este restaurante 100 veces, ¿en qué visitas recibirías una bebida y un aperitivo gratis? ¿En qué visita recibirías por primera vez la bebida y el aperitivo gratis? (Actividad para explorar 1, Ejemplo 1)

______

ÉNFASIS EN LA PREGUNTA ESENCIAL

2. ¿Qué pasos sigues para calcular el mcm de dos números?

______

______

Nombre ______________________ Clase ______________ Fecha ______________

2.2 Práctica independiente

ESTÁNDARES COMUNES 6.NS.4

Calcula el mcm de cada par de números.

3. 8 y 56 ______________

4. 12 y 30 ______________

5. 16 y 24 ______________

6. 9 y 15 ______________

7. 25 y 50 ______________

8. 6 y 10 ______________

9. 14 y 21 ______________

10. 5 y 11 ______________

11. Durante febrero, Kevin regará su hiedra cada tercer día y su cactus cada quinto día.

a. ¿En qué día regará Kevin por primera vez ambas plantas?

____

b. ¿Volverá Kevin a regar en febrero ambas plantas? Explica.

____

____

12. **Vocabulario** Dados dos números, ¿cuál es mayor, el mcm o el MCD de estos números? Explica por qué.

____

____

____

Usa el horario de los trenes.

13. Los trenes de la línea roja y la línea azul acaban de llegar a la estación. ¿Cuándo volverán a llegar a la estación al mismo tiempo?

En ________ minutos.

14. Los trenes de la línea azul y la línea amarilla acaban de llegar a la estación. ¿Cuándo volverán a llegar a la estación al mismo tiempo?

En ________ minutos.

15. Los tres trenes acaban de llegar a la estación. ¿Cuándo volverán a llegar a la estación al mismo tiempo?

En ________ minutos.

Horario de los trenes

Tren	Llega cada...
Línea roja	8 minutos
Línea azul	10 minutos
Línea amarilla	12 minutos

16. Compras un lirio y una violeta africana el mismo día. Te dicen que debes regar el lirio cada 4 días y la violeta cada 7 días. ¿Cuál es el primer día en el que regarás ambas plantas el mismo día? ¿Cómo puedes usar esta respuesta para determinar cada una de las veces en las que regarás ambas plantas el mismo día?

Área de trabajo

H.O.T. ENFOQUE EN ALTA CAPACIDAD DE RAZONAMIENTO

17. ¿Cuál es el mcm de dos números si uno de los números es múltiplo del otro? Da un ejemplo.

18. ¿Cuál es el mcm de dos números que no tienen factores comunes mayores que 1? Da un ejemplo.

19. **Saca conclusiones** El mínimo común múltiplo de dos números es 60 y uno de los números es 7 unidades menor que el otro. ¿Cuáles son los números? Justifica tu respuesta.

20. **Comunica ideas matemáticas** Describe cómo calcular el mínimo común múltiplo de tres números. Da un ejemplo.

¿Listo para seguir?

2.1 Máximo común divisor

Calcula el MCD de cada par de números.

1. 20 y 32 ____________

2. 24 y 56 ____________

3. 36 y 90 ____________

4. 45 y 75 ____________

5. 28 chicas y 32 chicos se ofrecieron a plantar árboles en la escuela. El director formó grupos con igual número de chicas y chicos en cada grupo. ¿Cuál es el mayor número de grupos que puede formar el director? ____________

Escribe la suma de los números como el producto de su MCD y otra suma.

6. $32 + 20$ ____________

7. $18 + 27$ ____________

2.2 Mínimo común múltiplo

Calcula el mcm de cada par de números.

8. 6 y 12 ____________

9. 6 y 10 ____________

10. 8 y 9 ____________

11. 9 y 12 ____________

12. Juanita corre cada tercer día y nada cada quinto día. Si Juanita corre y nada hoy, ¿en cuántos días volverá a correr y nadar el mismo día? ____________

PREGUNTA ESENCIAL

13. ¿Qué tipo de problemas pueden resolverse usando el máximo común divisor? ¿Qué tipo de problemas pueden resolverse usando el mínimo común múltiplo?

____

____

____

____

____

ESTÁNDARES COMUNES

MÓDULO 2 REPASO MIXTO

Preparación para la evaluación

Respuesta seleccionada

1. ¿Cuál es el mínimo común múltiplo de 5 y 150?

Ⓐ 5 Ⓒ 15
Ⓑ 50 Ⓓ 150

2. Víctor tiene 42 tarjetas de béisbol y 70 tarjetas de fútbol americano y quiere agruparlas en paquetes. Cada paquete tendrá el mismo número de tarjetas de béisbol y de fútbol americano y el mismo número de tarjetas en total. ¿Cuántos paquetes formará Víctor si usa todas las tarjetas?

Ⓐ 7 Ⓒ 14
Ⓑ 10 Ⓓ 21

3. Durante un evento promocional una tienda de artículos deportivos le obsequió una camiseta a cada 8° cliente y una botella de agua a cada 10° cliente. ¿Qué cliente fue el primero en recibir una camiseta y una botella de agua gratis?

Ⓐ el 10° cliente
Ⓑ el 20° cliente
Ⓒ el 40° cliente
Ⓓ el 80° cliente

4. La siguiente tabla muestra las posiciones relativas respecto al nivel del mar de 4 buzos.

Kareem	Li	Maria	Tara
−8 pies	−10 pies	−9 pies	−7 pies

¿Qué buzo está más lejos de la superficie?

Ⓐ Kareem Ⓒ Maria
Ⓑ Li Ⓓ Tara

5. ¿Cuál es el máximo común divisor de 12 y 16?

Ⓐ 2 Ⓒ 12
Ⓑ 4 Ⓓ 48

6. ¿Qué expresión es equivalente a $27 + 15$?

Ⓐ $9 \times (3 + 5)$
Ⓑ $3 \times (9 + 15)$
Ⓒ $9 \times (3 + 15)$
Ⓓ $3 \times (9 + 5)$

7. Durante un experimento de ciencias, la temperatura de una solución en el vaso de precipitados 1 era 5 grados bajo cero. La temperatura de una solución en el vaso de precipitados 2 era la opuesta a la del vaso de precipitados 1. ¿Cuál era la temperatura en el vaso de precipitados 2?

Ⓐ −5 grados Ⓒ 5 grados
Ⓑ 0 grados Ⓓ 10 grados

Minitarea

8. Tía compra vasos y platos desechables. Los vasos vienen en paquetes de 12 y los platos vienen en paquetes de 10. Desea comprar el mismo número de vasos y platos pero quiere comprar el menor número de paquetes posible. ¿Cuánto debería pagar Tía si cada paquete de vasos cuesta \$3 y cada paquete de platos cuesta \$5? Explica.

Números racionales

PREGUNTA ESENCIAL

¿Cómo puedes resolver problemas de la vida real usando números racionales?

LECCIÓN 3.1

Clasificar números racionales

6.NS.6

LECCIÓN 3.2

Identificar el opuesto y el valor absoluto de números racionales

6.NS.6, 6.NS.6a, 6.NS.6c, 6.NS.7, 6.NS.7c

LECCIÓN 3.3

Comparar y ordenar números racionales

6.NS.7, 6.NS.7a, 6.NS.7b

my.hrw.com

Vídeo de la vida real

En deportes como el béisbol, los entrenadores, comentaristas y aficionados siguen las estadísticas de los jugadores, como el promedio de bateo, promedio de carreras anotadas y carreras bateadas. Estos valores se informan con números racionales.

APRENDE EN LÍNEA

my.hrw.com

my.hrw.com

Las versiones digitales de todas las páginas del libro del estudiante están disponibles en línea.

Matemáticas al instante

Escanea con tu celular para entrar directamente en la edición en línea del Vídeo tutorial y más.

Matemáticas en acción

Explora interactivamente los conceptos clave para ver cómo funcionan las matemáticas.

Entrenador personal en matemáticas

Obtén comentarios y ayuda al instante a medida que trabajas en las prácticas.

¿Estás listo?

Completa estos ejercicios para repasar las destrezas que necesitarás en este capítulo.

Escribir una fracción impropia como un número mixto

EJEMPLO

$\frac{11}{3} = \frac{3}{3} + \frac{3}{3} + \frac{3}{3} + \frac{2}{3}$ — Escribe una suma usando nombres para uno más una fracción propia.

$= 1 + 1 + 1 + \frac{2}{3}$ — Escribe cada nombre para uno como uno.

$= 3 + \frac{2}{3}$ — Suma los unos.

$= 3\frac{2}{3}$ — Escribe el número mixto.

Escribe las fracciones impropias como números mixtos.

1. $\frac{7}{2}$ ________ **2.** $\frac{12}{5}$ ________ **3.** $\frac{11}{7}$ ________ **4.** $\frac{15}{4}$ ________

Escribir un número mixto como una fracción impropia

EJEMPLO

$3\frac{3}{4} = 1 + 1 + 1 + \frac{3}{4}$ — Escribe el número entero como la suma de unos.

$= \frac{4}{4} + \frac{4}{4} + \frac{4}{4} + \frac{3}{4}$ — Escribe fracciones equivalentes para los unos con el denominador de la fracción.

$= \frac{15}{4}$ — Suma los numeradores.

Escribe los números mixtos como fracciones impropias

5. $2\frac{1}{2}$ ________ **6.** $4\frac{3}{5}$ ________ **7.** $3\frac{4}{9}$ ________ **8.** $2\frac{5}{7}$ ________

Comparar y ordenar decimales

EJEMPLO Ordena de menor a mayor: 7.32, 5.14, 5.16.

7.32 es el mayor.

$5.14 < 5.16$

El orden es 5.14, 5.16, 7.32.

Usa el valor de posición para comparar los números, comenzando con las unidades, luego los décimos y luego los centésimos.

Compara los decimales.

9. 8.86 ________ 8.65 **10.** 0.732 ________ 0.75 **11.** 0.22 ________ 0.022

12. Ordena 0.98, 0.27 y 0.34 de mayor a menor. ________________

Práctica de vocabulario

Vocabulario

Palabras de repaso

- decimal *(decimal)*
- dividendo *(dividend)*
- divisor *(divisor)*
- enteros *(integers)*
- fracción *(fraction)*
- ✔ número entero *(whole number)*
- ✔ números negativos *(negative numbers)*
- ✔ números positivos *(positive numbers)*
- ✔ opuestos *(opposites)*
- valor absoluto *(absolute value)*

Palabras nuevas

- diagrama de Venn *(Venn diagram)*
- número racional *(rational number)*

Visualiza el vocabulario

Completa la red con las palabras que tienen un ✔. Puedes poner más de una palabra en cada casilla.

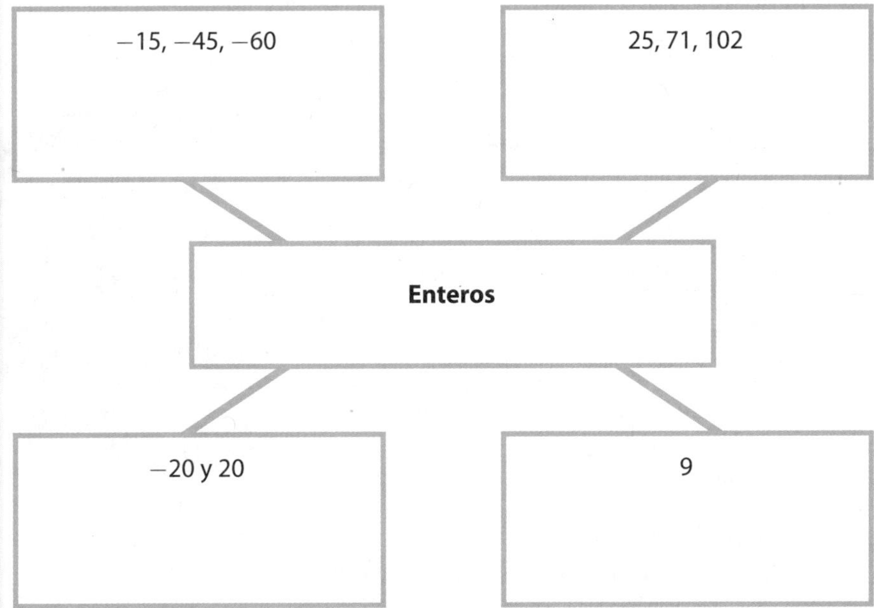

Comprende el vocabulario

Completa los espacios en blanco con las palabras nuevas.

1. Un ______________________ es cualquier número que se puede escribir como la razón de dos enteros.

2. Un ______________________ muestra la relación entre grupos.

Lectura con propósito

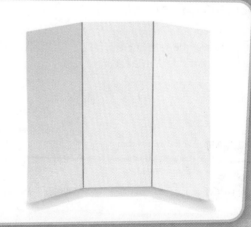

Plegado triple Antes de comenzar el módulo, crea un plegado triple para aprender los conceptos y el vocabulario en este módulo. Dobla el papel en tres secciones. Rotula las columnas con "Lo que sé", "Lo que debo saber" y "Lo que aprendí". Completa las dos primeras columnas antes de leer. Después de estudiar el módulo, completa la tercera columna.

MÓDULO 3

Desglosar los estándares

Comprender los estándares y las palabras de vocabulario te ayudará a saber exactamente lo que se espera que aprendas en este módulo.

6.NS.7b

Escribir, interpretar y explicar enunciados de orden para números racionales en la vida real.

Vocabulario clave

número racional *(rational number)*
Cualquier número que puede expresarse como la razón de dos enteros.

Lo que significa para ti

Puedes ordenar números racionales para comprender la relación entre valores en la vida real.

DESGLOSAR EL EJEMPLO 6.NS.7B

La tabla muestra la fracción de petróleo crudo producido en cuatro estados de Estados Unidos en 2011.

CA	$\frac{1}{100}$	TX	$\frac{9}{50}$
ND	$\frac{3}{50}$	AL	$\frac{3}{25}$

¿Qué estado produjo menos petróleo?

$CA = \frac{1}{100}$ $\quad TX = \frac{9}{50} = \frac{18}{100}$

$ND = \frac{3}{50} = \frac{6}{100}$ $\quad AL = \frac{3}{25} = \frac{12}{100}$

California (CA) produjo la menor cantidad de petróleo en 2011.

ESTÁNDARES COMUNES

6.NS.7c

Comprender el valor absoluto de números racionales como la distancia a partir de 0 en la recta numérica; interpretar el valor absoluto como una magnitud para una cantidad positiva o negativa en la vida real.

Vocabulario clave

valor absoluto *(absolute value)*
Distancia a la que se encuentra un número a partir de 0 en la recta numérica.

Lo que significa para ti

Puedes usar el valor absoluto para describir la distancia a la que se encuentra un número de 0 en la recta numérica y para comparar cantidades en la vida real.

DESGLOSAR EL EJEMPLO 6.NS.7C

Usa la recta numérica para determinar el valor absoluto de −45 °F y −7.5 °F y para comparar las temperaturas.

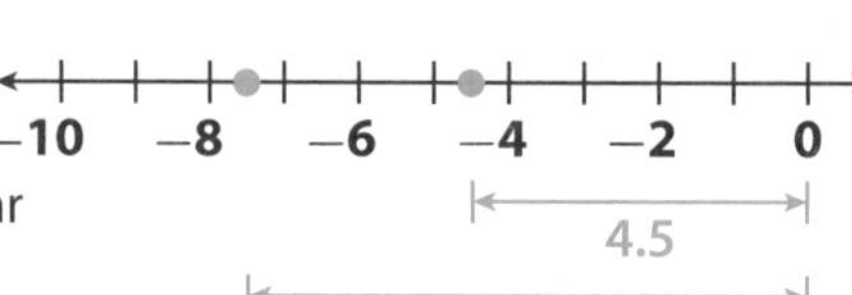

$|-4.5| = 4.5$ El valor absoluto de −4.5 es 4.5.

$|-7.5| = 7.5$ El valor absoluto de −7.5 es 7.5.

−7.5 está más alejado hacia la izquierda de 0 que −4.5, de modo que $-7.5 < -4.5$ y 7.5 °F es más frío que −4.5 °F.

Visita **my.hrw.com** para ver todos los **Estándares comunes** desglosados.

my.hrw.com

LECCIÓN 3.1

Clasificar números racionales

ESTÁNDARES COMUNES **6.NS.6**

Understand a rational number as a point on the number line...

PREGUNTA ESENCIAL

¿Cómo puedes clasificar números racionales?

ACTIVIDAD PARA EXPLORAR

Prep for 6.NS.6

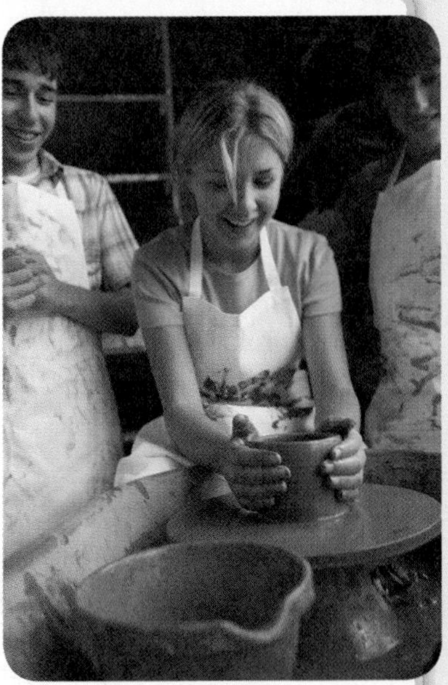

Representar la división como una fracción

Alicia y sus amigos, Brittany, Kenji y Ellis van a una clase de alfarería. Los cuatro amigos deben compartir 3 bloques de arcilla. ¿Cuánta arcilla recibirá cada uno si dividen los 3 bloques en partes iguales?

A La cara superior de cada bloque de arcilla se puede representar con un cuadrado. Muestra en el modelo la parte de cada bloque que recibirá cada amigo. Explica.

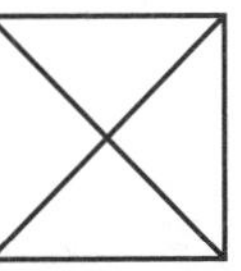

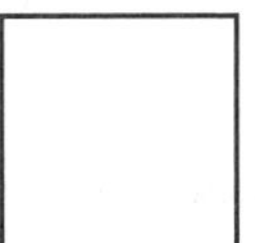

____

____

B ¿Qué fracción representa cada parte de un cuadrado de un bloque de arcilla?

____

C Explica cómo se pueden acomodar las partes para representar la cantidad de arcilla que recibe cada quien. Haz un bosquejo del modelo.

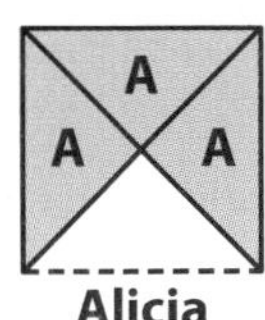

Alicia **Brittany** **Kenji** **Ellis**

____

D ¿Qué fracción de un cuadrado representan las porciones de cada persona? Explica.

____

____

E ¿Cuánta arcilla recibe cada persona?

____

F **Representaciones múltiples** ¿Por qué representa esta situación una división?

____

____

Reflexiona

1. **Comunica ideas matemáticas** $3 \div 4$ puede escribirse como $\frac{3}{4}$. ¿Cómo se relacionan el dividendo y el divisor de una expresión de división con las partes de una fracción?

____

____

2. **Analiza las relaciones** ¿Cómo puedes representar la división como fracción si 5 personas comparten 2 bloques? ¿Y si 6 personas comparten 5 bloques?

____

Números racionales

Un **número racional** es cualquier número que se puede escribir como $\frac{a}{b}$, donde a y b son enteros y $b \neq 0$.

EJEMPLO 1

ESTÁNDARES COMUNES 6.NS.6

Escribe los números racionales como $\frac{a}{b}$.

Charla matemática
Prácticas matemáticas
¿Qué división representa la fracción $\frac{34}{1}$?

A $3\frac{2}{5}$ — Convierte el número mixto en una fracción mayor que 1. $3\frac{2}{5} = \frac{17}{5}$

B 0.6 — El decimal es seis décimos, escríbelo como una fracción. $0.6 = \frac{6}{10}$

C 34 — Escribe el número entero como fracción con denominador 1. $34 = \frac{34}{1}$

D −7 — Escribe el entero como fracción con denominador 1. $-7 = \frac{-7}{1}$

ES TU TURNO

Escribe los números racionales como $\frac{a}{b}$.

3. -15 ____________

4. 0.31 ____________

5. $4\frac{5}{9}$ ____________

6. 62 ____________

Clasificar números racionales

Un **diagrama de Venn** es una representación visual que se usa para mostrar las relaciones entre conjuntos. El diagrama de Venn a continuación muestra la relación entre los números racionales, enteros y números enteros.

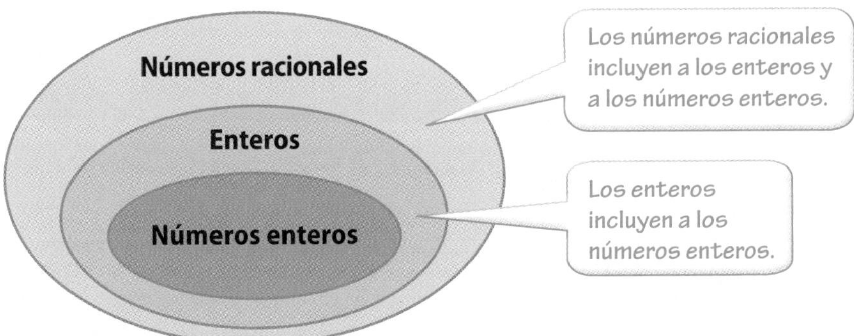

EJEMPLO 2

ESTÁNDARES COMUNES 6.NS.6

Ubica cada número en el diagrama de Venn. Luego clasifica cada número e indica a qué conjunto o conjuntos pertenece.

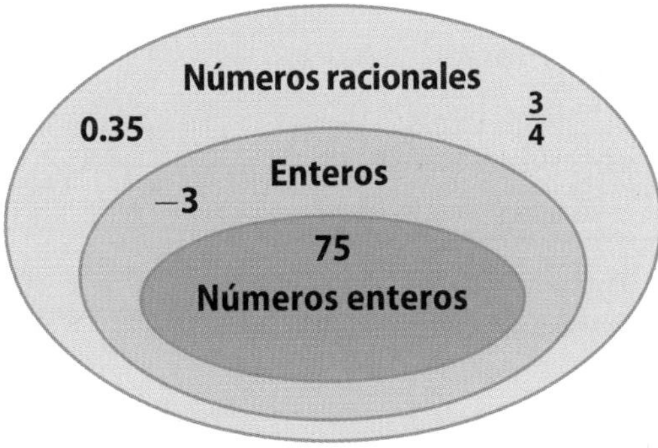

A 75 — El número 75 pertenece a los conjuntos de números enteros, enteros y números racionales.

B -3 — El número -3 pertenece a los conjuntos de enteros y números racionales.

C $\frac{3}{4}$ — El número $\frac{3}{4}$ pertenece al conjunto de números racionales.

D 0.35 — El número 0.35 pertenece al conjunto de números racionales.

Reflexiona

7. **Analiza las relaciones** Escribe dos enteros que no sean números enteros.

____

8. **Analiza las relaciones** Describe cómo representa el diagrama de Venn la relación entre números racionales, enteros y números enteros.

____

____

Mis notas

Ubica cada número en el diagrama de Venn. Luego clasifica cada número e indica a qué conjunto o conjuntos pertenece.

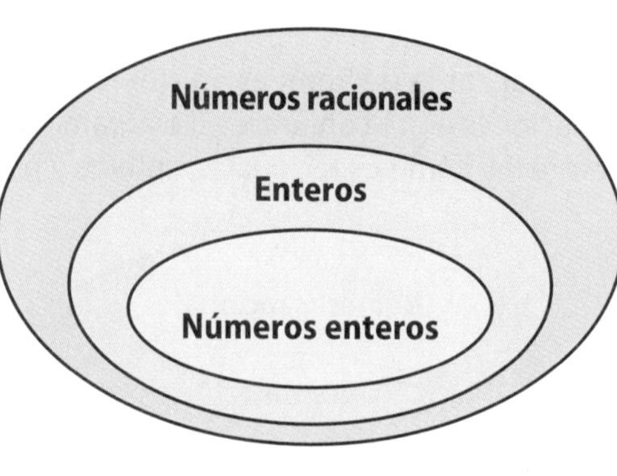

9. 14.1 ______

10. $7\frac{1}{5}$ ______

11. −8 ______

12. 101 ______

Práctica con supervisión

1. Sarah y cuatro amigas decoran marcos de fotos con cintas. Tienen 4 rollos de cinta para compartir por igual. (Actividad para explorar 1)

a. ¿Por qué representa esta situación una división?

______

b. ¿Cuánta cinta recibe cada persona? ______

Escribe los números racionales de forma $\frac{a}{b}$, donde a y b son enteros. (Ejemplo 1)

2. 0.7 ______ **3.** −29 ______ **4.** $8\frac{1}{3}$ ______

Ubica cada número en el diagrama de Venn. Luego clasifica cada número e indica a qué conjunto o conjuntos de números pertenece. (Ejemplo 2)

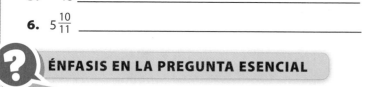

5. −15 ______

6. $5\frac{10}{11}$ ______

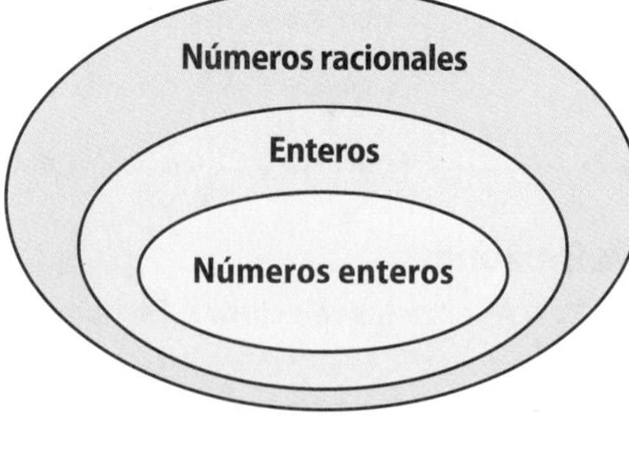

7. ¿Cuáles son las diferencias entre un número racional que no es un entero y un número racional que es un entero?

______

______

______

Nombre ______________________ Clase ______________ Fecha ______________

3.1 Práctica independiente

6.NS.6

Escribe dos números que correspondan a cada descripción. Luego escribe los números en el lugar apropiado del diagrama de Venn.

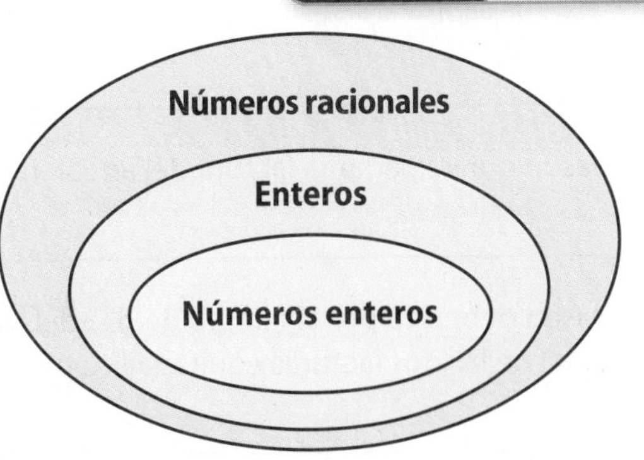

8. Enteros que no son números enteros

____

9. Números racionales que no son enteros

____

10. **Varios pasos** Un club excursionista hace su excursión semanal. La tabla muestra cuántas frutas y botellas de agua trajo cada miembro para compartir.

Miembro	Frutas	Botellas de agua
Baxter	3	5
Hendrick	2	2
Mary	4	3
Kendra	5	7

a. Si los excursionistas quieren compartir la fruta equitativamente, ¿cuántas frutas recibirá cada uno?

____

b. ¿Quiénes recibieron más fruta que la que trajeron a la excursión?

____

c. Los excursionistas quieren compartir el agua equitativamente. ¿Cuánta agua recibirá cada uno?

____

11. Sherman tiene 3 gatos y 2 perros y quiere comprar un juguete para cada una de sus mascotas. Sherman tiene $22 para gastar, ¿cuánto puede gastar en cada mascota? Escribe la respuesta como fracción y como cantidad en dólares y centavos.

____

12. Un grupo de 5 amigos comparten 2 libras de una mezcla de frutos secos. Representa esta situación como división y como fracción.

____

13. **Vocabulario** Un diagrama de __________ permite representar visualmente las relaciones entre conjuntos.

Competencia en finanzas Usa la tabla siguiente en los Ejercicios 14 a 16. La tabla muestra las facturas mensuales por servicios públicos que paga Jason. Escribe una fracción que represente la división en cada situación. Luego clasifica los resultados e indica a qué conjunto o conjuntos pertenece.

Facturas de marzo	
Agua	$35
Gas	$14
Electricidad	$108

14. Jason y sus 3 compañeros de cuarto comparten el costo de la factura de electricidad.

____

15. Jason quiere pagar la factura del agua en dos pagos iguales.

____

16. Jason debe $15 por la factura de gas del mes anterior. Deben dividir la cantidad total de las dos facturas equitativamente entre los 4 compañeros de cuarto.

____

17. Lynn tiene una regadera con capacidad para 16 tazas de agua y la llena hasta la mitad. Luego riega 15 plantas de manera que cada planta obtenga igual cantidad de agua. ¿Cuántas tazas de agua recibe cada planta?

____

ENFOQUE EN ALTA CAPACIDAD DE RAZONAMIENTO

Área de trabajo

18. Critica el razonamiento DaMarcus dice que el número $\frac{24}{6}$ pertenece solamente al conjunto de números racionales. Explica su error.

____

____

____

____

19. Analiza las relaciones Explica por qué el diagrama de Venn de esta lección muestra que todos los enteros y todos los números enteros son números racionales.

____

____

____

____

20. Razonamiento crítico ¿Es posible que un número sea un número racional que no sea un entero pero sea un número entero? Explica.

____

____

LECCIÓN 3.2

Identificar el opuesto y el valor absoluto de números racionales

ESTÁNDARES COMUNES 6.NS.6c

Find and position integers and other rational numbers on a horizontal or vertical number line diagram... *Also 6.NS.6, 6.NS.6a, 6.NS.7, 6.NS.7c*

PREGUNTA ESENCIAL

¿Cómo puedes identificar el opuesto y el valor absoluto de los números racionales?

ACTIVIDAD PARA EXPLORAR   6.NS.6, 6.NS.6c

Números racionales positivos y negativos

Recuerda que los números positivos son mayores que 0 y se ubican a la derecha de 0 en una recta numérica. Los números negativos son menores que 0 y se ubican a la izquierda de 0 en una recta numérica.

Los niveles del agua con respecto al nivel del mar (elevación 0), se pueden medir en una dársena. Los niveles del agua por debajo del nivel del mar se representan con números negativos.

A La tabla muestra el nivel del agua en una dársena en diferentes momentos durante el día. Representa el nivel de cada hora en la recta numérica.

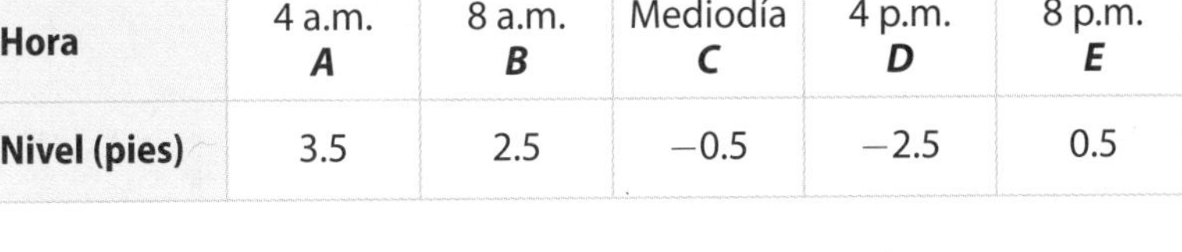

Hora	4 a.m. *A*	8 a.m. *B*	Mediodía *C*	4 p.m. *D*	8 p.m. *E*
Nivel (pies)	3.5	2.5	−0.5	−2.5	0.5

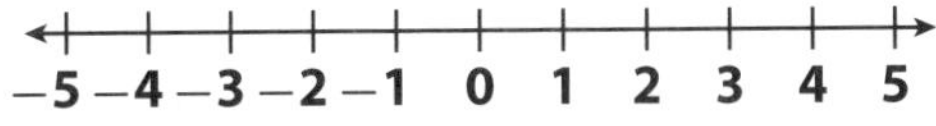

B ¿Cómo sabes dónde representar −0.5? ______

C ¿A qué hora u horas, la elevación es más cercana al nivel del mar? ¿Cómo lo sabes?

______

D ¿Qué punto se encuentra a mitad de camino entre −3 y −2? ______

E ¿Qué punto está a la misma distancia de 0 que *D*? ______

Reflexiona

1. **Comunica ideas matemáticas** ¿Cómo representarías −2.25? ¿Estaría a la izquierda o a la derecha del punto *D*?

______

Números racionales y números opuestos en una recta numérica

Puedes hallar el opuesto de números racionales de la misma manera que hallaste el opuesto de enteros. Dos números racionales son opuestos si están a la misma distancia de 0 pero en lados distintos.

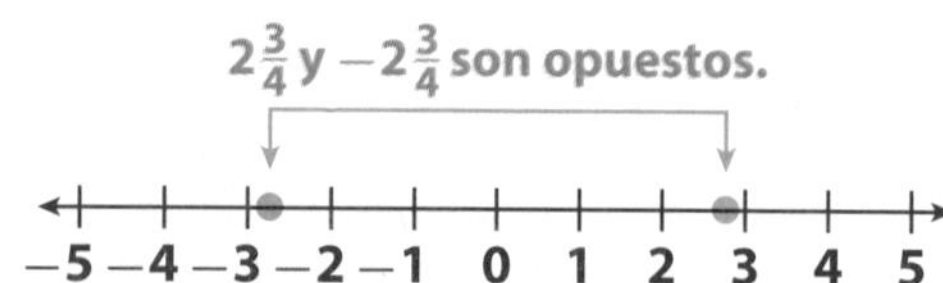

EJEMPLO 1

ESTÁNDARES COMUNES 6.NS.6a, 6.NS.6c

Hasta el 24 de junio de 1997, la bolsa de valores de Nueva York indicaba el precio de las acciones en octavos, como $27 $\frac{1}{8}$ o $41 $\frac{3}{4}$. El cambio diario en el valor de una acción también se representaba en octavos como número positivo o negativo.

La tabla muestra la variación en el valor de una acción en el transcurso de dos días. Representa en la recta numérica el cambio en el valor de la acción para el miércoles y su opuesto.

Día	Martes	Miércoles
Cambio en valor ($)	$1\frac{5}{8}$	$-4\frac{1}{4}$

PASO 1 Representa en la recta numérica el cambio en el valor de la acción el miércoles.

El cambio en valor para el miércoles es $-4\frac{1}{4}$.

Representa un punto $4\frac{1}{4}$ unidades debajo de 0.

PASO 2 Representa el opuesto de $-4\frac{1}{4}$.

El opuesto de $-4\frac{1}{4}$ está a la misma distancia de 0 pero en el lado opuesto del 0.

El opuesto de $-4\frac{1}{4}$ es $4\frac{1}{4}$.

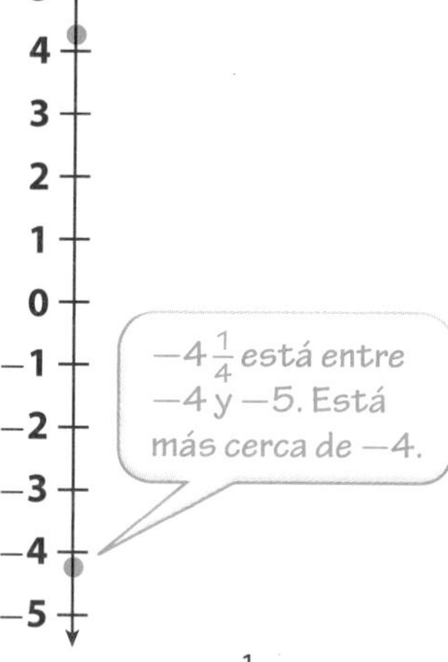

El opuesto al cambio de valor de la acción el miércoles es $4\frac{1}{4}$.

ES TU TURNO

2. ¿Cuáles son los opuestos de 7, −3.5, 2.25 y $9\frac{1}{3}$?

____

Valor absoluto de números racionales

El valor absoluto de un número racional se puede obtener de la misma manera que se obtiene el valor absoluto de un entero. El valor absoluto de un número racional es la distancia entre ese número y 0 en la recta numérica.

EJEMPLO 2 

ESTÁNDARES COMUNES 6.NS.7, 6.NS.7c

La tabla muestra las temperaturas mínimas promedio en enero en un lugar a lo largo de cinco años. Halla el valor absoluto de la temperatura mínima promedio en enero de 2009.

Año	2008	2009	2010	2011	2012
Temperatura (°C)	−3.2	−5.4	−0.8	3.8	−2

PASO 1 Representa la temperatura mínima promedio de enero de 2009.

La temperatura mínima promedio de enero de 2009 es −5.4 °C. Marca con un punto 5.4 unidades bajo el 0.

PASO 2 Halla el valor absoluto de −5.4.

−5.4 está a 5.4 unidades de 0.

$|-5.4| = 5.4$

Mis notas

Reflexiona

3. **Comunica ideas matemáticas** ¿Cuál es el valor absoluto de la temperatura mínima promedio de enero de 2011? ¿Cómo lo sabes?

____

____

Charla matemática

¿Cómo sabes dónde marcar −5.4?

ES TU TURNO

Representa cada número en la recta numérica. Luego usa la recta numérica para hallar los valores absolutos.

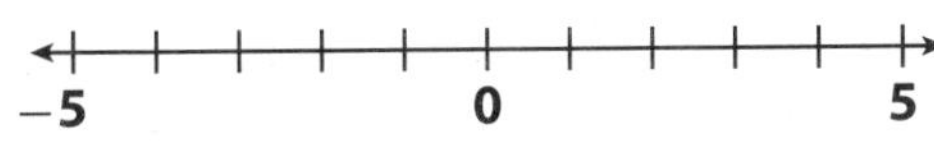

4. -4.5; $|-4.5| =$ ________

5. $1\frac{1}{2}$; $\left|1\frac{1}{2}\right| =$ ________

6. 4; $|4| =$ ________

7. $-3\frac{1}{4}$; $\left|-3\frac{1}{4}\right| =$ ________

Entrenador personal en matemáticas

Evaluación e intervención en línea

my.hrw.com

Práctica con supervisión

Representa cada número y su opuesto en una recta numérica. (Actividad para explorar y Ejemplo 1)

1. -2.8

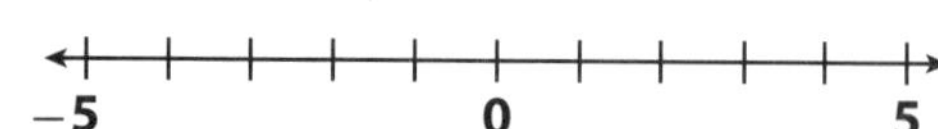

2. 4.3

−5 0 5

3. $-3\frac{4}{5}$

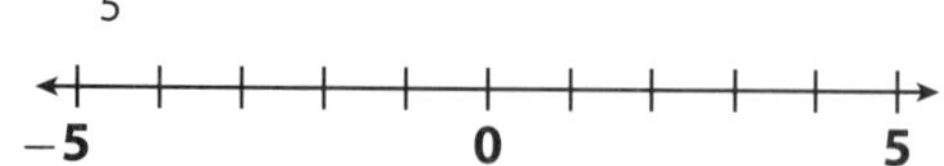

4. $1\frac{1}{3}$

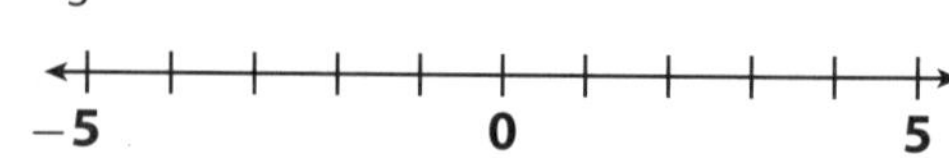

Halla el opuesto de cada número. (Ejemplo 1)

5. 3.78 ____________

6. $-7\frac{5}{12}$ ____________

7. 0 ____________

8. 4.2 ____________

9. 12.1 ____________

10. 2.6 ____________

11. **Vocabulario** Explica por qué 2.15 y -2.15 son opuestos. (Ejemplo 1)

____

____

Halla el valor absoluto de cada número. (Ejemplo 2)

12. 5.23 ____________

13. $-4\frac{2}{11}$ ____________

14. 0 ____________

15. $-6\frac{3}{5}$ ____________

16. -2.12 ____________

17. 8.2 ____________

ÉNFASIS EN LA PREGUNTA ESENCIAL

18. ¿Cómo puedes identificar el opuesto y el valor absoluto de un número racional?

____

____

____

____

Nombre ______________ Clase ______________ Fecha ______________

3.2 Práctica independiente

ESTÁNDARES COMUNES 6.NS.6, 6.NS.6a, 6.NS.6c, 6.NS.7, 6.NS.7c

Entrenador personal en matemáticas

Evaluación e intervención en línea

19. Competencia en finanzas En la hoja de balance de una tienda se representan las deudas de los clientes como números negativos y los créditos como números positivos.

Cliente	Girardi	Lewis	Stein	Yuan	Wenner
Saldo ($)	−85.23	20.44	−116.33	13.50	−9.85

a. Escribe el opuesto al saldo de cada cliente.

____

____

b. El Sr. Yuan quiere pagar con su crédito el saldo total de otro cliente. ¿A quién corresponde el saldo que puede pagar el Sr. Yuan

con su crédito disponible? ______________

c. ¿A quién corresponde el saldo más alejado del 0 en una recta numérica? Explica.

____

____

20. Varios pasos Trina y Jessie fueron de vacaciones a Hawai. Trina fue a bucear y alcanzó una profundidad de −85.6 metros bajo el nivel del mar. Jessie planeó en ala delta y alcanzó una altura de 87.9 metros sobre el nivel del mar.

a. ¿Quién está más cerca de la superficie del mar? Explica.

____

b. Trina quiere volar en ala delta y alcanzar una altura en metros igual a la que descendió buceando. ¿Volará más alto que Jessie? Explica.

____

____

21. Razonamiento crítico Carlos halla el valor absoluto de −5.3 y luego halla el opuesto de su respuesta. Jason halla el opuesto de −5.3 y luego halla el valor absoluto de su respuesta. ¿Quién tiene el valor final más alto? Explica.

____

____

____

22. Explica el error Dos estudiantes juegan un juego de matemáticas. El objetivo del juego es formar el menor número posible, ordenando los dígitos que se dan en una tarjeta. En la primera ronda ambos deben escribir un número en la tarjeta con los dígitos 3, 5 y 7.

− 7 5 . 3

a. Un estudiante ordena los números en la tarjeta como se muestra. ¿Qué error cometió?

____

____

____

b. ¿Cuál es el número menor posible? ______________________________

H.O.T. ENFOQUE EN ALTA CAPACIDAD DE RAZONAMIENTO

Área de trabajo

23. Analiza las relaciones Si marcas el punto −8.85 en una recta numérica, ¿lo pondrías a la izquierda o a la derecha de −8.8? Explica.

____

____

24. Haz una conjetura Si el valor absoluto de un número negativo es 2.78, ¿cuál es la distancia en la recta numérica entre ese número y su valor absoluto? Explica tu respuesta.

____

____

25. Representaciones múltiples El punto más profundo en el océano Índico es la fosa de Java, que está a 25,344 pies bajo el nivel del mar. Las elevaciones bajo el nivel del mar se representan con números negativos.

a. Escribe la elevación de la fosa de Java. ______________________________

b. Una milla equivale a 5,280 pies. ¿Entre cuáles dos enteros está la elevación en millas? ______________________________

c. Representa la elevación de la fosa de Java en millas.

−5 0 5

26. Saca conclusiones Un número y su valor absoluto son iguales. Si restas 2 al número, el nuevo número y su valor absoluto no son iguales. ¿Qué sabes sobre el número? ¿Cuál es un número posible que cumple con estas condiciones?

____

____

LECCIÓN 3.3

Comparar y ordenar números racionales

ESTÁNDARES COMUNES 6.NS.7a

Interpret statements of inequality as statements about the relative position of two numbers on a number line diagram. *Also 6.NS.7, 6.NS.7b*

PREGUNTA ESENCIAL

¿Cómo comparas y ordenas números racionales?

ACTIVIDAD PARA EXPLORAR

Prep for 6.NS.7a

Fracciones y decimales equivalentes

Las fracciones y los decimales que representan un mismo valor son *equivalentes*. La recta numérica muestra las fracciones y los decimales equivalentes de 0 a 1.

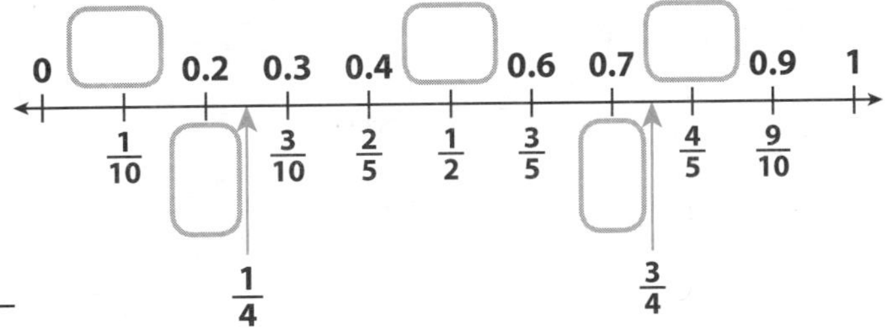

A Completa la recta numérica con los decimales o las fracciones que faltan.

B Halla una fracción equivalente a 0.25 en la recta numérica. Explica.

____

____

C Explica cómo hallar un decimal equivalente a $1\frac{7}{10}$ en la recta numérica.

____

____

D Completa cada enunciado usando la recta numérica.

$0.2 =$ ______ ______ $= \frac{3}{10}$ $0.75 =$ ______ $1.25 =$ ______

Reflexiona

1. Comunica ideas matemáticas ¿Cómo se representan en la recta numérica los decimales y las fracciones equivalentes?

____

____

2. Escribe un decimal entre 0.4 y 0.5.

____

Ordenar fracciones y decimales

Puedes ordenar las fracciones y decimales si vuelves a escribir las fracciones como decimales equivalentes o los decimales como fracciones equivalentes.

Matemáticas en acción
my.hrw.com

EJEMPLO 1

6.NS.7, 6.NS.7a

A Ordena 0.2, $\frac{3}{4}$, 0.8, $\frac{1}{2}$, $\frac{1}{4}$ y 0.4 de menor a mayor.

PASO 1 Escribe las fracciones como decimales equivalentes.

$\frac{1}{4} = 0.25$ $\frac{1}{2} = 0.5$ $\frac{3}{4} = 0.75$

PASO 2 Escribe los decimales en orden en la recta numérica.

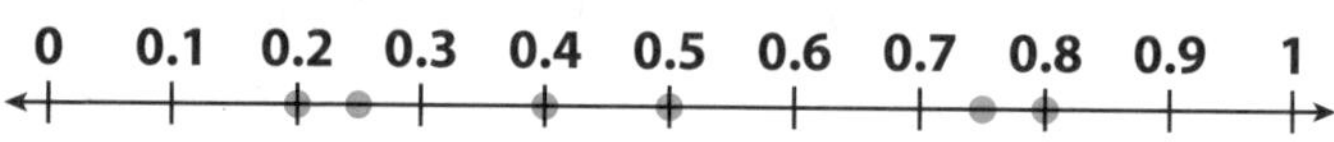

$0.2 < 0.25 < 0.4 < 0.5 < 0.75 < 0.8$

Los números de menor a mayor son: 0.2, $\frac{1}{4}$, 0.4, $\frac{1}{2}$, $\frac{3}{4}$, 0.8.

B Ordena $\frac{1}{12}$, $\frac{2}{3}$ y 0.35 de menor a mayor.

PASO 1 Escribe el decimal como una fracción equivalente.

$$0.35 = \frac{35}{100} = \frac{7}{20}$$

60 es un múltiplo de los denominadores de las tres fracciones.

PASO 2 Halla las fracciones equivalentes que tengan 60 como denominador común.

$\frac{1}{12} = \frac{5}{60}$ (× 5) $\frac{2}{3} = \frac{40}{60}$ (× 20) $\frac{7}{20} = \frac{21}{60}$ (× 3)

PASO 3 Compara los numeradores para ordenar estas fracciones con denominador común.

$$5 < 21 < 40$$

Las fracciones en orden de menor a mayor son: $\frac{5}{60}$, $\frac{21}{60}$, $\frac{40}{60}$.

Los números en orden de menor a mayor son: $\frac{1}{12}$, 0.35 y $\frac{2}{3}$.

ES TU TURNO

Ordena las fracciones y los decimales de menor a mayor.

3. 0.85, $\frac{3}{5}$, 0.15, $\frac{7}{10}$ ______________

Ordenar números racionales

Puedes ordenar números racionales positivos y negativos en una recta numérica.

EJEMPLO 2 

 6.NS.7a, 6.NS.7b

Cinco amigos completaron un triatlón que consta de una carrera de 3 millas, una carrera en bicicleta de 12 millas y $\frac{1}{2}$ milla de natación. Para comparar sus tiempos en la carrera de tres millas, crearon una tabla que muestra la diferencia entre el tiempo de cada persona y el tiempo promedio, donde los números negativos representan tiempos por debajo del promedio.

Corredor	John	Sue	Anna	Mike	Tom
Tiempo por encima o debajo del promedio (minutos)	$\frac{1}{2}$	1.4	$-1\frac{1}{4}$	−2.0	1.95

Ordena los números de mayor a menor.

PASO 1 Escribe las fracciones como decimales equivalentes.

$\frac{1}{2} = 0.5 \qquad -1\frac{1}{4} = -1.25$

PASO 2 Escribe los decimales en orden en la recta numérica.

−2.0 −1.5 −1.0 −0.5 0.0 0.5 1.0 1.5 2.0

★ Tiempo promedio

$1.95 > 1.4 > 0.5 > -1.25 > -2.0$

Los números de mayor a menor son: 1.95, 1.4, $\frac{1}{2}$, $-1\frac{1}{4}$, −2.0.

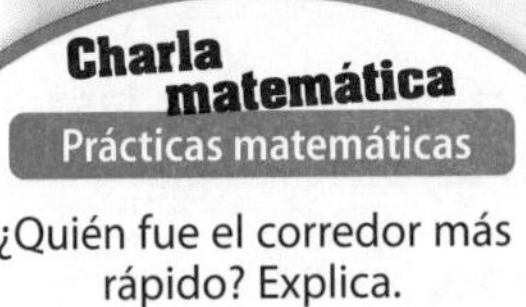

¿Quién fue el corredor más rápido? Explica.

Reflexiona

4. **Comunica ideas matemáticas** Describe una forma distinta de ordenar los números.

____

____

____

ES TU TURNO

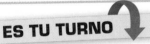

5. Unos amigos crearon una tabla que muestra la diferencia entre el tiempo de cada persona en la carrera de bicicleta y el tiempo promedio para comparar sus tiempos. Ordena los tiempos de menor a mayor.

Ciclista	John	Sue	Anna	Mike	Tom
Tiempo por encima o debajo del promedio (minutos)	−1.8	1	$1\frac{2}{5}$	$1\frac{9}{10}$	−1.25

____

Práctica con supervisión

Halla la fracción o el decimal equivalente para cada número. (Actividad para explorar 1)

1. $0.6 =$ ______ **2.** $\frac{1}{4} =$ ______ **3.** $0.9 =$ ______

4. $0.1 =$ ______ **5.** $\frac{3}{10} =$ ______ **6.** $1.4 =$ ______

7. $\frac{4}{5} =$ ______ **8.** $0.4 =$ ______ **9.** $\frac{6}{8} =$ ______

Ordena las fracciones y los decimales de menor a mayor en la recta numérica. (Ejemplo 1)

10. $0.75, \frac{1}{2}, 0.4$ y $\frac{1}{5}$

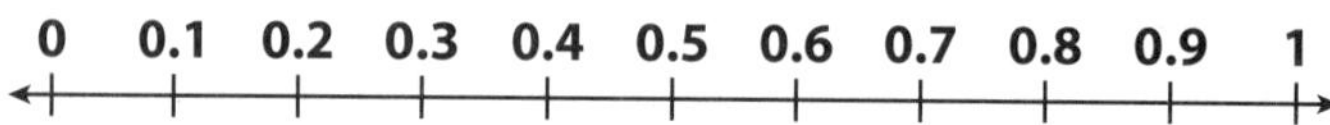

______

11. La tabla muestra el tamaño de los peces que pescaron tres amigas en el lago el fin de semana pasado. Escribe los tamaños ordenados de menor a mayor. (Ejemplo 1)

______

Tamaño de los peces (cm)		
Emma	**Anne**	**Emily**
12.7	$12\frac{3}{5}$	$12\frac{3}{4}$

Haz una lista con las fracciones y los decimales ordenados de menor a mayor. (Ejemplo 1, Ejemplo 2)

12. $2.3, 2\frac{4}{5}, 2.6$ ______

13. $0.5, \frac{3}{16}, 0.75, \frac{5}{48}$ ______

14. $0.5, \frac{1}{5}, 0.35, \frac{12}{25}, \frac{4}{5}$ ______

15. $\frac{3}{4}, -\frac{7}{10}, -\frac{3}{4}, \frac{8}{10}$ ______

16. $-\frac{3}{8}, \frac{5}{16}, -0.65, \frac{2}{4}$ ______

17. $-2.3, -2\frac{4}{5}, -2.6$ ______

18. $-0.6, -\frac{5}{8}, -\frac{7}{12}, -0.72$ ______

19. $1.45, 1\frac{1}{2}, 1\frac{1}{3}, 1.2$ ______

20. $-0.3, 0.5, 0.55, -0.35$ ______

ÉNFASIS EN LA PREGUNTA ESENCIAL

21. Explica cómo puedes comparar 0.7 con $\frac{5}{8}$.

______

______

______

3.3 Práctica independiente

ESTÁNDARES COMUNES 6.NS.7, 6.NS.7a, 6.NS.7b

22. Rosa y Albert reciben la misma cantidad de dinero semanal como mesada. La tabla muestra qué parte de su mesada gastó cada uno en videojuegos y pizza.

	Videojuegos	Pizza
Rosa	0.4	$\frac{2}{5}$
Albert	$\frac{1}{2}$	0.25

a. ¿Quién gastó una mayor parte de su mesada en videojuegos? Escribe una desigualdad con la que compares la parte que gastaron en videojuegos.

____

b. ¿Quién gastó una mayor parte de su mesada en pizza? Escribe una desigualdad con la que compares la parte que gastaron en pizza.

____

c. **Saca conclusiones** ¿Quién gastó una parte mayor de su mesada? ¿Cómo lo sabes?

____

____

23. Un grupo de amigos está recogiendo latas de aluminio durante una campaña de reciclaje. Cada persona que done por lo menos 4.25 libras de aluminio recibe un cupón para ver gratis una película. El peso de las donaciones de cada persona se muestra en la tabla.

	Brenda	Claire	Jim	Micah	Peter
Peso (lb)	4.3	5.5	$6\frac{1}{6}$	$\frac{15}{4}$	$4\frac{3}{8}$

a. Ordena los pesos de las donaciones de mayor a menor.

____

b. ¿Cuáles de los amigos recibirá un cupón para ver gratis una película? ¿Cuáles no?

____

c. **¿Qué pasa si...?** ¿Habría ganado un cupón para la película la persona con la donación más pequeña si hubiera recogido $\frac{1}{2}$ libra más de aluminio?

____

____

____

24. La semana pasada varias gasolineras en un vecindario cobraban el mismo precio por galón de gasolina. La tabla a continuación muestra cuánto cambiaron los precios de la gasolina desde la semana pasada.

Gasolinera	Gasolina Ya	Gasolina Samson	Gasolina Estrella	La Tienda de la Esquina	La Tienda Tip Top
Cambio desde la semana pasada (en centavos)	-6.6	5.8	$-6\frac{3}{4}$	$\frac{27}{5}$	$-5\frac{5}{8}$

a. Ordena los números de la tabla de menor a mayor.

____

b. ¿Qué gasolinera vende la gasolina más barata esta semana? ____________

c. **Razonamiento crítico** ¿Qué gasolinera cambió menos su precio esta semana?

____

ENFOQUE EN ALTA CAPACIDAD DE RAZONAMIENTO

Área de trabajo

25. **Analiza las relaciones** Explica cómo puedes ordenar de menor a mayor tres números que incluyan un número positivo, un número negativo y cero.

____

____

____

26. **Critica el razonamiento** Luke hace panqueques. La receta requiere 0.5 cuartos de leche y 2.5 tazas de harina. Él tiene $\frac{3}{8}$ de cuarto de leche y $\frac{18}{8}$ tazas de harina. Luke hace la receta con toda la leche y la harina que tiene. Explica su error.

____

____

____

27. **Comunica ideas matemáticas** Si conoces el orden de menor a mayor de 5 números negativos racionales, ¿cómo puedes usar esa información para ordenar sus valores absolutos de menor a mayor? Explica.

____

____

____

____

____

¿Listo para seguir?

3.1 Clasificar números racionales

1. Cinco amigos dividen 3 bolsas de manzanas en partes iguales entre ellos. Escribe la división representada en esta situación como una fracción. ________

Escribe los números racionales como $\frac{a}{b}$, donde a y b son enteros.

2. $5\frac{1}{6}$ ________

3. -12 ________

Determina si cada número es un número entero, un entero o un número racional. Incluye todos los conjuntos a los que pertenezca el número.

4. -12 ________

5. $\frac{7}{8}$ ________

3.2 Identificar el opuesto y el valor absoluto de números racionales

6. Representa -3, $1\frac{3}{4}$, -0.5 y 3 en la recta numérica.

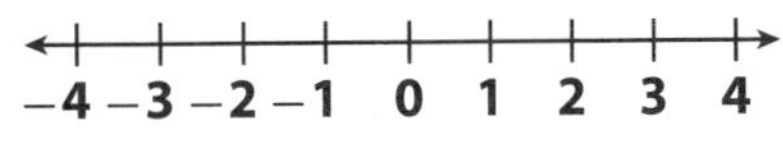

7. Halla el opuesto de $\frac{1}{3}$ y $-\frac{7}{12}$. ________

8. Halla el valor absoluto de 9.8 y $-\frac{10}{3}$. ________

3.3 Comparar y ordenar números racionales

9. Durante la última semana, las temperaturas mínimas en grados Fahrenheit fueron -4, 6.2, $18\frac{1}{2}$, -5.9, 21, $-\frac{1}{4}$ y 1.75. Haz una lista con estos números ordenados de mayor a menor.

____

PREGUNTA ESENCIAL

10. ¿Cómo puedes ordenar números racionales de menor a mayor?

____

____

Preparación para la evaluación

Respuesta seleccionada

1. Suki repartió cinco galletas para perros en partes iguales entre sus seis perros. ¿Qué fracción representa esta división?

Ⓐ $\frac{6}{5}$ de galleta
Ⓑ $\frac{5}{6}$ de galleta
Ⓒ $\frac{1}{5}$ de galleta
Ⓓ $\frac{1}{6}$ de galleta

2. ¿A qué conjunto o conjuntos pertenece el número 15?

Ⓐ solo números enteros
Ⓑ solo números racionales
Ⓒ solo enteros y números racionales
Ⓓ números enteros, enteros y números racionales

3. ¿Cuál de los enunciados siguientes sobre números racionales es correcto?

Ⓐ Todos los números racionales son también números enteros.
Ⓑ Todos los números racionales son enteros.
Ⓒ Todos los números racionales se pueden escribir en la forma $\frac{a}{b}$. donde a y b son enteros y $b \neq 0$.
Ⓓ Los números racionales no pueden ser negativos.

4. ¿Cuál de las respuestas siguientes muestra los números ordenados de menor a mayor?

Ⓐ $-\frac{1}{5}, -\frac{2}{3}, 2, 0.4$
Ⓑ $2, -\frac{2}{3}, 0.4, -\frac{1}{5}$
Ⓒ $-\frac{2}{3}, 0.4, -\frac{1}{5}, 2$
Ⓓ $-\frac{2}{3}, -\frac{1}{5}, 0.4, 2$

5. ¿Cuál es el valor absoluto de -12.5?

Ⓐ 12.5
Ⓑ 1
Ⓒ −1
Ⓓ −12.5

6. ¿Qué recta numérica muestra $-\frac{1}{4}$ y su opuesto?

Ⓐ 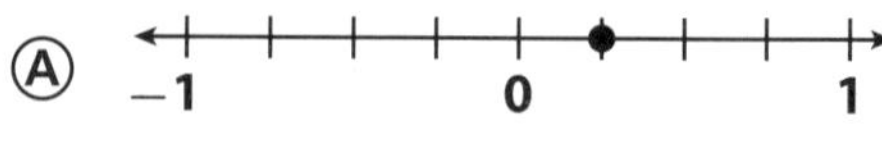

Ⓑ 

Ⓒ 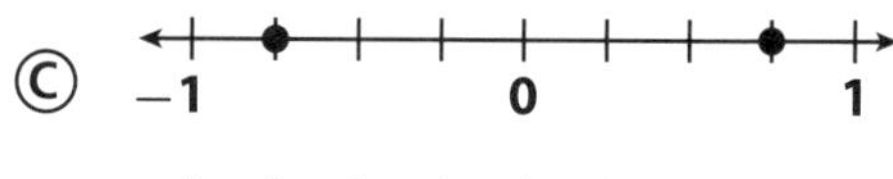

Ⓓ −1 0 1

7. Horatio trepó una escalera de 10 pies de altura. ¿Cuál es el opuesto de la altura de Horatio en la escalera?

Ⓐ −10 pies
Ⓑ 10 pies
Ⓒ 0 pies
Ⓓ $\frac{1}{10}$ de pie

Minitarea

8. La tabla muestra la estatura, en pies, de los estudiantes de la clase de la Sra. Patel.

Nombre	Estatura (pies)
Olivia	$5\frac{1}{4}$
James	5.5
Carmela	4.9
Feng	5

a. Escribe cada estatura en la forma $\frac{a}{b}$.

____

b. Enumera las estaturas en orden, del más alto al más bajo.

____

UNIDAD 1

Repaso de la Guía de estudio

MÓDULO 1 Enteros

Vocabulario clave
desigualdad *(inequality)*
enteros *(integers)*
números negativos *(negative numbers)*
números positivos *(positive numbers)*
opuestos *(opposites)*
valor absoluto *(absolute value)*

PREGUNTA ESENCIAL

¿Cómo puedes resolver problemas de la vida real con enteros?

EJEMPLO 1

James anotó la temperatura al mediodía en Fairbanks, Alaska, durante una semana en enero.

Día	Lun	Mar	Mié	Jue	Vie
Temperatura	3	2	7	−3	−1

Marca las temperaturas en la recta numérica y luego enumera los números en orden de menor a mayor.

Marca las temperaturas en la recta numérica.

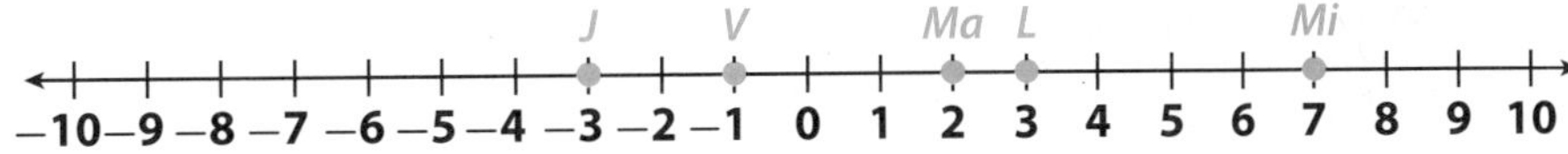

Lee de izquierda a derecha para enumerar las temperaturas en orden de menor a mayor.

Las temperaturas ordenadas de menor a mayor son −3, −1, 2, 3, 7.

EJEMPLO 2

Marca −4, 0, 2 y −1 en la recta numérica y calcula cada valor absoluto con la recta numérica.

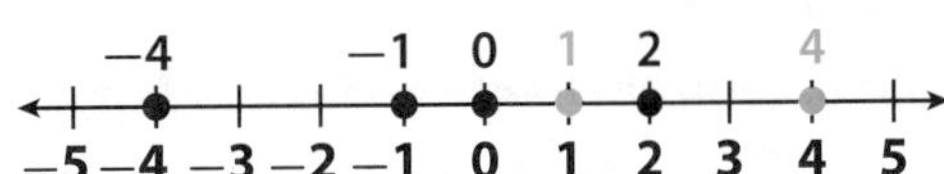

Un número y su opuesto están a la misma distancia de 0 en la recta numérica. El valor absoluto de un número negativo es su opuesto.

$|-4| = 4$ $|0| = 0$ $|2| = 2$ $|-1| = 1$

EJERCICIOS

1. Marca 7, −2, 5, 1 y −1 en la recta numérica. (Lección 1.1)

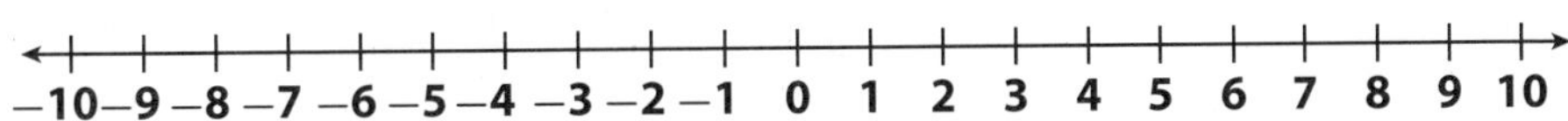

Ordena los números de menor a mayor. (Lección 1.2)

2. 4, 0, −2, 3 ____________

3. −3, −5, 2, −2 ____________

Compara con < o >. (Lección 1.2)

4. 4 ◯ 1 **5.** −2 ◯ 2 **6.** −3 ◯ −5 **7.** −7 ◯ 2

Calcula el opuesto y el valor absoluto de los números. (Lecciones 1.1, 1.3)

8. 6 ____________

9. −2 ____________

MÓDULO 2 # Factores y múltiplos

PREGUNTA ESENCIAL

¿Cómo calculas y usas el máximo común divisor de dos números enteros?
¿Cómo calculas y usas el mínimo común múltiplo de dos números?

Vocabulario clave

máximo común divisor (MCD) *(greatest common factor (GCF))*

mínimo común múltiplo (mcm) *(least common multiple (LCM))*

EJEMPLO 1

Reescribe 32 + 24 como un producto de su máximo común divisor y otro número usando la propiedad distributiva.

A. Escribe los factores de 24 y 32. Encierra en un círculo los factores comunes.

24: (1) (2) 3 (4) 6 (8) 12 24
32: (1) (2) (4) (8) 16 32

B. Reescribe cada número como un producto del MCD y otro número.

24: 8×3 **32:** 8×4

C. Usa la propiedad distributiva y la respuesta al ejercicio anterior para reescribir 32 + 24 usando el MCD y otro número.

$32 + 24 = 8 \times 3 + 8 \times 4$

$32 + 24 = 8 \times (3 + 4)$

$32 + 24 = 8 \times 7$

EJEMPLO 2

El sábado, cada 8° cliente de Roscas Adam recibirá una taza de café gratis. Cada 12° cliente recibirá una rosca gratis. ¿Qué cliente será el primero en recibir una taza de café gratis y una rosca gratis?

A. Escribe los múltiplos de 8 y 12. Encierra en un círculo los múltiplos comunes.

8: 8 16 (24) 32 40 (48)
12: 12 (24) 36 (48)

B. Calcula el mcm de 8 y 12.
El mcm es 24. El 24° cliente recibirá una taza de café gratis y una rosca gratis.

EJERCICIOS

1. Calcula el MCD de 49 y 63. (Lección 2-1) ______________

Reescribe las sumas como un producto del MCD de los sumandos y otro número. (Lección 2-1)

2. $15 + 45 =$ ______________ **3.** $9 + 27 =$ ______________

4. Calcula el mcm de 9 y 6. (Lección 2-2) ______________

MÓDULO 3

Números racionales

Vocabulario clave

diagrama de Venn *(Venn diagram)*

número racional *(rational number)*

PREGUNTA ESENCIAL

¿Cómo puedes resolver problemas de la vida real con números racionales?

EJEMPLO 1

Determina a qué conjunto o conjuntos pertenece cada número usando el diagrama de Venn.

A. $\frac{1}{2}$ pertenece al conjunto de números racionales.

B. -5 pertenece a los conjuntos de enteros y números racionales.

C. 4 pertenece al conjunto de números enteros, enteros y números racionales.

D. 0.2 pertenece al conjunto de los números racionales.

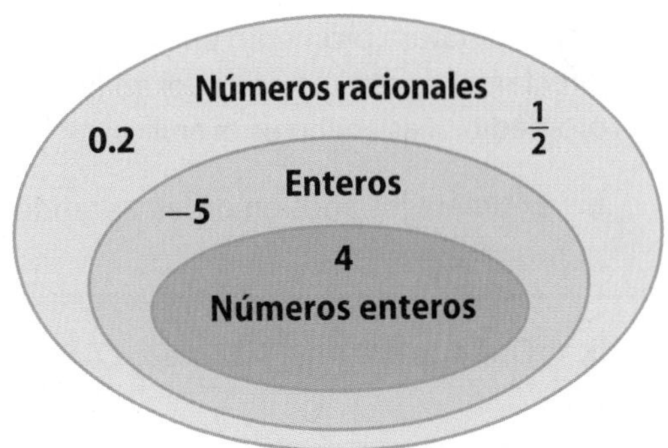

EJEMPLO 2

Ordena $\frac{2}{5}$, 0.2, y $\frac{4}{15}$ de mayor a menor.

Escribe el decimal como una fracción equivalente. $0.2 = \frac{2}{10} = \frac{1}{5}$

Calcula fracciones equivalentes que tengan 15 como denominador común. $\frac{2 \times 3}{5 \times 3} = \frac{6}{15}$ $\frac{1 \times 3}{5 \times 3} = \frac{3}{15}$ $\frac{4}{15} = \frac{4}{15}$

Compara los numeradores y ordena las fracciones que tienen un denominador común. $6 > 4 > 3$ $\frac{6}{15} > \frac{4}{15} > \frac{3}{15}$

Los números en orden de mayor a menor son: $\frac{2}{5}$, $\frac{4}{15}$ y 0.2.

EJERCICIOS

Indica a qué conjunto o conjuntos pertenece cada número para clasificarlos. (Lección 2.1)

1. 8 ____________________

2. 0.25 ____________________

Calcula el valor absoluto de cada número racional. (Lección 2.2)

3. $|3.7|$ ____________________ **4.** $\left|-\frac{2}{3}\right|$ ____________________

Marca cada conjunto de números en la recta numérica y ordénalos de mayor a menor. (Lección 2.1, 2.3)

5. $-0.5, -1, -\frac{1}{4}, 0$

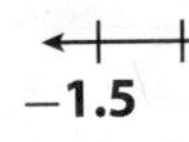
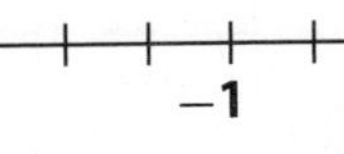
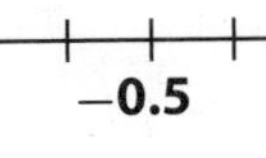
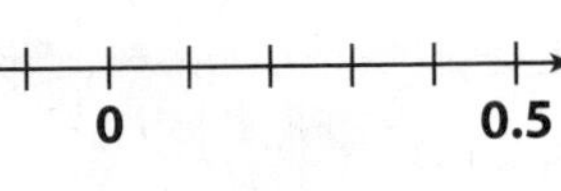

____

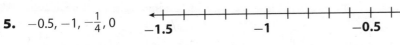

Unidad 1 Tareas de rendimiento

1. **PROFESIONES EN MATEMÁTICAS** Climatólogo: Con cada año de vida, un árbol agrega una capa de crecimiento, llamada anillo, entre la corteza y el núcleo. Un climatólogo mide el ancho de los anillos de un árbol en diferentes años:

Año	1900	1910	1920	1930	1940
Ancho del anillo (en mm)	$\frac{14}{25}$	$\frac{29}{50}$	$\frac{53}{100}$	$\frac{13}{20}$	$\frac{3}{5}$

La temperatura promedio en la temporada de crecimiento se relaciona directamente con el ancho del anillo; entre más alta sea la temperatura promedio, más ancho es el anillo.

a. Enumera los años en orden ascendente del ancho del anillo.

____

b. ¿Qué año fue más caliente? ¿Cómo lo sabes?

____

c. ¿Qué año fue más frío? ¿Cómo lo sabes?

____

2. Un estacionamiento tiene pisos por debajo y por encima del nivel del suelo. Para una búsqueda del tesoro, Gaia y sus amigos tienen una lista de objetos que deben hallar en el tercer y cuarto pisos subterráneos, el primer y cuarto pisos por encima del suelo y en el piso a nivel del suelo.

a. Si el nivel del suelo es 0 y el primer nivel sobre el suelo es 1, ¿con qué enteros puedes representar los otros niveles donde hay objetos escondidos? Explica el razonamiento.

____

____

b. Representa el conjunto de números en la recta numérica.

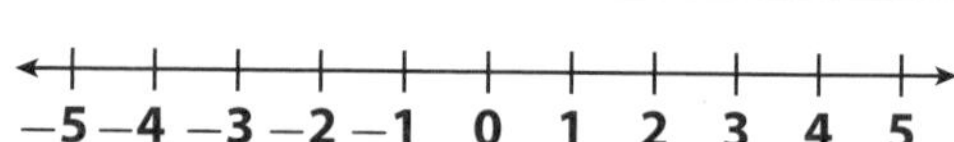

c. Gaia quiere comenzar en el nivel más bajo e ir hacia arriba. Haz una lista de los niveles en el orden en que Gaia los recorrerá.

____

d. Si va por las escaleras, ¿cuántos pisos deberá subir? ¿Cómo lo sabes?

____

____

UNIDAD 1 REPASO MIXTO

Preparación para la evaluación

Respuesta seleccionada

1. ¿Cuál es el opuesto de -9?

Ⓐ 9
Ⓑ $-\frac{1}{9}$
Ⓒ 0
Ⓓ $\frac{1}{9}$

2. Kyle está a 60 metros sobre el nivel del mar. ¿Cuál es la descripción correcta del opuesto de la elevación de Kyle?

Ⓐ 60 pies bajo el nivel del mar
Ⓑ 60 pies sobre el nivel del mar
Ⓒ 6 pies bajo el nivel del mar
Ⓓ Al nivel del mar

3. ¿Cuál es el valor absoluto de 27?

Ⓐ -27
Ⓑ 0
Ⓒ 3
Ⓓ 27

4. En Albany la temperatura está a -4 °F, en Chicago a -14 °F, en Minneapolis a -11 °F y en Toronto a -13 °F. ¿En qué ciudad hace más frío?

Ⓐ Albany
Ⓑ Chicago
Ⓒ Minneapolis
Ⓓ Toronto

5. ¿Cuál muestra los enteros ordenados de mayor a menor?

Ⓐ 18, 4, 3, -2, -15
Ⓑ -2, 3, 4, -15, 18
Ⓒ -15, -2, 3, 4, 18
Ⓓ 18, -15, 4, 3, -2

6. Joanna dividió tres jarras de agua en partes iguales entre sus ocho plantas. ¿Qué fracción de la jarra recibió cada planta?

Ⓐ $\frac{1}{8}$ de jarra
Ⓑ $\frac{1}{3}$ de jarra
Ⓒ $\frac{3}{8}$ de jarra
Ⓓ $\frac{8}{3}$ de jarra

7. ¿A qué conjunto o conjuntos pertenece el número -22?

Ⓐ Sólo números enteros.
Ⓑ Sólo números racionales.
Ⓒ Sólo enteros y números racionales.
Ⓓ Números enteros, enteros y números racionales.

8. Carlos nadó hasta el fondo de una piscina de 12 pies de profundidad. ¿Cuál es el opuesto de la elevación de Carlos con relación a la superficie?

Ⓐ -12 pies
Ⓑ 0 pies
Ⓒ 12 pies
Ⓓ $\frac{1}{12}$ pie

9. ¿Qué recta numérica muestra $\frac{1}{3}$ y su opuesto?

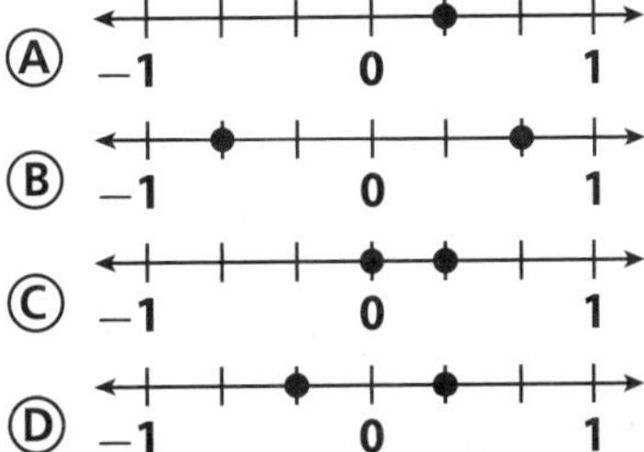

10. ¿Cuál de los siguientes muestra los números en orden de menor a mayor?

Ⓐ $-\frac{2}{3}, -\frac{3}{4}$, 0.7, 0
Ⓑ 0.7, 0, $-\frac{2}{3}, -\frac{3}{4}$,
Ⓒ $-\frac{2}{3}, -\frac{3}{4}$, 0, 0.7
Ⓓ $-\frac{3}{4}, -\frac{2}{3}$, 0, 0.7

11. ¿Qué recta numérica muestra un entero y su opuesto?

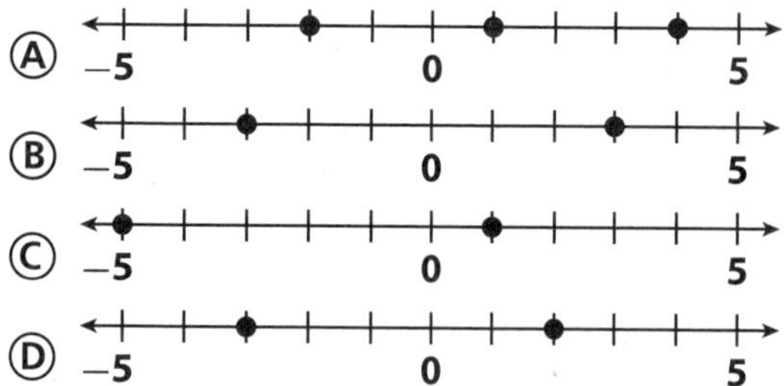

Respuesta seleccionada

12. ¿Cuál es otra manera de escribir $42 + 63$?

Ⓐ $7 \times (6 + 7)$ Ⓒ $7 \times 6 \times 9$

Ⓑ 7×15 Ⓓ $7 + 6 + 9$

13. ¿Cuál es el mcm de 9 y 15?

Ⓐ 30 Ⓒ 90

Ⓑ 45 Ⓓ 135

14. ¿Cuál es el MCD de 40 y 72?

Ⓐ 2 Ⓒ 8

Ⓑ 4 Ⓓ 12

Minitarea

15. Stella anota las temperaturas cada día durante 5 días. El primer día, anotó una temperatura de 0 °F.

a. El segundo día, la temperatura era 3 °F más que la temperatura del primer día. ¿Cuál era la temperatura del segundo día?

____

b. El tercer día, la temperatura era 4 °F menos que la temperatura del primer día. ¿Cuál era la temperatura?

____

c. La temperatura del cuarto día era lo opuesto que la temperatura del segundo día. ¿Cuál era la temperatura?

____

d. La temperatura del quinto día era el valor absoluto de la temperatura del cuarto día. ¿Cuál era la temperatura?

____

e. Escribe las temperaturas en orden de menor a mayor.

____

f. ¿Cuál es la diferencia entre las temperaturas del día más frío y del más cálido?

____

16. Marco elabora piedras para pisar en el jardín con mosaicos rojos, amarillos y azules. Tiene 45 mosaicos rojos, 90 azules y 75 amarillos. Cada piedra debe tener el mismo número de mosaicos de cada color. ¿Cuál es el mayor número de piedras para pisar en el jardín

que puede elaborar Marco?_______________

a. ¿Cuántos mosaicos de cada color usará Marco en cada piedra?

____

b. ¿Cómo puede Marco usar el MCD para calcular cuántos mosaicos tiene en total?

____

____

____

____

____

UNIDAD 2

Operaciones con números

MÓDULO 4

Operaciones con fracciones

ESTÁNDARES COMUNES 6.NS.1, 6.NS.4

MÓDULO 5

Operaciones con decimales

ESTÁNDARES COMUNES 6.NS.2, 6.NS.3

PROFESIONES EN MATEMÁTICAS

Chef El trabajo de un chef es variado y puede incluir planificar menús, supervisar la preparación de comida, entrenar al equipo y hacer pedidos de alimentos y comprarlos. Los chefs usan las matemáticas para calcular recetas y convertir unidades de medición y también para planificar presupuestos y finanzas.

Si te interesa una carrera como chef, debes estudiar las siguientes materias de matemáticas:

- Matemáticas básicas
- Matemáticas para negocios

Investiga otras carreras que requieran convertir cantidades y planificación financiera.

Unidad 2 Tarea de rendimiento

Al final de la unidad, descubre cómo usan las matemáticas los **chefs**.

UNIDAD 2

Un vistazo al vocabulario

Echa un vistazo al vocabulario de esta unidad con esta sopa de letras. Ordena las letras que tienen círculo para resolver el acertijo al final de la página.

1. **ÍSROPCOCER** ☐☐☐☐◯☐☐☐☐☐

2. **DUOSERI** ☐☐☐☐☐◯☐

3. **RENNOOAIDMD** ☐☐☐☐☐☐☐☐☐☐☐

4. **NSEMROU TOSXMI** ☐◯☐☐☐☐ ☐☐☐◯☐

5. **NEIDIDODV** ☐☐☐☐☐☐◯☐☐

6. **DRVIOSI** ☐☐☐☐☐◯☐

1. Dos números cuyo producto es 1. (Lección 4-2)
2. El número entero que queda después de dividir y el dividendo no cabe exactamente entre el divisor. (Lección 5-1)
3. La parte de una fracción que representa en cuántas partes está dividido el todo. (Lección 4-1)
4. Un número que es una combinación de un número entero y una fracción. (Lección 4-3)
5. La cantidad que quieres dividir en una división. (Lección 5-4)
6. El número entre el cual divides en una división. (Lección 5-4)

P: Los decimales siempre ganan las discusiones con las fracciones. ¿Qué tienen los decimales que no tienen las fracciones?

R: ___ ___   ___ ___ ___ ___ ___ ___!

Operaciones con fracciones

PREGUNTA ESENCIAL

¿Cómo puedes usar operaciones con fracciones para resolver problemas de la vida real?

LECCIÓN 4.1

Aplicar el MCD y el mcm a operaciones con fracciones

6.NS.4

LECCIÓN 4.2

Dividir fracciones

6.NS.1

LECCIÓN 4.3

Dividir números mixtos

6.NS.1

LECCIÓN 4.4

Resolver problemas de varios pasos con fracciones y números mixtos

6.NS.1

my.hrw.com

Vídeo de la vida real

Para calcular la tasa promedio de velocidad, divide la distancia recorrida entre el tiempo de viaje. Si viajas en taxi y recorres $\frac{1}{2}$ milla en $\frac{1}{4}$ de hora, la tasa es 2 mi/h, lo que puede significar que había mucho tráfico.

APRENDE EN LÍNEA

my.hrw.com

my.hrw.com

Las versiones digitales de todas las páginas del libro del estudiante están disponibles en línea.

Matemáticas al instante

Escanea con tu celular para entrar directamente en la edición en línea del Vídeo tutorial y más.

Matemáticas en acción

Explora interactivamente los conceptos clave para ver cómo funcionan las matemáticas.

Entrenador personal en matemáticas

Obtén comentarios y ayuda al instante a medida que trabajas en las prácticas.

¿Estás listo?

Completa estos ejercicios para repasar las destrezas que necesitarás en este capítulo.

Escribir una fracción impropia como un número mixto

EJEMPLO

$\frac{13}{5} = \frac{5}{5} + \frac{5}{5} + \frac{3}{5}$ — Escribe como una suma usando equivalentes unitarios más una fracción propia.

$= 1 + 1 + \frac{3}{5}$ — Escribe cada equivalente unitario como uno.

$= 2 + \frac{3}{5}$ — Suma los unos.

$= 2\frac{3}{5}$ — Escribe el número mixto.

Escribe las fracciones impropias como números mixtos.

1. $\frac{9}{4}$ ______ 2. $\frac{8}{3}$ ______ 3. $\frac{23}{6}$ ______ 4. $\frac{11}{2}$ ______

5. $\frac{17}{5}$ ______ 6. $\frac{15}{8}$ ______ 7. $\frac{33}{10}$ ______ 8. $\frac{29}{12}$ ______

Operaciones de multiplicación

EJEMPLO $7 \times 6 = \blacksquare$

Usa una operación relacionada que conozcas.
$6 \times 6 = 36$
Piensa: $7 \times 6 = (6 \times 6) + 6$
$= 36 + 6$
$= 42$

$7 \times 6 = 42$

Multiplica.

9. 6×5 ______ 10. 8×9 ______ 11. 10×11 ______ 12. 7×8 ______

13. 9×7 ______ 14. 8×6 ______ 15. 9×11 ______ 16. 11×12 ______

Operaciones de división

EJEMPLO $63 \div 7 = \blacksquare$

Piensa: ¿7 veces qué número es igual a 63?
$7 \times 9 = 63$

$63 \div 7 = 9$

Entonces, $63 \div 7 = 9$.

Divide.

17. $35 \div 7$ ______ 18. $56 \div 8$ ______ 19. $28 \div 7$ ______ 20. $48 \div 8$ ______

21. $36 \div 4$ ______ 22. $45 \div 9$ ______ 23. $72 \div 8$ ______ 24. $40 \div 5$ ______

Práctica de vocabulario

Visualiza el vocabulario

Completa el triángulo con las palabras que tienen un ✔. Escribe la palabra de repaso que corresponde con la descripción en cada sección del triángulo.

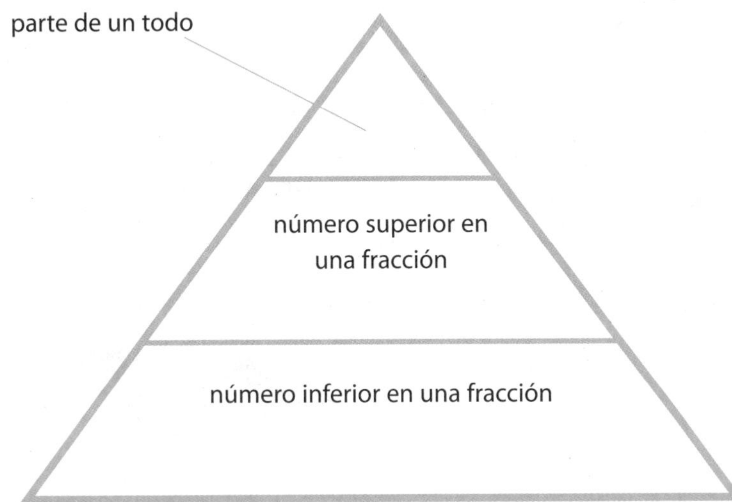

Vocabulario

Palabras de repaso

- ancho *(width)*
- área *(area)*
- ✔ denominador *(denominator)*
- ✔ fracción *(fraction)*
- longitud *(length)*
- máximo común divisor (MCD) *(greatest common factor (GCF))*
- mínimo común múltiplo (MCD) *(least common multiple (LCM))*
- ✔ numerador *(numerator)*
- producto *(product)*

Palabras nuevas

- número mixto *(mixed number)*
- orden de las operaciones *(order of operations)*
- recíprocos *(reciprocals)*

Comprende el vocabulario

Selecciona en cada grupo la opción que describe la palabra del vocabulario dada.

1. recíprocos Ⓐ 1:15 Ⓑ $\frac{3}{4} \div \frac{1}{6}$ Ⓒ $\frac{3}{5}$ y $\frac{5}{3}$
2. número mixto Ⓐ $\frac{1}{3} - \frac{1}{5}$ Ⓑ $3\frac{1}{2}$ Ⓒ -5
3. orden de las operaciones Ⓐ $5 - 3 + 2 = 0$ Ⓑ $5 - 3 + 2 = 4$ Ⓒ $5 - 3 + 2 = 0$

Lectura con propósito

Libro con capas Antes de comenzar el módulo, crea un libro con capas para aprender los conceptos en este módulo. Rotula cada solapa con los títulos de las lecciones. A medida que estudias cada lección, escribe las ideas importantes, como vocabulario y fórmulas, en la solapa correspondiente. Consulta el libro con capas terminado mientras trabajas en los ejercicios de este módulo.

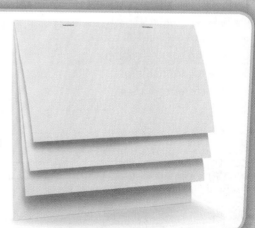

MÓDULO 4

Desglosar los estándares

Comprender los estándares y las palabras de vocabulario te ayudará a saber exactamente lo que se espera que aprendas en este módulo.

ESTÁNDARES COMUNES 6.NS.1

Interpretar y calcular cocientes de fracciones y resolver problemas planteados en palabras que impliquen división de fracciones entre fracciones, Por ejemplo: usando modelos fraccionarios visuales y ecuaciones para representar el problema.

Vocabulario clave

cociente *(quotient)*
El resultado cuando un número se divide entre otro.

fracción *(fraction)*
Un número en la forma $\frac{a}{b}$ donde $b \neq 0$.

Lo que significa para ti

Aprenderás cómo dividir dos fracciones. También comprenderás la relación entre multiplicación y división.

DESGLOSAR EL EJEMPLO 6.NS.1

Zachary prepara sopa de vegetales. La receta es para $6\frac{3}{4}$ tazas de sopa. ¿Cuántas porciones de $1\frac{1}{2}$ tazas producirá la receta?

$$6\frac{3}{4} \div 1\frac{1}{2}$$
$$= \frac{27}{4} \div \frac{3}{2}$$
$$= \frac{27}{4} \cdot \frac{2}{3}$$
$$= \frac{9}{2}$$
$$= 4\frac{1}{2}$$

La receta producirá $4\frac{1}{2}$ porciones.

ESTÁNDARES COMUNES 6.NS.4

Calcular el máximo común divisor de dos números enteros menores que o iguales a 100 y el mínimo común múltiplo de dos números enteros menores que o iguales a 12. Aplicar la propiedad distributiva para expresar una suma de dos números enteros del 1 al 100 con un factor común como el múltiplo de una suma de dos números enteros sin factores comunes.

Visita **my.hrw.com** para ver todos los **Estándares comunes** desglosados.

my.hrw.com

Lo que significa para ti

Puedes usar el máximo común divisor y el mínimo común múltiplo para simplificar las respuestas cuando calculas con fracciones.

DESGLOSAR EL EJEMPLO 6.NS.4

Suma. Escribe la respuesta en su mínima expresión.

$\frac{1}{3} + \frac{1}{6} = \frac{2}{6} + \frac{1}{6}$ — Usa el mcm de 3 y 6 como denominador común.

$= \frac{2+1}{6}$ — Suma los numeradores.

$= \frac{3}{6}$

$= \frac{3 \div 3}{6 \div 3}$ — Divide entre el MCD para simplificar. El MCD de 3 y 6 es 3.

$= \frac{1}{2}$ — Escribe la respuesta en su mínima expresión.

LECCIÓN 4.1

Aplicar el MCD y el mcm a operaciones con fracciones

ESTÁNDARES COMUNES 6.NS.4

Find the greatest common factor. . . and the least common multiple of two whole numbers...

PREGUNTA ESENCIAL

¿Cómo puedes usar el MCD y el mcm cuando sumas, restas y multiplicas fracciones?

Multiplicar fracciones

Al multiplicar dos fracciones, multiplica primero los numeradores y luego multiplica los denominadores.

$$\frac{\text{numerador} \times \text{numerador}}{\text{denominador} \times \text{denominador}} = \frac{\text{numerador}}{\text{denominador}}$$

El producto resultante debe escribirse en su mínima expresión. Para escribir una fracción en su mínima expresión, divide tanto el numerador como el denominador entre el máximo común divisor.

En el Ejemplo 1 se muestran dos métodos para asegurarse que el producto de dos fracciones está en su mínima expresión.

EJEMPLO 1

ESTÁNDARES COMUNES 6.NS.4

Multiplica. Escribe el producto en su mínima expresión.

A $\frac{1}{3} \times \frac{3}{5}$

$\frac{1}{3} \times \frac{3}{5} = \frac{1 \times 3}{3 \times 5}$ Escribe el problema como una única fracción.

$= \frac{3}{15}$ Multiplica los numeradores. Multiplica los denominadores.

$= \frac{3 \div 3}{15 \div 3}$ Divide entre el MCD para simplificar. El MCD de 3 y 15 es 3.

$= \frac{1}{5}$ Escribe la respuesta en su mínima expresión.

B $\frac{6}{7} \times \frac{2}{3}$

6 en el numerador y 3 en el denominador tienen otro factor común además de uno. Divide entre el MCD 3.

$\frac{6}{7} \times \frac{2}{3} = \frac{6 \times 2}{7 \times 3}$ Escribe el problema como una única fracción.

$= \frac{{}^{2}\cancel{6} \times 2}{7 \times \cancel{3}_{1}}$ Simplifica antes de multiplicar por el MCD.

$= \frac{2 \times 2}{7 \times 1}$ Multiplica los numeradores. Multiplica los denominadores.

$= \frac{4}{7}$

Charla matemática
Prácticas matemáticas

Compara los métodos del ejemplo. ¿Cómo puedes saber si puedes usar el método descrito en **B**?

Multiplica. Escribe cada producto en su mínima expresión.

1. $\frac{1}{6} \times \frac{3}{5}$ ________
2. $\frac{3}{4} \times \frac{7}{9}$ ________
3. $\frac{3}{7} \times \frac{2}{3}$ ________
4. $\frac{4}{5} \times \frac{2}{7}$ ________
5. $\frac{7}{10} \times \frac{8}{21}$ ________
6. $\frac{6}{7} \times \frac{1}{6}$ ________

Multiplicar fracciones y números enteros

Para multiplicar una fracción por un número entero, reescribe el número entero como una fracción y multiplica las dos fracciones. Recuerda usar el MCD para escribir el producto en su mínima expresión.

EJEMPLO 2

6.NS.4

Una clase tiene 18 estudiantes. La maestra pregunta cuántos estudiantes de la clase tienen mascotas y se entera que $\frac{5}{9}$ de los estudiantes tienen mascotas. ¿Cuántos estudiantes tienen mascotas?

PASO 1 Estima el producto. Multiplica el número entero por la fracción de referencia más cercana.

$\frac{5}{9}$ está cerca de $\frac{1}{2}$, entonces, multiplica $\frac{1}{2}$ por 18.

$\frac{1}{2} \times 18 = 9$

PASO 2 Multiplica. Escribe el producto en su mínima expresión.

Puedes escribir $\frac{5}{9}$ por 18 de tres maneras.
$\frac{5}{9} \times 18 \quad \frac{5}{9} \cdot 18 \quad \frac{5}{9}(18)$

$\frac{5}{9} \times 18$

$\frac{5}{9} \times 18 = \frac{5}{9} \times \frac{18}{1}$ — *Vuelve a escribir 18 como una fracción.*

$= \frac{5 \times 18^{2}}{{}_{1}9 \times 1}$ — *Simplifica usando el MCF antes de multiplicar.*

$= \frac{5 \times 2}{1 \times 1}$ — *Multiplica los numeradores. Multiplica los denominadores.*

$= \frac{10}{1} = 10$ — *Escríbelo como un número entero para simplificar.*

10 estudiantes tienen mascotas.

Charla matemática
Prácticas matemáticas
¿Cómo puedes comprobar que la respuesta es correcta?

Reflexiona

7. **Analiza las relaciones** ¿Es el producto de una fracción menor que 1 y un número entero mayor que o menor que el número entero? Explica.

____

____

ES TU TURNO

Multiplica. Escribe cada producto en su mínima expresión.

8. $\frac{5}{8} \times 24$ ____________
9. $\frac{3}{5} \times 20$ ____________
10. $\frac{1}{3} \times 8$ ____________
11. $\frac{1}{4} \times 14$ ____________
12. $3\frac{7}{10} \times 7$ ____________
13. $2\frac{3}{10} \times 10$ ____________

Entrenador personal en matemáticas

Evaluación e intervención en línea

my.hrw.com

Sumar y restar fracciones

Aprendiste que para sumar o restar dos fracciones, puedes reescribir las fracciones de modo que tengan el mismo denomidador. Puedes usar el mínimo común múltiplo de las fracciones para reescribir las fracciones.

Matemáticas al instante

my.hrw.com

EJEMPLO 3

ESTÁNDARES COMUNES 6.NS.4

Suma $\frac{8}{15} + \frac{1}{6}$. Escribe la suma en su mínima expresión.

PASO 1 Reescribe las fracciones como fracciones equivalentes. Usa el mcm de los denominadores como el nuevo denominador.

$$\frac{8}{15} \rightarrow \frac{8 \times 2}{15 \times 2} \rightarrow \frac{16}{30}$$

$$\frac{1}{6} \rightarrow \frac{1 \times 5}{6 \times 5} \rightarrow \frac{5}{30}$$

El mcm de 15 y 6 es 30.

PASO 2 Suma los numeradores de las fracciones equivalentes. Luego simplifica.

$$\frac{16}{30} + \frac{5}{30} = \frac{21}{30}$$

$$= \frac{21 \div 3}{30 \div 3}$$

$$= \frac{7}{10}$$

Divide entre el MDC para simplificar. El MCD de 21 y 30 es 3.

Reflexiona

14. ¿Puedes también usar el mcm para reescribir las fracciones al restar $\frac{8}{15} - \frac{1}{6}$? ¿Cuál es la diferencia?

____

Mis notas

ES TU TURNO

Suma o resta. Escribe cada suma o resta en su mínima expresión.

15. $\frac{5}{14} + \frac{1}{6}$ ____________

16. $\frac{5}{12} - \frac{3}{20}$ ____________

17. $\frac{5}{12} - \frac{3}{8}$ ____________

18. $1\frac{3}{10} + \frac{1}{4}$ ____________

19. $\frac{2}{3} + 6\frac{1}{5}$ ____________

20. $3\frac{1}{6} - \frac{1}{7}$ ____________

Práctica con supervisión

Multiplica. Escribe cada producto en su mínima expresión. (Ejemplo 1)

1. $\frac{1}{2} \times \frac{5}{8}$ ____________

2. $\frac{3}{5} \times \frac{5}{9}$ ____________

3. $\frac{3}{8} \times \frac{2}{5}$ ____________

4. $2\frac{3}{8} \times 16$ ____________

5. $1\frac{4}{5} \times \frac{5}{12}$ ____________

6. $1\frac{2}{10} \times 5$ ____________

Calcula cada cantidad. (Ejemplo 2)

7. $\frac{1}{4}$ de 12 botellas de agua = ______ botellas

8. $\frac{2}{3}$ de 24 bananas = ______ bananas

9. $\frac{3}{5}$ de una cuenta de \$40 = \$ ______

10. $\frac{5}{6}$ de 18 lápices = ______ lápices

Suma o resta. Escribe cada suma o resta en su mínima expresión.

11. $\frac{3}{8} + \frac{5}{24}$ ____________

12. $\frac{1}{20} + \frac{5}{12}$ ____________

13. $\frac{9}{20} - \frac{1}{4}$ ____________

14. $\frac{9}{10} - \frac{3}{14}$ ____________

15. $3\frac{3}{8} + \frac{5}{12}$ ____________

16. $5\frac{7}{10} - \frac{5}{18}$ ____________

ÉNFASIS EN LA PREGUNTA ESENCIAL

17. ¿Cómo el conocer el MCD y el mcm puede ayudarte a sumar, restar y multiplicar fracciones?

____

____

____

____

Nombre ______________________ Clase ______________ Fecha ______________

4.1 Práctica independiente

6.NS.4

Resuelve. Escribe la respuesta en su mínima expresión.

18. Erin compró una bolsa de cacahuates que pesaba $\frac{3}{4}$ de libra. Al cabo de unos días, le quedan $\frac{2}{3}$ de la bolsa llena. ¿Cuánto pesa la bolsa de cacahuates ahora? Muestra tu trabajo.

____

19. **Varios pasos** Marianne compra 16 bolsas de tierra para plantar, en bolsas de $\frac{5}{8}$ de libra.

a. ¿Cuántas libras de tierra compra Marianne?

____

____

b. Si el padre de Marianne la llama y dice que necesita 13 libras de tierra, ¿Cuántas bolsas más de tierra debe comprar?

____

____

20. **Música** Dos quintos de los instrumentos en la banda marcial son de metal, un tercio son de percusión y el resto son instrumentos de viento de madera.

a. ¿Qué fracción de la banda la componen instrumentos de viento de madera?

____

b. La mitad de los instrumentos de viento de madera son clarinetes. ¿Qué fracción de la banda toca clarinetes?

____

c. Una quinta parte de los instrumentos de metal son tubas. Si hay 240 instrumentos, ¿cuántos son tubas?

____

21. Marcial encontró una receta para ensalada de frutas que quería hacer para su fiesta de cumpleaños. Decidió triplicar la receta.

Ensalada de frutas
$3\frac{1}{2}$ tazas de ruibarbo en rodajas finas
15 uvas sin semilla, en mitades
$\frac{1}{2}$ naranja, en gajos
10 fresas frescas, en mitades
$\frac{3}{5}$ de manzana, sin el centro y troceadas
$\frac{2}{3}$ de durazno, en rodajas
1 ciruela, sin semilla y en rodajas
$\frac{1}{4}$ de taza de arándanos frescos

a. ¿Cuál es la cantidad nueva de naranjas, manzanas, arándanos y duraznos?

____

____

____

b. **Comunica ideas matemáticas** La cantidad de ruibarbo en la receta original es de $3\frac{1}{2}$ tazas. Explica cómo puedes triplicar ese número mixto con lo que sabes sobre números enteros y fracciones.

____

____

____

____

22. Un recipiente contiene $1\frac{7}{8}$ cuartos de agua y un segundo recipiente contiene $5\frac{3}{4}$ de agua. ¿Cuántos cuartos de agua más contiene el segundo recipiente?

____

23. Cada uno de los 15 estudiantes dará un discurso de $1\frac{1}{2}$ minutos en clase de inglés.

a. ¿Cuánto tiempo tardarán en dar los discursos?

____

b. Si la maestra comienza a grabar con una cámara digital a la cual le queda una hora de grabación, ¿hay suficiente tiempo en la cámara para grabar todos los discursos si la maestra da una introducción de 15 minutos al comienzo de la clase y cada estudiante toma un minuto para prepararse? Explica.

____

____

____

c. ¿Cuánto tiempo queda en la cámara digital?

____

$360

H.O.T. ENFOQUE EN ALTA CAPACIDAD DE RAZONAMIENTO

24. **Representa problemas de la vida real** Kate quiere comprar una bicicleta nueva de una tienda de deportes. La bicicleta que quiere suele costar $360. La tienda tiene una oferta especial para todas las bicicletas nuevas por $\frac{5}{6}$ del precio regular. ¿Cuál es el precio de oferta de la bicicleta?

____

25. **Analiza los errores** Para hallar el producto de $\frac{3}{7} \times \frac{4}{9}$, Cameron simplificó $\frac{3}{7}$ a $\frac{1}{7}$ y luego multiplicó las fracciones $\frac{1}{7}$ y $\frac{4}{9}$ para calcular el producto $\frac{4}{63}$. ¿Cuál fue el error de Cameron?

____

____

____

____

26. **Justifica tu razonamiento** Cuando multiplicas un número entero por una fracción, el número entero se escribe como una fracción poniendo el valor del número entero en el numerador y 1 en el denominador. ¿Cambia esto la respuesta final? Explica.

____

____

Área de trabajo

LECCIÓN

4.2 Dividir fracciones

ESTÁNDARES COMUNES **6.NS.1**

Interpret and compute quotients of fractions, . . . , e.g., by using visual fraction models. . . .

PREGUNTA ESENCIAL

¿Cómo puedes dividir fracciones?

ACTIVIDAD PARA EXPLORAR 

6.NS.1

Representar la división de fracciones

En algunos problemas de división tal vez sepas la cantidad de grupos y necesites calcular cuántos o cuánto hay en cada grupo. En otros problemas de división, es posible que sepas cuántos o cuánto hay en cada grupo y necesites calcular la cantidad de grupos.

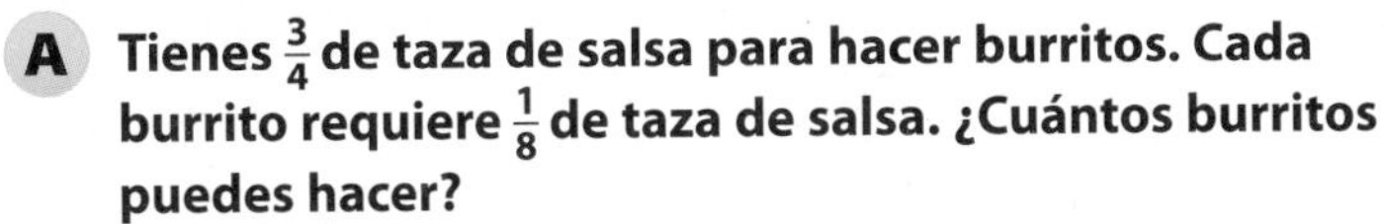

A **Tienes $\frac{3}{4}$ de taza de salsa para hacer burritos. Cada burrito requiere $\frac{1}{8}$ de taza de salsa. ¿Cuántos burritos puedes hacer?**

Para calcular el número de burritos que puedes hacer, debes determinar cuántas porciones de $\frac{1}{8}$ de taza hay en $\frac{3}{4}$ de taza. Usa el diagrama. ¿Cuántos octavos

hay en $\frac{3}{4}$? ______

Tienes suficiente salsa para hacer ______ burritos.

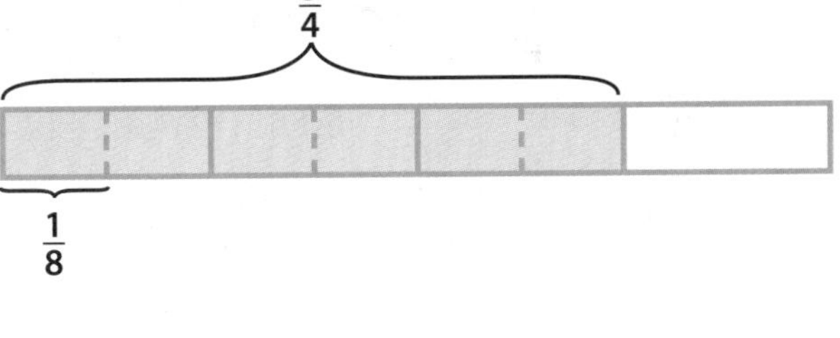

B **Cinco personas comparten $\frac{1}{2}$ libra de queso en partes iguales. ¿Cuánto queso recibe cada persona?**

Para calcular cuánto queso recibe cada persona, debes determinar cuánto

hay en cada uno de los ______ grupos.

¿Cuánto hay en cada grupo? ______

Cada persona recibirá ______ de libra.

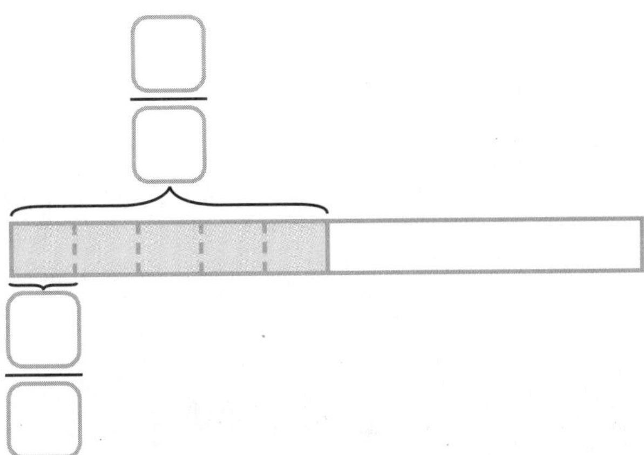

Reflexiona

1. Escribe la división que representa cada modelo.

____

Recíprocos

Otra forma de dividir fracciones es con *recíprocos*. Dos números cuyo producto es 1 son **recíprocos**.

$\frac{3}{4} \times \frac{4}{3} = \frac{12}{12} = 1$ $\frac{3}{4}$ y $\frac{4}{3}$ son recíprocos.

Para hallar el recíproco de una fracción intercambia el numerador y el denominador.

$\frac{\text{numerador}}{\text{denominador}} \cdot \frac{\text{denominador}}{\text{numerador}} = 1$

EJEMPLO 1

6.NS.1

Halla el recíproco de cada fracción.

A $\frac{2}{9} \to \frac{9}{2}$ Intercambia el numerador y el denominador.

El recíproco de $\frac{2}{9}$ es $\frac{9}{2}$.

B $\frac{1}{8} \to \frac{8}{1}$ Intercambia el numerador y el denominador.

El recíproco de $\frac{1}{8}$ es $\frac{8}{1}$.

C 5

$5 = \frac{5}{1}$ Escríbelo de nuevo como una fracción.

$\frac{5}{1} \to \frac{1}{5}$ Intercambia el numerador y el denominador.

El recíproco de 5 es $\frac{1}{5}$.

Charla matemática
Prácticas matemáticas
¿Cómo puedes comprobar que está correcto el recíproco en **A**?

Reflexiona

2. ¿Hay algún número que sea su propio recíproco? Si es así, ¿qué número(s)? Justifica tu respuesta.

____

3. **Comunica ideas matemáticas** ¿Tienen todos los números un recíproco? Explica.

____

____

4. El recíproco de un número entero es una fracción con ________ en el numerador.

ES TU TURNO

Halla el recíproco de cada fracción.

5. $\frac{7}{8}$ ____________ **6.** 9 ____________ **7.** $\frac{1}{11}$ ____________

ACTIVIDAD PARA EXPLORAR 2  6.NS.1

Hallar valores equivalentes con recíprocos

A Completa la tabla a continuación.

División	Multiplicación
$\frac{6}{7} \div \frac{2}{7} = 3$	$\frac{6}{7} \times \frac{7}{2} =$
$\frac{5}{8} \div \frac{3}{8} = \frac{5}{3}$	$\frac{5}{8} \times \frac{8}{3} =$
$\frac{1}{6} \div \frac{5}{6} = \frac{1}{5}$	$\frac{1}{6} \times \frac{6}{5} =$
$\frac{1}{4} \div \frac{1}{3} = \frac{3}{4}$	$\frac{1}{4} \times \frac{3}{1} =$

B ¿Cómo se compara cada problema de multiplicación con su correspondiente problema de división?

____

____

____

C ¿Cómo se compara la solución a cada problema de multiplicación con la solución de su correspondiente problema de división?

____

____

Reflexiona

8. Haz una conjetura Haz una conjetura con el patrón de la tabla sobre cómo puedes usar la multiplicación para dividir una fracción entre otra.

____

____

____

9. Escribe un problema de división y su problema de multiplicación correspondiente como los de la tabla. Asumiendo que tu conjetura en el problema **8** es correcta, ¿cuál es la respuesta a tu problema de división?

____

____

Dividir fracciones con recíprocos

Dividir entre una fracción es equivalente a multiplicar por su recíproco. Entonces, para dividir entre una fracción, multiplica por su recíproco.

$\frac{1}{5} \div \frac{1}{4} = \frac{4}{5}$ $\quad$ $\frac{1}{5} \times \frac{4}{1} = \frac{4}{5}$

EJEMPLO 2

6.NS.1

Divide $\frac{5}{9} \div \frac{2}{3}$. Escribe el cociente en su mínima expresión.

PASO 1 Vuelve a escribir el problema como una multiplicación, con el recíproco del divisor.

$\frac{5}{9} \div \frac{2}{3} = \frac{5}{9} \times \frac{3}{2}$ $\quad$ El recíproco de $\frac{2}{3}$ es $\frac{3}{2}$.

PASO 2 Multiplica y simplifica.

$\frac{5}{9} \times \frac{3}{2} = \frac{15}{18}$ $\quad$ Multiplica los numeradores. Multiplica los denominadores.

$\frac{5}{6}$ $\quad$ Escribe la respuesta en su mínima expresión. $\frac{15 \div 3}{18 \div 3} = \frac{5}{6}$

$\frac{5}{9} \div \frac{2}{3} = \frac{5}{6}$

ES TU TURNO

Divide.

10. $\frac{9}{10} \div \frac{2}{5} =$ ______

11. $\frac{9}{10} \div \frac{3}{5} =$ ______

Práctica con supervisión

Halla el recíproco de cada fracción. (Ejemplo 1)

1. $\frac{2}{5}$ ______

2. $\frac{1}{9}$ ______

3. $\frac{10}{3}$ ______

Divide. (Actividad para explorar 1, Actividad para explorar 2 y Ejemplo 2)

4. $\frac{4}{3} \div \frac{5}{3} =$ ______

5. $\frac{3}{10} \div \frac{4}{5} =$ ______

6. $\frac{1}{2} \div \frac{2}{5} =$ ______

ÉNFASIS EN LA PREGUNTA ESENCIAL

7. ¿Cómo puedes dividir fracciones?

______

Nombre ______ Clase ______ Fecha ______

4.2 Práctica independiente

ESTÁNDARES COMUNES 6.NS.1

8. Alison tiene $\frac{1}{2}$ taza de yogur para hacer postres con yogur y frutas. Cada postre requiere $\frac{1}{8}$ de taza de yogur. ¿Cuántos postres puede hacer?

______

9. Se necesita un equipo de corredores para una carrera de relevos de $\frac{1}{4}$ de milla. Si cada corredor debe correr $\frac{1}{16}$ de milla, ¿cuántos corredores se necesitarán?

______

10. Trevor pinta $\frac{1}{6}$ de la cerca que rodea su granja cada día. ¿Cuántos días tardará en pintar $\frac{3}{4}$ de la cerca?

______

11. Seis personas reparten $\frac{3}{5}$ de libra de cacahuates en partes iguales. ¿Que fracción de libra de cacahuates recibe cada persona?

______

12. **Biología** Si una abeja produce $\frac{1}{12}$ de cucharadita de miel en su vida, ¿cuántas abejas se necesitan para producir $\frac{1}{2}$ cucharadita de miel?

______

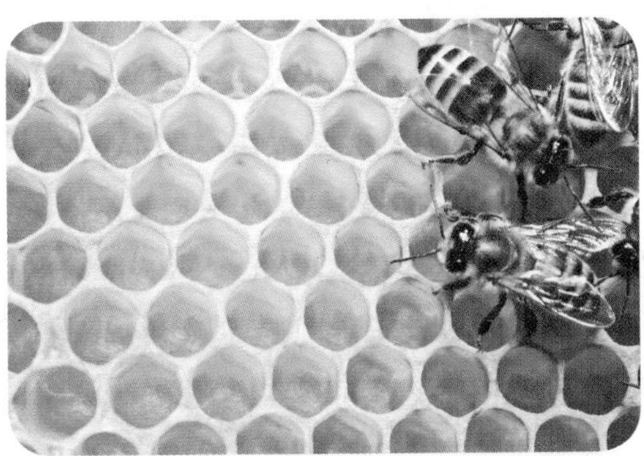

13. Jackson quiere dividir una caja de $\frac{3}{4}$ de libra de cereales en bolsas pequeñas. En cada bolsa cabe $\frac{1}{12}$ de libra de cereales. ¿Cuántas bolsas de cereales podrá llenar?

______

14. Una jarra contiene $\frac{2}{3}$ de cuarto de limonada. Si se sirve una cantidad igual de limonada en 6 vasos, ¿cuánta limonada tendrá cada vaso?

______

15. ¿Cuántos décimos hay en $\frac{4}{5}$?

______

16. Preparas un bol grande de ensalada para compartir con tus amigos. Tu hermano se come $\frac{1}{3}$ antes de que lleguen.

a. Quieres dividir la ensalada que queda en partes iguales entre seis amigos. ¿Qué expresión describe la situación? Explica.

______

______

______

______

b. ¿Qué porción fraccionaria del bol original de ensalada recibe cada amigo?

______

______

______

H.O.T. ENFOQUE EN ALTA CAPACIDAD DE RAZONAMIENTO

Área de trabajo

17. **Interpreta la respuesta** Una cinta tiene una longitud de $\frac{3}{4}$ de metro. Sun Yi necesita trozos de $\frac{1}{3}$ de metro para un proyecto artístico. ¿Cuál es el mayor número de trozos de $\frac{1}{3}$ de metro que se pueden obtener de la cinta? ¿Cuánta cinta quedará después que Sun Yi la corte? Explica tu razonamiento.

18. **Representa problemas de la vida real** Liam tiene $\frac{9}{10}$ de galón de pintura para las casas de pájaros que vende en la feria artesanal. Cada casita requiere $\frac{1}{20}$ de galón de pintura. ¿Cuántas casitas puede pintar Liam? Muestra tu trabajo.

19. **Justifica tu razonamiento** Cuando Kaitlin dividió una fracción entre $\frac{1}{2}$, el resultado fue un número mixto. ¿Era la fracción original menor o mayor que $\frac{1}{2}$? Explica tu razonamiento.

20. **Comunica ideas matemáticas** El recíproco de una fracción menor que 1 siempre es una fracción mayor que 1. ¿Por qué?

21. **Haz una predicción** Susan divide la fracción $\frac{5}{8}$ entre $\frac{1}{16}$. Su amigo Robyn divide $\frac{5}{8}$ entre $\frac{1}{32}$. Predice quién obtendrá el cociente mayor. Explica y comprueba tu predicción.

LECCIÓN 4.3

Dividir números mixtos

ESTÁNDARES COMUNES **6.NS.1**

Interpret and compute quotients of fractions, and solve word problems involving division of fractions by fractions. . . .

PREGUNTA ESENCIAL

¿Cómo puedes dividir números mixtos?

ACTIVIDAD PARA EXPLORAR 

6.NS.1

Representar la división de números mixtos

Antoine prepara rollitos de sushi. Tiene $2\frac{1}{2}$ tazas de arroz y necesita $\frac{1}{4}$ de taza de arroz para cada rollito. ¿Cuántos rollitos puede hacer?

A Para calcular el número de rollitos de sushi que se puede hacer, debes determinar cuántos cuartos hay en $2\frac{1}{2}$. Representa $2\frac{1}{2}$ en el modelo a continuación con partes fraccionarias.

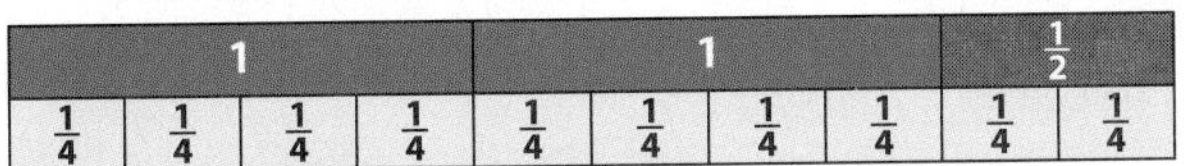

B ¿Cuántos cuartos hay en $2\frac{1}{2}$? ________________

Antoine tiene suficiente arroz para hacer ________________ rollitos de sushi.

Reflexiona

1. **Comunica ideas matemáticas** ¿Con qué operación matemática puedes calcular el número de rollitos de sushi que puede hacer Antoine? Explica.

____

____

2. **Representaciones múltiples** Escribe la división que muestra el modelo.

____

3. **¿Qué pasa si...?** Supón que Antoine ahora usa $\frac{1}{8}$ de taza de arroz en cada rollito de sushi. ¿Cómo cambia el modelo? ¿Cuántos rollitos puede hacer? Explica.

____

____

____

Dividir números mixtos con recíprocos

Dividir entre una fracción es equivalente a multiplicar por su recíproco. Esto también se cumple cuando divides números mixtos. Primero vuelve a escribir los números mixtos como fracciones mayores que 1 y luego multiplica la primera fracción por el recíproco de la segunda fracción.

Mis notas

EJEMPLO 1 

ESTÁNDARES COMUNES 6.NS.1

Una porción del cereal favorito de Harold contiene $1\frac{2}{5}$ onzas. ¿Cuántas porciones hay en una caja de $17\frac{1}{2}$ onzas?

PASO 1 Escribe la situación como un problema de división.

$17\frac{1}{2} \div 1\frac{2}{5}$

Necesitas hallar cuántos grupos de $1\frac{2}{5}$ hay en $17\frac{1}{2}$.

PASO 2 Vuelve a escribir los números mixtos como fracciones mayores que 1.

$17\frac{1}{2} \div 1\frac{2}{5} = \frac{35}{2} \div \frac{7}{5}$

PASO 3 Vuelve a escribir el problema como una multiplicación con el recíproco de la segunda fracción.

$\frac{35}{2} \div \frac{7}{5} = \frac{35}{2} \times \frac{5}{7}$ El recíproco de $\frac{7}{5}$ es $\frac{5}{7}$.

PASO 4 Multiplica.

$\frac{35}{2} \times \frac{5}{7} = \frac{\overset{5}{\cancel{35}}}{2} \times \frac{5}{\underset{1}{\cancel{7}}}$ Primero simplifica con el MCF.

$= \frac{5 \times 5}{2 \times 1}$ Multiplica los numeradores. Multiplica los denominadores.

$= \frac{25}{2}$, ó $12\frac{1}{2}$ Escribe el resultado como un número mixto.

Hay $12\frac{1}{2}$ porciones de cereales en la caja.

Reflexiona

4. **Analiza las relaciones** Explica cómo puedes comprobar la respuesta.

____

____

5. **¿Qué pasa si...?** Harold se sirve una porción de $1\frac{1}{2}$ onzas de cereal cada mañana. ¿Cuántas porciones puede obtener de una caja de su cereal favorito? Muestra tu trabajo.

____

ES TU TURNO

6. Sheila tiene $10\frac{1}{2}$ libras de ensalada de papas. Quiere dividir la ensalada en envases de $1\frac{1}{4}$ libra cada uno. ¿Cuántos envases necesita? Explica.

____

Resolver problemas con área

Recuerda que para hallar el área de un rectángulo, multiplicas la longitud $\times$ el ancho. Si sabes el área y una sola de las dimensiones, puedes dividir el área entre la dimensión que conoces para hallar la otra dimensión.

EJEMPLO 2

ESTÁNDARES COMUNES 6.NS.1

El área de un arenero rectangular es de $56\frac{2}{3}$ pies cuadrados. La longitud del arenero es de $8\frac{1}{2}$ pies. ¿Cuál es el ancho?

PASO 1 Escribe la situación como un problema de división.

$$56\frac{2}{3} \div 8\frac{1}{2}$$

PASO 2 Vuelve a escribir los números mixtos como fracciones mayores que 1.

$$56\frac{2}{3} \div 8\frac{1}{2} = \frac{170}{3} \div \frac{17}{2}$$

PASO 3 Vuelve a escribir el problema como multiplicación con el recíproco de la segunda fracción.

$$\frac{170}{3} \times \frac{2}{17}$$

PASO 4 Multiplica.

$$\frac{170}{3} \div \frac{17}{2} = \frac{170}{3} \times \frac{2}{17} = \frac{{}^{10}\cancel{170} \times 2}{3 \times \cancel{17}_{1}}$$

Multiplica los numeradores. Multiplica los denominadores.

$$= \frac{20}{3}, \text{ ó } 6\frac{2}{3}$$

Simplifica y escribe el resultado como un número mixto.

El ancho del arenero es de $6\frac{2}{3}$ pies.

Charla matemática
Prácticas matemáticas
Explica cómo hallar la longitud de un rectángulo si sabes su área y su ancho.

Reflexiona

7. **Comprueba si es razonable** ¿Cómo puedes determinar si tu respuesta es razonable?

____

____

____

____

ES TU TURNO

8. El área de un patio rectangular es de $12\frac{3}{8}$ metros cuadrados. El ancho del patio es de $2\frac{3}{4}$ metros. ¿Cuál es la longitud? ________

9. El área de una alfombra rectangular es de $14\frac{1}{12}$ yardas cuadradas. La longitud de la alfombra es de $4\frac{1}{3}$ yardas. ¿Cuál es el ancho? ________

Práctica con supervisión

Divide. Escribe la respuesta en su mínima expresión. (Actividad para explorar y Ejemplo 1)

1. $4\frac{1}{4} \div \frac{3}{4}$

$\frac{\square}{4} \div \frac{3}{4} =$

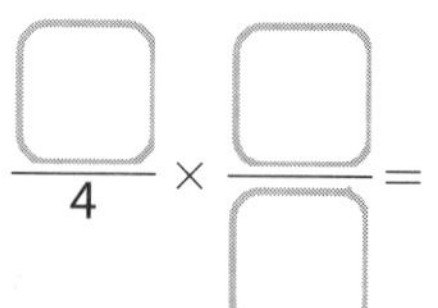

$\frac{\square}{4} \times \frac{\square}{\square} =$

____

2. $1\frac{1}{2} \div 2\frac{1}{4}$

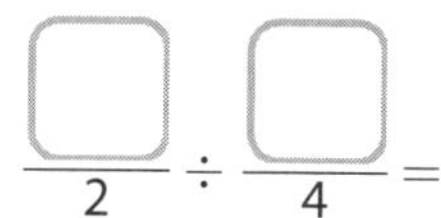

$\frac{\square}{2} \div \frac{\square}{4} =$

$\frac{\square}{2} \times \frac{\square}{\square} =$

____

3. $4 \div 1\frac{1}{8} =$ ________

4. $3\frac{1}{5} \div 1\frac{1}{7} =$ ________

5. $8\frac{1}{3} \div 2\frac{1}{2} =$ ________

6. $15\frac{1}{3} \div 3\frac{5}{6} =$ ________

Escribe cada situación como un problema de división. Luego resuelve. (Ejemplo 2)

7. Un arenero tiene un área de 26 pies cuadrados y su longitud es de $5\frac{1}{2}$ pies. ¿Cuál es el ancho del arenero? ________

8. El Sr. Webster quiere comprar una alfombra para su cuarto de ejercicios en el sótano. El cuarto tiene un área de 230 pies cuadrados. El ancho del cuarto es de $12\frac{1}{2}$ pies. ¿Cuál es la longitud? ________

ÉNFASIS EN LA PREGUNTA ESENCIAL

9. ¿En qué se parece dividir números mixtos y dividir fracciones?

____

____

Nombre _______________ Clase _______________ Fecha _______________

4.3 Práctica independiente

6.NS.1

10. Jeremy tiene $4\frac{1}{2}$ tazas de té frío. Quiere dividir el té en vasos de $\frac{3}{4}$ de taza. Halla cuántos vasos puede servir con el modelo.

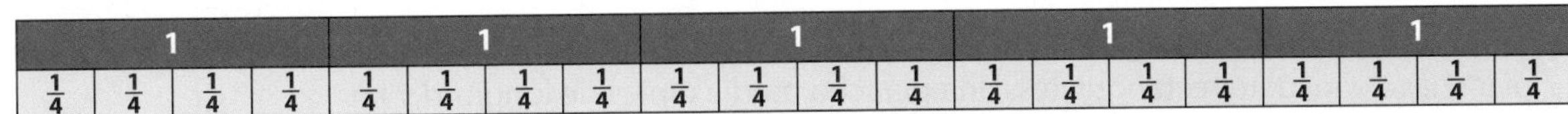

____

11. Una cinta mide $3\frac{2}{3}$ yardas de longitud. Mae necesita cortar la cinta en trozos de $\frac{2}{3}$ de yarda. Halla cuántos trozos puede cortar con el modelo.

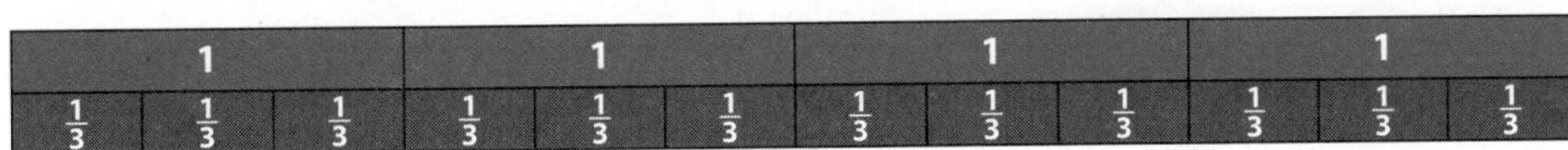

____

12. Dao tiene $2\frac{3}{8}$ libras de carne para hacer hamburguesas. Está preparando hamburguesas de $\frac{1}{4}$ de libra. ¿Tiene suficiente carne para hacer 10 hamburguesas? Explica.

____

____

13. **Varios pasos** Zoey preparó $5\frac{1}{2}$ tazas de frutos secos para un campamento. Quiere dividir los frutos secos en porciones de $\frac{3}{4}$ de taza.

a. Hay diez personas en el campamento. ¿Puede Zoey preparar suficientes porciones para que cada persona tenga una?

____

b. ¿De qué tamaño deben ser las porciones para que todos puedan tener una? Explica.

____

c. Si Zoey decide usar porciones de $\frac{3}{4}$ de taza, ¿cuántas tazas más de frutos secos necesita? Explica.

____

____

14. El área de un cuadro rectangular es de $30\frac{1}{3}$ pulgadas cuadradas. La longitud es de $6\frac{1}{2}$ pulgadas. Halla el ancho del cuadro.

____

15. El área de un espejo rectangular es de $11\frac{11}{16}$ pies cuadrados. El ancho del espejo es de $2\frac{3}{4}$ pies. Si en la pared hay un espacio de 5 pies de alto para colgarlo, ¿cabrá el espejo? Explica.

____

16. Ramón tiene una cuerda de $25\frac{1}{2}$ pies de longitud. Quiere cortarla en 6 piezas de igual longitud. ¿Qué longitud tendrá cada pieza?

____

17. Eleanor y Max hicieron un escenario para una obra de la escuela con dos planchas de madera rectangulares. Una plancha medía 6 pies de longitud y la otra medía $5\frac{1}{2}$ pies de longitud. Ambas planchas tenían el mismo ancho. El área total del escenario era de $60\frac{3}{8}$ pies cuadrados. ¿Cuál era el ancho?

____

ENFOQUE EN ALTA CAPACIDAD DE RAZONAMIENTO

Área de trabajo

18. **Saca conclusiones** Micah dividió $11\frac{2}{3}$ entre $2\frac{5}{6}$ y obtuvo $4\frac{2}{17}$ como resultado. ¿Es razonable su respuesta? Explica tu razonamiento. Luego comprueba la respuesta de Micah.

____

____

____

____

____

19. **Explica el error** Para dividir $14\frac{2}{3} \div 2\frac{3}{4}$, Erik multiplicó $14\frac{2}{3} \times \frac{4}{3}$. Explica el error de Erik.

____

____

____

20. **Analiza las relaciones** Explica cómo puedes hallar el número que falta en $3\frac{4}{5} \div \blacksquare = 2\frac{5}{7}$. Luego halla el número que falta.

____

____

____

LECCIÓN 4.4

Resolver problemas de varios pasos con fracciones y números mixtos

ESTÁNDARES COMUNES 6.NS.1

...Solve word problems involving division of fractions by fractions...

PREGUNTA ESENCIAL

¿Cómo puedes resolver problemas formulados en palabras y que tienen más de una operación con fracciones?

Resolver problemas con números racionales

A veces debes realizar más de una operación para resolver un problema de varios pasos. Puedes agrupar diferentes operaciones con paréntesis. Recuerda que de acuerdo con el **orden de las operaciones**, debes realizar las operaciones dentro de los paréntesis primero.

EJEMPLO 1

6.NS.1

Jon cocina lentejas para hacer una sopa de lentejas y cebada y una ensalada de lentejas. La receta de la sopa de lentejas y cebada requiere $\frac{3}{4}$ de taza de lentejas secas. La receta de ensalada de lentejas requiere $1\frac{1}{2}$ tazas de lentejas secas. Jon tiene un cucharón de $\frac{1}{8}$ de taza. ¿Cuántos cucharones de lentejas secas necesitará Jon para tener suficiente para la sopa y la ensalada?

Analiza la información

Identifica la información importante.

- Jon necesita $\frac{3}{4}$ de taza de lentejas secas para la sopa y $1\frac{1}{2}$ tazas para la ensalada.
- Jon tiene un cucharón de $\frac{1}{8}$ de taza.
- Necesitas hallar el número total de cucharones de lentejas que necesitará Jon.

Formula un plan

Puedes usar la expresión $\left(\frac{3}{4} + 1\frac{1}{2}\right) \div \frac{1}{8}$ para calcular el número de cucharones de lentejas secas que Jon necesitará para la sopa y la ensalada.

Resuelve

Sigue el orden de las operaciones. En primer lugar, realiza las operaciones que están entre paréntesis. Primero suma para hallar la cantidad total de lentejas que necesitará Jon.

$$\frac{3}{4} + 1\frac{1}{2} = \frac{3}{4} + \frac{3}{2}$$
$$= \frac{3}{4} + \frac{6}{4}$$
$$= \frac{9}{4}$$
$$= 2\frac{1}{4}$$

Jon necesita $2\frac{1}{4}$ tazas de lentejas.

Jon necesita $2\frac{1}{4}$ cucharones de lentejas secas para la sopa y la ensalada.

Calcula cuántos cucharones de $\frac{1}{8}$ de taza necesita Jon al dividir la cantidad total de lentejas secas en grupos de $\frac{1}{8}$.

$$2\frac{1}{4} \div \frac{1}{8} = \frac{9}{4} \div \frac{1}{8}$$

$$= \frac{9}{4} \times \frac{8}{1}$$

$$= \frac{9 \times \cancel{8}^{2}}{{}_{1}\cancel{4} \times 1}$$

$$= \frac{18}{1}$$

$$= 18$$

Simplifica antes de multiplicar por el MCD.

Jon necesitará 18 cucharones de lentejas secas para hacer la sopa de lentejas y cebada y la ensalada de lentejas.

Justifica y evalúa

Primero sumaste $\frac{3}{4}$ y $1\frac{1}{2}$ para calcular el número total de cucharones de lentejas. Luego dividiste la suma entre $\frac{1}{8}$ para calcular el número de cucharones de $\frac{1}{8}$ de taza.

ES TU TURNO

1. Antes de conducir unos experimentos, un científico mezcla $\frac{1}{2}$ gramo de la Sustancia A con $\frac{3}{4}$ de gramo de la Sustancia B. Si el científico usa $\frac{1}{8}$ de gramo de la mezcla en cada experimento, ¿cuántos experimentos puede conducir? ________

Práctica con supervisión

1. Un estudiante de arte decora dos cajas de regalo con un rollo de papel de regalo. El estudiante usará $1\frac{1}{3}$ yardas de papel en una caja y $\frac{5}{6}$ de yarda en la otra caja. El papel debe cortarse en trozos de $\frac{1}{6}$ de yarda de largo. ¿Cuántos trozos cortará el estudiante para las cajas de regalos? (Ejemplo 1) ________

ÉNFASIS EN LA PREGUNTA ESENCIAL

2. ¿Cómo puedes resolver un problema de varios pasos que tenga fracciones?

____

Nombre ________________ Clase ________________ Fecha ________________

4.4 Práctica independiente

ESTÁNDARES COMUNES 6.NS.1

Entrenador personal en matemáticas

Evaluación e intervención en línea

3. Naomi ha ganado $54 podando céspedes en los últimos dos días. Ayer trabajó $2\frac{1}{2}$ horas y hoy trabajó $4\frac{1}{4}$ horas. Si Naomi recibe la misma cantidad de dinero por cada hora que trabaja, ¿cuánto gana por hora por podar céspedes? (Ejemplo 2)

____

4. Una maestra de arte tiene $1\frac{1}{2}$ libras de arcilla roja y $\frac{3}{4}$ de libra de arcilla amarilla. La maestra mezcla la arcilla roja y la amarilla. Cada estudiante de la clase necesita $\frac{1}{8}$ de libra de la mezcla de arcilla para terminar el proyecto asignado. ¿Cuántos estudiantes pueden obtener suficiente arcilla para terminar el proyecto?

____

5. Una estilista programa $\frac{1}{4}$ de hora para cortarle el cabello a una cliente y $\frac{1}{6}$ de hora para arreglarle el cabello. La estilista piensa trabajar $3\frac{1}{3}$ horas cada día durante 5 días cada semana. ¿Cuántas citas puede programar cada semana si a cada cliente le debe cortar y arreglar el cabello?

____

6. Un montador de marcos tiene una tabla delgada de $10\frac{1}{12}$ pies de largo. El montador observa que $2\frac{3}{8}$ pies de la tabla están rayados y no pueden usarse. El resto de la tabla se usará para hacer pequeños portarretratos. Cada portarretrato requiere de $1\frac{2}{3}$ pies de tabla. A lo sumo, ¿cuántos portarretratos completos se pueden hacer?

____

7. El patio trasero de Jim es un rectángulo que mide $15\frac{5}{6}$ yardas de largo y $10\frac{2}{5}$ yardas de ancho. Jim compra césped en trozos de $1\frac{1}{3}$ yardas de largo por $1\frac{1}{3}$ yardas de ancho. ¿Cuántos trozos de césped necesitará comprar Jim para cubrir todo el patio trasero?

____

8. Eva quiere hacer dos piezas de alfarería. Necesita $\frac{3}{5}$ de libra de arcilla para una pieza y $\frac{7}{10}$ de libra para la otra. Ella tiene tres bolsa de arcilla que pesan $\frac{4}{5}$ de libra cada una. ¿Cuántas bolsas de arcilla necesitará para hacer ambas piezas? ¿Cuántas libras de arcilla le sobrarán?

____

9. Mark quiere pintar un mural. Tiene $1\frac{1}{3}$ galones de pintura amarilla, $1\frac{1}{4}$ galones de pintura verde y $\frac{7}{8}$ de galón de pintura azul. Si Mark piensa usar $\frac{3}{4}$ de galón de cada color de pintura, ¿cuántos galones de pintura le sobrarán después de pintar el mural?

____

10. Trina trabaja después de clases y los fines de semana. Siempre trabaja tres días a la semana. Esta semana trabajó $2\frac{3}{4}$ horas el lunes, $3\frac{3}{5}$ horas el viernes y $5\frac{1}{2}$ horas el sábado. La próxima semana piensa trabajar el mismo número de horas que esta semana pero trabajará igual número de horas cada día. ¿Cuántas horas trabajará cada día?

____

Área de trabajo

11. Representa problemas de la vida real Describe un problema de la vida real que pueda resolverse usando la expresión $29 \div \left(\frac{3}{8} + \frac{5}{6}\right)$. Calcula la respuesta en el contexto de la situación.

____

____

____

____

____

12. Justifica tu razonamiento Indira y Jean comienzan su caminata a las 10 a.m. de una mañana. Piensan caminar a lo largo del sendero desde el marcador de la milla $2\frac{2}{5}$ al marcador de la milla $8\frac{1}{10}$ a una rapidez promedio de 3 millas por hora. ¿Llegarán al marcador de la milla $8\frac{1}{10}$ para el mediodía? Explica tu razonamiento.

____

____

____

____

____

13. Representaciones múltiples Necesitas medir nueces para preparar avena con bananas y nueces y una ensalada de espinacas y nueces. La avena requiere $\frac{3}{8}$ de taza de nueces y la ensalada $\frac{3}{4}$ de taza. Si tienes una cuchara medidora de $\frac{1}{4}$ de taza, describe dos maneras diferentes de hallar cuántas cucharas de nueces necesitarás.

____

____

____

____

____

¿Listo para seguir?

4.1 Aplicar el MCD y el mcm a operaciones con fracciones

Resuelve.

1. $\frac{4}{5} \times \frac{3}{4}$ ________

2. $\frac{5}{7} \times \frac{9}{10}$ ________

3. $\frac{3}{8} + 2\frac{1}{2}$ ________

4. $1\frac{3}{5} - \frac{5}{6}$ ________

4.2 Dividir fracciones

Divide.

5. $\frac{1}{3} \div \frac{7}{9}$ ________

6. $\frac{1}{3} \div \frac{5}{8}$ ________

7. Luci corta una tabla de $\frac{3}{4}$ yardas de largo, en trozos de $\frac{3}{8}$ yardas de largo. ¿Cuántos trozos corta? ________

4.3 Dividir números mixtos

Divide.

8. $3\frac{1}{3} \div \frac{2}{3}$ ________

9. $1\frac{7}{8} \div 2\frac{2}{5}$ ________

10. $4\frac{1}{4} \div 4\frac{1}{2}$ ________

11. $8\frac{1}{3} \div 4\frac{2}{7}$ ________

4.4 Resolver problemas de varios pasos con fracciones y números mixtos

12. Jamal caminó por dos senderos. El primer sendero era de $5\frac{1}{3}$ millas de largo y el segundo era $1\frac{3}{4}$ veces tan largo como el primero. ¿Cuántas millas caminó Jamal? ________

PREGUNTA ESENCIAL

13. Describe una situación de la vida real que se represente con una división de dos fracciones o números mixtos.

____

____

MÓDULO 4 REPASO MIXTO

Preparación para la evaluación

Respuesta seleccionada

1. Dos lados de una cerca rectangular miden $5\frac{5}{8}$ pies de largo. Los otros dos lados miden $6\frac{1}{4}$ pies de largo. ¿Cuál es el perímetro?

Ⓐ $11\frac{7}{8}$ pies Ⓑ 13 pies

Ⓒ $23\frac{3}{4}$ pies Ⓓ $35\frac{5}{32}$ pies

2. ¿Cuál es el MCD de 18 y 24 con $\frac{18}{24}$ en su mínima expresión?

Ⓐ MCF: 3; $\frac{3}{4}$

Ⓑ MCF: 3; $\frac{6}{8}$

Ⓒ MCF: 6; $\frac{3}{4}$

Ⓓ MCF: 6; $\frac{6}{8}$

3. Un frasco contiene 133 monedas de 1 centavo. Un frasco más grande contiene $1\frac{2}{7}$ veces más monedas de 1 centavo. ¿Cuál es el valor de las monedas de 1 centavo en el frasco más grande?

Ⓐ \$1.49 Ⓑ \$1.52

Ⓒ \$1.68 Ⓓ \$1.71

4. ¿Cuál de las siguientes opciones es igual a $\frac{3}{5} \div \frac{4}{7}$?

Ⓐ $\frac{3}{5} \div \frac{7}{4}$

Ⓑ $\frac{4}{7} \div \frac{3}{5}$

Ⓒ $\frac{3}{5} \times \frac{4}{7}$

Ⓓ $\frac{3}{5} \times \frac{7}{4}$

5. Andy tiene $6\frac{2}{3}$ cuartos de jugo. ¿Cuántas porciones de $\frac{2}{3}$ de taza puede servir Andy?

Ⓐ $4\frac{4}{9}$ Ⓑ 6

Ⓒ 7 Ⓓ 10

6. ¿Cuál es el recíproco de $3\frac{3}{7}$?

Ⓐ $\frac{7}{24}$ Ⓑ $\frac{3}{7}$

Ⓒ $\frac{7}{3}$ Ⓓ $\frac{24}{7}$

7. Un patio rectangular tiene una longitud de $12\frac{1}{2}$ pies y un área de $103\frac{1}{8}$ pies cuadrados. ¿Cuál es el ancho del patio?

Ⓐ $4\frac{1}{8}$ pies

Ⓑ $8\frac{1}{4}$ pies

Ⓒ $16\frac{1}{2}$ pies

Ⓓ 33 pies

8. ¿Qué número es mayor que el valor absoluto de $-\frac{3}{8}$?

Ⓐ $-\frac{5}{8}$

Ⓑ $-\frac{1}{8}$

Ⓒ $\frac{1}{4}$

Ⓓ 0.5

Minitarea

9. Jodi corta trozos de papel de $8\frac{1}{2}$ pulgadas por 11 pulgadas de una hoja grande con un área de 1,000 pulgadas cuadradas.

a. ¿Cuál es el área de cada trozo de papel que está cortando Jodi ?

____

b. ¿Cuál es el mayor número posible de trozos de papel que Jodi puede cortar a partir de la hoja más grande?

____

Operaciones con decimales

PREGUNTA ESENCIAL

¿Cómo puedes resolver problemas de la vida real usando operaciones con decimales?

Vídeo de la vida real

La fuerza de gravedad en la Luna terrestre es menor que la fuerza de gravedad en la Tierra. Puedes calcular tu peso en la Luna si multiplicas tu peso en la Tierra por un decimal.

my.hrw.com

APRENDE EN LÍNEA

my.hrw.com

my.hrw.com

Las versiones digitales de todas las páginas del libro del estudiante están disponibles en línea.

Matemáticas al instante

Escanea con tu celular para entrar directamente en la edición en línea del Vídeo tutorial y más.

Matemáticas en acción

Explora interactivamente los conceptos clave para ver cómo funcionan las matemáticas.

Entrenador personal en matemáticas

Obtén comentarios y ayuda al instante a medida que trabajas en las prácticas.

¿Estás listo?

Completa estos ejercicios para repasar las destrezas que necesitarás en este módulo.

Entrenador personal en matemáticas

Evaluación e intervención en línea

Representar decimales

EJEMPLO

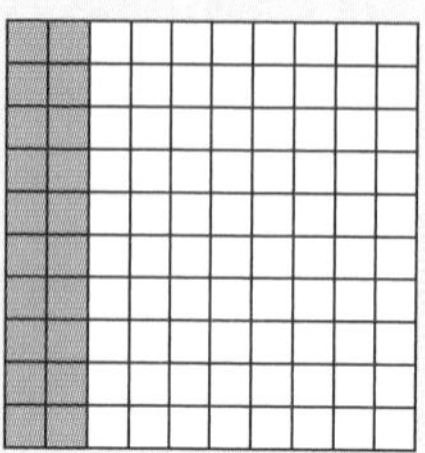

Piensa: 1 cuadrado = 1 de 100 partes iguales $= \frac{1}{100}$ o 0.01

10 cuadrados = 10 de 100 partes iguales $= \frac{10}{100}$ o 0.1

Entonces, 20 cuadrados representan 2×0.1 o 0.2.

Escribe el decimal que representa el cuadrado sombreado.

1. 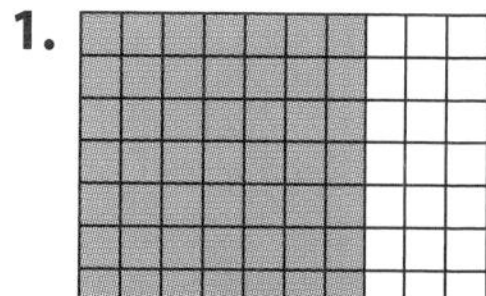 _______

2. 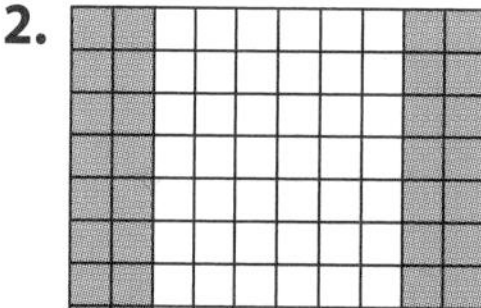 _______

3. 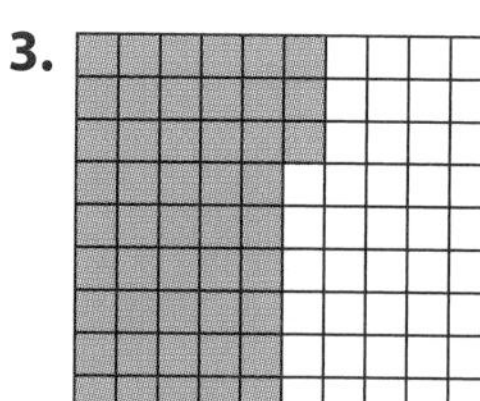 _______

4. 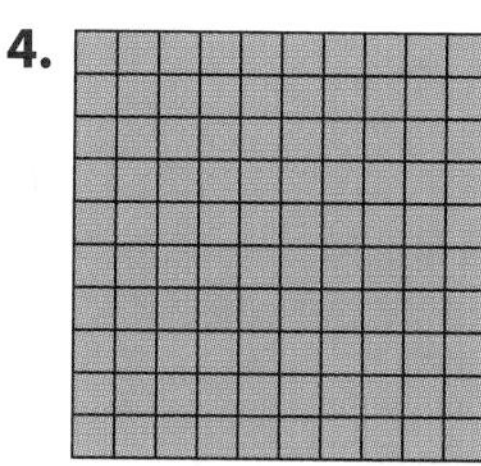 _______

Multiplicar decimales por potencias de 10

EJEMPLO

6.574×100 — Cuenta los ceros en 100: 2 ceros

$6.574 \times 100 = 657.4$ — Mueve el punto decimal dos lugares a la derecha.

Calcula el producto.

5. 0.49×10 _______ **6.** $25.34 \times 1{,}000$ _______ **7.** 87×100 _______

Palabras para operaciones

EJEMPLO

Escribe una expresión numérica para el producto de 5 y 9. — Piensa: *Producto* significa "multiplicar".

5×9 — Escribe 5 por 9.

Escribe en palabras una expresión numérica para la expresión.

8. 20 disminuido en 8 _______

9. el cociente de 14 y 7 _______

10. la diferencia entre 72 y 16 _______

11. la suma de 19 y 3 _______

Práctica de vocabulario

Visualiza el vocabulario

Completa el cuadro con las palabras que tienen un ✔. Puedes poner más de una palabra en cada sección.

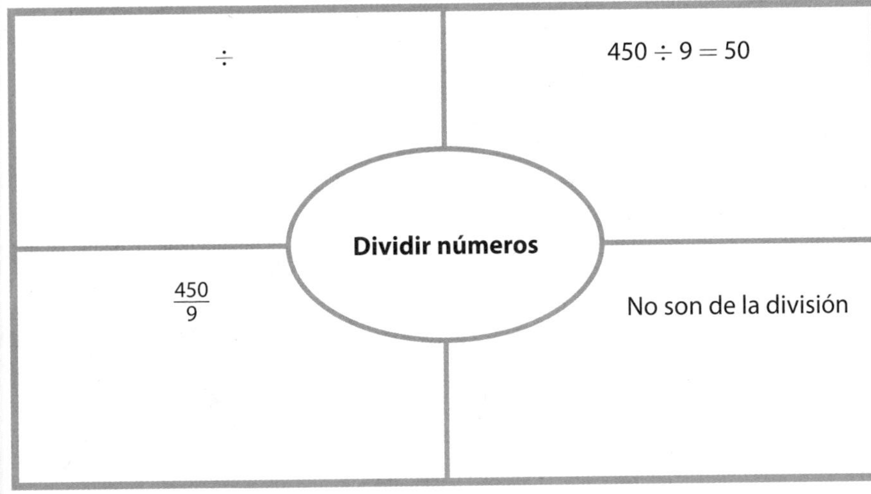

Vocabulario

Palabras de repaso

- ✔ barra de fracciones *(fraction bar)*
- ✔ cociente *(quotient)*
- decimal *(decimal)*
- ✔ denominador *(denominator)*
- dividir *(divide)*
- ✔ dividendo *(dividend)*
- ✔ divisor *(divisor)*
- ✔ multiplicar *(multiply)*
- ✔ numerador *(numerator)*
- número entero *(whole number)*
- ✔ número racional *(rational number)*
- ✔ operación *(operation)*
- ✔ producto *(product)*
- ✔ símbolo *(symbol)*

Comprende el vocabulario

Empareja el término de la izquierda con la definición de la derecha.

1. dividir	**A.** El número inferior en una fracción.
2. denominador	**B.** El número superior en una fracción.
3. cociente	**C.** Separar en grupos iguales.
4. numerador	**D.** La respuesta en una división.

Lectura con propósito

Folleto Antes de comenzar, crea un folleto como ayuda para aprender conceptos en este módulo. Escribe la idea principal de cada lección en la propia página del folleto. A medida que estudias cada lección, anota ejemplos que ilustren la idea principal y toma nota de los detalles importantes. Refiérete al folleto terminado a medida que haces las tareas y estudias para los exámenes.

MÓDULO 5

Desglosar los estándares

Comprender los estándares y las palabras de vocabulario te ayudará a saber exactamente lo que se espera que aprendas en este módulo.

ESTÁNDARES COMUNES **6.NS.2**

Dividir fácilmente números de varios dígitos usando el algoritmo estándar.

Vocabulario clave

cociente *(quotient)*
El resultado cuando un número se divide entre otro.

Lo que significa para ti

Usarás los conocimientos sobre la división de números enteros para dividir decimales.

DESGLOSAR EL EJEMPLO 6.NS.2

Eugenia y sus amigas compraron helado de yogur a 45 centavos la onza. El total era \$11.25. ¿Cuántas onzas compraron?

Divide 11.25 entre 0.45.

$$\begin{array}{r} 25 \\ 0.45\overline{)11.25} \\ \underline{90} \\ 225 \\ \underline{225} \\ 0 \end{array}$$

Compraron 25 onzas de helado de yogur.

ESTÁNDARES COMUNES **6.NS.3**

Sumar, restar, multiplicar y dividir fácilmente decimales de varios dígitos usando el algoritmo estándar para cada operación.

Vocabulario clave

algoritmo *(algorithm)*
Conjunto de reglas o procedimiento para resolver un problema matemático en un número determinado de pasos.

Lo que significa para ti

Usarás los conocimientos previos de operaciones con números enteros en las operaciones con decimales.

DESGLOSAR EL EJEMPLO 6.NS.3

Estima primero y luego calcula la respuesta exacta.

A. 3.25×4.8

$3 \times 5 = 15$

$$\begin{array}{r} 3.25 \\ \underline{\times 4.8} \\ 2600 \\ \underline{13000} \\ 15.600 \end{array}$$

B. $132.5 - 18.9$

$133 - 19 = 114$

$$\begin{array}{r} 132.5 \\ \underline{-\ 18.9} \\ 113.6 \end{array}$$

Visita **my.hrw.com** para ver todos los **Estándares comunes** desglosados.

my.hrw.com

LECCIÓN 5.1

Dividir números enteros

ESTÁNDARES COMUNES 6.NS.2

...Divide multi-digit numbers using the standard algorithm....

PREGUNTA ESENCIAL

¿Cómo divides números enteros de varios dígitos?

ACTIVIDAD PARA EXPLORAR   6.NS.2

Estimar cocientes

Puedes estimar para predecir el cociente de números enteros de varios dígitos.

Un zoológico local tuvo un total de 98,464 visitantes el año pasado. El zoológico estuvo abierto todos los días excepto tres días festivos. En promedio, ¿aproximadamente cuántos visitantes recibió el zoológico cada día?

$$\text{divisor}\overline{)\text{dividendo}}\quad \text{(cociente)}$$

A Para estimar el número promedio de visitantes por día puedes dividir el número total de visitantes entre el número de días. Para estimar el cociente, primero estima el dividendo redondeando el número de visitantes a la decena de millar más cercana.

98,464 redondeado a la decena de millar más cercana es ________________.

B El año pasado tuvo 365 días. ¿Cuántos días estuvo abierto el zoológico? __________

C Estima el divisor redondeando el número de días que estuvo abierto el zoológico a la centena más cercana.

____________ redondeado a la centena más cercana es ____________.

D Estima el cociente. ____________ ÷ ____________ = ____________

El número promedio de visitantes por día el año pasado fue cerca de ______.

Reflexiona

1. ¿Cómo puedes comprobar que el cociente esté correcto?

____

____

2. **Razonamiento crítico** ¿Crees que la estimación es mayor o menor que la respuesta real? Explica.

____

Usar la división desarrollada

El promedio exacto de visitantes por día al zoológico de la Actividad para explorar es el cociente de 98,464 y 362. Puedes usar la división desarrollada para calcular este cociente.

EJEMPLO 1

ESTÁNDARES COMUNES 6.NS.2

Un zoológico local tuvo un total de 98,464 visitantes el año pasado. El zoológico estuvo abierto todos los días excepto tres días festivos. En promedio, ¿cuántos visitantes recibió el zoológico cada día?

PASO 1 362 es mayor que 9 y 98, entonces divide 984 entre 362. Coloca el primer dígito en el cociente en el lugar de las centenas. Multiplica 2 por 362 y coloca el producto debajo de 984. Resta.

```
        2
362)98,464
   -72 4
    260
```

Charla matemática
Prácticas matemáticas

¿En qué se diferencia la estimación de la Actividad para explorar al promedio real de visitantes por día?

PASO 2 Baja el dígito de las decenas. Divide 2,606 entre 362. Multiplica 7 por 362 y coloca el producto debajo de 2,606. Resta.

```
        27
362)98,464
   -72 4↓
    26 06
   -25 34
       72
```

PASO 3 Baja el dígito de las unidades. Divide las unidades.

```
       272
362)98,464
   -72 4
    26 06
   -25 34↓
       724
      -724
         0
```

El número promedio de visitantes por día el año pasado fue de 272.

ES TU TURNO

Calcula cada cociente.

3. 34,989 ÷ 321 ______________

4. 73,375 ÷ 125 ______________

Dividir con residuo

Supongamos que un amigo y tú quieren dividir 9 rocas pulidas entre ustedes dos de manera que cada uno obtenga el mismo número de rocas. Cada uno obtendrá 4 rocas y sobrará 1. Puedes decir que el cociente de 9 ÷ 2 tiene un residuo de 1.

EJEMPLO 2 

ESTÁNDARES COMUNES 6.NS.2

Mis notas

Callie tiene 1,850 libros. Debe empacarlos en cajas para enviarlos a una librería. Cada caja puede contener 12 libros. ¿Cuántas cajas necesitará para empacar todos los libros?

Divide 1,850 entre 12.

$$\begin{array}{r} 154 \text{ R2} \\ 12\overline{)1,850} \\ -12 \\ \hline 65 \\ -60 \\ \hline 50 \\ -48 \\ \hline 2 \end{array}$$

El cociente es 154 y el residuo es 2. Puedes escribir 154 R2.

Reflexiona

5. Interpreta la respuesta ¿Qué significa el residuo en esta situación?

____

____

6. Interpreta la respuesta ¿Cuántas cajas necesita Callie para empacar los libros? Explica.

____

____

ES TU TURNO

Divide.

7. 5,796 ÷ 25 ______________ **8.** $67\overline{)3{,}098}$ ______________

9. El gerente de una tienda de regalos de un museo quiere colocar 1,578 rocas pulidas en bolsa pequeñas para venderlas como recuerdo. Si el gerente quiere colocar 15 rocas en cada bolsa, ¿cuántas bolsas completas puede llenar?

¿Cuántas rocas sobrarán? ______________________

Práctica con supervisión

1. Estima: 31,969 ÷ 488 (Actividad para explorar)

Redondea los números y luego divide.

31,969 ÷ 488 = ________ ÷ ________ = ________

Divide. (Ejemplo 1, Ejemplo 2)

2. 3,072 ÷ 32 = ________

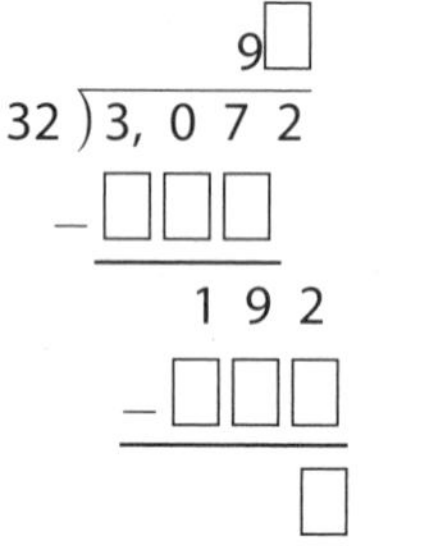

3. 4,539 ÷ 51 = ________

51) 4, 5 3 9

4 5 9

4. 9,317 ÷ 95 = ________

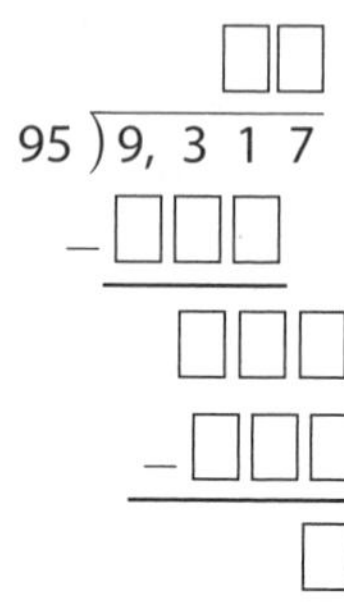

5. 2,226 ÷ 53 = ________

6. Divide 4,514 entre 74. ________

7. 3,493 ÷ 37 = ________

8. 2,001 ÷ 83 = ________

9. 39,751 ÷ 313 = ________

10. 35,506 ÷ 438 = ________

11. Durante una campaña de alimentos, la escuela intermedia local reunió 8,982 artículos enlatados. Cada uno de los 28 salones de clases que participó en la campaña donó aproximadamente el mismo número de artículos. Estima el número de artículos que donó cada salón de clases. (Actividad para explorar) ________

12. Un teatro tiene 1,120 sillas en 35 filas iguales. ¿Cuántas sillas hay en cada fila? (Ejemplo 1) ________

13. Hay 1,012 pisapapeles de *souvenir* que necesitan empaquetarse en cajas. Si cada caja contendrá 12 pisapapeles, ¿cuántas cajas se necesitarán? (Ejemplo 2) ________

ÉNFASIS EN LA PREGUNTA ESENCIAL

14. ¿Qué pasos debes seguir para dividir números enteros de varios dígitos?

____

____

____

____

____

Nombre ______________________ Clase ______________ Fecha ______________

5.1 Práctica independiente

6.NS.2

Entrenador personal en matemáticas

my.hrw.com

Evaluación e intervención en línea

Divide.

15. 44,756 ÷ 167 = ______________

16. 87,628 ÷ 931 = ______________

17. 66,253 ÷ 317 = ______________

18. 76,255 ÷ 309 = ______________

19. 50,779 ÷ 590 = ______________

20. 97,156 ÷ 107 = ______________

21. 216,016 ÷ 368 = ______________

22. 107,609 ÷ 72 = ______________

23. Emilio debe sembrar 8,450 árboles en filas en su granja de árboles. Si siembra 125 árboles por fila, ¿cuántas filas de árboles tendrá? Explica.

____

____

24. Camila hace y vende joyería. Tiene 8,160 cuentas plateadas y 2,880 cuentas negras para hacer collares. Cada collar lleva 85 cuentas plateadas y 30 cuentas negras. ¿Cuántos collares puede hacer? ______________

25. Durante un fin de semana promocional, una feria estatal le regala la entrada a cada 175.ª persona que llega a la feria. El sábado asistieron 6,742 personas a la feria y el domingo asistieron 5,487 personas. ¿Cuántas personas recibieron la entrada gratis durante los dos días?

____

26. ¿En qué se diferencia el cociente de 80,000 ÷ 2,000 del cociente de 80,000 ÷ 200 or 80,000 ÷ 20?

____

____

27. Dado que 9,554 ÷ 562 = 17, ¿cómo puedes calcular el cociente de 95,540 ÷ 562?

____

____

28. **Ciencias de la tierra** El diámetro de la Luna es aproximadamente 3,476 kilómetros. La distancia de la Tierra a la Luna es cerca de 384,000 kilómetros. ¿Aproximadamente cuántas Lunas se pueden alinear entre la Tierra y la Luna? Redondea al número entero más cercano.

____

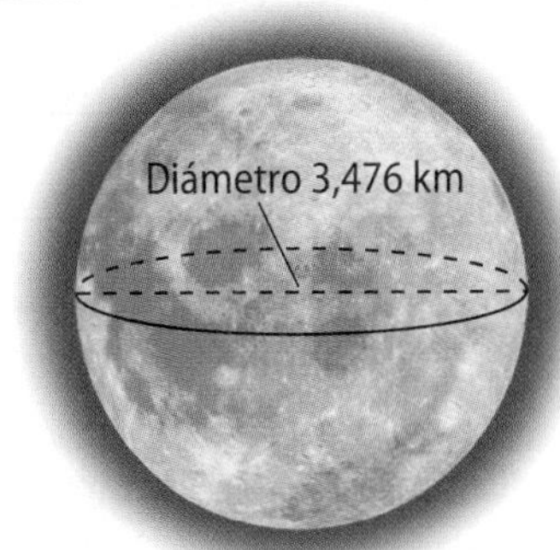

29. Vocabulario Explica cómo puedes comprobar la respuesta a una pregunta de división en la cual hay un residuo.

30. Yolanda compra un carro con un precio base de $16,750. También debe pagar las opciones, tarifas e impuestos que se muestran. El concesionario le dará 48 meses para pagar la cantidad completa. Si Yolanda sólo puede pagar $395 mensuales, ¿podrá comprar el carro? Explica.

Concesionario Jackson

Sedan de 4 puertas	
precio base	**$16,750**
opciones	**$ 500**
tarifas	**$ 370**
impuestos	**$ 1,425**

H.O.T. ENFOQUE EN ALTA CAPACIDAD DE RAZONAMIENTO

Área de trabajo

31. Comprueba la racionalidad ¿Es 40 un estimado razonable del cociente de 78,114 ÷ 192? Explica el razonamiento.

32. Critica el razonamiento Harrison predijo que el cociente real de 57,872 ÷ 305 será menor que la estimación 60,000 ÷ 300 = 200. ¿Tiene razón Harrison? Explica cómo llegó Harrison a su predicción (sin dividir los números).

33. Haz una predicción Para los preparativos de una tormenta, el ayuntamiento compra 13,750 libras de arena para llenar bolsas. Los voluntarios deben decidir si llenan bolsas que puedan contener 25 libras de arena o bolsas que puedan contener 50 libras. ¿Tendrán más o menos bolsas si llenan las bolsas de 25 libras? ¿Cuántas bolsas más o menos? Explica el razonamiento.

LECCIÓN 5.2

Sumar y restar decimales

ESTÁNDARES COMUNES 6.NS.3

Fluently add [and] subtract… decimals using the standard algorithm….

PREGUNTA ESENCIAL

¿Cómo sumas y restas decimales?

ACTIVIDAD PARA EXPLORAR 

6.NS.3

Representar la suma de decimales

Posiblemente usaste cuadrículas decimales para representar decimales. Por ejemplo, el decimal 0.25 o $\frac{25}{100}$, puede representarse sombreando 25 cuadrados en una cuadrícula de 10 × 10. También puedes usar cuadrículas decimales para sumar valores decimales.

Un químico combina 0.17 ml de agua y 0.49 ml de peróxido de hidrógeno en un vaso de precipitados. ¿Cuánto líquido total hay en el vaso de precipitados?

A ¿Cuántos cuadrados de la cuadrícula debes sombrear para representar 0.17 ml de agua? Explica por qué.

____

B ¿Cuántos cuadrados de la cuadrícula debes sombrear para representar 0.49 ml de peróxido de hidrógeno?

____

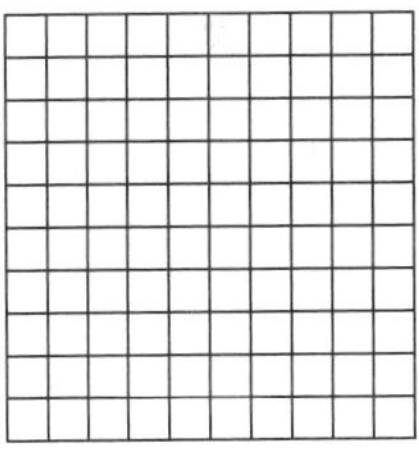

C Usa la cuadrícula de la derecha para representar la suma. Usa un color para 0.17 ml de agua y otro color para 0.49 ml de peróxido de hidrógeno.

D ¿Cuánto líquido en total hay en el vaso de precipitados?

0.17 + 0.49 = __________ mL

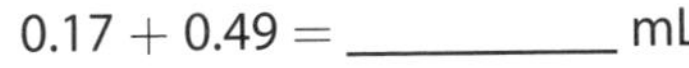

Reflexiona

Representaciones múltiples **Muestra cómo sombrear cada cuadrícula para representar la suma. Luego, calcula la suma.**

1. 0.24 + 0.71 = __________

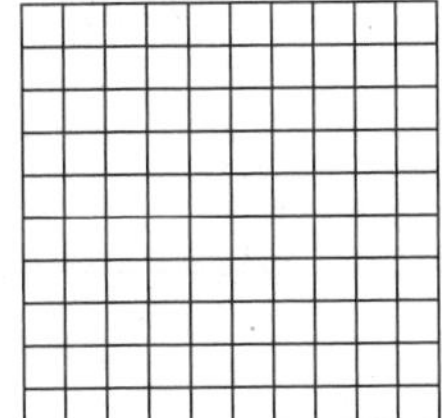

2. 0.08 + 0.65 = __________

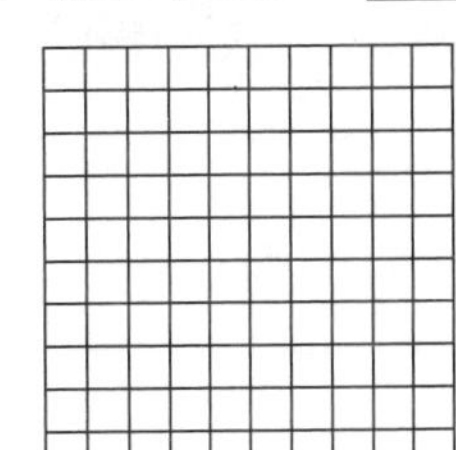

Sumar decimales

Sumar decimales es semejante a sumar números enteros. Primero alinea los números por el valor de posición. Comienza a sumar por la derecha y reagrupa cuando sea necesario. Baja el punto decimal en la respuesta.

EJEMPLO 1 

ESTÁNDARES COMUNES 6.NS.3

Susan montó en bicicleta 3.12 millas el domingo y 4.7 millas el martes. ¿Cuántas millas recorrió en total?

PASO 1 Alinea los puntos decimales.

PASO 2 Agrega ceros como marcadores de posición cuando sea necesario.

	3	·	1	2
+	4	·	7	0
	7	·	8	2

PASO 3 Suma de derecha a izquierda.

Susan recorrió 7.82 millas en total.

PASO 4 Usa la estimación para comprobar si es razonable la respuesta. Redondea cada decimal al número entero más cercano.

$$\begin{array}{r} 3.12 \\ +\,4.70 \\ \hline 7.82 \end{array} \longrightarrow \begin{array}{r} 3 \\ +\,5 \\ \hline 8 \end{array}$$

Como 8 está cerca de 7.82, la respuesta es razonable.

Reflexiona

3. ¿Por qué puedes reescribir 4.7 como 4.70?

____

____

4. ¿Por qué es importante alinear los puntos decimales cuando sumas?

____

____

ES TU TURNO

Suma.

5. $0.42 + 0.27 =$ ____________

6. $0.61 + 0.329 =$ ____________

7. $3.25 + 4.6 =$ ____________

8. $17.27 + 3.88 =$ ____________

Restar decimales

El procedimiento para restar decimales es semejante al procedimiento para sumar decimales.

EJEMPLO 2 

ESTÁNDARES COMUNES 6.NS.3

A Mía mide 160.2 centímetros de estatura. Rosa mide 165.1 centímetros de estatura. ¿Cuánto más alta es Rosa que Mía?

PASO 1 Alinea los puntos decimales.

PASO 2 Aagrega ceros como marcadores de posición cuando sea necesario.

PASO 3 Resta de derecha a izquierda, reagrupando cuando sea necesario.

			4		1
	1	6	~~5~~	.	~~1~~
–	1	6	0	.	2
			4	.	9

Rosa es 4.9 centímetros más alta que Mía.

Puedes estimar para comprobar si es razonable la respuesta. Redondea cada decimal al número entero más cercano.

$$\begin{array}{r} 165.1 \\ -\ 160.2 \\ \hline 4.9 \end{array} \longrightarrow \begin{array}{r} 165 \\ -\ 160 \\ \hline 5 \end{array}$$

Como 5 es cercano a 4.9, la respuesta es razonable.

B Matthew lanza un disco a 58.7 metros. Zachary lanza el disco a 56.12 metros. ¿Cuánto más lejos lanzó el disco Matthew?

PASO 1 Alinea los puntos decimales.

PASO 2 Agrega ceros como marcadores de posición cuando sea necesario.

PASO 3 Resta de derecha a izquierda, reagrupando cuando sea necesario.

				6	10
	5	8	.	~~7~~	~~0~~
–	5	6	.	1	2
		2	.	5	8

Matthew lanzó el disco 2.58 metros más lejos que Zachary.

Puedes estimar para comprobar si es razonable la respuesta. Redondea cada decimal al número entero más cercano.

$$\begin{array}{r} 58.7 \\ -\ 56.12 \\ \hline 2.58 \end{array} \longrightarrow \begin{array}{r} 59 \\ -\ 56 \\ \hline 3 \end{array}$$

Como 3 es cercano a 2.58, la respuesta es razonable.

Mis notas

Práctica con supervisión

Sombrea la cuadrícula para calcular cada suma. (Actividad para explorar)

1. 0.72 + 0.19 = ______

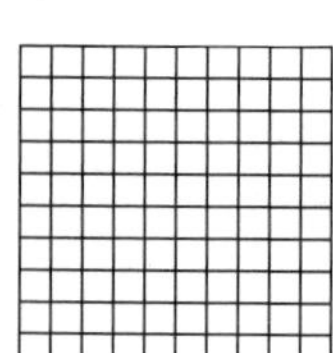

2. 0.38 + 0.4 = ______

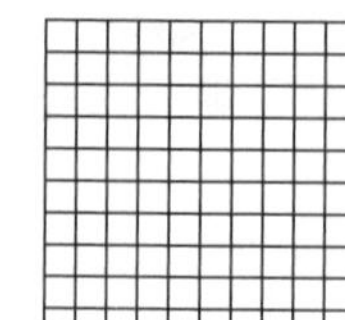

Suma. Comprueba si es razonable la respuesta. (Ejemplo 1)

3. 54.87 → 55
+ 7.48 → + 7
☐ ☐

4. 2.19 → ☐
+ 34.92 → + ☐
☐ ☐

5. 0.215 → ☐
+ 3.74 → + ☐
☐ ☐

Resta. Comprueba si es razonable la respuesta. (Ejemplo 2)

6. 9.73 → 10
− 7.16 → − 7
☐ ☐

7. 18.419 → ☐
− 6.47 → − ☐
☐ ☐

8. 5.006 → ☐
− 3.2 → − ☐
☐ ☐

Suma o resta. (Ejemplo 1, Ejemplo 2)

9. 17.2 + 12.9 = ______

10. 28.341 + 37.5 = ______

11. 25.36 − 2.004 = ______

12. 15.52 − 8.17 = ______

13. 25.68 + 12 = ______

14. 150.25 − 78 = ______

15. Perry conecta una manguera verde de jardín y una manguera azul de jardín para formar una manguera más larga. La manguera azul mide 16.5 pies y la manguera verde mide 14.75 pies. ¿Cuánto mide la manguera combinada? (Ejemplo 1) ______

16. Keisha tiene $20.08 en su cartera. Si compra un libro por $8.72, ¿cuánto dinero le queda? (Ejemplo 2) ______

ÉNFASIS EN LA PREGUNTA ESENCIAL

17. ¿En qué se parece la suma y la resta de decimales a la suma y resta de números enteros?

______

______

Nombre ____________________ Clase ____________________ Fecha ____________________

5.2 Práctica independiente

6.NS.3

Suma o resta.

18. $28.6 - 0.975 =$ ____________________

19. $5.6 - 0.105 =$ ____________________

20. $7.03 + 33.006 =$ ____________________

21. $57.42 + 4 + 1.602 =$ ____________________

22. $2.25 + 65.47 + 2.333 =$ ____________________

23. $18.419 - 6.47 =$ ____________________

24. $83 - 12.76 =$ ____________________

25. $102.01 - 95.602 =$ ____________________

26. **Representaciones múltiples** Úrsula escribió la suma de $5.815 + 6.021$ como la suma de dos números mixtos.

a. ¿Qué suma escribió? ____________________

b. Compara la suma de los números mixtos a la suma de decimales. ____________________

Usa el menú del café para contestar las preguntas 27 a la 29.

Menú del café	
Ensalada mixta	**$2.29**
Ensalada de frutas	**$2.89**
Hamburguesa vegetariana	**$4.75**
Sándwich de queso tostado	**$4.59**
Botella de agua	**$1.39**
Limonada	**$1.29**

27. Stephen y Jahmya van a almorzar. Stephen pide una ensalada mixta, una hamburguesa vegetariana y una limonada. Jahmya pide una ensalada de frutas, un sándwich de queso tostado y una botella de agua. ¿Qué almuerzo costó más? ¿Cuánto más?

____

28. Jahmya quiere dejarle $1.75 de propina a la mesera. Si tiene un billete de $20, ¿cuánto cambio debería recibir después de pagar por la comida y dejar la propina?

____

29. **¿Qué pasa sí...?** Además de la comida, Stephen pide una ensalada de frutas para llevar y quiere dejarle $2.25 de propina a la mesera. Si tiene un billete de $10 y un billete de $5, ¿cuánto cambio debería recibir después de pagar por el almuerzo, la ensalada de frutas y dejar la propina?

____

30. Un carpintero que instala gabinetes usa piezas muy delgadas de material llamadas cuñas para rellenar espacios. El carpintero usa cuatro cuñas para rellenar un espacio de 1.2 centímetros de ancho. Tres de las cuñas miden 0.75 centímetros, 0.125 centímetros y 0.09 centímetros de ancho respectivamente. ¿Cuánto mide de ancho la cuarta cuña?

____

31. Un CD de música de guitarra clásica contiene 5 canciones. La duración de cada canción se muestra en la tabla.

Pista 1	Pista 2	Pista 3	Pista 4	Pista 5
6.5 minutos	8 minutos	3.93 minutos	4.1 minutos	5.05 minutos

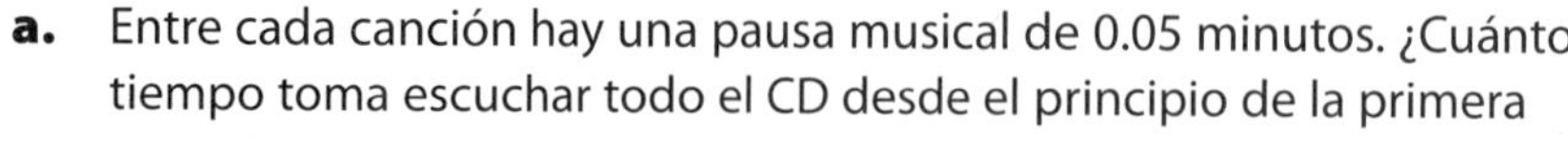

a. Entre cada canción hay una pausa musical de 0.05 minutos. ¿Cuánto tiempo toma escuchar todo el CD desde el principio de la primera canción hasta el final de la última canción? ___________________

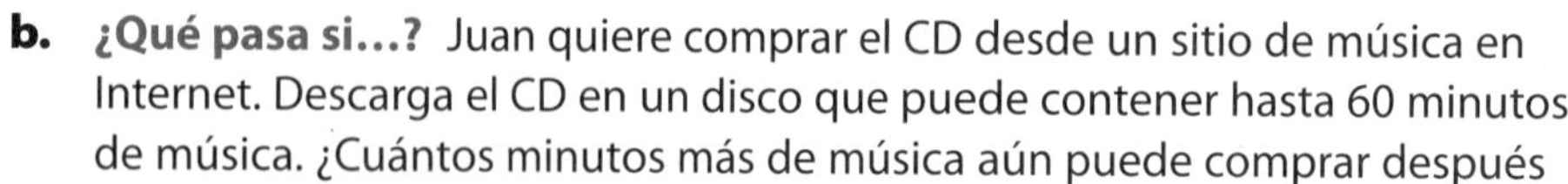

b. **¿Qué pasa si...?** Juan quiere comprar el CD desde un sitio de música en Internet. Descarga el CD en un disco que puede contener hasta 60 minutos de música. ¿Cuántos minutos más de música aún puede comprar después de descargar el CD? ___________________

ENFOQUE EN ALTA CAPACIDAD DE RAZONAMIENTO

Área de trabajo

32. Analiza las relaciones Usa los decimales 2.47, 9.57 y 7.1 para escribir dos operaciones de suma diferentes y dos operaciones de resta diferentes.

____

____

33. Comunica ideas matemáticas La propiedad conmutativa de la suma establece que puedes cambiar el orden de los sumandos en una suma. La propiedad asociativa de la suma establece que puedes cambiar la agrupación de los sumandos en una suma. Usa un ejemplo para mostrar cómo se aplican la propiedad conmutativa de la suma y la propiedad asociativa de la suma a la suma de decimales.

____

____

____

____

____

34. Critica el razonamiento Indira predice que la diferencia real de $19 - 7.82$ será mayor que la estimación de $19 - 8 = 11$. ¿Tiene razón Indira? Explica cómo Indira pudo haber llegado a esa predicción sin restar los números.

____

____

____

LECCIÓN

5.3 Multiplicar decimales

ESTÁNDARES COMUNES 6.NS.3

Fluently . . . multiply. . . multi-digit decimals using the standard algorithm. . . .

PREGUNTA ESENCIAL

¿Cómo puedes multiplicar decimales?

ACTIVIDAD PARA EXPLORAR  6.NS.3

Representar la multiplicación de decimales

Calcula cada producto con cuadrículas de decimales o un modelo de área.

A **0.3 × 0.5**

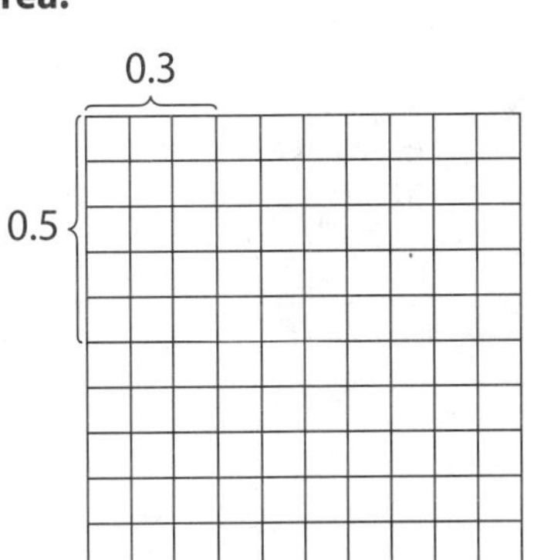

0.3 × 0.5 representa 0.3 de 0.5.

Usa una cuadrícula de decimales. Sombrea 5 *filas* de la cuadrícula para representar 0.5.

Sombrea 0.3 de cada 0.1 que ya está sombreado para

representar 0.3 de ________.

________ cuadrado(s) está(n) sombreado(s) dos veces.

Esto representa ________ centésimo(s) o 0.15.

0.3 × 0.5 = ________

B **3.2 × 2.1**

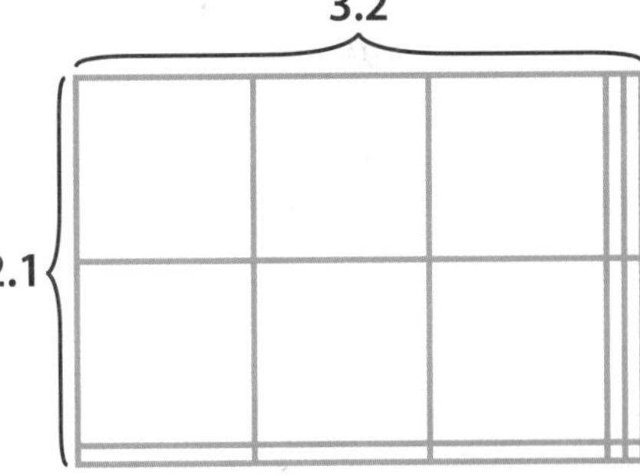

Usa un modelo de área. Cada fila contiene 3 enteros + 2 décimos.

Cada columna contiene ________ entero(s) +

________ décimo(s).

Todo el modelo basado en el área representa

________ entero(s) + ________ décimo(s) + ________ centésimo(s) unidades

cuadradas. 3.2 × 2.1 = ________

Reflexiona

1. **Analiza las relaciones** ¿En qué se parecen los productos de 2.1 × 3.2 y 21 × 32? ¿En qué se diferencian?

____

____

Multiplicar decimales

Para multiplicar decimales, primero multiplica como si fueran números enteros. Luego coloca el punto decimal en el producto. El número de lugares decimales en el producto es igual a la suma del número de lugares decimales en los factores.

EJEMPLO 1 

6.NS.3

Delia compró 3.8 libras de pimientos. Los pimientos costaban $1.99 la libra. ¿Cuál fue el precio total de los pimientos de Delia?

$$\begin{array}{r} 1.99 \\ \times\ \ 3.8 \\ \hline 1592 \\ +\ 5970 \\ \hline 7.562 \end{array}$$

1.99 ← 2 lugares decimales
× 3.8 ← + 1 lugar decimal
7.562 ← 3 lugares decimales

Los pimientos costaron $7.56.

Redondea la respuesta a los centésimos más cercanos pa[ra] mostrar una cantidad en dól[ares].

Reflexiona

2. **Comunica ideas matemáticas** ¿Cómo puedes usar la estimación para comprobar que hayas colocado el decimal en el lugar correcto en el producto?

____

____

____

____

____

ES TU TURNO

Multiplica.

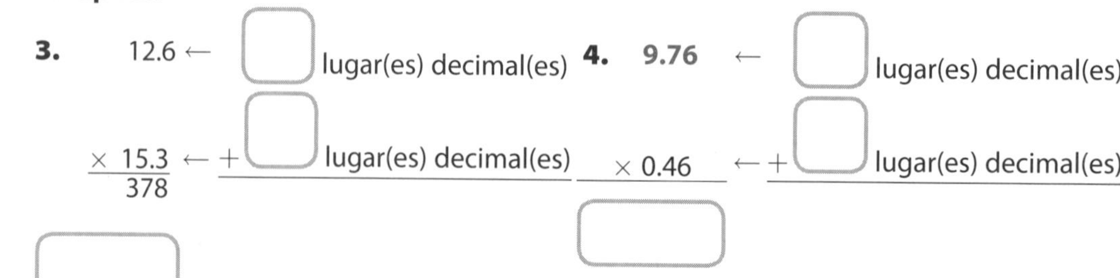

3. 12.6 ← ☐ lugar(es) decimal(es)
× 15.3 ← + ☐ lugar(es) decimal(es)
378
☐
+ ☐
☐ ← ☐ lugar(es) decimal(es)

4. 9.76 ← ☐ lugar(es) decimal(es)
× 0.46 ← + ☐ lugar(es) decimal(es)
☐
+ ☐
☐ ← ☐ lugar(es) decimal(es)

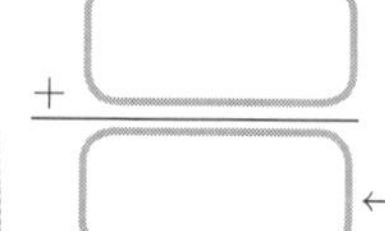
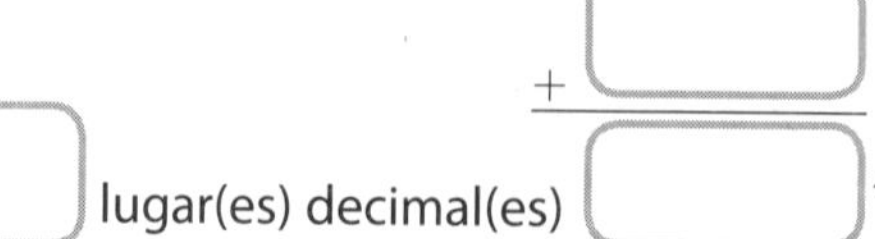
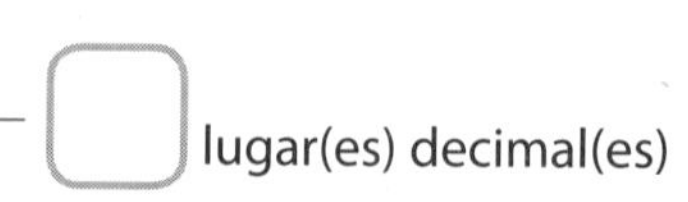

Entrenador personal en matemáticas
Evaluación e intervención en línea
my.hrw.com

Estimar para comprobar la racionalidad

En el Ejemplo 1 estimaste para comprobar si el punto decimal estaba en el lugar correcto en el producto. También puedes estimar para comprobar que la respuesta es razonable.

EJEMPLO 2

6.NS.3

El césped crece 3.75 pulgadas al mes. Si el césped continúa creciendo a este ritmo, ¿cuánto crecerá en 6.25 meses?

$$\begin{array}{rl} 3.75 & \leftarrow \quad 2 \text{ lugares decimales} \\ \times\ 6.25 & \leftarrow + \ 2 \text{ lugares decimales} \\ \hline 1875 & \\ 7500 & \\ +\ 225000 & \\ \hline 23.4375 & \leftarrow \quad 4 \text{ lugares decimales} \end{array}$$

El césped crecerá 23.4375 pulgadas en 6.25 meses.

Estima para comprobar si la respuesta es razonable.

Redondea 3.75 al número entero más cercano. ______

Redondea 6.25 al número entero más cercano. ______

Multiplica los números enteros. ______ × ______ = 24

La respuesta es razonable porque 24 es cercano a 23.4375.

Mis notas

Multiplica.

5.

$$\begin{array}{r} 7.14 \\ \times\ 6.78 \\ \hline 5712 \end{array}$$

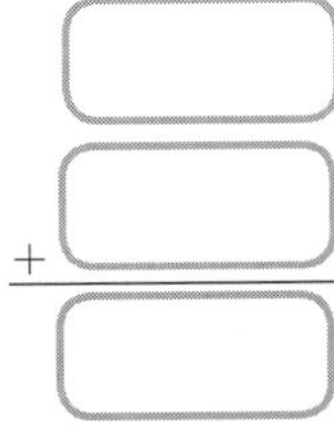

6.

$$\begin{array}{r} 11.49 \\ \times\ 8.27 \\ \hline \end{array}$$

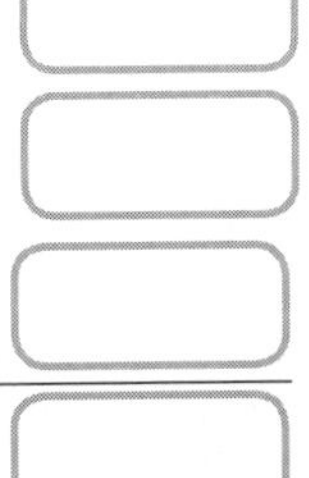

7. Rico monta en bicicleta a una rapidez promedio de 15.5 millas por hora.

¿Qué distancia recorrerá Rico en 2.5 horas? __________ millas

8. Estima para demostrar que la repuesta al Ejercicio 7 es razonable.

____

____

Práctica con supervisión

1. Multiplica 0.4 × 0.7 con la cuadrícula. (Actividad para explorar)

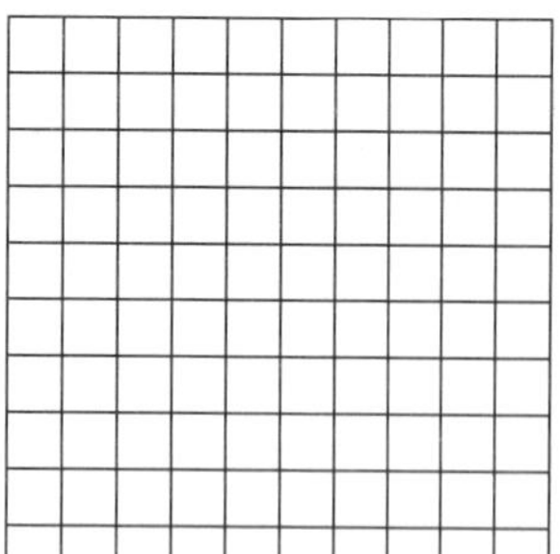

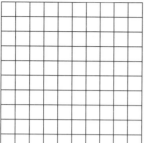

$0.4 \times 0.7 =$ ______________

2. Dibuja un modelo de área para multiplicar 1.1 × 2.4. (Actividad para explorar)

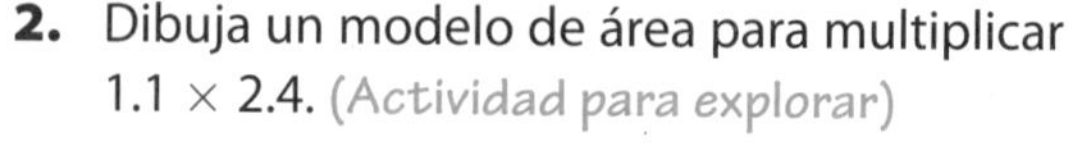

$1.1 \times 2.4 =$ ______________

Multiplica. (Ejemplo 1 y Ejemplo 2)

3. $0.18 \times 0.06 =$ ______________

4. $35.15 \times 3.7 =$ ______________

5. $0.96 \times 0.12 =$ ______________

6. $62.19 \times 32.5 =$ ______________

7. $3.4 \times 4.37 =$ ______________

8. $3.762 \times 0.66 =$ ______________

9. Chan Hee compró 3.4 libras de café que costaba $6.95 la libra.

   ¿Cuánto gastó en café? $______________

10. Adita gana $9.40 por hora trabajando en un refugio de animales.

    ¿Cuánto dinero ganará por 18.5 horas de trabajo? $______________

Catherine registró sus gastos en gasolina durante un mes.

Semana	Galones	Precio por galón ($)
1	10.4	2.65
2	11.5	2.54
3	9.72	2.75
4	10.6	2.70

11. ¿Cuánto gastó Catherine en gasolina en la semana 2?

    $______________

12. ¿Cuánto más gastó en la semana 4 que en la semana 1?

    $______________

ÉNFASIS EN LA PREGUNTA ESENCIAL

13. ¿Cómo puedes comprobar la respuesta a un problema de multiplicación decimal?

    ____

    ____

Nombre ______________________ Clase ______________ Fecha ______________

5.3 Práctica independiente

6.NS.3

my.hrw.com | Entrenador personal en matemáticas
Evaluación e intervención en línea

Haz una estimación razonable para cada situación.

14. Un galón de agua pesa 8.354 libras. Simón gasta 11.81 galones de agua para ducharse. ¿Aproximadamente cuántas libras de agua gastó Simón? ______________

15. Un caracol se mueve a una rapidez de 2.394 pulgadas por minuto. Si el caracol sigue moviéndose a este ritmo, ¿aproximadamente cuántas pulgadas recorrerá en 7.489 minutos? ______________

16. El jardín de Tricia mide 9.87 metros de longitud y 1.09 metros de ancho. ¿Cuál es el área de su jardín? ______________

Kaylynn y Amanda trabajan en la misma tienda. La tabla muestra cuánto gana cada una y la cantidad de horas que trabajan en una semana.

	Salario	Horas trabajadas por semana
Kaylynn	$8.75 por hora	37.5
Amanda	$10.25 por hora	30.5

17. Estima cuánto gana Kaylynn en una semana. ______________

18. Estima cuánto gana Amanda en una semana. ______________

19. Calcula la diferencia exacta entre los salarios semanales de Kaylynn y Amanda. ______________

20. La impresora de Victoria imprime 8.804 páginas en un minuto. Si Victoria imprime páginas durante 0.903 minutos, ¿aproximadamente, cuántas páginas tendrá? ______________

Un taxi cobra una tarifa fija de $4.00 más $2.25 por cada milla.

21. ¿Cuánto costará carrera de 8.7 millas? ______________

22. **Varios pasos** ¿Cuánto ganará el taxista si lleva a un pasajero 4.8 millas y a otro pasajero 7.3 millas? Explica el proceso.

____

____

____

Ana sale a pasear en bicicleta varias veces una semana. La tabla muestra la rapidez y el número de horas que montó cada vez.

	Rapidez (en millas por hora)	Horas en bicicleta
Lunes	8.2	4.25
Martes	9.6	3.1
Miércoles	11.1	2.8
Jueves	10.75	1.9
Viernes	8.8	3.75

23. ¿Cuántas millas recorrió Ana el jueves? __________

24. ¿Qué día recorrió Ana un número entero de millas? __________

25. ¿Cuál es la diferencia en millas entre el paseo más largo de Ana y el más corto? __________

26. **Comprueba que sea razonable** Ana estima que el paseo del miércoles fue unas 3 millas más largo que el paseo del martes. ¿Es razonable su estimación? Explica.

____

____

____

____

H.O.T. ENFOQUE EN ALTA CAPACIDAD DE RAZONAMIENTO

Área de trabajo

27. **Explica el error** Para estimar el producto de 3.48×7.33, Marisa multiplicó 4×8 y obtuvo 32. Explica cómo puede hacer una estimación más cercana.

____

____

28. **Representa problemas de la vida real** Un joyero compra joyas de oro y luego revende el oro a una refinería. El joyero compra oro por $1,235.55 la onza y luego lo revende por $1,376.44 la onza. ¿Qué ganancia obtiene el joyero si compra y revende 73.5 onzas de oro?

____

29. **Resolución de problemas** Para calcular el peso del oro en un objeto de oro de 22 kilates, multiplica el peso del objeto por 0.917. Para calcular el peso del oro en un objeto de oro de 18 kilates, multiplica el peso del objeto por 0.583. Entre una estatuilla de oro de 22 kilates y una estatuilla de oro de 18 kilates que pesan 73.5 onzas cada una, ¿cuál contiene más oro? ¿Cuánto más oro contiene?

____

LECCIÓN

5.4 Dividir decimales

ESTÁNDARES COMUNES 6.NS.3

Fluently . . . divide multi-digit decimals using the standard algorithm. . . .

PREGUNTA ESENCIAL

¿Cómo puedes dividir decimales?

ACTIVIDAD PARA EXPLORAR ESTÁNDARES COMUNES 6.NS.3

Representar la división de decimales

Halla cada cociente con las cuadrículas de decimales.

A **6.39 ÷ 3**

Sombrea las cuadrículas para representar 6.39. Separa el modelo en 3 grupos iguales.

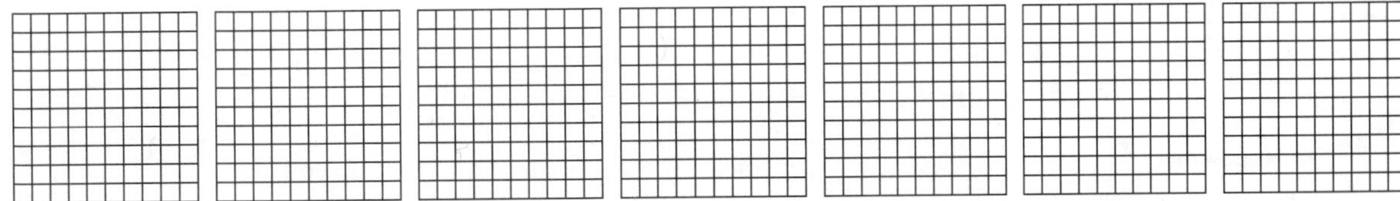

¿Cuántas hay en cada grupo? ____________________

6.39 ÷ 3 = ____________________

B **6.39 ÷ 2.13**

Sombrea las cuadrículas para representar 6.39. Separa el modelo en grupos de 2.13.

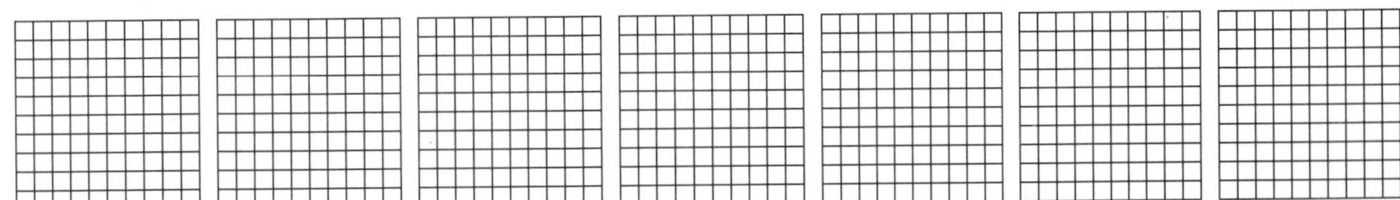

¿Cuántos grupos tienes? ____________________

6.39 ÷ 2.13 = ____________________

Reflexiona

1. **Representaciones múltiples** Cuando divides decimales con modelos, ¿en qué casos preferirías usar cuadrículas divididas en décimos en lugar de centésimos?

____

____

Dividir decimales entre números enteros

Dividir decimales es similar a dividir números enteros. Cuando divides un decimal entre un número entero, la posición del punto decimal en el dividendo determina la posición del punto decimal en el cociente.

EJEMPLO 1

ESTÁNDARES COMUNES 6.NS.3

Mis notas

A **La pista de atletismo de una escuela secundaria tiene 9.76 metros de ancho. Está dividida en 8 carriles de igual ancho para eventos de atletismo. ¿Cuánto mide cada carril de ancho?**

```
   1.22
8)9.76
 -8
  1 7
 -1 6
    16
   -16
     0
```

Divide con una división desarrollada al igual que con números enteros.

Coloca un punto decimal en el cociente a la altura del punto decimal en el dividendo.

Cada carril mide 1.22 metros de ancho.

B **Las clases de gimnasia cuestan $153.86 por 14 sesiones. ¿Cuál es el precio por una sesión?**

```
     10.99
14)153.86
  - 14
     13
     -0
     13 8
    -12 6
      1 26
     -1 26
         0
```

Divide con una división desarrollada al igual que con números enteros.

Coloca un punto decimal en el cociente a la altura del punto decimal en el dividendo.

El precio de una clase de gimnasia es de $10.99.

Charla matemática
Prácticas matemáticas

¿Cómo puedes comprobar si la respuesta es correcta?

Reflexiona

2. **Comprueba si es razonable** ¿Cómo puedes estimar para comprobar que el cociente en **A** es razonable?

____

____

____

____

ES TU TURNO

Divide.

3. $5\overline{)9.75}$ 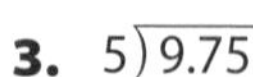

4. $7\overline{)6.44}$

Dividir un decimal entre un decimal

Para dividir un decimal entre un decimal, primero multiplica por una potencia de 10 para cambiar el divisor a un número entero. Luego multiplica el dividendo por la misma potencia de 10.

EJEMPLO 2 

6.NS.3

A **Elsa usa 0.5 libras de frambuesas en cada pastel que hornea. ¿Cuántos pasteles puede hacer Elsa con 3.25 libras de frambuesas?**

PASO 1 El divisor tiene un lugar decimal, por lo tanto, multiplica el dividendo y el divisor por 10 de manera que el divisor sea un número entero.

$0.5\overline{)3.25}$ $\qquad$ $0.5\overline{)3.25}$

$0.5 \times 10 = 5$

$3.25 \times 10 = 32.5$

Elsa puede hacer 6 pasteles.

PASO 2 Divide.

$$\begin{array}{r} 6.5 \\ 5\overline{)32.5} \\ -30 \\ \hline 2\,5 \\ -2\,5 \\ \hline 0 \end{array}$$

Charla matemática
Prácticas matemáticas

El número de pasteles que puede hacer Elsa no es equivalente al cociente. ¿Por qué no?

B **Anthony gastó $11.52 en unos bolígrafos que estaban en oferta por $0.72 cada uno. ¿Cuántos bolígrafos compró Anthony?**

PASO 1 El divisor tiene dos lugares decimales, de manera que multiplica el dividendo y el divisor por 100 para que el divisor sea un número entero.

$0.72\overline{)11.52}$ $\qquad$ $0.72\overline{)11.52}$

$0.72 \times 100 = 72$

$11.52 \times 100 = 1152$

Anthony compró 16 bolígrafos.

PASO 2 Divide.

$$\begin{array}{r} 16 \\ 72\overline{)1152} \\ -72 \\ \hline 432 \\ -432 \\ \hline 0 \end{array}$$

Divide.

5. $0.5\overline{)4.25}$

6. $0.84\overline{)15.12}$

Práctica con supervisión

Divide. (Actividad para explorar, Ejemplos 1 y 2)

1. $4\overline{)29.5}$ ______

2. $3.1\overline{)10.261}$ ______

3. $2.4\overline{)16.8}$ ______

4. $0.96\overline{)0.144}$ ______

5. $38.5 \div 0.5 =$ ______

6. $23.85 \div 9 =$ ______

7. $5.6372 \div 0.17 =$ ______

8. $8.19 \div 4.2 =$ ______

9. $66.5 \div 3.5 =$ ______

10. $0.234 \div 0.78 =$ ______

11. $78.74 \div 12.7 =$ ______

12. $36.45 \div 0.09 =$ ______

13. $90 \div 0.36 =$ ______

14. $18.88 \div 1.6 =$ ______

15. Corrine tiene 9.6 libras de frutos secos para dividir en 12 bolsas. ¿Cuántas libras de frutos secos tendrá cada bolsa? ______

16. Michael pagó $11.48 por unas rodajas de queso en la fiambrería. El queso costaba $3.28 la libra. ¿Cuánto queso compró Michael? ______

17. Un equipo de carreras de relevos de cuatro personas completó una carrera en 72.4 segundos. ¿Cuál fue el tiempo promedio de cada corredor? ______

18. Elizabeth tiene un trozo de cinta de 4.5 metros de longitud. Quiere cortarlo en trozos de 0.25 metros de longitud. ¿Cuántos trozos de cinta obtendrá? ______

19. Lisa pagó $43.95 por 16.1 galones de gasolina. ¿Cuál fue el precio por galón redondeado al centésimo más cercano? ______

20. Una pulgada equivale a 2.54 centímetros. ¿Cuántas pulgadas hay en 50.8 centímetros? ______

ÉNFASIS EN LA PREGUNTA ESENCIAL

21. ¿Cómo puedes determinar si dividiste los números correctamente?

______

______

______

______

Nombre ______________________ Clase ______________________ Fecha ______________________

5.4 Práctica independiente

ESTÁNDARES COMUNES 6.NS.3

Usa la tabla para los ejercicios 22 y 23.

Costos de estampados personalizados				
Cantidad	25	50	75	100
Tazas	$107.25	$195.51	$261.75	$329.00
Camisetas	$237.50	$441.00	$637.50	$829.00

22. ¿Cuál es el precio por taza para 25 tazas? ______________

23. Calcula el precio por camiseta para 75 camisetas. ______________

Un sitio web de alquiler de películas cobra $5.00 por mes de cuota y $1.25 por película.

24. ¿Cuántas películas alquiló Andrew este mes si su factura fue de $16.25? ______________

25. Marissa puede gastar $18.50 en alquiler de películas este mes.

a. ¿Cuántas películas puede ver este mes? ______________

b. **Critica el razonamiento** Marissa piensa que puede alquilar 11 películas en un mes. ¿Cuál es su error?

____

____

Victoria fue a comprar ingredientes para hacer un guiso. La tabla muestra el peso y el precio de cada uno de los ingredientes que compró.

Ingrediente	Peso (en libras)	Precio
Papas	6.3	$7.56
Zanahorias	8.5	$15.30
Carne	4	$9.56
Pimientos	2.50	$1.25

26. ¿Cuál es el precio de una libra de pimientos? ______________

27. ¿Qué ingrediente cuesta más dinero por libra? ______________

28. **¿Qué pasa si...?** Si las zanahorias costaran $0.50 menos por libra, ¿cuánto habría pagado Victoria por 8.5 libras de zanahorias? ______________

29. Brenda planifica su fiesta de cumpleaños. Quiere ofrecer 10.92 litros de ponche, 6.5 galones de helado y 3.9 libras de caramelo de azúcar y mantequilla para 25 invitados.

a. Brenda y sus invitados beben la misma cantidad de ponche cada uno.

¿Cuántos litros de ponche beberá cada persona? ____________

b. Brenda y sus invitados comen la misma cantidad de helado cada uno.

¿Cuántos galones de helado comerá cada persona? ____________

c. Brenda y sus invitados comen la misma cantidad de caramelo de azúcar y mantequilla cada uno. ¿Cuántas libras de caramelo comerá cada persona? ______

Para hacer disfraces para una actuación, Cassidy necesita tela amarilla y blanca que cortará en tiras. La tabla muestra cuántas yardas necesita de cada tela y cuánto pagará por esas yardas.

Tela	Yardas	Precio
Amarilla	12.8	$86.40
Blanca	9.5	$45.60

30. ¿Qué tela cuesta más por yarda, la amarilla o la blanca? ____________

31. Cassidy quiere cortar la tela amarilla en tiras de 0.3 yardas de ancho. ¿Cuántas tiras de tela amarilla puede cortar? ____________

H.O.T. ENFOQUE EN ALTA CAPACIDAD DE RAZONAMIENTO

32. Resolución de problemas Ocho amigos compran varios materiales para un viaje de excursión y deciden compartir el costo en partes iguales. Gastaron $85.43 en comida, $32.75 en agua y $239.66 en otras cosas. ¿Cuánto debe cada persona? ____________

33. Analiza las relaciones Constance ahorra dinero para comprar una bicicleta nueva que cuesta $195.75. Ya tiene $40 ahorrados y planea ahorrar $8 cada semana. ¿Cuántas semanas tardará en ahorrar suficiente dinero para comprar la bicicleta? ____________

34. Representa problemas de la vida real Un supermercado vende doce botellas de agua por $13.80. Una tienda de comestibles vende diez botellas de agua por $11.80. ¿Cuál tienda tiene la mejor oferta? Explica.

____

____

____

LECCIÓN 5.5 Aplicar operaciones con números racionales

ESTÁNDARES COMUNES 6.NS.3

Fluently add, subtract, multiply, and divide multi-digit decimals....

PREGUNTA ESENCIAL

¿Cómo puedes resolver problemas con multiplicación y división de fracciones y decimales?

Interpretar problemas formulados en palabras

A menudo debes pensar las operaciones que vas a usar para resolver un problema con números racionales.

EJEMPLO 1 Resolución de problemas — ESTÁNDARES COMUNES 6.NS.3

Naomi gana $54 en dos días de cortar céspedes. Ayer trabajó 2.5 horas y hoy 4.25 horas. Si a Naomi le pagaron la misma cantidad por cada hora de trabajo, ¿cuánto ganó por hora?

Analiza la información

Identifica la información importante.

- Naomi ganó $54 cortando céspedes.
- Naomi trabajó 2.5 horas ayer y 4.25 horas hoy.
- Se te pide que averigües cuánto ganó por hora.

Formula un plan

- La cantidad total que ganó dividida entre el total de horas que trabajó da la cantidad que ganó por hora.
- Para hallar cuánto ganó por hora, usa la expresión $54 \div (2.5 + 4.25)$

Resuelve

Sigue el orden de las operaciones.

$(2.5 + 4.25) = 6.75$ *Suma dentro de los paréntesis.*

$54 \div 6.75 = 8$ *Divide.*

Naomi ganó $8 por hora cortando céspedes.

Justifica y evalúa

Primero sumaste 2.5 y 4.25 para averiguar el número total de horas trabajadas. Luego dividiste 54 entre la suma para hallar la cantidad que ganó por hora.

ES TU TURNO

1. Casey compra 6.2 yardas de tela azul y 5.4 yardas de tela roja. Si las telas azul y roja están al mismo precio por yarda y Casey paga $58 por toda la tela, ¿cuánto cuesta la yarda de tela?

____

Convertir fracciones y decimales para resolver problemas

Recuerda que puedes hallar fracciones y decimales equivalentes con una recta numérica. Si una fracción y un decimal son equivalentes, se representan con el mismo punto en la recta numérica.

EJEMPLO 2

ESTÁNDARES COMUNES 6.NS.3

Cada parte de una pregunta de varios pasos de una prueba vale la misma cantidad de puntos. La pregunta completa vale 37.5 puntos. Roz contestó correctamente $\frac{1}{2}$ de las partes. ¿Cuántos puntos obtuvo Roz?

Solución 1

PASO 1 Convierte el decimal a una fracción mayor que 1.

$\frac{1}{2} \times 37.5 = \frac{1}{2} \times \frac{75}{2}$ Escribe 37.5 como $37\frac{1}{2}$ o $\frac{75}{2}$.

PASO 2 Multiplica. Escribe el producto en su mínima expresión.

$\frac{1}{2} \times \frac{75}{2} = \frac{75}{4} = 18\frac{3}{4}$ Roz obtuvo $18\frac{3}{4}$ puntos.

Solución 2

PASO 1 Convierte la fracción a un decimal.

$\frac{1}{2} \times 37.5 = 0.5 \times 37.5$

PASO 2 Multiplica.

$0.5 \times 37.5 = 18.75$ Roz obtuvo 18.75 puntos.

Charla matemática
Prácticas matemáticas
¿Dan el mismo resultado las soluciones?

ES TU TURNO

2. La cuenta por la pizza fue de $14.50. Charles pagó $\frac{3}{5}$ de la cuenta. Muestra dos maneras de averiguar cuánto pagó.

____

Nombre ______ Clase ______ Fecha ______

5.5 Práctica con supervisión

1. Bob y Cheryl hacen un viaje en coche de 188.3 millas. Bob condujo $\frac{5}{7}$ de la distancia total. ¿Cuántas millas condujo Bob? (Ejemplo 1) ______

2. El ganador de un sorteo recibirá $\frac{3}{4}$ de los $530.40 del dinero recaudado con la venta de los boletos. ¿Cuánto dinero recibirá el ganador del sorteo? (Ejemplo 2) ______

5.5 Práctica independiente

ESTÁNDARES COMUNES 6.NS.3

Entrenador personal en matemáticas

Evaluación e intervención en línea

my.hrw.com

3. Chanasia tiene 8.75 galones de pintura. Quiere usar $\frac{2}{5}$ de la pintura para pintar su sala. ¿Cuántos galones de pintura usará Chanasia?

______

4. Harold compró 3 libras de manzanas rojas y 4.2 libras de manzanas verdes de la frutería Estrella Azul, donde ambos tipos de manzanas cuestan $1.75 la libra. ¿Cuánto gastó Harold en manzanas?

______

Samuel y Jason venden latas a un centro de reciclaje que paga $0.40 por libra de latas. La tabla muestra cuántas libras de latas Samuel y Jason vendieron en unos días.

Día	Latas de Samuel (libras)	Latas de Jason (libras)
Lunes	16.2	11.5
Martes	11.8	10.7
Miércoles	12.5	7.1

5. Con lo que ganó el lunes y el martes, Samuel quiere comprar baterías que cuestan $5.60 cada una. ¿Cuántas baterías puede comprar Samuel? Muestra el trabajo.

______

6. Jason quiere alquilar películas en línea con lo que ganó el lunes y el martes. El alquiler cuesta $2.96 por película. ¿Cuántas películas puede alquilar Jason? Muestra el trabajo.

______

7. **Varios pasos** Samuel y Jason gastan $\frac{3}{4}$ del dinero ganado por ambos el miércoles para comprar un regalo. ¿Cuánto gastan? ¿Les queda suficiente de lo que ganaron el miércoles para comprar una tarjeta de $3.25? Explica.

______

______

8. **Representaciones múltiples** Da un ejemplo de un problema que pueda resoverse con la expresión $9.5 \times (8 + 12.5)$. Resuelve el problema.

____

____

____

____

Tony y Alice desean ver menos televisión. Por cada hora de televisión que ven deben poner $2.50 en su cuenta de ahorras. La tabla muestra cuántas horas de televisión vieron Tony y Alice en los últimos dos meses.

	Horas viendo TV en febrero	Horas viendo TV en marzo
Tony	35.4	18.2
Alice	21.8	26.6

9. Tony quiere comprar videojuegos con sus ahorros al final del mes de marzo. Los juegos cuestan $35.75 cada uno. ¿Cuántos juegos puede comprar Tony? ______________

10. Alicia quiere comprar boletos para un concierto con sus ahorros al final de los dos meses. Si los boletos cuestan $17.50 cada uno, ¿cuántos puede comprar Alicia? ______________

H.O.T. ENFOQUE EN ALTA CAPACIDAD DE RAZONAMIENTO

Área de trabajo

11. Una proveedora de banquetes prepara tres veces más pizzas de lo normal cuando se prepara para una fiesta grande. Normalmente prepara 5 pizzas y estima que cada invitado a la fiesta se comerá $\frac{1}{3}$ de una pizza. Escribe una expresión que represente esta situación. ¿A cuántos invitados servirán las pizzas?

____

Nadia cobra $7.50 por hora por cuidar niños. Trabaja 18.5 horas la primera semana del mes y 20 horas la segunda semana del mes.

12. **Explica el error** Para calcular sus ingresos totales de esas dos semanas, ella escribe $7.5 \times 18.5 + 20 = \$158.75$. Explica su error. Muestra la solución correcta.

____

____

____

13. **¿Qué pasa si...?** Supón que Nadia aumenta su tarifa y cobra $0.75 más por hora. ¿Cuántas horas necesitaría trabajar para ganar la misma cantidad de dinero que ganó las primeras dos semanas del mes? Explica.

____

¿Listo para seguir?

5.1 Dividir números enteros

1. Landon construye estantes nuevos para la sección de libros de misterio de su librería. Cada anaquel puede sostener 34 libros. Hay 1,265 libros de misterio. ¿Cuántos anaqueles deberá construir? ________

5.2 Sumar y restar decimales

2. Keisha corrió 3.218 kilómetros el sábado. El domingo corrió 2.41 kilómetros. ¿Cuánto más lejos corrió el sábado que el domingo? ________

5.3 Multiplicar decimales

3. Marta caminó a 3.9 millas por hora durante 0.72 horas. ¿Qué distancia caminó? ________

Multiplica.

4. 0.07×1.22 ________
5. 4.7×2.65 ________

5.4 Dividir decimales

Divide.

6. $64 \div 0.4$ ________
7. $4.7398 \div 0.26$ ________
8. $26.73 \div 9$ ________
9. $4 \div 3.2$ ________

5.5 Aplicar operaciones con números racionales

10. Las puertas para unos armarios pequeños miden 11.5 pulgadas de longitud. Las puertas para los armarios grandes son 2.3 veces más largas que las de los armarios pequeños. ¿Cuántas puertas grandes se pueden cortar de una tabla de $10\frac{1}{2}$ pies de longitud? ________

PREGUNTA ESENCIAL

11. Describe una situación de la vida real que se pueda representar con una división de dos números racionales.

____

____

MÓDULO 5 REPASO MIXTO

Preparación para la evaluación

Respuesta seleccionada

1. Dalia tiene 493 estampillas en su colección. En cada página de álbum puede colocar 16 estampillas. ¿Cuántas páginas puede llenar completamente?

Ⓐ 30 páginas
Ⓑ 32 páginas
Ⓒ 31 páginas
Ⓓ 33 páginas

2. Sumeet usa 0.4 galones de gasolina por hora para cortar el césped. ¿Cuánta gasolina usará en 4.2 horas?

Ⓐ 1.68 galones
Ⓑ 3.8 galones
Ⓒ 13 galones
Ⓓ 16 galones

3. Sharon gastó $3.45 en semillas de girasol. El precio de las semillas de girasol es de $0.89 la libra. ¿Cuántas libras de semillas de girasol compró Sharon?

Ⓐ 3.07 libras
Ⓑ 3.88 libras
Ⓒ 4.15 libras
Ⓓ 4.34 libras

4. ¿Cuántos vasos de agua de 0.4 litros son necesarios para llenar una jarra de 3.4 litros?

Ⓐ 1.36 vasos
Ⓑ 3.8 vasos
Ⓒ 8.2 vasos
Ⓓ 8.5 vasos

5. Cada clip mide $\frac{3}{4}$ de pulgada de longitud y cuesta $0.02. Se alinean solo suficientes clips de punta a punta para medir un total de 36 pulgadas. ¿Cuál es el precio total de estos clips?

Ⓐ $0.36
Ⓑ $0.54
Ⓒ $0.96
Ⓓ $1.20

6. A $15 por boleto, la escuela secundaria Nelson recaudó $19,950 de la venta de boletos para el festival de beneficencia el año pasado. Si venden la misma cantidad de boletos este año, pero cobran a $20 el boleto, ¿cuánto dinero recaudará la escuela?

Ⓐ $20,600
Ⓑ $21,600
Ⓒ $26,600
Ⓓ $30,600

7. Keri camina con su perro cada mañana. La longitud del paseo es de 0.55 kilómetros cada día de la semana. Los fines de semana el paseo es 1.4 veces más largo. ¿Cuántos kilómetros camina Keri en una semana?

Ⓐ 2.75 kilómetros
Ⓑ 3.85 kilómetros
Ⓒ 4.29 kilómetros
Ⓓ 5.39 kilómetros

Minitarea

8. Para la preparación de una boda, Aiden compró 60 velas. Pagó $0.37 por cada vela. Su hermana compró 170 velas en oferta donde pagó $0.05 menos que Aiden por cada vela.

a. ¿Cuánto gastó Aiden en velas?

____

b. ¿Cuánto gastó la hermana de Aiden en velas?

____

c. ¿Quién gastó más en las velas? ¿Cuánto más?

____

Repaso de la Guía de estudio

MÓDULO 4 Operaciones con fracciones

Vocabulario clave

recíprocos *(reciprocals)*

PREGUNTA ESENCIAL

¿Cómo puedes usar operaciones con fracciones para resolver problemas de la vida real?

EJEMPLO 1

Suma.

$\frac{7}{9}+\frac{5}{12}$ El mcm de 9 y 12 es 36.

$\frac{7\times 4}{9\times 4}+\frac{5\times 3}{12\times 3}$ Usa el mcm para hacer fracciones con un denominador común.

$\frac{28}{36}+\frac{15}{36}=\frac{43}{36}$ Simplifica.

$\frac{43}{36}=1\frac{7}{36}$

Resta.

$\frac{9}{10}-\frac{5}{6}$ El mcm de 10 y 6 es 30.

$\frac{9\times 3}{10\times 3}-\frac{5\times 5}{6\times 5}$ Usa el mcm para hacer fracciones con un denominador común.

$\frac{27}{30}-\frac{25}{30}=\frac{2}{30}$ Simplifica.

$\frac{2}{30}=\frac{1}{15}$

EJEMPLO 2

Multiplica.

A. $\frac{4}{5}\times\frac{1}{8}$

$\frac{4\times 1}{5\times 8}=\frac{4}{40}$ Multiplica numeradores. Multiplica denominadores.

$\frac{4\div 4}{40\div 4}=\frac{1}{10}$ Simplifica dividiendo entre el MCD.

B. $2\frac{1}{4}\times\frac{1}{5}$

$\frac{9}{4}\times\frac{1}{5}$ Reescribe el número mixto como una fracción mayor que 1.

$\frac{9\times 1}{4\times 5}=\frac{9}{20}$ Multiplica numeradores. Multiplica denominadores.

EJEMPLO 3

Divide.

A. $\frac{2}{7}\div\frac{1}{2}$ Reescribe como un problema de multiplicación usando el recíproco de la segunda facción.

$\frac{2}{7}\times\frac{2}{1}$

$\frac{2\times 2}{7\times 1}=\frac{4}{7}$ Multiplica numeradores. Multiplica denominadores.

B. $2\frac{1}{3}\div 1\frac{3}{4}$

$\frac{7}{3}\div\frac{7}{4}$ Escribe ambos números mixtos como fracciones impropias.

$\frac{{}^{1}\cancel{7}\times 4}{3\times\cancel{7}_{1}}=\frac{4}{3}$ Multiplica por el recíproco de la segunda fracción.

$1\frac{1}{3}$ Simplifica: $\frac{4}{3}=1\frac{1}{3}$

EJERCICIOS

Suma. Escribe la respuesta en su mínima expresión. (Lección 4.1)

1. $\frac{3}{8}+\frac{4}{5}$ ________ **2.** $1\frac{9}{10}+\frac{3}{4}$ ________ **3.** $\frac{2}{8}+\frac{6}{12}$ ________

Resta. Escribe la respuesta en su mínima expresión. (Lección 4.1)

4. $1\frac{3}{7}-\frac{4}{5}$ ________ **5.** $\frac{7}{8}-\frac{5}{12}$ ________ **6.** $3\frac{5}{10}-\frac{4}{8}$ ________

Multiplica. Escribe la respuesta en su mínima expresión. (Lección 4.1)

7. $\frac{1}{7} \times \frac{4}{5}$ ________ **8.** $\frac{5}{6} \times \frac{2}{3}$ ________ **9.** $\frac{3}{7} \times \frac{14}{15}$ ________

10. $1\frac{1}{3} \times \frac{5}{8}$ ________ **11.** $1\frac{2}{9} \times 1\frac{1}{2}$ ________ **12.** $2\frac{1}{7} \times 3\frac{2}{3}$ ________

Divide. Escribe la respuesta en su mínima expresión. (Lecciónes 4.2, 4.3)

13. $\frac{3}{7} \div \frac{2}{3}$ ________ **14.** $\frac{1}{8} \div \frac{3}{4}$ ________ **15.** $1\frac{1}{5} \div \frac{1}{4}$ ________

16. Ben medía $4\frac{3}{4}$ pies de estatura el día de su décimosegundo cumpleaños. El día de su décimotercer cumpleaños, Ben medía $5\frac{3}{8}$ de estatura. ¿Cuánto creció Ben entre su décimosegundo y décimotercer cumpleaños? (Lección 4.1)

____

17. De las 20 manzanas que Ron tenía, usó $\frac{2}{5}$ para hacer tartas. ¿Cuántas manzanas usó Ron para las tartas? (Lección 4.4)

____

18. El área de un jardín rectangular mide $38\frac{1}{4}$ metros cuadrados. El ancho del jardín es de $4\frac{1}{2}$ metros. Calcula la longitud del jardín. (Lección 4.4)

____

Operaciones con decimales

Vocabulario clave
orden de las operaciones
(order of operations)

PREGUNTA ESENCIAL

¿Cómo puedes usar operaciones con fracciones para resolver problemas de la vida real?

EJEMPLO 1

Lloyd corrió todos los días durante dos semanas en preparación para una carrera. Corrió un total de 67,592 metros y corrió la misma distancia cada día. Descansó dos días y luego siguió corriendo. El primer día después del descanso, corrió la misma distancia más 1,607.87 metros adicionales. ¿Qué distancia corrió Lloyd ese día?

Paso 1 Divide para averiguar la distancia que corrió Lloyd en esas dos semanas.

$$14\overline{)67{,}592} = 4{,}828$$

Lloyd corrió 4,828 metros por día.

Paso 2 Suma 1,607.87 a 4,828 para calcular la distancia que corrió Lloyd el primer día después del descanso.

$$\begin{array}{r} 1{,}607.87 \\ +\ 4{,}828.00 \\ \hline 6{,}435.87 \end{array}$$

Lloyd corrió 6,435.87 metros por día.

EJEMPLO 2

Rebecca compró 2.5 libras de manzanas rojas. Las manzanas costaron $0.98 por Libra. ¿Cuánto fue el costo total de las manzanas de Rebecca?

$$\begin{array}{r l}
2.5 & \\
\times\ .98 & \leftarrow \quad 1 \text{ lugar decimal} \\
\hline
200 & \leftarrow + \ 2 \text{ lugares decimales} \\
+\ 2250 & \\
\hline
2.450 & \leftarrow \quad 3 \text{ lugares decimales.}
\end{array}$$

La manzanas costaron $2.45.

EJEMPLO 3

Rashid gastó $37.29 en gasolina para el carro. La gasolina estaba a $3.39 por galón. ¿Cuántos galones compró Rashid?

Paso 1 Hay dos lugares decimales en el divisor, entonces multiplica tanto el dividendo como el divisor por 100 de modo que el divisor sea un número entero:

$3.39\overline{)37.29}$ $\quad$ $339\overline{)3729}$

Paso 2 Divide:

$$\begin{array}{r}
11 \\
339\overline{)\,3729} \\
-339 \\
\hline
339 \\
-339 \\
\hline
0
\end{array}$$

Rashid compró 11 galones de gasolina.

EJERCICIOS

Suma. (Lección 5.2)

1. 12.24 + 3.9 ________

2. 0.986 + 0.342 ________

3. 2.479 + 0.31 ________

Resta. (Lección 5.2)

4. 6.19 − 3.05 ________

5. 7.285 − 0.975 ________

6. 14.31 − 13.41 ________

Multiplica. (Lección 5.3)

7. $\begin{array}{r} 12 \\ \times 0.4 \\ \hline \end{array}$ ________

8. $\begin{array}{r} 0.15 \\ \times\ 9.1 \\ \hline \end{array}$ ________

9. $\begin{array}{r} 3.12 \\ \times 0.25 \\ \hline \end{array}$ ________

Divide. (Lecciones 5.1, 5.4)

10. 78,974 ÷ 21 ________

11. 19,975 ÷ 25 ________

12. 67,396 ÷ 123 ________

13. $5\overline{)64.5}$ ________

14. $0.6\overline{)25.2}$ ________

15. $2.1\overline{)36.75}$ ________

16. Una libra de galletas de arroz cuesta $2.88. Matthew compró $\frac{1}{4}$ de libra de galletas. ¿Cuánto pagó por las galletas? (Lección 5.5) ________

Unidad 2 Tareas de rendimiento

1. **PROFESIONES EN MATEMÁTICAS** Chef El chef Alonso prepara una receta llamada Pollo italiano picante con los siguientes ingredientes: $\frac{3}{4}$ libra de pollo, $2\frac{1}{2}$ tazas de salsa de tomate, 1 cucharadita de orégano y $\frac{1}{2}$ cucharadita de su salsa picante especial.

a. El chef Alonso quiere que en cada ración del plato haya $\frac{1}{2}$ libra de pollo. ¿Cuántas raciones de $\frac{1}{2}$ libra produce esta receta?

____

b. ¿Por qué número debe el chef Alonso multiplicar la cantidad de pollo para preparar 2 raciones enteras con $\frac{1}{2}$ libra de pollo cada una?

____

c. Calcula la cantidad de todos los ingredientes en la nueva receta con el multiplicador que calculaste en el punto **b**.

____

____

d. El chef Alonso solo tiene tres cucharas de medidas: una cucharadita, $\frac{1}{2}$ cucharadita y $\frac{1}{4}$ de cucharadita. ¿Puede medir exactamente las nuevas cantidades de orégano y salsa picante? Explica por qué.

____

2. Amira pinta un cartel rectangular de $2\frac{1}{4}$ yardas de ancho en una pared de la cafetería. El cartel tendrá un fondo azul. Amira tiene suficiente pintura azul para cubrir $1\frac{1}{2}$ yardas cuadradas de pared.

a. Calcula la altura del cartel si Amira usa toda la pintura azul. Muestra el trabajo.

____

b. Los colores de la escuela son azul y amarillo, entonces Amira quiere agregar rectángulos amarillos a los extremos izquierdo y derecho del rectángulo azul. Los rectángulos amarillos medirán $\frac{3}{4}$ de yarda de ancho cada uno y tendrán la misma altura que el rectángulo azul. ¿Cuál será el área total de los dos rectángulos? Explica cómo calculaste la respuesta.

____

____

c. ¿Cuáles son las dimensiones del cartel y los rectángulos amarillos juntos? ¿Cuál es el área total? Muestra el trabajo.

____

____

UNIDAD 2 REPASO MIXTO

Preparación para la evaluación

Respuesta seleccionada

1. La longitud de cada clip es de $\frac{7}{8}$ de pulgada y cuesta \$0.03. Se colocan de punta a punta suficientes clips para medir 56 pulgadas en total. ¿Cuánto cuestan todos estos clips?

Ⓐ \$0.49
Ⓑ \$0.64
Ⓒ \$1.47
Ⓓ \$1.92

2. ¿Cuál de los siguientes es lo mismo que $\frac{8}{9} \div \frac{2}{3}$?

Ⓐ $\frac{8}{9} \div \frac{3}{2}$
Ⓑ $\frac{2}{3} \div \frac{8}{9}$
Ⓒ $\frac{8}{9} \times \frac{2}{3}$
Ⓓ $\frac{8}{9} \times \frac{3}{2}$

3. Una mesa rectangular tiene una longitud de $4\frac{3}{4}$ pies y un área de $11\frac{7}{8}$ pies cuadrados. ¿Cuál es el ancho de la mesa?

Ⓐ $1\frac{1}{16}$ pies
Ⓑ $2\frac{1}{2}$ pies
Ⓒ $4\frac{1}{4}$ pies
Ⓓ $8\frac{1}{2}$ pies

4. Dorothy puede mecanografiar 120 palabras por minuto. ¿Cuántas palabras puede mecanografiar Dorothy en 1.75 minutos?

Ⓐ 150 palabras
Ⓑ 180 palabras
Ⓒ 200 palabras
Ⓓ 210 palabras

5. ¿Cuál es el opuesto de 17?

Ⓐ -17
Ⓑ $-\frac{1}{17}$
Ⓒ $\frac{1}{17}$
Ⓓ 17

6. ¿Cuál es el valor absoluto de -36?

Ⓐ -36
Ⓑ 0
Ⓒ 6
Ⓓ 36

7. Noelle tiene $\frac{5}{6}$ de yarda de cinta morada y $\frac{9}{10}$ de yarda de cinta rosada. ¿Cuánta cinta tiene en total?

Ⓐ $1\frac{11}{15}$ yardas
Ⓑ $1\frac{4}{5}$ yardas
Ⓒ $2\frac{1}{5}$ yardas
Ⓓ $1\frac{14}{16}$ yardas

8. Las manzanas están rebajadas a \$1.20 la libra. Logan compró $\frac{3}{4}$ de libra. ¿Cuánto gastó en manzanas?

Ⓐ \$0.75
Ⓑ \$0.80
Ⓒ \$0.90
Ⓓ \$1.00

9. Samantha compró 4.5 libras de peras. Cada libra costó \$1.68. ¿Cuánto gastó Samantha en total?

Ⓐ \$7.52
Ⓑ \$7.56
Ⓒ \$8.40
Ⓓ \$75.60

10. Gillian gana \$7.50 por hora cuidando niños los fines de semana. La semana pasada cuidó niños durante 2.2 horas el sábado y 3.5 horas el domingo. ¿Cuánto ganó Gillian?

Ⓐ \$4.25
Ⓑ \$40.25
Ⓒ \$42.75
Ⓓ \$427.50

11. Luis hizo una mezcla de frutas secas y nueces. Mezcló $4\frac{2}{3}$ tazas de palomitas maíz, $1\frac{1}{4}$ tazas de maní, $1\frac{1}{3}$ tazas de uvas pasas y $\frac{3}{4}$ de taza de semillas de girasol. Luego le dio a cada uno de 5 amigos la misma cantidad de la mezcla. ¿Cuánto recibió cada amigo?

Ⓐ $1\frac{3}{5}$ tazas
Ⓑ $1\frac{2}{3}$ tazas
Ⓒ $1\frac{3}{4}$ tazas
Ⓓ 2 tazas

12. Emily andó 20.25 millas en bicicleta durante 4 días la semana pasada. Cada día recorrió la misma distancia. ¿Cuántas millas recorrió Emily en bicicleta cada día al centésimo más cercano?

Ⓐ 5.01 miles Ⓒ 5.60 miles

Ⓑ 5.06 miles Ⓓ 5.65 miles

13. Landon condujo 103.5 millas el martes, 320.75 millas el miércoles y 186.30 millas el jueves. En total, ¿cuántas millas condujo Landon los tres días?

Ⓐ 61.55 millas Ⓒ 610.55 millas

Ⓑ 610.055 millas Ⓓ 6,105.5 millas

Minitarea

14. Carl gana 3.25 por hora cuando camina los perros del vecino. Los camina $\frac{1}{3}$ de hora en la mañana y $\frac{1}{2}$ hora por la tarde.

a. ¿Cuánto tiempo le dedica Carl a caminar los perros cada día?

____

b. ¿Cuánto tiempo le dedica Carl a caminar los perros cada semana?

____

c. Diez minutos equivalen a $\frac{1}{6}$ de hora. ¿Cuántos minutos trabaja Carl caminando perros cada semana?

____

d. ¿Cuánto dinero gana Carl cada semana?

____

15. El número de visitantes al zoológico de la ciudad fue igual el sábado y el domingo. En total, 32,096 personas visitaron el zoológico ese fin de semana. ¿Cuántos visitantes hubo cada día?

____

a. El sábado, $\frac{1}{8}$ de los visitantes fueron adultos mayores, $\frac{1}{8}$ fueron niños de brazos, $\frac{1}{4}$ fueron niños y $\frac{1}{2}$ fueron adultos. ¿Cuántas personas de cada grupo etario visitaron el zoológico el sábado?

Adultos mayores: _______________

Niños de brazos: _______________

Niños: _______________

Adultos: _______________

b. El domingo, $\frac{1}{16}$ de los visitantes fueron adultos mayores, $\frac{3}{16}$ fueron niños de brazos, $\frac{3}{8}$ fueron niños y $\frac{3}{8}$ fueron adultos. ¿Cuántas personas de cada grupo etario visitaron el zoológico el domingo?

Adultos mayores: _______________

Niños de brazos: _______________

Niños: _______________

Adultos: _______________

c. La tabla muestra el precio de cada tipo de boleto.

Tipos de boletos	Precio
Niños de brazos	Gratis
Niños mayores de 2 años	\$4.50
Adultos	\$7.25
Adultos mayores	\$5.75

d. ¿Cuánto dinero ganó el zoológico el sábado? Muestra el trabajo.

____

____

____

____

e. ¿Cuánto dinero ganó el zoológico el domingo?

____

____

____

____

Proporcionalidad: Razones y tasas

Representar razones y tasas

6.RP.1, 6.RP.2, 6.RP.3

MÓDULO 7

Aplicar razones y tasas

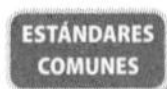

6.RP.3, 6.RP.3a, 6.RP.3d

MÓDULO 8

Porcentajes

ESTÁNDARES COMUNES 6.RP.3, 6.RP.3C

PROFESIONES EN MATEMÁTICAS

Constructor de viviendas Un constructor de viviendas, también llamado constructor de residencias, se especializa en la construcción de viviendas que van desde casas unifamiliares particulares hasta edificios de viviendas múltiples, como apartamentos o condominios. Los constructores de viviendas usan las matemáticas de muchas formas, por ejemplo: para leer planos, medir y convertir escalas, calcular las cantidades de materiales necesarias con razones y tasas y estimar los costos de los trabajos.

Si te interesa una carrera como constructor de viviendas, debes estudiar las siguientes materias de matemáticas:

- Álgebra
- Matemáticas para negocios
- Geometría
- Matemáticas técnicas

Investiga otras carreras que requieran usar razones y tasas, medir y medidas a escala.

Unidad 3 Tarea de rendimiento

Al final de la unidad, descubre cómo usan las matemáticas los **constructores de viviendas**.

UNIDAD 3

Un vistazo al vocabulario

Echa un vistazo al vocabulario de esta unidad con estas palabras cruzadas. Ordena las letras dentro de los círculos para resolver el acertijo al final de la página.

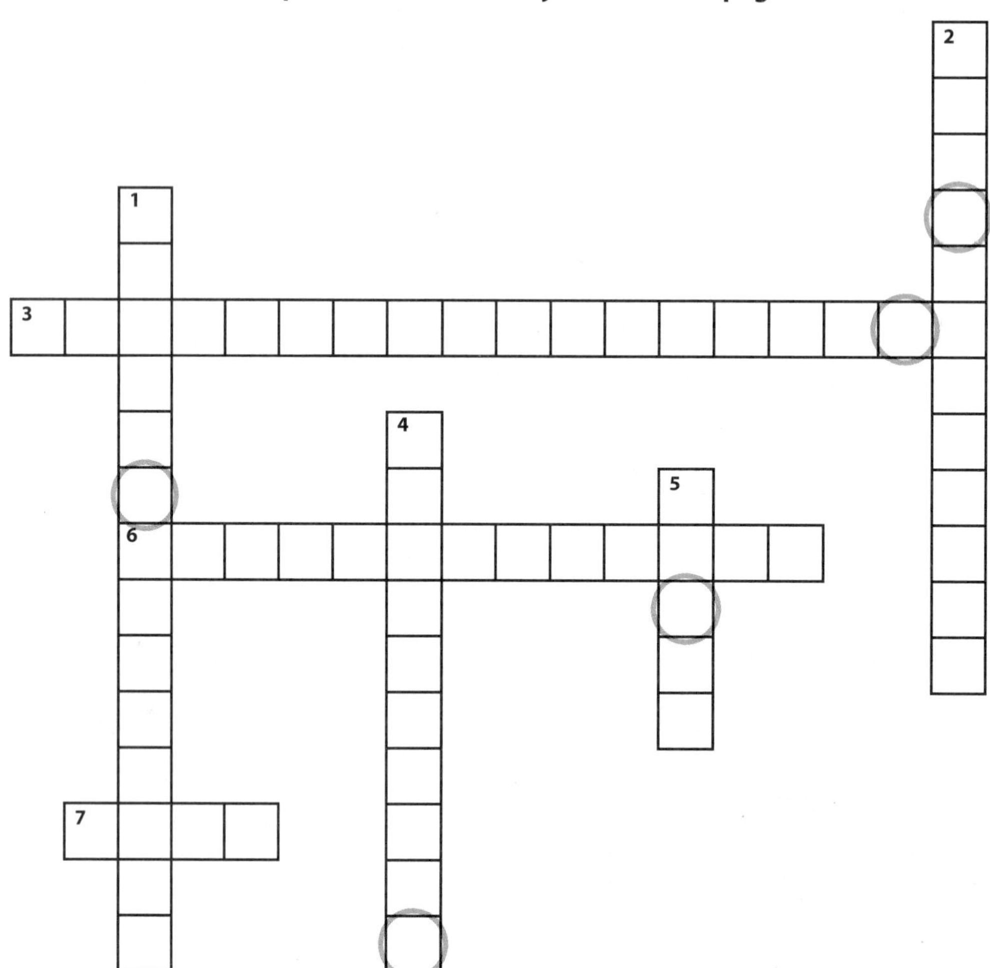

Verticales

1. Tasa que describe cuánto más grande o más pequeño es un dibujo a escala que el objeto real. (Lección 7.2)
2. Tasa en que la segunda cantidad es una unidad. (Lección 6.2)
4. Ecuación que establece que dos razones son equivalentes. (Lección 7.2)
5. Comparación mdiante división de dos cantidades. (Lección 6.1)

Horizontales

3. Fracción que compara dos medidas equivalentes. (Lección 7.3)
6. Dibujo que usa una escala para hacer proporcionalmente más pequeño o más grande un objeto real. (Lección 7.2)
7. Razón de dos cantidades que tienen unidades diferentes. (Lección 6.2)

P: ¿Por qué la proporción le ganó el juicio a la tasa?

R: ¡Porque tenía ___ ___ ___ ___ ___!

Representar razones y tasas

PREGUNTA ESENCIAL

¿Cómo puedes resolver problemas de la vida real usando razones y tasas?

my.hrw.com

Vídeo de la vida real

Los científicos que estudian las estructuras de arena determinaron que la mezcla perfecta de arena y agua es igual a un cubo de agua por cada 100 cubos de arena. Esta receta se puede escribir como la razón $\frac{1}{100}$.

APRENDE EN LÍNEA

my.hrw.com

my.hrw.com

Las versiones digitales de todas las páginas del libro del estudiante están disponibles en línea.

Matemáticas al instante

Escanea con tu celular para entrar directamente en la edición en línea del Vídeo tutorial y más.

Matemáticas en acción

Explora interactivamente los conceptos clave para ver cómo funcionan las matemáticas.

Entrenador personal en matemáticas

Obtén comentarios y ayuda al instante a medida que trabajas en las prácticas.

¿Estás listo?

Completa estos ejercicios para repasar las destrezas que necesitarás en este módulo.

Entrenador personal en matemáticas

Evaluación e intervención en línea

Simplificar fracciones

EJEMPLO Simplifica $\frac{15}{24}$.

15: 1, ③, 5, 15

24: 1, 2, ③, 4, 6, 8, 12, 24

$\frac{15 \div 3}{24 \div 3} = \frac{5}{8}$

Enumera todos los factores del numerador y el denominador.

Encierra en un círculo el máximo común divisor (MCD).

Divide el numerador y el denominador entre el MCD.

Escribe las fracciones en su mínima expresión.

1. $\frac{6}{9}$ ______ **2.** $\frac{4}{10}$ ______ **3.** $\frac{15}{20}$ ______ **4.** $\frac{20}{24}$ ______

5. $\frac{16}{56}$ ______ **6.** $\frac{45}{72}$ ______ **7.** $\frac{18}{60}$ ______ **8.** $\frac{32}{72}$ ______

Escribir fracciones equivalentes.

EJEMPLO

$\frac{6}{8} = \frac{6 \times 2}{8 \times 2}$

$= \frac{12}{16}$

Multiplica el denominador y el numerador por el mismo número para obtener una fracción equivalente.

$\frac{6}{8} = \frac{6 \div 2}{8 \div 2}$

$= \frac{3}{4}$

Divide el numerador y el denominador entre el mismo número para obtener una fracción equivalente.

Escribe la fracción equivalente.

9. $\frac{12}{15} = \frac{\square}{5}$ **10.** $\frac{5}{6} = \frac{\square}{30}$ **11.** $\frac{16}{24} = \frac{4}{\square}$ **12.** $\frac{3}{9} = \frac{21}{\square}$

13. $\frac{15}{40} = \frac{\square}{8}$ **14.** $\frac{18}{30} = \frac{\square}{10}$ **15.** $\frac{48}{64} = \frac{12}{\square}$ **16.** $\frac{2}{7} = \frac{18}{\square}$

Práctica de vocabulario

Visualiza el vocabulario

Completa el cuadro con las palabras que tienen un ✔. Elige las palabras de repaso que describen la multiplicación y la división.

Comprender la multiplicación y la división.		
Símbolo	**Operación**	**Término para la respuesta**
$\times$		
$\div$		

Vocabulario

Palabras de repaso

- barra de fracciones *(fraction bar)*
- cantidad *(quantity)*
- ✔ cociente *(quotient)*
- denominador *(denominator)*
- ✔ dividir *(divide)*
- dos puntos *(colon)*
- ✔ multiplicar *(multiply)*
- numerador *(numerator)*
- ✔ producto *(product)*
- término *(term)*

Palabras nuevas

- razón *(ratio)*
- razones equivalentes *(equivalent ratios)*
- tasa *(rate)*
- tasa unitaria *(unit rate)*

Comprende el vocabulario

Empareja el término de la izquierda con la definición de la derecha.

1. tasa
2. razón
3. tasa unitaria
4. razones equivalentes

A. Tasa en que la segunda cantidad es una unidad.

B. Comparación de dos cantidades mediante división.

C. Razones que nombran la misma comparación.

D. Razón de dos cantidades que tienen diferentes unidades.

Lectura con propósito

Rotafolio de dos paneles Crea un rotafolio de dos paneles para aprender los conceptos en este módulo. Rotula una solapa con "Razones" y la otra con "Tasas". A medida que estudias cada lección, escribe las ideas importantes debajo de la solapa correspondiente. Incluye información sobre las tasas unitarias y cualquier ejemplo de ecuación que te ayude a recordar los conceptos cuando repases las notas.

MÓDULO 6

Desglosar los estándares

Comprender los estándares y las palabras de vocabulario te ayudará a saber exactamente lo que se espera que aprendas en este módulo.

ESTÁNDARES COMUNES 6.RP.3

Aplicar el razonamiento de razones y tasas para resolver problemas de la vida real y matemáticos, Por ejemplo: razonar sobre tablas de razones equivalentes, diagramas de cintas, diagramas de rectas numéricas dobles o ecuaciones.

Vocabulario clave

razón *(razón)*
Comparación de dos cantidades mediante división.

tasa *(rate)*
Razón que compara dos cantidades que se miden en diferentes unidades.

razones equivalentes *(equivalent ratios)*
Razones que nombran la misma comparación.

Lo que significa para ti

Usarás razones equivalentes para resolver problemas de la vida real que incluyan razones y tasas.

DESGLOSAR EL EJEMPLO 6.RP.3

Un grupo de 10 amigos están en la fila para ver una película. La tabla muestra el total que pagarán otros grupos. Predice cuánto pagará el grupo de 10.

Número en el grupo	3	5	6	12
Cantidad pagada ($)	15	25	30	60

Las razones son todas iguales.

$\frac{3}{15} = \frac{1}{5}$ $\frac{6}{30} = \frac{1}{5}$ $\frac{5}{25} = \frac{1}{5}$ $\frac{12}{60} = \frac{1}{5}$

Calcula el denominador que da una razón equivalente a $\frac{1}{5}$ para un grupo de 10.

$\frac{10}{?} = \frac{1}{5} \rightarrow \frac{10 \div 10}{50 \div 10} = \frac{1}{5} \rightarrow \frac{10}{50} = \frac{1}{5}$

Un grupo de 10 pagará $50.

ESTÁNDARES COMUNES 6.RP.3b

Resolver problemas de tasas unitarias incluyendo aquellos con precios unitarios y velocidad constante.

Vocabulario clave

tasa unitaria *(unit rate)*
Taza en que la segunda cantidad en la comparación es una unidad.

Lo que significa para ti

Resolverás problemas con tasas unitarias mediante la división.

DESGLOSAR EL EJEMPLO 6.RP.3b

Una botella de 2 litros de agua de manantial cuesta $2.02. Una botella de 3 litros del mismo tipo de agua cuesta $2.79. ¿Cuál es la mejor oferta?

botella de 2 litros

$\frac{\$2.02}{2 \text{ litros}}$

$\frac{\$2.02 \div 2}{2 \text{ litros} \div 2}$

$\frac{\$1.01}{1 \text{ litro}}$

botella de 3 litros

$\frac{\$2.79}{3 \text{ litros}}$

$\frac{\$2.79 \div 3}{3 \text{ litros} \div 3}$

$\frac{\$0.93}{1 \text{ litro}}$

La botella de 3 litros es la mejor oferta.

Visita **my.hrw.com** para ver todos los **Estándares comunes** desglosados.

my.hrw.com

LECCIÓN

6.1 Razones

ESTÁNDARES COMUNES **6.RP.1**

Understand the concept of a ratio and use ratio language to describe a relationship between two quantities. *Also 6.RP.3, 6.RP.3a*

¿Cómo puedes comparar dos cantidades usando razones?

ACTIVIDAD PARA EXPLORAR En el mundo

6.RP.1

Representar razones con modelos

Una **razón** es una comparación de dos cantidades. Indica cuántas veces mayor es una cantidad en comparación con otra.

Por ejemplo: la razón de cuentas en forma de estrella a cuentas en forma de luna en una pulsera es de 3 a 1.

A Escribe la razón de cuentas con forma de estrella a las con forma de luna. ______

B Escribe la razón de cuentas con forma de estrella a todas las cuentas. ______

C Si la pulsera tiene 2 cuentas con forma de luna ¿cuántas cuentas con forma de estrella tiene? ______

D Si la pulsera tiene 9 cuentas con forma de estrella ¿cuántas cuentas con forma de luna tiene? ¿Cómo lo sabes?

______

______

______

Reflexiona

1. **Haz una predicción** Escribe una regla que te permita calcular el número de cuentas con forma de estrella en una pulsera si sabes el número de cuentas con forma de luna. Luego escribe una regla que te permita calcular el número de cuentas con forma de luna si sabes el número de cuentas con forma de estrella.

______

______

______

2. **Haz una predicción** Escribe una regla que te permita calcular el número de cuentas en una pulsera si sabes el número de cuentas con forma de luna.

______

Escribir razones

Los números en una razón se llaman *términos*. Una razón se puede escribir de varias maneras.

5 perros por cada 3 gatos   5 a 3   5:3 $\frac{5}{3}$

Las razones pueden comparar una parte con otra parte, una parte con el todo o el todo con una parte.

EJEMPLO 1

ESTÁNDARES COMUNES 6.RP.1

Charla matemática
Prácticas matemáticas
¿Cuál es la razón de vídeos de drama a vídeos que no son de drama? ¿Es esta una razón de parte a parte o de parte a todo?

A Escribe la razón de comedias a dramas de tres maneras distintas.

parte a parte

8:2 $\frac{8}{3}$ 8 comedias a 3 dramas

B Escribe la razón de dramas al total de vídeos de tres maneras distintas.

parte a todo

3 a 14   3:14 $\frac{3}{14}$

El número total de vídeos es $8 + 3 + 2 + 1 = 14$.

Colección de vídeos de Sam	
Comedias	8
Dramas	3
Dibujos animados	2
Ciencia ficción	1

Reflexiona

3. **Analiza las relaciones** Describe la relación entre los vídeos de drama y los de ciencia ficción.

____

____

4. **Analiza las relaciones** En un teatro, la razón de butacas en platea a butacas en balcones es de 20:1. ¿Tiene este teatro más butacas en platea o en balcones? ¿Cómo lo sabes?

____

ES TU TURNO

Escribe cada razón de tres formas distintas.

5. chips de rosca a cacahuates ______________

6. mezcla festiva a pretzels ______________

7. galletas de queso a cacahuates ______________

Mezcla festiva para hacer 8 tazas
3 tazas de pretzels
3 tazas de chips de rosca
1 taza de galletas de queso
1 taza de cacahuates

Razones equivalentes

Las **razones equivalentes** son aquellas que representan una misma comparación. Puedes hallar razones equivalentes con una tabla o multiplicando o dividiendo ambos términos de la razón por el mismo número.

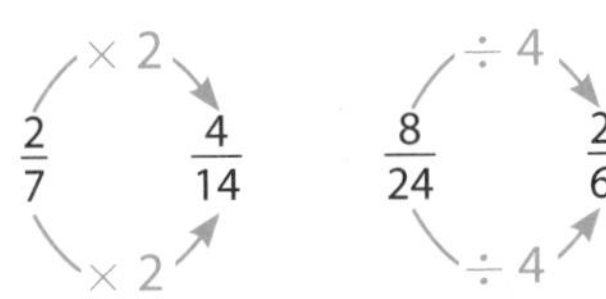

$$\frac{2}{7} \xrightarrow{\times 2} \frac{4}{14} \qquad \frac{8}{24} \xrightarrow{\div 4} \frac{2}{6}$$

Una razón cuyos términos no tienen factores comunes se dice que está en su mínima expresión.

EJEMPLO 2

6.RP.3, 6.RP.3a

Con una receta de ponche se pueden preparar 5 tazas de ponche mezclando 3 tazas de jugo de arándano y 2 tazas de jugo de manzana. ¿Cuánto jugo de arándano y de manzana necesitas para cuadruplicar la receta original?

Método 1: Usa una tabla.

PASO 1 Haz una tabla que compare la cantidad de jugo de arándano y de manzana que se necesita para hacer dos, tres y cuatro veces la receta original.

Multiplica ambos términos de la razón original por el mismo número para hallar una razón equivalente.

		2×3	3×3	4×3	5×3
Jugo de arándano	3	6	9	12	15
Jugo de manzana	2	4	6	8	10
		2×2	3×2	4×2	5×2

PASO 2 Escribe la razón original y la razón de la cantidad de jugo de arándano y de manzana que se necesita para cuadruplicar la receta original.

$$\frac{3}{2} = \frac{12}{8}$$

Método 2: Multiplica ambos términos de la razón por el mismo número.

PASO 1 Escribe la razón original en forma de fracción.

$$\frac{3}{2}$$

PASO 2 Multiplica el numerador y el denominador por el mismo número.

Para cuadruplicar la receta original, multiplica por 4.

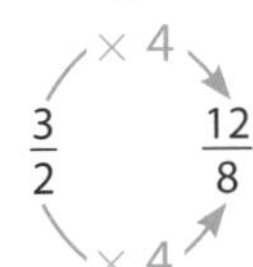

$$\frac{3}{2} \xrightarrow{\times 4} \frac{12}{8}$$

Para cuadruplicar la receta original necesitas 12 tazas de jugo de arándano y 8 tazas de jugo de manzana.

Mis notas

Charla matemática
Prácticas matemáticas

La razón de jugo de manzana a jugo de uva en una receta es 8 tazas a 10 tazas. ¿Cuál es la razón en su mínima expresión? Explica.

ES TU TURNO

Halla tres razones equivalentes a la razón dada.

8. $\frac{8}{10}$ ______ **9.** $\frac{5}{2}$ ______

Práctica con supervisión

El modelo a continuación representa el número de perros comparado con el número de gatos que tienen los residentes en un edificio de apartamentos. (Actividad para explorar)

1. Escribe una razón que compare el número de perros al

número de gatos. ______

2. Si en el edificio de apartamentos hay 15 gatos, ¿cuántos perros hay?

15 ÷ ______ **=** ______ **perros**

3. ¿Cuántos gatos hay si hay 5 perros en el edificio?

5 × ______ **=** ______ **gatos**

4. Las únicas mascotas en el edificio de apartamentos son gatos y perros. Si hay 10 perros, ¿cuántas *mascotas* hay? ______

El recuadro muestra el contenido de la caja de pastelitos de Dana. Escribe cada razón de tres formas diferentes. (Ejemplo 1)

Docena de pastelitos de Dana
5 maíz
4 salvado
2 plátanos y nueces
1 arándano

5. pastelitos de plátano y nueces a pastelitos de maíz ______

6. pastelitos de maíz a total de pastelitos ______

Vocabulario Escribe tres razones equivalentes a la razón dada. Encierra en un círculo la razón en su mínima expresión. (Ejemplo 2)

7. $\frac{10}{12}$ ______ **8.** $\frac{14}{2}$ ______ **9.** $\frac{4}{7}$ ______

ÉNFASIS EN LA PREGUNTA ESENCIAL

10. Utiliza un ejemplo para describir la relación multiplicativa entre dos razones equivalentes.

______

______

Nombre _______________ Clase _______________ Fecha _______________

6.1 Práctica independiente

6.RP.1, 6.RP.3, 6.RP.3a

Entrenador personal en matemáticas

Evaluación e intervención en línea

Halla tres razones equivalentes a la razón que se describe en cada situación.

11. La razón de tazas de agua a tazas de leche en una receta es de 1 a 3.

____

12. La razón de niños a niñas en el autobús es de $\frac{20}{15}$.

____

13. En cada ramo de flores hay 4 rosas y 6 claveles blancos. Completa la tabla para hallar cuántas rosas y claveles hay en 4 ramos de flores.

Rosas	4				
Claveles	6				

____

14. Ed prepara una ensalada de frutas con la receta que se muestra a la derecha. Quiere usar 30 fresas cortadas en cubos para su ensalada. ¿Cuántos plátanos, manzanas y peras debe usar en la ensalada?

____

Receta de ensalada de frutas

4 plátanos en cubos

3 manzanas en cubos

6 peras en cubos

10 fresas en cubos

15. Una coleccionista tiene 120 carteles de películas y 100 carteles de bandas de música. Ella quiere vender 24 carteles, pero quiere que su colección mantenga la razón de 120:100. Si vende 24 carteles de películas, ¿cuántos carteles de bandas debería vender? Explica.

____

____

____

16. Bob debe mezclar 2 tazas de limonada concentrada con 3.5 tazas de agua para hacer limonada. Bob tiene 6 tazas de limonada concentrada. ¿Cuánta limonada puede hacer? _______________

17. **Varios pasos** La razón de mariposas norteamericanas a mariposas suramericanas en un parque de mariposas es 5:3. La razón de mariposas suramericanas a mariposas europeas es 3:2. Hay 30 mariposas norteamericanas en el parque.

a. ¿Cuántas mariposas suramericanas hay? _______________

b. ¿Cuántas mariposas europeas hay? _______________

18. Sinea y Ren irán a la feria de atracciones la semana que viene. La tabla muestra la cantidad que cada persona gastó en comida, juegos y *souvenirs* la última vez que fueron a la feria.

	Comida	Juegos	*Souvenirs*
Sinea	$5	$8	$12
Ren	$10	$8	$20

a. Sinea quiere gastar su dinero usando las mismas razones que la última vez que fue a la feria. Si gasta $26 en juegos, ¿cuánto gastará en *souvenirs*? ________

b. Ren quiere gastar su dinero usando las mismas razones que la última vez que fue a la feria. Si gasta $5 en *souvenirs*, ¿cuánto gastará en comida? ________

c. **¿Qué pasa si...?** Si Sinea y Ren gastan $40 cada uno en comida y ambos usan las mismas razones que en su última ida a la feria, ¿quién gastará más en *souvenirs*? Explica.

Área de trabajo

ENFOQUE EN ALTA CAPACIDAD DE RAZONAMIENTO

19. Representación múltiple El diagrama compara la razón de chicas a chicos en el coro. ¿Cuál es la razón de chicas a chicos? Si hay 50 estudiantes en el coro, ¿cuántas son chicas y cuántos son chicos?

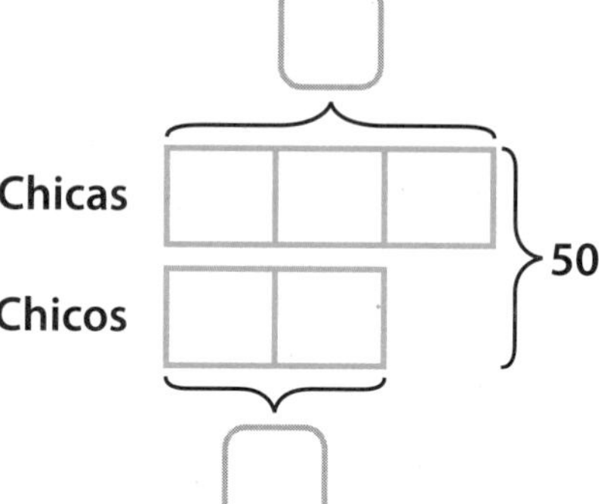

20. Analiza las relaciones ¿En qué se parece el proceso de hallar razones equivalentes al proceso de hallar fracciones equivalentes?

21. Explica el error Tina dice que 6:8 es equivalente a 36:64. ¿Qué hizo mal Tina?

LECCIÓN

6.2 Tasas

ESTÁNDARES COMUNES **6.RP.2**

Understand the concept of a unit rate $\frac{a}{b}$ associated with a ratio $a{:}b$ with $b \neq 0$, and use rate language.... *Also 6.RP.3, 6.RP.3b*

PREGUNTA ESENCIAL

¿Cómo puedes usar tasas para comparar dos cantidades?

ACTIVIDAD PARA EXPLORAR 

6.RP.2, 6.RP.3b

Usar tasas para comparar precios

Una **tasa** es la comparación de dos cantidades que tienen unidades diferentes.

Chris condujo 107 millas en 2 horas. Comparas millas con horas.

La tasa es $\frac{107 \text{ millas}}{2 \text{ horas}}$.

Shana compara dos marcas de jugo en el supermercado. La marca A cuesta $3.84 por una botella de 16 onzas. La marca B cuesta $4.50 por una botella de 25 onzas.

Para comparar costos, Shana debe comparar los precios de cantidades iguales de jugo. ¿Cómo puede hacerlo?

A Completa las tablas.

	Marca A		
	Onzas	**Precio ($)**	
÷ 2	16	3.84	÷ 2
÷ 2	8	1.92	÷ 2
÷ 2	4		÷ 2
÷ 2	2		÷ 2
	1		

	Marca B		
	Onzas	**Precio ($)**	
÷ 5	25	4.50	÷ 5
÷ 5	5		÷ 5
	1		

B La marca A cuesta $ _______ por onza. La marca B cuesta $ _______ por onza.

C ¿Qué marca es más barata? ¿Por qué? _______________________

Reflexiona

1. **Analiza las relaciones** Describe otro método para comparar los costos.

____

____

Matemáticas al instante
my.hrw.com

Calcular tasas unitarias

Una **tasa unitaria** es una tasa en la que la segunda cantidad tiene el valor de una unidad. Cuando la primera cantidad en una tasa unitaria es una cantidad de dinero, la tasa unitaria puede llamarse *precio unitario* o *costo por unidad*.

EJEMPLO 1 

ESTÁNDARES COMUNES 6.RP.2

Clases de yoga
Oferta del mes:
6 clases por $90

A Gerald paga $90 por 6 clases de yoga. ¿Cuál es el costo por clase?

Escribe una tasa con la información del problema: $\frac{\$90}{6\text{ clases}}$

Para calcular la tasa unitaria, divide ambas cantidades entre el mismo número para que la segunda cantidad sea 1:

$$\frac{\$90}{6\text{ clases}} = \frac{\$15}{1\text{ clase}} \quad (\div 6)$$

Las clases de yoga de Gerald cuestan $15 por clase.

B El precio de 2 envases de leche es de $5.50. ¿Cuál es el precio unitario?

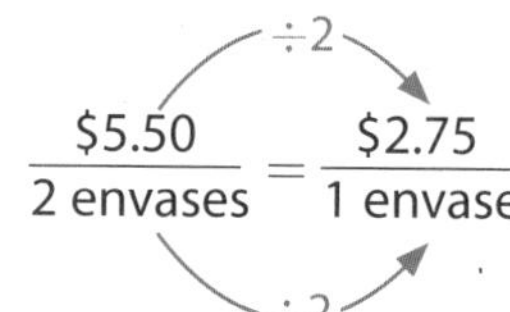

El precio unitario es de $2.75 por envase de leche.

C Un crucero navega 20 millas en 50 minutos. ¿A cuántas millas por minuto navega el crucero?

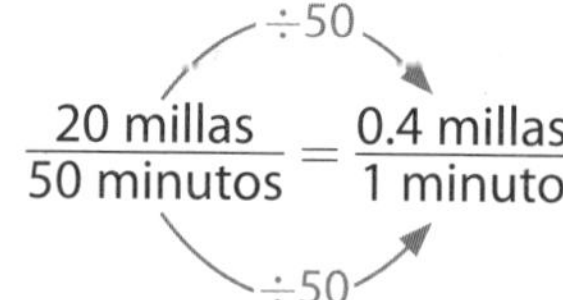

El crucero navega a 0.4 millas por minuto.

La primera cantidad de una tasa unitaria puede ser menor que 1.

Reflexiona

2. Varias representaciones Explica cómo puedes usar un diagrama como el que se muestra a continuación para calcular la tasa unitaria en **A**. Luego completa el diagrama para calcular la tasa unitaria.

____

____

____

____

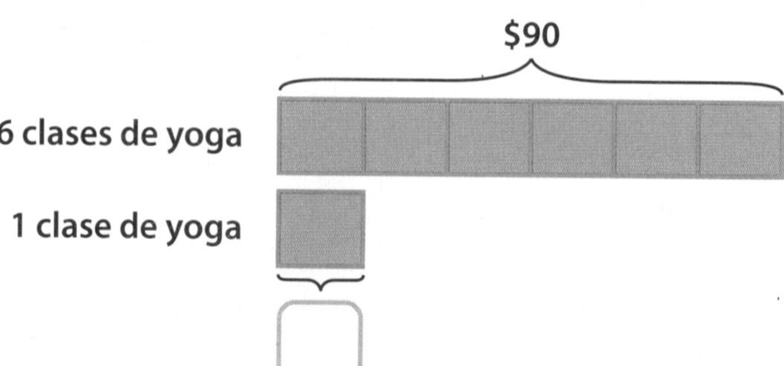

3. Hay 156 jugadores en 13 equipos. ¿Cuántos jugadores hay en cada equipo? _______ jugadores por equipo

Resolver problemas con tasas unitarias

Puedes resolver problemas de tasas utilizando una tasa unitaria o tasas equivalentes.

EJEMPLO 2 

6.RP.3, 6.RP.3b

En un campamento de verano, los campistas se dividen en grupos. Cada grupo tiene 16 campistas y 2 cabañas. ¿Cuántas cabañas se necesitan para 112 campistas?

Método 1: Calcula la tasa unitaria. ¿Cuántos campistas hay por cabaña?

$$\frac{16\text{ campistas}}{2\text{ cabañas}} = \frac{8\text{ campistas}}{1\text{ cabaña}} \quad (\div 2)$$

Divide para calcular la tasa unitaria.

Hay 8 campistas por cabaña.

$$\frac{112\text{ campistas}}{8\text{ campistas por cabaña}} = 14\text{ cabañas}$$

Divide para calcular el número zde cabañas.

Método 2: Usa tasas equivalentes.

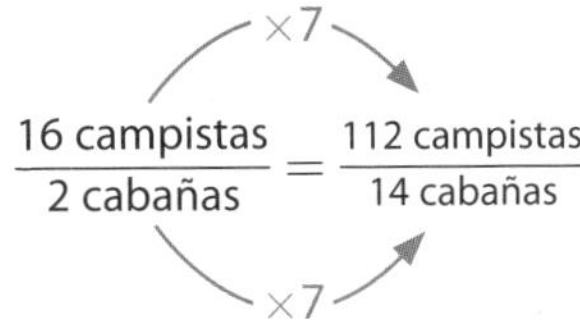

$$\frac{16\text{ campistas}}{2\text{ cabañas}} = \frac{112\text{ campistas}}{14\text{ cabañas}} \quad (\times 7)$$

El campamento necesita 14 cabañas.

Comprueba Usa un diagrama para comprobar la tasa unitaria cuando hay 16 campistas en 2 cabañas. Luego, usa la tasa unitaria para comprobar si 14 cabañas son un número razonable para 112 campistas.

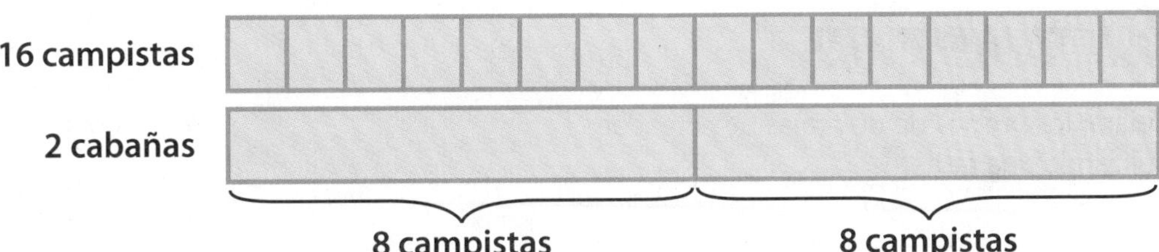

La tasa unitaria de 8 campistas por cabaña es razonable. Multiplica 14 cabañas por 8 campistas por cabaña para saber si habría suficiente espacio para 112 campistas.

ES TU TURNO

4. Petra corre 3 millas en 27 minutos. A esta tasa, ¿cuánto tardará en correr 5 millas? Muestra el trabajo.

____

____

Práctica con supervisión

La marca favorita de mantequilla de cacahuate de Mason viene en dos tamaños. En la tabla se muestra cada tamaño y el precio. Usa la tabla en los Ejercicios 1 y 2. (Actividad para explorar)

	Tamaño (oz)	Precio ($)
Común	16	3.36
Tamaño familiar	40	7.60

1. ¿Cuál es la tasa unitaria para cada tamaño de mantequilla de cacahuate?

Común: $ _______ por onza

Tamaño familiar: $ _______ por onza

2. ¿Qué tamaño es la mejor compra? _______

3. Martín cobra $10 por cada 5 bolsas de hojas que rastrilla. El fin de semana pasado rastrilló 24 bolsas de hojas. ¿Cuánto dinero ganó? (Ejemplo 1)

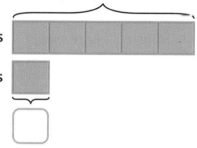

$10

5 bolsas de hojas

1 bolsa de hojas

24 bolsas de hojas = _______

Calcula la tasa unitaria. (Ejemplo 1)

4. Lisa caminó 48 cuadras en 3 horas.

_______ cuadras por hora

5. Gordon escribe 1,800 palabras en 25 minutos.

_______ palabras por minuto

6. Una marca de helado de yogur contiene 75 calorías por cada 2 onzas. ¿Cuántas calorías hay en 8 onzas de yogur? _______

7. El precio de 10 naranjas es $1.00. ¿Cuál es el precio de 5 docenas de naranjas? (Ejemplo 2) _______

ÉNFASIS EN LA PREGUNTA ESENCIAL

8. ¿Cómo puedes comparar los precios de dos cajas de cereal de diferente tamaño utilizando una tasa?

____

____

Nombre ______________________ Clase ______________ Fecha ______________

6.2 Práctica independiente

ESTÁNDARES COMUNES 6.RP.2, 6.RP.3, 6.RP.3b

Taryn y Alastair trabajan cortando césped. Cada uno cobra una tarifa fija por patio. La tabla muestra el número de patios donde cortaron césped la semana pasada, el tiempo que tardaron y el dinero que ganaron.

	Número de patios	Tiempo que trabajaron (en horas)	Dinero ganado
Taryn	9	7.5	$112.50
Alastair	7	5	$122.50

9. ¿Cuánto cobra Taryn por patio? ______________

10. ¿Cuánto cobra Alastair por patio? ______________

11. ¿Quién cobra más por hora, Taryn o Alastair? ______________

12. **¿Qué pasa si...?** Si Taryn y Alastair quieren ganar otros $735 cada uno, ¿cuántas horas más deben pasar cortando césped? Explica.

____

____

____

13. **Varios pasos** Tomas hace figuras con globos en un circo. En 180 minutos hace 36 figuras con 252 globos.

a. ¿Cuántos minutos tarda en hacer 1 figura con globos? ¿Cuántos globos usa por figura? ______________

b. ¿Cuál es la tasa unitaria de Tomas de globos usados por minuto? ______________

c. Completa el diagrama para averiguar cuántos globos usará Tomas en 10 minutos. ______________

____ globos

Globos por minuto

10 minutos

____ globos

14. Abby puede comprar una bolsa de 8 libras de comida para perros en \$7.40 o una bolsa de 4 libras de la misma comida para perros en \$5.38. ¿Cuál es la mejor compra?

15. Una panadería ofrece un precio de oferta de \$3.50 por 4 panecillos. ¿Cuánto vale la docena?

16. La Sra. Jacobsen quiere comprar instrumentos de juguete para premiar a los estudiantes de clase de música. La tabla muestra los precios para pedidos de diferentes cantidades.

	25 artículos	50 artículos	80 artículos
Silbatos	\$21.25	\$36.00	\$60.00
Flautines	\$10.00	\$18.50	\$27.20

a. ¿Cuál es la diferencia entre el precio unitario más alto para silbatos y el más bajo? __________

b. ¿Cuál es el precio unitario más alto para los flautines? __________

c. **Persevera en la resolución de problemas** Si la señora Jacobsen quiere comprar el juguete con el precio unitario más bajo, ¿qué juguete debe pedir y qué cantidad de ese juguete debe pedir? __________

H.O.T. **ENFOQUE EN ALTA CAPACIDAD DE RAZONAMIENTO**

Área de trabajo

17. **Saca conclusiones** En 1 pulgada hay 2.54 centímetros. ¿Cuántos centímetros hay en 1 pie? ¿Y en 1 yarda? Explica tu razonamiento.

____

____

____

18. **Critica el razonamiento** Una caja de 2 libras de espagueti cuesta \$2.50. Philip dice que el precio unitario es de $\frac{2}{2.50} = \$0.80$ por libra. Explica su error.

____

____

____

19. **Busca un patrón** Un supermercado vende bolsas de azúcar de tres tamaños. La bolsa de 1 libra cuesta \$1.10, la bolsa de 2 libras cuesta \$1.98 y la bolsa de 3 libras cuesta \$2.85. Describe el cambio en el precio unitario a medida que aumenta la cantidad de azúcar.

____

____

____

____

LECCIÓN 6.3

Resolver problemas utilizando razones y tasas

6.RP.3

Use ratio and rate reasoning to solve... problems, e.g., by reasoning about tables... double number line diagrams... *Also 6.RP.3a*

PREGUNTA ESENCIAL

¿Cómo puedes hacer comparaciones y predicciones usando razones y tasas?

ACTIVIDAD PARA EXPLORAR 1 

6.RP.3a

Comparar razones utilizando tablas

La receta para limonada de Anna requiere 2 tazas de concentrado de limonada y 3 tazas de agua. La receta de Bailey requiere 3 tazas de concentrado de limonada y 5 tazas de agua.

A En la receta de Anna la razón de concentrado de limonada a agua es de _______. Completa la tabla con las razones equivalentes.

		2 · 2	2 · ☐	2 · ☐
Concentrado de limonada (tz)	2	4		
Agua (tz)	3		9	15
		3 · 2	3 · 3	3 · 5

B En la receta de Bailey la razón de concentrado de limonada a agua es de _______ Completa la tabla con las razones equivalentes.

		3 · 3	3 · 4	3 · ☐
Concentrado de limonada (tz)	3	9	12	
Agua (tz)	5			25
		5 · 3	5 · ☐	5 · ☐

C Halla dos columnas, una en cada tabla, donde la cantidad de agua sea la misma. Encierra en un círculo las dos columnas.

D ¿Qué receta produce una limonada más fuerte? ¿Cómo lo sabes?

____

____

E Compara las razones: $\frac{10}{15}$ ◯ $\frac{9}{15}$ $\frac{2}{3}$ ◯ $\frac{3}{5}$

ACTIVIDAD PARA EXPLORAR 1 *(continuación)*

Reflexiona

1. **Analiza relaciones** Supongamos que cada persona se sirve una taza de la limonada que hizo. ¿Cuánto concentrado hay en la taza de cada persona? ¿Cómo lo sabes?

____

____

____

Matemáticas al instante

my.hrw.com

Comparar razones

Puedes resolver problemas de la vida real usando razones equivalentes.

EJEMPLO 1

ESTÁNDARES COMUNES 6.RP.3

Una receta para hacer una barra de frutas y nueces requiere 4 tazas de nueces trituradas y 6 tazas de fruta seca. Cuando Tonya hizo una tanda de estas barras, usó 6 tazas de nueces trituradas y 9 tazas de fruta seca. ¿Usó Tonya la razón correcta de nueces a fruta?

PASO 1 Halla la razón de nueces a fruta de la receta.

$\frac{4}{6}$ — *4 tazas de nueces a 6 tazas de fruta*

PASO 2 Halla la razón de nueces a fruta que usó Tonya.

$\frac{6}{9}$ — *6 tazas de nueces a 9 tazas de fruta*

18 es múltiplo de 6 y 9, entonces halla razones equivalentes con 18 en el segundo término.

PASO 3 Halla razones equivalentes cuyo segundo término sea el mismo.

$$\frac{4}{6} = \frac{12}{18} \quad (\times 3) \qquad \frac{6}{9} = \frac{12}{18} \quad (\times 2)$$

$$\frac{12}{18} = \frac{12}{18}$$

Las razones son iguales. Por lo tanto, Tonya usó la misma razón de nueces a fruta que pedía la receta.

Charla matemática
Prácticas matemáticas

Explica cómo comparas dos razones para comprobar si son equivalentes.

2. En el club de ciencias hay 2 alumnos de sexto grado por cada 3 alumnos de séptimo grado. En la feria de ciencias de este año, había 7 proyectos de alumnos de sexto grado por cada 12 proyectos de alumnos de séptimo. ¿Es la razón de alumnos de sexto grado a alumnos de séptimo en el club de ciencias equivalente a la razón de proyectos de ciencias de sexto grado a proyectos de ciencias de séptimo? Explica.

____

Entrenador personal en matemáticas

Evaluación e intervención en línea

my.hrw.com

ACTIVIDAD PARA EXPLORAR 2  ESTÁNDARES COMUNES 6.RP.3

Hacer predicciones utilizando razones

Para hacer predicciones, puedes representar razones usando una recta numérica doble.

Janet conduce de Clarkson a Humbolt en 2 horas. Supongamos que Janet conduce durante 10 horas. Si mantiene la misma tasa, ¿podrá recorrer más de 600 millas? Justifica la respuesta.

La recta numérica doble muestra el número de millas que conduce Janet en diferentes lapsos de tiempo.

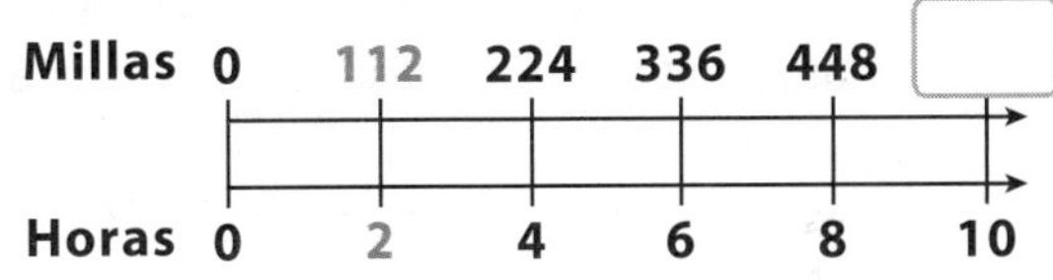

A Explica cómo se representa en la recta numérica doble la tasa de Janet cada dos horas.

____

____

B Describe la relación entre la tasa de Janet cada dos horas y las otras tasas que se muestran en la recta numérica doble.

____

____

C Completa la recta numérica.

D ¿Puede Janet conducir más de 600 millas en 10 horas? Explica.

____

Reflexiona

3. En quince minuntos, Lena puede resolver 2 problemas de su tarea de matemáticas. ¿Cuántos problemas puede resolver en 75 minutos? Halla la respuesta usando una recta numérica doble.

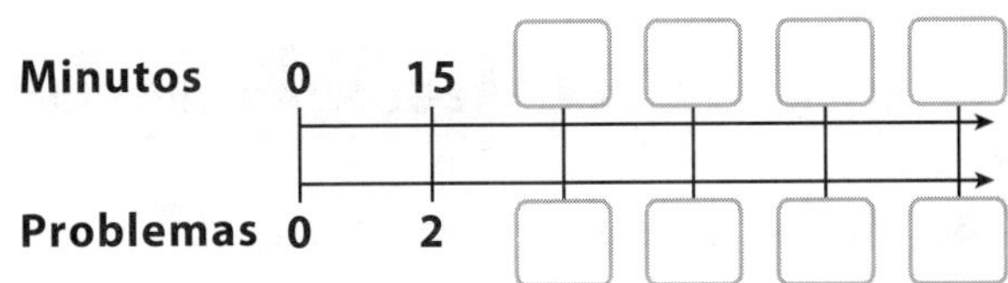

____

4. ¿En qué se parece usar una recta numérica doble a hallar razones equivalentes?

____

Práctica con supervisión

1. Para el club de servicio a la comunidad, Celeste prepara canastas de frutas para llevarlas a un hospital local. Las instrucciones dicen que ponga en las cajas 5 manzanas por cada 6 naranjas. Celeste llena las canastas con 2 manzanas por cada 3 naranjas. (Actividad para explorar 1)

a. Completa las tablas para hallar las razones equivalentes.

Manzanas	5			
Naranjas	6			

Manzanas	2			
Naranjas	3			

b. Compara las razones. ¿Usa Celeste la razón correcta de manzanas a naranjas?

____

____

2. Neha hizo una ensalada de frutas con 4 plátanos y 5 naranjas. Daniel usó 7 plátanos y 9 naranjas. ¿Usaron Neha y Daniel la misma razón de plátanos a naranjas? De no ser así, ¿quién usó la mayor razón de plátanos a naranjas? (Ejemplo 1)

____

____

3. Tim es alumno de primer grado y lee 28 palabras por minuto. Supongamos que mantiene la misma tasa, halla en la recta numérica doble cuántas palabras puede leer en 5 minutos. (Actividad para explorar 2)

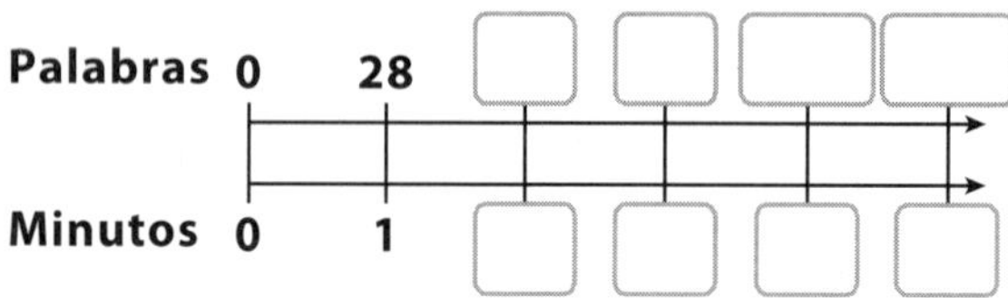

____

4. Una cafetería vende 30 bebidas cada 15 minutos. Haz una predicción sobre cuántas bebidas venderá la cafetería cada hora. (Actividad para explorar 2)

____

ÉNFASIS EN LA PREGUNTA ESENCIAL

5. Explica cómo se comparan dos razones.

____

____

____

Nombre ______________________ Clase ______________ Fecha ______________

6.3 Práctica independiente

6.RP.3, 6.RP.3a

6. La maestra de arte de Gina mezcla 9 pintas de pintura amarilla con 6 pintas de pintura azul para hacer pintura verde. Gina mezcla 4 pintas de pintura amarilla con 3 pintas de pintura azul. ¿Usó la misma razón de pintura amarilla a pintura azul que indicó su maestra? Explica.

____

____

7. La familia Suarez pagó $15.75 por 3 boletos para el cine. ¿Cuánto habría pagado por 12 boletos? ______________

8. Un supermercado vende comida por peso. Una bolsa de seis onzas de nueces cuesta $3.60. Haz una predicción del precio de una bolsa de dos onzas de nueces. ______________

9. El camión de la familia Martin recorre un promedio de 25 millas por galón. Haz una predicción de cuántas millas recorre con 7 galones de gasolina. ______________

10. **Varios pasos** La tabla muestra dos planes de teléfonos celulares que ofrecen minutos gratis por cierto número de minutos pagados que se usen. Pablo tiene el plan A y Sam tiene el plan B.

	Planes de teléfonos celulares	
	Plan A	**Plan B**
Minutos gratis	2	8
Minutos pagados	10	25

a. ¿Cuál es la razón de minutos gratis a minutos pagados de Pablo?

____

b. ¿Cuál es la razón de minutos gratis a minutos pagados de Sam?

____

c. ¿Ofrece el plan de Pablo la misma razón de minutos gratis a minutos pagados que el de Sam? Explica.

____

____

11. **Matemáticas del consumidor** Una tienda vende manzanas en oferta a $3.00 por 2 libras. ¿Cuántas libras de manzanas puedes comprar por $9? Si cada manzana pesa aproximadamente 5 onzas, ¿cuántas manzanas puedes comprar por $9? Explica tu razonamiento.

____

____

____

12. **Ciencias** La hierba puede crecer hasta seis pulgadas por semana dependiendo de la temperatura, humedad y época del año. A esta tasa, ¿cuánto crecerá la hierba en 24 días?

____

13. Un pueblo del este de Texas recibió 10 pulgadas de lluvia en dos semanas. Si continuó a esa tasa durante un mes de 31 días, ¿cuánta lluvia recibió el pueblo?

____

14. Una tela azul estampada se vende a $15.00 por cada dos yardas y otra tela se vende a $37.50 por cinco yardas. ¿Se venden las dos telas al mismo precio unitario? Explica.

____

H.O.T. ENFOQUE EN ALTA CAPACIDAD DE RAZONAMIENTO

Área de trabajo

15. **Resolución de problemas** Completa las tablas de razones.

	12	18	24
4.5			18

80.8	40.4		10.1
	512	256	

16. **Representa problemas de la vida real** Escribe un problema de la vida real que compare las razones 5 a 9 y 12 a 15.

____

____

____

____

17. **Analiza las relaciones** Explica cómo puedes asegurarte de que todas las tasas que has escrito en una recta numérica doble estén correctas.

____

____

____

____

18. Paul puede elegir que le paguen $50 por cada trabajo o $12.50 por hora. ¿En qué situación debe elegir que le paguen por hora? Explica.

____

____

____

____

¿Listo para seguir?

6.1 Razones

Halla las razones usando la tabla.

Color de calcetines	blanco	negro	azul	marrón
Número de calcetines	8	6	4	5

1. calcetines blancos a calcetines marrones _______
2. calcetines azules a calcetines no azules _______
3. calcetines negros a todos los calcetines _______
4. Halla dos razones equivalentes a la razón en el Ejercicio 1.

____

6.2 Tasas

Halla las tasas siguientes.

5. Earl corre 75 metros en 30 segundos. ¿Cuántos metros corre por segundo? _______
6. El precio de 3 bufandas es de $26.25. ¿Cuál es el precio unitario? _______

6.3 Resolver problemas usando razones y tasas

7. Danny cobra $35 por 3 horas de clases de natación. Martin cobra $24 por 2 horas de clases de natación. ¿Quién ofrece un precio más económico? _______
8. En un recital de danza hay 32 bailarinas. La razón de hombres a mujeres es 3:8. ¿Cuántos hombres hay en el recital de danza? _______

PREGUNTA ESENCIAL

9. ¿Cómo puedes usar razones y tasas para resolver problemas?

____

____

____

____

ESTÁNDARES COMUNES

MÓDULO 6 REPASO MIXTO

Preparación para la evaluación

Respuesta seleccionada

1. ¿Qué razón **no** es equivalente a las otras tres?

Ⓐ $\frac{2}{3}$ Ⓒ $\frac{12}{15}$

Ⓑ $\frac{6}{9}$ Ⓓ $\frac{18}{27}$

2. Un salvavidas recibió 15 horas de entrenamiento en primeros auxilios y 10 horas de entrenamiento en resucitación cardiopulmonar (RCP). ¿Cuál es la razón de horas de entrenamiento en RCP a horas de entrenamiento en primeros auxilios?

Ⓐ 15:10 Ⓒ 10:15

Ⓑ 15:25 Ⓓ 25:15

3. Jerry compró 4 DVD por $25.20. ¿Cuál fue la tasa unitaria?

Ⓐ $3.15 Ⓒ $6.30

Ⓑ $4.20 Ⓓ $8.40

4. En una valla de 12 kilómetros hay 1,920 postes. ¿Cuántos postes hay en 1 kilómetro de valla?

Ⓐ 150 Ⓒ 155

Ⓑ 160 Ⓓ 180

5. Sheila puede recorrer 6,000 metros en bicicleta en 15 minutos. ¿Qué distancia recorre en 2 minutos?

Ⓐ 400 metros Ⓒ 800 metros

Ⓑ 600 metros Ⓓ 1,000 metros

6. Lennon tiene una cuenta corriente. Retiró $130 de un cajero automático el martes. El miércoles depositó $240. El viernes hizo un cheque de $56. ¿Cuánto cambió en total la cuenta de Lennon?

Ⓐ –$74 Ⓒ $184

Ⓑ $54 Ⓓ $184

7. Cheyenne prepara una receta que requiere 5 tazas de frijoles y 2 tazas de zanahorias. ¿Cuál de las siguientes combinaciones tiene la misma razón de frijoles a zanahorias?

Ⓐ 10 tazas de frijoles y 3 tazas de zanahorias

Ⓑ 10 tazas de frijoles y 4 tazas de zanahorias

Ⓒ 12 tazas de frijoles y 4 tazas de zanahorias

Ⓓ 12 tazas de frijoles y 5 tazas de zanahorias

8. En una competencia de música, $\frac{5}{8}$ de los 64 músicos son guitarristas. Algunos de los guitarristas tocan solos de jazz y el resto toca solos de música clásica. La razón del número de guitarristas que tocan solos de jazz al número total de guitarristas en la competencia es 1:4. ¿Cuántos guitarristas tocan solos de música clásica en la competencia?

Ⓐ 10 Ⓒ 20

Ⓑ 30 Ⓓ 30

Minitarea

9. Mikaela compite en una carrera que incluye correr a pie y en bicicleta. Corre 5 kilómetros en 0.5 horas y recorre en bicicleta 20 kilómetros en 0.8 horas.

a. A esta tasa, ¿cuántos kilómetros recorre Mikaela corriendo a pie en 1 hora?

____

b. A esta tasa, ¿cuántos kilómetros recorre Mikaela en bicicleta en 1 hora?

____

c. Si Mikaela corre 1 hora a pie y monta en bicicleta 1 hora a las tasas dadas, ¿qué distancia recorrerá?

____

Aplicar razones y tasas

PREGUNTA ESENCIAL

¿Cómo puedes resolver problemas de la vida real con razones y tasas?

Vídeo de la vida real

Los chefs hacen uso de muchas medidas en la preparación de las comidas. Si un chef necesita más o menos de una receta, puede usar razones para aumentar o reducir su receta. Con el razonamiento proporcional, el chef mantiene constantes las razones de los ingredientes.

my.hrw.com

APRENDE EN LÍNEA

my.hrw.com

my.hrw.com

Las versiones digitales de todas las páginas del libro del estudiante están disponibles en línea.

Matemáticas al instante

Escanea con tu celular para entrar directamente en la edición en línea del Vídeo tutorial y más.

Matemáticas en acción

Explora interactivamente los conceptos clave para ver cómo funcionan las matemáticas.

Entrenador personal en matemáticas

Obtén comentarios y ayuda al instante a medida que trabajas en las prácticas.

¿Estás listo?

Completa estos ejercicios para repasar las destrezas que necesitarás en este módulo.

Entrenador personal en matemáticas

Evaluación e intervención en línea

Representar pares ordenados (primer cuadrante)

EJEMPLO

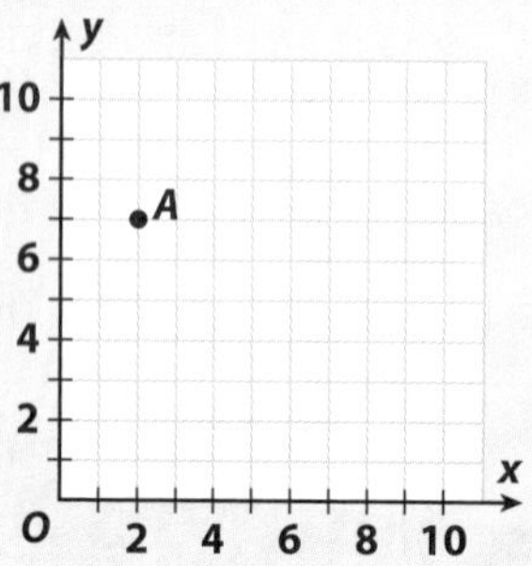

Para representar $A(2, 7)$, comienza en el origen.
Desplázate 2 unidades a la derecha.
Luego desplázate 7 unidades hacia arriba.
Dibuja el punto $A(2, 7)$.

Representa cada par ordenado en la cuadrícula de coordenadas anterior.

1. $B(9, 6)$ **2.** $C(0, 2)$ **3.** $D(6, 10)$ **4.** $E(3, 4)$

Escribir fracciones equivalentes

EJEMPLO

$$\frac{14}{21} = \frac{14 \times 2}{21 \times 2} = \frac{28}{42}$$

Multiplica el numerador y el denominador por el mismo número para obtener una fracción equivalente.

$$\frac{14}{21} = \frac{14 \div 7}{21 \div 7} = \frac{2}{3}$$

Divide el numerador y el denominador entre el mismo número para obtener una fracción equivalente.

Escribe la fracción equivalente.

5. $\frac{6}{8} = \frac{\square}{32}$ **6.** $\frac{4}{6} = \frac{\square}{12}$ **7.** $\frac{1}{8} = \frac{\square}{56}$ **8.** $\frac{9}{12} = \frac{\square}{4}$

9. $\frac{5}{9} = \frac{25}{\square}$ **10.** $\frac{5}{6} = \frac{20}{\square}$ **11.** $\frac{36}{45} = \frac{12}{\square}$ **12.** $\frac{20}{36} = \frac{10}{\square}$

Múltiplos

EJEMPLO Escribe los cinco primeros múltiplos de 4.

$4 \times 1 = 4$
$4 \times 2 = 8$
$4 \times 3 = 12$
$4 \times 4 = 16$
$4 \times 5 = 20$

Multiplica 4 por los números 1, 2, 3, 4 y 5.

Escribe los cinco primeros múltiplos de cada número

13. 3__________ **14.** 7__________ **15.** 8 __________

Práctica de vocabulario

Visualiza el vocabulario

Completa el cuadro con las palabras que tienen un ✔.

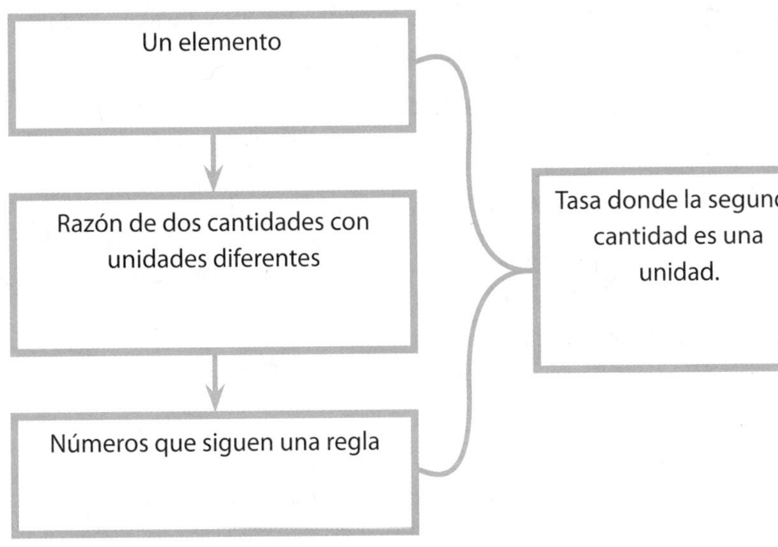

Vocabulario

Palabras de repaso

- factor *(factor)*
- gráfica *(graph)*
- ✔ patrón *(pattern)*
- punto *(point)*
- razón *(ratio)*
- razones equivalentes *(equivalent ratios)*
- ✔ tasa *(rate)*
- ✔ tasa unitaria *(unit rate)*
- ✔ unidad *(unit)*

Palabras nuevas

- dibujo a escala *(scale drawing)*
- factor de conversión *(conversion factor)*
- factor de escala *(scale factor)*
- proporción *(proportion)*

Comprende el vocabulario

Completa las oraciones con las palabras nuevas.

1. Un ______________________ es una tasa que compara dos medidas equivalentes.
2. En un dibujo a escala, la ______________________ describe cómo se comparan las dimensiones en el objeto real con las dimensiones en el dibujo.

Lectura con propósito

Plegado triple Antes de comenzar, crea un plegado triple como ayuda para aprender los conceptos y el vocabulario en este módulo. Dobla el papel en tres secciones. Rotula una columna "Tasas y razones", la segunda columna "Proporciones" y la tercera columna "Convertir medidas". Completa el plegado triple con vocabulario importante, ejemplos y notas, a medida que lees el módulo.

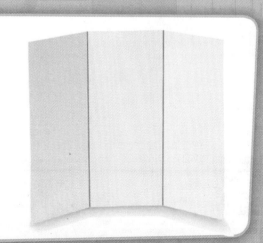

MÓDULO 7

Desglosar los estándares

Comprender los estándares y las palabras de vocabulario te ayudará a saber exactamente lo que se espera que aprendas en este módulo.

6.RP.3

Aplicar el razonamiento de razones y tasas para resolver problemas de la vida real y matemáticos, Por ejemplo: razonar sobre tablas de razones equivalentes, diagramas de cintas, diagramas de rectas numéricas dobles o ecuaciones.

Vocabulario clave

razón *(ratio)*
Comparación de dos cantidades mediante división.

tasa *(rate)*
Razón que compara dos cantidades medidas con unidades diferentes.

Lo que significa para ti

Resolverás problemas de la vida real con razones y tasas, como por ejemplo, los que incluyen proporciones.

DESGLOSAR EL EJEMPLO 6.RP.3

La distancia de Austin a Dallas es aproximadamente 200 millas. ¿A qué distancia estarán estas ciudades en un mapa a una escala de $\frac{1 \text{ pulg}}{50 \text{ mi}}$?

$$\frac{1 \text{ pulg}}{50 \text{ millas}} = \frac{\blacksquare \text{ pulgadas}}{200 \text{ millas}}$$ *Escribe la escala como una tasa unitaria.*

$$\frac{1 \text{ pulg} \times 4}{50 \text{ millas} \times 4} = \frac{\blacksquare \text{ pulgadas}}{200 \text{ millas}}$$ *200 es un denominador común.*

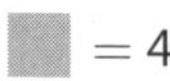

$$\blacksquare = 4$$

Austin y Dallas están a 4 pulgadas de distancia en el mapa.

6.RP.3d

Aplicar el razonamiento de razones para convertir unidades de medidas, manipular y transformar apropiadamente unidades cuando se multiplican o se dividen cantidades.

Vocabulario clave

tasa unitaria *(unit rate)*
Tasa en que la segunda cantidad en la comparación es una unidad.

Lo que significa para ti

Convertirás medidas usando tasas unitarias.

DESGLOSAR EL EJEMPLO 6.RP.3d

El monumento a Washington mide unas 185 yardas de altura. Esta altura es casi igual a la longitud de dos campos de fútbol americano. ¿Aproximadamente cuántos pies es esto?

$$185 \text{ yd} \cdot \frac{3 \text{ pies}}{1 \text{ yd}}$$

$$= \frac{185 \text{ yd}}{1} \cdot \frac{3 \text{ pies}}{1 \text{ yd}}$$

$$= 555 \text{ pies}$$

El monumento a Washington mide aproximadamente 555 pies de altura.

Visita my.hrw.com para ver todos los **Estándares comunes** desglosados.

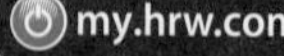

my.hrw.com

LECCIÓN 7.1

Razones, tasas, tablas y gráficas

ESTÁNDARES COMUNES 6.RP.3a

Make tables of equivalent ratios ..., find missing values in the tables, and plot the pairs of values on the coordinate plane. ... *Also 6.RP.1.3, 6.RP.1.3b*

PREGUNTA ESENCIAL

¿Cómo puedes usar tablas y gráficas para representar problemas de la vida real que implican razones y tasas?

ACTIVIDAD PARA EXPLORAR 1 

6.RP.3, 6.RP.3a

Hallar razones con tablas

Los estudiantes de la clase de ciencias del señor Webster hacen un experimento que requiere 250 mililitros de agua destilada por cada 5 mililitros de solvente. La tabla muestra la cantidad de agua destilada necesaria para varias cantidades de solvente.

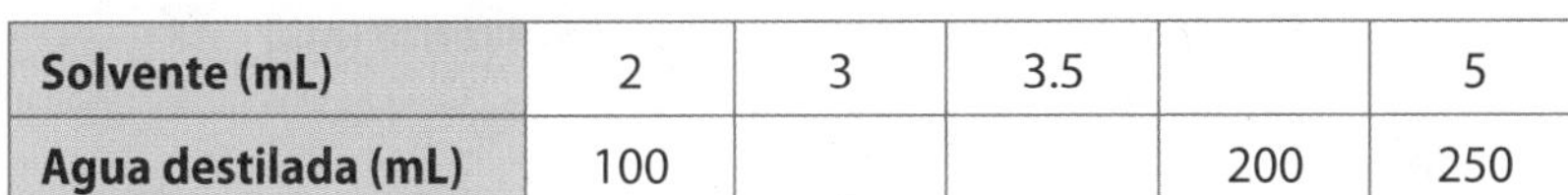

Solvente (mL)	2	3	3.5		5
Agua destilada (mL)	100			200	250

A Escribe una razón de agua destilada a solvente con los números en la primera columna de la tabla. _________

B ¿Cuánta agua destilada se usa para 1 mililitro de solvente? _________

Escribe otra razón de agua destilada a solvente con los datos de la respuesta.

____

C Las razones en **A** y **B** son **equivalentes/no equivalentes.**

D ¿Cómo puedes calcular la cantidad de agua destilada que debes añadir a una cantidad dada de solvente usando tu respuesta a **B**?

____

____

E Completa la tabla. ¿Cuáles son las razones equivalentes que aparecen en la tabla?

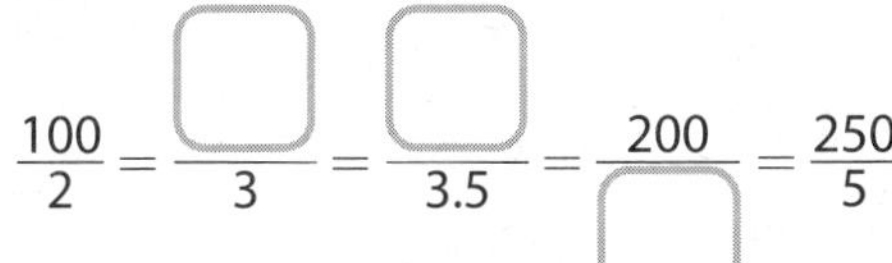

$$\frac{100}{2} = \frac{\square}{3} = \frac{\square}{3.5} = \frac{200}{\square} = \frac{250}{5}$$

Charla matemática
Prácticas matemáticas

¿Es aditiva o multiplicativa la relación entre la cantidad de agua destilada y la cantidad de solvente? Explica.

Reflexiona

1. **Busca un patrón** Cuando aumenta la cantidad de solvente 1 mililitro, la cantidad de agua destilada aumenta _________ mililitros. Entonces, 6 mililitros de solvente requieren _________ mililitros de agua destilada.

ACTIVIDAD PARA EXPLORAR 2  ESTÁNDARES COMUNES 6.RP.3a

Hacer gráficas con razones

A Copia la tabla de la Actividad para explorar 1 que muestra las cantidades de solvente y agua destilada.

Solvente (mL)	2	3	3.5		5
Agua destilada (mL)	100			200	250

B Escribe la información de la tabla como pares ordenados. Usa la cantidad de solvente como coordenada *x* y la cantidad de agua destilada como coordenada *y*.

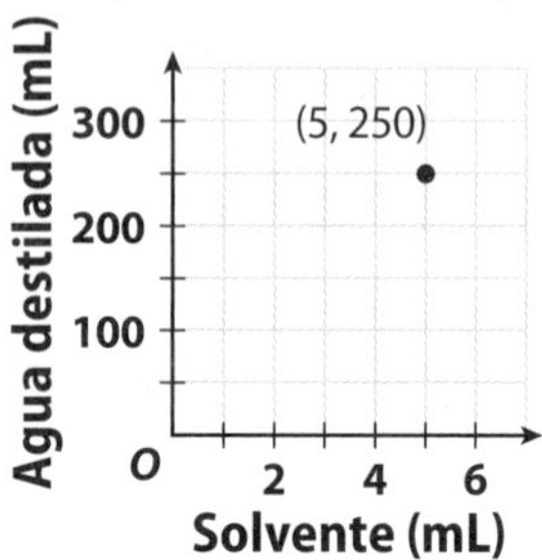

(2, _____), (3, _____), (3.5, _____), (_____, 200), (5, 250)

Representa los pares ordenados en la gráfica y conecta los puntos.

Describe tu gráfica. _______________________

C Para cada par ordenado que representaste, escribe la razón de la coordenada *y* a la coordenada *x*. _______________________

D La razón de agua destilada a solvente es $\frac{\square}{1}$. ¿Qué relación hay entre las razones en **C** y esta razón? _______________________

E El punto (2.5, 125) está en la gráfica pero no en la tabla. La razón de la coordenada *y* a la coordenada *x* es _______. ¿Qué relación hay entre esta razón y las razones en **C** y **D**? _______________________

2.5 mililitros de solvente requieren ______ mililitros de agua destilada.

F **Haz una conjetura** ¿Qué crees que es verdad para todos los puntos en la gráfica?

____

____

____

Reflexiona

2. **Comunica ideas matemáticas** ¿Cómo puedes hallar en la gráfica la cantidad de agua destilada que debes usar con 4.5 mililitros de solvente?

____

____

____

Representar tasas usando tablas y gráficas

Puedes usar tablas y gráficas para representar problemas de la vida real que implican tasas equivalentes.

Matemáticas al instante
my.hrw.com

EJEMPLO 1

ESTÁNDARES COMUNES 6.RP.3a, 6.RP.3b

La familia Webster viaja en un tren expreso a Washington, D.C. El tren viaja a una velocidad constante y hace el viaje en 2 horas.

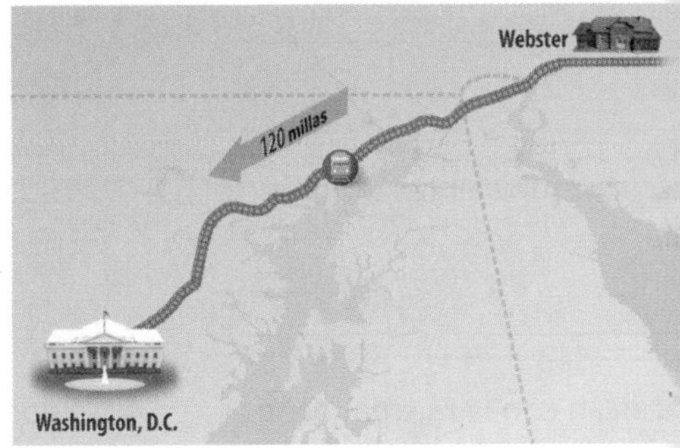

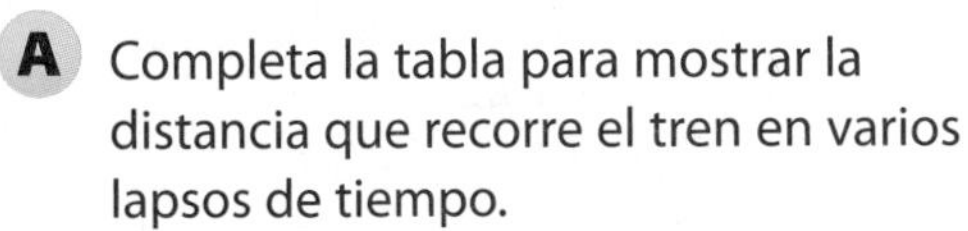

A Completa la tabla para mostrar la distancia que recorre el tren en varios lapsos de tiempo.

PASO 1 Escribe una razón de distancia a tiempo para hallar la tasa.

$$\frac{\text{distancia}}{\text{tiempo}} = \frac{120 \text{ millas}}{2 \text{ horas}} = \frac{60 \text{ millas}}{1 \text{ hora}} = 60 \text{ millas por hora}$$

PASO 2 Completa la tabla con la tasa unitaria.

Tiempo (h)	2	3	3.5	4	5
Distancia (mi)	120	180	210	240	300

B Representa en una gráfica la información de la tabla.

PASO 1 Escribe los pares ordenados. Usa el tiempo como coordenada x y la distancia como coordenada y.

(2, 120), (3, 180), (3.5, 210), (4, 240), (5, 300)

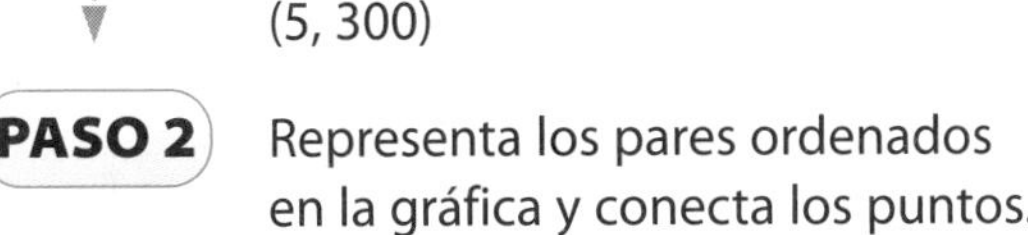

PASO 2 Representa los pares ordenados en la gráfica y conecta los puntos.

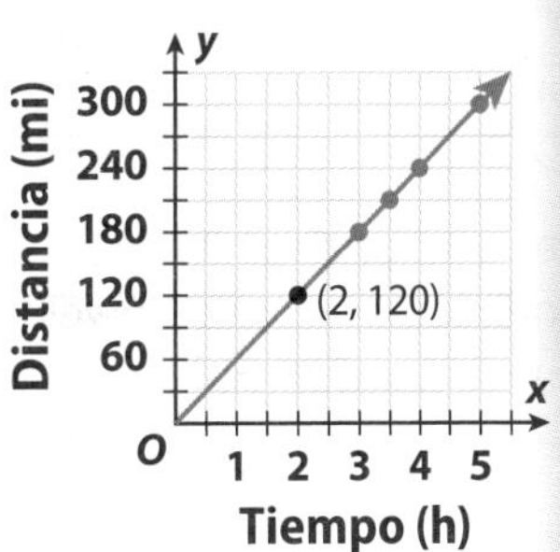

ES TU TURNO

3. Una ducha consume 12 galones de agua en 3 minutos. Completa la tabla y la gráfica.

Tiempo (min)	2	3	3.5		6.5
Agua consumida (gal)				20	

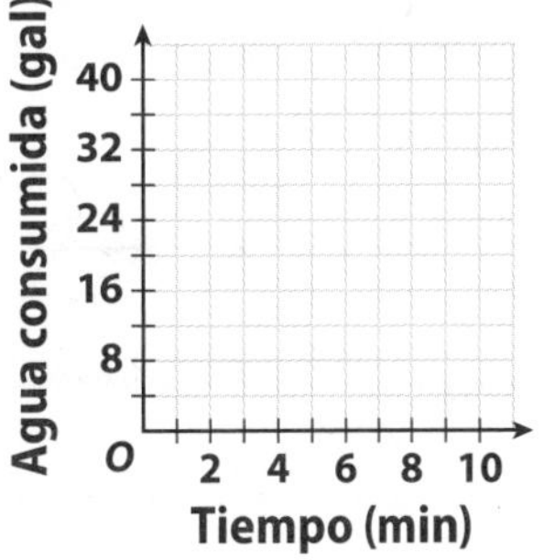

Práctica con supervisión

1. Todas las moléculas de dióxido sulfúrico tienen la misma razón de átomos de oxígeno a átomos de azufre. En cierto número de moléculas de dióxido sulfúrico hay 18 átomos de oxígeno y 6 átomos de azufre. Completa la tabla. (Actividad para explorar 1)

Átomos de azufre	6	9	21	
Átomos de oxígeno	12			54

¿Cuáles son las razones equivalentes que aparecen en la tabla?

____

2. Representa en la gráfica la relación entre átomos de azufre y átomos de oxígeno. (Actividad para explorar 2)

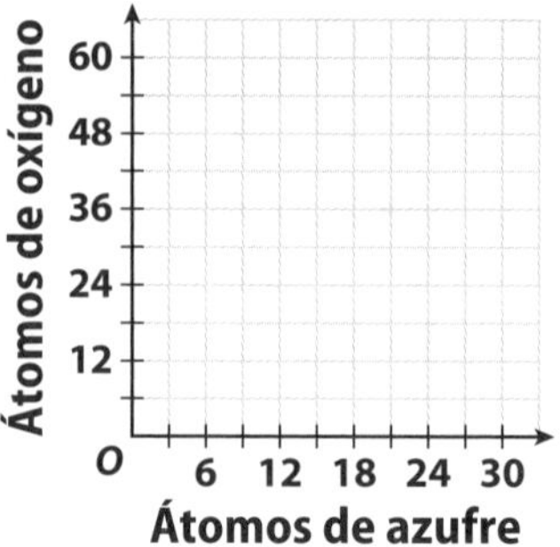

3. Los adhesivos se fabrican con la misma razón de ancho a longitud. Un adhesivo de 2 pulgadas de ancho tiene una longitud de 4 pulgadas. Completa la tabla.
(Actividad para explorar 1)

Ancho (pulg)	2	4	7	
Longitud (pulg)				16

¿Cuáles son las razones equivalentes que aparecen en la tabla?

____

4. Representa en la gráfica la relación entre el ancho y la longitud de los adhesivos. (Actividad para explorar 2)

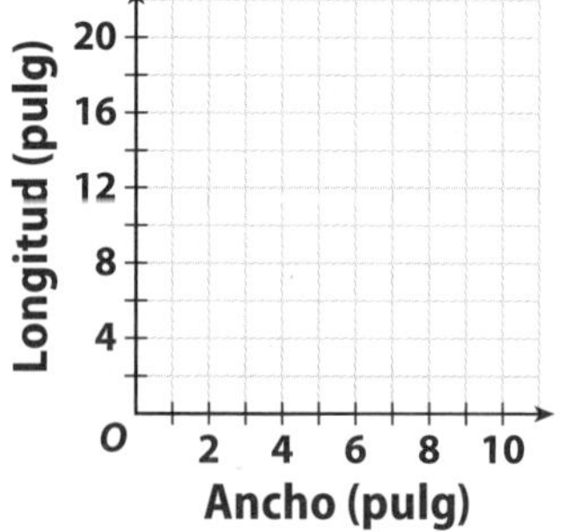

5. Cinco cajas de velas contienen un total de 60 velas. Todas las cajas tienen igual número de velas. Completa la tabla y representa la relación en la gráfica. (Ejemplo 1)

Cajas	5	8	
Velas			120

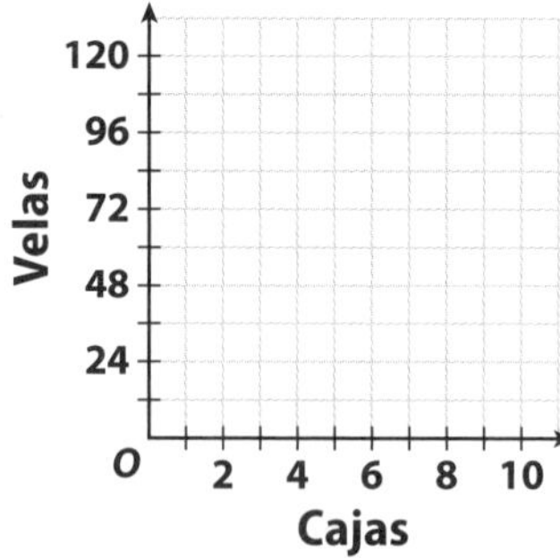

ÉNFASIS EN LA PREGUNTA ESENCIAL

6. ¿Cómo puedes representar problemas de la vida real que implican razones y tasas usando tablas y gráficas?

____

____

____

____

Nombre ____________________ Clase ____________________ Fecha ____________________

7.1 Práctica independiente

6.RP.3, 6.RP.3a, 6.RP.3b

La tabla muestra información sobre el número de sudaderas vendidas y el dinero recaudado en una venta para reunir fondos para los programas atléticos de la escuela. Usa la tabla en los Ejercicios 7–12.

Sudaderas vendidas	3	5	8		12
Dinero recaudado ($)	60			180	

7. Halla la tasa de dinero recaudado por cada sudadera vendida. Muestra tu trabajo.

____

____

8. Usa la tasa unitaria para completar la tabla.

9. Explica cómo representar la información de la tabla en una gráfica.

____

____

____

____

10. Escribe la información en la tabla como pares ordenados. Haz una gráfica de la relación de la tabla.

____

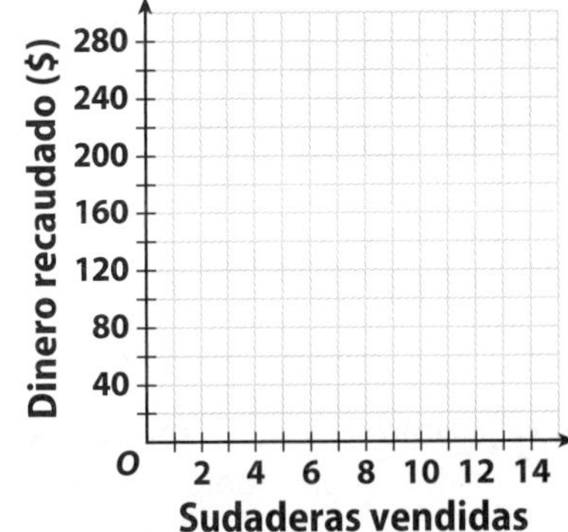

11. **¿Qué pasa si...?** ¿Cuánto dinero recaudarían si vendieran 24 sudaderas? Muestra tu trabajo.

____

____

____

12. **Analiza las relaciones** ¿Tendría sentido el punto (5.5, 110) en este contexto? Explica.

____

____

____

13. **Comunica ideas matemáticas** La tabla muestra la distancia que Randy recorrió en carro durante un día de sus vacaciones. Halla la distancia que habría recorrido Randy si hubiese manejado una hora más a la misma tasa. Explica cómo resolviste el problema.

Tiempo (h)	1	2	3	4	5
Distancia (mi)	55	110	165	220	275

____

____

Usa la gráfica para los ejercicios 14 y 15.

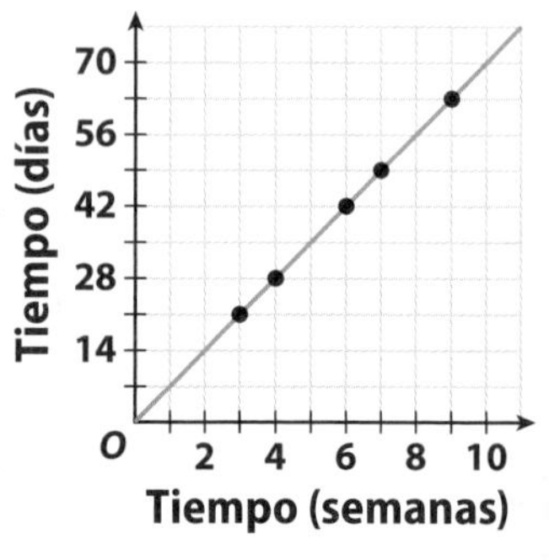

14. **Analiza las relaciones** ¿La relación muestra una razón o una tasa? Explica.

____

15. **Representa problemas de la vida real** ¿Qué relación de la vida real podría describirse con la gráfica?

____

____

ENFOQUE EN ALTA CAPACIDAD DE RAZONAMIENTO

Área de trabajo

16. **Haz una conjetura** Completa la tabla. Luego halla las tasas $\frac{\text{distancia}}{\text{tiempo}}$ y $\frac{\text{tiempo}}{\text{distancia}}$.

Tiempo (min)	1	2	5	
Distancia (m)				100

$\frac{\text{distancia}}{\text{tiempo}} =$ ____________

$\frac{\text{tiempo}}{\text{distancia}} =$ ____________

a. ¿Son las tasas $\frac{\text{tiempo}}{\text{distancia}}$ equivalentes? Explica.

____

b. ¿Cómo cambiarías la gráfica de $\frac{\text{distancia}}{\text{tiempo}}$ a una gráfica de $\frac{\text{tiempo}}{\text{distancia}}$?

____

____

17. **Comunica ideas matemáticas** Para representar una tasa o razón a partir de una tabla, ¿cómo determinas las escalas que debes usar en cada eje?

____

____

____

____

LECCIÓN 7.2

Resolver problemas con proporciones

ESTÁNDARES COMUNES 6.RP.3

Use ratio and rate reasoning to solve real-world and mathematical problems, e.g., by reasoning about... equations. *Also 6.RP.3b*

PREGUNTA ESENCIAL

¿Cómo puedes resolver problemas usando proporciones?

Resolver proporciones usando razones equivalentes

Una **proporción** es un enunciado en el que dos razones o tasas son equivalentes.

$\frac{1}{3}$ y $\frac{2}{6}$ son razones equivalentes. $\frac{1}{3} = \frac{2}{6}$ es una proporción.

EJEMPLO 1

ESTÁNDARES COMUNES 6.RP.3

Sheldon y Leonard son socios en un negocio. Sheldon gana $2 por cada $5 que gana Leonard. Si Leonard gana $20 en el primer artículo que venden, ¿cuánto gana Sheldon?

PASO 1 Escribe una proporción.

La ganancia de Sheldon es desconocida.

$$\frac{\text{ganancia de Sheldon} \rightarrow \$2}{\text{ganancia de Leonard} \rightarrow \$5} = \frac{\blacksquare \leftarrow \text{ganancia de Sheldon}}{\$20 \leftarrow \text{ganancia de Leonard}}$$

PASO 2 Escribe razones equivalentes que tengan un denominador común.

$$\frac{\$2 \times 4}{\$5 \times 4} = \frac{\blacksquare}{\$20}$$

20 es un denominador común.

$$\frac{\$8}{\$20} = \frac{\blacksquare}{\$20}$$

Las razones equivalentes con los mismos denominadores tienen los mismos numeradores.

$$\blacksquare = \$8$$

Si Leonard gana $20, Sheldon gana $8.

Charla matemática
Prácticas matemáticas
Por cada dólar que gana Leonard, ¿cuánto gana Sheldon? Explica.

ES TU TURNO

1. Para una reunión de padres y maestros quieren ordenar pizzas. Piensan ordenar 2 pizzas de queso por cada 3 pizzas de pepperoni. ¿Cuántas pizzas de queso recibirán, si ordenan 15 pizzas de pepperoni?

____

Resolver proporciones usando tasas unitarias

También puedes resolver proporciones con tasas equivalentes. El calcular una tasa unitaria podría ayudarte a escribir las tasas equivalentes.

EJEMPLO 2

6.RP.3b

El podómetro indica la distancia que Ali corre en 36 minutos. A esta tasa, ¿qué distancia correrá en 60 minutos?

PASO 1 Escribe una proporción.

$$\frac{\text{tiempo}}{\text{distancia}} \rightarrow \frac{36 \text{ minutos}}{3 \text{ millas}} = \frac{60 \text{ minutos}}{\blacksquare \text{ millas}} \leftarrow \frac{\text{tiempo}}{\text{distancia}}$$

60 no es un múltiplo de 36. Por lo tanto, no hay un número entero por el cual puedas multiplicar 3 millas para calcular $\blacksquare$.

PASO 2 Halla la tasa unitaria de la tasa que conoces.

Sabes que Ali corre 3 millas en 36 minutos.

$$\frac{36 \div 3}{3 \div 3} = \frac{12}{1}$$

La tasa unitaria es 12 minutos por milla.

PODÓMETRO
3 MILLAS

PASO 3 Usa la tasa unitaria para escribir una tasa equivalente que relacione 60 millas con un número de minutos desconocido.

Piensa: *Puedes multiplicar $12 \times 5 = 60$. Por lo tanto, multiplica el denominador por el mismo número.*

$$\frac{12 \times 5}{1 \times 5} = \frac{60}{\blacksquare}$$

$$\frac{60}{5} = \frac{60}{\blacksquare}$$

Las tasas equivalentes con el mismo numerador tienen el mismo denominador.

$\blacksquare = 5$ millas

A esta tasa, Ali puede correr 5 millas en 60 minutos.

Charla matemática
Prácticas matemáticas

Compara las fracciones $\frac{36}{3}$ y $\frac{60}{5}$ con <, > o =. Explica.

ES TU TURNO

2. La Srta. Reynolds tiene un sistema de riego de 9 estaciones para todo el patio trasero y el delantero. Cada estación riega la misma cantidad de tiempo. Si las 4 primeras estaciones tardan 48 minutos en regar, ¿cuánto tiempo se necesitará para regar los dos patios completos? _______________

Entrenador personal en matemáticas
Evaluación e intervención en línea
my.hrw.com

Calcular distancias en un mapa usando relaciones proporcionales

Un **dibujo a escala** es un dibujo de un objeto real que es proporcionalmente más pequeño o más grande que el objeto real. La **escala** describe la relación entre las dimensiones del objeto real y las dimensiones del dibujo a escala.

Un mapa es un dibujo a escala. Las medidas en un mapa son proporcionales a las distancias reales. Si 1 pulgada en un mapa equivale a 2 millas de distancia real, la escala es 1 pulgada = 2 millas. Cuando resuelvas problemas, puedes escribir la escala como una tasa.

EJEMPLO 3 En el mundo

ESTÁNDARES COMUNES 6.RP.3b

El mapa se muestra la distancia entre dos escuelas en la avenida Lehigh. ¿Cuál es la distancia real entre las escuelas?

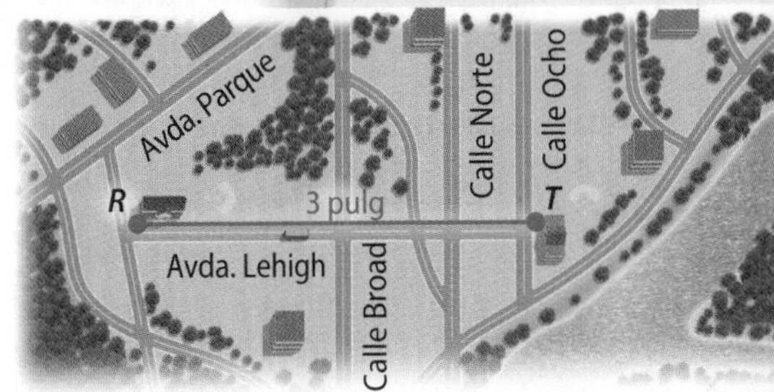

Escala: 1 pulgada = 2 millas

PASO 1 Escribe una proporción.

$$\frac{2 \text{ millas}}{1 \text{ pulgada}} = \frac{\blacksquare \text{ millas}}{3 \text{ pulgadas}}$$

Escribe la escala como una tasa unitaria.

PASO 2 Escribe una tasa equivalente para calcular el número desconocido.

$$\frac{2 \text{ millas} \times 3}{1 \text{ pulg} \times 3} = \frac{6 \text{ millas}}{3 \text{ pulgadas}}$$

Entonces, el número desconocido del paso 1 es 6.

La distancia real entre las dos escuelas es de 6 millas.

ES TU TURNO

3. El mapa muestra la distancia entre Sandville y Lewiston. ¿Cuál es la distancia real entre las ciudades? __________

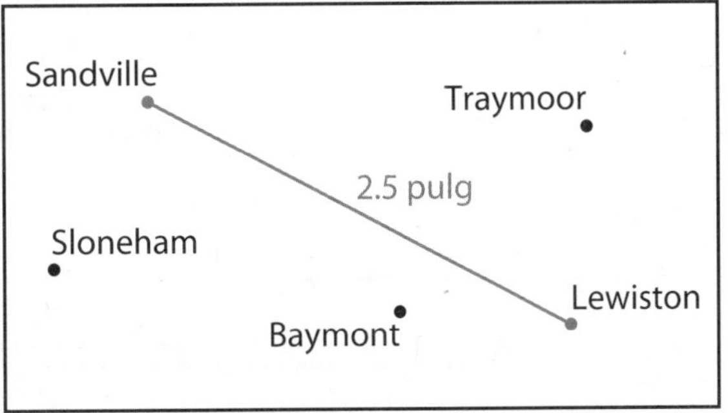

Escala: 1 pulgada = 20 millas

Práctica con supervisión

Calcula el valor desconocido en cada proporción. (Ejemplo 1)

1. $\frac{3}{5} = \frac{\blacksquare}{30}$

$$\frac{3 \times \square}{5 \times \square} = \frac{\square}{30}$$

2. $\frac{4}{10} = \frac{\blacksquare}{5}$

$$\frac{4 \div \square}{10 \div \square} = \frac{\square}{5}$$

Resuelve usando razones equivalentes. (Ejemplo 1)

3. Leila y Jo son dos de los socios en un negocio. Leila obtiene $3 en ganancias por cada $4 que obtiene Jo. Si Jo obtiene $60 de ganancia en el primer artículo que venden, ¿qué ganancia obtiene Leila? ___________

4. Hendrick quiere ampliar una foto que mide 4 pulgadas de ancho y 6 de largo. La foto ampliada mantiene la misma razón. ¿Qué largo tiene la foto ampliada si mide 12 pulgadas de ancho? ___________

Resuelve usando tasas unitarias. (Ejemplo 2)

5. Una persona en una pasarela mecánica se desplaza 21 pies en 7 segundos. La pasarela tiene una longitud de 180 pies. ¿Cuánto tardará en llegar de un extremo al otro?

____

6. En un patrón musical que se repite, hay 56 tiempos en 7 compases. ¿Cuántos compases hay al cabo de 104 tiempos?

____

7. Los participantes en un maratón de baile descansan la misma cantidad de tiempo cada hora. Una pareja descansa 25 minutos en 5 horas. ¿Cuánto descansarán en 8 horas?

____

8. Francis recibe 6 cheques de salario en 12 semanas. ¿Cuántos cheques recibirá en 52 semanas?

____

9. ¿Cuál es la distancia real entre Gendet y Montrose? (Ejemplo 3) ___________

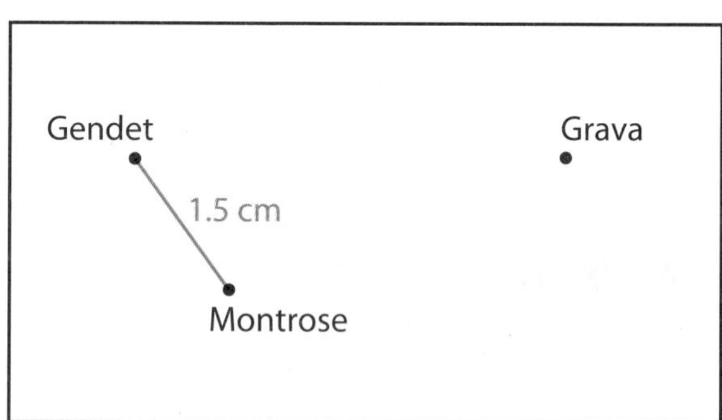

Escala: 1 centímetro = 16 kilómetros

ÉNFASIS EN LA PREGUNTA ESENCIAL

10. ¿Cómo puedes resolver problemas de proporciones?

____

____

____

Nombre ______________________ Clase ______________ Fecha ______________

7.2 Práctica independiente

ESTÁNDARES COMUNES 6.RP.3, 6.RP.3b

11. Este mapa no tiene escala. La distancia real desde Liberty a West Quall es de 72 millas y en el mapa es de 6 pulgadas.

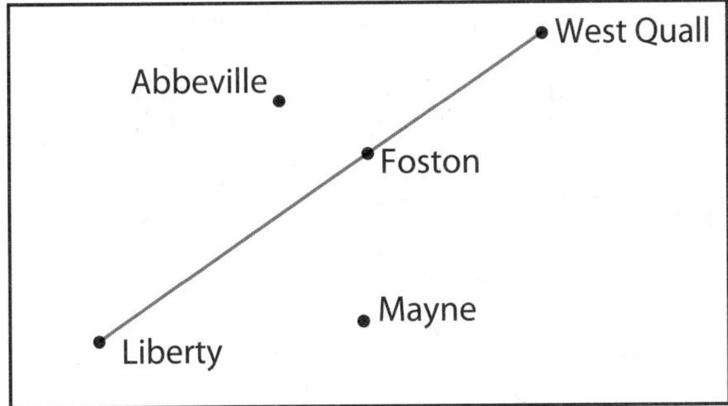

a. ¿Cuál es la escala del mapa?

____

b. Foston está entre Liberty y West Quall, y está a 4 pulgadas de Liberty en el mapa. ¿A qué distancia está Foston de West Quall? Explica.

____

12. La receta para un ponche requiere mezclar 4 tazas de jugo de piña, 8 tazas de jugo de naranja y 12 tazas de gaseosa para hacer 18 porciones de ponche.

a. ¿Cuántas tazas de cada ingrediente necesitas para hacer 108 tazas de ponche?

__________ tazas de jugo de piña

__________ tazas de jugo de naranja

__________ tazas de gaseosa

b. ¿Cuántas porciones se pueden hacer con 108 tazas de ponche? ______________

c. ¿Cuánto jugo de naranja usas por cada taza de gaseosa?

____

13. En un avión hay dos asientos en cada fila del lado izquierdo y tres asientos del lado derecho. En el lado derecho del avión hay 90 asientos.

a. ¿Cuántos asientos hay del lado izquierdo del avión? ______________

b. ¿Cuántos asientos hay en total? ______________

14. Carlos y Krystal hacen un viaje en carro de Greenville a North Valley. Las escalas de sus mapas son distintas.

a. En el mapa de Carlos, Greenville y North Valley están a 4.5 pulgadas de distancia. La escala en su mapa es de 1 pulgada = 20 millas. ¿A qué distancia está Greenville de North Valley?

____

b. La escala en el mapa de Krystal es de 1 pulgada = 18 millas. ¿A qué distancia está Greenville de North Valley en el mapa de Krystal?

____

15. **Varios pasos** Una máquina puede producir 27 pulgadas de cinta cada 3 minutos. ¿Cuántos pies de cinta puede hacer la máquina en una hora? Explica.

____

____

____

____

____

Marta, Loribeth e Isabel tienen bicicleta. La tabla muestra el número de millas del último paseo en bicicleta de cada una, además del tiempo que tardaron en completarlo.

	Distancia del último paseo (en millas)	Tiempo que tardó el último paseo (en minutos)
Marta	8	80
Loribeth	6	42
Isabel	15	75

16. ¿Cuál es la tasa unitaria de Marta en minutos por milla? ___________

17. ¿Quién tuvo la mayor rapidez en el último paseo? ___________

18. Si las tres amigas pasean durante 3.5 horas a la misma rapidez que en el último paseo, ¿cuántas millas recorrerán las 3 en total? Explica.

____

____

____

____

19. **Critica el razonamiento** Jason observó que una oruga recorría 10 pies en 2 minutos. Jason afirma que la tasa unitaria de la oruga es de 0.2 pies por minuto. ¿Tiene razón? Explica.

____

ENFOQUE EN ALTA CAPACIDAD DE RAZONAMIENTO

Área de trabajo

20. **Analiza las relaciones** Si el número en el numerador de una tasa unitaria es 1, ¿qué indica esto sobre las tasas unitarias equivalentes? Da un ejemplo.

____

____

21. **Representaciones múltiples** Un barco navega a velocidad constante. Al cabo de 20 minutos ha recorrido 2.5 millas. El barco navega un total de 10 millas hasta un puente.

a. Representa en una gráfica la relación entre la distancia que recorre el barco y el tiempo que tarda.

b. ¿Cuánto tarda el barco en llegar al puente? Explica cómo lo calculaste.

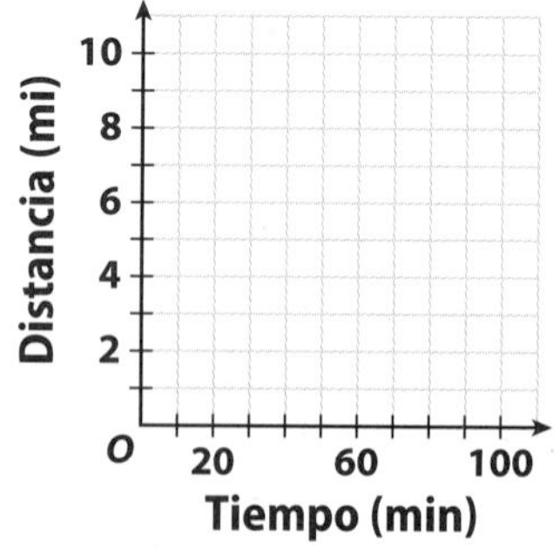

____

____

____

____

LECCIÓN 7.3

Convertir medidas dentro del mismo sistema

ESTÁNDARES COMUNES 6.RP.3d

Use ratio reasoning to convert measurement units; manipulate and transform units appropriately when multiplying or dividing quantities. *Also* 6.RP.3

PREGUNTA ESENCIAL

¿Cómo puedes convertir unidades dentro de un mismo sistema de medición?

ACTIVIDAD PARA EXPLORAR 

6.RP.3d

Convertir unidades usando un modelo

Los dos sistemas de medición más comunes son el sistema usual y el sistema métrico. Puedes convertir unidades de un mismo sistema utilizando un modelo.

PASO 1 Completa los enunciados siguientes usando el modelo.

	3	6	9	12
pies	▭▭▭	▭▭▭	▭▭▭	▭▭▭
yardas	▭	▭	▭	▭
	1	2	3	4

1 yarda = 3 pies

2 yardas = ______ pies

3 yardas = ______ pies

4 yardas = ______ pies

PASO 2 Expresa en su mínima expresión las razones que obtuviste en el paso 1.

$\frac{6 \text{ pies}}{2 \text{ yardas}} = \frac{3 \text{ pies}}{1 \text{ yarda(s)}}$ $\frac{9 \text{ pies}}{3 \text{ yardas}} = \frac{3 \text{ pies}}{1 \text{ yarda(s)}}$ $\frac{12 \text{ pies}}{4 \text{ yardas}} = \frac{3 \text{ pies}}{1 \text{ yarda(s)}}$

Como 1 yarda = 3 pies, la razón de pies a yardas en toda medición es siempre $\frac{3}{1}$. Esto significa que toda razón con una proporción $\frac{3}{1}$ puede representar una razón de pies a yardas.

$\frac{3}{1} = \frac{12}{4}$, por lo tanto 12 pies = __ yardas.

$\frac{3}{1} = \frac{54}{18}$, por lo tanto ___ pies = 18 yardas.

Reflexiona

1. **Comunica ideas matemáticas** ¿Cómo dibujarías un modelo que representara la relación entre pies y pulgadas?

____

____

____

____

Convertir unidades usando proporciones y tasas unitarias

Puedes usar razones y proporciones para convertir unidades del sistema usual y del sistema métrico. Utiliza la siguiente tabla para convertir unidades de un mismo sistema de medición.

Medidas del sistema usual		
Longitud	**Peso**	**Capacidad**
1 pie = 12 pulg 1 yd = 36 pulg 1 yd = 3 pies 1 mi = 5,280 pies 1 mi = 1,760 yd	1 libra = 16 oz 1 tonelada = 2,000 lb	1 taza = 8 oz liq. 1 pt = 2 tz 1 ct = 2 pt 1 ct = 4 tz 1 gal = 4 c
Medidas del sistema métrico		
Longitud	**Masa**	**Capacidad**
1 km = 1,000 m 1 m = 100 cm 1 cm = 10 mm	1 kg = 1,000 g 1 g = 1,000 mg	1 L = 1,000 mL

Mis notas

EJEMPLO 1

6.RP.3d

A ¿Cuál es el peso en onzas de un cerebro humano de 3 libras?

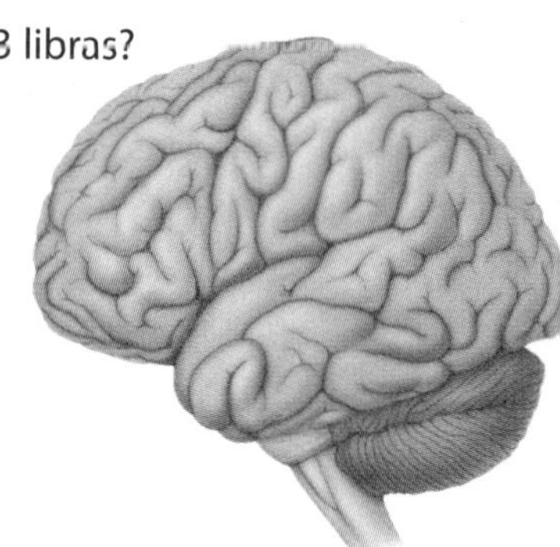

Convierte 3 libras a onzas con una proporción.

Convierte libras a onzas usando $\frac{16 \text{ onzas}}{1 \text{ libra}}$.

PASO 1 Escribe una proporción.

$$\frac{16 \text{ onzas}}{1 \text{ libra}} = \frac{\square \text{ onzas}}{3 \text{ libras}}$$

PASO 2 Escribe razones equivalentes con denominador común.

$$\frac{16 \times 3}{1 \times 3} = \frac{\square}{3}$$ *3 es un denominador común.*

$$\frac{48}{3} = \frac{\square}{3}$$ *Las tazas equivalentes con el mismo denominador tienen el mismo numerador.*

$$\square = 48 \text{ onzas}$$

El peso es 48 onzas.

B Una cantidad moderada de consumo diario de sodio es 2,000 miligramos. ¿A cuántos gramos equivale esta masa?

Convierte 2,000 miligramos a gramos usando una proporción.

Convierte miligramos a gramos usando $\frac{1{,}000 \text{ mg}}{1 \text{ g}}$.

PASO 1 Escribe una proporción.

$$\frac{1{,}000 \text{ mg}}{1 \text{ g}} = \frac{2{,}000 \text{ mg}}{\blacksquare \text{ g}}$$

PASO 2 Escribe razones equivalentes.

Piensa: Puedes multiplicar $1{,}000 \times 2 = 2{,}000$. Entonces multiplica el denominador por el mismo número.

$$\frac{1{,}000 \times 2}{1 \times 2} = \frac{2{,}000}{\blacksquare}$$

$$\frac{2{,}000}{2} = \frac{2{,}000}{\blacksquare}$$ *Las razones equivalentes con el mismo numerador tienen el mismo denominador.*

$\blacksquare = 2$ gramos

La masa es de 2 gramos.

Charla matemática
Prácticas matemáticas

¿Cómo puedes convertir 3 litros a mililitros?

ES TU TURNO

2. La altura de una puerta es de 2 yardas. ¿Cuál es la altura de la puerta en pulgadas? ____________________

Convertir unidades utilizando factores de conversión

Otra forma de convertir medidas es mediante el uso de un factor de conversión. Un **factor de conversión** es una razón que compara dos medidas equivalentes.

EJEMPLO 2

ESTÁNDARES COMUNES 6.RP.3d

Elena quiere comprar 2 galones de leche pero solo encuentra envases de cuartos. ¿Cuántos cuartos necesita?

Conviertes de galones a cuartos.

PASO 1 Halla el factor de conversión.

Escribe 4 cuartos = 1 galón como una razón: $\frac{4 \text{ cuartos}}{1 \text{ galón}}$

PASO 2 Multiplica la medida dada por el factor de conversión.

$$2 \text{ galones} \cdot \frac{4 \text{ cuartos}}{1 \text{ galón}} = \blacksquare \text{ cuartos}$$

$$\cancel{2 \text{ galones}} \cdot \frac{4 \text{ cuartos}}{\cancel{1 \text{ galón}}} = 8 \text{ cuartos}$$ *Cancela la unidad en común.*

Elena necesita 8 cuartos de leche.

ES TU TURNO

3. Un roble se planta cuando mide 250 centímetros. ¿Cuál es su altura en metros?

____

Práctica con supervisión

Completa los enunciados con ayuda del siguiente modelo. (Actividad para explorar 1)

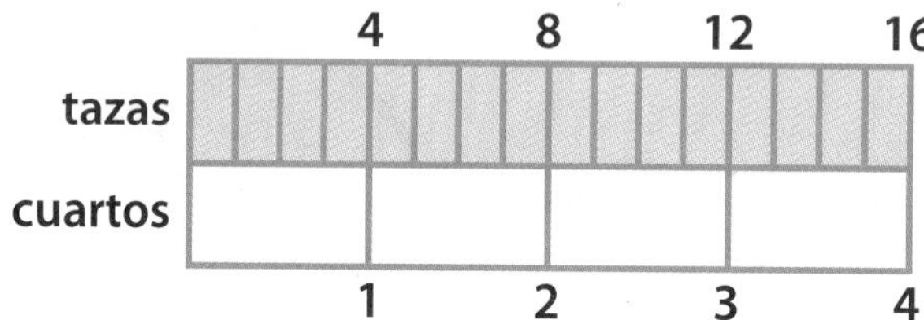

1. $\frac{4}{1} = \frac{12}{3}$, entonces 12 tazas = _______ cuartos

2. $\frac{4}{1} = \frac{48}{12}$, entonces _______ tazas = 12 cuartos

Resuelve usando razones y proporciones. (Ejemplo 1)

3. Mary Catherine hace 2 galones de ponche para una fiesta. ¿Cuántas tazas de ponche hizo?

____

4. Un elefante africano pesa 6 toneladas. ¿Cuál es el peso del elefante en libras?

____

5. La distancia de la casa de Jason a la escuela es de 0.5 kilómetros. ¿Cuál es la distancia en metros?

____

6. La masa de una roca lunar es de 3.5 kilogramos. ¿Cuál es su masa en gramos?

____

Resuelve usando un factor de conversión. (Ejemplo 2)

7. 1.75 gramos $\cdot \frac{1{,}000 \text{ mg}}{1 \text{ g}} =$ _______________

8. 27 milímetros $\cdot \frac{1 \text{ cm}}{10 \text{ mm}} =$ _______________

9. Un paquete pesa 96 onzas. ¿Cuál es el peso del paquete en libras?

____

10. Un jet vuela a una altura de 52,800 pies. ¿A qué altura en millas vuela el jet?

____

ÉNFASIS EN LA PREGUNTA ESENCIAL

11. ¿Cómo puedes convertir unidades dentro de un mismo sistema de medición?

____

____

Nombre ______ Clase ______ Fecha ______

7.3 Práctica independiente

6.RP.3d

12. ¿Qué factor de conversión puedes usar para convertir galones a pintas? ¿Cómo lo obtuviste?

______

13. Tres amigos tienen un trozo de cinta cada uno. Carol tiene 42 pulgadas de cinta, Tino tiene 2.5 pies y Baxter tiene 1.5 yardas de cinta. Expresa la longitud total de cinta que tienen los tres amigos en pulgadas, pies y yardas.

_____ pulgadas = _____ pies = _____ yardas

14. Suzanna quiere medir una tabla, pero no tiene regla. Sin embargo tiene varios ejemplares de un libro que ella sabe que mide 17 centímetros de altura.

a. Suzanna alinea los libros y descubre que la tabla mide 21 libros. ¿Cuántos centímetros mide la tabla?

______

b. Suzanna necesita una tabla que mida por lo menos 3.5 metros de largo. ¿Es esta tabla lo suficientemente larga? Explica.

______

______

Sheldon debe comprar 8 galones de helado para una reunión familiar. La tabla muestra los precios de los diferentes tamaños de dos marcas de helado.

	Precio del tamaño pequeño	Precio del tamaño grande
Granjas Heladas	\$2.50 por 1 pinta	\$4.50 por 1 cuarto
Dulces Sueños	\$4.25 por 1 cuarto	\$9.50 por 1 galón

15. ¿Qué tamaño de envase de helado Granjas Heladas es más económico para Sheldon? Explica.

______

______

______

16. **Varios pasos** ¿Qué tamaño de envase y marca de helado es más económico?

______

17. En 2008, en Beijing, la carrera femenina de 3,000 metros con obstáculos se convirtió en un evento olímpico. ¿Cuál es la distancia en kilómetros?

____

18. ¿Cómo convertirías 5 pies 6 pulgadas a pulgadas? _______________

____

H.O.T. ENFOQUE EN ALTA CAPACIDAD DE RAZONAMIENTO

19. Analiza las relaciones Un camión de clase 4 pesa entre 14,000 y 16,000 libras.

a. ¿Cuál es el rango del peso en toneladas? _______________

b. Si el peso de un camión de clase 4 aumenta en 2 toneladas, ¿seguirá siendo un camión de clase 4? Explica.

____

____

Área de trabajo

20. Persevera en la resolución de problemas A la derecha se muestra un campo de fútbol americano.

a. ¿Qué dimensiones tiene el campo de fútbol americano en pies?

____

$53\frac{1}{3}$ yd

120 yd

b. Alrededor del perímetro del campo de fútbol americano se traza una línea con tiza. ¿Cuál es la longitud de esta línea en pies?

____

c. ¿Aproximadamente cuántas vueltas al campo de fútbol americano equivalen a 1 milla? Explica.

____

____

21. Busca un patrón ¿Cuál es el resultado si multiplicas un número de tazas por $\frac{8 \text{ oz fl}}{1 \text{ taza}}$ y luego multiplicas el resultado por $\frac{1 \text{ taza}}{8 \text{ oz fl}}$? Da un ejemplo.

____

____

22. Haz una conjetura 1 hora = 3,600 segundos y 1 milla = 5,280 pies. Haz una conjetura sobre cómo puedes convertir una velocidad de 15 millas por hora a pies por segundo. Luego haz la conversión.

____

____

____

LECCIÓN 7.4

Convertir entre sistemas de medición

ESTÁNDARES COMUNES **6.RP.3d**

Use ratio reasoning to convert measurement units; manipulate and transform units appropriately when multiplying or dividing quantities. *Also 6.RP.3, 6.RP.3b*

PREGUNTA ESENCIAL

¿Cómo puedes usar razones y proporciones para convertir medidas?

6.RP.3d

Convertir pulgadas a centímetros

Las medidas se usan para determinar la longitud, el peso o la capacidad de un objeto. Los dos sistemas más comunes de medida son el *sistema usual* y el *sistema métrico*.

La tabla muestra equivalencias entre el sistema usual y el sistema métrico. Puedes usar estas equivalencias para convertir una medida de un sistema a una medida del otro sistema.

Longitud	Peso/Masa	Capacidad
1 pulgada = 2.54 centímetros 1 pie ≈ 0.305 metros 1 yarda ≈ 0.914 metros 1 milla ≈ 1.61 kilómetros	1 onza ≈ 28.4 gramos 1 libra ≈ 0.454 kilogramos	1 onza líquida ≈ 29.6 mililitros 1 cuarto ≈ 0.946 litros 1 galón ≈ 3.79 litros

La mayoría de las conversiones son aproximadas, como lo indica el símbolo ≈.

La longitud de una hoja de papel es de 11 pulgadas. ¿Cuál es la longitud en centímetros?

A Puedes usar un diagrama de barras para resolver este problema. Cada parte representa 1 pulgada.

1 pulgada = ________ centímetro(s)

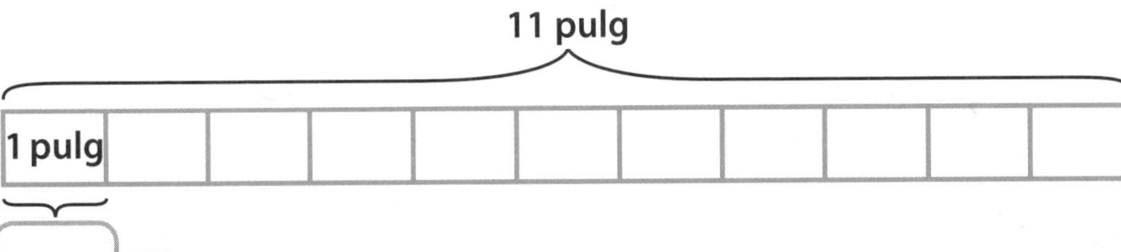

B ¿Cómo te ayuda el diagrama a resolver el problema?

____

C 11 pulgadas = ________ centímetros

ACTIVIDAD PARA EXPLORAR *(continuación)*

Reflexiona

1. **Comunica ideas matemáticas** Supongamos que quisieras usar un diagrama para convertir onzas a gramos. ¿Qué unidad representarían las partes del diagrama?

____

____

Usar factores de conversión

Otra manera de convertir medidas consiste en usar una razón llamada *factor de conversión*. Un **factor de conversión** es la razón de dos medidas equivalentes. Puesto que las dos medidas del factor de conversión son equivalentes, un factor de conversión es igual a 1.

EJEMPLO 1 

6.RP.3d

Cuando está levantando pesas, John le añade 11.35 kilogramos a la barra. ¿Aproximadamente cuántas libras le añade a la barra?

PASO 1 Calcula el factor de conversión.

1 libra ≈ 0.454 kilogramos

Escribe el factor de conversión como una razón: $\frac{\text{1 libra}}{\text{0.454 kilogramos}}$

PASO 2 Convierte la medida dada.

kilogramos	×	factor de conversión	=	libras

11.35 kilogramos $\times$ $\frac{\text{1 libra}}{\text{0.454 kilogramos}}$ $\approx$ 25 libras

John le añade aproximadamente 25 libras a la barra.

ES TU TURNO

2. 6 cuartos ≈ ________ litros
3. 14 pies ≈ ________ metros
4. 255.6 gramos ≈ ________ onzas
5. 7 litros ≈ ________ cuartos

Usar proporciones para convertir medidas

También puedes convertir una medida de una unidad a otra usando una proporción. Primero escribe el factor de conversión como una razón y luego multiplica por una forma de 1 para generar una razón equivalente. Recuerda que dos razones equivalentes forman una proporción.

Proporciones: $\frac{3 \text{ pulgadas}}{2 \text{ pies}} = \frac{6 \text{ pulgadas}}{4 \text{ pies}}$ $\frac{5}{10} = \frac{1}{2}$

EJEMPLO 2 

6.RP.3, 6.RP.3b, 6.RP.3d

El camino de entrada de la casa de Bob tiene 45 pies de longitud por 18 pies de ancho. Él planea pavimentarlo todo. El pavimento de asfalto cuesta $24 por metro cuadrado. ¿Cuál será el precio total del pavimento?

PASO 1 Primero, calcula el área del camino de entrada en metros cuadrados.

Convierte cada medida a metros.
Usa 1 pie ≈ 0.305 metros.

$$\frac{1 \text{ pie}}{0.305 \text{ metros}} \underset{\times 45}{\overset{\times 45}{=}} \frac{45 \text{ pies}}{13.725 \text{ metros}}$$

Longitud ≈ 13.725 metros

$$\frac{1 \text{ pie}}{0.305 \text{ metros}} \underset{\times 18}{\overset{\times 18}{=}} \frac{18 \text{ pies}}{5.49 \text{ metros}}$$

Ancho ≈ 5.49 metros

La longitud y el ancho son aproximados porque la conversión entre pies y metros es aproximada.

PASO 2 Calcula el área.

Área = longitud × ancho

= 13.725 × 5.49

= 75.35 metros cuadrados

PASO 3 Ahora, calcula el precio total del pavimento.

metros cuadrados × precio por metro cuadrado = precio total
75.35 × $24 = $1,808.40

Mis notas

Charla matemática
Prácticas matemáticas
¿Cuánto cuesta el pavimento por pie cuadrado? Explica.

Reflexiona

6. **Error de análisis** Yolanda calculó el área del camino de entrada de Bob en metros cuadrados como se muestra. Explica por qué la respuesta de Yolanda es incorrecta.

Área = 45 × 18 = 810 pies cuadrados

810 pies cuadrados × $\frac{0.305 \text{ metros}}{1 \text{ pie}}$ ≈ 247.1 metros cuadrados

____

____

ES TU TURNO

7. Un cantero de flores mide 2 metros de ancho por 3 metros de longitud. ¿Cuál es el área del cantero en pies cuadrados? Redondea los pasos intermedios y la respuesta al centésimo más cercano.

_________ pies cuadrados

Práctica con supervisión

Completa cada diagrama para resolver el problema. (Actividad para explorar)

1. Kate corrió 5 millas. ¿Cuánto corrió en kilómetros?

5 millas = _____________ kilómetros

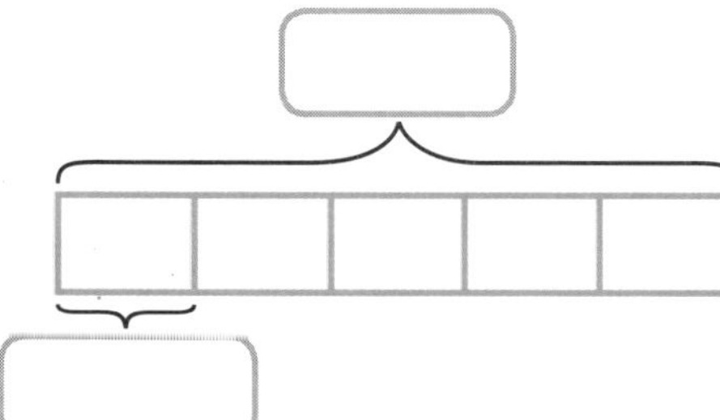

2. Alex llenó una jarra de 5 galones con agua. ¿Cuántos litros de agua hay en el recipiente?

5 galones ≈ _____________ litros

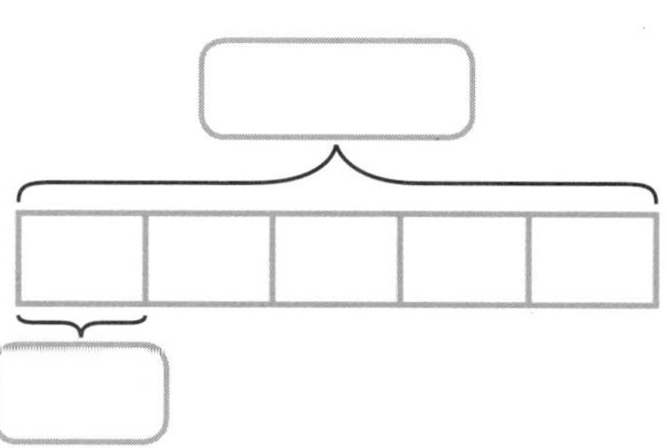

Usa un factor de conversión para convertir cada medida. (Ejemplos 1 y 2)

3. Una regla mide 12 pulgadas de longitud. ¿Cuál es la longitud de la regla en centímetros?

_____________ centímetros

4. Un gatito pesa 4 libras. ¿Cuál es la masa aproximada del gatito en kilogramos?

_____________ kilogramos

Usa una proporción para convertir cada medida. (Ejemplo 2)

5. 20 yardas ≈ __________ metros
6. 12 onzas ≈ __________ gramos
7. 5 cuartos ≈ __________ litros
8. 400 metros ≈ __________ yardas
9. 10 litros ≈ __________ galones
10. 137.25 metros ≈ __________ pies
11. 165 centímetros ≈ __________ pulgadas
12. 10,000 kilómetros ≈ __________ millas

ÉNFASIS EN LA PREGUNTA ESENCIAL

13. Escribe una proporción que puedas usar para convertir 60 pulgadas a centímetros.

____

Nombre ______________________ Clase ______________ Fecha ______________

7.4 Práctica independiente

6.RP.3, 6.RP.3b, 6.RP.3d

Indica cuál medida es mayor.

14. Seis pies o dos metros ______________

15. Una pulgada o un centímetro ______________

16. Una yarda o un metro ______________

17. Una milla o un kilómetro ______________

18. Una onza o un gramo ______________

19. Un cuarto o un litro ______________

20. 10 libras o 10 kilogramos ______________

21. Cuatro litros o un galón ______________

22. Dos millas o tres kilómetros ______________

23. ¿Cuál es el límite en kilogramos?

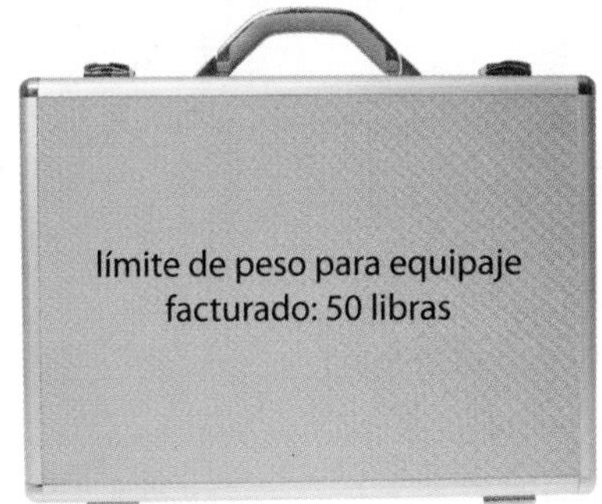

____

24. ¿Cuál es el límite de velocidad en millas por hora?

____

25. ¿Cuál recipiente contiene más, la jarra de medio galón de leche o la botella de 2 litros de jugo?

____

26. La etiqueta de una lata de limonada dice que contiene 12 oz liq. o 355 mL. Comprueba que estas dos medidas son casi equivalentes.

____

27. La masa de un libro de texto es de aproximadamente 1.25 kilogramos. ¿Aproximadamente cuántas libras es esto?

____

28. **Critica el razonamiento** Michael estimó su masa en 8 kilogramos. ¿Es razonable esta estimación? Justifica la respuesta.

____

29. Tu madre compró una botella de agua de tres litros. Al llegar a casa, descubrió un pequeño agujero en el fondo y te pidió que buscaras un recipiente para transferir el agua. Lo único que encontraste fueron dos jarras de medio galón cada una.

a. ¿Serán suficientes las jarras para contener toda el agua?

____

____

____

b. **¿Qué pasa si...?** Supongamos que un litro entero de agua se escapó dentro del carro. En ese caso, ¿podrías meter toda el agua restante en una de las jarras de medio galón? Explica.

____

____

____

Área de trabajo

30. El equipo de atletismo corrió una milla y cuarto durante la práctica.

¿Cuántos kilómetros corrió el equipo? ________________

31. Una encimera tiene 16 pies de longitud y 3 pies de ancho.

a. ¿Cuál es el área de la encimera en metros cuadrados? ________________

b. Los azulejos cuestan $28 por metro cuadrado. ¿Cuánto costará cubrir la encimera con los nuevos azulejos? $________________

32. En un día de campo escolar, el maestro te pide marcar un campo cada diez yardas para que los estudiantes puedan jugar fútbol americano. Por equivocación, el maestro te da una regla de 1 metro en lugar de una regla de 1 yarda. En metros, ¿cuánta distancia debe haber entre las marcas si quieres que estén en los lugares correctos?

____

33. Pesas un galón de leche al 2% en la clase de ciencias y sabes que pesa aproximadamente 8.4 libras. Pasas la leche al grupo siguiente y, entonces, te das cuenta de que el maestro quería una respuesta en kilogramos y no en libras. Explica cómo puedes ajustar la respuesta sin tener que volver a pesar la leche. Después, da el peso en kilogramos.

____

H.O.T. ENFOQUE EN ALTA CAPACIDAD DE RAZONAMIENTO

34. **Analiza las relaciones** Annalisa, Keiko y Stefan quieren comparar sus estaturas. Annalisa mide 64 pulgadas. Stefan le dice: "Yo soy unos 7.5 centímetros más alto que tú". Keiko sabe que es 1.5 pulgadas más bajita que Stefan. Escribe las estaturas de los tres tanto en pulgadas como en centímetros, redondeando a la media unidad más cercana.

____

____

____

____

35. **Comunica ideas matemáticas** Mikhael quiso volver a escribir el factor de conversión "1 yarda $\approx$ 0.914 metros" para crear un factor de conversión que le permitiera convertir metros a yardas. Escribió "1 metro $\approx$ _______". Di cómo puede Mikhael terminar la conversión y explica cómo lo sabes.

____

____

____

¿Listo para seguir?

7.1 Razones, tasas, tablas y gráficas

1. Charlie corre en una pista. La tabla muestra cuánto tarda en correr diferentes números de vueltas. ¿Cuánto tardará en correr 5 vueltas?

Número de vueltas	2	4	6	8	10
Tiempo (min)	10	20	30	40	50

____

7.2 Resolver problemas con proporciones

2. Emily participa en una carrera de bicicletas para beneficencia. Su madre dona \$0.40 por cada 0.25 millas que ella recorre. Si Emily recorre 15 millas, ¿cuánto donará su madre? _______________

3. Rob ahorra para comprarse un reproductor MP3. Por cada \$15 que gana cuidando niños, él ahorra \$6. El sábado, Rob había ganado \$75 cuidando niños. ¿Cuánto dinero ahorró? _______________

7.3 Convertir medidas dentro del mismo sistema

Convierte cada medida.

4. 18 metros = _______ centímetros

5. 5 libras = _______ onzas

6. 6 cuartos = _______ onzas fluidas

7. 9 litros = _______ mililitros

7.4 Convertir entre sistemas de medición

Convierte cada medida.

8. 5 pulgadas = _______ centímetros

9. 198.9 gramos ≈ _______ onzas

10. 8 galones ≈ _______ litros

11. 12 pies ≈ _______ metros

PREGUNTA ESENCIAL

12. Escribe un problema de la vida real que puedas resolver con una proporción.

____

____

MÓDULO 7 REPASO MIXTO

Preparación para la evaluación

Respuesta seleccionada

1. La gráfica a continuación representa la distancia que Mannuel camina durante varias horas.

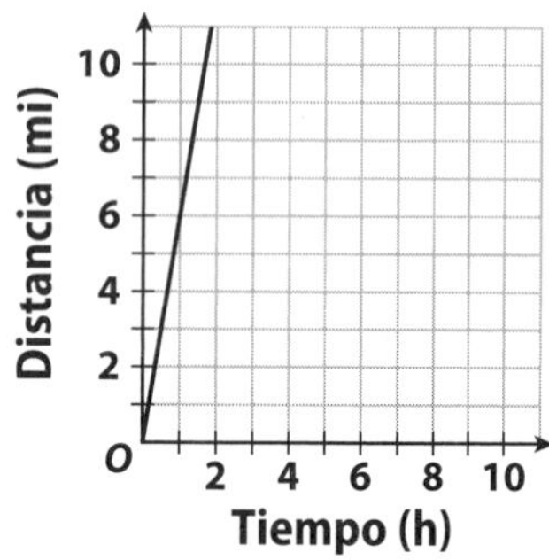

¿Cuál es un par ordenado de la recta?

Ⓐ (2.5, 14) Ⓒ (2.25, 12)

Ⓑ (1.25, 5) Ⓓ (1.5, 9)

2. La casa de Johah está a 8,046.72 metros de distancia de la de sus abuelos. ¿Cuál es la distaancia en millas?

Ⓐ 4 millas Ⓒ 7 millas

Ⓑ 5 millas Ⓓ 8 millas

3. Megan hace pulseras para vender. El dinero que gana lo dona al refugio de animales local. Tarda $\frac{1}{4}$ de hora en elegir todas las cuentas y $\frac{1}{10}$ de hora en ensartarlas. Esta semana solo tuvo $5\frac{1}{4}$ horas para hacer pulseras. ¿Cuántas pulseras hizo Megan?

Ⓐ 10 pulseras Ⓒ 15 pulseras

Ⓑ 12 pulseras Ⓓ 21 pulseras

4. Rosa puede correr 4 millas en 56 minutos. ¿Cuántas millas correrá Rosa en 42 minutos?

Ⓐ 2 millas Ⓒ 3.5 millas

Ⓑ 3 millas Ⓓ 5 millas

5. La tabla a continuación muestra el número de pétalos y hojas para diferentes números de flores.

Pétalos	5	10	15	20
Hojas	2	4	6	8

¿Cuántos pétalos hay cuando hay 12 hojas?

Ⓐ 25 pétalos Ⓒ 35 pétalos

Ⓑ 30 pétalos Ⓓ 36 pétalos

6. Una receta requiere 3 tazas de azúcar y 9 tazas de agua. Si reduces la receta, ¿cuántas tazas de agua deberás usar con 2 tazas de azúcar?

Ⓐ 3 tazas Ⓒ 6 tazas

Ⓑ 4 tazas Ⓓ 8 tazas

Minitarea

7. La gráfica sin rótulos muestra la relación entre dos unidades de medición del sistema usual. La gráfica solo puede representar dos pares de unidades.

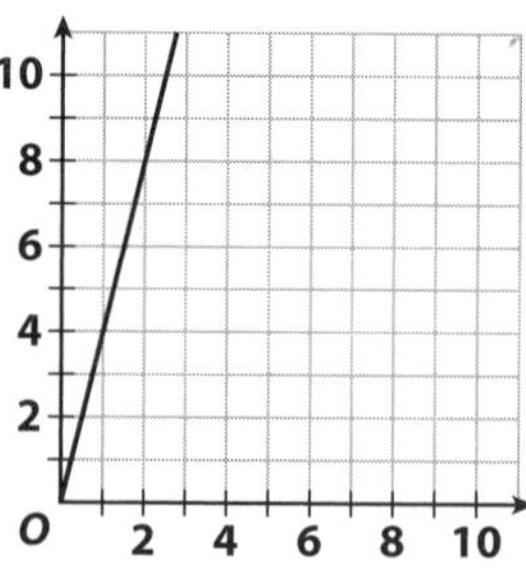

a. Determina los pares de unidades posibles.

____

____

b. Describe la relación entre cada par.

____

____

Porcentajes

ESSENTIAL QUESTION

¿Cómo puedes resolver problemas de la vida real usando porcentajes?

LECCIÓN 8.1

Comprender porcentajes

6.RP.3c

LECCIÓN 8.2

Porcentajes, fracciones y decimales

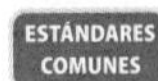

6.RP.3

LECCIÓN 8.3

Resolver problemas de porcentajes

ESTÁNDARES COMUNES 6.RP.3, 6.RP.3c

Vídeo de la vida real

Cuando comes en un restaurante, por lo general pagas impuesto sobre las ventas y dejas una propina. El impuesto y la propina se expresan como porcentajes de la cuenta.

my.hrw.com

APRENDE EN LÍNEA

my.hrw.com

my.hrw.com

Las versiones digitales de todas las páginas del libro del estudiante están disponibles en línea.

Matemáticas al instante

Escanea con tu celular para entrar directamente en la edición en línea del Vídeo tutorial y más.

Matemáticas en acción

Explora interactivamente los conceptos clave para ver cómo funcionan las matemáticas.

Entrenador personal en matemáticas

Obtén comentarios y ayuda al instante a medida que trabajas en las prácticas.

¿Estás listo?

Completa estos ejercicios para repasar las destrezas que necesitarás en este módulo.

Entrenador personal en matemáticas

my.hrw.com

Evaluación e intervención en línea

Escribir fracciones equivalentes

EJEMPLO $\frac{9}{12} = \frac{9 \times 4}{12 \times 4} = \frac{36}{48}$ Multiplica el numerador y el denominador por el mismo número para obtener una fracción equivalente.

$\frac{9}{12} = \frac{9 \div 3}{12 \div 3} = \frac{3}{4}$ Divide el numerador y el denominador entre el mismo número para obtener una fracción equivalente.

Escribe la fracción equivalente.

1. $\frac{9}{18} = \frac{\square}{6}$ **2.** $\frac{4}{6} = \frac{\square}{18}$ **3.** $\frac{25}{30} = \frac{5}{\square}$ **4.** $\frac{12}{15} = \frac{36}{\square}$

5. $\frac{15}{24} = \frac{\square}{8}$ **6.** $\frac{24}{32} = \frac{\square}{8}$ **7.** $\frac{50}{60} = \frac{10}{\square}$ **8.** $\frac{5}{9} = \frac{20}{\square}$

Multiplicar fracciones

EJEMPLO $\frac{5}{12} \times \frac{3}{10} = \frac{\overset{1}{\cancel{5}}}{\underset{4}{\cancel{12}}} \times \frac{\overset{1}{\cancel{3}}}{\underset{2}{\cancel{10}}}$ Divide entre los factores comunes.

$= \frac{1}{8}$ Simplifica.

Multiplica. Escribe los productos en su mínima expresión.

9. $\frac{3}{8} \times \frac{4}{11} =$ ________ **10.** $\frac{8}{15} \times \frac{5}{6} =$ ________ **11.** $\frac{7}{12} \times \frac{3}{14} =$ ________

12. $\frac{9}{20} \times \frac{4}{5} =$ ________ **13.** $\frac{7}{10} \times \frac{20}{21} =$ ________ **14.** $\frac{8}{18} \times \frac{9}{20} =$ ________

Operaciones con decimales (Multiplicación)

EJEMPLO

$$\begin{array}{r} 1.6 \\ \times 0.3 \\ \hline 0.48 \end{array}$$

Multiplica como lo harías con números enteros.
Cuenta el número total de lugares decimales en los factores.
Coloca el punto decimal ese número de lugares en el producto.

Multiplica.

15. 20×0.25 ________ **16.** 0.3×16.99 ________ **17.** 0.2×75 ________

18. 5.5×1.1 ________ **19.** 11.99×0.8 ________ **20.** 7.25×0.5 ________

21. 4×0.75 ________ **22.** 0.15×12.50 ________ **23.** 6.5×0.7 ________

Práctica de vocabulario

Visualizar el vocabulario

Completa la gráfica con las palabras que tienen un ✔. Puedes escribir más de una palabra en cada casilla.

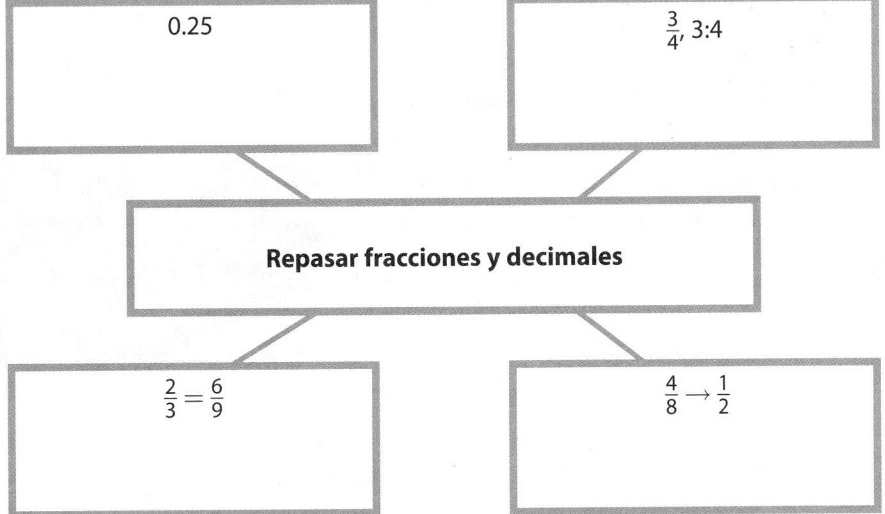

Vocabulario

Palabras de repaso

- ✔ decimal *(decimal)*
- denominador *(denominator)*
- ✔ fracción *(fraction)*
- ✔ fracciones equivalentes *(equivalent fractions)*
- ✔ mínima expresión *(simplest form)*
- número mixto *(mixed number)*
- numerador *(numerator)*
- ✔ razón *(ratio)*

Palabras nuevas

- equivalentes decimales *(equivalent fractions)*
- modelo *(model)*
- porcentaje *(percent)*
- razonamiento proporcional *(proportional reasoning)*

Comprender el vocabulario

Empareja el término de la izquierda con la expresión correcta de la derecha.

1. porcentaje	**A.** Razón que compara un número con 100.
2. modelo	**B.** Decimales que nombran la misma cantidad.
3. decimales equivalentes	**C.** Algo que representa a otra cosa.

Lectura con propósito

Pirámide Antes de comenzar el módulo, crea una pirámide que te ayudará a organizar lo que aprendes. Rotula un lado "Decimales" y el otro lado "Porcentajes". A medida que estudias el módulo, escribe el vocabulario y apuntes importantes en el lado correspondiente.

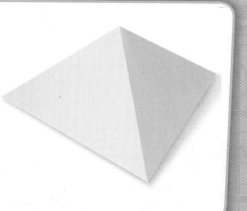

MÓDULO 8

Desglosar los estándares

Comprender los estándares y las palabras de vocabulario te ayudará a saber exactamente lo que se espera que aprendas en este módulo.

6.RP.3c

Calcular el porcentaje de una cantidad como una tasa por 100 (Por ejemplo: 30% de una cantidad significa $\frac{30}{100}$ veces de esa cantidad); resolver problemas que impliquen calcular el todo dada una parte y el porcentaje.

Vocabulario clave

porcentaje *(percent)*
Razón que compara un número con 100.

Lo que significa para ti

Aprenderás a escribir números de varias maneras incluyendo fracciones, decimales y porcentajes.

DESGLOSAR EL EJEMPLO 6.RP.3c

Los murciélagos café baten las alas unas $\frac{3}{4}$ veces tan rápido como los murciélagos pipistrelos. ¿Con qué rapidez bate las alas el murciélago café como un porcentaje de la tasa a que baten las alas murciélagos pipistrelos?

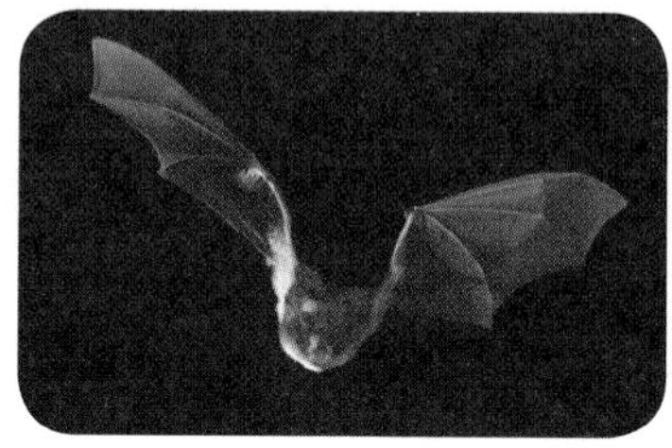

$\frac{3}{4} = 3 \div 4 = 0.75$ Divide el numerador entre el denominador.

$0.75 = 75\%$ Mueve el punto decimal dos lugares a la derecha.

6.RP.3c

Calcular el porcentaje de una cantidad como una tasa por 100 (Por ejemplo: 30% de una cantidad significa $\frac{30}{100}$ veces de esa cantidad); resolver problemas que impliquen calcular el todo dada una parte y el porcentaje.

Lo que significa para ti

Resolverás problemas que incluyan porcentajes.

DESGLOSAR EL EJEMPLO 6.RP.3c

Aproximadamente el 67% del peso total (100%) de una persona es agua. Si Cameron pesa 90 libras, ¿aproximadamente qué parte de su peso es agua?

67% de 90

$$\frac{67}{100} \cdot 90$$

$$= \frac{67}{100} \cdot \frac{90}{1}$$

$$= 60.3$$

Aproximadamente 60.3 libras del peso de Cameron es agua.

Visita **my.hrw.com** para ver todos los **Estándares comunes** desglosados.

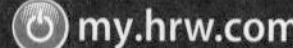

my.hrw.com

LECCIÓN 8.1

Comprender porcentajes

ESTÁNDARES COMUNES **6.RP.3c**

Find a percent of a quantity as a rate per 100 (e.g., 30% of a quantity means 30/100 times the quantity); . . .

PREGUNTA ESENCIAL

¿Cómo puedes escribir una razón como porcentaje?

ACTIVIDAD PARA EXPLORAR 1 

 **6.RP.3c**

Representar porcentajes en una cuadrícula

Un **porcentaje** es una razón que compara un número con el número 100. El símbolo % se usa para mostrar un porcentaje.

17% es equivalente a

- $\frac{17}{100}$
- 17 a 100
- 17:100

A continuación se muestran las razones de tiros libres de tres jugadores.

Jugador 1: $\frac{17}{25}$ Jugador 2: $\frac{33}{50}$ Jugador 3: $\frac{14}{20}$

A Vuelve a escribir cada razón como un número comparado con 100. Luego sombrea la cuadrícula para representar la razón de tiros libres.

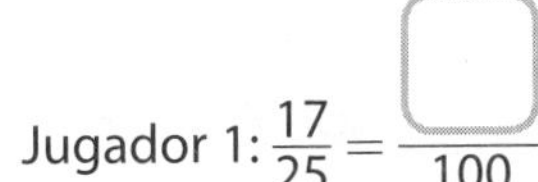

Jugador 1: $\frac{17}{25} = \frac{\square}{100}$ Jugador 2: $\frac{33}{50} = \frac{\square}{100}$ Jugador 3: $\frac{14}{20} = \frac{\square}{100}$

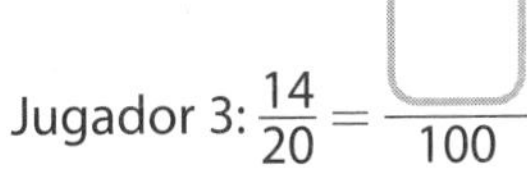

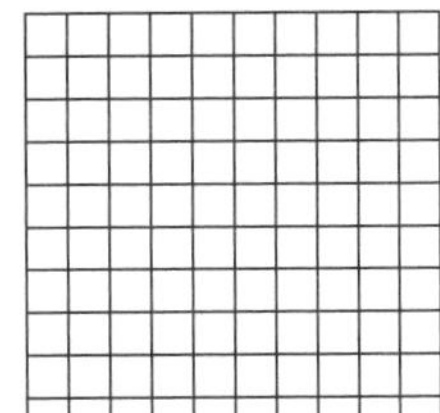

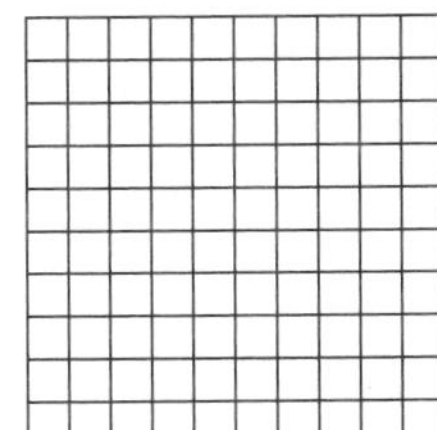

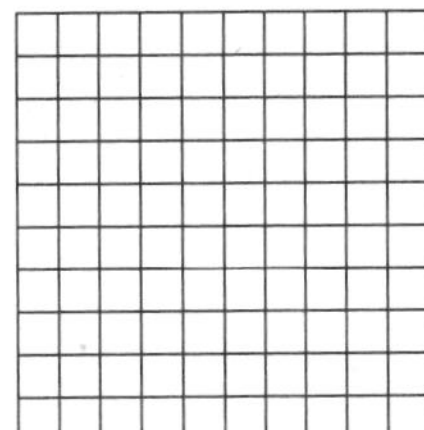

B ¿Qué jugador tiene la razón más alta de tiros libres? ________________

¿Cómo se muestra esto en las cuadrículas? ________________

C Describe la razón de tiros libres de cada jugador con un porcentaje. Escribe los porcentajes en orden de menor a mayor.

____

D ¿Cómo determinaste cuántos cuadrados sombrear en cada cuadrícula?

____

____

ACTIVIDAD PARA EXPLORAR 2 ESTÁNDARES COMUNES 6.RP.3c

Conectar fracciones y porcentajes

Puedes representar una razón expresada como fracción y calcular un porcentaje equivalente usando un modelo de barras de porcentajes.

A Calcula un porcentaje equivalente para $\frac{1}{4}$ usando un modelo de barras de porcentajes.

Dibuja un modelo para representar 100 y divídelo en cuartos. Sombrea $\frac{1}{4}$.

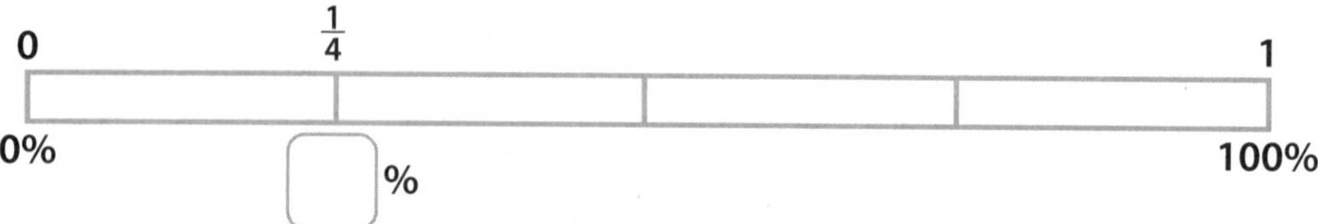

$\frac{1}{4}$ de 100 = 25, entonces $\frac{1}{4}$ de 100% = ____________________

Di qué operación puedes usar para calcular $\frac{1}{4}$ de 100.

Luego calcula $\frac{1}{4}$ de 100%. ____________________

B Calcula un porcentaje equivalente para $\frac{1}{3}$ usando un modelo de barras de porcentajes.

Dibuja un modelo y divídelo en tercios. Sombrea $\frac{1}{3}$.

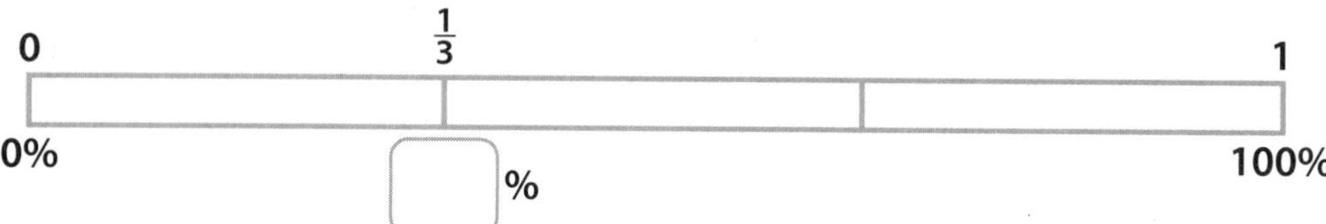

$\frac{1}{3}$ de 100 = $33\frac{1}{3}$, entonces $\frac{1}{3}$ de 100% = ____________________%

Di qué operación puedes usar para calcular $\frac{1}{3}$ de 100.

Luego calcula $\frac{1}{3}$ de 100%. ____________________

Reflexiona

1. **Critica el razonamiento** Jo dice que puede calcular el equivalente porcentual de $\frac{3}{4}$ si multiplica el equivalente porcentual de $\frac{1}{4}$ por 3. ¿Cómo puedes demostrar esto con un modelo de barras de porcentajes?

____

____

____

Usar puntos de referencia y razonamiento proporcional

Puedes usar algunos porcentajes *de referencia* para escribir otros porcentajes y estimar fracciones.

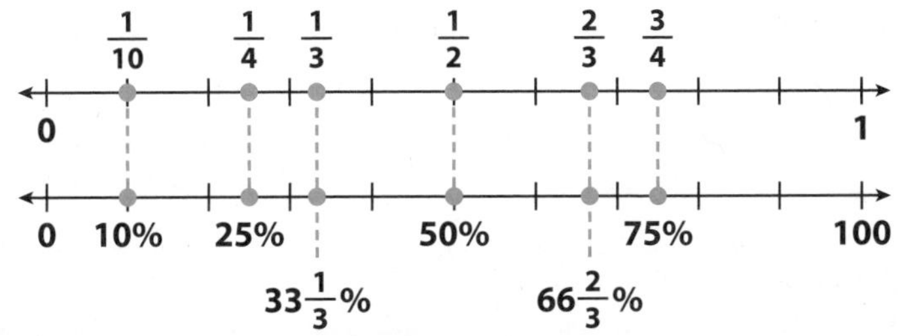

EJEMPLO 1

ESTÁNDARES COMUNES 6.RP.3c

A Calcula un porcentaje equivalente para $\frac{3}{10}$.

PASO 1 Escribe $\frac{3}{10}$ como múltiplo de una fracción de referencia.

$\frac{3}{10} = 3 \cdot \frac{1}{10}$ *Piensa:* $\frac{3}{10} = \frac{1}{10} + \frac{1}{10} + \frac{1}{10}$

PASO 2 Calcula un porcentaje equivalente para $\frac{1}{10}$.

$\frac{1}{10} = 10\%$ *Usa las rectas numéricas para calcular el porcentaje equivalente de* $\frac{1}{10}$

PASO 3 Multiplica.

$\frac{3}{10} = 3 \cdot \frac{1}{10} = 3 \cdot 10\% = 30\%$

B El 76% de los estudiantes en una escuela traen el almuerzo a la escuela. ¿Aproximadamente qué fracción de los estudiantes traen el almuerzo a la escuela?

PASO 1 Observa que 76% es cercano a la referencia 75%.

PASO 2 Calcula una fracción equivalente para 75%.

$75\% = \frac{3}{4}$

Aproximadamente $\frac{3}{4}$ de los estudiantes traen el almuerzo a la escuela.

Charla matemática
Prácticas matemáticas
Explica cómo puedes usar razones equivalentes para escribir $\frac{3}{10}$ como porcentaje.

ES TU TURNO

Calcula un porcentaje equivalente para cada fracción usando un porcentaje de referencia.

2. $\frac{9}{10}$ ____________

3. $\frac{2}{5}$ ____________

4. El 64% de los animales en un refugio de animales son perros. ¿Aproximadamente qué fracción de los animales son perros?

____

Práctica con supervisión

1. Sombrea la cuadrícula para representar la razón $\frac{9}{25}$. Luego calcula un porcentaje equivalente para la razón dada. (Actividad para explorar 1)

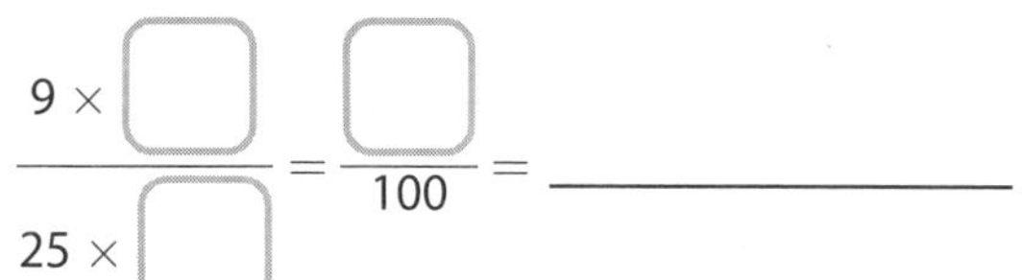

$$\frac{9 \times \square}{25 \times \square} = \frac{\square}{100} = \_\_\_\_\_\_$$

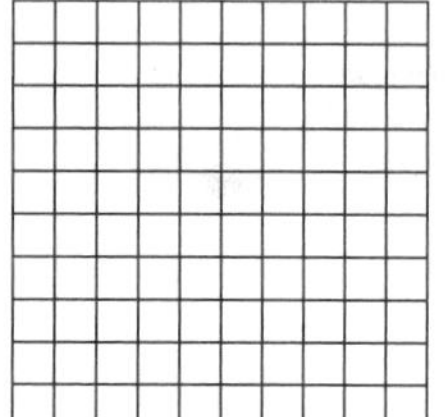

2. Calcula el porcentaje que falta con el modelo de barras de porcentajes. (Actividad para explorar 2)

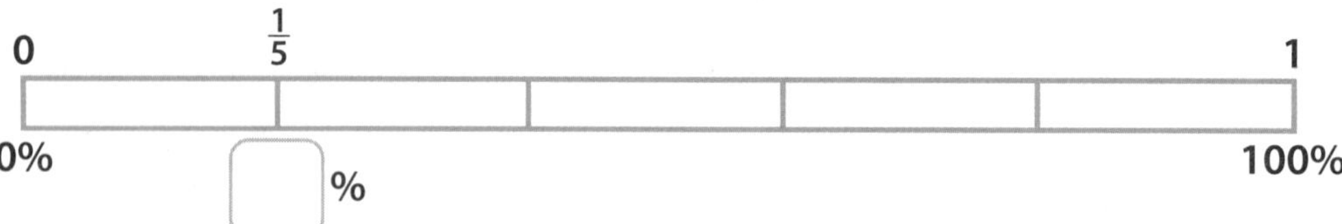

Identifica un punto de referencia con el que puedas calcular un porcentaje equivalente para cada razón. Luego calcula el porcentaje equivalente. (Ejemplo 1)

3. $\frac{6}{10}$ Punto de referencia: $\frac{1}{\square}$ ____________

4. $\frac{2}{4}$ Punto de referencia: $\frac{\square}{4}$ ____________

5. $\frac{4}{5}$ Punto de referencia: $\frac{\square}{5}$ ____________

6. El 41% de los estudiantes de una escuela de arte quieren ser diseñadores gráficos. ¿Aproximadamente qué fracción de los estudiantes quieren ser diseñadores gráficos? (Ejemplo 1) ____________

ÉNFASIS EN LA PREGUNTA ESENCIAL

7. ¿Cómo puedes escribir una razón como porcentaje?

____

____

Nombre ______ Clase ______ Fecha ______

8.1 Práctica independiente

6.RP.3c

Sombrea la cuadrícula para representar la razón. Luego calcula el número que falta.

8. $\frac{23}{50} = \frac{\square}{100}$

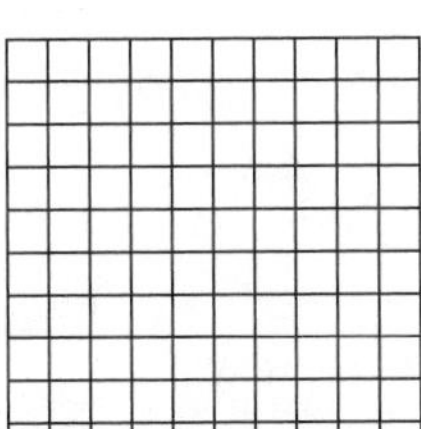

9. $\frac{11}{20} = \frac{\square}{100}$

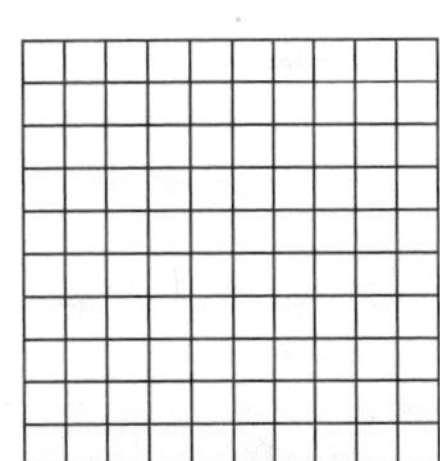

10. Mark quiere representar el porcentaje equivalente de la fracción $\frac{2}{3}$ con una cuadrícula como las de los Ejercicios 1 y 2. ¿Cuántos cuadrados debe sombrear? ¿Qué porcentaje mostrará el modelo?

______

11. Las razones de salvados para un lanzador de béisbol a número de oportunidades de salvado de tres lanzadores relevistas son: $\frac{9}{10}, \frac{4}{5}, \frac{17}{20}$. Escribe cada razón como un porcentaje. Ordena los porcentajes de menor a mayor.

______

Encierra en un círculo la cantidad mayor.

12. $\frac{1}{3}$ de caja de Crujientes de Maíz

50% de caja de Crujientes de Maíz

13. Has usado el 30% de tus minutos.

Has usado $\frac{1}{4}$ de los minutos.

14. **Representaciones múltiples** Explica cómo puedes escribir 35% como la suma de dos porcentajes de referencia o como múltiplo de un porcentaje.

______

15. Calcula el porcentaje desconocido con el modelo de barras de porcentajes.

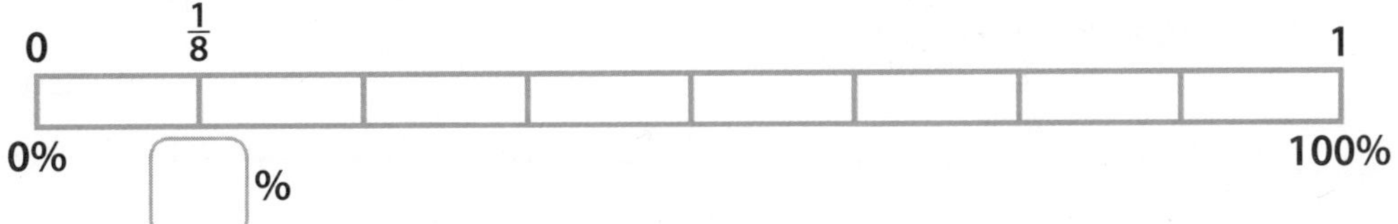

16. **Varios pasos** Carl compra canciones y las descarga en la computadora. La gráfica de barras muestra cuántas canciones de cada tipo descargó el año pasado.

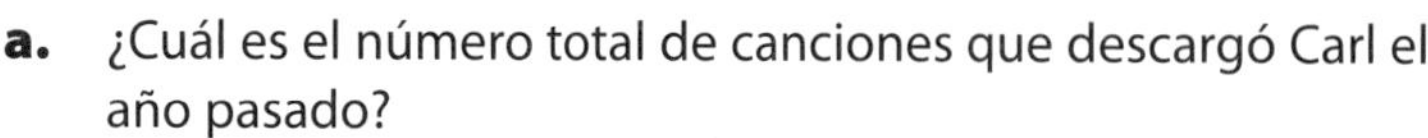

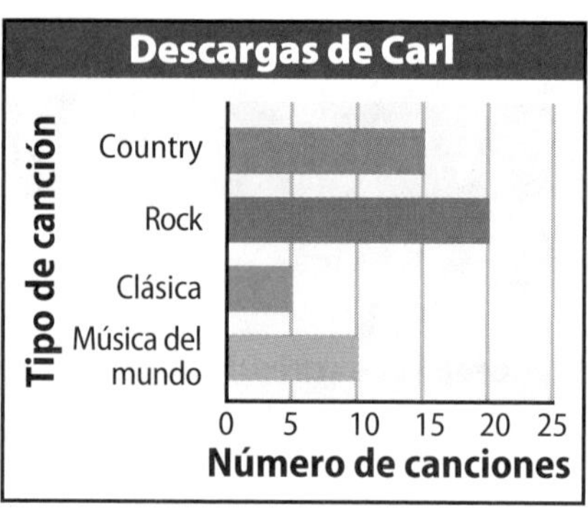

a. ¿Cuál es el número total de canciones que descargó Carl el año pasado?

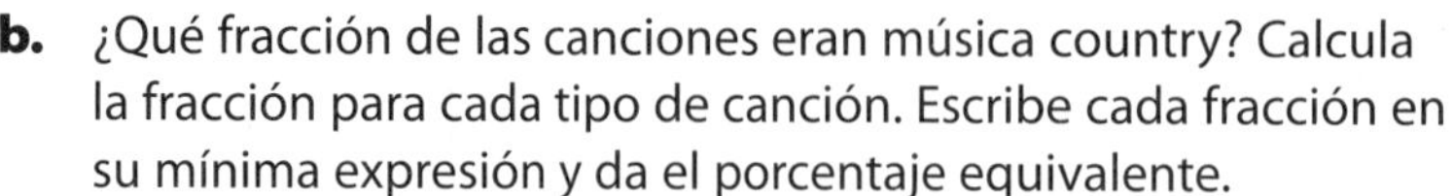

____

b. ¿Qué fracción de las canciones eran música country? Calcula la fracción para cada tipo de canción. Escribe cada fracción en su mínima expresión y da el porcentaje equivalente.

____

____

____

H.O.T. ENFOQUE EN ALTA CAPACIDAD DE RAZONAMIENTO

Área de trabajo

17. **Critica el razonamiento** Marcus compró una libreta de boletos para el parque de diversiones. Usó el 50% de los boletos en atracciones, $\frac{1}{3}$ de las entradas en videojuegos y el resto en la jaula de bateo. Marcus dice que usó el 10% de los boletos en la jaula de bateo. ¿Estás de acuerdo? Explica.

____

____

____

____

18. **Busca un patrón** Completa la tabla.

Fracción	$\frac{1}{5}$	$\frac{2}{5}$	$\frac{3}{5}$	$\frac{4}{5}$	$\frac{5}{5}$	$\frac{6}{5}$
Porcentaje	20%					

a. **Analiza las relaciones** ¿Qué es verdad cuando el numerador y el denominador de la fracción son iguales? ¿Qué es verdad cuando el numerador es mayor que el denominador?

____

____

b. **Justifica tu razonamiento** ¿Cuál es el porcentaje equivalente de $\frac{3}{2}$? Explica la respuesta con un patrón como el de la tabla.

____

____

LECCIÓN 8.2

Porcentajes, fracciones y decimales

ESTÁNDARES COMUNES 6.RP.3

Use ratio and rate reasoning to solve real-world and mathematical problems,...

PREGUNTA ESENCIAL

¿Cómo puedes escribir porcentajes, fracciones y decimales equivalentes?

Escribir porcentajes como decimales y fracciones

Puedes escribir un porcentaje como una fracción equivalente o un decimal equivalente. Todos los porcentajes, decimales y fracciones equivalentes representan partes iguales de un mismo todo.

Matemáticas al instante
my.hrw.com

EJEMPLO 1 En el mundo

ESTÁNDARES COMUNES 6.RP.3

Lorenzo gasta el 35% de su presupuesto en la renta de su departamento. Escribe este porcentaje como una fracción y como un decimal.

PASO 1 Escribe el porcentaje como fracción.

$35\% = \frac{35}{100}$ *Porcentaje significa por cada 100.*

PASO 2 Escribe la fracción en su mínima expresión.

$\frac{35}{100} = \frac{35 \div 5}{100 \div 5} = \frac{7}{20}$

PASO 3 Escribe el porcentaje como decimal.

$35\% = \frac{35}{100}$ *Escribe la fracción equivalente de 35%.*

$= 0.35$ *Escribe el decimal equivalente de $\frac{35}{100}$.*

Entonces 35% escrito como fracción es $\frac{7}{20}$ y escrito como decimal es 0.35.

Charla matemática
Prácticas matemáticas

Explica por qué tanto el numerador como el denominador en el Paso 2 se dividen entre 5.

ES TU TURNO

Escribe cada porcentaje como una fracción y como un decimal.

1. 15% ______________ **2.** 48% ______________

3. 80% ______________ **4.** 75% ______________

5. 36% ______________ **6.** 40% ______________

Entrenador personal en matemáticas
Evaluación e intervención en línea
my.hrw.com

ACTIVIDAD PARA EXPLORAR ESTÁNDARES COMUNES 6.RP.3

Representar equivalencias de decimales, fracciones y porcentajes

Puedes usar modelos como ayuda para comprender cómo se relacionan los decimales, las fracciones y los porcentajes.

A Sombrea una cuadrícula de 10 por 10 para representar 0.78.

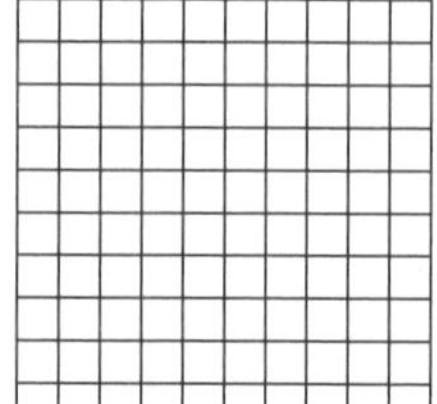

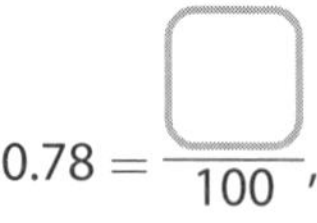

$0.78 = \frac{\square}{100}$,

________ de cien, o ________%.

B Sombrea cuadrículas de 10 por 10 para representar 1.42.

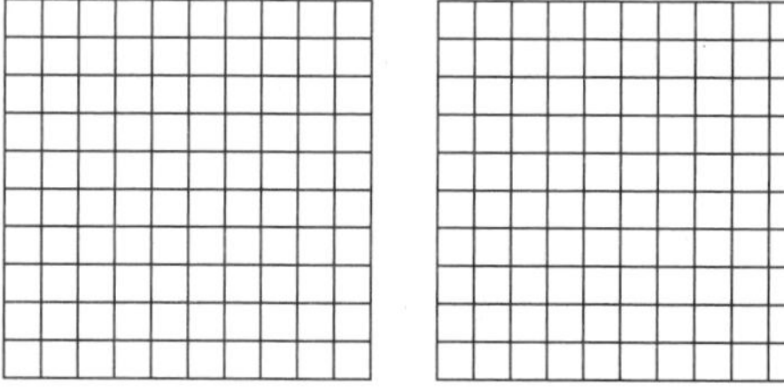

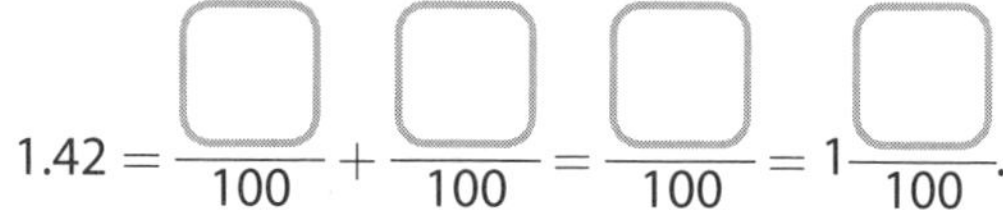

$1.42 = \frac{\square}{100} + \frac{\square}{100} = \frac{\square}{100} = 1\frac{\square}{100}$.

1.42 = 100% + ________% = ________%

C Sombrea cuadrículas de 10 por 10 para representar 125%.

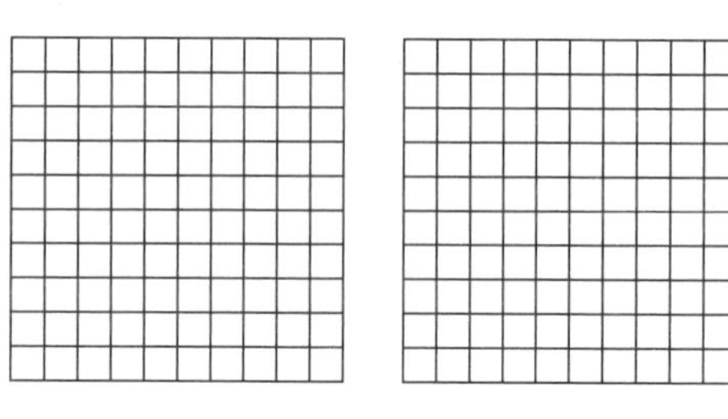

El modelo muestra 100% + ________% = 125%.

125% = el decimal ________.

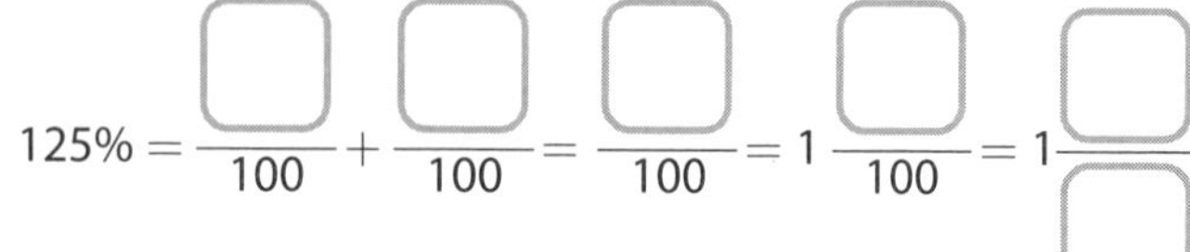

$125\% = \frac{\square}{100} + \frac{\square}{100} = \frac{\square}{100} = 1\frac{\square}{100} = 1\frac{\square}{\square}$.

Reflexiona

7. **Representaciones múltiples** ¿Qué equivalencias de decimales, fracciones y porcentajes aparecen en cada modelo? Explica.

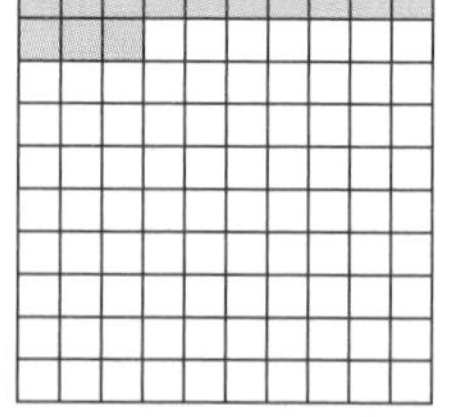

a. ______________________________

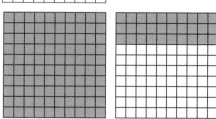

____

____

b. ______________________________

____

____

Escribir fracciones como decimales y porcentajes

Puedes escribir algunas fracciones como porcentajes si escribes una fracción equivalente con 100 como denominador. Este método es útil cuando la fracción tiene un denominador que es factor o múltiplo de 100. Si una fracción no tiene un denominador que es factor o múltiplo de 100, puedes usar una división desarrollada.

EJEMPLO 2

ESTÁNDARES COMUNES 6.RP.3

A 96 de cada 200 animales que atiende un veterinario son caballos. Escribe $\frac{96}{200}$ como un decimal y como porcentaje.

Observa que el denominador es un múltiplo de 100.

PASO 1 Escribe una fracción equivalente con 100 como denominador.

$\frac{96}{200} = \frac{48}{100}$ *Divide el numerador y el denominador entre 2.*

PASO 2 Escribe el decimal equivalente.

$\frac{48}{100} = 0.48$

PASO 3 Escribe el porcentaje equivalente.

$\frac{48}{100} = 48\%$ *Porcentaje significa por cada 100.*

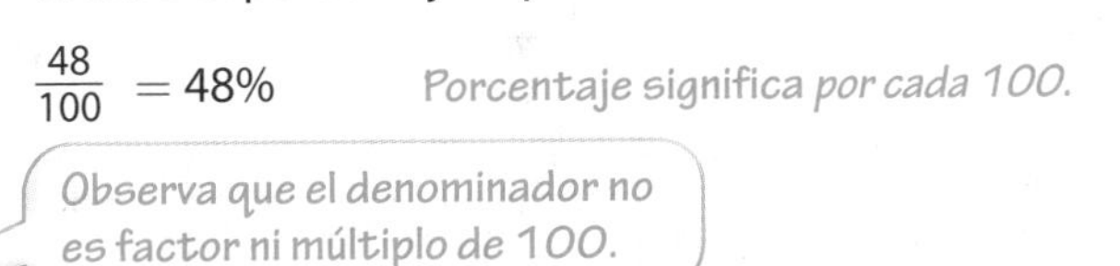

Observa que el denominador no es factor ni múltiplo de 100.

B $\frac{1}{8}$ de los animales que atiende el veterinario son perros. Escribe $\frac{1}{8}$ como decimal y como porcentaje.

PASO 1 Divide el numerador entre el denominador con una división desarrollada.

$$\frac{1}{8} = 8\overline{)1.000} = 0.125$$

$$\begin{array}{r} 0.125 \\ 8\overline{)1.000} \\ \underline{-8} \\ 20 \\ \underline{-16} \\ 40 \\ \underline{-40} \\ 0 \end{array}$$

Agrega un punto decimal y ceros a la derecha del numerador donde sea necesario.

El decimal equivalente de $\frac{1}{8}$ es 0.125.

PASO 2 Escribe el decimal como porcentaje.

$0.125 = \frac{125}{1,000}$ *Escribe la fracción equivalente del decimal.*

$\frac{125}{1,000} = \frac{12.5}{100}$ ($\div 10$ numerador y denominador) *Escribe una fracción equivalente con 100 como denominador.*

$\frac{12.5}{100} = 12.5\%$ *Escríbela como un porcentaje.*

El porcentaje equivalente de $\frac{1}{8}$ es 12.5%.

ES TU TURNO

Escribe cada fracción como un decimal y como un porcentaje.

8. $\frac{9}{25}$ ____________

9. $\frac{7}{8}$ ____________

Práctica con supervisión

1. Helene gasta el 12% de su presupuesto en transporte. Escribe este porcentaje como una fracción y como un decimal. (Ejemplo 1)

____

Representa el decimal. Luego escribe el porcentaje y la fracción equivalentes. (Actividad para explorar)

2. 0.53

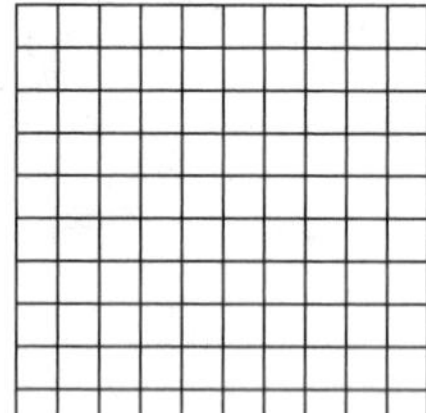

____

3. 1.07

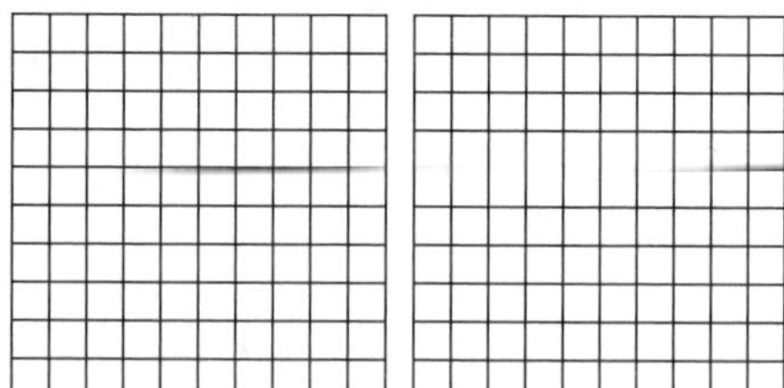

____

Escribe cada fracción como un decimal y como un porcentaje. (Ejemplo 2)

4. $\frac{7}{20}$ de los paquetes ____________

5. $\frac{3}{8}$ de un pastel ____________

ÉNFASIS EN LA PREGUNTA ESENCIAL

6. ¿Cómo te ayuda la definición de *porcentaje* a escribir fracciones y decimales equivalentes?

____

____

____

____

____

Nombre ____________________ Clase ____________________ Fecha ____________________

8.2 Práctica independiente

6.RP.3

Escribe los porcentajes como una fracción y como un decimal.

7. 72% lleno

____

8. 25% de éxitos

____

9. 500% de aumento

____

10. 5% de impuestos

____

11. 37% de ganancias

____

12. 165% de mejora

____

Escribe cada fracción como un decimal y como un porcentaje.

13. $\frac{5}{8}$ de pulgada

____

14. $\frac{258}{300}$ de los participantes

____

15. $\frac{350}{100}$ de las ganancias

____

16. El cartel muestra cuántos juegos de fútbol americano ha ganado el equipo hasta ahora. Expresa esta información como una fracción, un porcentaje y como un decimal.

____

17. Justine respondió correctamente 68 preguntas en una prueba de 80 preguntas. Expresa esta cantidad como una fracción, un porcentaje y un decimal.

____

Cada diagrama está hecho de piezas idénticas más pequeñas. Escribe cuántas piezas debes sombrear para representar el porcentaje dado.

18. 75% __________

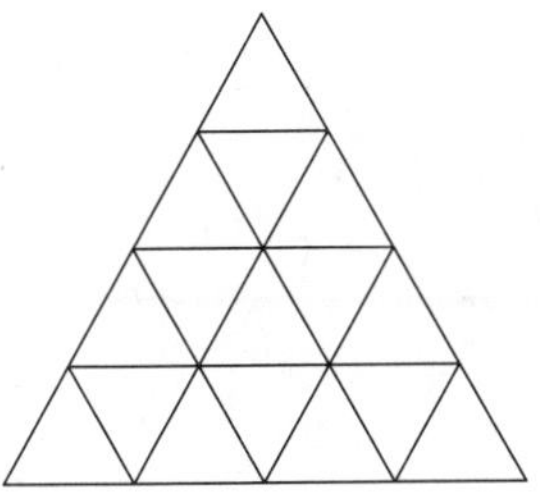

19. 25% __________

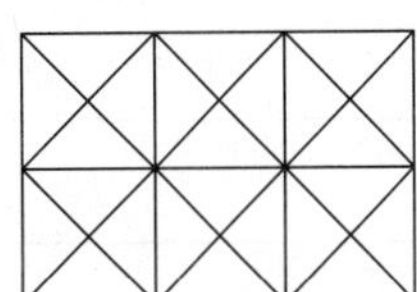

20. Representaciones múltiples En la Librería de Brian, 0.3 de los estantes tienen libros de misterio, 25% de los estantes tienen guías de viaje y $\frac{7}{20}$ de los estantes tienen libros para niños. ¿Qué tipo de libros ocupan más espacio en la tienda? Explica cómo obtuviste la respuesta.

Área de trabajo

____

____

H.O.T. ENFOQUE EN ALTA CAPACIDAD DE RAZONAMIENTO

21. Razonamiento crítico Un artículo del periódico informa sobre los resultados de unas elecciones entre dos candidatos. El artículo dice que Smith obtuvo el 60% de los votos y Murphy obtuvo $\frac{1}{3}$ de los votos. Un lector escribe para quejarse de que el artículo es incorrecto. ¿Qué razón puede tener el lector para pensar esto?

____

____

____

22. Representa problemas de la vida real Evan calcula que el costo de vida de su familia es de $2,000 al mes. Completa la tabla para expresar la porción que gasta en cada concepto como porcentaje, fracción y decimal.

	Comida: $500	**Alquiler: $1,200**	**Transporte: $300**
Fracción			
Porcentaje			
Decimal			

23. Comunica ideas matemáticas Calcula la suma de cada fila en la tabla. Explica por qué tienen sentido estas sumas.

____

____

____

24. Explica el error Tu amigo dice que 14.5% es equivalente al decimal 14.5. Compara las fracciones equivalentes de 14.5% y 14.5 para explicar por qué tu amigo no tiene razón.

____

____

LECCIÓN 8.3

Resolver problemas de porcentajes

ESTÁNDARES COMUNES 6.RP.3c

Find a percent of a quantity ...; solve problems involving finding the whole, given a part and the percent. *Also 6.RP.3*

PREGUNTA ESENCIAL

¿Cómo puedes resolver problemas usando porcentajes?

ACTIVIDAD PARA EXPLORAR En el mundo

Representar un problema de porcentajes

Puedes resolver un problema de porcentajes usando un modelo.

Una tienda de deportes recibió un envío de 400 guantes de béisbol. El 30% eran para zurdos. ¿Cuántos guantes para zurdos había en el envío?

A Resuelve el problema con el diagrama.

30% significa 30 de ______.

Había ______ guantes para zurdos por cada 100 guantes de béisbol.

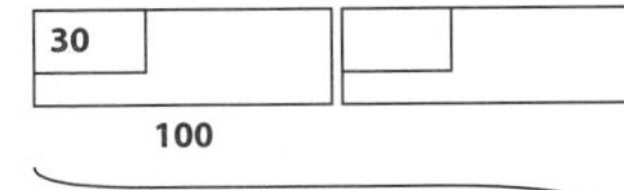

Completa el diagrama para representar esta situación.

B Describe cómo el diagrama representa el envío de guantes.

____

____

____

C Explica cómo puedes usar el diagrama para calcular el número total de guantes para zurdos en el envío.

____

D Resuelve el problema con un modelo de barras. La barra representa 100% del envío total de 400 guantes. La barra está dividida en 10 partes iguales. Completa los rótulos en la parte inferior de la barra.

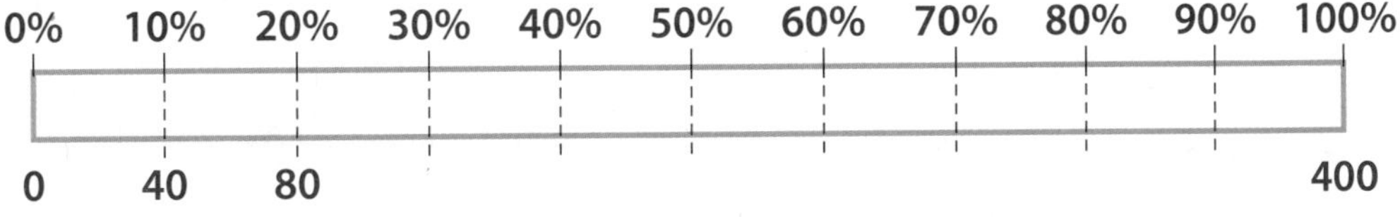

Reflexiona

1. **Justifica tu razonamiento** ¿Cómo determinaste los rótulos en la parte inferior del modelo de barras en el Paso D?

____

____

2. **Comunica ideas matemáticas** ¿Cómo puedes calcular el número de guantes para zurdos con el modelo de barras?

____

Calcular el porcentaje de un número

Un porcentaje es equivalente a la razón de una parte a un todo. Para calcular el porcentaje de un número, puedes escribir una razón que represente el porcentaje y calcular una razón equivalente que compare la parte con el todo.

Para calcular 30% de 400 puedes usar:

La palabra *de* implica multiplicación.

Razonamiento proporcional

$$\frac{30}{100} = \frac{?}{400} \quad \begin{array}{l}\leftarrow \text{parte} \\ \leftarrow \text{todo}\end{array} \quad (\times 4)$$

$$= \frac{120}{400}$$

Multiplicación

$$30\% \text{ de } 400 = \frac{30}{100} \text{ de } 400$$

$$= \frac{30}{100} \times 400$$

$$= 120$$

EJEMPLO 1

6.RP.3c

A Calcula el 28% de 25 usando el razonamiento proporcional.

PASO 1 Escribe una proporción que compare el porcentaje con la razón de la parte al todo.

$$\frac{?}{25} = \frac{28}{100}$$

Observa que 25 es un factor de 100.

PASO 2 Calcula el factor de multiplicación.

$$\begin{array}{l}\text{parte} \rightarrow \\ \text{todo} \rightarrow\end{array} \frac{?}{25} = \frac{28}{100} \quad (\times 4)$$

Como $25 \cdot 4 = 100$, calcula qué número por 4 equivale a 28.

PASO 3 Calcula el numerador.

$$\frac{7}{25} = \frac{28}{100}$$

Como $4 \cdot 7 = 28$, 28% de $25 = 7$.

28% de 25 es 7.

Charla matemática
Prácticas matemáticas

¿Podrías calcular el 28% de 25 usando la proporción $\frac{28}{100}$? Explica.

B Multiplica por una fracción para calcular el 35% de 60.

PASO 1 Escribe el porcentaje como una fracción.

$35\% \text{ de } 60 = \frac{35}{100} \text{ de } 60$

PASO 2 Multiplica.

$\frac{35}{100} \text{ de } 60 = \frac{35}{100} \times 60$

$= \frac{2{,}100}{100}$

$= 21$ Simplifica.

El 35% de 60 es 21.

C Multiplica por un decimal para calcular el 5% de 180.

PASO 1 Escribe el porcentaje como un decimal.

$5\% = \frac{5}{100} = 0.05$

PASO 2 Multiplica.

$180 \times 0.05 = 9$

El 5% de 180 es 9.

Reflexiona

3. **Analiza las relaciones** En B, el porcentaje es 35%. ¿Cuál es la parte y cuál es el todo?

____

____

4. **Comunica ideas matemáticas** Explica cómo calcular el 35% de 600 usando el razonamiento proporcional.

____

____

____

____

____

Calcula el porcentaje de cada número.

5. 38% de 50 ______ **6.** 27% de 300 ______ **7.** 60% de 75 ______

Entrenador personal en matemáticas
Evaluación e intervención en línea
my.hrw.com

Calcular un porcentaje dados una parte y un todo

Puedes resolver problemas en los que tienes que calcular un porcentaje utilizando el razonamiento proporcional.

EJEMPLO 2

6.RP.3

El director de la escuela gastó $2,000 para comprar computadoras nuevas. De este dinero, $120 se gastaron en teclados. ¿Qué porcentaje del dinero se gastó en teclados?

PASO 1 Como quieres saber qué parte del dinero se gastó en teclados, compara la parte con el todo.

parte → / todo → $\frac{\$120}{\$2{,}000}$

PASO 2 Escribe una proporción que compare el porcentaje con la razón de parte a todo.

parte → / todo → $\frac{?}{100} = \frac{120}{2{,}000}$ ← parte / ← todo

PASO 3 Calcula el factor de multiplicación.

$\frac{?}{100} = \frac{120}{2{,}000}$ (×20 arriba y abajo)

Como $100 \times 20 = 2{,}000$, calcula qué número por 20 equivale a 120.

PASO 4 Calcula el numerador.

$\frac{6}{100} = \frac{120}{2{,}000}$

Como $20 \times 6 = 120$, el porcentaje es 6%.

El director gastó 6% del dinero en teclados.

Reflexiona

8. **Comunica ideas matemáticas** Escribe 57% como una razón. ¿Qué parte de la razón representa la parte y qué parte representa el todo? Explica.

____

____

____

ES TU TURNO

9. De los 25 estudiantes que hay en la clase de la Sra. Green, 19 tienen mascotas. ¿Qué porcentaje de los estudiantes de la Sra. Green tienen mascotas? ____________

Calcular un todo dados una parte y un porcentaje

Puedes aplicar el razonamiento proporcional para resolver problemas en los que conoces una parte y un porcentaje y debes calcular el todo.

EJEMPLO 3 

6.RP.3c

A 12 estudiantes del coro de la escuela les gusta cantar solos. Estos 12 estudiantes componen el 24% del coro. ¿Cuántos estudiantes hay en el coro?

Como quieres saber el número total de estudiantes en el coro, compara la parte con el todo.

parte → todo → $\frac{12}{?}$

Escribe una proporción que compare el porcentaje con la razón de parte a todo.

parte → todo → $\frac{12}{?} = \frac{24}{100}$ ← parte ← todo

Sabes que 12 estudiantes representan el 24%.

PASO 3 Calcula el factor de multiplicación.

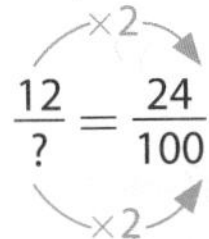

$\frac{12}{?} = \frac{24}{100}$

Como $12 \times 2 = 24$, calcula qué número por $2 = 100$.

Calcula el denominador.

$\frac{12}{50} = \frac{24}{100}$ *Como $50 \times 2 = 100$, el denominador es 50.*

Hay 50 estudiantes en el coro.

Charla matemática
Prácticas matemáticas

Supongamos que se suman al coro 10 estudiantes más. Ninguno de ellos es solista. ¿Qué porcentaje de solistas hay ahora?

Reflexiona

10. Comprueba si es razonable En el Ejemplo 3, 24% es cercano a 25%. ¿Cómo puedes aprovechar esto para comprobar si 50 es un número razonable para el número total de estudiantes en el coro?

____

____

____

____

____

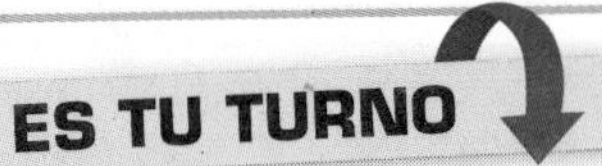

11. 6 es 30% de ______.

12. 15% de ______ es 75.

Práctica con supervisión

1. Una tienda tiene un pedido de 300 televisores y el 80% son de alta definición. ¿Cuántos televisores en el pedido son de alta definición? Usa el modelo de barras y completa la parte inferior de la barra. (Actividad para explorar)

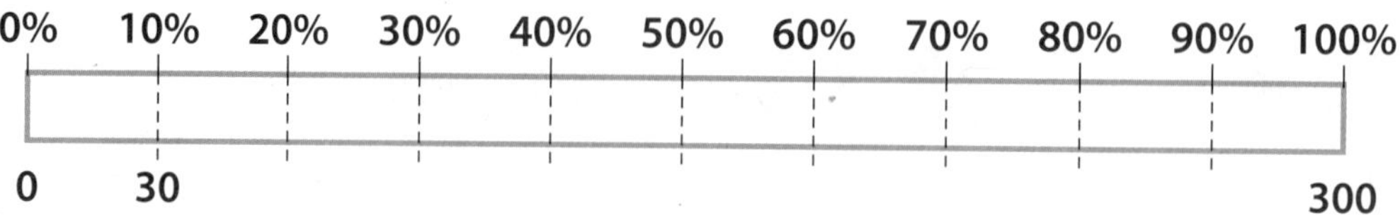

____

2. Calcula el 65% de 200 usando el razonamiento proporcional. (Ejemplo 1)

parte → $\frac{\square}{100} = \frac{?}{\square}$ ← parte
todo → ← todo

65% de 200 es ______.

3. Multiplica para calcular el 5% de 180. (Ejemplo 1)

$\frac{5}{100}$ de $180 = \frac{5}{100} \square 180$

$= \frac{\square}{100} = \square$

5% de 180 es ______.

4. Alana gastó \$21 del sueldo de \$300 en un regalo. ¿Qué porcentaje del sueldo gastó en el regalo? (Ejemplo 2)

parte → $\frac{?}{\square} = \frac{\$\square}{\$\square}$ ← parte
todo → ← todo

Alana gastó el ______ del sueldo en el regalo.

5. En Pizza Pi, el 9% de las pizzas que hicieron la semana pasada tenían doble queso. Si 27 pizzas tenían doble queso, ¿cuántas pizzas hicieron en total la semana pasada? (Ejemplo 3)

parte → $\frac{\square}{100} = \frac{27}{?}$ ← parte
todo → ← todo

La semana pasada hicieron ______ pizzas.

ÉNFASIS EN LA PREGUNTA ESENCIAL

6. ¿Cómo puedes resolver problemas con porcentajes utilizando el razonamiento proporcional?

____

____

____

____

Nombre ______________________ Clase ______________ Fecha ______________

8.3 Práctica independiente

ESTÁNDARES COMUNES 6.RP.3, 6.RP.3c

Entrenador personal en matemáticas
my.hrw.com
Evaluación e intervención en línea

Calcula el porcentaje de cada número

7. 64% de 75 baldosas ______

8. 20% de 70 plantas ______

9. 32% de 25 páginas ______

10. 85% de 40 mensajes electrónicos ______

11. 72% de 350 amigos ______

12. 5% de 220 archivos ______

Completa las oraciones.

13. 4 estudiantes es el ______ % de 20 estudiantes.

14. 2 doctores es el ______ % de 25 doctores.

15. El ______ % de 50 camisas es 35 camisas.

16. El ______ % de 200 millas es 150 millas.

17. 4% de ______ días es 56 días.

18. 60 minutos es el 20% de ______ minutos.

19. El 80% de ______ juegos es 32 juegos.

20. 360 kilómetros es 24% de ______ kilómetros.

21. El 75% de ______ duraznos es 15 duraznos.

22. 9 tiendas es el 3% de ______ tiendas.

23. En un refugio, 15% de los perros son cachorros. En el refugio hay 60 perros. ¿Cuántos son cachorros? ______ cachorros

24. Carl tiene 200 canciones en su reproductor de MP3. De estas canciones, 24 son de música country. ¿Qué porcentaje de las canciones de Carl son de música country? ______

25. **Matemáticas del consumidor** El impuesto sobre las ventas en el pueblo de Amanda es del 7%. Amanda pagó $35 de impuestos por su equipo de música nuevo. ¿Cuánto costó el equipo? ______

26. **Competencia en finanzas** Ashton ahorra dinero para comprar una bicicleta nueva. Necesita $120 pero hasta ahora ha ahorrado solo el 60%. ¿Cuánto dinero más necesita Ashton para comprar la bicicleta? ______

27. **Matemáticas del consumidor** Mónica pagó un impuesto sobre las ventas de $1.50 por un casco de bicicleta nuevo. Si la tasa del impuesto sobre las ventas era del 5%, ¿cuánto cobró la tienda por el casco antes del impuesto? ______

28. Usa la gráfica circular para determinar cuántas horas al día pasa Becky en cada actividad.

Escuela: ______ horas

Comer: ______ horas

Dormir: ______ horas

Tarea: ______ horas

Tiempo libre: ______ horas

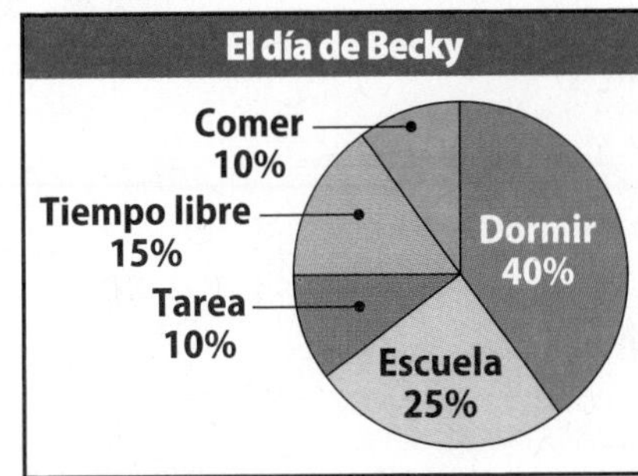

H.O.T. ENFOQUE EN ALTA CAPACIDAD DE RAZONAMIENTO

Área de trabajo

29. **Varios pasos** Marc pidió una alfombra. Entregó un depósito del 30% del precio y pagará el resto cuando le entreguen la alfombra. Si el depósito fue de $75, ¿cuánto debe Marc? Explica cómo calculaste la respuesta.

30. **Ciencias de la Tierra** La gravedad afecta tu peso según en qué planeta estés. Un objeto que pesa 150 libras en la Tierra pesa solo 56.55 libras en Marte. El mismo objeto pesa solo 24.9 libras en la Luna.

a. ¿Qué porcentaje del peso del objeto en la Tierra es su peso en Marte y en la Luna?

b. Supongamos que *x* representa el peso de un objeto en la Tierra. Escribe dos expresiones: una que te permita calcular el peso del objeto en Marte y otra que te permita calcular el peso del objeto en la Luna.

c. El traje espacial que llevaba Neil Armstrong cuando pisó la Luna por primera vez pesaba aproximadamente 180 libras en la Tierra. ¿Cuánto pesaba en la Luna?

d. **¿Qué pasa si...?** Si pudieras viajar a Júpiter, tu peso sería el 236.4% del peso en la Tierra. ¿Cuánto pesaría el traje de Neil Armstrong en Júpiter?

31. **Explica el error** Tu amigo usó la proporción $\frac{25}{100} = \frac{50}{?}$ para calcular el 25% de 50 y dice que la respuesta es 200. Explica por qué tu amigo no tiene razón y calcula la respuesta correcta.

¿Listo para seguir?

8.1 Comprender porcentajes

Sombrea la cuadrícula y escribe el porcentaje equivalente de cada fracción.

1. $\frac{19}{50}$ ________

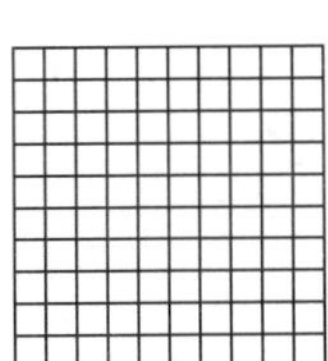

2. $\frac{13}{20}$ ________

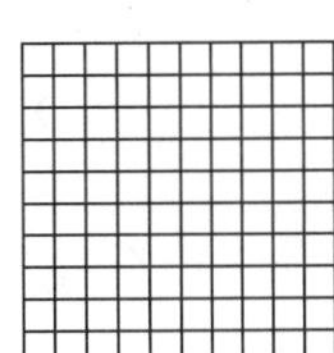

8.2 Porcentajes, fracciones y decimales

Escribe cada número de dos formas equivalentes.

3. $\frac{3}{5}$ ________

4. 62.5% ________

5. 0.24 ________

6. $\frac{31}{50}$ ________

7. Selma gastó $\frac{7}{10}$ de la mesada en una mochila nueva. ¿Qué porcentaje de la mesada gastó? ________

8.3 Resolver problemas de porcentajes

Completa los enunciados.

8. 12 es el 30% de ________.

9. El 45% de 20 es ________.

10. 18 es el ________ % de 30.

11. 56 es el 80% de ________.

12. Un paquete de lápices con aroma a canela cuesta $4.00. ¿Cuál es la tasa de impuesto sobre las ventas si el costo total de los lápices es de $4.32? ________

PREGUNTA ESENCIAL

13. ¿Cómo puedes resolver problemas de porcentajes?

____

____

____

____

MÓDULO 8 REPASO MIXTO

Preparación para la evaluación

Respuesta seleccionada

1. ¿Qué porcentaje representa esta cuadrícula sombreada?

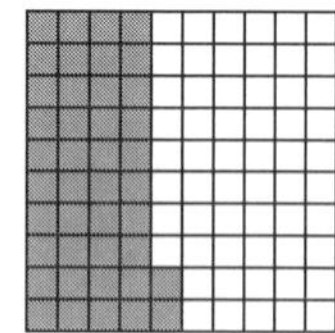

Ⓐ 42%
Ⓑ 48%
Ⓒ 52%
Ⓓ 58%

2. ¿Qué expresión **no** es igual a un cuarto de 52?

Ⓐ 0.25 • 52
Ⓑ 4% of 52
Ⓒ 52 ÷ 4
Ⓓ $\frac{52}{4}$

3. Aproximadamente $\frac{4}{5}$ de los propietarios de hogares en Estados Unidos tienen un teléfono móvil. ¿Qué porcentaje de los propietarios de hogares **no** tienen un teléfono móvil?

Ⓐ 20%
Ⓑ 45%
Ⓒ 55%
Ⓓ 80%

4. La razón de música rock al total de CD que tiene Elsa es $\frac{25}{40}$. Paolo tiene 50 CD de rock. La razón de música rock al total de CD en su colección es equivalente a la razón de música rock al total de CD en la colección de Elsa. ¿Cuántos CD tienen ellos?

Ⓐ 65 Ⓒ 120
Ⓑ 80 Ⓓ 130

5. Gabriel ahorra el 40% de su sueldo mensual para la universidad. El mes pasado ganó $270. ¿Cuánto dinero ahorró Gabriel para la universidad?

Ⓐ $96 Ⓒ $162
Ⓑ $108 Ⓓ $180

6. Cuarenta niños de un club extraescolar fueron a la primera sesión del cine. Estos niños representaban el 25% de los niños que hay en el club. ¿Cuántos niños hay en el club?

Ⓐ 10 Ⓒ 200
Ⓑ 160 Ⓓ 900

7. Dominic respondió correctamente 43 de las 50 preguntas que había en su prueba de ortografía. ¿Qué decimal representa la fracción de problemas que respondió incorrectamente?

Ⓐ 0.07 Ⓒ 0.86
Ⓑ 0.14 Ⓓ 0.93

Minitarea

8. Jen compró roscas. La razón de roscas de sésamo a roscas simples es de 1:3.

a. ¿Qué fracción de las roscas son simples?

____

b. ¿Qué porcentaje de las roscas son simples?

____

c. Si Jill compró 2 docenas de roscas, ¿cuántas de cada tipo compró?

____

Repaso de la Guía de estudio

MÓDULO 6 Representar razones y tasas

PREGUNTA ESENCIAL

¿Cómo puedes resolver problemas de la vida real con razones y tasas?

Vocabulario clave

razón *(ratio)*

razones equivalentes *(equivalent ratios)*

tasa *(rate)*

tasa unitaria *(unit rate)*

EJEMPLO 1

Tina paga $45.50 por 13 cajas de galletas de trigo. ¿Cuál es el precio unitario?

$\frac{\$45.50}{13 \text{ cajas}} = \frac{\$3.50}{1 \text{ caja}}$ El precio unitario es de $3.50 por caja de galletas.

EJEMPLO 2

Una receta de mezcla de nueces y frutas secas, requiere 3 tazas de uvas pasas y 4 tazas de cacahuates. Mitt hizo la mezcla para una fiesta y usó 5 tazas de uvas pasas y 6 tazas de cacahuates. ¿Usó la razón correcta de pasas a cacahuates?

$\frac{3 \text{ tazas de uvas pasas}}{4 \text{ tazas de cacahuates}}$ La razón de la receta de pasas a cacahuates es de $\frac{3}{4}$.

$\frac{5 \text{ tazas de uvas pasas}}{6 \text{ tazas de cacahuates}}$ Mitt usó una razón de $\frac{5}{6}$.

$\frac{3}{4} \times \frac{3}{3} = \frac{9}{12}$ $\frac{5}{6} \times \frac{2}{2} = \frac{10}{12}$ $\frac{9}{12} < \frac{10}{12}$

Mitt usó una razón más alta de pasas a cacahuates en la mezcla de nueces y frutas secas.

EJERCICIOS

Escribe tres razones equivalentes para cada razón. (Lección 7.1)

1. $\frac{18}{6}$ __________

2. $\frac{5}{45}$ __________

3. $\frac{3}{5}$ __________

4. Para preparar un color anaranjado oscuro, Ron mezcla 3 onzas de pintura roja con 2 onzas de pintura amarilla. Escribe la razón de pintura roja a pintura amarilla de tres maneras. (Lección 7.1) __________

5. Una caja de una docena de tartas de fruta cuesta $15.00. ¿Cuánto cuesta cada tarta de fruta? (Lección 7.2) __________

Compara las razones. (Lección 7.3)

6. $\frac{2}{5}$ ◯ $\frac{3}{4}$

7. $\frac{9}{2}$ ◯ $\frac{10}{7}$

8. $\frac{2}{11}$ ◯ $\frac{3}{12}$

9. $\frac{6}{7}$ ◯ $\frac{8}{9}$

MÓDULO 7

Aplicar razones y tasas

PREGUNTA ESENCIAL

¿Cómo puedes resolver problemas de la vida real con razones y tasas?

Vocabulario clave
dibujo a escala *(scale drawing)*
factor de conversión *(conversion factor)*
proporción *(proportion)*
escala *(scale)*

EJEMPLO 1

A. Jessica gana $5 por cada perro que camina. Completa la tabla, describe la regla e indica si la relación es aditiva o multiplicativa. Luego marca los pares ordenados en un plano cartesiano.

Número de perros	1	2	3	4	5
Ganancia ($)	5	10	15	20	25

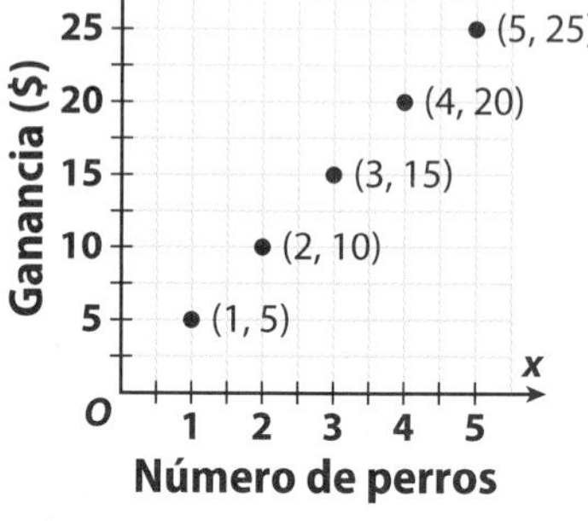

La ganancia de Jessica es el número de perros que camina multiplicado por $5. La relación es multiplicativa.

B. El veterinario le dice a Luis que le debe poner un collar de 35 centímetros al perro. ¿Cuánto es esto en pulgadas?

Usa el factor de conversión de 1 pulgada = 2.54 centímetros, escrito como una tasa $\frac{1 \text{ pulg.}}{2.54 \text{ cm}}$.

$35 \text{ cm} \cdot \frac{1 \text{ pulg.}}{2.54 \text{ cm}} \approx 13.78$

El collar debe medir aproximadamente 14 pulgadas.

EJERCICIOS

1. Thaddeus tiene $5 ahorrados. Quiere ahorrar más para comprar un libro. Completa la tabla y marca los pares ordenados en el plano cartesiano. (Lecciones 8.1, 8.2)

Ahorros nuevos	4	6	8	10
Ahorros totales	9			

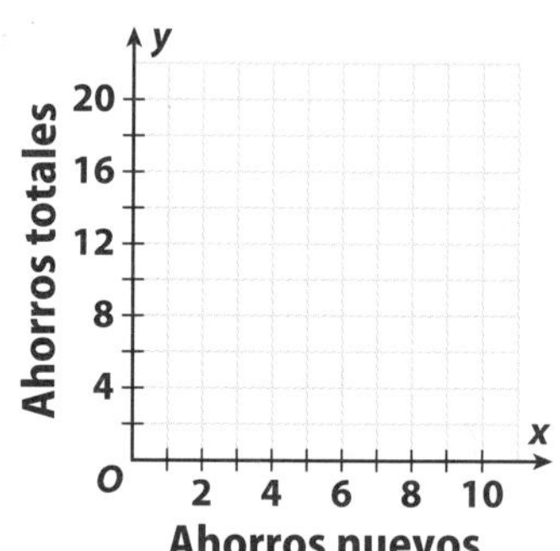

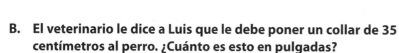

2. En una molécula de agua hay 2 átomos de hidrógeno y 1 de oxígeno. Completa la tabla y enumera las razones equivalentes que aparecen allí. (Lecciones 8.1, 8.2)

Átomos de hidrógeno	8		16	20
Átomos de oxígeno		6		

3. Sam puede resolver 30 problemas de multiplicación en 2 minutos. ¿Cuántos puede resolver en 20 minutos? (Lección 8.3)

4. Un chihuahua macho pesa 5 libras. ¿Cuántas onzas pesa? (Lección 8.4)

____

MÓDULO 8 Porcentajes

PREGUNTA ESENCIAL

¿Cómo puedes resolver problemas de la vida real con porcentajes?

EJEMPLO 1

Calcula un porcentaje equivalente para $\frac{7}{10}$.

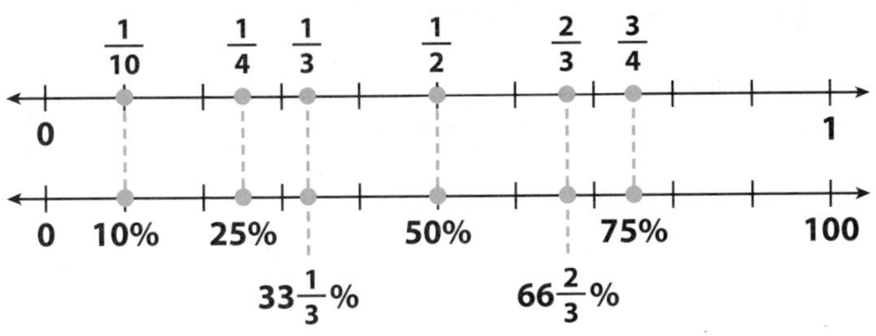

$\frac{7}{10} = 7 \cdot \frac{1}{10}$ $\frac{7}{10} = 7 \cdot 10\%$ $\frac{7}{10} = 70\%$

Calcula un porcentaje equivalente para $\frac{1}{5}$.

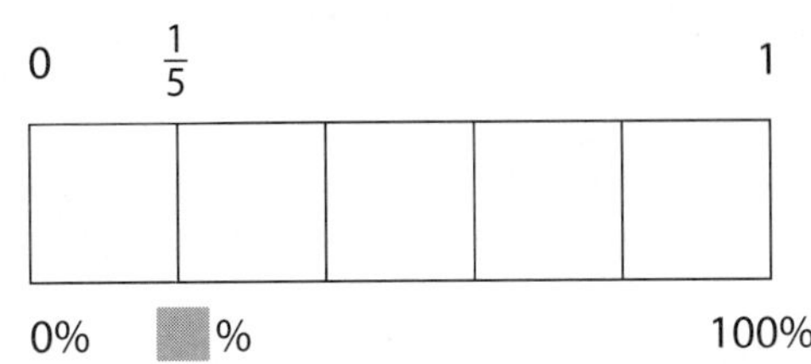

$\frac{1}{5}$ de $100 = 20$, entonces $\frac{1}{5}$ de $100\% = 20\%$

$\frac{1}{5} = 20\%$

EJEMPLO 2

Trece de los 50 estados de Estados Unidos no tienen acceso al mar. Escribe $\frac{13}{50}$ como decimal y porcentaje.

$\frac{13}{50} = \frac{26}{100}$ $\frac{26}{100} = 0.26$ $0.26 = 26\%$ $\frac{13}{50} = 0.26 = 26\%$

EJEMPLO 3

Buckner depositó $60 de los $400 de sueldo en la cuenta de ahorros. Calcula el porcentaje que Buckner ahorró del sueldo.

$\frac{60}{400} = \frac{?}{100}$ $\frac{60 \div 4}{400 \div 4} = \frac{15}{100}$ Buckner ahorró 15% del sueldo.

EJERCICIOS

Escribe las fracciones como decimal y como porcentaje. (Lecciones 9.1, 9.2)

1. $\frac{3}{4}$ __________ **2.** $\frac{7}{20}$ __________ **3.** $\frac{8}{5}$ __________

Completa los enunciados. (Lecciones 9.1, 9.2)

4. 25% de 200 es __________. **5.** 16 es __________ de 20. **6.** 21 es 70% de __________.

7. 42 de los 150 empleados de Reparacoches Carlo usan lentes de contacto.

¿Qué porcentaje de los empleados usa lentes de contacto? (Lección 9.3) ________________

8. La semana pasada en Gran Oferta, el 75% de las computadoras que se vendieron eran portátiles. Si se vendieron 340 computadoras

la semana pasada, ¿cuántas eran portátiles? (Lección 9.3) ________________

Unidad 3 Tareas de rendimiento

1. **PROFESIONES EN MATEMÁTICAS** Constructor de viviendas Kaylee, una constructora de viviendas, prepara el presupuesto de pintura para una casa que está construyendo. Un galón de pintura cuesta $38.50 y el rótulo dice que cubre aproximadamente 350 pies cuadrados.

a. Explica cómo calcular el precio de la pintura por pie cuadrado. Calcula el valor. Muestra el trabajo.

____

____

b. Kaylee midió el cuarto que quiere pintar y calculó un área total de 825 pies cuadrados. Si la pintura se consigue únicamente en latas de un galón, ¿cuántas latas de pintura debe comprar? Justifica la respuesta.

____

____

2. Davette quiere comprar sábanas de franela. Ella lee que se considera de alta calidad un peso de por lo menos 190 gramos por metro cuadrado.

a. Davette halla una sábana que pesa 920 gramos y mide 5 metros cuadrados. ¿Cumple esta sábana con los requisitos de alta calidad? De no ser así, ¿cuál debería ser el peso para 5 metros cuadrados? Explica.

____

b. Davette halla otras 3 opciones para sábanas de franela:

Opción 1: 1,100 g de franela en 6 metros cuadrados, $45

Opción 2: 1,260 g de franela en 6.6 metros cuadrados, $42

Opción 3: 1,300 g de franela en 6.5 metros cuadrados, $52

Ella quiere comprar la sábana que cumpla los requisitos de alta calidad y que tenga el precio más bajo por metro cuadrado. ¿Qué opción debe comprar? Justifica la respuesta.

____

____

UNIDAD 3 REPASO MIXTO

Preparación para la evaluación

Respuesta seleccionada

1. La parte más profunda de una piscina tiene 12 pies de profundidad. La parte menos profunda tiene 3 pies. ¿Cuál es la razón de profundidad de la parte más profunda a la parte menos profunda?

Ⓐ 4:1

Ⓑ 12:15

Ⓒ 1:4

Ⓓ 15:12

2. ¿Cuántos centímetros hay en 15 metros?

Ⓐ 0.15 centímetros

Ⓑ 1.5 centímetros

Ⓒ 150 centímetros

Ⓓ 1,500 centímetros

3. Barbara puede caminar 3,200 metros en 24 minutos. ¿Qué distancia puede caminar en 3 minutos?

Ⓐ 320 metros

Ⓑ 400 metros

Ⓒ 640 metros

Ⓓ 720 metros

4. La tabla siguiente muestra el número de ventanas y paneles de vidrio en las ventanas.

Ventanas	2	3	4	5
Paneles	12	18	24	30

¿Cuál representa el número de paneles?

Ⓐ ventanas $\times$ 5

Ⓑ ventanas $\times$ 6

Ⓒ ventanas $+$ 10

Ⓓ ventanas $+$ 15

5. La gráfica a continuación representa la rapidez de Donovan en bicicleta.

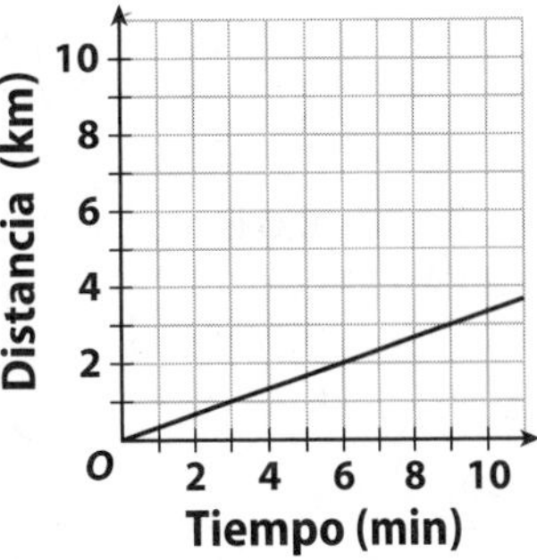

¿Cuál par ordenado yace sobre la recta?

Ⓐ (1, 3)

Ⓑ (2, 2)

Ⓒ (6, 4)

Ⓓ (9, 3)

Lee la gráfica o el diagrama tan detenidamente como la pregunta del examen. Estas ayudas visuales contienen información importante.

6. ¿Qué porcentaje representa la parte sombreada de la cuadrícula?

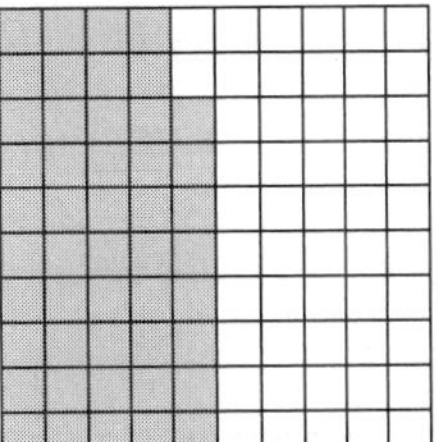

Ⓐ 42%

Ⓑ 48%

Ⓒ 52%

Ⓓ 58%

7. Ivan ahorra el 20% de su salario mensual para comprar equipos de música. El mes pasado ganó \$335. ¿Cuánto dinero ahorró Ivan para el equipo de música?

Ⓐ \$65

Ⓑ \$67

Ⓒ \$70

Ⓓ \$75

8. ¿Cuántos vasos de 0.6 litros puedes llenar con una jarra de 4.5 litros?

Ⓐ 1.33 vasos

Ⓑ 3.9 vasos

Ⓒ 7.3 vasos

Ⓓ 7.5 vasos

9. ¿Cuál de las siguientes opciones muestra los enteros en orden de mayor a menor?

Ⓐ 22, 8, 7, 2, −11

Ⓑ 2, 7, 8, −11, 22

Ⓒ −11, 2, 7, 8, 22

Ⓓ 22, −11, 8, 7, 2

10. ¿Cómo conviertes 15 pies a centímetros?

Ⓐ Multiplicar 15 pies por $\frac{1 \text{ pie}}{12 \text{ pulg}}$ y $\frac{2.54 \text{ cm}}{1 \text{ pulg}}$

Ⓑ Multiplicar 15 pies por $\frac{1 \text{ pie}}{12 \text{ pulg}}$ y $\frac{1 \text{ pulg}}{2.54 \text{ cm}}$.

Ⓒ Multiplicar 15 pies por $\frac{12 \text{ pulg}}{1 \text{ pie}}$ y $\frac{2.54 \text{ cm}}{1 \text{ pulg}}$

Ⓓ Multiplicar 15 pies por $\frac{12 \text{ pulg}}{1 \text{ pie}}$ y $\frac{1 \text{ cm}}{2.54 \text{ pulg}}$

Minitarea

11. Claire y Malia se entrenan para una competencia.

a. Claire corre 10 km en 1 hora. ¿Cuántos kilómetros corre en media hora? ¿Y en $2\frac{1}{2}$ horas?

____

b. Malia corre 5 millas en 1 hora. ¿Cuántas millas corre en media hora? ¿Y en $2\frac{1}{2}$ horas?

____

c. El martes, tanto Claire como Malia corrieron por $2\frac{1}{2}$ horas. ¿Quién corrió la distancia más larga?

____

12. Una tienda por departamentos ofrece rebajas.

a. Malcolm compró 6 tazones por \$13.20. ¿Cuál es la tasa unitaria?

____

b. La tienda ofrece una promoción. Por cada 8 vasos que compras, recibes 3 platos gratis. Malcolm obtuvo 9 platos gratis. ¿Cuántos vasos compró?

____

c. La tasa unitaria de los vasos era \$1.80 por vaso. ¿Cuánto gastó Malcolm en vasos?

____

13. Una receta requiere 6 tazas de agua y 4 tazas de harina.

a. ¿Cuál es la razón de agua a harina?

____

b. Si se aumenta la receta a 6 tazas de harina, ¿cuánta agua debe usarse?

____

c. Si se reduce la receta a 2 tazas de agua, ¿cuánta harina debe usarse?

____

Expresiones equivalentes

MÓDULO 9

Generar expresiones numéricas equivalentes

ESTÁNDARES COMUNES 6.EE.1

MÓDULO 10

Generar expresiones algebraicas equivalentes

ESTÁNDARES COMUNES 6.EE.2a, 6.EE.2b 6.EE.2c, 6.EE.3 6.EE.4, 6.EE.6

PROFESIONES EN MATEMÁTICAS

Programador informático independiente Un programador informático traduce comandos a códigos, es decir, a un lenguaje que pueda entender una computadora. Los programadores trabajan en una variedad de tareas, desde la creación de juegos hasta pruebas de software. Un programador independiente no trabaja para una compañía específica, lo que le da más flexibilidad en sus horarios. Los programadores informáticos utilizan la lógica matemática para escribir o modificar códigos.

Si estás interesado en una carrera como programador informático, deberás estudiar estas asignaturas matemáticas:

- Álgebra
- Geometría
- Trigonometría
- Cálculo
- Matemáticas discretas

Investiga otras carreras que requieran comprender la lógica matemática.

Unidad 4 Tarea de rendimiento

Al final de la unidad, descubre cómo usan los **programadores informáticos independientes** las matemáticas.

UNIDAD 4

Un vistazo al vocabulario

Usa el rompecabezas para darle un vistazo al vocabulario clave de esta unidad. Ordena las letras para descubrir términos clave del vocabulario. Usa las letras encerradas en los círculos para contestar el acertijo al final de la página.

1. **XOTNEPENE**
2. **EBSA**
3. **OCNITPEA**
4. **NREDO ED ALS CIPRSEONOAE**
5. **ENÓXSPRIE CALIAGERBA**
6. **ERAUVLA**
7. **SÉMNITOR JENSAMTESE**
8. **BVLIAREA**

1. Indica las veces que aparece la base en la expresión. (Lección 9.1)
2. El número que se multiplica. (Lección 9.1)
3. Número formado por la multiplicación repetida del mismo factor. (Lección 9.1)
4. Reglas que indican qué cálculos se hacen antes que otros en una expresión. (Lección 9.3)
5. Expresión que contiene una o más variables. (Lección 10.1)
6. Reemplazar la variable por un número en una expresión y resolverla. (Lección 10.2)
7. Términos con la misma variable. (Lección 10.3)
8. Letra o símbolo usado para representar un número desconocido. (Lección 10.1)

P: ¿Por qué *n* siempre cambia de parecer?

R: ¡Porque es muy __ __ __ __ __ __ __ __!

Generar expresiones numéricas equivalentes

PREGUNTA ESENCIAL

¿Cómo puedes generar expresiones numéricas equivalentes y usarlas para resolver problemas de la vida real?

Vídeo de la vida real

Supongamos que publicas un vídeo en Internet. Dos de tus amigos lo ven, luego dos amigos de esos dos también lo ven y así sucesivamente. El número de vistas crece exponencialmente. A veces decimos que el vídeo se volvió viral.

my.hrw.com

APRENDE EN LÍNEA

my.hrw.com

my.hrw.com

Las versiones digitales de todas las páginas del libro del estudiante están disponibles en línea.

Matemáticas al instante

Escanea con tu celular para entrar directamente en la edición en línea del Vídeo tutorial y más.

Matemáticas en acción

Explora interactivamente los conceptos clave para ver cómo funcionan las matemáticas.

Entrenador personal en matemáticas

Obtén comentarios y ayuda al instante a medida que trabajas en las prácticas.

¿Estás listo?

Completa estos ejercicios para repasar las destrezas que necesitarás en este módulo.

Entrenador personal en matemáticas

Evaluación e intervención en línea

Operaciones con números enteros

EJEMPLO 270 × 83

$$\begin{array}{rl} 270 & \\ \times\ 83 & \\ \hline 810 & \leftarrow 3 \times 270 \\ +\ 21{,}600 & \leftarrow 80 \times 270 \\ \hline 22{,}410 & \leftarrow (3 \times 270) + (80 \times 270) \end{array}$$

Calcula el producto.

1. 992 × 16 ______

2. 578 × 27 ______

3. 839 × 65 ______

4. 367 × 23 ______

Usar la multiplicación repetida

EJEMPLOS 5 × 5 × 5 × 5 — *Multiplica los dos primeros factores.*

25 × 5 — *Multiplica el resultado por el siguiente factor.*

125 × 5 — *Multiplica ese resultado por el siguiente factor.*

625 — *Continúa hasta que no haya más factores para multiplicar.*

Calcula el producto.

5. 7×7×7 ______

6. 3×3×3×3 ______

7. 6×6×6×6×6 ______

8. 2×2×2×2×2×2 ______

Operaciones de división

EJEMPLO 54 ÷ 9 = ■ *Piensa: ¿9 veces qué número es igual a 54?*
9 × 6 = 54

54 ÷ 9 = 6 *Entonces, 54 ÷ 9 = 6.*

Divide.

9. 20 ÷ 4 ______

10. 21 ÷ 7 ______

11. 42 ÷ 7 ______

12. 56 ÷ 8 ______

Práctica de vocabulario

Visualiza el vocabulario

Usa las palabras con ✔ para completar la gráfica. Puedes escribir más de una palabra en cada casilla.

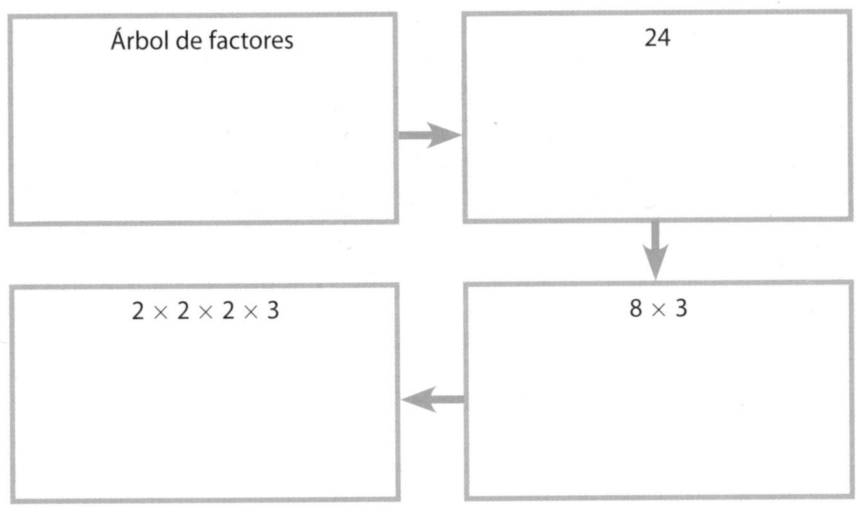

Vocabulario

Palabras de repaso

- árbol de factores *(factor tree)*
- ✔ enteros *(integers)*
- ✔ expresión numérica *(numerical expression)*
- expresión simplificada *(simplified expression)*
- ✔ factor *(factor)*
- ✔ factorización prima *(prime factorization)*
- multiplicación repetida *(repeated multiplication)*
- ✔ operaciones *(operations)*

Palabras nuevas

- base *(base)*
- exponente *(exponent)*
- orden de las operaciones *(order of operations)*
- potencia *(power)*

Comprende el vocabulario

Completa las oraciones con las palabras de repaso.

1. Un número que se forma por la multiplicación repetida del mismo factor es una ____________________.

2. Una regla para simplificar expresiones es el ______________________________.

3. La ________________ es un número que se multiplica. El número que indica cuántas veces se multiplica como factor ese número es el ________________ .

Lectura con propósito

Rotafolio de tres paneles Antes de comenzar con el módulo crea un rotafolio de tres paneles que te ayudará a organizar lo que aprendes. Rotula cada solapa con uno de los títulos de las lecciones de este módulo. A medida que estudias cada lección escribe ideas importantes como vocabulario, propiedades y fórmulas bajo la solapa correspondiente.

MÓDULO 9

Desglosar los estándares

Comprender los estándares y las palabras de vocabulario te ayudará a saber exactamente lo que se espera que aprendas en este módulo.

6.EE.1

Escribir y evaluar expresiones numéricas que impliquen exponentes enteros.

Vocabulario clave

exponente *(exponent)*
Número que indica cuántas veces se usa la base como factor.

orden de las operaciones *(order of operations)* Regla para evaluar expresiones: primero realiza las operaciones entre paréntesis, después calcula potencias y raíces, luego completa las multiplicaciones y divisiones de izquierda a derecha, y por último realiza las sumas y restas de izquierda a derecha.

Lo que significa para ti

Simplificarás expresiones numéricas con el orden de las operaciones.

DESGLOSAR EL EJEMPLO 6.EE.1

Ellen juega a un videojuego en el que captura ranas. En la pantalla había 3 ranas, pero su número se duplicó cada minuto mientras ella fue a buscar una merienda. Regresó después de 4 minutos y capturó 7 ranas. Escribe una expresión para el número de ranas restantes. Simplifica la expresión.

3×2	número de ranas después de 1 minuto
$3 \times 2 \times 2$	número de ranas después de 2 minutos
$3 \times 2 \times 2 \times 2$	número de ranas después de 3 minutos
$3 \times 2 \times 2 \times 2 \times 2$	número de ranas después de 4 minutos

Como 3 y 2 son números primos, $3 \times 2 \times 2 \times 2 \times 2$ es la factorizacion prima del número de ranas restantes.

$3 \times 2 \times 2 \times 2 \times 2$ se puede escribir con exponentes como 3×2^4.

La expresión $3 \times 2^4 - 7$ es el número de ranas que quedan después de que Ellen capturó 7.

Simplifica $3 \times 2^4 - 7$ con el orden de las operaciones.

$$3 \times 2^4 - 7 = 3 \times 16 - 7$$
$$= 48 - 7$$
$$= 41$$

Quedan 41 ranas.

Visita my.hrw.com para ver todos los **Estándares comunes** desglosados.

my.hrw.com

LECCIÓN

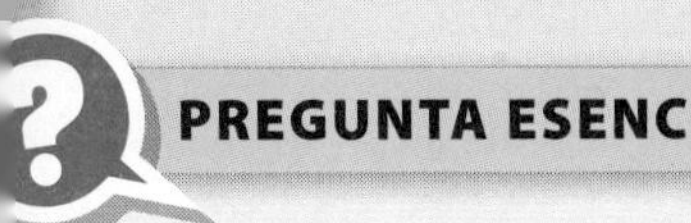

9.1 Exponentes

ESTÁNDARES COMUNES 6.EE.1

Write and evaluate . . . expressions involving whole-number exponents.

PREGUNTA ESENCIAL

¿Cómo puedes representar números usando exponentes?

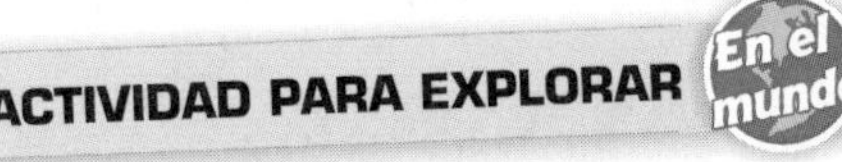

ACTIVIDAD PARA EXPLORAR En el mundo — ESTÁNDARES COMUNES 6.EE.1

Identificar multiplicaciones repetidas

Es posible que un problema de la vida real requiera multiplicar repetidamente un factor por sí mismo.

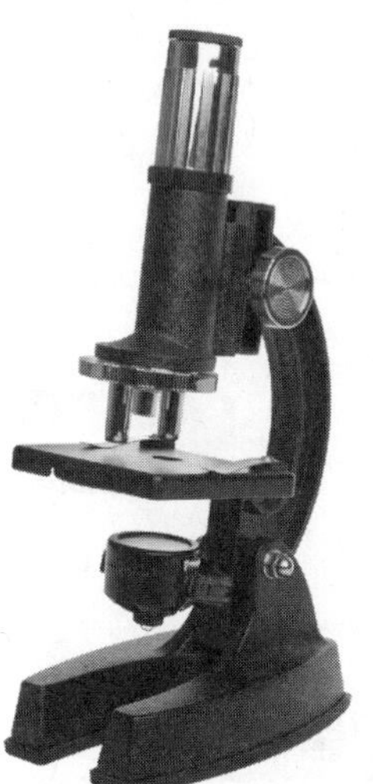

Un científico observó el crecimiento por hora de una bacteria y anotó sus observaciones en una tabla.

Tiempo (h)	Total de bacterias
0	1
1	2
2	$2 \times 2 =$ ☐
3	$2 \times 2 \times 2 =$ ☐
4	$2 \times 2 \times 2 \times 2 =$ ☐

Después de 2 horas hay $2 \cdot 2 = ?$ bacterias.

A Completa la tabla. ¿Qué patrón o patrones observas en la columna del Total de bacterias?

____

____

B Completa los enunciados.

A las 2 horas, el total es igual al producto de dos veces 2.

A las 3 horas, el total es igual al producto de ________________ veces 2.

A las 4 horas, el total es igual al producto de ________________ veces 2.

Reflexiona

1. Comunica ideas matemáticas ¿Cómo se relaciona el tiempo en horas con el número de veces que se usa el 2 como factor?

____

____

Usar exponentes

Un número que resulta de la multiplicación repetida de un mismo factor se llama **potencia**. Puedes escribir una potencia con un *exponente* y una *base*. Por ejemplo, 7^3 significa el producto de tres veces 7:

$$7^3 = 7 \times 7 \times 7$$

La **base** es el número que se multiplica.

El **exponente** nos indica cuántas veces aparece la base en la expresión.

Potencia	Cómo leer la potencia
6^2	6 al cuadrado, 6 a la 2ª potencia, 6 elevado a la 2ª potencia
7^3	7 al cubo, 7 a la 3ª potencia, 7 elevado a la 3ª potencia
9^4	9 a la 4ª potencia, 9 elevado a la 4ª potencia

EJEMPLO 1

6.EE.1

Escribe cada expresión con un exponente.

Charla matemática
Prácticas matemáticas
¿Cuál es el valor de un número elevado a la potencia de 1?

A $3 \times 3 \times 3 \times 3 \times 3$

Halla la base o el número que se multiplica. La base es 3.

Cuenta la cantidad de números 3 que se multiplican para hallar el exponente. El exponente es 5.

$$\underbrace{3 \times 3 \times 3 \times 3 \times 3}_{\text{5 factores de 3}} = 3^5$$

B $\frac{4}{5} \times \frac{4}{5} \times \frac{4}{5} \times \frac{4}{5}$

Halla la base o el número que se multiplica. La base es $\frac{4}{5}$.

Halla el exponente contando la cantidad de veces que $\frac{4}{5}$ aparece en la expresión. El exponente es 4.

$$\underbrace{\frac{4}{5} \times \frac{4}{5} \times \frac{4}{5} \times \frac{4}{5}}_{\text{4 factores de } \frac{4}{5}} = \left(\frac{4}{5}\right)^4$$

ES TU TURNO

Escribe cada expresión con exponentes.

2. $4 \times 4 \times 4$ ______

3. 6 ______

4. $\frac{1}{8} \times \frac{1}{8}$ ______

5. $5 \times 5 \times 5 \times 5 \times 5 \times 5$ ______

Entrenador personal en matemáticas
Evaluación e intervención en línea
my.hrw.com

Calcular el valor de una potencia

Para hallar el valor de una potencia, recuerda que el exponente indica cuántas veces se usa la base como factor.

Propiedad de cero como exponente

El valor de cualquier número diferente de cero, elevado a la potencia de 0 es 1.

Ejemplo: $5^0 = 1$

EJEMPLO 2

ESTÁNDARES COMUNES 6.EE.1

Calcula el valor de cada potencia.

A 10^4

Identifica la base y el exponente.
La base es 10 y el exponente es 4.

Evalúa: $10^4 = 10 \times 10 \times 10 \times 10 = 10{,}000$

B 0.4^3

Identifica la base y el exponente.
La base es 0.4 y el exponente es 3.

Evalúa: $0.4^3 = 0.4 \times 0.4 \times 0.4 = 0.064$

C $\left(\frac{3}{5}\right)^0$

Identifica la base y el exponente.
La base es $\frac{3}{5}$ y el exponente es 0.

Evalúa.

$\left(\frac{3}{5}\right)^0 = 1$ — *Cualquier número elevado a la potencia de 0 es 1.*

D $\left(\frac{2}{3}\right)^2$

Identifica la base y el exponente.
La base es $\frac{2}{3}$ y el exponente es 2.

Evalúa.

$\left(\frac{2}{3}\right)^2 = \left(\frac{2}{3}\right) \times \left(\frac{2}{3}\right) = \frac{4}{9}$

Charla matemática
Prácticas matemáticas

¿Es el valor de 2^3 igual al valor de 3^2? Explica.

ES TU TURNO

Halla el valor de cada potencia.

6. 3^4 ______ **7.** $(1)^9$ ______ **8.** $\left(\frac{2}{5}\right)^3$ ______ **9.** 12^2 ______

Práctica con supervisión

1. Completa la tabla. (Actividad para explorar 1)

Forma exponencial	Producto	Producto simplificado
5^1	5	5
5^2	5×5	
5^3		125
	$5 \times 5 \times 5 \times 5$	
5^5		

Escribe cada expresión con un exponente. (Ejemplo 1)

2. $\underbrace{6 \times 6 \times 6}$ ______

__ factores de 6

3. $10 \times 10 \times 10 \times 10 \times 10 \times 10 \times 10$ ______

4. $\frac{3}{4} \times \frac{3}{4} \times \frac{3}{4} \times \frac{3}{4} \times \frac{3}{4}$ ______

5. $\frac{7}{9} \times \frac{7}{9} \times \frac{7}{9} \times \frac{7}{9} \times \frac{7}{9} \times \frac{7}{9} \times \frac{7}{9} \times \frac{7}{9}$ ______

Calcula el valor de cada potencia. (Ejemplo 2)

6. 8^3 ______

7. 7^4 ______

8. 10^3 ______

9. $\left(\frac{1}{4}\right)^2$ ______

10. $\left(\frac{1}{3}\right)^3$ ______

11. $\left(\frac{6}{7}\right)^2$ ______

12. 0.8^2 ______

13. 0.5^3 ______

14. 1.1^2 ______

15. 8^0 ______

16. 12^1 ______

17. $\left(\frac{1}{2}\right)^0$ ______

18. 13^2 ______

19. $\left(\frac{2}{5}\right)^2$ ______

20. 0.9^2 ______

ÉNFASIS EN LA PREGUNTA ESENCIAL

21. ¿Cómo puedes representar un número como 16, con un exponente?

______

______

______

______

Nombre ____________________ Clase ____________________ Fecha ____________________

9.1 Práctica independiente

6.EE.1

Entrenador personal en matemáticas

Evaluación e intervención en línea

Escribe el exponente que falta.

22. $100 = 10^{\square}$ **23.** $8 = 2^{\square}$ **24.** $25 = 5^{\square}$ **25.** $27 = 3^{\square}$

26. $\frac{1}{169} = \left(\frac{1}{13}\right)^{\square}$ **27.** $14 = 14^{\square}$ **28.** $32 = 2^{\square}$ **29.** $\frac{64}{81} = \left(\frac{8}{9}\right)^{\square}$

Escribe la base que falta.

30. $1{,}000 = \square^{3}$ **31.** $256 = \square^{4}$ **32.** $16 = \square^{4}$ **33.** $9 = \square^{2}$

34. $\frac{1}{9} = \left(\square\right)^{2}$ **35.** $64 = \square^{2}$ **36.** $\frac{9}{16} = \left(\square\right)^{2}$ **37.** $729 = \square^{3}$

En los Ejercicios 38 al 42, escribe la respuesta con y sin usar un exponente.

38. El equipo de softbol de Hadley ha organizado una cadena telefónica en caso de que se cancele un partido. El entrenador llama a 3 jugadores. Luego cada uno de esos jugadores llama a 3 jugadores más y así sucesivamente. ¿Cuántos jugadores serán notificados en la tercera ronda de llamadas?

____

39. Tim lee un libro. El lunes lee 3 páginas. Cada día que pasa, lee tres veces más páginas que el día anterior. ¿Cuántas páginas leerá el jueves?

____

40. El lado del azulejo cuadrado que se muestra mide 10.5 pulgadas. ¿Qué potencia escribirías para representar el área del azulejo? Escribe la potencia como una expresión con base y exponente, y luego calcula el área del cuadrado.

____

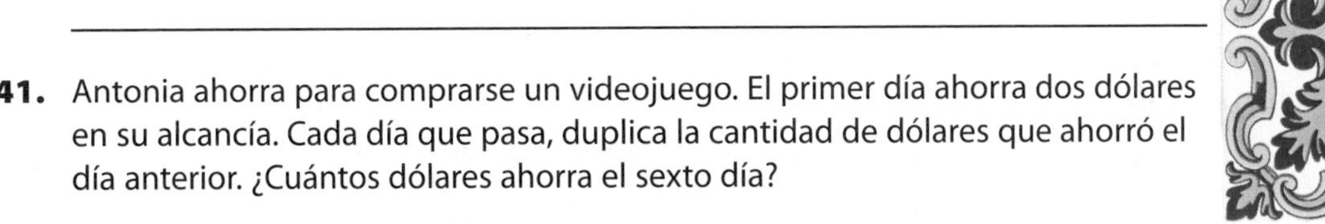

41. Antonia ahorra para comprarse un videojuego. El primer día ahorra dos dólares en su alcancía. Cada día que pasa, duplica la cantidad de dólares que ahorró el día anterior. ¿Cuántos dólares ahorra el sexto día?

____

42. Cierta colonia de bacterias triplica su longitud cada 10 minutos. Su longitud actual es de 1 milímetro. ¿Cuánto medirá en 40 minutos?

____

43. ¿Qué potencia puedes escribir para representar el volumen del cubo que se muestra? Escribe la potencia como una expresión con una base y un exponente. Luego calcula el volumen del cubo.

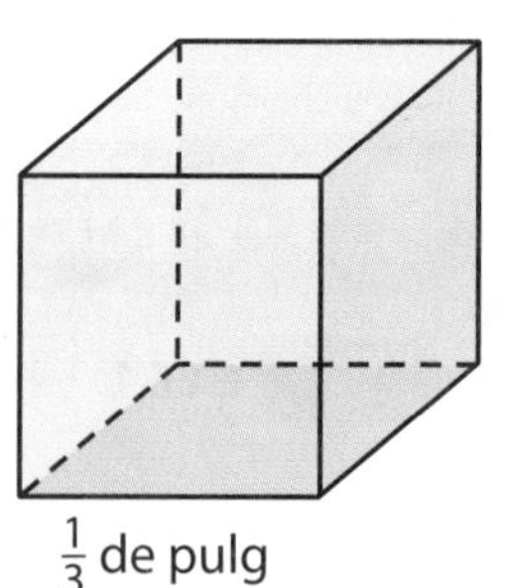

____

44. Escribe una potencia con una base positiva y un exponente positivo cuyo valor sea menor que la base.

____

Área de trabajo

H.O.T. ENFOQUE EN ALTA CAPACIDAD DE RAZONAMIENTO

45. **Comunica ideas matemáticas** ¿Cuál es el valor de 1 elevado a la potencia de cualquier exponente? ¿Cuál es el valor de 0 elevado a la potencia de cualquier exponente no negativo y diferente de cero? Explica.

____

46. **Busca un patrón** Calcula los valores de las potencias en el siguiente patrón: 10^1, 10^2, 10^3, 10^4…. Describe el patrón y úsalo para evaluar 10^6 sin multiplicar.

____

47. **Razonamiento crítico** Algunos números se pueden escribir como potencias de diferentes bases. Por ejemplo, $81 = 9^2$ y $81 = 3^4$. Escribe el número 64 con tres bases diferentes.

____

48. **Justifica tu razonamiento** Oman dijo que es imposible elevar un número a la potencia de 2 y obtener un valor menor que el número original. ¿Estás de acuerdo con Oman? Justifica tu razonamiento.

____

LECCIÓN

9.2 Factorización prima

ESTÁNDARES COMUNES 6.EE.1

Write and evaluate numerical expressions involving whole-number exponents

PREGUNTA ESENCIAL

¿Cómo puedes escribir la factorización prima de un número?

Hallar factores de un número

Los números enteros que se multiplican para obtener un producto se llaman factores de ese producto. Un número es divisible entre sus factores. Por ejemplo 4 y 2 son factores de 8 porque $4 \cdot 2 = 8$ y 8 es divisible entre 4 y 2.

EJEMPLO 1

ESTÁNDARES COMUNES Prep for 6.EE.1

Ana quiere hacer un jardín rectangular con un área de 24 pies cuadrados. ¿Cuáles son las posibles longitudes y anchos del jardín en números enteros?

PASO 1 Recuerda que área = longitud · ancho. Para el jardín de Ana, $24 \text{ pies}^2 = \text{longitud} \cdot \text{ancho}$.

PASO 2 Haz una lista con los factores de 24 en pares. Anota cada par una sola vez.

$24 = 1 \cdot 24$
$24 = 2 \cdot 12$
$24 = 3 \cdot 8$
$24 = 4 \cdot 6$

$4 \cdot 6 = 6 \cdot 4$, entonces solo anotas $4 \cdot 6$.

También puedes mostrar los pares de factores con un diagrama.

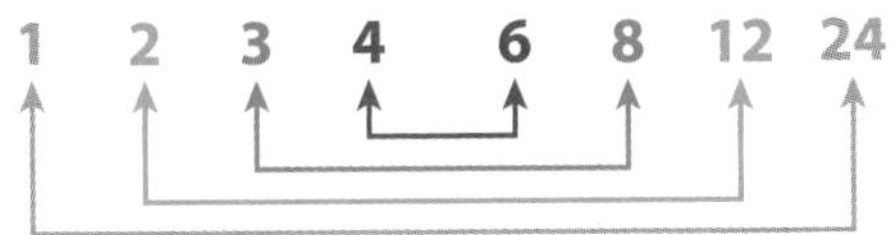

Los factores de 24 son 1, 2, 3, 4, 6, 8, 12, 24.

PASO 3 Las longitudes y anchos posibles son:

Longitud (pies)	24	12	8	6
Ancho (pies)	1	2	3	4

Charla matemática
Prácticas matemáticas

Da un ejemplo de un número entero que tenga exactamente dos factores. ¿Qué tipo de número tiene solo dos factores?

ES TU TURNO

Anota todos los factores de cada número.

1. 21 ____________

2. 37 ____________

3. 42 ____________

4. 30 ____________

ACTIVIDAD PARA EXPLORAR 1  6.EE.1

Hallar la factorización prima de un número

La factorización prima de un número es el número escrito como el producto de sus factores primos. Por ejemplo, los factores primos de 12 son 3, 2 y 2.

La factorización prima de 12 es $2 \cdot 3 \cdot 2$ ó $2^2 \cdot 3$.

Representa factores repetidos con exponentes.

Halla la factorización prima de 240 con un árbol de factores.

240

· 48

A Haz una lista con los pares de factores de 240.

____

____

B Elige cualquier par de factores para comenzar el árbol. Si un número en ese par es primo, enciérralo en un círculo. Si un número en el par se puede escribir como el producto de dos factores, dibuja ramas adicionales y escribe los factores.

C Sigue agregando ramas hasta que todos los factores al final de las ramas sean números primos.

D Escribe la factorización prima de 240.

____

Luego escribe la factorización prima con exponentes.

____

Reflexiona

240

5. **¿Qué pasa si...?** ¿Cómo será el árbol de factores de 240 si comienzas con un par de factores diferente? Haz otro árbol de factores para 240 que comience con un par de factores diferente para comprobar tu predicción.

____

____

____

____

ACTIVIDAD PARA EXPLORAR 2 ESTÁNDARES COMUNES 6.EE.1

Usar un diagrama escalonado

Un diagrama escalonado es otra forma de hallar la factorización prima de un número.

Halla la factorización prima de 132 con un diagrama escalonado.

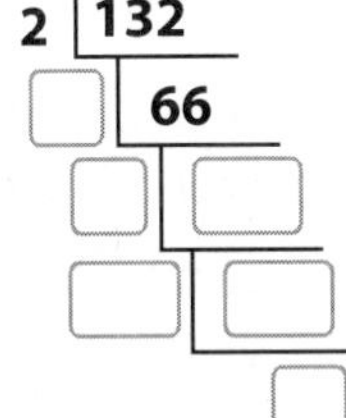

A Escribe 132 en el "escalón" superior del diagrama. Elige un factor primo de 132 para escribir al lado del escalón de 132. Elige 2. Divide 132 entre 2 y escribe el cociente 66 en el escalón siguiente del diagrama.

B Ahora elige un factor primo de 66. Escribe el factor primo al lado del escalón de 66. Divide 66 entre ese factor primo y escribe el cociente en el escalón siguiente del diagrama.

C Sigue eligiendo factores primos, dividiendo y agregando al diagrama hasta que obtengas un cociente de 1.

D ¿Cuáles son los factores primos de 132? ¿Cómo puedes saberlo a partir del diagrama escalonado?

____

____

E Escribe la factorización prima de 132 con exponentes.

____

Reflexiona

6. Completa el árbol de factores y el diagrama escalonado para hallar la factorización prima de 54.

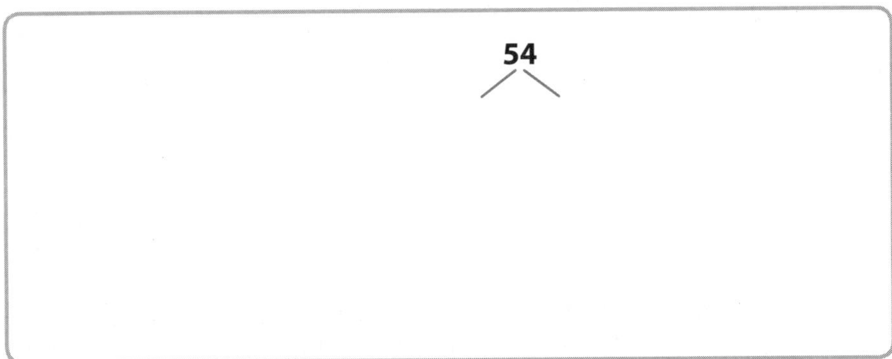

7. **Comunica ideas matemáticas** Si una persona escribe una factorización prima con un árbol de factores y otra lo hace con un diagrama escalonado, ¿obtendrán el mismo resultado? Explica.

____

____

Práctica con supervisión

Haz una lista de los pares de factores de cada número usando un diagrama. (Ejemplo 1)

1. 18

2. 52

3. Karl debe construir un escenario con un área de 72 pies cuadrados. La longitud del escenario debe ser mayor que el ancho. ¿Cuáles son las medidas posibles de longitud y ancho del escenario en números enteros? (Ejemplo 1)

Completa la tabla con las medidas posibles del escenario.

Longitud	72					
Ancho		2				

Halla la factorización prima de cada número con un árbol de factores. (Actividad para explorar 1)

4. 402

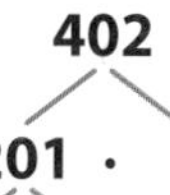

5. 36

Halla la factorización prima de cada número con un diagrama escalonado. (Actividad para explorar 2)

6. 64

7. 27

ÉNFASIS EN LA PREGUNTA ESENCIAL

8. Explica cómo sabes que has obenido la factorización prima de un número.

Nombre _______________ Clase _______________ Fecha _______________

9.2 Práctica independiente

ESTÁNDARES COMUNES 6.EE.1

Entrenador personal en matemáticas

my.hrw.com

Evaluación e intervención en línea

9. **Representaciones múltiples** Dibuja en la cuadrícula tres rectángulos diferentes de manera que cada uno tenga un área de 12 unidades cuadradas y que todos tengan diferentes anchos. ¿Cuáles son las dimensiones de los rectángulos?

____

____

10. Brandon tiene 32 estampillas. Quiere colocarlas en filas iguales. ¿De cuántas maneras diferentes puede colocar las estampillas? Explica.

____

____

____

11. **Comunica ideas matemáticas** ¿En qué se diferencia hallar los factores de un número de hallar la factorización prima de un número?

____

____

____

____

Halla la factorización prima de cada número.

12. 891 _______________

13. 504 _______________

14. 23 _______________

15. 230 _______________

16. Se elige el número 2 para comenzar un diagrama escalonado para hallar la factorización prima de 66. ¿Qué otros números se podrían haber elegido para comenzar el diagrama escalonado? ¿Cómo cambia el diagrama si se comienza con otro número?

____

____

____

17. **Razonamiento crítico** Haz una lista de cinco números que tengan 3, 5 y 7 como factores primos.

____

Área de trabajo

18. En un juego, sacas una carta con tres números consecutivos. Puedes elegir uno de los números y calcular la suma de sus factores primos. Luego puedes avanzar esa cantidad de espacios. Sacas una carta con los números 25, 26 y 27. ¿Qué número debes elegir para avanzar la mayor cantidad de espacios posible? Explica.

____

____

____

____

19. **Explica el error** Cuando le preguntaron sobre la factorización prima del número 27, un estudiante escribió 9 · 3. Explica el error y escribe la respuesta correcta.

____

20. **Comunica ideas matemáticas** Explica por qué es posible dibujar más de dos rectángulos diferentes con un área de 36 unidades cuadradas pero no es posible dibujar más de dos rectángulos diferentes con un área de 15 unidades cuadradas. Los lados de los rectángulos deben ser números enteros.

____

____

____

21. **Critica el razonamiento** Alice quiere hallar todos los factores primos del número que obtienes al multiplicar 17 · 11 · 13 · 7. Ella cree que debe realizar las multiplicaciones con una calculadora y luego hallar la factorización prima del número resultante. ¿Estás de acuerdo? ¿Por qué?

____

____

____

22. **Busca un patrón** Ryan escribió las factorizaciones primas que se muestran a continuación. Si continúa con este patrón, ¿qué factorización prima mostrará para el número un millón? ¿Qué factorización prima mostrará para el número mil millones?

$10 = 5 \cdot 2$

$100 = 5^2 \cdot 2^2$

$1{,}000 = 5^3 \cdot 2^3 = 1{,}000$

____

LECCIÓN 9.3

Orden de las operaciones

ESTÁNDARES COMUNES 6.EE.1

Write and evaluate ... expressions involving whole-number exponents.

PREGUNTA ESENCIAL

¿Cómo puedes aplicar el orden de las operaciones para simplificar operaciones con exponentes?

ACTIVIDAD PARA EXPLORAR 

6.EE.1

Explorar el orden de las operaciones

Orden de las operaciones

1. Realiza las operaciones entre paréntesis.
2. Halla el valor de los números con exponentes.
3. Multiplica o divide de izquierda a derecha.
4. Suma o resta de izquierda a derecha.

Amy y tres amigas lanzan una página nueva de Internet. Cada amiga envía la dirección de la página por mensaje de correo electrónico a otras tres amigas. Estas amigas reenvían la dirección a tres amigas más. Si nadie recibe el correo más de una vez, ¿cuántas personas recibirán la dirección de la página en la segunda tanda de mensajes?

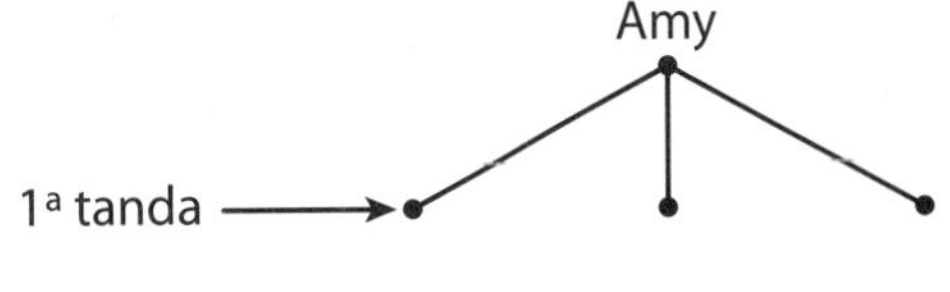

A Representa la situación de Amy con un diagrama. Cada punto representa un mensaje de correo electrónico. Completa el diagrama para mostrar la segunda tanda.

B Completa la tabla para mostrar cuántos mensajes se envían en cada tanda del diagrama de Amy.

Tanda	Número de mensajes	Potencia de 3
1ª		
2ª		

C Amy es solo una de cuatro amigas que inician la primera tanda de mensajes. Escribe una expresión para el número total de mensajes que se envían en la 2ª tanda.

número de personas × número de mensajes en la 2ª tanda escrito como una potencia

$\square \times \square$

D Identifica el cálculo que debes hacer primero para simplificar la expresión de **C**. Luego simplifica la expresión.

Multiplica 4 y 3/Calcula el valor de 3^2

El valor de la expresión es 4 × ________ = ________.

ACTIVIDAD PARA EXPLORAR *(continuación)*

Reflexiona

1. En **B**, ¿por qué tiene sentido escribir los valores como potencias? ¿Cuál es el patrón para el número de mensajes de Amy en cada tanda?

____

____

____

____

Matemáticas al instante

my.hrw.com

Simplificar expresiones numéricas

Una expresión numérica es una expresión que incluye números y operaciones. Puedes aplicar el orden de las operaciones para simplificar expresiones numéricas.

EJEMPLO 1

ESTÁNDARES COMUNES 6.EE.1

Simplifica las expresiones.

A $5 + 18 \div 3^2$

$5 + 18 \div 3^2 = 5 + 18 \div 9$ — Evalúa 3^2.

$= 5 + 2$ — Divide.

$= 7$ — Suma.

B $21 + \frac{3^2}{3}$

$21 + \frac{3^2}{3} = 21 + \frac{9}{3}$ — Evalúa 3^2.

$= 21 + 3$ — Divide.

$= 24$ — Suma.

C $6 \times 2^3 \div 3 + 1$

$6 \times 2^3 \div 3 + 1 = 6 \times 8 \div 3 + 1$ — Evalúa 2^3.

$= 48 \div 3 + 1$ — Multiplica.

$= 16 + 1$ — Divide.

$= 17$ — Suma.

Entrenador personal en matemáticas

Evaluación e intervención en línea

my.hrw.com

ES TU TURNO

Simplifica las expresiones siguiendo el orden de las operaciones.

2. $7 + 15 \times 9^2 =$ __________

3. $220 - 450 \div 3^2 =$ __________

Usar exponentes con símbolos de agrupación

Recuerda realizar primero las operaciones dentro de los paréntesis al simplificar expresiones.

EJEMPLO 2

ESTÁNDARES COMUNES 6.EE.1

Mis notas

Simplifica las expresiones aplicando el orden de las operaciones.

A $4 \times (9 \div 3)^2$

$4 \times (9 \div 3)^2 = 4 \times 3^2$ — Realiza las operaciones entre paréntesis.

$= 4 \times 9$ — Evalúa 3^2.

$= 36$ — Multiplica.

B $5^3 + (12 - 2)^2$

$5^3 + (12 - 2)^2 = 5^3 + 10^2$ — Realiza las operaciones entre paréntesis.

$= 125 + 100$ — Evalúa las potencias.

$= 325$ — Suma.

C $8 + \frac{(12 - 8)^2}{2}$

$8 + \frac{(12 - 8)^2}{2} = 8 + \frac{4^2}{2}$ — Realiza las operaciones entre paréntesis.

$= 8 + \frac{16}{2}$ — Evalúa 4^2.

$= 8 + 8$ — Divide.

$= 16$ — Suma.

Reflexiona

4. **Critica el razonamiento** John quiere simplificar la expresión $(5 + 3)^2$. Su primer paso es escribir $5^2 + 3^2$. ¿Obtendrá la respuesta correcta para la expresión? De no ser así, ¿qué puede hacer para simplificar la expresión?

____

____

____

ES TU TURNO

Simplifica las expresiones aplicando el orden de las operaciones.

5. $5 \times (20 \div 4)^2 =$ _______________

6. $8^2 - (5 + 2)^2 =$ _______________

7. $7 - \frac{(63 \div 9)^2}{7} =$ _______________

Práctica con supervisión

1. En un videojuego, una olomina que escapa de una red se convierte en tres peces de colores. Cada pez de colores se puede convertir en dos peces beta. Cada beta que escapa se convierte en dos peces ángel. Completa el diagrama y escribe el número de peces en cada etapa. Escribe y evalúa una expresión para calcular el número de peces ángel que se pueden formar de cada olomina. (Actividad para explorar)

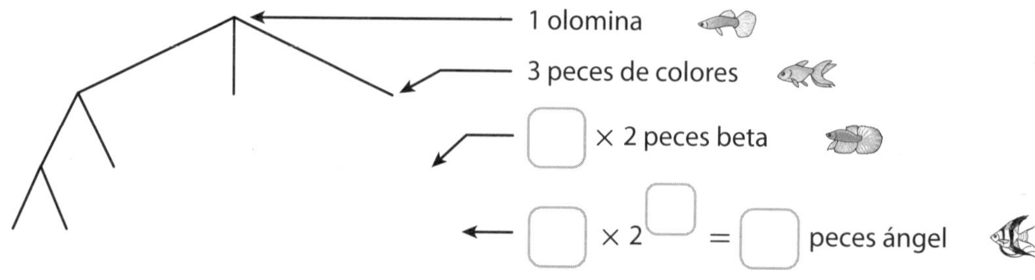

____

Completa para simplificar cada expresión. (Ejemplos 1 y 2)

2. $89 - 4^2 \times 4 + 12 = 89 - \_\_\_\_ \times 4 + 12$
$= 89 - \_\_\_\_ + 12$
$= \_\_\_\_ + 12$
$= \_\_\_\_$

3. $6 \times (36 \div 12)^2 + 8 = 6 \times (\_\_\_\_)^2 + 8$
$= 6 \times \_\_\_\_ + 8$
$= \_\_\_\_ + 8$
$= \_\_\_\_$

4. $12 \times \left(\frac{(4 + 2)^2}{4}\right) - 7 = 12 \times \left(\frac{(\square)^2}{4}\right) - 7$
$= 12 \times \left(\frac{\square}{4}\right) - 7$
$= 12 \times \_\_\_\_ - 7$
$= \_\_\_\_ - 7$
$= \_\_\_\_$

5. $320 \div \left(\frac{(11 - 9)^3}{2}\right) \times 8 = 320 \div \left(\frac{(\square)^3}{2}\right) \times 8$
$= 320 \div \left(\frac{\square}{2}\right) \times 8$
$= 320 \div \_\_\_\_ \times 8$
$= \_\_\_\_ \times 8$
$= \_\_\_\_$

ÉNFASIS EN LA PREGUNTA ESENCIAL

6. ¿Cómo puedes simplificar operaciones con exponentes aplicando el orden de las operaciones?

____

____

____

Nombre ______________________ Clase ______________ Fecha ______________

9.3 Práctica independiente

6.EE.1

Simplifica las expresiones siguiendo el orden de las operaciones.

7. $5 \times 2 + 3^2$ ________

8. $15 - 7 \times 2 + 2^3$ ________

9. $(11 - 8)^2 - 2 \times 6$ ________

10. $6 + 3(13 - 2) - 5^2$ ________

11. $12 + \frac{9^2}{3}$ ________

12. $\frac{8 + 6^2}{11} + 7 \times 2$ ________

13. **Explica el error** Jay simplificó la expresión $3 \times (3 + 12 \div 3) - 4$. Su primer paso fue sumar $3 + 12$ para obtener 15. ¿Cuál fue el error de Jay? Halla la respuesta correcta.

____

____

OFERTA
SOLO por hoy
$3
¡de descuento en todas las compras!

14. **Varios pasos** Una tienda de ropa tiene en su escaparate el cartel que se muestra. Pani ve el cartel y quiere comprar 3 camisas y 2 pares de pantalones. El precio de cada camisa antes del descuento es de $12 y el precio de los pantalones es de $19.

a. Escribe y simplifica una expresión para calcular la cantidad que pagará Pani si se aplica un descuento de $3 a su total.

____

b. Pani dice que debe recibir $3 de descuento en el precio de cada camisa y $3 de descuento en el precio de cada par de pantalones. Escribe y simplifica una expresión para calcular la cantidad que pagaría si se le aplican estos descuentos.

____

c. **Analiza las relaciones** ¿Por qué son distintas las cantidades que Pani paga en **a** y **b**?

____

____

d. Si fueras el dueño de la tienda, ¿cómo cambiarías el cartel? Explica.

____

____

____

____

15. Ellen juega a un videojuego en el que captura mariposas. En la pantalla hay 3 mariposas pero el número de mariposas se duplica cada minuto. Al cabo de 4 minutos ella logra capturar 7 mariposas.

a. Busca un patrón Escribe una expresión para calcular el número de mariposas que han aparecido al cabo de 4 minutos. Usa una potencia de 2 en la respuesta.

____

b. Escribe una expresión para calcular el número de mariposas que quedan una vez que Ellen capture las 7 mariposas. Simplifica la expresión.

____

____

16. Muestra cómo escribir, evaluar y simplificar una expresión para representar y resolver este problema: Jeff y su amigo envían mensajes de texto sobre un concierto a cuatro compañeros de clase cada uno. Luego cada compañero envía un mensaje a otros cuatro estudiantes de otra escuela. Si nadie recibe el mensaje más de una vez, ¿cuántos estudiantes de la otra escuela reciben el mensaje sobre el concierto?

____

H.O.T. ENFOQUE EN ALTA CAPACIDAD DE RAZONAMIENTO

Área de trabajo

17. Geometría La figura que se muestra es un rectángulo. La figura verde dentro de la figura es un cuadrado. Las figuras azul y blanca son rectángulos, y el área del rectángulo azul es de 24 pulgadas cuadradas.

2 pulg

6 pulg

a. Escribe una expresión que incluya un exponente para calcular el área de toda la figura. Luego calcula el área.

____

b. Halla las dimensiones de toda la figura.

____

18. Explica el error Rob y Lila tratan de simplificar $18 \times 4^2 + (9 - 3)^2$. Rob simplifica la expresión y obtiene 360. Lila simplifica la expresión y obtiene 324. ¿Quién simplificó bien? ¿Qué error cometió el otro estudiante?

____

____

____

19. Persevera en la resolución de problemas Usa paréntesis para que este enunciado sea verdadero: $8 \times 4 - 2 \times 3 + 8 \div 2 = 25$

____

¿Listo para seguir?

9.1 Exponentes

Calcula el valor de cada potencia.

1. 7^3 ________ **2.** 9^2 ________ **3.** $\left(\frac{7}{9}\right)^2$ ________ **4.** $\left(\frac{1}{2}\right)^6$ ________

5. $\left(\frac{2}{3}\right)^3$ ________ **6.** $\left(\frac{1}{3}\right)^4$ ________ **7.** 12^0 ________ **8.** 1.4^2 ________

9.2 Factorización prima

Halla los factores de cada número.

9. 26 ________________________________

10. 120 ________________________________

Halla la factorización prima de cada número.

11. 58 ________ **12.** 212 ________

13. 2,800 ________ **14.** 900 ________

9.3 Orden de las operaciones

Simplifica cada expresión aplicando el orden de las operaciones.

15. $(21 - 3) \div 3^2$ ________ **16.** $7^2 \times (6 \div 3)$ ________

17. $17 + 15 \div 3 - 2^4$ ________ **18.** $(8 + 56) \div 4 - 3^2$ ________

19. Un parque natural tiene una manada de 7 leones adultos y 4 cachorros. Los adultos comen 6 libras de carne cada día y los cachorros comen 3 libras. Simplifica $7 \times 6 + 4 \times 3$ para calcular la cantidad de carne que comen los leones cada día. ________

PREGUNTA ESENCIAL

20. ¿Cómo puedes resolver problemas de la vida real usando expresiones numéricas?

____

____

____

____

ESTÁNDARES COMUNES

MÓDULO 9 REPASO MIXTO

Preparación para la evaluación

Respuesta seleccionada

1. ¿Qué expresión tiene un valor que es menor que la base de esa expresión?

Ⓐ 2^3

Ⓑ $\left(\frac{5}{6}\right)^2$

Ⓒ 3^2

Ⓓ 4^4

2. Después del partido, el entrenador compró 9 comidas con pollo por $5 cada una y 15 hamburguesas por $6 cada una. ¿Qué porcentaje de la cantidad total que gastó el entrenador fue en las comidas con pollo?

Ⓐ $33\frac{1}{3}\%$

Ⓑ 45%

Ⓒ $66\frac{2}{3}\%$

Ⓓ 90%

3. ¿Qué operación debes realizar primero cuando simplificas $175 - (8 + 45 \div 3) \times 7$?

Ⓐ suma

Ⓑ división

Ⓒ multiplicación

Ⓓ resta

4. Para un juego, se eligen tres personas en la primera ronda. Cada una de esas personas elige a 3 personas en la segunda ronda y así sucesivamente. ¿Cuántas personas se eligen en la sexta ronda?

Ⓐ 18

Ⓑ 216

Ⓒ 243

Ⓓ 729

5. ¿Qué expresión muestra la factorización prima de 100?

Ⓐ $2^2 \times 5^2$

Ⓑ 10×10

Ⓒ 10^{10}

Ⓓ $2 \times 5 \times 10$

6. ¿Qué número tiene solo dos factores?

Ⓐ 21

Ⓑ 23

Ⓒ 25

Ⓓ 27

7. ¿Qué expresión es equivalente a $3.6 \times 3.6 \times 3.6 \times 3.6$?

Ⓐ 3.6×4

Ⓑ 36^3

Ⓒ $3^4 \times 6^4$

Ⓓ 3.6^4

8. ¿Qué expresión muestra la factorización prima de 80?

Ⓐ $2^4 \times 10$

Ⓑ $2 \times 5 \times 8$

Ⓒ $2^3 \times 5$

Ⓓ $2^4 \times 5$

Minitarea

9. George quiere instalar alfombra en un salón rectangular y en un dormitorio cuadrado. El salón tiene un largo de 12 pies y un ancho de 18 pies. Un lado del dormitorio cuadrado mide 13 pies. Costará $3.50 por pie cuadrado alfombrar ambos cuartos.

a. Escribe una expresión que pueda usarse para calcular la cantidad total que pagará George por el alfombrado.

____

b. Evalúa la expresión. ¿Cuánto pagará George por el alfombrado?

____

Generar expresiones algebraicas equivalentes

LECCIÓN 10.1

Representar y escribir expresiones

6.EE.2a, 6.EE.2b, 6.EE.4, 6.EE.6

LECCIÓN 10.2

Evaluar expresiones

6.EE.2c

LECCIÓN 10.3

Generar expresiones equivalentes

6.EE.2b, 6.EE.3, 6.EE.4

PREGUNTA ESENCIAL

¿Cómo puedes generar expresiones algebraicas equivalentes para resolver problemas de la vida real?

my.hrw.com

Vídeo de la vida real

Los carpinteros usan fórmulas para calcular los materiales de un proyecto. A veces las fórmulas se pueden escribir de distintas maneras. El perímetro de un rectángulo se puede escribir como $P = 2(l + a)$ o $P = 2l + 2a$.

APRENDE EN LÍNEA

my.hrw.com

my.hrw.com

Las versiones digitales de todas las páginas del libro del estudiante están disponibles en línea.

Matemáticas al instante

Escanea con tu celular para entrar directamente en la edición en línea del Vídeo tutorial y más.

Matemáticas en acción

Explora interactivamente los conceptos clave para ver cómo funcionan las matemáticas.

Entrenador personal en matemáticas

Obtén comentarios y ayuda al instante a medida que trabajas en las prácticas.

¿Estás listo?

Completa estos ejercicios para repasar las destrezas que necesitarás en este módulo.

Entrenador personal en matemáticas

Evaluación e intervención en línea

Usar paréntesis

EJEMPLO $(6 + 4) \times (3 + 8 + 1) = 10 \times 12$ Realiza primero las operaciones dentro de los paréntesis.

$= 120$ Multiplica.

Evalúa.

1. $11 + (20 - 13)$ ______

2. $(10 - 7) - (14 - 12)$ ______

3. $(4 + 17) - (16 - 9)$ ______

4. $(23 - 15) - (18 - 13)$ ______

5. $8 \times (4 + 5 + 7)$ ______

6. $(2 + 3) \times (11 - 5)$ ______

Palabras para operaciones

EJEMPLO Escribe una expresión numérica para el cociente de 20 y 5. Piensa: *Cociente* significa dividir.

$20 \div 5$ Escribe 20 dividido entre 5.

Escribe una expresión numérica para la expresión con palabras.

7. la diferencia entre 42 y 19 ______

8. el producto de 7 y 12 ______

9. 30 más que 20 ______

10. 100 disminuido en 77 ______

Evaluar expresiones

EJEMPLO Evalúa $2(5) - 3^2$.

$2(5) - 3^2 = 2(5) - 9$ Evalúa los exponentes.

$= 10 - 9$ Multiplica.

$= 1$ Resta.

Evalúa la expresión.

11. $3(8) - 15$ ______

12. $4(12) + 11$ ______

13. $3(7) - 4(2)$ ______

14. $4(2 + 3) - 12$ ______

15. $9(14 - 5) - 42$ ______

16. $7(8) - 5(8)$ ______

Práctica de vocabulario

Visualiza el vocabulario

Completa la gráfica con las palabras de repaso. Puedes escribir más de una palabra en cada óvalo.

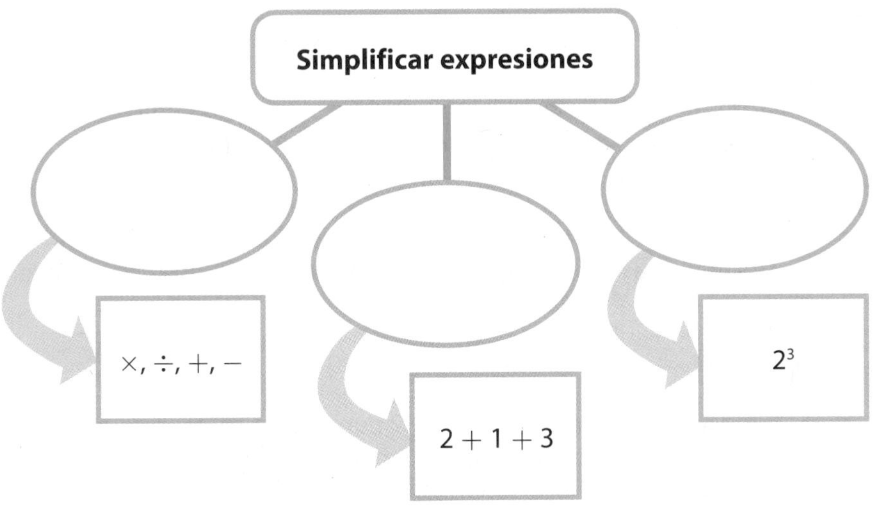

Vocabulario

Palabras de repaso

- base *(base)*
- exponente *(exponent)*
- expresión numérica *(numerical expression)*
- operaciones *(operations)*
- orden de las operaciones *(order of operations)*

Palabras nuevas

- coeficiente *(coefficient)*
- constante *(constant)*
- evaluar *(evaluate)*
- expresión algebraica *(algebraic expression)*
- expresión equivalente *(equivalent expression)*
- término *(term)*
- términos semejantes *(like terms)*
- variable *(variable)*

Comprende el vocabulario

Completa las oraciones con las palabras nuevas.

1. Una expresión que contiene por lo menos una variable es una ______________________ .

2. Una parte de una expresión que se suma o resta es un ____________.

3. Una ______________ es un número específico cuyo valor no cambia.

Lectura con propósito

Plegado de términos clave Antes de comenzar el módulo, haz un plegado de términos clave que te ayudará a aprender el vocabulario de este módulo. Escribe las palabras de vocabulario resaltadas en un lado de la solapa. Escribe la definición de la palabra del otro lado. Usa el plegado de términos clave para comprobar si aprendiste las definiciones de este módulo.

MÓDULO 10

Desglosar los estándares

Comprender los estándares y las palabras de vocabulario te ayudará a saber exactamente lo que se espera que aprendas en este módulo.

ESTÁNDARES COMUNES **6.EE.2**

Escribir, leer y evaluar expresiones en las cuales las letras representan números.

Vocabulario clave

expresión *(expression)*
Frase matemática que contiene operaciones, números y/o variables.

Lo que significa para ti

Compararás expresiones con modelos.

DESGLOSAR EL EJEMPLO 6.EE.2

En una prueba de matemáticas, Tina obtuvo 3 puntos más que Yolanda. Juan obtuvo 2 puntos más que Yolanda y obtuvo otros dos puntos de crédito adicional.

Escribe expresiones para él número de puntos que obtuvieron Juan y Tina. Usa *y* para representar el número de puntos que obtuvo Yolanda.

Puntos de Tina: $y + 3$
Puntos de Juan: $y + 2 + 2$

Supongamos que Yolanda obtuvo 82 puntos. Usa las expresiones para calcular el número de puntos que obtuvieron Tina y Juan.

Puntos de Tina: $y + 3 = 82 + 3 = 85$ puntos.
Puntos de Juan: $y + 2 + 2 = 82 + 2 + 2 = 86$ puntos

ESTÁNDARES COMUNES **6.EE.3**

Aplicar las propiedades de las operaciones para generar expresiones equivalentes.

Vocabulario clave

expresiones equivalentes *(equivalent expressions)*
Expresiones que tienen el mismo valor para todos los valores de las variables.

Lo que significa para ti

Calcularás una expresión equivalente aplicando las propiedades de las operaciones.

DESGLOSAR EL EJEMPLO 6.EE.3

William gana \$13 por hora trabajando en un cine. Trabajó *h* horas en las tiendas del cine y tres veces más horas en la boletería. Escribe y simplifica una expresión para la cantidad de dinero que ganó William.

\$13 · horas en las tiendas del cine + \$13 · horas en la boletería.

$13h + 13(3h)$

$13h + 39h$ — Multiplica $13 \cdot 3h$.

$h(13 + 39)$ — Propiedad distributiva.

$52h$ — Simplifica.

Visita **my.hrw.com** para ver todos los **Estándares comunes** desglosados.

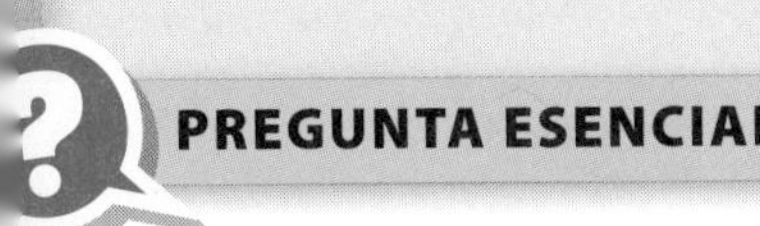

Representar y escribir expresiones

ESTÁNDARES COMUNES 6.EE.2a

Write expressions that record operations with numbers and with letters standing for numbers. *Also 6.EE.2b, 6.EE.4, 6.EE.6*

PREGUNTA ESENCIAL

¿Cómo puedes representar y escribir expresiones algebraicas?

Escribir expresiones algebraicas

Una **expresión algebraica** es una expresión que contiene una o más variables y también puede contener símbolos de operaciones como $+$ o $-$.

Una **variable** es una letra o símbolo que se usa para representar un número desconocido o no especificado. El valor de una variable puede cambiar.

Una **constante** es un número específico cuyo valor no cambia.

Matemáticas al instante
my.hrw.com

150 es una constante y *y* es una variable.

Expresiones algebraicas	x	$w + n$	$150 + y$

En las expresiones algebraicas, la multiplicación y la división generalmente se escriben sin los símbolos $\times$ y $\div$.

- Escribe $3 \times n$ como $3n$, $3 \cdot n$ o $n \cdot 3$.
- Escribe $3 \div n$ como $\frac{3}{n}$.

Hay varias formas de escribir expresiones con palabras.

Operación	Suma	Resta	Multiplicación	División
Palabras	• sumado a • más • suma • más que	• restado de • menos • diferencia • menos que • quitar • extraído	• por • multiplicado por • producto • grupos de	• dividido entre • dividido en • cociente

EJEMPLO 1

ESTÁNDARES COMUNES 6.EE.2a, 6.EE.2b

A **Escribe las frases como expresiones algebraicas.**

La suma de 7 y x — *La operación es una suma.*

La expresión algebraica es $7 + x$.

El cociente de z y 3 — *La operación es una división.*

La expresión algebraica es $\frac{z}{3}$.

B **Escribe una frase para cada expresión.**

$11x$ — La operación es una multiplicación.

El producto de 11 y x

$8 - y$ — La operación es una resta.

y menos que 8

ES TU TURNO

Escribe las frases como expresiones algebraicas.

1. n por 7 ______ **2.** 4 menos y ________ **3.** 13 sumado a x ________

Escribe una frase para cada expresión.

4. $\frac{x}{12}$ ________________________________

5. $10y$ ________________________________

6. $c + 3$ ________________________________

Representar expresiones algebraicas

Las expresiones algebraicas también se pueden representar con modelos.

EJEMPLO 2

ESTÁNDARES COMUNES 6.EE.2a

Representa cada expresión con un modelo de barras.

A $7 + x$ — Combina 7 y x.

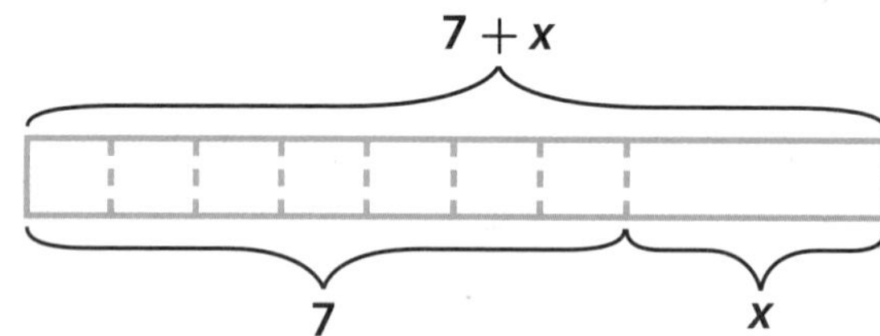

B $\frac{z}{3}$ — Divide z en 3 partes iguales.

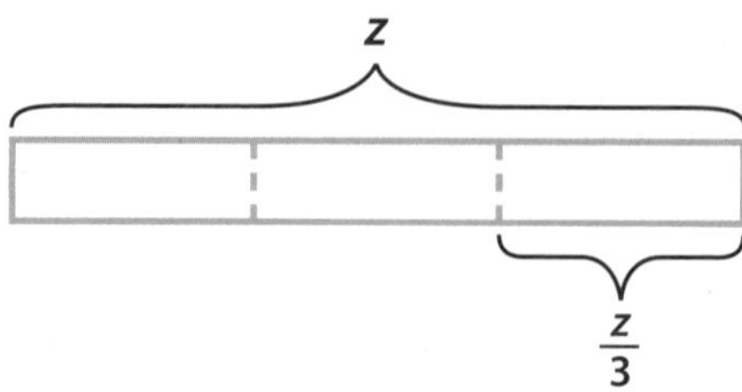

ES TU TURNO

Dibuja un modelo de barras para representar cada expresión.

7. $t - 2$

8. $4y$

Comparar expresiones utilizando modelos

Las expresiones algebraicas son *equivalentes* si son iguales para todos los valores de la variable. Por ejemplo, $x + 2$ y $x + 1 + 1$ son equivalentes.

EJEMPLO 3

ESTÁNDARES COMUNES 6.EE.4

Katriana y Andrew comenzaron el día con igual cantidad de dinero. Katriana gastó 5 dólares en el almuerzo. Andrew gastó 3 dólares en el almuerzo y 2 dólares en una merienda después de la escuela. ¿Les queda a Katriana y a Andrew la misma cantidad de dinero?

PASO 1 Escribe una expresión algebraica que represente el dinero que le queda a Katriana. Representa la expresión con un modelo.

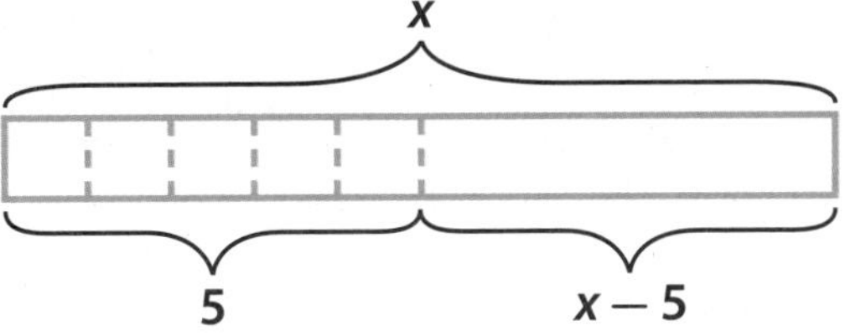

$x - 5$

La variable representa la cantidad de dinero que tienen Katriana y Andrew al comenzar el día.

PASO 2 Escribe una expresión algebraica que represente el dinero que le queda a Andrew. Representa la expresión con un modelo.

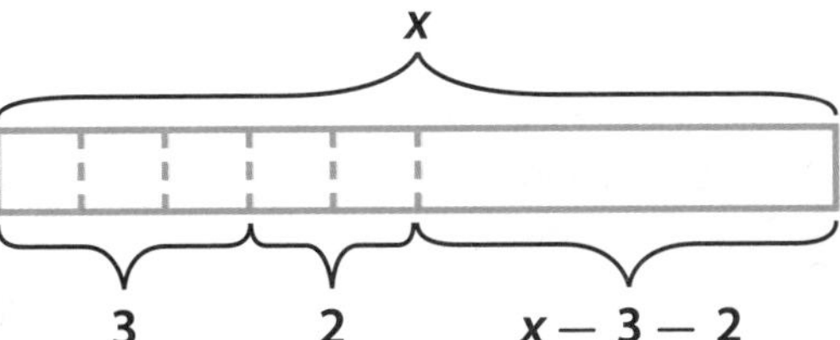

$x - 3 - 2$

PASO 3 Compara los modelos.

Los modelos son equivalentes, entonces las expresiones son equivalentes.

A Andrew y a Katriana les queda la misma cantidad de dinero.

Mis notas

ES TU TURNO

9. En una prueba de matemáticas Tina sacó 3 puntos más que Julia. Juan sacó 2 puntos más que Julia y sacó 2 puntos de crédito adicional. Escribe una expresión y dibuja un modelo de barras que represente la calificación de Tina y la de Juan. ¿Sacaron Tina y Juan la misma calificación en la prueba? Explica.

Representar situaciones de la vida real

Puedes usar expresiones para representar situaciones de la vida real.

EJEMPLO 4

6.EE.6

A Los boletos para el parque de agua cuestan $53 por persona. Escribe una expresión que represente el precio total para un grupo de personas.

Un grupo de es una pista para multiplicación. El precio de $53 por boleto es una constante. El número de personas que necesitan boletos es una variable.

Sea x el número de personas.

La expresión algebraica del precio total de los boletos es $53x$.

B Genise tiene algunos ahorros. Después de cuidar niños, agrega $75 a sus ahorros. ¿Cuánto dinero ha ahorrado Genise?

Agrega es una pista para aplicar la suma. Los $75 que Genise agregó a los ahorros es una constante. Se desconoce el dinero que tenía antes, entonces usa una variaable.

Usa y para los ahorros que Genise tenía antes de agregar el dinero que ganó cuidando niños.

La expresion algebraica del total de ahorros de Genise is $y + 75$.

Charla matemática
Prácticas matemáticas
¿Cómo sabes qué operación usar para calcular la cantidad que recibe cada sobrina?

ES TU TURNO

10. Helen divide algún dinero equitativamente entre sus cuatro sobrinas. Si d representa la cantidad total, escribe una expresión que represente cuánto dinero recibe cada sobrina. _______

Práctica con supervisión

Escribe las frases como expresiones algebraicas. (Ejemplo 1)

1. 3 menos que y ____________

2. El producto de 2 y p ____________

Escribe una frase para cada expresión algebraica. (Ejemplo 1)

3. $y + 12$ ____________

4. $\frac{p}{10}$ ____________

5. Dibuja un modelo de barras que represente la expresión $m \div 4$. (Ejemplo 2)

A las 6 p.m., la temperatura en Phoenix, AZ, *t*, era igual a la temperatura en Tucson, AZ. A las 9 p.m., la temperatura en Phoenix bajó 2 grados y en Tucson bajó 4 grados. A las 11 p.m., la temperatura en Phoenix bajó otros 3 grados. (Ejemplo 3)

6. Representa la temperatura en cada ciudad con una expresión algebraica y un modelo de barras.

t t

________ ________

7. ¿Son equivalentes las expresiones que representan las temperaturas en las dos ciudades? Justifica la respuesta.

____

____

8. Noelle compró algunas cajas de agua embotellada para un día de campo. Había 24 botellas de agua en cada caja. Si c es el número de cajas, escribe una expresión para representar cuántas botellas de agua compró Noelle. (Ejemplo 4)

____

ÉNFASIS EN LA PREGUNTA ESENCIAL

9. Da un ejemplo de una situación del mundo real que pueda representarse con una expresión algebraica.

____

____

____

Nombre ______ Clase ______ Fecha ______

10.1 Práctica independiente

 6.EE.2a, 6.EE.2b, 6.EE.4, 6.EE.6

Entrenador personal en matemáticas
Evaluación e intervención en línea
my.hrw.com

10. Escribe una expresión algebraica con la constante 7 y la variable *y*.

______

Escribe cada frase como una expresión algebraica.

11. *n* dividido entre 8 ______

12. *p* multiplicado por 4 ______

13. *b* más 14 ______

14. 90 por *x* ______

15. *a* menos 16 ______

16. *k* menos que 24 ______

17. 3 grupos de *w* ______

18. la suma de 1 y *q* ______

19. el cociente de 13 y *z* ______

20. *c* sumado a 45 ______

21. 8 menos que *w* ______

Escribe una frase en palabras para cada expresión algebraica.

22. $m + 83$ ______

23. $42s$ ______

24. $\frac{9}{d}$ ______

25. $t - 29$ ______

26. $2 + g$ ______

27. $11x$ ______

28. $\frac{h}{12}$ ______

29. $5 - k$ ______

Sarah y Noah trabajan en la Librería Lectores y cobran el mismo salario por hora. La tabla muestra el calendario de trabajo de la semana pasada.

Calendario de trabajo Librería Lectores (en horas)			
	Lunes	Martes	Miércoles
Sarah	5	3	
Noah			8

30. Escribe una expresión que represente la paga total de Sarah la semana pasada. Representa el salario por hora con una *s*. ______

31. Escribe una expresión que represente la paga total de Noah la semana pasada. Representa el salario por hora con una *s*. ______

32. ¿Son equivalentes las expresiones? ¿Recibieron la misma paga Sarah y Noah la semana pasada? Justifica la respuesta con modelos.

______

33. Mia compra 3 galones de gasolina a un precio de *d* dólares por galón. Bob compra *g* galones de gasolina a un precio de $3 por galón.

a. Escribe una expresión para la cantidad que Mia paga por la gasolina. ______

b. Escribe una expresión para la cantidad que Bob paga por la gasolina. ______

c. ¿Qué representan el número y la variable en cada expresión?

______

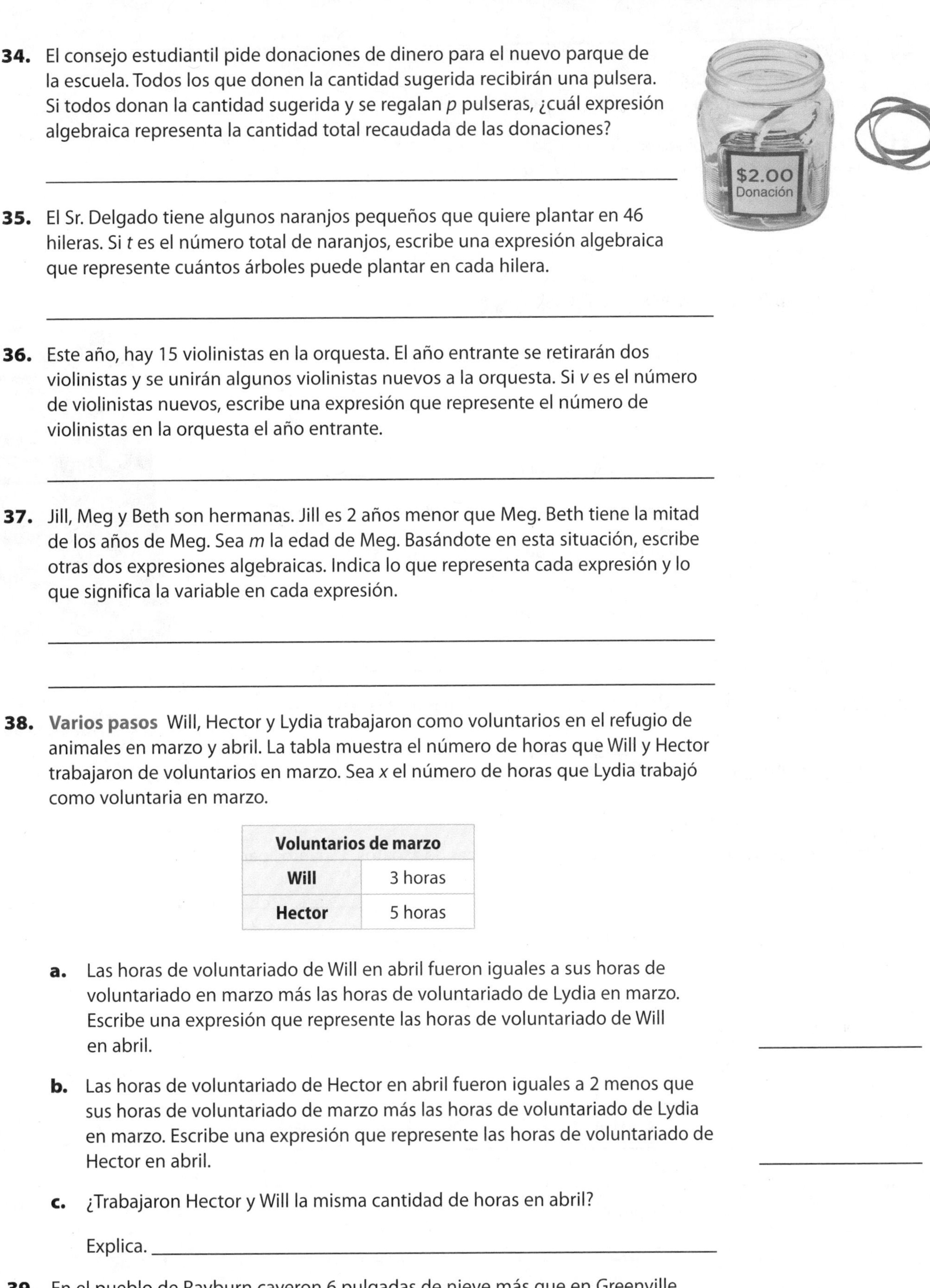

34. El consejo estudiantil pide donaciones de dinero para el nuevo parque de la escuela. Todos los que donen la cantidad sugerida recibirán una pulsera. Si todos donan la cantidad sugerida y se regalan *p* pulseras, ¿cuál expresión algebraica representa la cantidad total recaudada de las donaciones?

____

35. El Sr. Delgado tiene algunos naranjos pequeños que quiere plantar en 46 hileras. Si *t* es el número total de naranjos, escribe una expresión algebraica que represente cuántos árboles puede plantar en cada hilera.

____

36. Este año, hay 15 violinistas en la orquesta. El año entrante se retirarán dos violinistas y se unirán algunos violinistas nuevos a la orquesta. Si *v* es el número de violinistas nuevos, escribe una expresión que represente el número de violinistas en la orquesta el año entrante.

____

37. Jill, Meg y Beth son hermanas. Jill es 2 años menor que Meg. Beth tiene la mitad de los años de Meg. Sea *m* la edad de Meg. Basándote en esta situación, escribe otras dos expresiones algebraicas. Indica lo que representa cada expresión y lo que significa la variable en cada expresión.

____

____

38. **Varios pasos** Will, Hector y Lydia trabajaron como voluntarios en el refugio de animales en marzo y abril. La tabla muestra el número de horas que Will y Hector trabajaron de voluntarios en marzo. Sea *x* el número de horas que Lydia trabajó como voluntaria en marzo.

Voluntarios de marzo	
Will	3 horas
Hector	5 horas

a. Las horas de voluntariado de Will en abril fueron iguales a sus horas de voluntariado en marzo más las horas de voluntariado de Lydia en marzo. Escribe una expresión que represente las horas de voluntariado de Will en abril. _______________

b. Las horas de voluntariado de Hector en abril fueron iguales a 2 menos que sus horas de voluntariado de marzo más las horas de voluntariado de Lydia en marzo. Escribe una expresión que represente las horas de voluntariado de Hector en abril. _______________

c. ¿Trabajaron Hector y Will la misma cantidad de horas en abril?

Explica. _______________

39. En el pueblo de Rayburn cayeron 6 pulgadas de nieve más que en Greenville. Sea *g* la cantidad de nieve que cayó en Greenville. Escribe una expresión algebraica que represente la cantidad de nieve que cayó en Rayburn. _______________

40. Abby horneó 48 panecillos y las dividió equitativamente en bolsas. Sea b el número de bolsas. Escribe una expresión algebraica que represente el número de panecillos en cada bolsa. ______

41. Eli conduce a una rapidez de 55 millas por hora. Sea h el número de horas que Eli conduce a esa rapidez. Escribe una expresión algebraica que represente el número de millas que recorre Eli en ese tiempo. ______

H.O.T. ENFOQUE EN ALTA CAPACIDAD DE RAZONAMIENTO

42. Varios pasos Roscas Rico ofrece dos opciones para el desayuno, como se muestra.

a. Sea x el número de clientes que piden café y una rosca. ¿Cuánto dinero ganará Roscas Rico de estos dos pedidos? ______

b. Sea y el número de clientes que piden té y un sándwich de desayuno. ¿Cuánto dinero ganará Roscas Rico de estos dos pedidos? ______

c. Escribe una expresión algebraica para la cantidad total que ganará Roscas Rico de todos los pedidos de café y roscas y de todos los pedidos de té y sándwiches de desayuno. ______

43. Representa problemas del mundo real En un armario hay un número z de zapatos.

a. ¿Cuántos pares de zapatos hay en el armario? Explica.

______

b. **¿Qué pasa si...?** Supongamos que falta un par de zapatos. ¿Cuántos pares hay en el armario? ______

44. Resolución de problemas Escribe una expresión que tenga tres términos: dos variables diferentes y una constante. ______

45. Representa problemas del mundo real Describe una situación que se pueda representar con la expresión $x - 8$.

______

______

46. Critica el razonamiento Ricardo dice que la expresión $y + 4$ es equivalente a la expresión $1y + 4$. ¿Tiene razón? Explica.

______

______

______

Área de trabajo

LECCIÓN

10.2 Evaluar expresiones

ESTÁNDARES COMUNES 6.EE.2c

Evaluate expressions at specific values of their variables.

PREGUNTA ESENCIAL

¿Cómo puedes evaluar operaciones algebraicas aplicando el orden de las operaciones?

Evaluar expresiones

Recuerda que una expresión algebraica contiene una o más variables. Puedes reemplazar un número por esa variable y luego hallar el valor de la expresión. A esto se le llama **evaluar** la expresión.

Matemáticas al instante

my.hrw.com

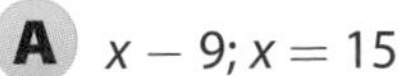

EJEMPLO 1

ESTÁNDARES COMUNES 6.EE.2c

Evalúa las expresiones para el valor dado de la variable.

Mis notas

A $x - 9; x = 15$

$15 - 9$ Reemplaza 15 por x.

6 Resta.

Si $x = 15, x - 9 = 6$.

B $\frac{16}{n}; n = 8$

$\frac{16}{8}$ Reemplaza 8 por n.

2 Divide.

Si $n = 8, \frac{16}{n} = 2$.

C $0.5y; y = 1.4$

$0.5(1.4)$ Reemplaza 1.4 por y.

0.7 Multiplica.

Si $y = 1.4,\ 0.5y = 0.7$.

D $6k; k = \frac{1}{3}$

PISTA: Piensa en 6 como $\frac{6}{1}$.

$6\left(\frac{1}{3}\right)$ Reemplaza $\frac{1}{3}$ por k.

2 Multiplica.

Si $k = \frac{1}{3}, 6k = 2$.

Evalúa las expresiones para el valor dado de la variable.

1. $4x; x = 8$ _____ **2.** $6.5 - n; n = 1.8$ _____ **3.** $\frac{m}{6}; m = 18$ _____

Aplicar el orden de las operaciones

Las expresiones pueden tener más de una operación o más de una variable. Para evaluar estas expresiones, reemplaza el valor dado por cada variable y luego sigue el orden de las operaciones.

EJEMPLO 2

ESTÁNDARES COMUNES 6.EE.2c

Evalúa las expresiones para el valor dado de la variable.

A $4(x - 4); x = 7$

$4(7 - 4)$	Reemplaza 7 por *x*.
$4(3)$	Resta dentro de los paréntesis.
12	Multiplica.

Si $x = 7$, $4(x - 4) = 12$.

B $4x - 4; x = 7$

$4(7) - 4$	Reemplaza 7 por *x*.
$28 - 4$	Multiplica.
24	Resta.

Si $x = 7$, $4x - 4 = 24$.

C $w - x + y; w = 6, x = 5, y = 3$

$(6) - (5) + (3)$	Reemplaza 6 por *w*, 5 por *x* y 3 por *y*.
$1 + 3$	Resta
4	Suma.

Si $w = 6$, $x = 5$, $y = 3$, $w - x + y = 4$.

D $x^2 - x; x = 9$

$(9)^2 - (9)$	Reemplaza 9 por cada *x*.
$81 - 9$	Evalúa los exponentes.
72	Resta.

Si $x = 9$, $x^2 - x = 72$.

Charla matemática
Prácticas matemáticas

¿Es la expresión $w - x + y$ equivalente a $w - y + x$? Explica cualquier diferencia que haya en el orden en que se realizan las operaciones matemáticas.

ES TU TURNO

Evalúa las expresiones para $n = 5$.

4. $3(n + 1)$ ______ **5.** $4(n - 4) + 14$ ______ **6.** $6n + n^2$ ______

Evalúa las expresiones para $a = 3$, $b = 4$ y $c = 6$.

7. $ab - c$ ______ **8.** $bc + 5a$ ______ **9.** $a^3 - (b + c)$ ______

Evaluar expresiones de la vida real

Puedes evaluar expresiones para resolver problemas de la vida real.

EJEMPLO 3

ESTÁNDARES COMUNES 6.EE.2c

La expresión $1.8c + 32$ da la temperatura en grados Fahrenheit para una temperatura dada en grados Celsius c. Calcula la temperatura en grados Fahrenheit que es equivalente a 30 °C.

Halla el valor de c.

$c = 30\,°C$

PASO 2 Reemplaza el valor en la expresión.

$1.8c + 32$

$1.8(30) + 32$ Reemplaza 30 por c.

$54 + 32$ Multiplica.

86 Suma.

86 °F es equivalente a 30 °C.

ES TU TURNO

10. La expresión $6x^2$ da el área total de un cubo y la expresión x^3 da el volumen de un cubo, donde x es la longitud de uno de los lados del cubo. Calcula el área total y el volumen de un cubo cuyo lado mide 2 m de longitud.

$S =$ ____________ m^2; $V =$ ____________ m^3

11. La expresión $60m$ da el número de segundos en m minutos. ¿Cuántos segundos hay en 7 minutos?

__________ segundos

Práctica con supervisión

Evalúa las expresiones para los valores dados de las variables. (Ejemplos 1 y 2)

1. $x - 7; x = 23$ ______

2. $3a - b; a = 4, b = 6$ ______

3. $\frac{8}{t}; t = 4$ ______

4. $9 + m; m = 1.5$ ______

5. $\frac{1}{2}w + 2; w = \frac{1}{9}$ ______

6. $5(6.2 + z); z = 3.8$ ______

7. La tabla muestra los precios para los partidos de la liga de fútbol de Bella. Sus padres y su abuela fueron a un partido. ¿Cuánto gastaron si fueron todos juntos en un carro? (Ejemplo 3)

Precios de los partidos de fútbol	
Boletos para estudiantes	$6
Boletos para no estudiantes	$12
Estacionamiento	$5

a. Escribe una expresión que represente el precio de un carro lleno de aficionados que no son estudiantes. Usa *x* para el número de personas que viajaron en el carro y vieron el partido. ______ es una expresión que representa el precio de un carro lleno de aficionados del fútbol que no son estudiantes.

b. Como hay tres aficionados, evalúa la expresión $12x + 5$ para $x = 3$.

12(____) + 5 = ______ + 5 = ______

La familia gastó ______ en asistir al partido.

8. Stan quiere coser un ribete alrededor de los extremos de un mantel rectangular que mide 5 pies de longitud por 7 pies de ancho. El perímetro del mantel rectangular es el doble de la longitud sumado al doble del ancho. ¿Cuánto ribete debe comprar Stan? (Ejemplo 3)

a. Escribe una expresión que represente el perímetro del mantel rectangular. Utiliza *l* para representar la longitud y *a* para el ancho del mantel. La expresión sería ______

b. Evalúa la expresión $P = 2a + 2l$ para $l = 5$ y $a = 7$.

2(______) + 2(______) = ______ + 10 = ______

Stan compró ______ de ribete para coser al mantel.

ÉNFASIS EN LA PREGUNTA ESENCIAL

9. ¿Cómo sabes el orden correcto que se debe seguir para evaluar expresiones algebraicas?

______

______

______

10.2 Práctica independiente

6.EE.2c

10. La tabla muestra los precios de los boletos en el cine Cinema 16. Sea a el número de boletos de adultos, n el número de boletos para niños y m el número de boletos para personas mayores.

Precios del cine Cinema 16	
Adultos	\$8.75
Niños	\$6.50
Personas mayores	\$6.50

a. Escribe una expresión para calcular el precio total de los tres tipos de boletos.

______

b. La familia Andrews compró 2 boletos de adultos, 3 boletos para niños y 1 para mayores. Evalúa tu expresión de la parte a para hallar el precio total de los boletos.

______

c. La familia Spencer compró 4 boletos de adultos y 2 boletos para niños. ¿Gastaron lo mismo que la familia Andrews? Explica.

______

11. El área de una vela triangular se representa con la expresión $\frac{1}{2}bh$, donde b es la longitud de la base y h es la altura. ¿Cuál es el área de una vela triangular en un velero miniatura si $b = 12$ pulgadas y $h = 7$ pulgadas?

$A =$ ______ pulg^2

12. Ramón quiere saber el saldo de su cuenta corriente. Tiene \$2,340 en la cuenta. Hace un cheque de \$140 y deposita otro cheque de \$268. ¿Cuánto le queda a Ramón en la cuenta corriente?

______

13. Busca un patrón Evalúa la expresión $6x - x^2$ para $x = 0, 1, 2, 3, 4, 5$ y 6. Completa la tabla con los resultados y describe el patrón que observes.

x	0	1	2	3	4	5	6
$6x - x^2$							

______

14. La energía cinética (en joules) de un objeto en movimiento se puede calcular con la expresión $\frac{1}{2}mv^2$, donde m es la masa del objeto en kilogramos y v es la velocidad en metros por segundo. Halla la energía cinética de una pelota de béisbol de 0.145 kg que se arroja a una velocidad de 40 metros por segundo.

$E =$ ______ joules

15. El área de un cuadrado se expresa como x^2, donde x es la longitud de un lado. El huerto de Mary tenía originalmente forma de cuadrado. Ella decidió duplicar el área del huerto. Escribe una expresión que represente el área del nuevo huerto de Mary. Evalúa la expresión si la longitud de un lado del huerto original de Mary era de 8 pies.

______

16. El volumen de una pirámide de base cuadrada se representa con la expresión $\frac{1}{3}l^2h$, donde l es la longitud de un lado de la base y h es la altura. Halla el volumen de la pirámide con una base cuyos lados miden 24 pies de longitud y 30 pies de altura.

____

ENFOQUE EN ALTA CAPACIDAD DE RAZONAMIENTO

Área de trabajo

17. Saca conclusiones Considera las expresiones $3x(x - 2) + 2$ y $2x^2 + 3x - 12$.

a. Evalúa cada expresión para $x = 2$ y para $x = 7$. Basándote en los resultados, ¿sabes si las dos expresiones son equivalentes? Explica.

____

____

____

____

____

b. Evalúa cada expresión para $x = 1$. Basándote en los resultados, ¿sabes si las dos expresiones son equivalentes? Explica.

____

____

____

____

____

18. Critica el razonamiento Marjorie evaluó la expresión $3x + 2$ para $x = 5$ como se muestra:

$$3x + 2 = 35 + 2 = 37$$

¿Cuál fue el error de Marjorie? ¿Cuál es el valor correcto de $3x + 2$ para $x = 5$?

____

____

____

LECCIÓN **10.3**

Generar expresiones equivalentes

ESTÁNDARES COMUNES **6.EE.3**

Apply the properties of operations to generate equivalent expressions. *Also 6.EE.2b, 6.EE.4*

PREGUNTA ESENCIAL

¿Cómo puedes identificar y escribir expresiones equivalentes?

ACTIVIDAD PARA EXPLORAR 1  **6.EE.4**

Identificar expresiones equivalentes

Una forma de probar si dos expresiones son equivalentes es evaluarlas para el mismo valor de la variable.

Empareja las expresiones en la lista A con sus expresiones equivalentes de la lista B.

Lista A	Lista B
$5x + 65$	$5x + 1$
$5(x + 1)$	$5x + 5$
$1 + 5x$	$5(13 + x)$

A Evalúa las expresiones de las listas para $x = 3$.

Lista A	Lista B
$5(3) + 65 = \square$	$5(3) + 1 = \square$
$5(3 + 1) = \square$	$5(3) + 5 = \square$
$1 + 5(3) = \square$	$5(13 + 3) = \square$

B ¿Qué pares de expresiones tienen el mismo valor para $x = 3$?

____

____

C ¿Cómo puedes seguir comprobando si las expresiones en cada par son equivalentes?

____

D ¿Piensas que las expresiones en cada par son equivalentes? ¿Por qué?

____

____

Reflexiona

1. **Analiza el error** Lisa evaluó las expresiones $2x$ y x^2 para $x = 2$ y halló que ambas expresiones eran iguales a 4. Lisa concluyó que $2x$ y x^2 son expresiones equivalentes. ¿Cómo puedes demostrarle a Lisa que se equivoca?

____

____

ACTIVIDAD PARA EXPLORAR 2 ESTÁNDARES COMUNES **6.EE.3**

Representar expresiones equivalentes

También puedes determinar si dos expresiones son equivalentes con modelos. Las *fichas cuadradas de álgebra* son una manera de representar expresiones.

Fichas cuadradas de álgebra

 = 1

 = x

Determina si la expresión $3(x + 2)$ es equivalente a $3x + 6$.

A Representa cada expresión con fichas cuadradas de álgebra.

$3(x + 2)$

$3x + 6$

B El modelo de $3(x + 2)$ tiene ________ fichas de x y ________ fichas de 1.

El modelo de $3x + 6$ tiene ________ fichas de x y ________ fichas de 1.

C ¿Es la expresión $3(x + 2)$ equivalente a $3x + 6$? Explica.

____

____

Reflexiona

2. Utiliza fichas cuadradas de álgebra para determinar si la expresión $2(x + 3)$ es equivalente a $2x + 3$. Explica la respuesta.

____

____

Escribir expresiones equivalentes utilizando propiedades

Las propiedades de las operaciones se pueden usar para identificar expresiones equivalentes.

Propiedades de las operaciones	Ejemplos
Propiedad conmutativa de la suma: Cuando sumas, cambiar el orden de los números no altera la suma.	$3 + 4 = 4 + 3$
Propiedad conmutativa de la multiplicación: Cuando multiplicas, cambiar el orden de los números no altera el producto.	$2 \times 4 = 4 \times 2$
Propiedad asociativa de la suma: Cuando sumas más de dos números, la forma de agrupar los números no altera la suma.	$(3 + 4) + 5 = 3 + (4 + 5)$
Propiedad asociativa de la multiplicación: Cuando multiplicas más de dos números, la forma de agrupar los números no altera el producto.	$(2 \times 4) \times 3 = 2 \times (4 \times 3)$
Propiedad distributiva: Multiplicar un número por una suma o una resta es igual que multiplicar por cada número en la suma o resta y luego sumar o restar.	$6(2 + 4) = 6(2) + 6(4)$ $8(5 - 3) = 8(5) - 8(3)$
Propiedad de identidad de la suma: Sumar cero a un número no cambia su valor.	$9 + 0 = 9$
Propiedad de identidad de la multiplicación: Multiplicar un número por uno no cambia su valor.	$1 \times 7 = 7$

EJEMPLO 1

ESTÁNDARES COMUNES 6.EE.3

Aplica una propiedad para escribir una expresión equivalente a $x + 3$.

La operación en la expresión es una suma.

Puedes aplicar la propiedad conmutativa de la suma para escribir una expresión equivalente: $x + 3 = 3 + x$.

ES TU TURNO

Aplica una propiedad para escribir una expresión equivalente a cada expresión. Di qué propiedad usaste.

3. $(ab)c =$ ______________________

4. $3y + 4y =$ ______________________

5. 6×7 ______________________

Utilizar propiedades para identificar expresiones equivalentes

EJEMPLO 2

6.EE.3

Aplica las propiedades de las operaciones para determinar si las expresiones son equivalentes.

A $3(x - 2); 3x - 6$

$3(x - 2) = 3x - 6$ — Propiedad distributiva

$3(x - 2)$ y $3x - 6$ son expresiones equivalentes.

B $2 + x; \frac{1}{2}(4 + x)$

$\frac{1}{2}(x + 4) = \frac{1}{2}x + 2$ — Propiedad distributiva

$= 2 + \frac{1}{2}x$ — Propiedad conmutativa

$2 + x$ no es igual a $2 + \frac{1}{2}x$.

Las expresiones no son equivalentes.

ES TU TURNO

Aplica las propiedades de las operaciones para determinar si las expresiones son equivalentes.

6. $6x - 8; 2(3x - 5)$

____

____

7. $2 - 2 + 5x; 5x$

____

____

8. Jamal compró 2 paquetes de adhesivos y 8 adhesivos individuales. Representa el número de adhesivos en un paquete con una x y escribe una expresión que represente el número de adhesivos que compró Jamal. ¿Es la expresión equivalente a $2(4 + x)$? Comprueba la respuesta con fichas cuadradas de álgebra.

____

____

Generar expresiones equivalentes

Partes de una expresión algebraica		
términos	Las partes de la expresión separadas por signos de + o −	$12 + 3y^2 + 4x + 2y^2 + 4$
coeficientes	Números que se multiplican por una variable por lo menos	$12 + 3y^2 + 4x + 2y^2 + 4$
términos semejantes	Términos que contienen la misma variable elevada a la misma potencia	$12 + 3y^2 + 4x + 2y^2 + 4$

Cuando una expresión contiene términos semejantes, puedes aplicar propiedades para combinar los términos semejantes en uno solo. Esto resulta en una expresión equivalente a la expresión original.

EJEMPLO 3

ESTÁNDARES COMUNES 6.EE.3, 6.EE.2b

Combina los términos semejantes.

A $6x^2 - 4x^2$

$6x^2$ y $4x^2$ son términos semejantes.

$6x^2 - 4x^2 = x^2(6 - 4)$ — Propiedad distributiva

$= x^2(2)$ — Resta dentro de los paréntesis.

$= 2x^2$ — Propiedad conmutativa de la multiplicación

$6x^2 - 4x^2 = 2x^2$

B $3a + 2(b + 5a)$

$3a + 2(b + 5a) = 3a + 2b + 2(5a)$ — Propiedad distributiva

$= 3a + 2b + (2 \cdot 5)a$ — Propiedad asociativa de la multiplicación

$= 3a + 2b + 10a$ — Multiplica 2 y 5.

$= 3a + 10a + 2b$ — Propiedad conmutativa de la suma

$= (3 + 10)a + 2b$ — Propiedad distributiva

$= 13a + 2b$ — Suma dentro de los paréntesis.

$3a + 2(b + 5a) = 13a + 2b$

C $y + 11x + 7y - 7x$

Los términos y y $7y$ son semejantes; $11x$ y $7x$ son términos semejantes.

$y + 11x - 7x + 7y = y + 7y + 11x - 7x$ — Propiedad conmutativa

$= (1 + 7)y + (11 - 7)x$ — Propiedad distributiva

$= 8y + 4x$ — Simplifica dentro de los paréntesis.

$y + 11x + 7y - 7x = 8y + 4x$

Charla matemática
Prácticas matemáticas

Escribe 2 términos que se puedan combinar con $7y^4$.

ES TU TURNO

Combina los términos semejantes.

9. $8y - 3y =$ ________

10. $6x^2 + 4(x^2 - 1) =$ ________

11. $4a^5 - 2a^5 + 4b + b =$

____

12. $8m + 14 - 12 + 4n =$

____

Práctica con supervisión

1. Evalúa las expresiones de la lista para $y = 5$. Luego, traza líneas que emparejen las expresiones en la Lista A con sus expresiones equivalentes en la Lista B. (Actividad para explorar 1)

Lista A	Lista B
$4 + 4y =$ ______	$4y - 4 =$ ______
$4(y - 1) =$ ______	$4(y + 1) =$ ______
$4y + 1 =$ ______	$1 + 4y =$ ______

2. Compara los modelos para determinar si las expresiones son equivalentes. (Actividad para explorar 2) ________

$x + 4$

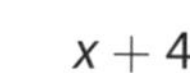

$2(x + 2)$

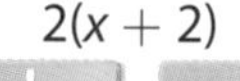

Aplica una propiedad para escribir una expresión equivalente para cada expresión. Indica qué propiedad utilizaste. (Ejemplo 1)

3. $ab =$ ________

____

4. $5(3x - 2) =$ ________

____

Aplica las propiedades de las operaciones para determinar si cada par de expresiones es equivalente. (Ejemplo 2)

5. $\frac{1}{2}(4 - 2x)$; $2 - 2x$ ________

6. $\frac{1}{2}(6x - 2)$; $3 - x$ ________

Combina los términos semejantes. (Ejemplo 3)

7. $32y + 12y =$ ________

8. $12 + 3x - x - 12 =$ ________

ÉNFASIS EN LA PREGUNTA ESENCIAL

9. Describe dos maneras de escribir expresiones algebraicas equivalentes.

____

____

Nombre ______________________ Clase ______________ Fecha ______________

10.3 Práctica independiente

6.EE.2b, 6.EE.3, 6.EE.4

Aplica una propiedad para escribir una expresión equivalente para cada expresión. Di qué propiedad usaste.

10. $cd =$ ______________________

11. $x + 13 =$ ______________________

12. $4(2x - 3) =$ ______________________

13. $2 + (a + b) =$ ______________________

14. Dibuja modelos con fichas cuadradas de álgebra para comprobar que $4 + 8x$ y $4(2x + 1)$ son equivalentes.

Combina los términos semejantes.

15. $7x^4 - 5x^4 =$ ______________________

16. $32y + 5y =$ ______________________

17. $6b + 7b - 10 =$ ______________________

18. $2x + 3x + 4 =$ ______________________

19. $y + 4 + 3(y + 2) =$ ______________________

20. $7a^2 - a^2 + 16 =$ ______________________

21. $3y^2 + 3(4y^2 - 2) =$ ______________________

22. $z^2 + z + 4z^3 + 4z^2 =$ ______________________

23. $0.5(x^4 - 3) + 12 =$ ______________________

24. $\frac{1}{4}(16 + 4p) =$ ______________________

25. **Justifica tu razonamiento** Determina si $3x + 12 + x$ es equivalente a $4(3 + x)$. Justifica la respuesta con las propiedades de las operaciones.

____

____

26. William gana $13 por hora trabajando en un teatro de cine. La semana pasada trabajó h horas en la tienda de refrescos y tres veces esa cantidad de horas vendiendo boletos. Escribe y simplifica una expresión para saber la cantidad de dinero que William ganó la semana pasada.

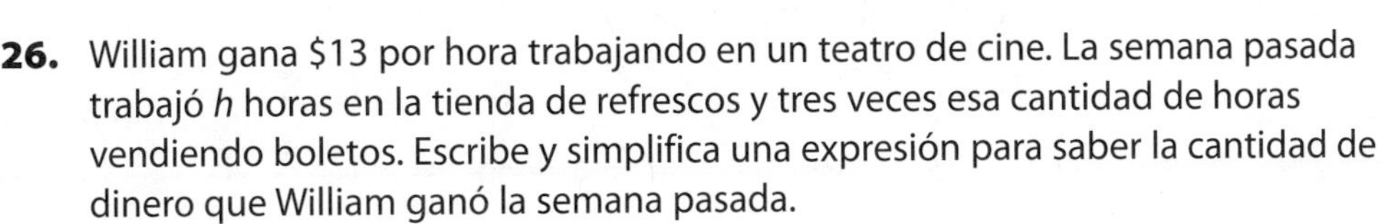

____

27. Representaciones múltiples Escribe y simplifica una expresión para hallar el peso total de las medallas que ganaron los países que más medallas ganaron en los Juegos Olímpicos de Londres del 2012 con la información de la tabla. Los tres tipos de medallas tienen pesos diferentes.

Juegos Olímpicos de verano 2012			
	Oro	**Plata**	**Bronce**
Estados Unidos	46	29	29
China	38	27	23
Gran Bretaña	29	17	19

____

____

Escribe una expresión para los perímetros de cada figura dada. Simplifica las expresiones.

28. ____________________

$3x - 1$ mm

6 mm   6 mm

$3x - 1$ mm

29. ____________________

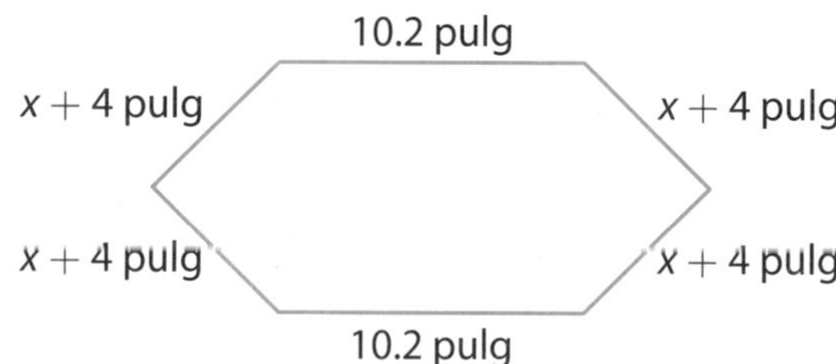

ENFOQUE EN ALTA CAPACIDAD DE RAZONAMIENTO

Área de trabajo

30. Resolución de problemas Examina el modelo de fichas cuadradas de álgebra.

a. Escribe dos expresiones equivalentes para el modelo. ____________________

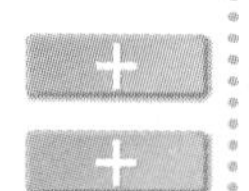

b. ¿Qué pasa si...? Supongamos que se agrega al modelo una tercera fila de fichas igual a las de arriba. ¿Cómo cambiarían las dos expresiones?

____

31. Comunica ideas matemáticas Escribe un ejemplo de una expresión que no se pueda simplificar y explica cómo sabes que no se puede simplificar.

____

32. Resolución de problemas Escribe una expresión equivalente a $8(2y + 4)$ que se pueda simplificar.

____

¿Listo para seguir?

10.1 Representar y escribir expresiones equivalentes

Escribe cada frase como una expresión algebraica.

1. p dividido entre 6 ________

2. 65 menos que j ________

3. la suma de 185 y h ________

4. el producto de 16 y g ________

5. Sea x el número de episodios de un programa de televisión que se graban en una temporada. Escribe una expresión para el número de episodios que se graban en 4 temporadas. ________

10.2 Evaluar expresiones

Evalúa las expresiones para el valor dado de la variable.

6. $8p; p = 9$ ________

7. $11 + r; r = 7$ ________

8. $4(d + 7); d = 2$ ________

9. $\frac{60}{m}; m = 5$ ________

10. Para calcular el área de un triángulo puedes usar la expresión $b \times h \div 2$, donde b es la base del triángulo y h es la altura. ¿Cuál es el área de un triángulo con una base de 6 y altura de 8? ________

10.3 Generar expresiones equivalentes

11. Traza líneas para emparejar las expresiones de la Lista A con sus expresiones equivalentes de la Lista B.

Lista A	Lista B
$7x + 14$	$7(1 + x)$
$7 + 7x$	$7x - 7$
$7(x - 1)$	$7(x + 2)$

PREGUNTA ESENCIAL

12. ¿Cómo puedes resolver problemas usando expresiones equivalentes?

____

____

____

____

MÓDULO 10 REPASO MIXTO

Preparación para la evaluación

Respuesta seleccionada

1. ¿Qué expresión representa el producto de 83 y x?

Ⓐ $83 + x$

Ⓑ $83 \div x$

Ⓒ $83x$

Ⓓ $83 - x$

2. ¿Qué frase describe la expresión algebraica $\frac{r}{9}$?

Ⓐ el producto de r y 9

Ⓑ el cociente de r y 9

Ⓒ 9 menos que r

Ⓓ r más que 9

3. Rhonda organiza las fotos en un álbum. Tiene 60 fotos y las divide en partes iguales entre p páginas. ¿Qué expresión algebraica representa el número de fotos en cada página?

Ⓐ $p - 60$ Ⓒ $\frac{p}{60}$

Ⓑ $60 - p$ Ⓓ $\frac{60}{p}$

4. Si usas la expresión algebraica $4n + 6$, ¿cuál es el mayor número entero de n que te dará un resultado menor de 100?

Ⓐ 22 Ⓒ 24

Ⓑ 23 Ⓓ 25

5. Evalúa $7w - 14$ cuando $w = 9$.

Ⓐ 2

Ⓑ 18

Ⓒ 49

Ⓓ 77

6. Katie leyó el 32% de un libro. Si leyó 80 páginas, ¿cuántas páginas le quedan por leer?

Ⓐ 40

Ⓑ 170

Ⓒ 200

Ⓓ 250

7. La expresión $12(x + 4)$ representa el número total de CD que Mei compró en abril y mayo a $12 cada uno. ¿Qué propiedad debes aplicar para escribir la expresión equivalente $12x + 48$?

Ⓐ Propiedad asociativa de la suma

Ⓑ Propiedad asociativa de la multiplicación

Ⓒ Propiedad conmutativa de la multiplicación

Ⓓ Propiedad distributiva

Minitarea

8. Puedes convertir una temperatura dada en grados Celsius a grados Fahrenheit usando la expresión $9x \div 5 + 32$, donde x es la temperatura en grados Celsius.

a. La tempeatura de congelación del agua es de 0 °C. ¿A cuántos grados Fahrenheit se congela el agua?

____

b. La temperatura de ebullición del agua es de 100 °C. ¿A cuántos grados Fahrenheit hierve el agua?

____

c. La temperatura de cierta agua es de 15°C. ¿Cuál es la temperatura en grados Fahrenheit?

____

Repaso de la Guía de estudio

MÓDULO 9 Generar expresiones numéricas equivalentes

Vocabulario clave

base *(base)*
exponente *(exponent)*
orden de las operaciones *(order of operations)*
potencia *(power)*

PREGUNTA ESENCIAL

¿Cómo puedes generar expresiones numéricas equivalentes para resolver problemas de la vida real?

EJEMPLO 1

Calcula el valor de cada potencia.

A. 0.9^2

$0.9^2 = 0.9 \times 0.9 = 0.81$

B. 18^0

Cualquier número elevado a la potencia de 0 es 1.

$18^0 = 1$

C. $\left(\frac{1}{4}\right)^4$

$\left(\frac{1}{4}\right)^4 = \left(\frac{1}{4}\right)\left(\frac{1}{4}\right)\left(\frac{1}{4}\right)\left(\frac{1}{4}\right) = \frac{1}{256}$

EJEMPLO 2

Calcula la factorización prima de 60.

2	**60**
2	**30**
3	**15**
5	**5**
	1

$60 = 2 \times 2 \times 3 \times 5$

$60 = 2^2 \times 3 \times 5$

La factorización prima de 60 es $2^2 \times 3 \times 5$.

EJEMPLO 3

Simplifica las expresiones.

A. $4 \times (2^3 + 5)$

$= 4 \times (8 + 5)$ $2^3 = 8$

$= 4 \times 13$ Suma.

$= 52$ Multiplica.

B. $27 \div 3^2 \times 6$

$= 27 \div 9 \times 6$ $3^2 = 9$

$= 3 \times 6$ Divide.

$= 18$ Multiplica.

EJERCICIOS

Escribe cada expresión con exponentes. (Lección 9.1)

1. 3.6×3.6 __________

2. $9 \times 9 \times 9 \times 9$ __________

3. $\frac{4}{5} \times \frac{4}{5} \times \frac{4}{5}$ __________

Calcula el valor de cada potencia. (Lección 9.1)

4. 120 ________ **5.** 13^2 ________ **6.** $\left(\frac{2}{7}\right)^3$ ________

7. 0.4^2 ________ **8.** $\left(\frac{4}{9}\right)^1$ ________ **9.** 0.7^3 ________

Calcula la factorización prima de cada número. (Lección 9.2)

10. 75 ________ **11.** 29 ________ **12.** 168 ________

13. Eduardo construye una caja de arena con un área de 84 pies cuadrados. ¿Cuáles son las posibles medidas del ancho y la longitud de la caja de arena en números enteros? (Lección 9.2) ________

Simplifica cada expresión (Lección 9.3)

14. $2 \times 5^2 - (4 + 1)$ ________ **15.** $\frac{22 - (3^2 + 4)}{12 \div 4}$ ________

MÓDULO 10

Generar expresiones algebraicas equivalentes

Vocabulario clave

expresión algebraica *(algebraic expression)*
coeficiente *(coefficient)*
constante *(constant)*
evaluar *(evaluating)*
expresión equivalente *(equivalent expression)*
término *(term)*

PREGUNTA ESENCIAL

¿Cómo puedes generar expresiones algebraicas equivalentes y usarlas para resolver problemas de la vida real?

EJEMPLO 1

Evalúa las expresiones para los valores dados de las variables.

A. $2(x^2 - 9); x = 5$

$2(5^2 - 9)$ — $5^2 = 25$

$= 2(16)$ — Resta.

$= 32$ — Multiplica.

Cuando $x = 5$, $2(x^2 - 9) = 32$.

B. $w + y^2 + 3w; w = 2, y = 6$

$2 + 6^2 + 3(2)$ — $6^2 = 36$

$= 2 + 36 + 6$ — Multiplica.

$= 44$ — Suma.

Cuando $w = 2$ y $y = 6$, $w - y^2 + 3w = 44$.

EJEMPLO 2

Determina si las expresiones algebraicas son equivalentes: $5(x + 2)$ y $10 + 5x$.

$5(x + 2) = 5x + 10$ — Propiedad distributiva.

$= 10 + 5x$ — Propiedad conmutativa.

$5(x + 2)$ es igual a $10 + 5x$. Son expresiones equivalentes.

EJERCICIOS

Escribe cada frase como una expresión algebraica. (Lección 10.1)

1. x restado de 15 ______

2. 12 dividido entre t ______

3. 4 grupos de y ______

4. la suma de z y 7 ______

Escribe una frase para cada expresión algebraica. (Lección 10.1)

5. $8p$ ______

6. $s + 7$ ______

Evalúa cada expresión para los valores dados de las variables. (Lección 10.2)

7. $8z + 3; z = 8$ ______

8. $3(7 + x^2); x = 2$ ______

9. $s - 5t + s^2; s = 4, t = -1$ ______

10. $x - y^3; x = -7, y = 3$ ______

11. La expresión $\frac{1}{2}(h)(b_1 + b_2)$ representa el área de un trapecio, donde b_1 y b_2 representan las longitudes de ambas bases del trapecio y h representa la altura. Calcula el área del trapecio con longitudes de base de 4 pulg y 6 pulg y una altura de 8 pulg. (Lección 10.2) ______

Determina si las expresiones son equivalentes. (Lección 10.3)

12. $7 + 7x; 7\left(x + \frac{1}{7}\right)$ ______

13. $2.5(3 + x); 2.5x + 7.5$ ______

Combina los términos semejantes. (Lección 10.3)

14. $3m - 6 + m^2 - 5m + 1$ ______

15. $7x + 4(2x - 6)$ ______

16. $b^2 + 3 + 2b^2 + 4 - 7$ ______

17. $3(p + 5) - 8 + 11p$ ______

Unidad 4 Tareas de rendimiento

1. **PROFESIONES EN MATEMÁTICAS** Programador informático independiente

Antonio es un programador informático independiente. En su trabajo, a menudo usa la potencia de 2^n para determinar de cuántas maneras se pueden arreglar los bits (unidades de información). Con frecuencia, la n representa el número de bits.

a. Antonio trabaja en la programación de un videojuego nuevo llamado *La búsqueda de Millie*. En el juego, el personaje principal Millie, reúne llaves doradas para completar su búsqueda. Antonio quiere escribir una fórmula para mostrar que Millie puede reunir una llave menos que el mayor número de bits que se pueden arreglar en el sistema. ¿Qué fórmula puede usar?

____

b. Si Antonio trabaja con un sistema de 16 bits, ¿cuántas llaves doradas puede reunir Millie?

____

c. Antonio también trabaja en un programa nuevo de hoja de cálculo. El programa ocupa 14 bytes de memoria. Si cada byte equivale a 8 bits, ¿de cuántos bits es el programa de Antonio? Muestra el trabajo.

____

2. Hannah acaba de comprar una cámara nueva. En enero tomó 14 fotografías. El número de fotografías que tomó se duplicó cada mes durante tres meses.

a. ¿Cuántas fotografías tomó Hannah en marzo? Escribe y resuelve una expresión con un exponente que muestre cuantas fotografías tomó.

____

b. En abril Hannah tomó la mitad del número de fotografías que tomó en marzo. Su hermano Jack piensa que, en abril, ella tomó el mismo número de fotografías que en febrero. Hannah sabía que estaba equivocado. Escribe y resuelve una expresión para mostrar por qué Hannah tiene razón.

____

ESTÁNDARES COMUNES

UNIDAD 4 REPASO MIXTO

Preparación para la evaluación

Respuesta seleccionada

1. ¿Qué expresión equivale a $2.3 \times 2.3 \times 2.3 \times 2.3 \times 2.3$?

Ⓐ 2.3×5

Ⓑ 23^5

Ⓒ $2^5 \times 3^5$

Ⓓ 2.3^5

2. Cuando simplificas $63 - (2 + 54 \times 6) \div 5$, ¿qué operación realizarías primero?

Ⓐ suma

Ⓑ división

Ⓒ multiplicación

Ⓓ resta

3. Sheena organiza sus fotos en un álbum de recortes. Tomó 25 fotos y las repartió igualmente entre p páginas. ¿Qué expresión algebraica representa el número de fotos en cada página?

Ⓐ $p - 25$

Ⓑ $25 - p$

Ⓒ $\frac{p}{25}$

Ⓓ $\frac{25}{p}$

4. ¿Cuál es otra manera de escribir $7 \times 7 \times 7 \times 7$?

Ⓐ 7^4

Ⓑ $7(4)$

Ⓒ 28

Ⓓ 4^7

5. Ángela gana x dólares por hora. El viernes trabajó por 6 horas. El sábado trabajó por 8 horas. ¿Qué expresión muestra cuánto ganó ambos días?

Ⓐ $6x + 8$

Ⓑ $8x \times 6x$

Ⓒ $(6 + 8)x$

Ⓓ $\frac{6+8}{x}$

6. Marcus lleva a cabo un experimento científico en el que mide la tasa a la cual se multiplican las bacterias. Cada 15 segundos las bacterias duplican su número. Si actualmente hay 10 bacterias, ¿cuántas habrá en 2 minutos?

Ⓐ 160 bacterias

Ⓑ 256 bacterias

Ⓒ 1,280 bacterias

Ⓓ 2,560 bacterias

7. ¿Cuál de los siguientes números tiene como factorización prima $2^5 \times 5$?

Ⓐ 50

Ⓑ 125

Ⓒ 160

Ⓓ 500

8. ¿Qué expresión tiene un valor de 36 cuando $x = 4$ y $y = 7$?

Ⓐ $2xy$

Ⓑ $2x + 4y$

Ⓒ $6y - x$

Ⓓ $12x - 2y$

Cuando sea posible, usa la lógica para eliminar por lo menos dos de las opciones de respuestas.

9. ¿Qué debes hacer primero para simplificar la expresión $(4^3 + 9) \div 76 + 5$?

Ⓐ Sumar 4 y 9.

Ⓑ Sumar 76 y 5.

Ⓒ Multiplicar $4 \times 4 \times 4$.

Ⓓ Dividir $(4^3 + 9)$ entre 76.

10. ¿Qué razón es equivalente a 4:10?

Ⓐ $\frac{2}{8}$

Ⓑ $\frac{8}{10}$

Ⓒ $\frac{12}{16}$

Ⓓ $\frac{16}{10}$

11. Travis y Paula salieron a almorzar. Travis ordenó un sándwich por $7.50 y Paula ordenó una hamburguesa por $5.25. Después del almuerzo dejaron una propina del 15% para el mesero. ¿Cuánto dinero gastaron en total?

Ⓐ $12.75

Ⓑ $14.66

Ⓒ $15.95

Ⓓ $16.00

12. ¿Qué opción muestra los siguientes números ordenados de mayor a menor?

$$1.5, \frac{2}{4}, \frac{4}{2}, 1.05$$

Ⓐ $\frac{4}{2}, 1.5, 1.05, \frac{2}{4}$

Ⓑ $1.05, 1.5, \frac{2}{4}, \frac{4}{2}$

Ⓒ $\frac{4}{2}, \frac{2}{4}, 1.5, 1.05$

Ⓓ $1.05, \frac{4}{2}, \frac{2}{4}, 1.5$

Minitareas

13. El grupo local de niñas exploradoras, gana $0.45 por cada bolsa de mezcla de nueces y frutas secas que vende.

a. Escribe una expresión que represente esta situación.

____

b. Sarah vendió 52 bolsas de mezcla de nueces y frutas secas. ¿Cuánto ganó para su tropa?

____

c. Sea x el número total de bolsas de mezcla de nueces y frutas secas vendidas por la tropa de Sarah. Escribe una expresión que muestre qué porcentaje de las bolsas vendió Sarah.

____

14. Robert remplaza el césped en dos áreas cuadradas de su patio trasero. Uno de los lados de la primera área mide 7.5 pies. Uno de los lados de la otra área mide 5.7 pies. El césped cuesta y dólares por pie cuadrado.

a. Escribe una expresión que muestre cuánto gastará Robert en césped.

____

b. Si el precio por pie cuadrado de césped es $3.25, ¿aproximadamente cuánto le costará a Robert colocar césped en ambas áreas del patio trasero? Redondea al dólar más cercano.

____

15. José quiere averiguar cuántos galones de agua necesita para llenar su acuario con forma de cubo. Uno de los lados del acuario mide 4 pies.

a. Escribe y resuelve una expresión para calcular el volumen del acuario de José.

____

b. Un pie cúbico equivale a 7.48 galones de agua. ¿Cuántos galones de agua necesita José para llenar el acuario? Redondea al galón más cercano.

____

Ecuaciones y desigualdades

MÓDULO 11

Ecuaciones y relaciones

ESTÁNDARES COMUNES 6.EE.5, 6.EE.7, 6.EE.8

MÓDULO 12

Relaciones con dos variables

ESTÁNDARES COMUNES 6.NS.6c, 6.EE.9

PROFESIONES EN MATEMÁTICAS

Botánico Un botánico es un biólogo que estudia las plantas. Los botánicos analizan datos y hacen modelos de organismos y sistemas biológicos con ayuda de las matemáticas. Con estos modelos hacen predicciones y también usan las estadísticas para determinar correlaciones. Si te interesa una carrera en botánica, debes estudiar estas asignaturas de matemáticas:

- Álgebra
- Trigonometría
- Probabilidad y estadística
- Cálculo

Investiga otras carreras que requieran el análisis de datos y usar modelos matemáticos.

Unidad 5 Tarea de rendimiento

Al final de la unidad, descubre cómo los **botánicos** usan las matemáticas.

UNIDAD 5

Un vistazo al vocabulario

Usa este rompecabezas para repasar el vocabulario clave de esta unidad. Ordena las letras encerradas en un círculo para resolver el acertijo al final de la página.

```
E B T F F Z O Y O P D E C O X
E T H É N T W T Q Ñ F Y V O Y
Ñ V N C R N M C H J X S H S H
A R P E C M P D U T E A C C J
P B V Ñ I Q I U I L W D R E I
R S I E X D U N C G E A T Y U
C D J Z M X N I O M U N O T O
V E W L C U U E S M A E R C O
S Ó S M I R I W P R Q D I M A
V D B H G Ñ N P D E H R G L P
Q Q I M S W Q A U N D O E H U
C J U P Í E U Z G S E O N W I
T P H K Q C Q S O L U C I Ó N
C K V X E U U S B M C A N J Y
H O U K Z O T N U Y Q H P N A
```

- Palabra que describe una variable que depende de otra variable. (Lección 12-2)
- Un valor para una variable que hace que la ecuación sea verdadera. (Lección 11-1)
- Los números en un par ordenado. (Lección 12-1)
- El punto donde se intersectan los ejes de un plano cartesiano. (Lección 12-1)
- Una de las cuatro regiones en las cuales los ejes *x* y *y* dividen el plano cartesiano. (Lección 12-1)
- Las dos rectas numéricas que se intersectan en ángulos rectos para formar un plano cartesiano. (Lección 12-1)

P: ¿Por qué se asustó el punto?

R: Porque perdió el ___ ___ ___ ___ ___ ___

Ecuaciones y relaciones

PREGUNTA ESENCIAL

¿Cómo puedes resolver problemas de la vida real con ecuaciones y relaciones?

LECCIÓN 11.1

Escribir ecuaciones para representar situaciones

6.EE5, 6.EE.6, 6.EE.7

LECCIÓN 11.2

Ecuaciones de suma y resta

6.EE.5, 6.EE.6, 6.EE.7

LECCIÓN 11.3

Ecuaciones de multiplicación y división

6.EE.5, 6.EE.6, 6.EE.7

LECCIÓN 11.4

Escribir desigualdades

6.EE.5, 6.EE.6, 6.EE.8

my.hrw.com

Vídeo de la vida real

Supongamos que el récord mundial en levantamiento de peso es w libras. Para conocer cuántas libras más m se deben levantar para establecer un nuevo récord de n libras, puedes usar la ecuación $n = w + m$.

APRENDE EN LÍNEA

my.hrw.com

my.hrw.com

Las versiones digitales de todas las páginas del libro del estudiante están disponibles en línea.

Matemáticas al instante

Escanea con tu celular para entrar directamente en la edición en línea del Vídeo tutorial y más.

Matemáticas en acción

Explora interactivamente los conceptos clave para ver cómo funcionan las matemáticas.

Entrenador personal en matemáticas

Obtén comentarios y ayuda al instante a medida que trabajas en las prácticas.

¿Estás listo?

Completa estos ejercicios para repasar las destrezas que necesitarás en este módulo.

Entrenador personal en matemáticas

my.hrw.com

Evaluación e intervención en línea

Evaluar expresiones

EJEMPLO Evalúa $8(3 + 2) - 5^2$

$8(3 + 2) - 5^2 = 8(5) - 5^2$ Realiza primero las operaciones entre paréntesis.

$= 8(5) - 25$ Evalúa los exponentes.

$= 40 - 25$ Multiplica.

$= 15$ Resta.

Evalúa la expresión.

1. $4(5 + 6) - 15$ ______________

2. $8(2 + 4) + 16$ ______________

3. $3(14 - 7) - 16$ ______________

4. $6(8 - 3) + 3(7 - 4)$ ______________

5. $10(6 - 5) - 3(9 - 6)$ ______________

6. $7(4 + 5 + 2) - 6(3 + 5)$ ______________

7. $2(8 + 3) + 4^2$ ______________

8. $7(14 - 8) - 6^2$ ______________

9. $8(2 + 1)^2 - 4^2$ ______________

Conectar palabras y ecuaciones

EJEMPLO El producto de un número y 4 es 32.

El producto de x y 4 es 32. Representa la incógnita con una variable.

$4 \times x$ es 32. Determina la operación.

$4 \times x = 32$. Determina la ubicación del signo de la igualdad.

Escribe una ecuación algebraica para la oración.

10. Un número aumentado en 7.9 es 8.3. ______________

11. 17 es la suma de un número y 6. ______________

12. El cociente de un número y 8 es 4. ______________

13. 81 es tres veces un número. ______________

14. La diferencia entre 31 y un número es 7. ______________

15. Ocho menos que un número es 19. ______________

Práctica de vocabulario

Visualiza el vocabulario

Usa las palabras con ✔ para completar la gráfica.

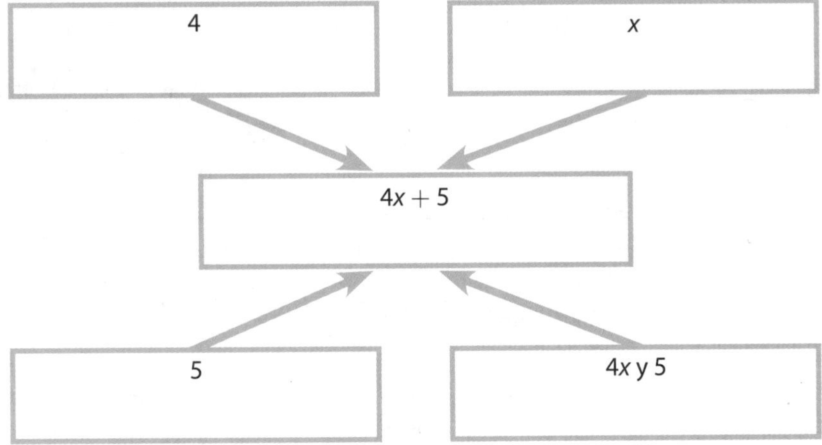

Vocabulario

Palabras de repaso

✔ coeficiente *(coefficient)*
✔ constante *(constant)*
evaluar *(evaluating)*
✔ expresión algebraica *(algebraic expression)*
✔ expresión equivalente *(equivalent expression)*
✔ término *(term)*
términos semejantes *(like terms)*
✔ variable *(variable)*

Palabras nuevas

ecuación *(equation)*
propiedades de las operaciones *(properties of operations)*
solución *(solution)*

Comprende el vocabulario

Empareja el término de la izquierda con la expresión correcta de la derecha.

1. expresión algebraica
2. ecuación
3. solución

A. Enunciado matemático que establece que dos expresiones son iguales.

B. Valor de la variable que hace que el enunciado sea verdadero.

C. Enunciado matemático que incluye una o más variables.

Lectura con propósito

Folleto Antes de comenzar el módulo haz un folleto para aprender los conceptos en este módulo. Escribe la idea principal de cada lección en una página del folleto. A medida que estudias la lección, anota los detalles importantes que apoyan la idea principal, como vocabulario y fórmulas. Consulta tu folleto terminado cuando hagas tareas o estudies para los exámenes.

MÓDULO 11

Desglosar los estándares

Comprender los estándares y las palabras de vocabulario te ayudará a saber exactamente lo que se espera que aprendas en este módulo.

6.EE.7

Resolver problemas matemáticos y de la vida real, escribiendo y resolviendo ecuaciones de la forma $x + p = q$ y $px = q$ para casos en los que p, q y x son todos números racionales no negativos.

Vocabulario clave

ecuación *(equation)*
Expresión matemática que muestra que dos expresiones son equivalentes.

Lo que significa para ti

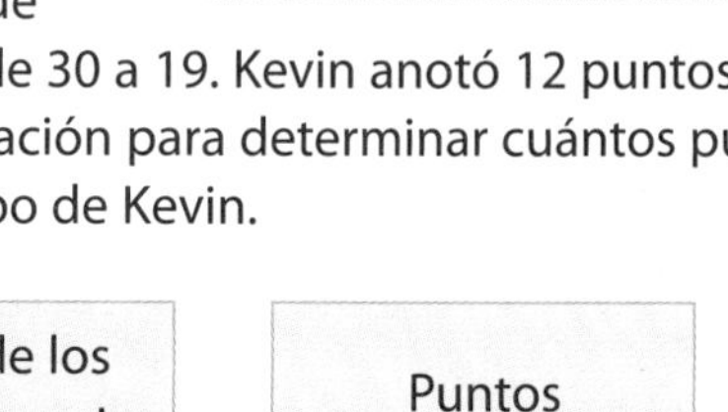

Aprenderás a escribir una ecuación para representar una situación.

DESGLOSAR EL EJEMPLO 6.EE.7

Los Halcones ganaron un partido de fútbol americano con un puntaje de 30 a 19. Kevin anotó 12 puntos para los Halcones. Escribe una ecuación para determinar cuántos puntos anotaron los compañeros de equipo de Kevin.

Puntos de Kevin	+	Puntos de los compañeros de equipo	=	Puntos totales
12	+	t	=	30

6.EE.5

Comprender la solución de una ecuación o desigualdad como proceso para contestar una pregunta: ¿qué valores de un conjunto específico, si los hay, hacen que se cumpla la ecuación o desigualdad? Usar la sustitución para determinar si un número dado en un conjunto específico hace que se cumpla una ecuación o desigualdad.

Vocabulario clave

desigualdad *(inequality)*
Expresión matemática que muestra la relación entre cantidades que no son iguales.

Lo que significa para ti

Puedes reemplazar un valor dado por la variable en una ecuación o desigualdad para comprobar si ese valor hace que la ecuación o desigualdad sea verdadera.

DESGLOSAR EL EJEMPLO 6.EE.5

Melanie debe comprar 6 boletos para una obra y pagará al menos $156 dependiendo del precio de las sillas. Escribe una desigualdad para esta situación. Úsala para decidir si $20 y $30 son precios posibles de los boletos.

Número de boletos comprados	·	Precio por boleto	=	Precio total
6	·	p	=	156

Reemplaza 20 y 30 por p para ver si la desigualdad es verdadera.

$6p \geq 156$	$6p \geq 156$
$6 \cdot 20 \overset{?}{\geq} 156$	$6 \cdot 30 \overset{?}{\geq} 156$
$120 \overset{?}{\geq} 156$ ✗	$180 \overset{?}{\geq} 156$ ✓

El precio por boleto podría ser $30 pero no $20.

Visita **my.hrw.com** para ver todos los **Estándares comunes** desglosados.

my.hrw.com

LECCIÓN 11.1

Escribir ecuaciones para representar situaciones

ESTÁNDARES COMUNES 6.EE.7

Solve ... problems by writing ... equations of the form $x + p = q$ and $px = q$.... *Also 6.EE.5, 6.EE.6*

PREGUNTA ESENCIAL

¿Cómo puedes escribir ecuaciones y determinar si un número es la solución a una ecuación?

Determinar si los valores son soluciones

Una **ecuación** es un enunciado matemático que indica que dos *expresiones* son equivalentes. Una ecuación puede o no contener variables. Para una ecuación que contiene variables, la **solución** de la ecuación es el valor de la variable que hace que la ecuación sea verdadera.

Una expresión representa un valor individual.

Una ecuación representa una relación entre dos valores.

	Expresión	Ecuación
Numérica	$5 + 4$	$5 + 4 = 9$
En palabras	un número *más* 4	un número *más* 4 *es* 9.
Algebraica	$n + 4$	$n + 4 = 9$

Una ecuación relaciona dos expresiones con símbolos para *es* o *es igual a*.

EJEMPLO 1

ESTÁNDARES COMUNES 6.EE.5

Determina si el valor dado es una solución para la ecuación.

A $x + 9 = 15; x = 6$

$6 + 9 \stackrel{?}{=} 15$ Reemplaza 6 por x.

$15 \stackrel{?}{=} 15$ Suma.

6 es una solución para $x + 9 = 15$.

B $\frac{y}{4} = 32; y = 8$

$\frac{8}{4} \stackrel{?}{=} 32$ Reemplaza 8 por y.

$2 \stackrel{?}{=} 32$ Divide.

8 no es una solución para la ecuación $\frac{y}{4} = 32$.

C $8x = 72; x = 9$

$8(9) \stackrel{?}{=} 72$ Reemplaza 9 por x.

$72 \stackrel{?}{=} 72$ Multiplica.

9 es una solución para $8x = 72$.

Charla matemática
Prácticas matemáticas

¿Cómo plantearías en palabras cada ecuación en el ejemplo?

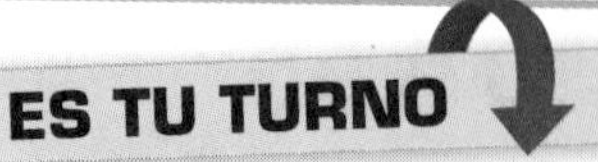

Determina si el valor dado es una solución para la ecuación.

1. $11 = n + 6; n = 5$

2. $y - 6 = 24; y = 18$

3. $\frac{x}{9} = 4; x = 36$

4. $15t = 100; t = 6$

Escribir ecuaciones para representar situaciones

Puedes representar algunas situaciones de la vida real con una ecuación. Puedes hacer un modelo como ayuda para organizar la información.

EJEMPLO 2

6.EE.6

Mark anotó 17 puntos para el equipo local en un partido de básquetbol. Sus compañeros de equipo anotaron *p* puntos entre todos. Escribe una ecuación que represente la situación.

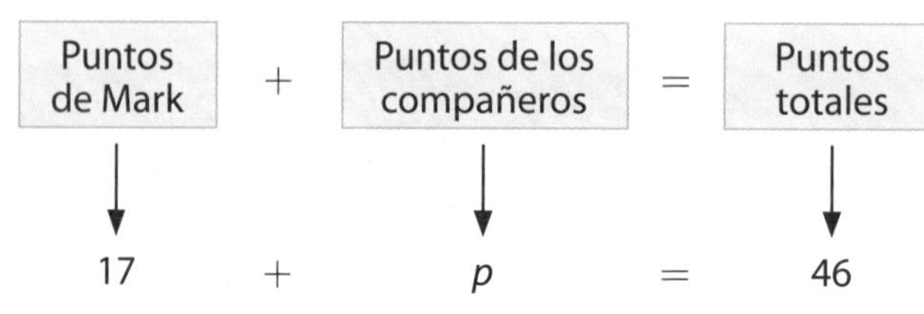

$$17 + p = 46$$

ES TU TURNO

Escribe una ecuación para representar cada situación.

5. Marilyn tiene una pecera con 38 peces. Hay 9 peces de colores y *p* peces de otros tipos.

6. Juanita tiene 102 cuentas para hacer *c* collares. Cada collar tendrá 17 cuentas.

7. Craig tiene *c* años de edad. Su hermana Caitlin, de 12 años, es 3 años menor que Craig.

8. Sonia alquiló patines de hielo por *h* horas. El precio del alquiler era de $2 por hora y ella pagó un total de $8.

Escribir una ecuación y comprobar soluciones

Puedes reemplazar un valor dado por la variable en una ecuación para comprobar si ese valor hace que la ecuación sea verdadera.

EJEMPLO 3

ESTÁNDARES COMUNES 6.EE.7

Sarah compró comida por un valor de $47 con una tarjeta de regalo. Ahora le quedan $18 en su tarjeta. Escribe una ecuación para determinar si Sarah tenía $65 o $59 en su tarjeta de regalo antes de comprar la comida.

Escribe una ecuación en palabras según la situación.

Cantidad en la tarjeta	−	Cantidad que gastó	=	Cantidad restante en la tarjeta

PASO 2 Vuelve a escribir la ecuación con una variable para la cantidad desconocida y los valores dados para las cantidades conocidas.

Sea x la cantidad en la tarjeta.

Cantidad en la tarjeta	−	Cantidad que gastó	=	Cantidad restante en la tarjeta
x	−	47	=	18

La cantidad que gastó y la cantidad restante en la tarjeta son las cantidades conocidas. Reemplaza esos valores en la ecuación.

PASO 3 Reemplaza 65 y 59 por x para ver qué ecuación es verdadera.

$$x - 47 = 18 \qquad x - 47 = 18$$
$$65 - 47 \stackrel{?}{=} 18 \qquad 59 - 47 \stackrel{?}{=} 18$$
$$18 \stackrel{?}{=} 18 \qquad 12 \stackrel{?}{=} 18$$

La cantidad que Sarah tenía en su tarjeta de regalo antes de comprar comida era $65.

Reflexiona

9. **¿Qué pasa si...?** Supongamos que a Sarah le quedan $12 en la tarjeta de regalo. ¿Cómo cambiaría esto la ecuación y la respuesta final?

____

____

ES TU TURNO

10. El sábado por la mañana Owen ganó $24. Al final de la tarde había ganado un total de $62. Escribe una ecuación que represente la situación y determina si Owen ganó $38 o $31 el sábado por la tarde.

____

Práctica con supervisión

Determina si el valor dado es una solución para la ecuación. (Ejemplo 1)

1. $23 = x - 9; x = 14$ ____________

   $23 \stackrel{?}{=} \square - 9$

   $23 \stackrel{?}{=} \square$

2. $\frac{n}{13} = 4; n = 52$ ____________

   $\frac{\square}{13} \stackrel{?}{=} 4$

   $\square \stackrel{?}{=} 4$

3. $14 + x = 46; x = 32$ ____________

4. $17y = 85; y = 5$ ____________

5. $25 = \frac{k}{5}; k = 5$ ____________

6. $2.5n = 45; n = 18$ ____________

7. $21 = m + 9; m = 11$ ____________

8. $21 - h = 15; h = 6$ ____________

9. $d - 4 = 19; d = 15$ ____________

10. $5 + x = 47; x = 52$ ____________

11. $w - 9 = 0; w = 9$ ____________

12. $5q = 31; q = 13$ ____________

13. Cada piso de un hotel tiene *h* habitaciones. En 8 pisos hay un total de 256 habitaciones. Escribe una ecuación para representar esta situación. (Ejemplo 2)

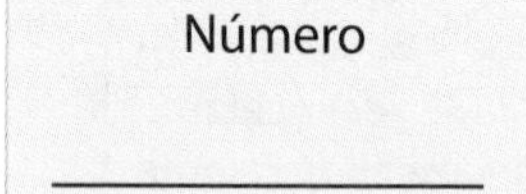

×

=

____________ ____________

14. En la banda de la escuela hay 5 trompetistas y *f* flautistas. Hay el doble de flautistas que trompetistas. (Ejemplo 2)

____

15. Pedro compró 8 boletos para un partido de básquetbol. Pagó un total de \$208. Escribe una ecuación para determinar si cada boleto costó \$26 o \$28. (Ejemplo 3)

____

16. La temperatura máxima fue de 92 °F. Esto fue 24 °F más que la temperatura mínima nocturna. Escribe una ecuación para determinar si la temperatura mínima fue de 62 °F o 68 °F. (Ejemplo 3)

____

ÉNFASIS EN LA PREGUNTA ESENCIAL

17. Di cómo puedes determinar si un número es la solución para una ecuación.

____

____

Nombre ______________________ Clase ______________ Fecha ______________

11.1 Práctica independiente

6.EE.5, 6.EE.6, 6.EE.7

Entrenador personal en matemáticas

my.hrw.com

Evaluación e intervención en línea

18. Andy tiene un cuarto del número de años de su abuelo, que tiene 76 años. Escribe una ecuación para determinar si Andy tiene 19 o 22 años.

19. Una bolsa de dormir pesa 8 libras. Tu mochila y la bolsa de dormir pesan 31 libras. Escribe una ecuación para determinar si la mochila sin la bolsa de dormir pesa 25 o 23 libras.

20. A mitad de camino de la ruta del autobús escolar, 23 estudiantes se bajan y 48 estudiantes siguen en el autobús. Escribe una ecuación para determinar si al principio de la ruta del autobús había 61 o 71 estudiantes.

21. Escribe una ecuación que incluya una multiplicación, que contenga una variable y que tenga 5 como solución. Luego escribe otra ecuación que tenga la misma solución y la misma variable y números, pero que aplica división.

22. **Vocabulario** ¿En qué se diferencia una ecuación de una expresión?

23. Alan completó parte de la tabla que muestra las distancias entre su pueblo y otros dos pueblos.

Distancia entre Greenville y pueblos cercanos (millas)	
Parker	29
Hadley	?

a. La distancia entre Hadley y Greenville es de 13 millas menos que la distacia entre Parker y Greenville. Escribe dos ecuaciones que comparen la distancia entre Hadley y Greenville y la distancia entre Parker y Greenville. Indica qué representan las variables.

b. Alan dice que la distancia desde Hadley hasta Greenville es de 16 millas. ¿Tiene razón? Explica.

24. **Explica el error** Un problema indica que Ursula gana $9 por hora. Para escribir una expresión que nos indique cuánto dinero gana Ursula en h horas, Joshua escribió $\frac{9}{h}$. Sarah escribió $9h$. ¿Qué expresión es correcta y por qué?

25. **Comunicar ideas matemáticas** Un perro pesa 44 libras y el veterinario piensa que debe perder 7 libras. Mikala escribió la ecuación $x + 7 = 44$ para representar la situación. Kirk escribió la ecuación $44 - x = 7$. ¿Qué ecuación es correcta? ¿Puedes escribir otra ecuación que represente la situación?

---

26. **Representaciones múltiples** La tabla muestra las edades de Cindy y su padre.

Edad del padre	Edad de Cindy
28 años	2 años
36 años	10 años
?	18 años

a. Escribe una ecuación que relacione la edad de Cindy con la edad de su padre cuando Cindy cumpla 18. Indica qué representa la variable.

---

b. Determina si 42 es una solución para la ecuación. Muestra el trabajo.

---

c. Explica el significado de la respuesta en la parte **b.**

H.O.T. ENFOQUE EN ALTA CAPACIDAD DE RAZONAMIENTO

Área de trabajo

27. **Razonamiento crítico** En la banda de la escuela hay 4 trompetistas y *f* flautistas. El número total de flautistas y trompetistas es 12. ¿Hay el doble de flautistas que trompetistas? Explica.

---

28. **Resolución de problemas** Ronald pagó \$162 por 6 boletos para un partido de básquetbol. Durante el partido, observó que su amigo pagó \$130 por 5 boletos. El precio de cada boleto era \$26. ¿Le cobraron de más a Ronald? Explica.

---

29. **Comunica ideas matemáticas** Tariq dijo que puedes escribir una ecuación que establece una expresión igual a sí misma. ¿Sería verdadera una ecuación así? Explica.

LECCIÓN 11.2

Ecuaciones de suma y resta

ESTÁNDARES COMUNES **6.EE.7**

Solve real-world and mathematical problems by writing and solving equations of the form $x + p = q$. . . . *Also 6.EE.5, 6.EE.6*

PREGUNTA ESENCIAL

¿Cómo puedes resolver ecuaciones que contienen sumas o restas?

ACTIVIDAD PARA EXPLORAR 

6.EE.6, 6.EE.7

Representar ecuaciones

Un cachorro pesaba 6 onzas al nacer. A las dos semanas pesaba 14 onzas. ¿Cuánto aumentó de peso el cachorro?

Sea x el número de onzas que aumentó.

Para responder a esta pregunta puedes resolver la ecuación $6 + x = 14$.

Algunas ecuaciones se pueden representar con fichas cuadradas de álgebra. Un tapete de ecuaciones representa ambos lados de una ecuación. Para resolver la ecuación, retira el mismo número de fichas de ambos lados del tapete hasta que se aísle la ficha x a un lado.

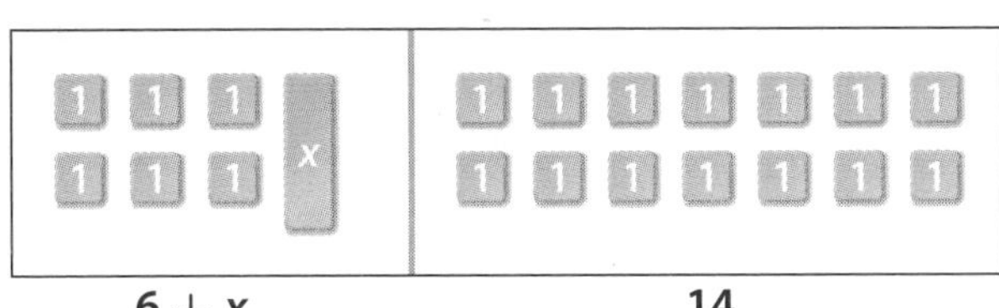

A Representa $6 + x = 14$.

B ¿Cuántas fichas de 1 debes retirar del lado izquierdo para que quede la ficha de x sola? _____ Tacha estas fichas en el tapete de ecuaciones.

C Cuando retiras fichas de un lado del tapete, debes retirar igual número de fichas del otro lado del tapete. Tacha las fichas que debes retirar del lado derecho del tapete.

D ¿Cuántas fichas quedan del lado derecho del tapete? _________ Esta es la solución de la ecuación.

El cachorro aumentó _________ onzas.

Charla matemática
Prácticas matemáticas
¿Por qué retiraste fichas de cada lado del modelo?

Reflexiona

1. **Comunica ideas matemáticas** ¿Cómo sabes cuando el modelo te muestra la solución final? ¿Cómo lees la solución?

____

____

Restar para resolver ecuaciones

Retirar el mismo número de fichas de ambos lados de un tapete de ecuaciones representa restar el mismo número de ambos lados de una ecuación.

Propiedad de igualdad de la resta

Puedes restar el mismo número de ambos lados de una ecuación y ambos lados permanecerán equivalentes.

Cuando una ecuación contiene una suma, puedes restar el mismo número de ambos lados para resolverla.

EJEMPLO 1

ESTÁNDARES COMUNES 6.EE.5

Resuelve la ecuación $a + 15 = 26$. Representa la solución en una recta numérica.

$a + 15 = 26$ — *Observa que el número 15 se suma a a.*

$$\begin{array}{rcl} a + 15 & = & 26 \\ -15 & & -15 \\ \hline a & = & 11 \end{array}$$

Resta 15 de ambos lados de la ecuación.

Comprueba: $a + 15 = 26$

$11 + 15 \stackrel{?}{=} 26$ — *Reemplaza 11 por a.*

$26 \stackrel{?}{=} 26$ — *Suma al lado izquierdo.*

Representa la solución en una recta numérica.

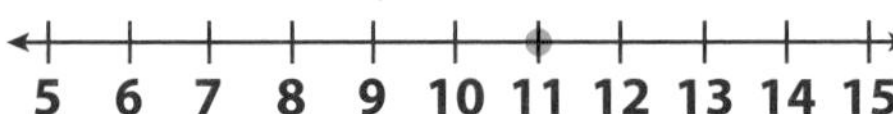

Reflexiona

2. **Comunica ideas matemáticas** ¿Cómo decides qué número restar de ambos lados?

____

____

ES TU TURNO

3. Resuelve la ecuación $5 = w + 1.5$.

Representa la solución en una recta numérica.

$w =$ ____________________

Sumar para resolver ecuaciones

Cuando una ecuación contiene una resta, puedes sumar el mismo número de ambos lados para resolverla.

Propiedad de igualdad de la suma

Puedes sumar el mismo número a ambos lados de una ecuación y ambos lados permanecerán equivalentes.

EJEMPLO 2

ESTÁNDARES COMUNES 6.EE.5

Resuelve la ecuación $y - 21 = 18$. Representa la solución en una recta numérica.

$y - 21 = 18$ — Observa que el número 21 se resta de y.

$$\begin{aligned} y - 21 &= 18 \\ +21 \quad &\;\; +21 \\ \hline y \quad &= 39 \end{aligned}$$

Suma 21 a ambos lados de la ecuación.

Comprueba: $y - 21 = 18$

$39 - 21 \stackrel{?}{=} 18$ — Reemplaza 39 por y.

$18 \stackrel{?}{=} 18$ — Resta.

Representa la solución en una recta numérica.

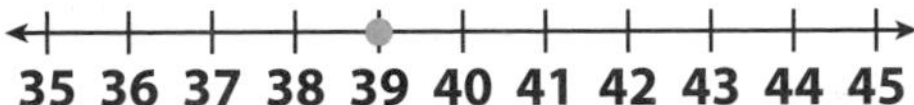

Reflexiona

4. **Comunica ideas matemáticas** ¿Cómo sabes si debes restar o sumar a ambos lados cuando resuelves una ecuación?

____

____

____

5. Resuelve la ecuación $h - \frac{1}{2} = \frac{3}{4}$.

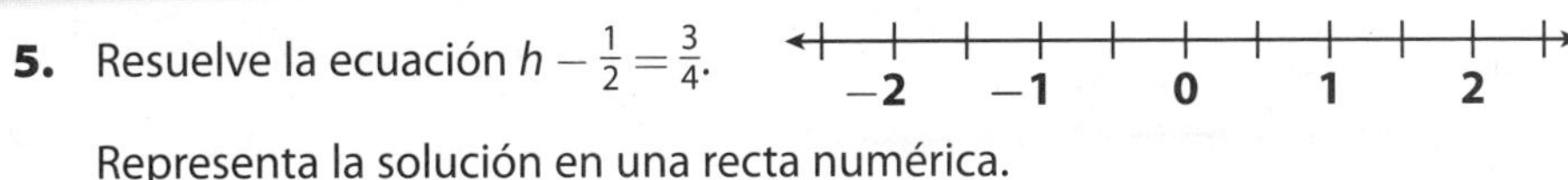

Representa la solución en una recta numérica.

$h =$ ____________________

Resolver ecuaciones que representan conceptos geométricos

Puedes escribir ecuaciones para representar relaciones geométricas.

Recuerda que el ángulo de una línea recta mide 180°. Dos ángulos cuyas medidas suman 180° se llaman ángulos suplementarios. Dos ángulos cuyas medidas suman 90° se llaman ángulos complementarios.

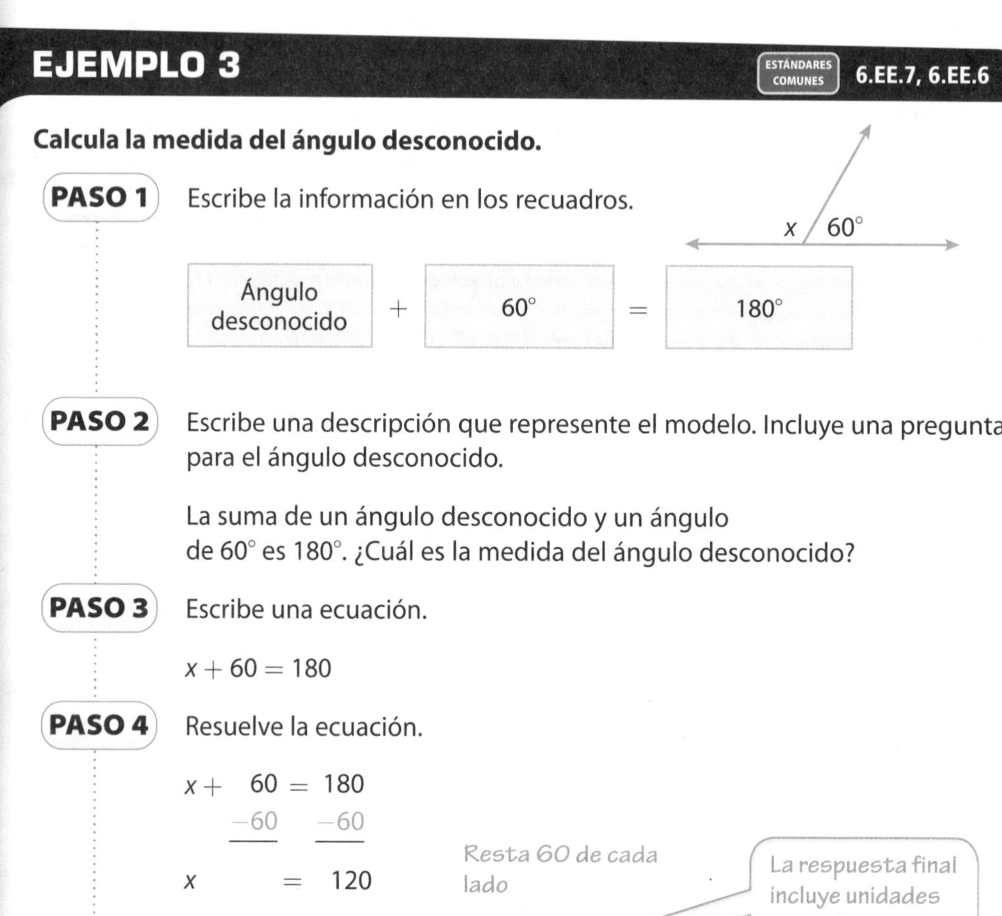

EJEMPLO 3

ESTÁNDARES COMUNES 6.EE.7, 6.EE.6

Calcula la medida del ángulo desconocido.

PASO 1 Escribe la información en los recuadros.

Ángulo desconocido	+	60°	=	180°

PASO 2 Escribe una descripción que represente el modelo. Incluye una pregunta para el ángulo desconocido.

La suma de un ángulo desconocido y un ángulo de 60° es 180°. ¿Cuál es la medida del ángulo desconocido?

PASO 3 Escribe una ecuación.

$x + 60 = 180$

PASO 4 Resuelve la ecuación.

$$\begin{aligned} x + \quad 60 &= 180 \\ -60 & \quad -60 \\ \hline x \qquad &= 120 \end{aligned}$$

Resta 60 de cada lado

El ángulo desconocido mide 120°.

La respuesta final incluye unidades en grados.

ES TU TURNO

6. Escribe y resuelve una ecuación para calcular la medida del ángulo desconocido.

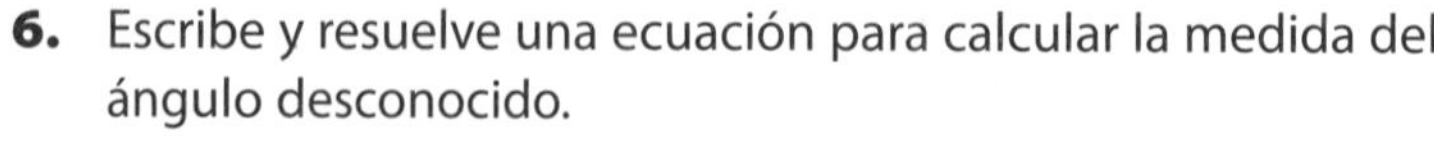

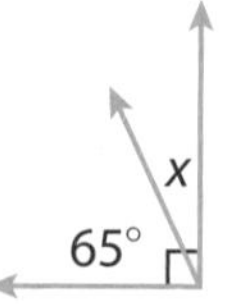

7. Escribe y resuelve una ecuación para calcular el complemento de un ángulo que mide 42°.

____

Escribir problemas de la vida real para una ecuación dada

Puedes escribir un problema de la vida real para una ecuación dada. Examina cada número y operación matemática en la ecuación.

EJEMPLO 4 

ESTÁNDARES COMUNES 6.EE.7

Escribe un problema de la vida real para la ecuación $21.79 + x = 25$. Luego resuelve la ecuación.

$21.79 + x = 25$

PASO 1 Examina cada parte de la ecuación.

x es la cantidad desconocida que buscamos.

21.79 se suma a x.

$= 25$ significa que luego de sumar 21.79 y x, el resultado es 25.

PASO 2 Escribe una situación de la vida real que implique *sumar* dos cantidades.

Joshua quiere comprar flores y una tarjeta para su madre para el día de la madre. Joshua puede gastar $25 y elige rosas por $21.79. ¿Cuánto puede gastar en una tarjeta?

PASO 3 Resuelve la ecuación.

$$\begin{aligned} 21.79 + x &= 25 \\ -21.79 \quad &\quad -21.79 \\ x &= 3.21 \end{aligned}$$

La respuesta final incluye unidades de dinero en dólares.

Joshua puede gastar $3.21 en una tarjeta para el día de la madre.

Charla matemática
Prácticas matemáticas

¿Qué relación hay entre la pregunta sobre un problema de la vida real y su ecuación?

Reflexiona

8. **¿Qué pasa si...?** ¿Cómo podría cambiar el problema de la vida real si la ecuación fuera $x - 21.79 = 25$ y usaras rosas por $21.79?

____

____

____

ES TU TURNO

9. Escribe un problema de la vida real para la ecuación $x - 100 = 40$. Luego resuelve la ecuación.

____

Práctica con supervisión

1. Un total de 14 invitados fueron a una fiesta de cumpleaños. Tres amigos se quedaron después de la fiesta para ayudar a limpiar. ¿Cuántos se fueron al acabar la fiesta? (Actividad para explorar)

a. Sea x el ______________________________

b. número de personas que ______ + número de personas que ______ = 

______________ + ______________ = __________

c. Dibuja fichas cuadradas de álgebra para representar la ecuación.

______ amigos se fueron cuando acabó la fiesta.

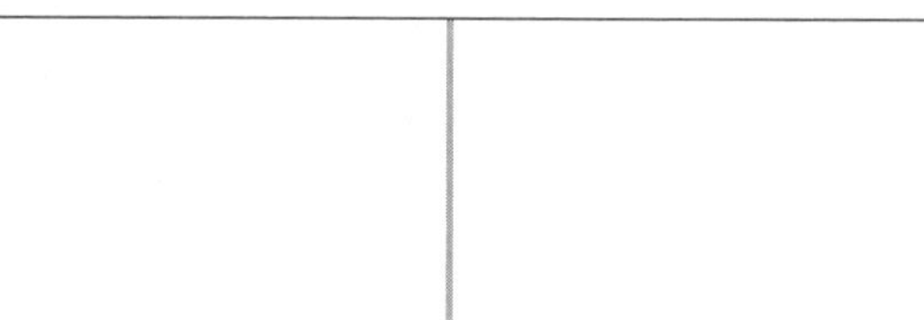

Resuelve las ecuaciones. Representa la solución en una recta numérica. (Ejemplos 1 y 2)

2. $2 = x - 3$ $x =$ ______

−5 −4 −3 −2 −1 0 1 2 3 4 5

3. $s + 12.5 = 14$ $s =$ ______

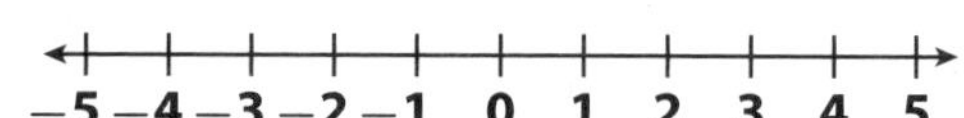

Resuelve las ecuaciones. (Ejemplos 1 y 2)

4. $h + 6.9 = 11.4$

$h =$ ______________

5. $82 + p = 122$

$p =$ ______________

6. $n + \frac{1}{2} = \frac{7}{4}$

$n =$ ______________

7. Escribe y resuelve una ecuación para calcular la medida del ángulo desconocido. (Ejemplo 3)

____

8. Escribe un problema de la vida real para la ecuación $x - 75 = 200$. Luego resuelve la ecuación. (Ejemplo 4)

____

ÉNFASIS EN LA PREGUNTA ESENCIAL

9. ¿Cómo puedes resolver ecuaciones que contienen sumas o restas?

____

____

____

Nombre ____________________ Clase ____________ Fecha ____________

11.2 Práctica independiente

6.EE.5, 6.EE.6, 6.EE.7

Escribe y resuelve una ecuación para responder a cada pregunta.

10. En una reserva de animales, nacieron 8 crías de elefante en el verano. Ahora hay un total de 31 elefantes. ¿Cuántos elefantes había en la reserva antes de que comenzara el verano?

11. Mi hermana tiene 14 años. Mi hermano dice que su edad menos doce es igual a la edad de mi hermana. ¿Qué edad tiene mi hermano?

12. Kim compró un cartel que costó $8.95 y algunos lápices de colores. El precio total fue de $21.35. ¿Cuánto costaron los lápices de colores?

13. La compañía de coches Acme vendió 37 vehículos en junio. ¿Cuántos coches compactos vendieron en junio?

Compañía de coches Acme Ventas de junio	
Tipo de coche	**Cantidad vendida**
Todo terreno	8
Compacto	?

14. Sandra quiere comprar un nuevo reproductor de MP3 que está en oferta por $95. Ella ahorró $73. ¿Cuánto dinero le falta?

15. Ronald gastó $123.45 en ropa para la escuela. Contó su dinero y descubrió que le quedaban $36.55. ¿Cuánto dinero tenía originalmente?

16. Brita retiró $225 de su cuenta corriente. Después del retiro quedaban $548 en su cuenta. ¿Cuánto dinero tenía Brita en su cuenta antes del retiro?

17. **Representa problemas de la vida real** Escribe una situación de la vida real que se pueda representar con $15 + c = 17.50$. Luego resuelve la ecuación y describe qué representa tu respuesta en la situación.

18. **Critica el razonamiento** Paula resolvió la ecuación $7 + x = 10$ y obtuvo 17, pero no está segura de haber obtenido la respuesta correcta. ¿Cómo puedes explicarle su error?

H.O.T. ENFOQUE EN ALTA CAPACIDAD DE RAZONAMIENTO

Área de trabajo

19. **Varios pasos** La tienda de comestibles Handy Dandy tiene una oferta esta semana. Si compras una bolsa de 5 libras de manzanas al precio regular, puedes comprar otra bolsa por \$1.49. Si compras una bolsa de 5 libras de naranjas al precio regular, puedes comprar otra bolsa por \$2.49.

Tienda de comestibles Handy Dandy	
	Precio regular
Bolsa de 5 libras de manzanas	\$2.99
Bolsa de 5 libras de naranjas	\$3.99

a. Escribe una ecuación para calcular el descuento en cada situación con *m* para el monto del descuento para las manzanas y *n* para el monto del descuento para las naranjas.

____

b. ¿Qué fruta tiene un mayor descuento? Explica.

____

____

20. **Pensamiento crítico** Una orquesta tiene el doble de instrumentos de madera de viento que de metal. En total hay 150 instrumentos de madera de viento y de metal.

a. Escribe dos ecuaciones de suma que describan esta situación. Sea *v* los instrumentos de madera de viento y *m* los de metal.

____

b. ¿Cuántos instrumentos de madera de viento y cuántos de metal cumplen con la información dada?

____

21. **Busca un patrón** Supongamos lo siguiente: $a + 1 = 2$, $b + 10 = 20$, $c + 100 = 200$, $d + 1{,}000 = 2{,}000$, ...

a. Resuelve la ecuación para cada variable.

____

b. ¿Qué patrón observas entre las variables?

____

c. ¿Cuál sería el valor de *g* si continúa el patrón?

____

LECCIÓN 11.3

Ecuaciones de multiplicación y división

6.EE.5

Understand solving an equation...as a process of answering a question: which values...make the equation... true? *Also 6.EE.6, 6.EE.7*

PREGUNTA ESENCIAL

¿Cómo puedes resolver ecuaciones que contienen multiplicaciones o divisiones?

ACTIVIDAD PARA EXPLORAR 

6.EE.6

Representar ecuaciones

Deanna tiene una receta para galletas que requiere 12 huevos para hacer 3 tandas de galletas. ¿Cuántos huevos necesita para cada tanda?

Sea x el número de huevos que necesita por tanda.

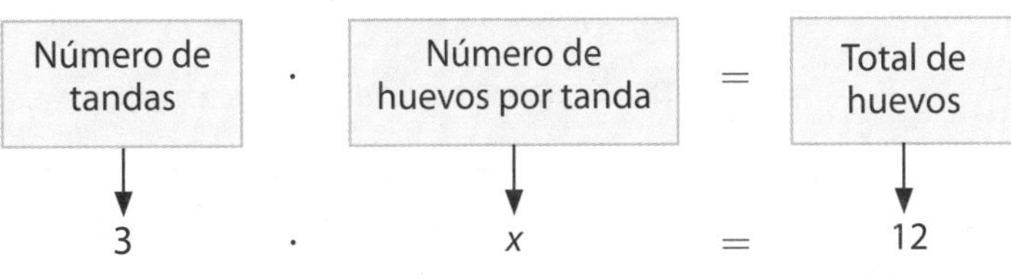

Para responder a esta pregunta, puedes resolver la ecuación $3x = 12$ con fichas cuadradas de álgebra.

A Representa $3x = 12$.

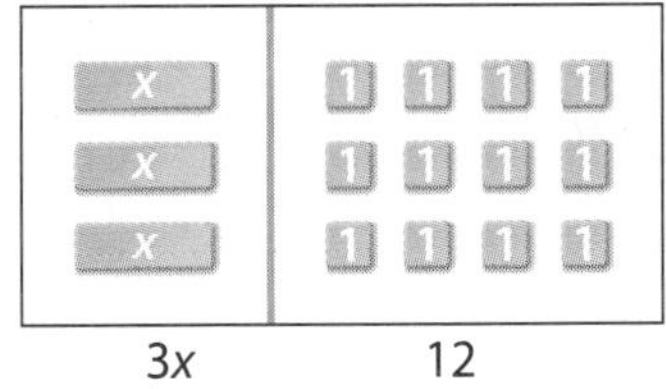

B Hay 3 fichas de x, entonces dibuja círculos que separen las fichas en 3 grupos iguales. Un grupo ya se ha encerrado en un círculo.

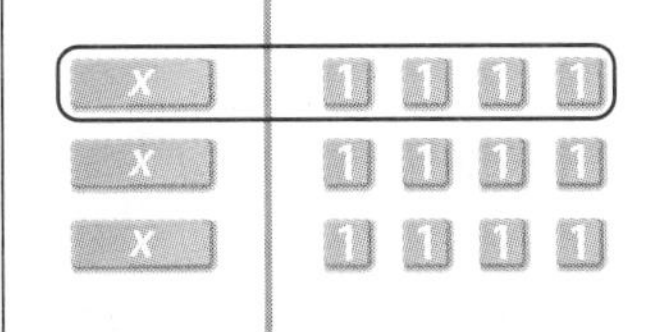

C ¿Cuántas fichas de +1 hay en cada grupo? __________
Esta es la solución para la ecuación.

Se necesitan __________ para cada tanda de galletas.

Charla matemática
Prácticas matemáticas
¿Por qué la solución a la ecuación es el número de fichas en cada grupo?

Reflexiona

1. **Busca un patrón** ¿Por qué tiene sentido ordenar las 12 fichas en 3 filas de 4 en lugar de cualquier otro arreglo de las 12 fichas, como por ejemplo 2 filas de 6?

____

Dividir para resolver ecuaciones

Separar las fichas de ambos lados de un tapete de ecuaciones en grupos iguales representa dividir ambos lados de una ecuación entre el mismo número.

Propiedad de igualdad de la división

Puedes dividir ambos lados de una ecuación entre el mismo número, diferente de cero, y ambos lados permanecerán equivalentes.

Cuando una ecuación contiene una multiplicación, puedes dividir ambos lados entre el mismo número, diferente de cero, para resolverla.

Mis notas

EJEMPLO 1

ESTÁNDARES COMUNES 6.EE.5

Resuelve las ecuaciones. Representa la solución en una recta numérica.

A $9a = 54$

$9a = 54$ — Observa que 9 se multiplica por *a*.

$\frac{9a}{9} = \frac{54}{9}$ — Divide ambos lados de la ecuación entre 9.

$a = 6$

0 1 2 3 4 5 6 7 8 9 10

Comprueba: $9a = 54$

$9(6) \stackrel{?}{=} 54$ — Reemplaza 6 por *a*.

$54 \stackrel{?}{=} 54$ — Multiplica del lado izquierdo.

B $18 = 6d$

$18 = 6d$ — Observa que 6 se multiplica por *d*.

$\frac{18}{6} = \frac{6d}{6}$ — Divide ambos lados de la ecuación entre 6.

$3 = d$

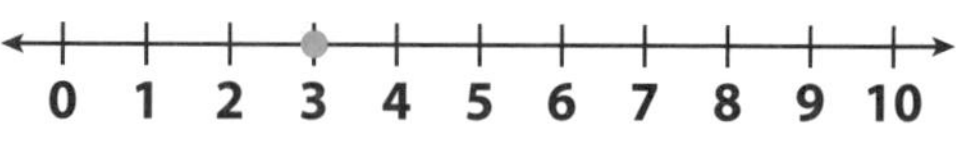

Comprueba: $18 = 6d$

$18 \stackrel{?}{=} 6(3)$ — Reemplaza 3 por *d*.

$18 \stackrel{?}{=} 18$ — Multiplica del lado derecho.

Entrenador personal en matemáticas
Evaluación e intervención en línea
my.hrw.com

ES TU TURNO

Resuelve la ecuación $3x = 21$. Representa la solución en una recta numérica.

2. $x =$ ________

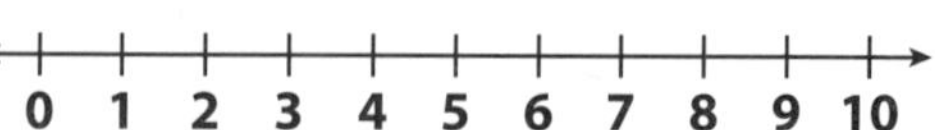

Multiplicar para resolver ecuaciones

Cuando una ecuación contiene una división, puedes multiplicar ambos lados por el mismo número para resolverla.

Puedes multiplicar ambos lados de una ecuación por el mismo número y ambos lados permanecerán equivalentes.

EJEMPLO 2

ESTÁNDARES COMUNES 6.EE.5

Resuelve las ecuaciones. Representa la solución en una recta numérica.

A $\frac{x}{5} = 10$

$\frac{x}{5} = 10$ — Observa que x se divide entre el número 5.

$5 \cdot \frac{x}{5} = 5 \cdot 10$ — Multiplica ambos lados de la ecuación por 5.

$x = 50$

0 10 20 30 40 50 60 70

Comprueba: $\frac{x}{5} = 10$

$\frac{50}{5} \stackrel{?}{=} 10$ — Reemplaza 50 por x.

$10 \stackrel{?}{=} 10$ — Divide del lado izquierdo.

Charla matemática
Prácticas matemáticas
¿En qué se parecen resolver una ecuación de multiplicación y resolver una ecuación de división? ¿En qué se diferencian?

B $15 = \frac{r}{2}$

$15 = \frac{r}{2}$ — Observa que r se divide entre el número 2.

$2 \cdot 15 = 2 \cdot \frac{r}{2}$ — Multiplica ambos lados de la ecuación por 2.

$30 = r$

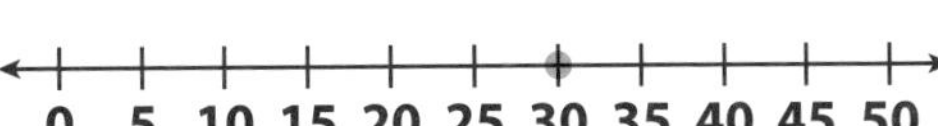

Comprueba: $15 = \frac{r}{2}$

$15 \stackrel{?}{=} \frac{30}{2}$ — Reemplaza 30 por r.

$15 \stackrel{?}{=} 15$ — Divide del lado derecho.

ES TU TURNO

Resuelve la ecuación $\frac{y}{9} = 1$. Representa la solución en una recta numérica.

3. $\frac{y}{9} = 1$

$y =$ ________

0 1 2 3 4 5 6 7 8 9 10

Mis notas

Resolver problemas utilizando ecuaciones

Puedes resolver problemas de la vida real utilizando ecuaciones.

EJEMPLO 3

6.EE.7

Juanita hace un álbum de recortes. Generalmente completa unas 9 páginas en una hora. Una noche de la semana pasada completó las páginas 23 a 47 en 2.5 horas. ¿Trabajó a su tasa promedio?

Analiza la información

Identifica la información importante.

- Trabajó durante 2.5 horas
- Página de inicio: 23 Página final: 47
- Tasa de trabajo: 9 páginas por hora

Formula un plan

- Resuelve una ecuación para calcular el número de páginas que debe completar Juanita.
- Compara el número de páginas que Juanita debe completar con el número que completó.

Resuelve

Sea n el número de páginas que Juanita debe completar en 2.5 horas si trabaja a su tasa promedio de 9 páginas por hora.

Escribe una ecuación.

$\frac{n}{2.5} = 9$ Escribe la ecuación.

$2.5 \cdot \frac{n}{2.5} = 2.5 \cdot 9$ Multiplica ambos lados por 2.5.

$n = 22.5$

Se espera que Juanita complete 22.5 páginas en 2.5 horas.

Juanita completó las páginas 23 a 47, un total de 25 páginas. Como $25 > 22.5$, Juanita trabajó un poco más rápido que su tasa usual.

Justifica y evalúa

Usaste la ecuación para calcular el número de páginas que debe completar Juanita en 2.5 horas si trabaja a su tasa promedio. Calculaste que podía completar 22.5 páginas.

Como 22.5 páginas es menos que las 25 páginas que completó, ella trabajó más rápido que su tasa promedio.

La respuesta tiene sentido porque completó 25 páginas en 2.5 horas, lo cual equivale a una tasa de 10 páginas por hora. Como $10 > 9$, sabes que trabajó más rápido que su tasa promedio.

ES TU TURNO

4. Roberto repartió sus tarjetas de béisbol en partes iguales entre él, su hermano y sus 3 amigos. Roberto se quedó con 9 tarjetas. ¿Cuántas tarjetas regaló Roberto? Escribe y resuelve una ecuación para resolver el problema.

___

___

Entrenador personal en matemáticas
Evaluación e intervención en línea
my.hrw.com

Escribir problemas de la vida real

Puedes escribir un problema de la vida real para una ecuación dada.

Matemáticas al instante
my.hrw.com

EJEMPLO 4  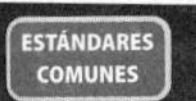 6.EE.7

Escribe un problema de la vida real para la ecuación $8x = 72$. Luego resuelve la ecuación.

PASO 1 Examina cada parte de la ecuación.

Sea x el término desconocido o la cantidad que buscamos.

8 se multiplica por x.

$= 72$ significa que luego de multiplicar 8 y x, el resultado es 72.

PASO 2 Escribe una situación de la vida real que implique multiplicar dos cantidades.

Un globo aerostático voló a 8 millas por hora. Escribe y resuelve una ecuación de multiplicación para calcular cuántas horas viajó el globo si recorrió una distancia de 72 millas.

PASO 3 Resuelve el problema con una ecuación.

$8x = 72$

$\frac{8x}{8} = \frac{72}{8}$ Divide ambos lados entre 8.

$x = 9$

El globo viajó 9 horas.

ES TU TURNO

5. Escribe un problema de la vida real para la ecuación $11x = 385$. Luego resuelve el problema.

___

Entrenador personal en matemáticas
Evaluación e intervención en línea
my.hrw.com

Práctica con supervisión

1. Caroline corrió 15 millas en 5 días. Cada día corrió la misma distancia. Escribe y resuelve una ecuación para determinar el número de millas que corrió cada día. (Actividad para explorar)

a. Sea x el ______________________________.

b. número de ________ · número de ________ = 

______ · ______ = ______

c. Dibuja fichas cuadradas de álgebra para representar la ecuación.

Caroline corrió ________ millas cada día.

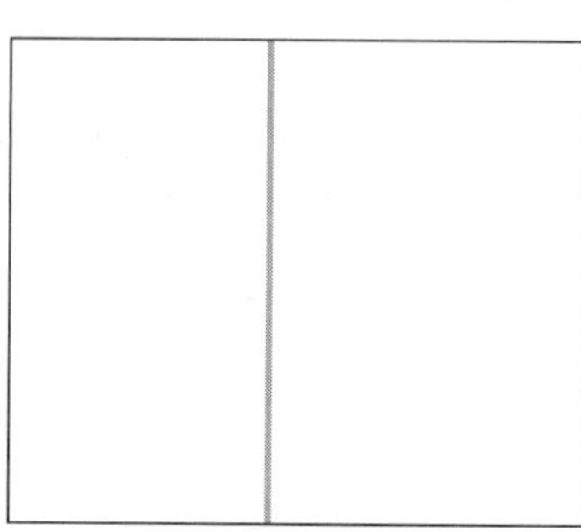

Resuelve las ecuaciones. Representa la solución en una recta numérica. (Ejemplos 1 y 2)

2. $x \div 3 = 3$; $x =$ ______________

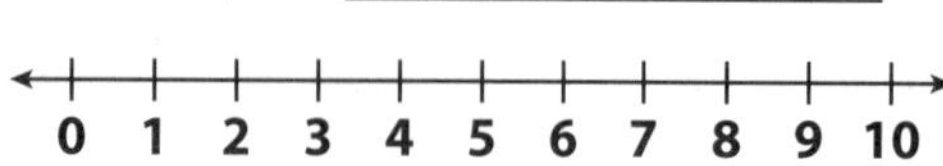

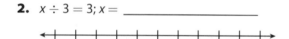

3. $4x = 32$; $x =$ ______________

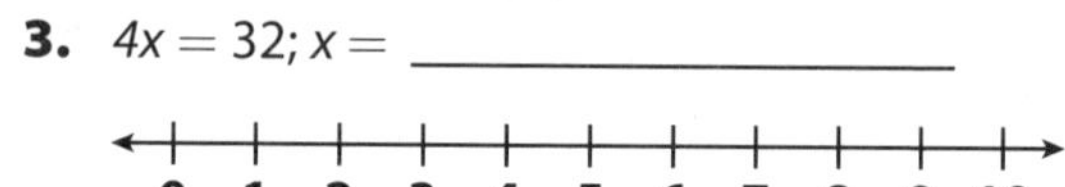

4. El área del rectángulo que se muestra es de 24 pulgadas cuadradas. ¿Cuánto más larga es la longitud que el ancho? (Ejemplo 3)

6 pulg

a

____

5. Escribe un problema de la vida real para la ecuación $15w = 45$. Luego resuelve el problema. (Ejemplo 4)

____

____

ÉNFASIS EN LA PREGUNTA ESENCIAL

6. ¿Cómo puedes resolver ecuaciones que contienen multiplicaciones o divisiones?

____

____

____

Nombre ______ Clase ______ Fecha ______

11.3 Práctica independiente

6.EE.5, 6.EE.6, 6.EE.7

Escribe y resuelve una ecuación para responder a cada pregunta en los Ejercicios del 7 al 13.

7. Jorge horneó galletas para la fiesta de fin de año de su clase de matemáticas. En la clase de Jorge hay 28 personas incluidos él y su maestro. Jorge hizo suficientes galletas para que cada uno reciba 3. ¿Cuántas galletas hizo Jorge?

______

8. Sam dividió un rectángulo en 8 rectángulos congruentes, cada uno con el área que se muestra. ¿Cuál era el área del rectángulo antes de que lo dividiera Sam?

Área = 5 cm²			

______

9. Carmen participó en una maratón de lectura. El señor Cole ofreció $4.00 por libro y le dio $44 a Carmen. ¿Cuántos libros leyó Carmen?

______

10. Luis condujo 420 millas y consumió 15 galones de gasolina. ¿Cuántas millas recorrió el coche de Luis por cada galón de gasolina?

______

11. Algunos días, Melvin viaja 3.5 horas al día hasta la ciudad para ir a reuniones de negocios. La semana pasada viajó un total de 14 horas. ¿Cuántos días viajó a la ciudad?

______

12. Dharmesh tiene un jardín cuadrado con un perímetro de 132 pies. ¿Es el área del jardín mayor o menor que 1,000 pies cuadrados?

l

l

______

______

______

______

______

13. Ingrid paseó a su perro y lavó su coche. El tiempo que paseó a su perro es un cuarto del tiempo que tardó en lavar su coche. Si paseó a su perro durante 14 minutos, ¿cuánto tardó Ingrid en lavar su coche?

______

14. Representa problemas de la vida real Escribe y resuelve un problema con dinero que se pueda resolver con una ecuación de multiplicación.

______

______

______

______

______

______

15. **Representa problemas de la vida real** Escribe y resuelve un problema de dinero que se pueda resolver con una ecuación de división y que tenga como solución 1,350.

H.O.T. ENFOQUE EN ALTA CAPACIDAD DE RAZONAMIENTO

Área de trabajo

16. **Comunica ideas matemáticas** Explica por qué $7 \cdot \frac{x}{7} = x$. ¿Cómo se relaciona esto con resolver ecuaciones de división como $\frac{x}{7} = 2$?

17. **Pensamiento crítico** Un número triplicado y triplicado otra vez es 729. ¿Cuál es el número? Muestra el trabajo.

18. **Varios pasos** Andre tiene 4 veces más carros de juguete que Peter; y Peter tiene un tercio de los carros de juguete que tiene Jade. Andre tiene 36 carros de juguete.

   a. Escribe y resuelve una ecuación para calcular cuántos carros de juguete tiene Peter.

   b. Utilizando tu respuesta a la parte **a,** escribe y resuelve una ecuación para calcular cuántos carros de juguete tiene Jade.

19. **Persevera en la resolución de problemas** Un rectángulo tiene un área de 42 pulgadas cuadradas y un lado de 12 pulgadas de longitud. Calcula el perímetro del rectángulo. Muestra el trabajo.

LECCIÓN

11.4 Escribir desigualdades

ESTÁNDARES COMUNES **6.EE.8**

Write an inequality...to represent a constraint or condition in a real-world or mathematical problem.... *Also 6.EE.5, 6.EE.6*

PREGUNTA ESENCIAL

¿Cómo puedes utilizar desigualdades para representar restricciones o condiciones de la vida real?

ACTIVIDAD PARA EXPLORAR 

6.EE.8, 6.EE.5

Utilizar desigualdades para describir cantidades

Puedes describir cantidades que contienen muchos valores usando símbolos de desigualdad con variables.

Símbolo	Significado	Expresión escrita
$<$	Es menor que	Menos que, debajo de
$>$	Es mayor que	Más que, arriba de
$\leq$	Es menor que o igual a	Como máximo, no más que
$\geq$	Es mayor que o igual a	Como mínimo, no menos que

A La temperatura más baja jamás registrada en Florida fue de -2 °F. Representa esa temperatura en la recta numérica.

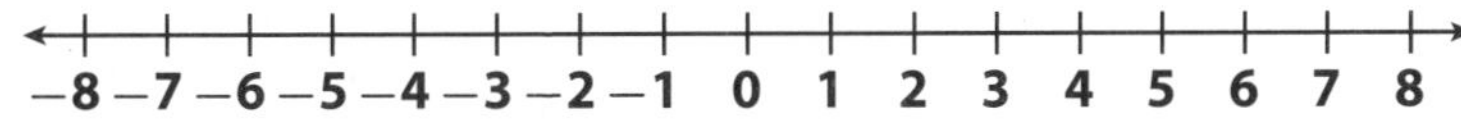

B Las temperaturas 0 °F, 3 °F, 6 °F, 5 °F y -1 °F también se han registrado en Florida. Representa estas temperaturas en la recta numérica.

C ¿En qué se parecen las temperaturas en **B** con -2? ¿Cómo ves esta relación en la recta numérica?

____

____

D ¿Qué otros números tienen la misma relación con -2 que tienen las temperaturas en **B**? Da algunos ejemplos.

____

E Supongamos que puedes representar todas las respuestas posibles para **D** en una recta numérica. ¿Cómo se vería esa gráfica?

____

F Sea x todas las respuestas posibles a **D**.

Completa esta desigualdad: x ☐ -2

Hacer una gráfica de las soluciones de una desigualdad

La **solución de una desigualdad** que contiene una variable es cualquier valor de la variable que haga verdadera la desigualdad. Por ejemplo, 7 es una solución de $x > -2$ porque $7 > -2$ es un enunciado verdadero.

EJEMPLO 1

ESTÁNDARES COMUNES 6.EE.5

Haz una gráfica de las soluciones de cada desigualdad. Comprueba las soluciones.

A $y \leq -3$

PASO 1 Dibuja un círculo relleno en −3 para mostrar que −3 es una solución.

PASO 2 Sombrea la recta numérica hacia la izquierda de −3 para mostrar que los números menores a −3 son soluciones.

Usa un círculo relleno para una desigualdad que usa $\geq$ o $\leq$.

−5 −4 −3 −2 −1 0 1 2 3 4 5

PASO 3 Comprueba la solución.

Elige un número que esté en la sección sombreada de la recta numérica, como por ejemplo −4. Reemplaza −4 por *y*.

$-4 \leq -3$ *−4 es menor que −3, entonces −4 es una solución.*

B $1 < m$

PASO 1 Dibuja un círculo vacío en 1 para mostrar que 1 no es una solución.

PASO 2 Sombrea la recta numérica hacia la derecha de 1 para mostrar que los números mayores que 1 son soluciones.

Usa un círculo vacío para una desigualdad que usa $>$ o $<$.

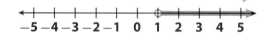

−5 −4 −3 −2 −1 0 1 2 3 4 5

PASO 3 Comprueba tu solución.
Reemplaza 2 por *m*.
$1 < 2$ *1 es menor que 2, entonces 2 es una solución.*

Charla matemática
Prácticas matemáticas

¿Es $-4\frac{1}{4}$ una solución de $y \leq -3$? ¿Lo es −5.6?

Reflexiona

1. **Critica el razonamiento** Inez dice que puede reescribir $1 < m$ como $m > 1$. ¿Estás de acuerdo?

____

2. ¿En qué se diferencia $x < 5$ de $x \leq 5$?

____

____

ES TU TURNO

3. Haz una gráfica de la solución de la desigualdad $t \leq -4$.

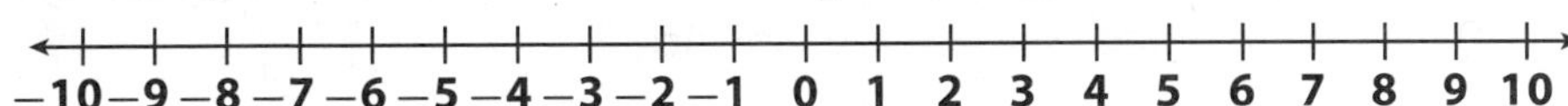

Escribir desigualdades

Puedes escribir una desigualdad para representar la relación entre una expresión algebraica y un número. También puedes escribir desigualdades para representar ciertas situaciones de la vida real.

EJEMPLO 2

ESTÁNDARES COMUNES 6.EE.8, 6.EE.6

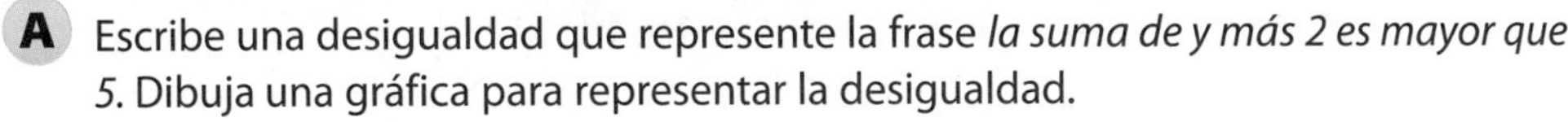

A Escribe una desigualdad que represente la frase *la suma de y más 2 es mayor que 5*. Dibuja una gráfica para representar la desigualdad.

PASO 1 Escribe la desigualdad.

La suma de y más 2 es mayor que 5.

$y + 2 \quad > \quad 5$

PASO 2 Haz una gráfica de la solución.

Para que $y + 2$ tenga un valor mayor que 5, y debe ser un número mayor que 3.

Usa un círculo vacío en 3 y sombrea hacia la derecha de 3.

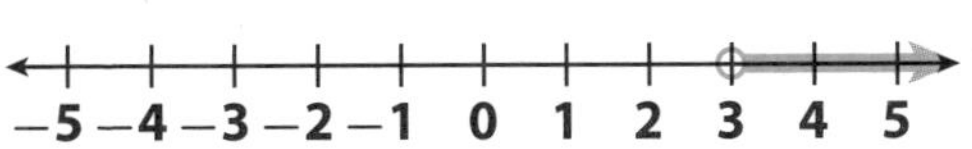

PASO 3 Comprueba tu solución reemplazando un número mayor que 3, como 4, en la desigualdad original.

$4 + 2 > 5$ Reemplaza y por 4.

$6 > 5$ 6 es mayor que 5, entonces 4 es una solución.

B Para probar la resistencia de un abrigo a la temperatura, un científico mantiene la temperatura de su laboratorio debajo de 5 °C. Escribe y haz una gráfica de una desigualdad para representar esta situación.

PASO 1 Escribe la desigualdad. Sea t la temperatura en el laboratorio.

$t < 5$ La temperatura debe ser menor que 5 °C.

PASO 2 Haz una gráfica de la desigualdad.

Mis notas

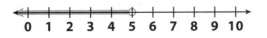

ES TU TURNO

4. Escribe una desigualdad que represente la frase *la suma de 1 más y es mayor o igual a 3*. Comprueba si $y = 1$ es una solución.

____

____

Escribe y haz una gráfica de una desigualdad para representar cada situación.

5. La temperatura más alta de febrero fue de 6 °F. ______________

6. Cada paquete debe pesar más de 2 onzas. ______________

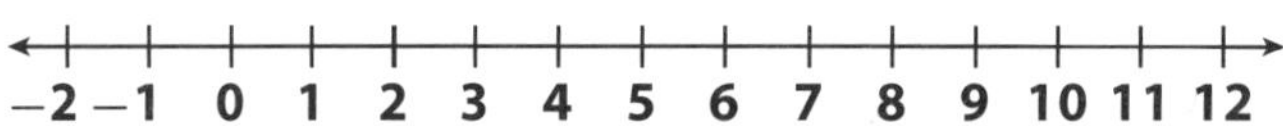

Práctica con supervisión

1. Haz una gráfica de $1 \leq x$. Usa la gráfica para determinar cuáles de estos números son soluciones para esta desigualdad: $-1, 3, 0, 1$ (Actividad para explorar y Ejemplo 1)

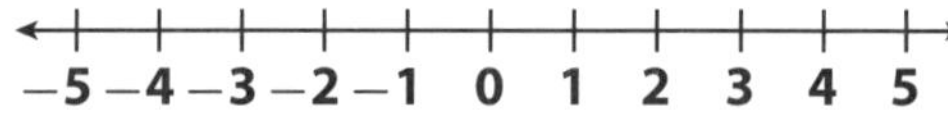

____

2. Haz una gráfica de $-3 > z$. Comprueba la gráfica usando substitución. (Ejemplo 1)

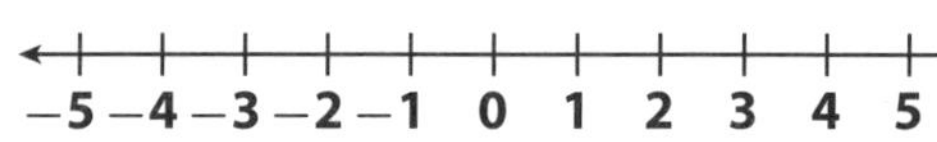

3. Escribe una desigualdad que represente la frase "la suma de 4 y x es mayor que 6". Dibuja una gráfica que represente la desigualdad y comprueba tu solución. (Ejemplo 2)

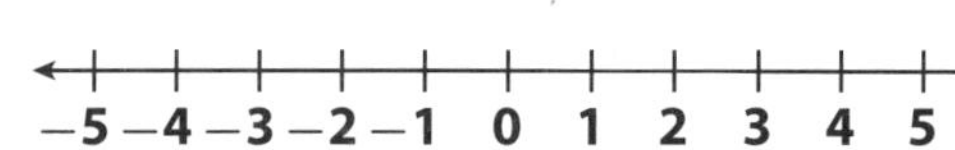

____

4. Durante la hibernación, la temperatura corporal de una serpiente Garter nunca baja de los 3 °C. Escribe y haz una gráfica de una desigualdad que represente esta situación. (Ejemplo 2)

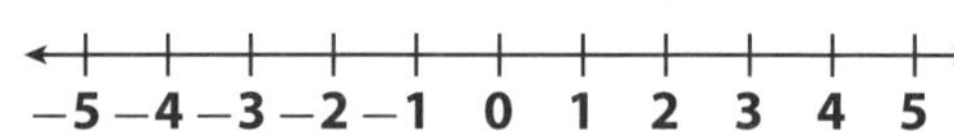

____

ÉNFASIS EN LA PREGUNTA ESENCIAL

5. Escribe una desigualdad para representar esta situación: Nina quiere llevar como mínimo $15 al cine. ¿Cómo decidiste qué símbolo de desigualdad usar?

____

____

Nombre ________________ Clase ________________ Fecha ________________

11.4 Práctica independiente

6.EE.5, 6.EE.6, 6.EE.8

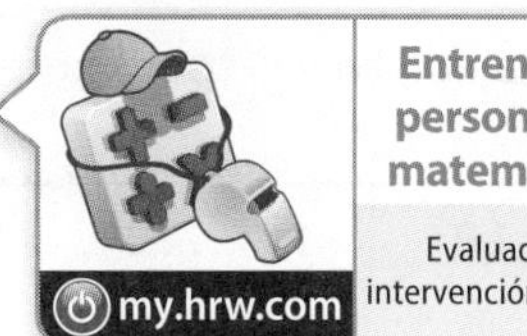

6. ¿Cuáles de los siguientes números son soluciones a $x \geq 0$?

$-5, 0.03, -1, 0, 1.5, -6, \frac{1}{2}$ ________________

Haz una gráfica de cada desigualdad.

7. $t \leq 8$

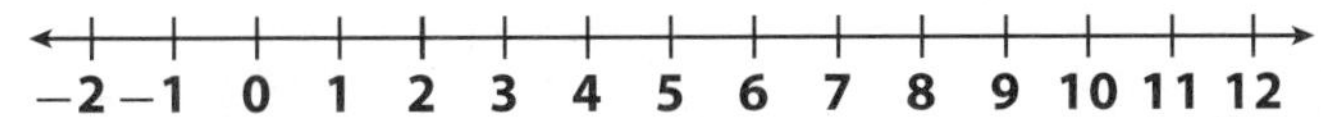

8. $-7 < h$

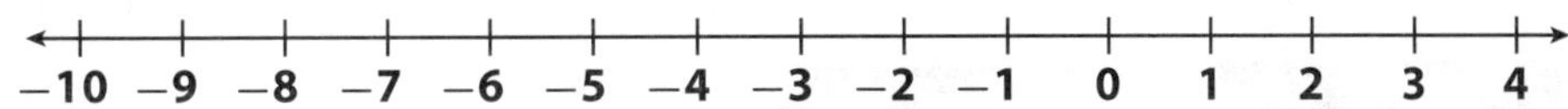

9. $x \geq -9$

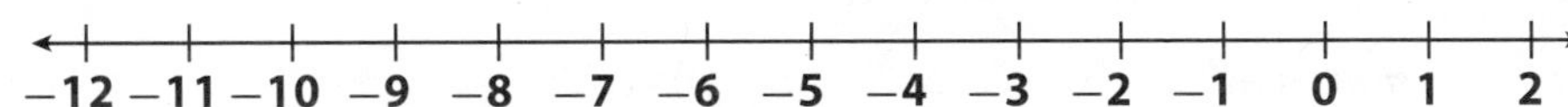

10. $n > 2.5$

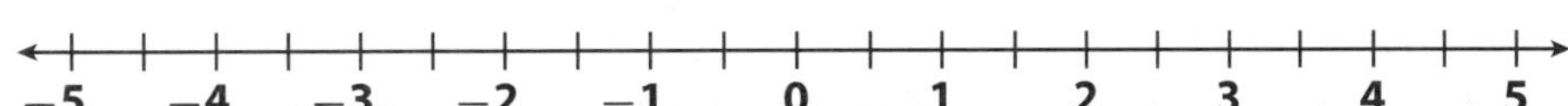

11. $-4\frac{1}{2} > x$

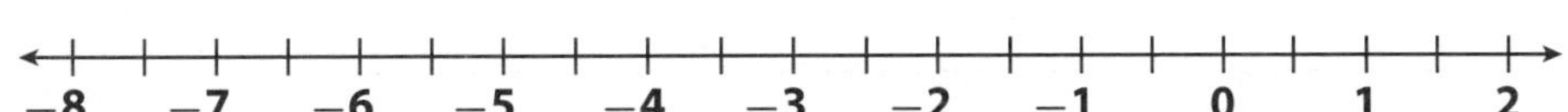

Escribe una desigualdad que concuerde con el modelo de cada recta numérica.

12. ________

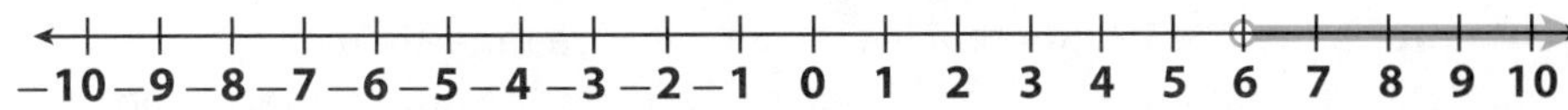

13. ________

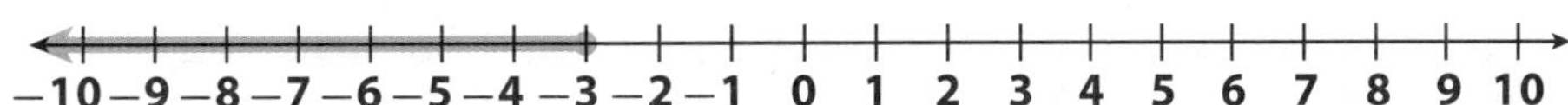

14. ________

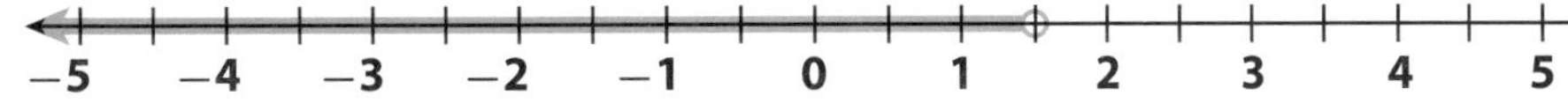

15. ________

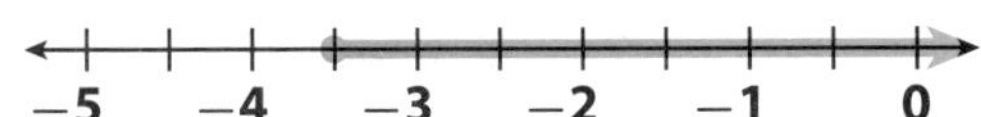

16. Un niño deber medir cómo mínimo 48 pulgadas para subir a una montaña rusa.

a. Escribe y haz una gráfica de una desigualdad para representar esta situación.

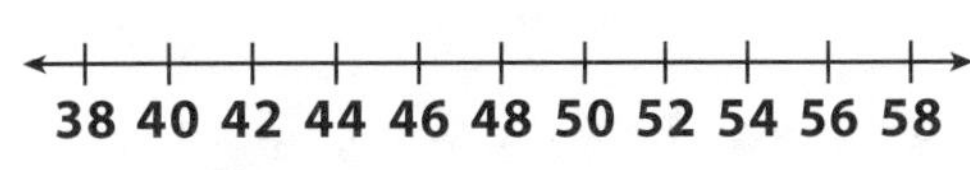

____

b. ¿Puede un niño que mide 46 pulgadas subir a la montaña rusa? Explica.

____

Escribe y haz una gráfica de una desigualdad para representar cada situación.

17. La acción vale por lo menos $14.50. ______________________

18. La temperatura es menor que 3.5 °F. ______________________

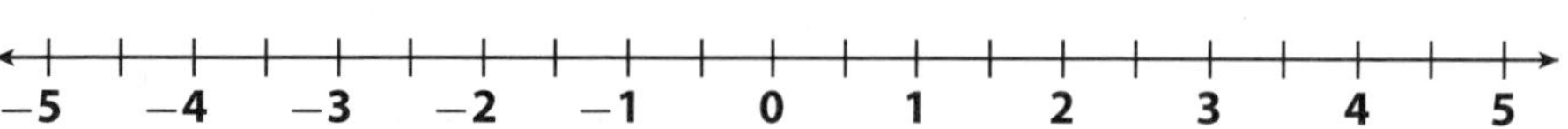

19. El objetivo de la recolección de fondos es recaudar más de $150. __________

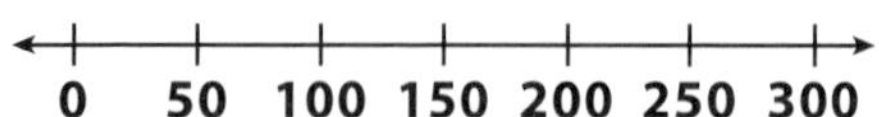

ENFOQUE EN ALTA CAPACIDAD DE RAZONAMIENTO

Área de trabajo

20. Comunica ideas matemáticas Explica cómo hacer una gráfica para la desigualdad $8 \geq y$.

____

____

____

____

21. Representa problemas de la vida real La recta numérica muestra una desigualdad. Describe una situación de la vida real que podría representarse con esta desigualdad.

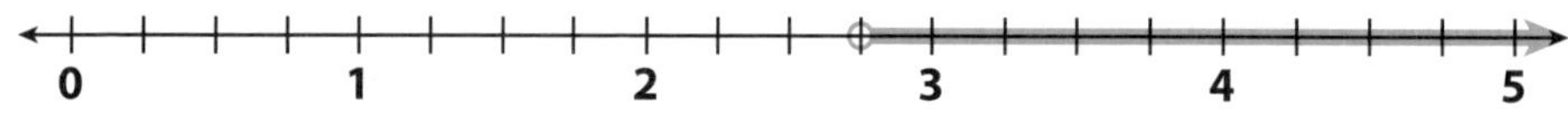

____

22. Critica el razonamiento Natasha quiere representar la siguiente situación con un modelo de recta numérica: Hay menos de 5 estudiantes en la cafetería. Natasha encontró dos posibles representaciones que se muestran a continuación. ¿Cuál es la mejor representación? ¿Por qué?

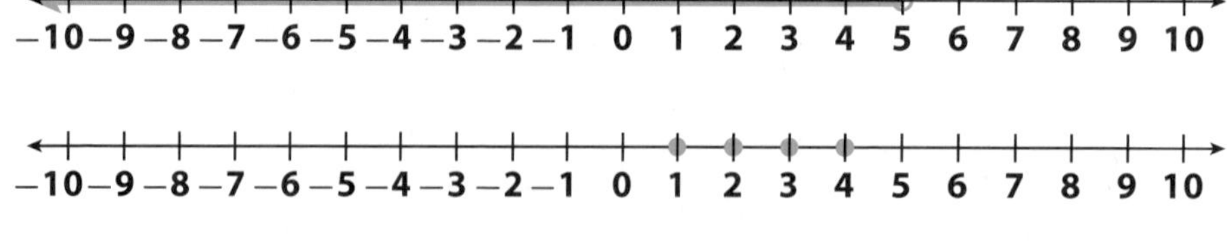

____

____

____

____

¿Listo para seguir?

11.1 Escribir ecuaciones para representar situaciones

Determina si el valor dado es una solución para la ecuación.

1. $\frac{b}{12} = 5; b = 60$ ____________

2. $7w = 87; w = 12$ ____________

Escribe una ecuación que represente la situación.

3. El número de huevos en el refrigerador h disminuido en 5 es igual a 18.

____

11.2 Ecuaciones de suma y resta

Resuelve las ecuaciones.

4. $r - 38 = 9$ ____________

5. $h + 17 = 40$ ____________

6. $n + 75 = 155$ ____________

7. $q - 17 = 18$ ____________

11.3 Ecuaciones de multiplicación y división

Resuelve las ecuaciones.

8. $8z = 112$ ____________

9. $\frac{d}{14} = 7$ ____________

10. $\frac{f}{28} = 24$ ____________

11. $3a = 57$ ____________

11.4 Escribir desigualdades

Escribe una desigualdad que represente cada situación y luego representa las soluciones.

12. En el tanque hay menos de 8 galones de gasolina. ____________

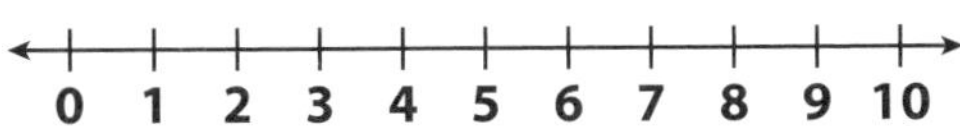

13. En la bolsa quedan por lo menos 3 rebanadas de pan. ____________

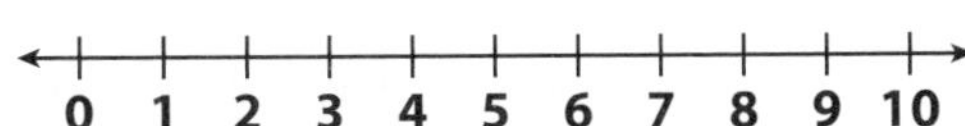

PREGUNTA ESENCIAL

14. ¿Cómo puedes resolver problemas de ecuaciones que contengan sumas, restas, multiplicaciones o divisiones?

____

____

MÓDULO 11 REPASO MIXTO

Preparación para la evaluación

Respuesta seleccionada

1. Kate pasó al pizarrón para resolver problemas de matemáticas 5 veces más que Andre. Kate pasó 11 veces. ¿Qué ecuación representa la situación?

Ⓐ $a - 11 = 5$

Ⓑ $5a = 11$

Ⓒ $a - 5 = 11$

Ⓓ $a + 5 = 11$

2. ¿Para qué ecuación es la solución $y = 7$?

Ⓐ $7y = 1$

Ⓑ $18 = 11 + y$

Ⓒ $y + 7 = 0$

Ⓓ $\frac{y}{2} = 14$

3. ¿Cuál es una ecuación?

Ⓐ $17 + x$ Ⓒ $20x = 200$

Ⓑ $45 \div x$ Ⓓ $90 - x$

4. El viernes, la temperatura nunca subió a más de 6 °F. ¿Qué recta numérica podría representar esta situación?

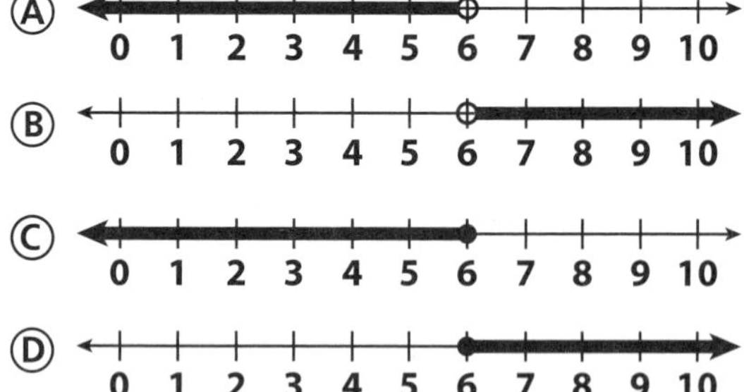

5. Rebecca bateó 7 jonrones más que Beverly. Rebecca bateó 21 jonrones. ¿Cuántos jonrones bateó Beverly?

Ⓐ 3 Ⓒ 21

Ⓑ 14 Ⓓ 28

6. Jeordie extiende un mantel rectangular para un picnic. El mantel tiene un área de 42 pies cuadrados. Tiene 6 pies de ancho. ¿Qué ecuación puedes usar para calcular la longitud?

Ⓐ $6x = 42$ Ⓒ $\frac{6}{x} = 42$

Ⓑ $42 - x = 6$ Ⓓ $6 + x = 42$

7. ¿Cuál es la solución a la ecuación $6t = 114$?

Ⓐ $t = 19$ Ⓒ $t = 120$

Ⓑ $t = 108$ Ⓓ $t = 684$

8. El área de una plataforma rectangular es de 680 pies cuadrados. El ancho de la plataforma es de 17 pies. ¿Cuál es su perímetro?

Ⓐ 40 pies Ⓒ 114 pies

Ⓑ 57 pies Ⓓ 228 pies

Minitarea

9. Sylvia gana $7 por hora en su trabajo después de clases. Después de una semana de trabajo recibió un pago de $91.

a. Escribe y resulelve una ecuación para calcular el número de horas que trabajó Sylvia para ganar $91.

____

b. El número mayor de horas que puede trabajar Sylvia en una semana es 15. Escribe una desigualdad que represente este enunciado.

____

c. ¿Cuánta es la mayor cantidad de dinero que puede ganar Sylvia en una semana?

____

Relaciones con dos variables

PREGUNTA ESENCIAL

¿Cómo puedes resolver problemas de la vida real usando relaciones con dos variables?

LECCIÓN 12.1

Representar gráficamente en un plano cartesiano

6.NS.6, 6.NS.6b, 6.NS.6c, 6.NS.8

LECCIÓN 12.2

Variables independientes y dependientes en tablas y gráficas

6.NS.9

LECCIÓN 12.3

Escribir ecuaciones a partir de tablas

6.NS.9

LECCIÓN 12.4

Representar relaciones algebraicas en tablas y gráficas

6.NS.9

my.hrw.com

Vídeo de la vida real

Una ecuación de dos variables puede representar la distancia que recorre un animal en cierto tiempo. Una gráfica puede mostrar la relación entre las variables. Puedes representar los datos de dos o más animales para compararlos visualmente.

APRENDE EN LÍNEA

my.hrw.com

my.hrw.com

Las versiones digitales de todas las páginas del libro del estudiante están disponibles en línea.

Matemáticas al instante

Escanea con tu celular para entrar directamente en la edición en línea del Vídeo tutorial y más.

Matemáticas en acción

Explora interactivamente los conceptos clave para ver cómo funcionan las matemáticas.

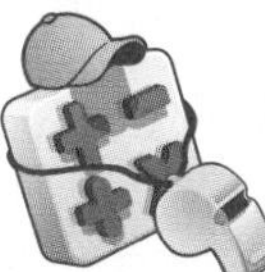

Entrenador personal en matemáticas

Obtén comentarios y ayuda al instante a medida que trabajas en las prácticas.

¿Estás listo?

Completa estos ejercicios para repasar las destrezas que necesitarás en este módulo.

Entrenador personal en matemáticas

my.hrw.com

Evaluación e intervención en línea

Operaciones de multiplicación

EJEMPLO $8 \times 7 = \square$

Usa una operación relacionada que conozcas.
$7 \times 7 = 49$
Piensa: $8 \times 7 = (7 \times 7) + 7$
$= 49 + 7$
$= 56$

Multiplica.

1. 7×6 ______ **2.** 10×9 ______ **3.** 13×12 ______ **4.** 8×9 ______

Escribe la regla para cada tabla.

5.

x	1	2	3	4
y	7	14	21	28

____

6.

x	1	2	3	4
y	7	8	9	10

____

7.

x	1	2	3	4
y	−5	−10	−15	−20

____

8.

x	0	4	8	12
y	0	2	4	6

____

Representar los pares ordenados (primer cuadrante)

EJEMPLO

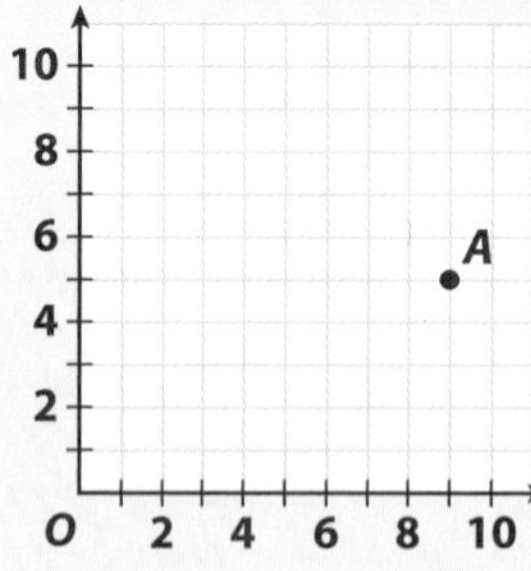

Comienza en el origen.
Mueve 9 unidades a la derecha.
Luego mueve 5 unidades hacia arriba.
Representa el punto *A*(9,5).

Representa los puntos en la cuadrícula de coordenadas anterior.

9. *B* (0, 8) **10.** *C* (2, 3) **11.** *D* (6, 7) **12.** *E* (5, 0)

Práctica de vocabulario

Visualiza el vocabulario

Usa las palabras con ✔ para completar la tabla.

Partes de la expresión algebraica $14 + 3x$		
Definición	**Representación matemática**	**Palabra de repaso**
Número específico cuyo valor no cambia	14	
Número que se multiplica por una variable en una expresión algebraica	3	
Letra o símbolo que se usa para representar un valor desconocido	x	

Vocabulario

Palabras de repaso

✔ coeficiente *(coefficient)*
✔ constante *(constant)*
ecuación *(equation)*
escala *(scale)*
número negativo *(negative number)*
número positivo *(positive number)*
✔ variable *(variable)*

Palabras nuevas

coordenadas *(coordinates)*
coordenada *x* *(x-coordinate)*
coordenada *y* *(y-coordinate)*
cuadrantes *(quadrants)*
ejes *(axes)*
eje *x* *(x-axis)*
eje *y* *(y-axis)*
origen *(origin)*
par ordenado *(ordered pair)*
plano cartesiano *(coordinate plane)*
variable dependiente *(dependent variable)*
variable independiente *(independent variable)*

Comprende el vocabulario

Completa las oraciones con las palabras nuevas

1. Los números en un par ordenado son ____________________.
2. Un ______________________________ está formado por dos rectas numéricas que se intersecan en ángulos rectos.

Lectura con propósito

Libro con capas Antes de comenzar el módulo, haz un libro con capas para aprender los conceptos en este módulo. Rotula cada solapa con los títulos de las lecciones. A medida que estudias cada lección, escribe las ideas importantes tales como vocabulario y fórmulas en la solapa correspondiente. Consulta tu libro con capas terminado mientras trabajas en los ejercicios de este módulo.

MÓDULO 12

Desglosar los estándares

Comprender los estándares y las palabras de vocabulario te ayudará a saber exactamente lo que se espera que aprendas en este módulo.

ESTÁNDARES COMUNES **6.EE.9**

Usar variables para representar dos cantidades que cambian la relación entre sí en problemas de la vida real; escribir una ecuación para expresar una cantidad como la variable dependiente, y en términos de la otra cantidad, como la variable independiente…

Vocabulario clave

ecuación *(equation)* Enunciado matemático que muestra que dos expresiones son equivalentes.

Lo que significa para ti

Aprenderás a escribir una ecuación que represente la relación en una tabla.

DESGLOSAR EL EJEMPLO 6.EE.9

Emily tiene un servicio de caminar perros. Cobra una tarifa diaria de $7 por caminar un perro dos veces al día. Haz una tabla que represente cuánto gana Emily por caminar 1, 6, 10 y 15 perros. Escribe una ecuación que represente la situación.

Perros caminados	1	6	10	15
Ganancias ($)	7	42	70	105

Las ganancias son 7 veces el número de perros que camina. Sea la variable *e* las ganancias y la variable *d* el número de perros que camina.

$e = 7 \times d$

ESTÁNDARES COMUNES **6.EE.9**

...Analizar la relación entre las variables dependiente e independiente usando gráficas y tablas, y relacionar éstas a la ecuación.

Vocabulario clave

plano cartesiano *(coordinate plane)* Plano formado por la intersección de una recta numérica horizontal llamada eje *x* y una recta numérica vertical llamada eje *y*.

Lo que significa para ti

Puedes representar la misma relación matemática con palabras, una tabla, una gráfica o una ecuación.

DESGLOSAR EL EJEMPLO 6.EE.9

La ecuación $y = 4x$ representa el precio total y por x juegos de minigolf. Haz una tabla de valores y una gráfica para esta situación.

Número de juegos, x	1	2	3	4
Precio total ($), y	4	8	12	16

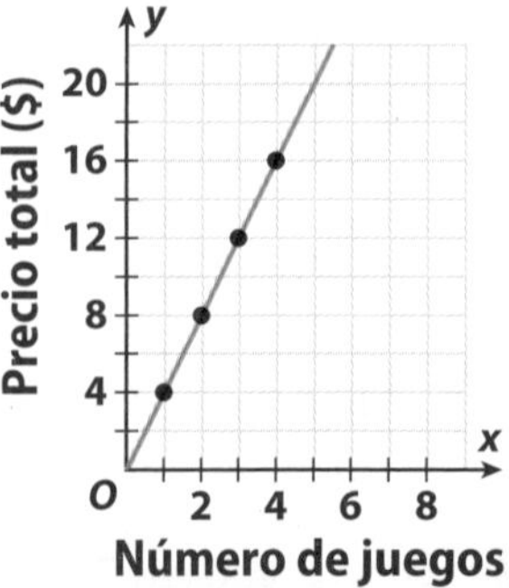

Visita **my.hrw.com** para ver todos los **Estándares comunes** desglosados.

my.hrw.com

LECCIÓN 12.1

Representar gráficamente en un plano cartesiano

ESTÁNDARES COMUNES 6.NS.6c

...find and position pairs of integers and other rational numbers on a coordinate plane. *Also 6.NS.6, 6.NS.6b, 6.NS.8*

PREGUNTA ESENCIAL

¿Cómo puedes ubicar y nombrar puntos en un plano cartesiano?

Nombrar puntos en un plano cartesiano

Un **plano cartesiano** está formado por dos rectas numéricas que se intersecan en ángulos rectos. El punto de la intersección es 0 en cada recta numérica.

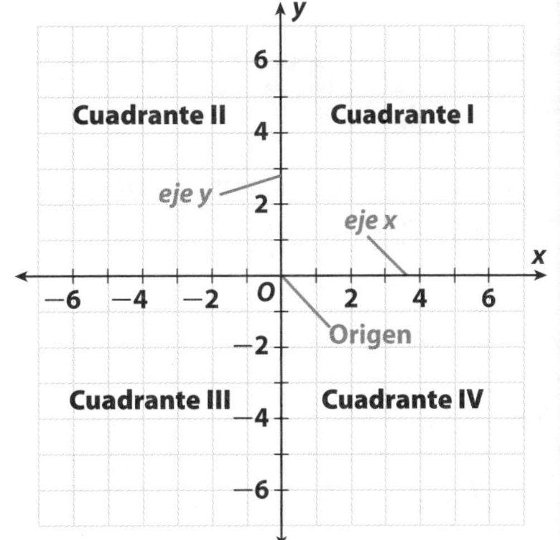

- Las dos rectas numéricas se llaman **ejes**.
- El eje horizontal se llama **eje *x***.
- El eje vertical se llama **eje *y***.
- El punto donde los ejes se intersecan se llama el **origen**.
- Los dos ejes dividen el plano cartesiano en cuatro **cuadrantes**.

Un **par ordenado** es un par de números que señala la ubicación de un punto en un plano cartesiano. El primer número nos indica a qué distancia a la derecha (positivo) o a la izquierda (negativo) del origen se encuentra el punto. El segundo número nos indica a qué distancia hacia arriba (positivo) o abajo (negativo) del origen se encuentra el punto.

Los números en un par ordenado se llaman **coordenadas**. El primer número es la **coordenada *x*** y el segundo número es la **coordenada *y***.

EJEMPLO 1

ESTÁNDARES COMUNES 6.NS.6c, 6.NS.6b

Identifica las coordenadas de cada punto. Nombra el cuadrante donde se ubica cada punto.

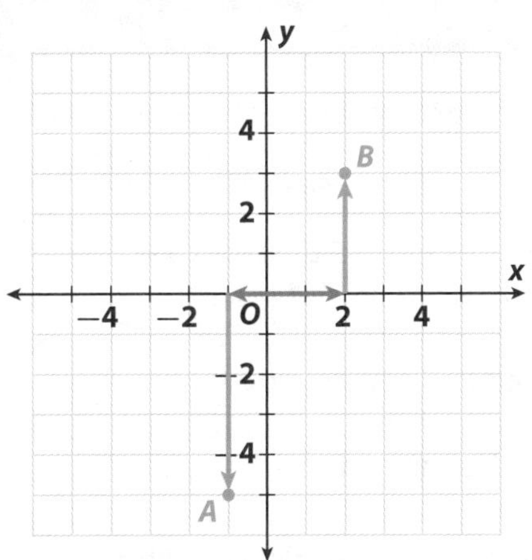

El punto *A* está 1 unidad a la *izquierda* del origen y 5 unidades hacia *abajo*. Tiene la coordenada *x* −1 y la coordenada *y* −5, escrito (−1, −5). Se ubica en el cuadrante III.

El punto *B* está 2 unidades a la *derecha* del origen y 3 unidades hacia *arriba*. Tiene la coordenada *x* 2 y la coordenada *y* 3, escrito (2, 3). Se ubica en el cuadrante I.

Reflexiona

1. Si las dos coordenadas de un punto son negativas, ¿en qué cuadrante se ubica el punto? ______

2. Describe las coordenadas de todos los puntos en el cuadrante I.

______

3. **Comunica ideas matemáticas** Explica por qué (−3, 5) representa una ubicación distinta de (3, 5).

______

______

______

ES TU TURNO

Identifica las coordenadas de cada punto. Nombra el cuadrante en que yace cada punto.

4. *G* ______

   E ______

5. *F* ______

   H ______

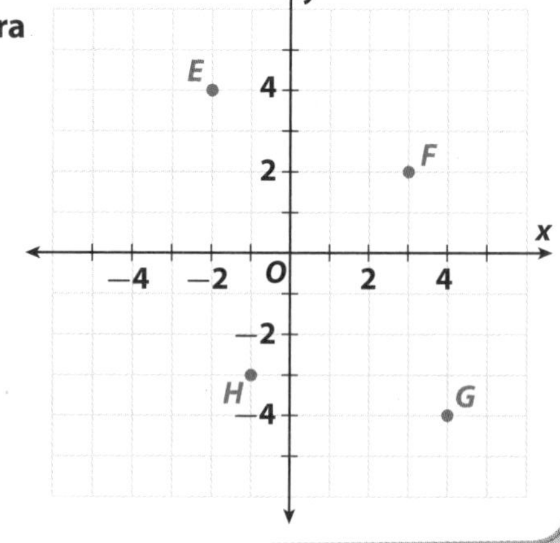

Representar puntos en un plano cartesiano

Los puntos que se ubican en los ejes no están en ningún cuadrante. Los puntos en el eje *x* tienen una coordenada *y* de 0 y los puntos en el eje *y* tienen una coordenada *x* de 0.

EJEMPLO 2

ESTÁNDARES COMUNES 6.NS.6c, 6.NS.6

Representa y rotula cada punto en el plano cartesiano.

***A*(−5, 2), *B*(3, 1.5), *C*(0, −3)**

El punto *A* está 5 unidades a la *izquierda* y 2 unidades hacia *arriba* del origen.

El punto *B* está 3 unidades a la *derecha* y 1.5 unidades hacia *arriba* del origen. Representa el punto a mitad de camino entre (3, 1) y (3, 2).

El punto *C* está 3 unidades hacia *abajo* del origen. Representa el punto en el eje *y*.

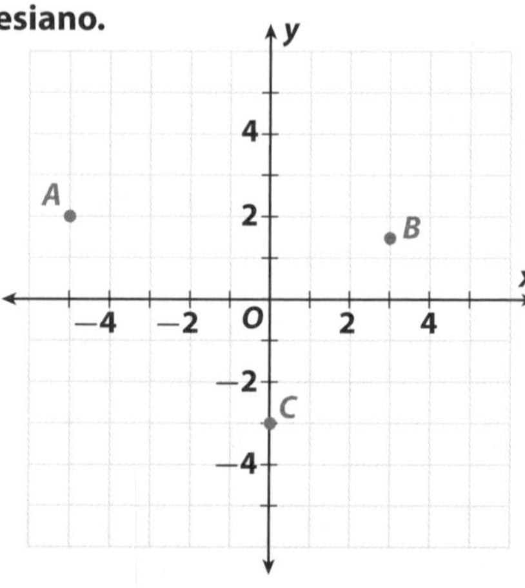

ES TU TURNO

Representa y rotula los puntos en el plano cartesiano.

6. $P(-4, 2)$
7. $Q(3, 2.5)$
8. $R(-4.5, -5)$
9. $S(4, -5)$
10. $T(-2.5, 0)$

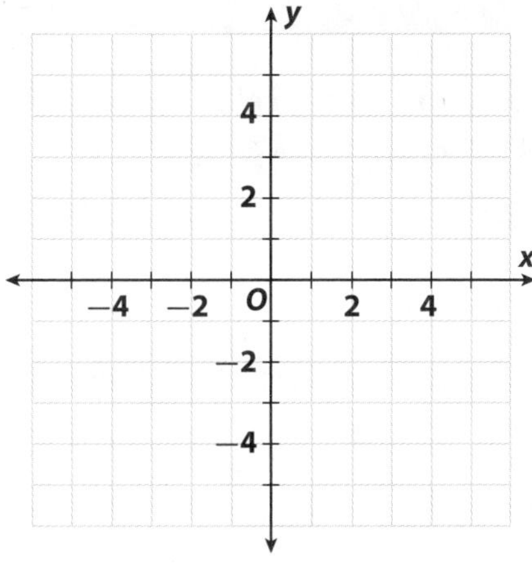

Leer escalas en los ejes

La *escala* de un eje es el número de unidades representadas por cada línea de la cuadrícula. Hasta ahora las gráficas de esta lección tenían una escala de 1 unidad, pero las gráficas frecuentemente usan otras unidades.

Matemáticas al instante
my.hrw.com

EJEMPLO 3 

ESTÁNDARES COMUNES 6.NS.8

La gráfica muestra la ubicación de una ciudad. También muestra la ubicación de las casas de Gary y Jen. La escala en cada eje representa millas.

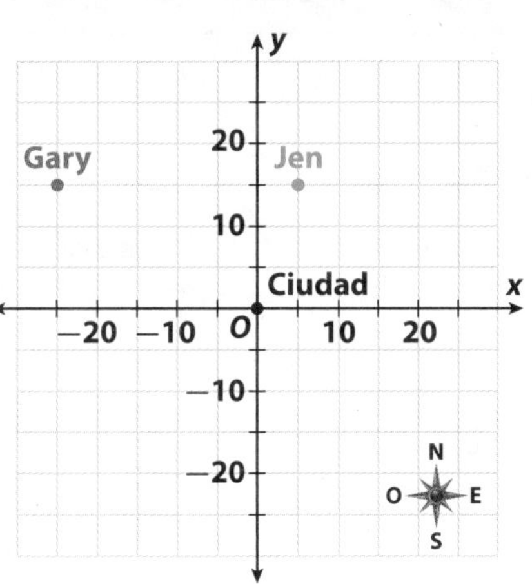

A Usa la escala para describir la ubicación de Gary con relación a la ciudad.

Cada cuadrito representa 5 millas por lado.

La casa de Gary está a $(-25, 15)$, que es 25 millas al oeste y 15 millas al norte de la ciudad.

B Describe la ubicación de la casa de Jen con respecto a la casa de Gary.

La casa de Jen está 6 cuadritos a la derecha de la casa de Gary. Como cada cuadrito representa 5 millas por lado, su casa está a $6 \cdot 5 = 30$ millas de la casa de Gary.

Charla matemática
Prácticas matemáticas
¿Cómo se representan el norte, sur, este y oeste en la gráfica del ejemplo 3?

ES TU TURNO

Usa la gráfica del ejemplo.

11. Ted vive 20 millas al sur y 20 millas al oeste de la ciudad que se representa en el ejemplo 3. Su hermano Ned vive 50 millas al norte de la casa de Ted. Escribe las coordenadas de la casa de cada hermano.

____

Práctica con supervisión

Identifica las coordenadas de cada punto en el plano cartesiano. Nombra el cuadrante donde se ubica cada punto. (Ejemplo 1)

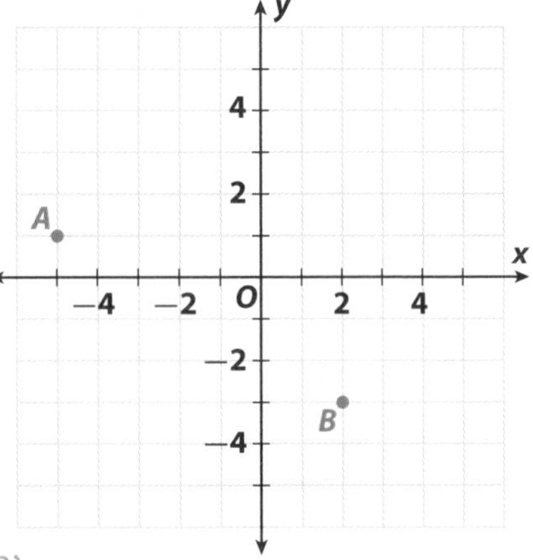

1. El punto *A* está 5 unidades a la __________ del origen y 1 unidad

   hacia __________.

   Sus coordenadas son __________. Está en el cuadrante __________.

2. El punto *B* está __________ unidades a la derecha del

   origen y __________ unidades hacia abajo.

   Sus coordenadas son __________. Está en el cuadrante __________.

Represente y rotula cada punto en el plano cartesiano anterior. (Ejemplo 2)

3. Punto *C* en $(-3.5, 3)$

4. Punto *D* en $(5, 0)$

Usa el plano cartesiano que se muestra para los Ejercicios 5 a 7. (Ejemplo 3)

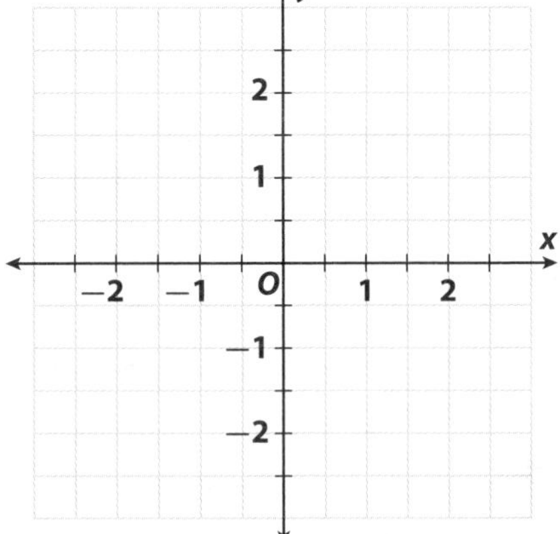

5. Describe la escala de la gráfica.

   ____

6. Representa el punto *A* en $\left(-\frac{1}{2}, 2\right)$.

7. Representa el punto *B* en $\left(2\frac{1}{2}, -2\right)$.

8. **Vocabulario** Describe cómo un par ordenado representa un punto en un plano cartesiano. Incluye los términos coordenada *x*, coordenada *y* y origen en tu respuesta.

   ____

   ____

   ____

   ____

ÉNFASIS EN LA PREGUNTA ESENCIAL

9. Escribe las coordenadas de un punto en cada uno de los cuatro cuadrantes, un punto en el eje *x* y un punto en el eje *y*.

   ____

   ____

   ____

Nombre________________ Clase________________ Fecha________________

12.1 Práctica independiente

6.NS.6, 6.NS.6b, 6.NS.6c, 6.NS.8

Resuelve los Ejercicios 10 a 13 con el plano cartesiano a la derecha. Cada unidad representa 1 kilómetro.

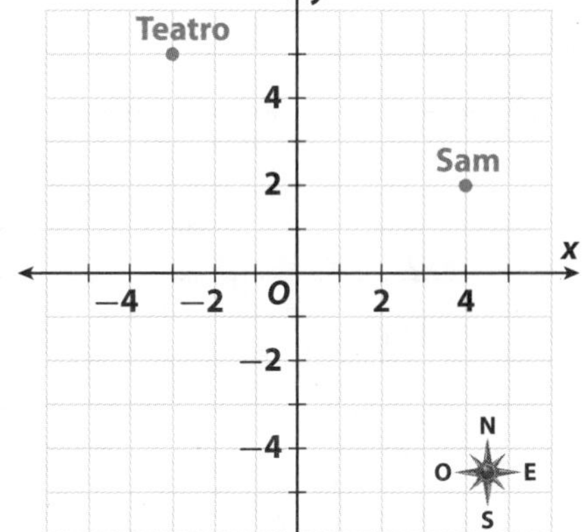

10. Escribe los pares ordenados que representan la ubicación de Sam y del teatro.

____

11. Describe la ubicación de Sam en relación con el teatro.

____

____

12. Sam quiere encontrarse con su amiga Beth en el restaurante antes de ir al teatro. El restaurante está 9 km al sur del teatro. Representa y rotula un punto que represente el restaurante. ¿Cuáles son las coordenadas de este punto?

____

13. Beth describe su ubicación actual: "Estoy directamente al sur del teatro a mitad de camino hacia el restaurante". Representa y rotula un punto que represente la ubicación de Beth. ¿Cuáles son las coordenadas de ese punto?

____

Resuelve los Ejercicios 14 y 15 con el plano cartesiano a la derecha.

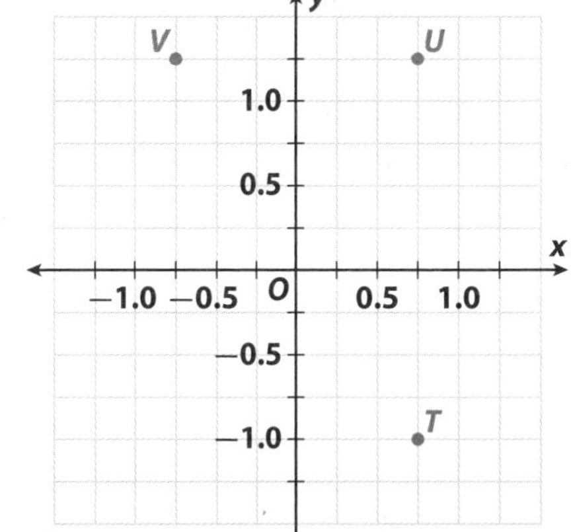

14. Halla las coordenadas de los puntos *T*, *U* y *V*.

____

15. Los puntos *T*, *U* y *V* son los vértices de un rectángulo. El cuarto vértice es el punto *W*. Representa el punto *W* y escribe sus coordenadas.

____

16. **Explica el error** Janine le cuenta a su amiga que los pares ordenados cuya coordenada *x* es 0 están sobre el eje *x*. Usa como ejemplo el origen. Describe el error de Janine. Explica por qué la afirmación de Janine es falsa con un contraejemplo.

____

____

____

____

Área de trabaj

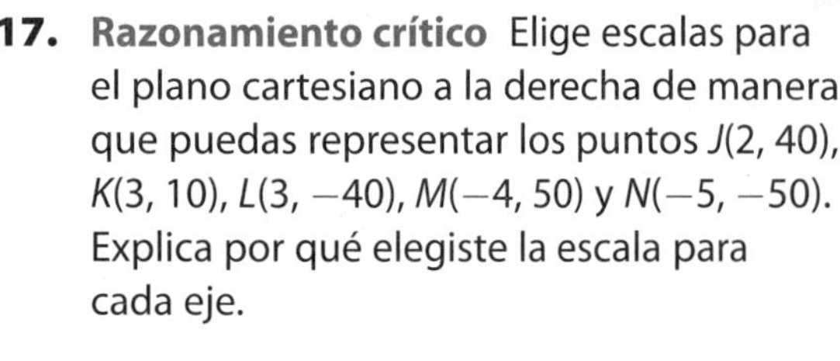

17. Razonamiento crítico Elige escalas para el plano cartesiano a la derecha de manera que puedas representar los puntos $J(2, 40)$, $K(3, 10)$, $L(3, -40)$, $M(-4, 50)$ y $N(-5, -50)$. Explica por qué elegiste la escala para cada eje.

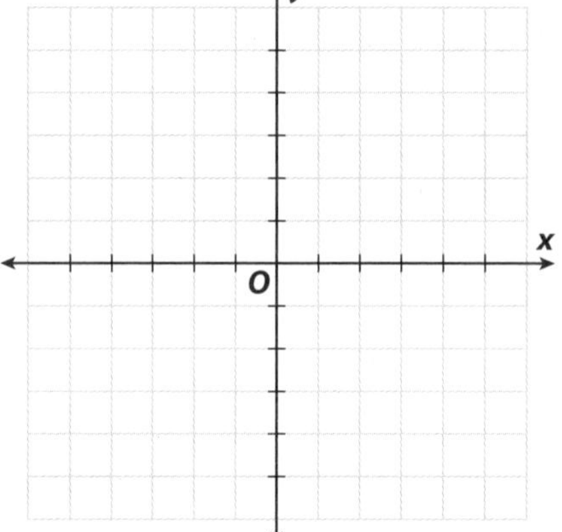

18. Comunica ideas matemáticas Edgar quiere representar el par ordenado $(1.8, -1.2)$ en un plano cartesiano. En cada eje, un cuadrito equivale a 0.1. Si Edgar comienza en el origen, ¿cómo hallaría $(1.8, -1.2)$?

19. Representa problemas de la vida real Zach representa algunos pares ordenados en el plano cartesiano. Los valores de x de los pares ordenados representan el número de horas desde el mediodía y los valores de y representan la temperatura a esa hora.

a. ¿En qué cuadrantes puede representar puntos Zach? Explica tu razonamiento.

b. ¿En qué parte del mundo y en qué época del año puede Zach recoger datos que queden representados en el cuadrante IV?

LECCIÓN 12.2

Variables independientes y dependientes en tablas y gráficas

 6.EE.9

Use variables to represent two quantities in a real-world problem that change in relationship to one another; . . . Analyze the relationship between the dependent and independent variables. . . .

PREGUNTA ESENCIAL

¿Cómo puedes identificar cantidades independientes y dependientes en tablas y gráficas?

ACTIVIDAD PARA EXPLORAR 1   6.EE.9

Identificar cantidades independientes y dependientes en una tabla

En muchas situaciones de la vida real aparecen dos cantidades variables en las que una depende de la otra. La cantidad que depende de otra cantidad se llama **variable dependiente** y la cantidad de la que depende se llama **variable independiente**.

Un tren de carga se mueve a una velocidad constante. En la tabla se muestra la distancia *y* en millas que el tren recorre después de *x* horas.

Tiempo *x* (h)	0	1	2	3
Distancia *y* (mi)	0	50	100	150

A ¿Cuáles son las dos cantidades en esta situación?

____

¿Cuál de estas cantidades depende de la otra?

____

¿Cuál es la variable independiente? ____________________

¿Cuál es la variable dependiente? ____________________

B ¿Qué distancia recorre el tren cada hora? ____________________

La relación entre la distancia recorrida por el tren y el tiempo en horas se puede representar en una ecuación con dos variables.

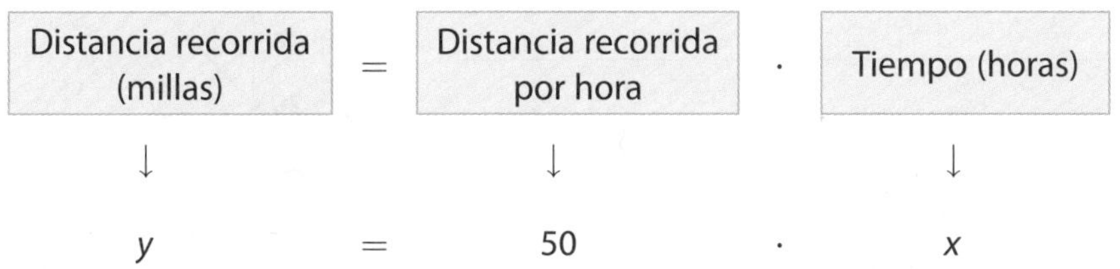

Reflexiona

1. **Analiza las relaciones** Describe cómo se relaciona el valor de la variable independiente con el valor de la variable dependiente. ¿Es la relación aditiva o multiplicativa?

____

2. ¿Cuáles son las unidades de la variable independiente y la dependiente?

____

____

3. En esta ecuación se usa una tasa. ¿Cuál es la tasa?

____

ACTIVIDAD PARA EXPLORAR 2 

6.EE.9

Identificar variables independientes y dependientes en una gráfica

En la Actividad para explorar 1 representaste la relación entre una variable independiente (tiempo) y una dependiente (distancia). También puedes representar esta relación con una gráfica.

Una maestra de arte tiene 20 libras de arcilla pero quiere comprar más para su clase. En la gráfica se muestra la cantidad de arcilla *x* que compró la maestra y la cantidad de arcilla *y* disponible para la clase.

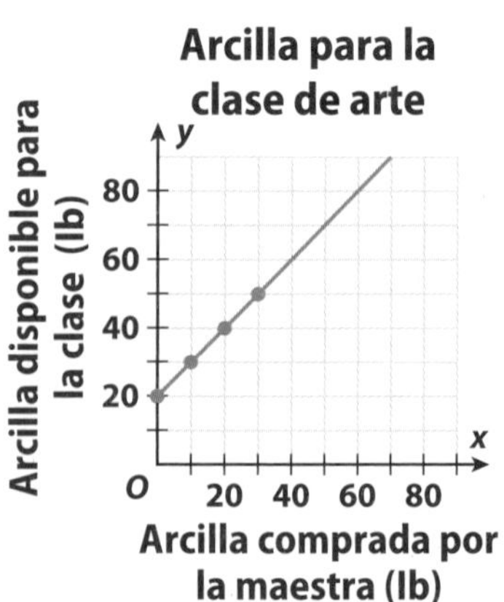

A Si la maestra compra otras 10 libras de arcilla, ¿cuántas libras de arcilla habrá para la clase? ____________ lb

Si la clase de arte tiene un total de 50 libras disponibles, ¿cuántas libras de arcilla compró la maestra?

¿Cómo puedes calcular esta información en la gráfica?

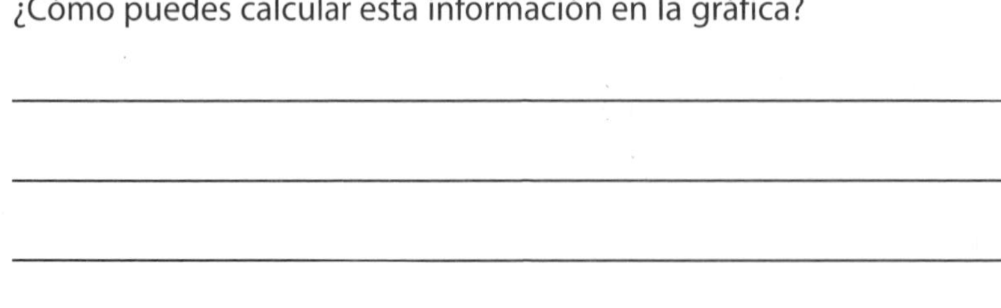

B ¿Cuáles son las dos cantidades en esta situación?

____

____

¿Cuál de estas cantidades depende de la otra?

____

____

¿Cuál es la variable independiente? ______________________

¿Cuál es la variable dependiente? ______________________

C La relación entre la cantidad de arcilla que compró la maestra y la cantidad de arcilla que hay para la clase se puede representar con dos variables en una ecuación.

Cantidad de arcilla que hay (libras)	=	Cantidad original de arcilla (libras)	+	Cantidad de arcilla comprada (libras)
↓		↓		↓
y	=	20	+	x

D Describe en palabras cómo se relaciona el valor de la variable independiente con el valor de la variable dependiente.

____

____

Reflexiona

4. En esta situación se usan las mismas unidades para las variables independiente y dependiente. ¿Cómo se diferencia de la situación con el tren en la primera Actividad para explorar?

____

____

5. **Analiza las relaciones** Di si la relación entre la variable independiente y la variable dependiente es una relación multiplicativa o aditiva.

____

6. ¿Cuáles son las unidades de la variable independiente y cuáles son las unidades de la variable dependiente?

variable independiente: ____________; variable dependiente: ____________

Describir relaciones entre variables independientes y dependientes

Si piensas cómo una cantidad depende de otra, puedes identificar qué cantidad es la variable independiente y qué cantidad es la variable dependiente. En una gráfica la variable independiente generalmente se muestra en el eje horizontal y la variable dependiente en el eje vertical.

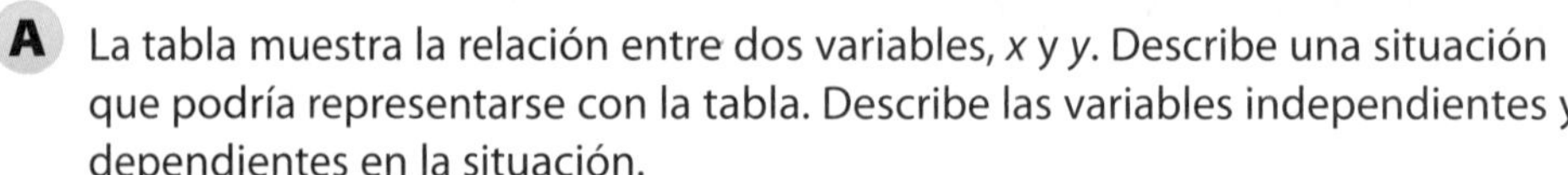

EJEMPLO 1

6.EE.9

A La tabla muestra la relación entre dos variables, x y y. Describe una situación que podría representarse con la tabla. Describe las variables independientes y dependientes en la situación.

Variable independiente, *x*	0	1	2	3
Variable dependiente, *y*	10	11	12	13

A medida que x aumenta en 1, y aumenta en 1. La relación es aditiva. El valor de y es siempre 10 unidades mayor que el valor de x.

La tabla podría representar los ahorros de Jina si comienza con \$10 y agrega \$1 a los ahorros cada día.

La variable independiente, x, es el número de días que Jina agregó dinero a sus ahorros.

La variable dependiente, y, son sus ahorros después de x días.

B La gráfica muestra la relación entre dos variables. Describe una situación posible que podría representarse con la gráfica. Describe las variables independiente y dependiente.

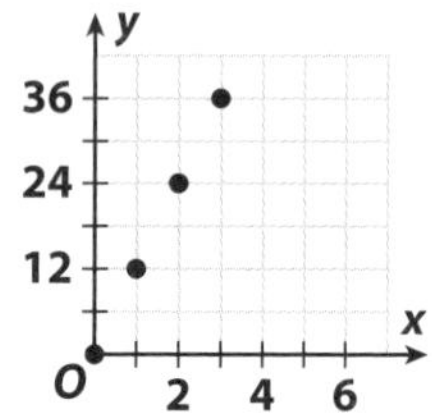

A medida que x aumenta en 1, y aumenta en 12. La relación es multiplicativa. El valor de y es siempre 12 veces el valor de x.

La tabla podría representar el número de huevos en cartones de 12 huevos cada uno.

La variable independiente, x, es el número de cartones.

La variable dependiente, y, es el número total de huevos.

Reflexiona

7. ¿Qué otras situaciones podrían representar la tabla y la gráfica de los ejemplos?

____

____

____

____

____

ES TU TURNO

Describe valores de la vida real que podrían representarse con las variables. Describe la relación entre las variables independiente y dependiente.

8.

x	0	1	2	3
y	15	16	17	18

9.

x	0	1	2	3	4
y	0	16	32	48	64

10.

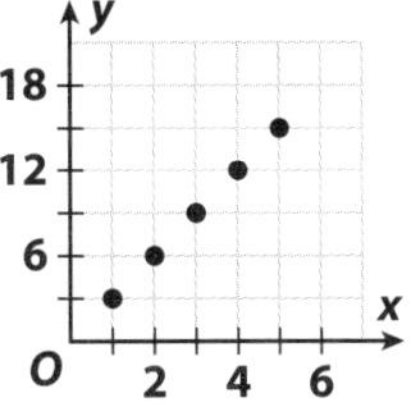

Práctica con supervisión

1. Una tienda de alquiler de botes alquila botes de remos por una tarifa fija más un costo adicional por hora. En la tabla se muestra el costo por alquilar durante diferentes números de horas.

Tiempo (horas)	0	1	2	3
Costo ($)	10	11	12	13

¿Cuál es la variable independiente y cuál es la variable dependiente? ¿Cómo lo sabes? (Actividad para explorar 1)

____

____

____

2. Un carro viaja a una tasa constante de 60 millas por hora. (Actividad para explorar 1)

Tiempo *x* (h)	0	1	2	3
Distancia *y* (mi)				

a. Completa la tabla.

b. ¿Cuál es la variable independiente y cuál es la variable dependiente?

____

____

c. Describe la relación entre el valor de la variable independiente con el valor de la variable dependiente.

____

Responde las preguntas con la gráfica.

3. Describe en palabras cómo se relaciona el valor de la variable independiente con el valor de la variable dependiente. (Actividad para explorar 2)

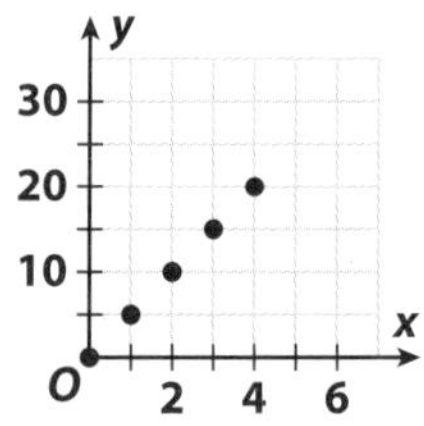

____

____

4. Describe una situación de la vida real que podría representarse con la gráfica. (Ejemplo 1)

____

____

ÉNFASIS EN LA PREGUNTA ESENCIAL

5. ¿Cómo puedes identificar la variable independiente y la variable dependiente en una situación de la vida real representada en una gráfica?

____

____

____

Nombre ______________________ Clase ______________ Fecha ______________

12.2 Práctica independiente

6.EE.9

6. La gráfica muestra la relación entre las horas que entrenó un equipo de fútbol después de comenzar la temporada y el tiempo total de entrenamiento en todo el año.

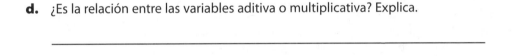

Tiempo total de entrenamiento en el año (horas)

Tiempo de entrenamiento durante la temporada (horas)

a. ¿Cuántas horas se entrenó el equipo antes de que comenzara la temporada?

____

b. ¿Cuáles son las dos cantidades en esta situación?

____

____

c. ¿Cuál es la variable independiente y cuál es la variable dependiente?

____

____

d. ¿Es la relación entre las variables aditiva o multiplicativa? Explica.

____

____

e. **Analiza las relaciones** Describe en palabras la relación entre las cantidades.

____

____

7. **Varios pasos** Teresa compra marcadores brillantes para poner en bolsas de regalos. La tabla muestra la relación entre el número de bolsas de regalos y el número de marcadores que debe comprar.

Número de bolsas de regalos, *x*	0	1	2	3
Número de marcadores, *y*	0	5	10	15

a. ¿Cuál es la variable dependiente? ______________________________

b. ¿Cuál es la variable independiente? ______________________________

c. ¿Es la relación aditiva o multiplicativa? Explica.

____

____

d. Describe en palabras la relación entre las cantidades.

____

8. Ty tomó prestados $500 de sus padres. La gráfica muestra cuánto les debe cada mes si les devuelve cierta cantidad mensualmente.

Pagos del préstamo de Ty

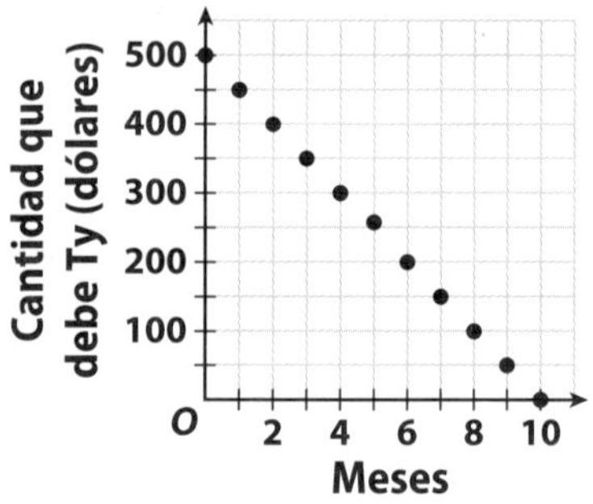

a. Describe la relación entre el número de meses y la cantidad que debe Ty. Identifica una variable independiente y una dependiente y explica tu razonamiento.

____

____

____

____

____

____

b. ¿Cuánto tardará Ty en devolver todo el dinero a sus padres?

____

H.O.T. ENFOQUE EN ALTA CAPACIDAD DE RAZONAMIENTO

Área de trabajo

9. Análisis de errores Una tienda de descuentos tiene una oferta: 8 latas de jugo por un dólar. Un cliente decide que, como el número de latas compradas es 8 veces el número de dólares gastados, el costo es la variable independiente y el número de latas es la variable dependiente. ¿Estás de acuerdo? Explica.

____

____

____

____

____

10. Analiza las relaciones Ofrece un ejemplo de una relación de la vida real donde no haya una variable independiente y dependiente muy clara. Explica.

____

____

____

____

____

____

LECCIÓN 12.3

Escribir ecuaciones a partir de tablas

ESTÁNDARES COMUNES 6.EE.9

. . . write an equation to express one quantity, thought of as the dependent variable, in terms of the other quantity, thought of as the independent variable. . . .

PREGUNTA ESENCIAL

¿Cómo puedes mostrar una relación entre dos variables con una ecuación?

ESTÁNDARES COMUNES 6.EE.9

Escribir una ecuación para representar una relación de la vida real

En muchas situaciones de la vida real aparecen dos cantidades variables en las que una depende de la otra. Este tipo de relación se puede representar en una tabla. También puedes representarla en una ecuación.

En la tabla se muestra cuánto gana Armando por pasear 1, 2 ó 3 perros. Determina cuánto gana Armando por perro a partir de la tabla. Luego escribe una ecuación que represente la relación entre el número de perros que pasea y las ganancias. Completa la tabla con la ecuación.

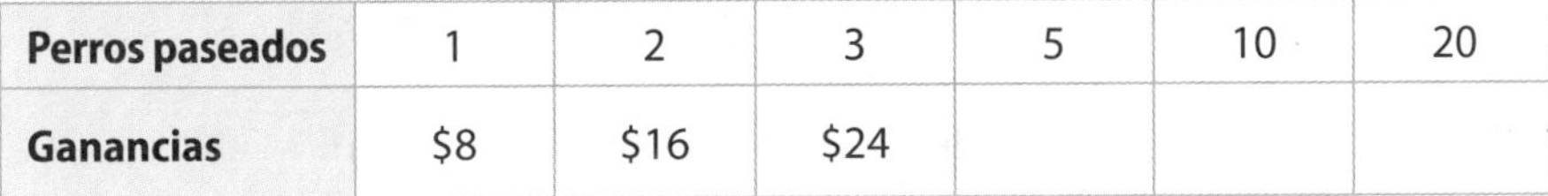

Perros paseados	1	2	3	5	10	20
Ganancias	\$8	\$16	\$24			

Por 1 perro Armando gana $1 \cdot 8 = \$8$. Por 2 perros gana $2 \cdot 8 = \$16$.

A Compara el número de perros que pasea y sus ganancias en cada columna. ¿Cuál es el patrón?

____

____

B Según el patrón, Armando gana \$ _______ por cada perro que pasea.

C Escribe una ecuación que relacione el número de perros que pasea Armando con sus ganancias. Sea *g* las ganancias y *p* los perros.

____

D Completa la tabla para 5, 10 y 20 perros con la ecuación.

E Las ganancias de Armando dependen de ______________________________.

Reflexiona

1. **¿Qué pasa si..?** Si Armando cambia la cantidad que cobra por perro a \$11, ¿qué ecuación puedes escribir para representar la relación entre el número de perros y las ganancias? ______________________________

Escribir una ecuación a partir de una tabla

La relación entre dos variables donde una variable depende de la otra se puede representar en una tabla o con una ecuación. Una ecuación expresa la variable dependiente en términos de la variable independiente.

Cuando no se trata de una situación de la vida real, generalmente decimos que x es la variable independiente y que y es la variable dependiente. El valor de y depende del valor de x.

EJEMPLO 1

ESTÁNDARES COMUNES 6.EE.9

Escribe una ecuación que exprese *y* en términos de *x*.

A

x	1	2	3	4	5
y	0.5	1	1.5	2	2.5

PASO 1 Compara los valores de x y de y para hallar un patrón.

Cada valor de y es $\frac{1}{2}$ o 0.5 veces el valor de x correspondiente.

PASO 2 Escribe una ecuación que exprese y en términos de x con el patrón.

$y = 0.5x$

B

x	2	4	6	8	10
y	5	7	9	11	13

PASO 1 Compara los valores de x y de y para hallar un patrón.

Cada valor de y es 3 más que el valor de x correspondiente.

PASO 2 Escribe una ecuación que exprese y en términos de x con el patrón.

$y = x + 3$

¿Cómo puedes comprobar que tus ecuaciones son correctas?

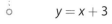

ES TU TURNO

Escribe una ecuación que exprese *y* en términos de *x* para cada tabla.

2.

x	12	11	10
y	10	9	8

____

3.

x	10	12	14
y	25	30	35

____

4.

x	5	4	3
y	10	9	8

____

5.

x	0	1	2
y	0	2	4

____

Usar tablas y ecuaciones para resolver problemas

Puedes resolver problemas de la vida real usando tablas y ecuaciones.

EJEMPLO 2

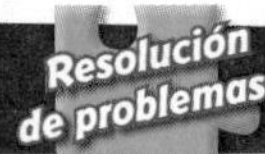

ESTÁNDARES COMUNES 6.EE.9

Un cierto porcentaje del precio de venta de los cuadros en una galería se donará a la beneficencia. La donación será de $50 si el cuadro se vende por $200. Si se vende por $300 la donación será de $75. Calcula la cantidad de la donación si un cuadro se vende por $1,200.

Analiza la información

Sabes la cantidad de la donación para un precio de venta de $200 y $300. Debes calcular la cantidad de la donación si el cuadro se vende por $1,200.

Formula un plan

Puedes hacer una tabla como ayuda para determinar la relación entre el precio de venta y la donación. Luego puedes escribir una ecuación que represente la relación. Calcula el valor deconocido de la donación usando la ecuación.

Resuelve

Haz una tabla.

Precio de venta($)	200	300
Donación ($)	50	75

$\frac{50}{200} = \frac{50 \div 2}{200 \div 2} = \frac{25}{100} = 25\%$ $\quad$ $\frac{75}{300} = \frac{75 \div 3}{300 \div 3} = \frac{25}{100} = 25\%$

Una forma de determinar la relación entre el precio de venta y la donación es calcular el porcentaje.

Escribe una ecuación. Sea p el precio de venta del cuadro. Sea d la donación a la beneficencia.

La cantidad de la donación es igual al 25% del precio de venta.

$d = 0.25 \cdot p$

p es la variable independiente; su valor no depende de ningún otro valor. d es la variable dependiente; su valor depende del precio del cuadro.

Calcula la donación si el precio de venta es de $1,200.

$d = 0.25 \cdot p$

$d = 0.25 \cdot 1{,}200$ — Reemplaza $1,200 por el precio de venta del cuadro.

$d = 300$ — Simplifica para calcular la cantidad de la donación.

Cuando el precio de venta es de $1,200 la donación a la beneficencia es de $300.

Justifica y evalúa

Reemplaza los valores de la tabla para p y d para comprobar que haya soluciones para la ecuación $d = 0.25 \cdot p$. Luego reemplaza d y calcula el valor de p para comprobar tu respuesta.

$d = 0.25 \cdot p$
$d = 0.25 \cdot 200$
$d = 50$ ✓

$d = 0.25 \cdot p$
$d = 0.25 \cdot 300$
$d = 75$ ✓

$d = 0.25 \cdot p$
$300 = 0.25 \cdot p$
$p = 1{,}200$ ✓

ES TU TURNO

6. Cuando Ryan tenga 10 años, su hermano Kyle tendrá 15. Cuando Ryan tenga 16, Kyle tendrá 21. Cuando Ryan tenga 21, Kyle tendrá 26. Escribe y resuelve una ecuación para averiguar la edad de Kyle cuando Ryan tenga 52.

____

Práctica con supervisión

Escribe una ecuación que exprese *y* en términos de *x*. (Actividad para explorar, Ejemplo 1)

1.

x	10	20	30	40
y	6	16	26	36

____

2.

x	0	1	2	3
y	0	4	8	12

____

3.

x	4	6	8	10
y	7	9	11	13

____

4.

x	12	24	36	48
y	2	4	6	8

____

5. Jameson descargó una canción digital por $1.35, dos canciones por $2.70 y 5 canciones por $6.75. Escribe y resuelve una ecuación para calcular el costo de descargar 25 canciones. (Ejemplo 2)

Canciones descargadas	1	2	5	10
Costo total ($)	1.35			

Número de canciones = *n*; Costo = _______________

El costo total de 25 canciones es _______________

ÉNFASIS EN LA PREGUNTA ESENCIAL

6. Explica cómo usar una tabla para escribir una ecuación que represente la relación en la tabla.

____

____

12.3 Práctica independiente

6.EE.9

7. **Vocabulario** ¿Qué significa que una ecuación exprese y en términos de x?

______

______

______

8. La longitud de un rectángulo es 2 pulgadas más que el doble de su ancho.

Escribe una ecuación que relacione la longitud l del rectángulo con su ancho a.

______

9. **Busca un patrón** Compara los valores de y en la tabla con sus valores de x correspondientes. ¿Qué patrón ves? ¿Cómo escribes una ecuación que represente la relación entre los valores x y y con este patrón?

x	20	24	28	32
y	5	6	7	8

______

______

10. **Explica el error** Una estudiante representó la relación de la tabla con la ecuación $x = 4y$. Explica el error de la estudiante. Escribe una ecuación que represente la relación correctamente.

x	2	4	6	8
y	8	16	24	32

______

______

11. **Varios pasos** Marvin gana $8.25 por hora en su trabajo de verano. Quiere comprar un sistema de videojuegos que cuesta $206.25.

    a. Escribe una ecuación que represente la relación entre el número de horas trabajadas h y la cantidad ganada g.

    ______

    b. Resuelve tu ecuación para calcular el número de horas que debe trabajar Marvin para poder comprar el sistema.

    ______

12. Comunica ideas matemáticas Por cada hora que estudia Noah, la calificación de su examen sube 3 puntos. Explica cuál es la variable independiente y cuál es la variable dependiente. Escribe una ecuación que represente la relación entre las horas que estudia h y el aumento en la calificación del examen de Noah p.

____

____

____

H.O.T. ENFOQUE EN ALTA CAPACIDAD DE RAZONAMIENTO

Área de trabajo

13. Haz una conjetura Compara los valores de x y de y en la tabla. Determina si hay una relación aditiva o multiplicativa entre x y y. Si es posible, escribe una ecuación que represente la relación. Si no, explica por qué.

x	1	3	5	7
y	3	6	8	21

____

____

14. Representa problemas de la vida real Describe una situación de la vida real donde haya una relación aditiva o multiplicativa entre dos cantidades. Haz una tabla que incluya por lo menos tres pares de valores. Luego escribe una ecuación que represente la relación entre las cantidades.

____

____

____

15. Razonamiento crítico Georgia sabe que entre x y y hay una relación aditiva o multiplicativa. Ella solo sabe un par de valores de datos. Explica si Georgia tiene suficiente información para escribir una ecuación que represente la relación entre x y y.

____

____

____

____

LECCIÓN 12.4

Representar relaciones algebraicas en tablas y gráficas

ESTÁNDARES COMUNES 6.EE.9

...Analyze the relationship between independent and dependent variables using graphs and tables....

PREGUNTA ESENCIAL

¿Cómo puedes representar relaciones algebraicas usando descripciones verbales, tablas y gráficas?

ACTIVIDAD PARA EXPLORAR 1 

6.EE.9

Representar relaciones algebraicas

Angie camina a 5 kilómetros por hora y May camina a 4 kilómetros por hora. Muestra cómo la distancia que camina cada niña está relacionada con el tiempo.

A Haz una tabla para comparar el tiempo y la distancia para cada niña.

Tiempo (h)	0	1	2	3	4
Distancia de Angie (km)	0	5	10		

Por cada hora que camina, Angie recorre 5 km.

Tiempo (h)	0	1	2	3	4
Distancia de May (km)	0	4	8		

Por cada hora que camina, May recorre 4 km.

B Haz una gráfica que demuestre cómo la distancia *y* depende del tiempo *x* para cada niña. Representa los puntos de la tabla y conéctalos con una recta. Escribe una ecuación para cada niña que relacione la distancia *y* con el tiempo *x*.

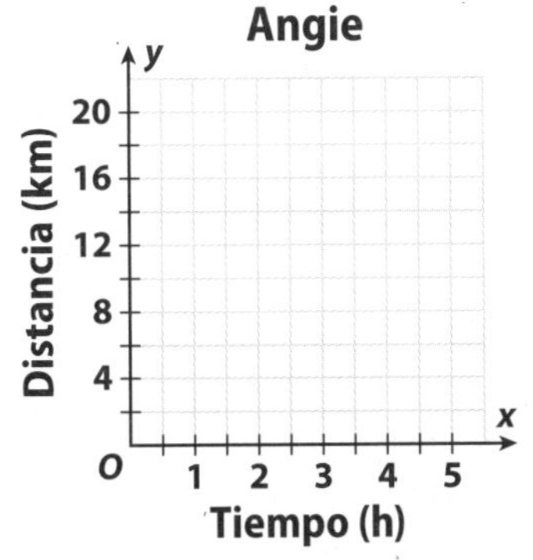

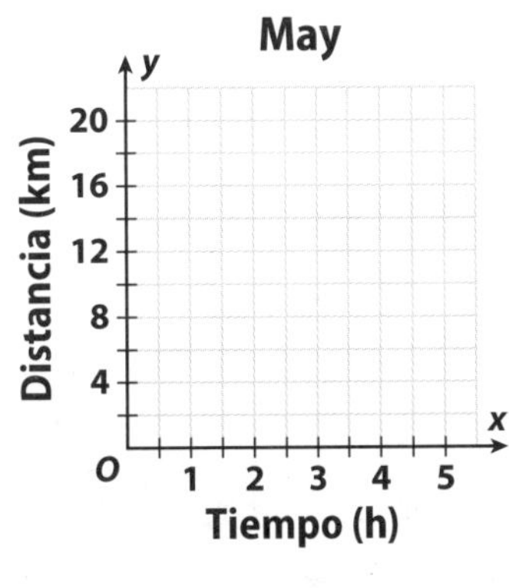

Ecuación de Angie __________ Ecuación de May __________

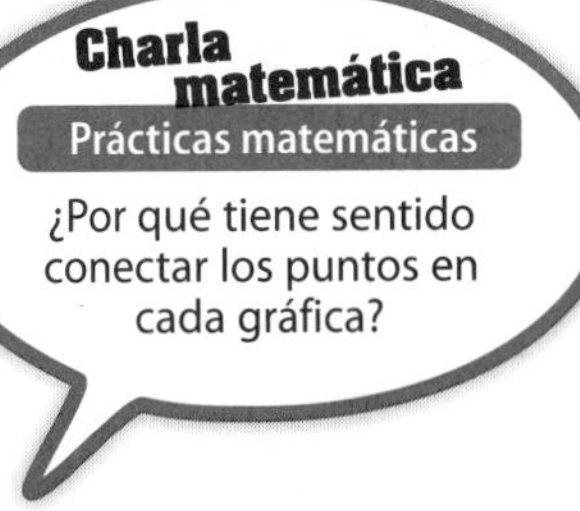

Charla matemática
Prácticas matemáticas
¿Por qué tiene sentido conectar los puntos en cada gráfica?

Reflexiona

1. **Analiza las relaciones** ¿Cómo puedes determinar qué niña camina más rápido usando una tabla? ¿Cómo puedes hacerlo con gráficas?

____

____

ACTIVIDAD PARA EXPLORAR 2  ESTÁNDARES COMUNES 6.EE.9

Escribir una ecuación a partir de una gráfica

Cherise paga la entrada para visitar un museo y luego compra recuerdos en la tienda del museo. La gráfica muestra la relación entre la cantidad total que ella gasta en el museo y la cantidad que gasta en la tienda. Escribe una ecuación que represente la relación.

A Lee los pares ordenados de la gráfica y completa una tabla que compare el total gastado *y* con la cantidad que gastó en la tienda *x*.

Cantidad gastada en la tienda ($)	0	5	10	15	
Cantidad total ($)	5	10			

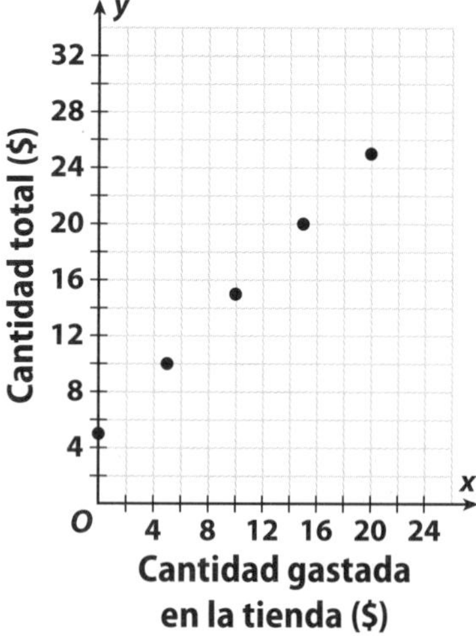

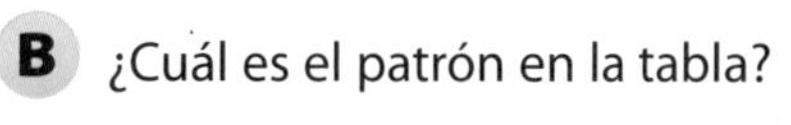

B ¿Cuál es el patrón en la tabla?

____

____

____

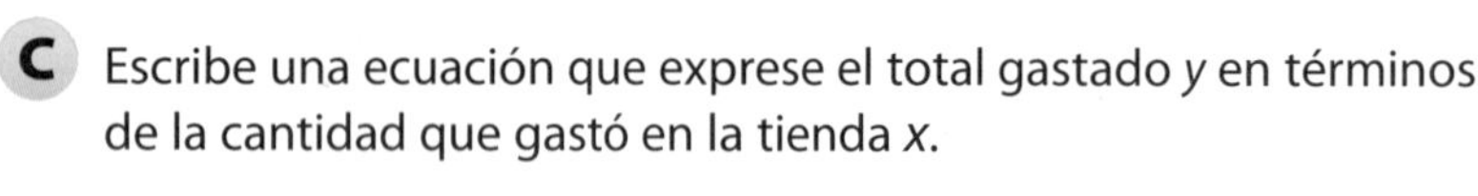

C Escribe una ecuación que exprese el total gastado *y* en términos de la cantidad que gastó en la tienda *x*.

____

Reflexiona

2. **Comunica ideas matemáticas** Identifica las cantidades independiente y dependiente en esta situación.

____

____

____

3. **Representaciones múltiples** Dibuja una recta a través de los puntos en la gráfica. Calcula el punto que representa los $18 que gasta Cherise en la tienda. A partir de este punto calcula el total que gastaría si gastó $18 en la tienda. Luego usa la ecuación en **C** para comprobar la respuesta.

____

____

Hacer una gráfica de una ecuación

Un par ordenado que hace verdadera una ecuación como $x = y + 1$ se llama una **solución** para la ecuación. La gráfica de una ecuación representa todos los pares ordenados que son soluciones.

Matemáticas al instante
my.hrw.com

EJEMPLO 1

ESTÁNDARES COMUNES 6.EE.9

Haz una gráfica de cada ecuación.

A $y = x + 1$

PASO 1 Haz una tabla de valores. Elige algunos valores para x y calcula los valores correspondientes de y usando la ecuación.

PASO 2 Representa los pares ordenados de la tabla.

PASO 3 Traza una recta a través de los puntos en la gráfica para representar todas las soluciones de pares ordenados de la ecuación.

x	$x + 1 = y$	(x, y)
1	$1 + 1 = 2$	(1, 2)
2	$2 + 1 = 3$	(2, 3)
3	$3 + 1 = 4$	(3, 4)
4	$4 + 1 = 5$	(4, 5)
5	$5 + 1 = 6$	(5, 6)

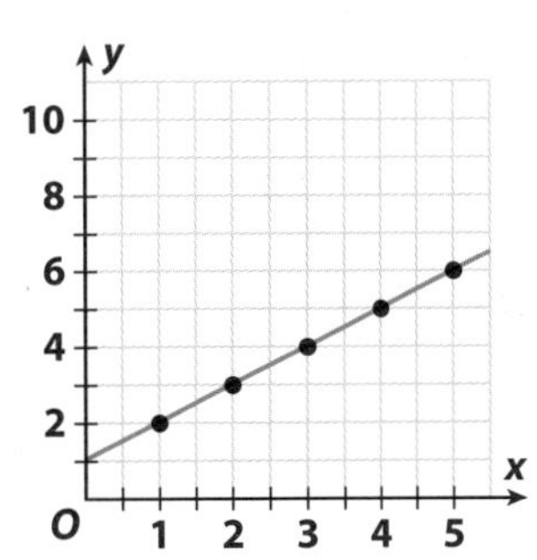

Charla matemática
Prácticas matemáticas
¿Es el par ordenado (3.5, 4.5) una solución para la ecuación $y = x + 1$? Explica.

B $y = 2x$

PASO 1 Haz una tabla de valores. Elige algunos valores para x y calcula los valores correspondientes de y usando la ecuación.

PASO 2 Representa los pares ordenados de la tabla.

PASO 3 Traza una recta a través de los puntos en la gráfica para representar todas las soluciones de pares ordenados de la ecuación.

x	$2x = y$	(x, y)
1	$2 \times 1 = 2$	(1, 2)
2	$2 \times 2 = 4$	(2, 4)
3	$2 \times 3 = 6$	(3, 6)
4	$2 \times 4 = 8$	(4, 8)
5	$2 \times 5 = 10$	(5, 10)

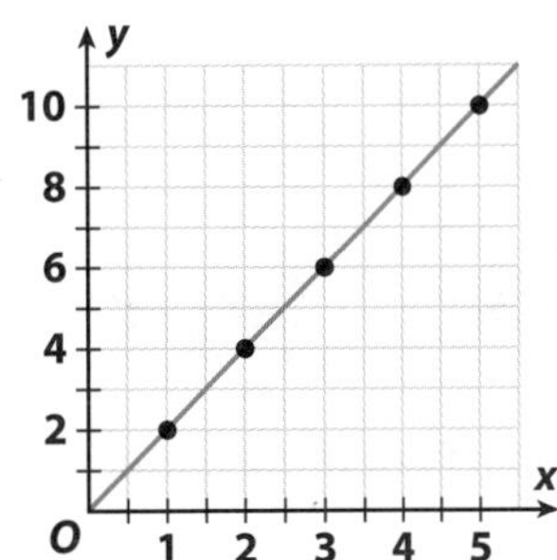

ES TU TURNO

4. **Haz una gráfica de $y = x + 2.5$.**

x	$x + 2.5 = y$	(x, y)

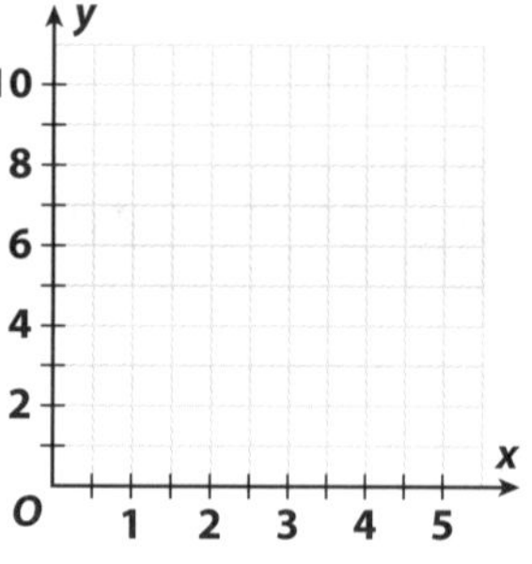

Práctica con supervisión

Frank corta el césped en el verano para ganar dinero adicional. Puede cortar 3 zonas de césped por hora de trabajo. (Actividad para explorar 1 y Actividad para explorar 2)

1. Haz una tabla que muestre la relación entre el número de horas que trabaja Frank, x, y el número de zonas de césped, y, que corta. Haz una gráfica de la relación y escribe una ecuación. Rotula los ejes de la gráfica.

Horas de trabajo	Céspedes cortados
0	
1	

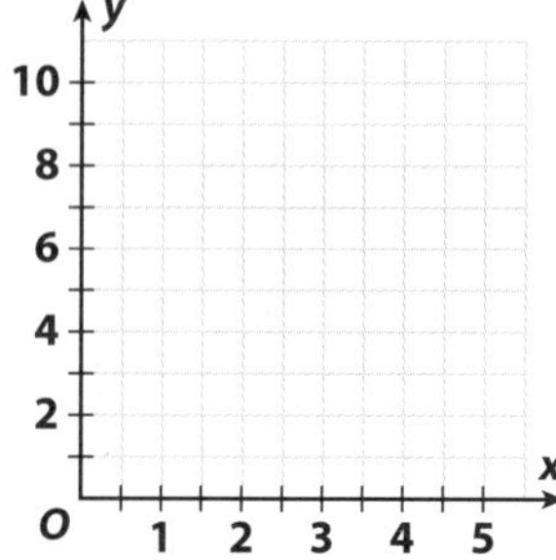

____

Haz una gráfica de $y = 1.5x$. (Ejemplo 1)

2. Haz una tabla que represente la relación.

x				
y				

3. Representa los puntos y traza una recta a través de ellos.

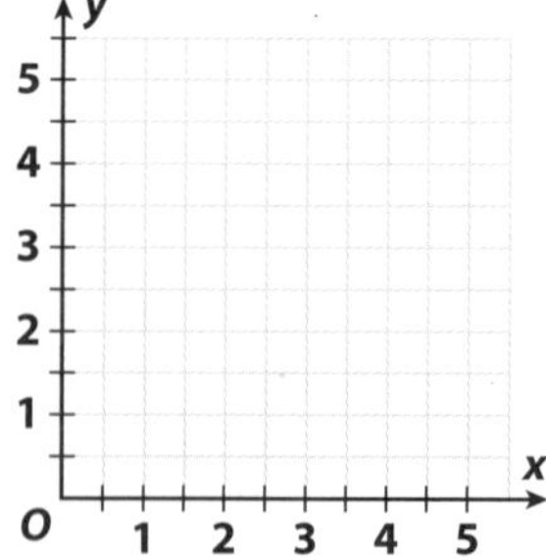

ÉNFASIS EN LA PREGUNTA ESENCIAL

4. ¿Cómo puedes usar una tabla para representar una relación algebraica entre dos variables?

____

____

Nombre ____________ Clase ____________ Fecha ____________

12.4 Práctica independiente

6.EE.9

Los estudiantes de la escuela intermedia Mills deben trabajar cierto número de horas en servicios comunitarios. La tabla muestra el número de horas adicionales que trabajaron varios estudiantes lo mismo que el total de horas trabajadas.

5. Lee los pares ordenados de la gráfica para hacer una tabla.

Horas adicionales					
Horas totales					

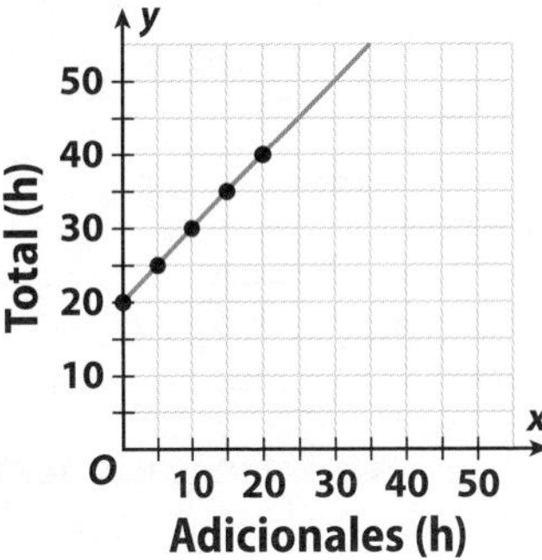

6. Escribe una ecuación que exprese el total de horas en términos de las horas adicionales.

____

7. **Analiza las relaciones** ¿Cuántas horas deben trabajar los estudiantes en servicios comunitarios? Explica.

____

____

____

Beth lee un mapa. Sea *x* la distancia en centímetros en el mapa. Para calcular la distancia real *y* en kilómetros, Beth usa la ecuación $y = 8x$.

8. Haz una tabla que compare la distancia en el mapa con la distancia real.

Distancia en el mapa (cm)					
Distancia real (km)					

9. Haz una gráfica que compare la distancia en el mapa con la distancia real. Rotula los ejes de la gráfica.

10. **Razonamiento crítico** La distancia real entre el pueblo A y el pueblo B es de 64 kilómetros. ¿Cuál es la distancia en el mapa de Beth? ¿Calculaste la respuesta a partir de la gráfica o la ecuación? ¿Por qué?

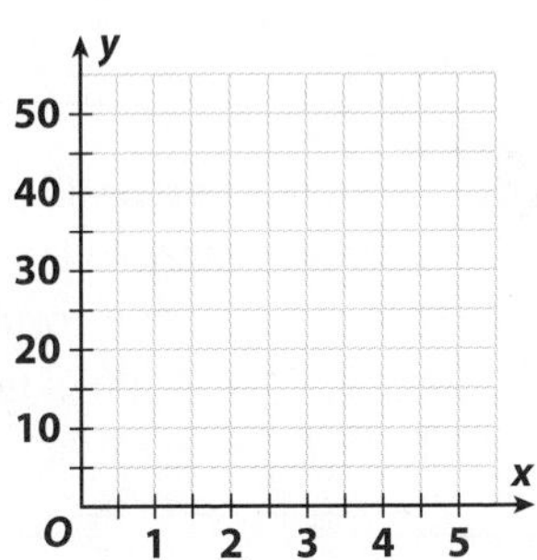

____

____

____

____

11. **Varios pasos** La ecuación $y = 9x$ representa el precio total y de x boletos de cine. Rotula los ejes de la gráfica.

a. Haz una tabla y una gráfica que representen la relación entre x y y.

Número de boletos, x					
Precio total ($), y					

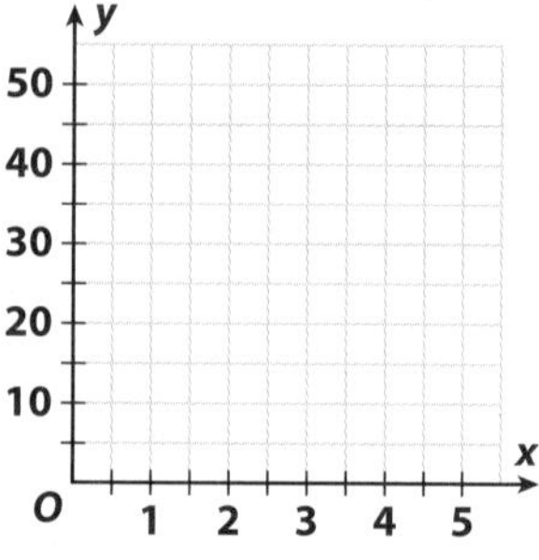

b. **Razonamiento crítico** En esta situación, ¿qué cantidad es dependiente y cuál es independiente? Justifica tu respuesta.

____

____

____

c. **Representaciones múltiples** Ocho amigos quieren ir a ver una película. ¿Preferirías hallar el precio de 8 boletos de cine con una ecuación, una tabla o una gráfica? Explica cómo averiguarías el precio con el método que escogiste.

____

____

ENFOQUE EN ALTA CAPACIDAD DE RAZONAMIENTO

Área de trabajo

12. **Razonamiento crítico** Piensa cómo serían las gráficas de $y = 5x$ y $y = x + 500$. ¿Qué recta tendría una pendiente más pronunciada? ¿Por qué?

____

____

13. **Persevera en la resolución de problemas** Marcus marcó los puntos (0, 0), (6, 2), (18, 6) y (21, 7) en una gráfica. Escribió una ecuación para la relación. Halla otro par ordenado que podría ser una solución a la ecuación de Marcus. Justifica tu respuesta.

____

____

14. **Analiza el error** El precio de una pizza individual es de $4. Una bebida cuesta $1. Anna escribió la ecuación $y = 4x + 1$ para representar la relación entre el precio total y de comprar x comidas que incluyen una pizza individual y una bebida. Describe el error de Anna y escribe la ecuación correcta.

____

____

¿Listo para seguir?

Evaluación e intervención en línea

my.hrw.com

12.1 Representar gráficamente en un plano cartesiano

Representa los gráficamente en el plano cartesiano.

1. $A(-2, 4)$

2. $B(3, 5)$

3. $C(6, -4)$

4. $D(-3, -5)$

5. $E(7, 2)$

6. $F(-4, 6)$

12.2 Variables independientes y dependientes en tablas y gráficas

7. Jon compró paquetes de bolígrafos por \$5 cada uno. Identifica las variables independiente y dependiente en la situación.

____

12.3 Escribir ecuaciones a partir de tablas

Escribe una ecuación que represente los datos en la tabla.

8.

x	3	5	8	10
y	21	35	56	70

____

9.

x	5	10	15	20
y	17	22	27	32

____

12.4 Representar relaciones algebraicas en tablas y gráficas

Haz una gráfica de cada ecuación.

10. $y = x + 3$

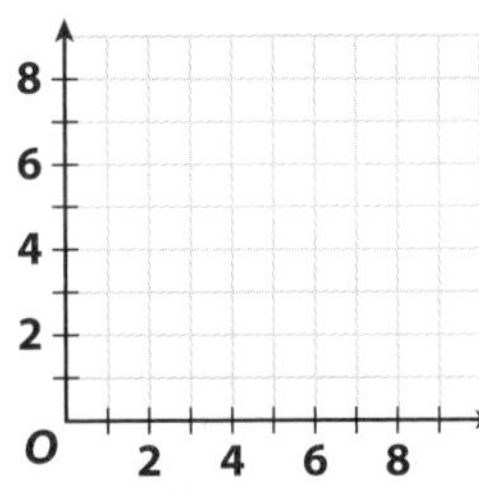

11. $y = 5x$

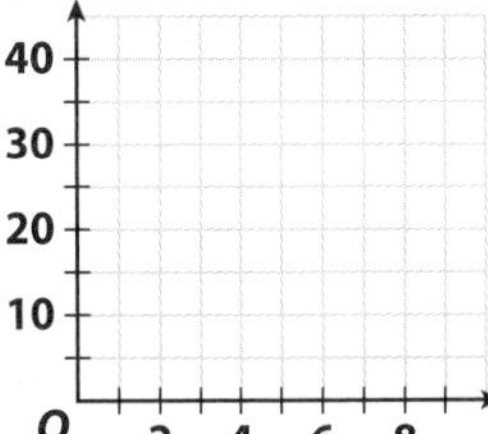

PREGUNTA ESENCIAL

12. ¿Cómo puedes escribir una ecuación en dos variables para resolver un problema?

____

____

MÓDULO 12 REPASO MIXTO

Preparación para la evaluación

Respuesta seleccionada

1. ¿Cuáles son las coordenadas del punto *G* en el plano cartesiano siguiente?

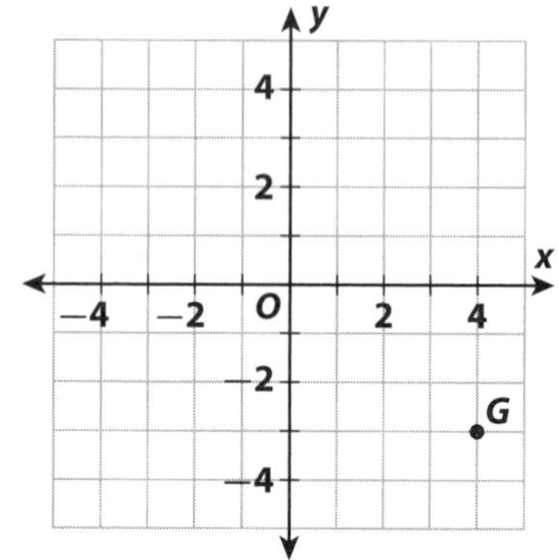

Ⓐ (4, 3) Ⓒ (−4, 3)
Ⓑ (4, −3) Ⓓ (−4, −3)

2. Un punto está ubicado en el cuadrante II de un plano cartesiano. ¿Cuáles de las siguientes podrían ser las coordenadas de ese punto?

Ⓐ (−5, −7) Ⓒ (−5, 7)
Ⓑ (5, 7) Ⓓ (5, −7)

3. Matt tenía 5 libros de la biblioteca. Sacó 1 libro más cada semana sin devolver ninguno. ¿Qué ecuación describe el número de libros que tiene, *y*, después de *x* semanas?

Ⓐ $y = 5x$ Ⓒ $y = 1 + 5x$
Ⓑ $y = 5 - x$ Ⓓ $y = 5 + x$

4. Stewart juega a un videojuego. Gana igual número de puntos por cada premio que captura. Ganó 1,200 puntos por 6 premios, 2,000 puntos por 10 premios y 2,600 puntos por 13 premios. ¿Cuál es la variable dependiente en esta situación?

Ⓐ el número de premios capturados
Ⓑ el número de puntos ganados
Ⓒ el número de horas
Ⓓ el número de premios disponibles

5. ¿Qué punto *no* está en la gráfica de la ecuación $y = 10 + x$?

Ⓐ (0, 10) Ⓒ (8, 2)
Ⓑ (3, 13) Ⓓ (5, 15)

6. Amy cobra por cada hora de trabajo. Su hermana la ayuda. Como se muestra a continuación, Amy le da parte de sus ganancias a su hermana. ¿Qué ecuación representa la paga de Amy cuando su hermana cobra $13?

Paga de Amy en dólares	10	20	30	40
Paga de la hermana en dólares	2	4	6	8

Ⓐ $y = \frac{13}{5}$ Ⓒ $y = 5(13)$
Ⓑ $13 = \frac{x}{5}$ Ⓓ $13 = 5x$

Minitarea

7. La tabla compara las edades, en años, de dos primos.

Edad de Ana, *x*	4	8	12
Edad de Tom, *y*	8	12	16

a. Escribe una ecuación que compare las edades de Tom y Ann.

____

b. Haz una gráfica que represente la ecuación.

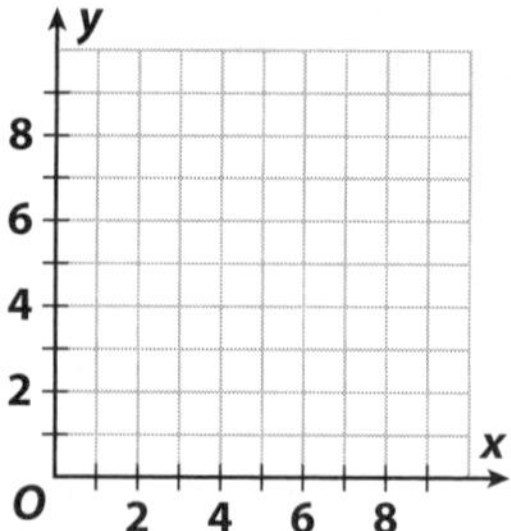

Repaso de la Guía de estudio

MÓDULO 11 Ecuaciones y relaciones

PREGUNTA ESENCIAL

¿Cómo resuelves problemas de la vida real mediante ecuaciones y relaciones?

Vocabulario clave

ecuación *(equation)*

solución *(solution)*

solución de una desigualdad *(solution of an inequality)*

EJEMPLO 1

Determina si el valor dado es una solución de la ecuación.

A. $r - 5 = 17; r = 12$

$12 - 5 \stackrel{?}{=} 17$ Reemplaza.

$7 \neq 17$

12 no es una solución de $r - 5 = 17$.

B. $\frac{x}{6} = 7; x = 42$

$\frac{42}{6} \stackrel{?}{=} 7$ Reemplaza.

$7 = 7$

42 es una solución de $\frac{x}{6} = 7$.

EJEMPLO 2

Resuelve las ecuaciones. Comprueba las respuestas.

A. $y - 12 = 10$

$\underline{+12} \quad \underline{+12}$ Suma 12 a ambos lados.

$y = 22$

Comprueba: $22 - 12 \stackrel{?}{=} 10$ Reemplaza.

$10 = 10$

B. $5p = 30$

$\frac{5p}{5} = \frac{30}{5}$ Divide ambos lados entre 5.

$p = 6$

Comprueba: $5(6) \stackrel{?}{=} 30$ Reemplaza.

$30 = 30$

EJEMPLO 3

Escribe y haz una gráfica de una desigualdad que represente cada situación.

A. En un acuario hay por lo menos 5 galones de agua.

$g \geq 5$

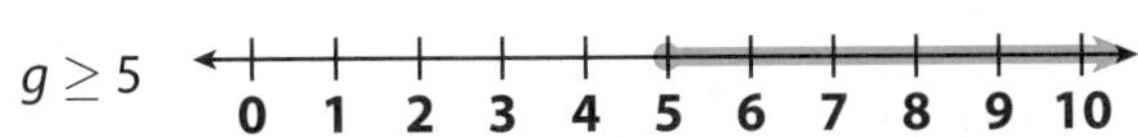

B. La temperatura de hoy será menos de 35 °F.

$t < 35$

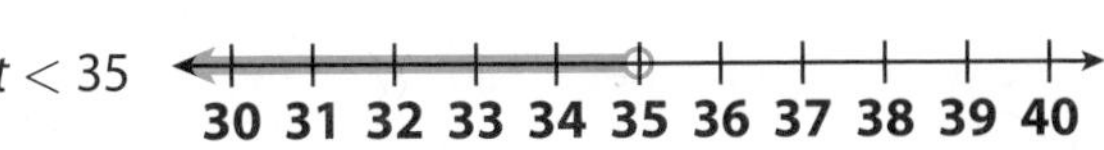

EJERCICIOS

Determina si el valor dado es una solución de la ecuación. (Lección 11.1)

1. $7x = 14; x = 3$ ____________

2. $y + 13 = 17; y = 4$ ____________

Escribe una ecuación que represente la situación. (Lección 11.1)

3. Don tiene tres veces más dinero que su hermano, que tiene $25. ____________

4. Hay e estudiantes en la clase del señor Rodríguez. Hoy hay 6 estudiantes ausentes y 18 estudiantes presentes. ____________________

Resuelve las ecuaciones. Comprueba las respuestas. (Lecciones 11.2, 11.3)

5. $p - 5 = 18$ ____________________

6. $9q = 18.9$ ____________________

7. $3.5 + x = 7$ ____________________

8. $\frac{2}{7} = 2x$ ____________________

9. Sonia pagó $12.50 por un diario nuevo. Le quedan $34.25 en la cuenta de ahorros. ¿Cuánto dinero tenía Sonia antes de comprar el diario? Escribe y resuelve una ecuación para resolver el problema. (Lección 11.2)

____

Escribe y haz una gráfica de una desigualdad para representar cada situación. (Lección 11.4)

10. Las acciones de la compañía valen menos de $2.50 cada una. __________

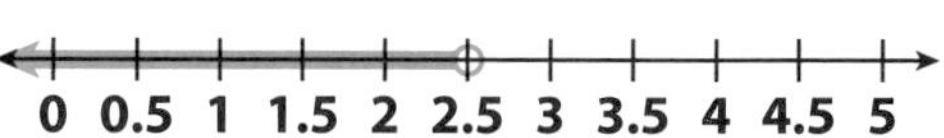

11. Tina se cortó el cabello y aun mide por lo menos 15 pulgadas de longitud. __________

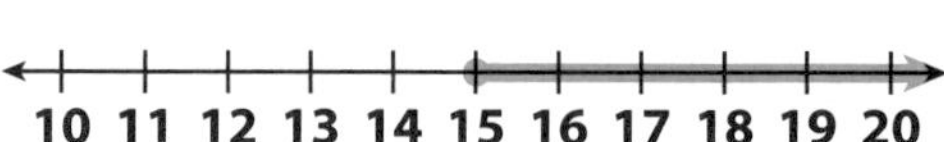

Relaciones en dos variables

Vocabulario clave

coordenadas *(coordinates)*
cuadrantes *(quadrants)*
eje x *(x-axis)*
ejes *(axes)*
origen *(origin)*
par ordenado *(ordered pair)*
plano cartesiano *(coordinate plane)*

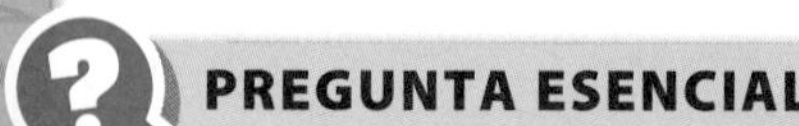

¿Cómo puedes resolver problemas de la vida real con relaciones en dos variables?

EJEMPLO 1

Representa el punto (4, −2) e identifica el cuadrante donde está ubicado.

(4, −2) está ubicado 4 unidades a la derecha del origen y 2 unidades abajo del origen.

(4, −2) está en el cuadrante IV.

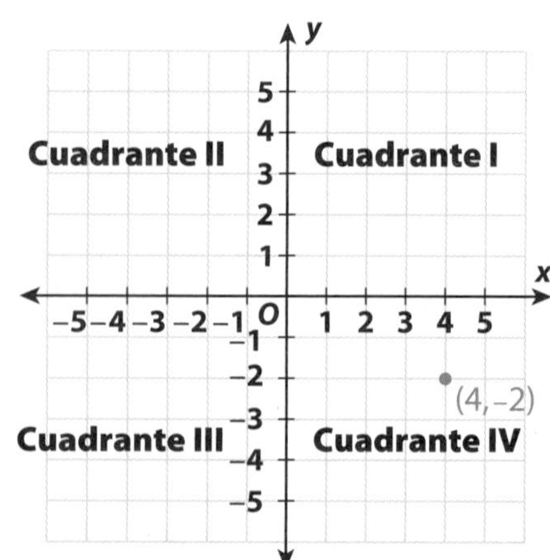

EJEMPLO 2

Tim cobra $8 más que el número de bolsas de cacahuates que vende en el estadio de béisbol. La tabla muestra la relación entre el dinero que gana Tim y el número de bolsas de cacahuates que vende. Identifica las variables dependiente e independiente y escribe una ecuación que represente la relación.

Bolsas de cacahuates, x	0	1	2	3
Dinero obtenido, y	8	9	10	11

El número de bolsas es la variable independiente y el dinero que obtiene es la variable dependiente.

La ecuación $y = x + 8$ expresa la relación entre el número de bolsas que vende Tim y la cantidad que gana.

EJERCICIOS

Haz una gráfica y rotula cada punto en el plano cartesiano. (Lección 12.1)

1. (4, 4)
2. (−3, −1)
3. (−1, 4)

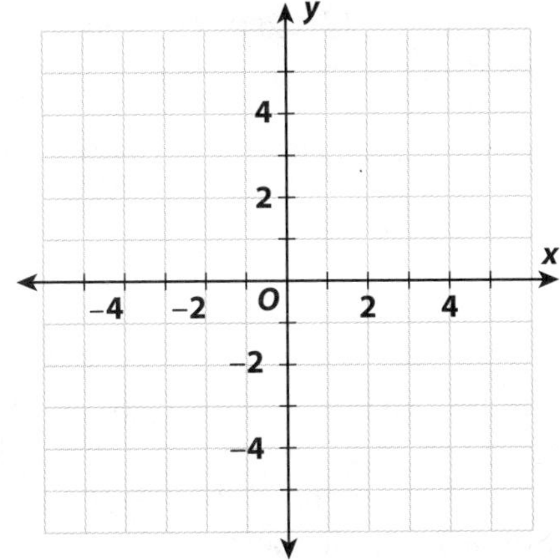

Responde a las preguntas con la gráfica. (Lección 12.2)

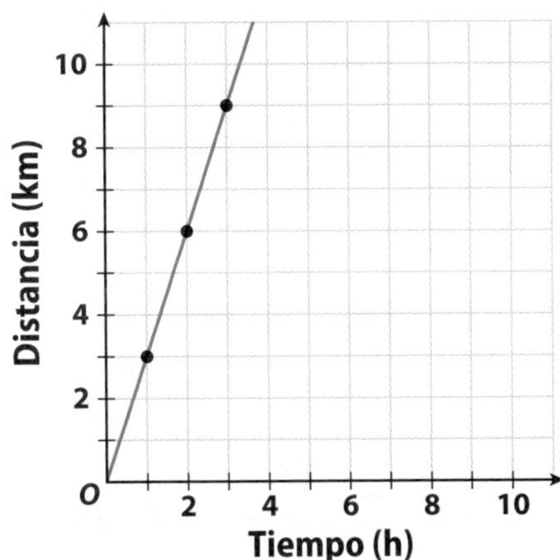

4. ¿Cuál es la variable independiente? __________

5. ¿Cuál es la variable dependiente? __________

6. Describe la relación entre la variable independiente y la dependiente.

____

7. Escribe una ecuación que exprese y en términos de x con los datos en la tabla. Luego haz una gráfica de la ecuación. (Lecciones 12.3, 12.4)

x	0	1	2	3
y	4	5	6	7

____

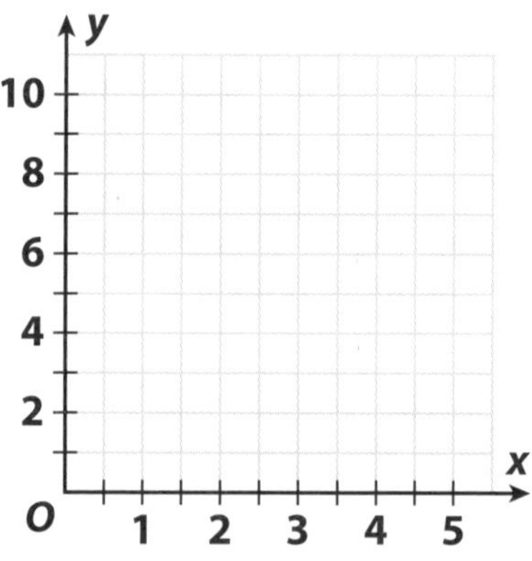

Unidad 5 Tareas de rendimiento

1. PROFESIONES EN MATEMÁTICAS **Botánica** La Dra. Adama es botánica. Ella mide la altura diaria de una variedad particular de girasol conocida como Amarillo Sol, comenzando cuando la planta tiene 60 días. A los 60 días, la planta mide 205 centímetros. La Dra. Adama se da cuenta que la tasa de crecimiento del girasol es de 2 centímetros por día después de los primeros 60 días.

a. Escribe una expresión para la altura de la planta después de d días. ______________

b. ¿Cuántos días tardará la planta de girasol en alcanzar 235 centímetros? Muestra el trabajo.

____

c. La variedad Sol Directo crece a una tasa de 2.5 centímetros por día después de los primeros 60 días. Si este girasol mide 195 centímetros cuando tiene 60 días, escribe una expresión que represente la altura de Sol Directo después de d días. ¿Cuál girasol será más alto después de 22 días, o cuando tenga 82 días de edad? Explica cómo calculaste la respuesta.

____

____

2. Vernon entrenó fútbol $5\frac{3}{4}$ horas esta semana. Entrenó $4\frac{1}{3}$ horas en la semana y el resto durante el fin de semana.

a. Escribe una ecuación que represente la situación. Define la variable.

____

____

b. ¿Cuál es el mínimo común múltiplo de los denominadores de $5\frac{3}{4}$ y $4\frac{1}{3}$? Muestra el trabajo.

____

c. Resuelve la ecuación e interpreta la solución. Muestra el trabajo.

____

____

ESTÁNDARES COMUNES

UNIDAD 5 REPASO MIXTO

Preparación para la evaluación

Respuesta seleccionada

1. Al usar la expresión $7x = 3y$, si y es 35, ¿cuánto es el valor de x?

Ⓐ 15
Ⓑ 21
Ⓒ 35
Ⓓ 105

2. Bruce tiene 97 tarjetas deportivas, 34 de las cuales son tarjetas de fútbol americano. ¿Qué ecuación se puede usar para calcular el número de tarjetas deportivas y que no son de fútbol americano?

Ⓐ $97 + 34 = y$
Ⓑ $y + 97 = 34$
Ⓒ $34 + y = 97$
Ⓓ $y - 97 = 34$

3. La temperatura nocturna en Tampa nunca estuvo por debajo de 40 °F durante Noviembre. ¿Qué desigualdad muestra eso?

Ⓐ $x < 40$
Ⓑ $x > 40$
Ⓒ $x = 40$
Ⓓ $x \geq 40$

4. Truman coloca dinero en su cuenta de ahorros cada vez que recibe un pago. La tabla muestra cuánto ahorra.

Pago que recibe Truman	$15	$30	$45
Cantidad que ahorra Truman	$1.50	$3	$4.50

¿Cuál de las siguientes ecuaciones se puede usar para calcula la cantidad m que ahorra Truman cuando recibe $20?

Ⓐ $m = 20(0.10)$
Ⓑ $20m = 0.10$
Ⓒ $0.10m = 20$
Ⓓ $m = \frac{10}{20}$

5. En el estante de los periódicos no quedan más que 7 copias de un periódico. ¿Qué desigualdad representa esta situación?

Ⓐ $n < 7$
Ⓑ $n \leq 7$
Ⓒ $n > 7$
Ⓓ $n \geq 7$

6. ¿Para cuál de las siguientes desigualdades la solución es $v = 4$?

Ⓐ $v + 5 \geq 9$
Ⓑ $v + 5 > 9$
Ⓒ $v + 5 \leq 8$
Ⓓ $v + 5 < 8$

7. Sarah leyó en voz alta en la clase 3 veces más que Joel. Sarah leyó 9 veces. ¿Qué ecuación representa esta situación?

Ⓐ $j - 9 = 3$
Ⓑ $3j = 9$
Ⓒ $j - 3 = 9$
Ⓓ $j + 3 = 9$

8. ¿Qué desigualdad tiene su solución representada en la siguiente recta numérica?

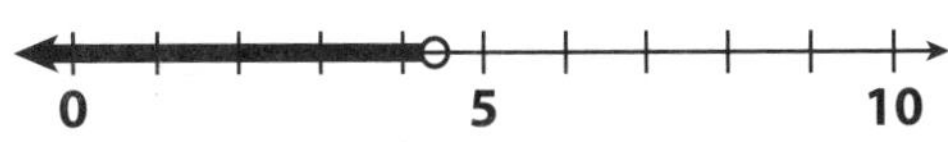

Ⓐ $m > 4.4$
Ⓑ $m > 5$
Ⓒ $m < 4.4$
Ⓓ $m < 4$

Cuando sea posible, usa la lógica para eliminar al menos dos opciones de respuesta.

9. Brian juega a un videojuego donde gana el mismo número de puntos por cada estrella que reúne. Ganó 2,400 puntos por 6 estrellas, 4,000 puntos por 10 estrellas y 5,200 puntos por 13 estrellas. ¿Cuál es la variable independiente en la situación?

Ⓐ el número de estrellas que reúne

Ⓑ el número de puntos que gana

Ⓒ el número de horas que juega

Ⓓ el número de estrellas disponible

10. ¿Qué razón **no** es equivalente a las otras tres?

Ⓐ $\frac{2}{5}$ Ⓒ $\frac{6}{15}$

Ⓑ $\frac{12}{25}$ Ⓓ $\frac{18}{45}$

11. Una pulgada es aproximadamente 2.54 centímetros. ¿Aproximadamente cuántos centímetros son 4.5 pulgadas?

Ⓐ 1.8 centímetros

Ⓑ 11.4 centímetros

Ⓒ 13.7 centímetros

Ⓓ 114 centímetros

Minitareas

12. Dana, Neil y Frank son hermanos. Dana es la mayor.

a. La edad de Frank es un cuarto la edad de Dana. Escribe una ecuación que represente la edad de Frank *f* si la edad de Dana es *d* años.

____

b. La edad de Neil es un medio de la diferencia entre la edad de Dana y la de Frank. Escribe una ecuación para representar la edad de Neil *n* en términos de la edad de Dana *d*.

____

c. Usas las ecuaciones para calcular las edades de Neil y Frank si Dana tiene 16 años.

____

____

13. Jillian participa en un concurso de lectura de libros para recaudar fondos para la biblioteca local. Su madre prometió hacer una donación por cada libro que lea Jilian.

a. La tabla muestra cuánto donará la madre de Jilian. Encuentra el patrón y completa la tabla.

Libros leídos por Jilian	3	5	7	
Dinero donado por la madre de Jilian	\$15	\$25		

b. Escribe una ecuación que muestre el patrón de la tabla. Identifica las variables.

____

____

____

c. Representa gráficamente la ecuación.

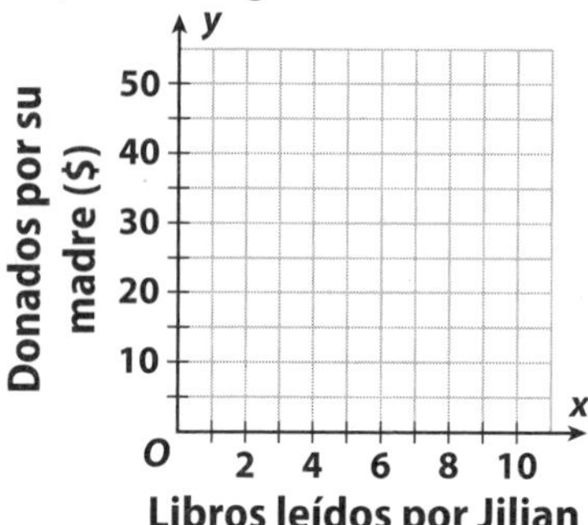

Relaciones en geometría

MÓDULO 13

Área y polígonos

ESTÁNDARES COMUNES 6.G.1, 6.EE.7

MÓDULO 14

Distancia y área en el plano cartesiano

ESTÁNDARES COMUNES 6.NS.6b, 6.NS.8, 6.G.3

MÓDULO 15

Área total y volumen de sólidos

ESTÁNDARES COMUNES 6.G.2, 6.G.4 6.EE.7

PROFESIONES EN MATEMÁTICAS

Construcción de escenografías de teatro Una persona que trabaja en la construcción de escenografías de teatro trabaja con el director de arte para crear escenografías y debe tener precisión técnica para realizar escalas y construir escenografías basadas en las dimensiones de los modelos.

Si te interesa una carrera en construcción de escenografías de teatro, debes estudiar estas asignaturas de matemáticas:

- Geometría
- Álgebra
- Trigonometría

Investiga otras carreras que requieran precisión técnica para trabajar a escala y construir modelos.

Unidad 6 Tarea de rendimiento

Al final de la unidad, descubre cómo los trabajadores de la **construcción de escenografías de teatro** usan las matemáticas.

UNIDAD 6

Un vistazo al vocabulario

Usa este rompecabezas par repasar el vocabulario clave de esta unidad. Ordena las letras encerradas en un círculo para resolver el acertijo al final de la página.

- Un cuadrilátero con exactamente un par de lados paralelos. (Lección 13.1)
- Distribución de figuras bidimensionales que puede doblarse para formar una figura tridimensional. (Lección 15.1)
- Una figura tridimensional con un polígono como base y caras triangulares que se unen en un vértice en común . (Lección 15.1)
- Suma de las áreas de las caras o superficies de una figura tridimensional. (Lección 15.1)
- Un cuadrilátero donde los lados opuestos son congruentes y paralelos. (Lección 13.1)
- Un cuadrilátero en el que todos los lados son congruentes y los lados opuestos son paralelos. (Lección 13.1)

P: ¿Por qué el vitral descompuso la luz que pasó por él?

R: ¡Porque tenía forma de ___ ___ ___ ___ ___ ___!

Área y polígonos

PREGUNTA ESENCIAL

¿Cómo puedes calcular el área de un polígono irregular usando las fórmulas de área?

Vídeo de la vida real

Hacer colchas, pintar y otras formas de arte usan figuras geométricas conocidas como triángulos y rectángulos. Para comprar suficiente material para un proyecto, necesitas calcular o estimar las áreas de cada una de las figuras en el proyecto.

my.hrw.com

APRENDE EN LÍNEA

my.hrw.com

my.hrw.com

Las versiones digitales de todas las páginas del libro del estudiante están disponibles en línea.

Matemáticas al instante

Escanea con tu celular para entrar directamente en la edición en línea del Vídeo tutorial y más.

Matemáticas en acción

Explora interactivamente los conceptos clave para ver cómo funcionan las matemáticas.

Entrenador personal en matemáticas

Obtén comentarios y ayuda al instante a medida que trabajas en las prácticas.

¿Estás listo?

Completa estos ejercicios para repasar las destrezas que necesitarás en este módulo.

Entrenador personal en matemáticas

Evaluación e intervención en línea

my.hrw.com

Operaciones inversas

EJEMPLO

$7k = 35$ — *k se multiplica por 7.*

$\frac{7k}{7} = \frac{35}{7}$ — *Usa la operación inversa, división.*

$k = 5$

$k + 7 = 9$ — *7 se suma a k.*

$k + 7 - 7 = 9 - 7$ — *Usa la operación Inversa, resta.*

$k = 2$

Usa la operación inversa para resolver cada ecuación.

1. $9p = 54$ ______ **2.** $m - 15 = 9$ ______ **3.** $\frac{b}{8} = 4$ ______ **4.** $z + 17 = 23$ ______

Unidades métricas

EJEMPLO

6 m = ▇ cm — *Multiplica para pasar de una unidad más grande a una unidad más pequeña.*

6 m = 600 cm

4,000 mL = ▇ L — *Divide para pasar de una unidad más pequeña a una unidad más grande.*

4,000 mL = 4 L

Convierte a las unidades dadas.

5. 64m = ________ cm **6.** 500 g = ________ kg **7.** 4.6 kL = ________ L

Área de cuadrados y rectángulos

EJEMPLO

7 pies

4 pies

Calcula el área del rectángulo.

$A = bh$ — *Usa la fórmula para el área de un rectángulo.*

$= 7 \times 4$ — *Reemplaza la base y la altura.*

$= 28$

El área es 28 pies cuadrados.

8. Calcula el área de un rectángulo con 5 pies de base y $9\frac{1}{2}$ pies de altura.

____

Práctica de vocabulario

Visualiza el vocabulario

Usa las las palabras con ✔ para completar la gráfica. Debes escribir una palabra en cada óvalo.

Vocabulario

Palabras de repaso

- cuadrilátero *(quadrilateral)*
- ✔ hexágono *(hexagon)*
- ✔ polígono *(polygon)*
- polígono regular *(regular polygon)*
- prisma rectangular *(rectangular prism)*
- ✔ triángulo *(triangle)*
- triángulo rectángulo *(right triangle)*

Palabras nuevas

- paralelogramo *(parallelogram)*
- rombo *(rhombus)*
- trapecio *(trapezoid)*

Comprende el vocabulario

Empareja el término de la izquierda con la expresión correcta de la derecha.

1. paralelogramo	**A.** Cuadrilátero en que todos los lados son congruentes y los lados opuestos son paralelos.
2. trapecio	**B.** Cuadrilátero en que los lados opuestos son paralelos y congruentes.
3. rombo	**C.** Cuadrilátero en que dos lados son paralelos.

Lectura con propósito

Pirámide Antes de comenzar el módulo haz una pirámide para organizar lo que aprendes. Rotula cada lado con los títulos de las lecciones del módulo. A medida que estudies cada lección, escribe las ideas importantes como vocabulario, propiedades y fórmulas en el lado correspondiente.

ESTÁNDARES COMUNES

MÓDULO 13

Desglosar los estándares

Comprender los estándares y las palabras de vocabulario te ayudará a saber exactamente lo que se espera que aprendas en este módulo.

ESTÁNDARES COMUNES **6.G.1**

Calcular el área de triángulos rectángulos, otros triángulos, cuadriláteros especiales y polígonos, formando rectángulos o descomponiendo en triángulos y otras formas; aplicar estas técnicas en el contexto de la solución de problemas matemáticos y de la vida real.

Lo que significa para ti

Usarás la fórmula para el área de una figura para escribir una ecuación y resolver problemas.

DESGLOSAR EL EJEMPLO 6.G.1

El equipo de lucha libre de la Escuela Media Hudson ganó el torneo estatal y recibió un banderín triangular para exhibir en el gimnasio de la escuela. El banderín tiene un área de 2.25 metros cuadrados. La base del banderín mide 1.5 metros de longitud. Escribe una ecuación para calcular la altura del banderín.

$A = \frac{1}{2}bh$

$2.25 = \frac{1}{2}(1.5)h$

$2.25 = 0.75h$

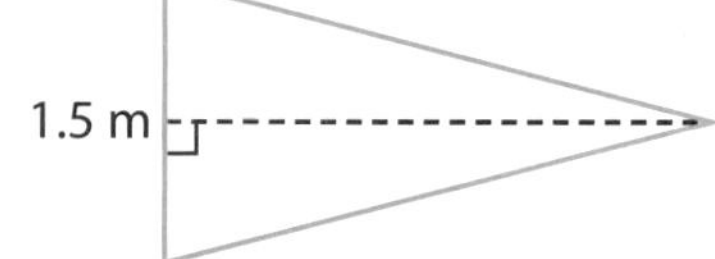

Una ecuación para calcular la altura del banderín es $2.25 = 0.75h$.

ESTÁNDARES COMUNES **6.G.1**

Calcular el área de triángulos rectángulos, otros triángulos, cuadriláteros especiales y polígonos, formando rectángulos o descomponiendo en triángulos y otras formas; aplicar estas técnicas en el contexto de la solución de problemas matemáticos y de la vida real.

Lo que significa para ti

Usarás fórmulas para calcular el área de polígonos irregulares.

DESGLOSAR EL EJEMPLO 6.G.1

John mide su habitación para instalarle una alfombra nueva. Calcula el área de la habitación.

Calcula el área del rectángulo.

$A = bh = 15 \times 6 = 90$ pies^2

Calcula el área del cuadrado.

$A = l^2 = 6^2 = 36$ pies^2

El área total es 90 pies^2 + 36 pies^2 = 126 pies^2.

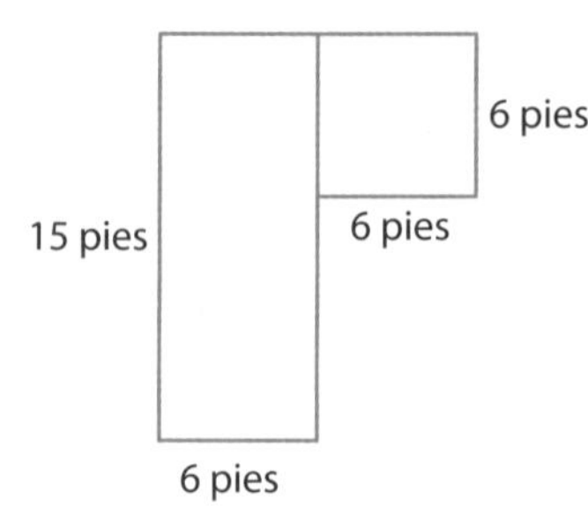

Visita **my.hrw.com** para ver todos los **Estándares comunes** desglosados.

my.hrw.com

LECCIÓN

13.1 Área de cuadriláteros

ESTÁNDARES COMUNES 6.G.1

Find the area of. . . special quadrilaterals, and polygons by composing into rectangles or decomposing into triangles and other shapes; . . . .

PREGUNTA ESENCIAL

¿Cómo puedes calcular el área de paralelogramos, rombos y trapecios?

ACTIVIDAD PARA EXPLORAR 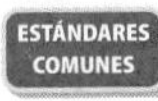

6.G.1

Área de un paralelogramo

Recuerda que un rectángulo es un tipo especial de paralelogramo.

A Dibuja un paralelogramo grande en papel cuadriculado. Recorta el paralelogramo.

B Recorta el paralelogramo por la línea punteada como se muestra en el ejemplo. Luego mueve la parte triangular al otro lado del paralelogramo.

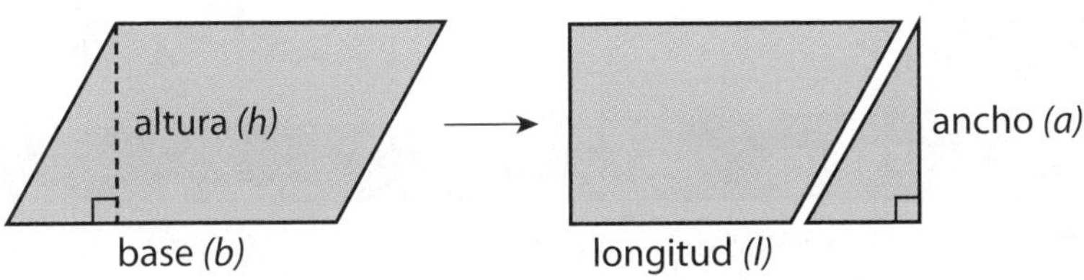

C ¿Qué figura formaste? ______________________________

¿Tiene esta figura la misma área que el paralelogramo? __________

base del paralelogramo = __________ del rectángulo

altura del paralelogramo = __________ del rectángulo

área del paralelogramo = __________ del rectángulo

¿Cuál es la fórmula para el área de esta figura? $A =$ __________

o __________

D ¿Cuál es la fórmula para el área de un paralelogramo? $A =$ __________

Charla matemática
Prácticas matemáticas

¿En qué se parecen la relación entre la longitud y el ancho de un rectángulo y la relación entre la base y la altura de un paralelogramo?

Área de un paralelogramo

El área A de un paralelogramo es el producto de su base b por su altura h.

$$A = bh$$

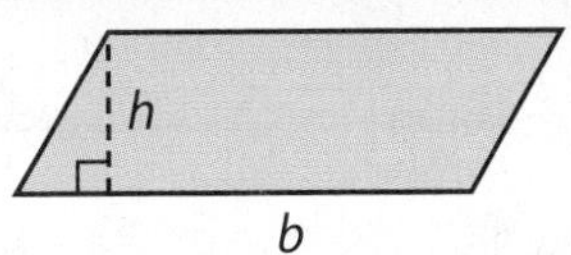

Reflexiona

1. Calcula el área del paralelogramo.

$A =$ ________________

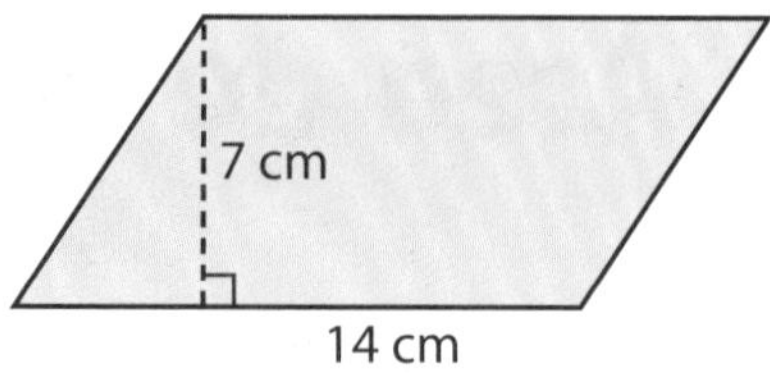

Calcular el área de un trapecio

Para calcular la fórmula para el área de un trapecio, observa que dos copias del mismo trapecio encajan para formar un paralelogramo. Entonces, el área de un trapecio es $\frac{1}{2}$ del área del paralelogramo.

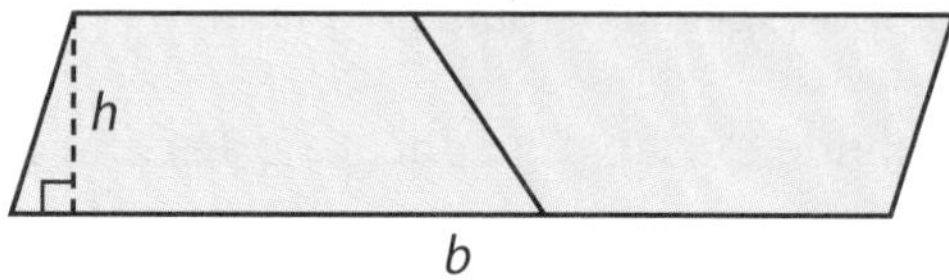

La altura del paralelogramo es la misma que la altura del trapecio. La base del paralelogramo es la suma de dos bases del trapecio.

$$A = b \cdot h$$
$$A = (b_1 + b_2) \cdot h$$

Área de un trapecio

El área de un trapecio es la mitad de su altura multiplicado por la suma de las longitudes de sus dos bases.

$$A = \frac{1}{2}h(b_1 + b_2)$$

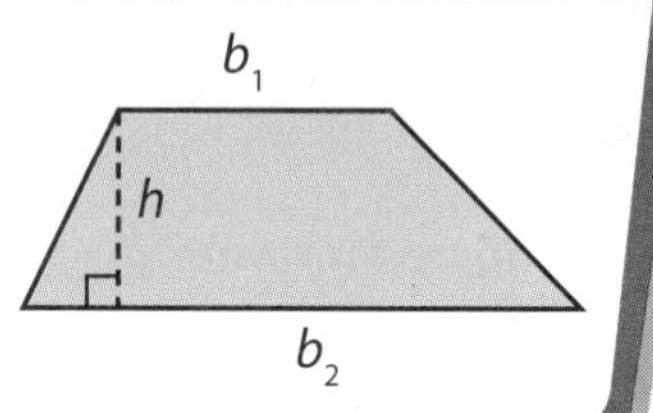

EJEMPLO 1

ESTÁNDARES COMUNES 6.G.1

Una sección de una plataforma tiene forma de trapecio. ¿Cuál es el área de esta sección de la plataforma?

17 pies

16 pies

39 pies

$b_1 = 17 \quad b_2 = 39 \quad h = 16$

Aplica la fórmula para el área de un trapecio.

$A = \frac{1}{2}h(b_1 + b_2)$

$= \frac{1}{2} \cdot 16(17 + 39)$ Reeemplaza.

$= \frac{1}{2} \cdot 16(56)$ Suma dentro de los paréntesis.

$= 8 \cdot 56$ Multiplica $\frac{1}{2}$ por 16.

$= 448$ pies cuadrados Multiplica.

Charla matemática
Prácticas matemáticas
¿Es importante cuál de las bases del trapecio se reemplaza por b_1 y cuál por b_2? ¿Por qué?

ES TU TURNO

2. Otra sección de la plataforma también tiene forma de trapecio. Para esta sección, la longitud de una base es de 27 pies y la longitud de la otra base es de 34 pies. La altura es de 12 pies. ¿Cuál es el área de esta sección de la plataforma? $A =$ __________ pies^2

Matemáticas al instante
my.hrw.com

Calcular el área de un rombo

Un **rombo** es un cuadrilátero en el que todos los lados son congruentes y los lados opuestos son paralelos. Un rombo puede dividirse en cuatro triángulos que luego se pueden reorganizar en un rectángulo.

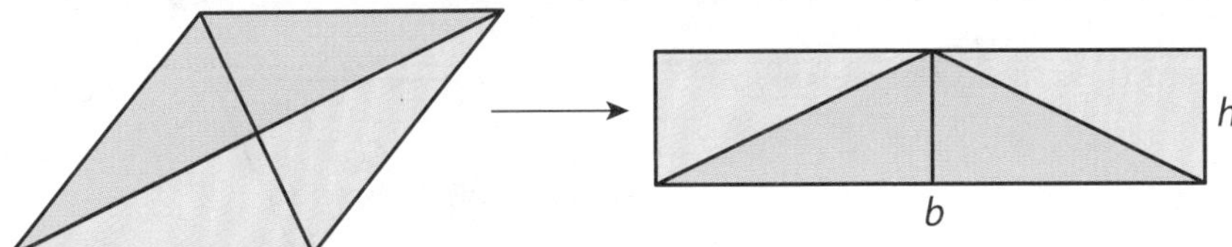

La base del rectángulo tiene la misma longitud que una de las diagonales del rombo. La altura del rectángulo es $\frac{1}{2}$ de la longitud de la otra diagonal.

$$A = b \cdot h$$
$$\downarrow \quad \downarrow$$
$$A = d_1 \cdot \overbrace{\tfrac{1}{2}d_2}$$

Área de un rombo

El área de un rombo es la mitad del producto de sus dos diagonales.

$$A = \frac{1}{2}d_1 d_2$$

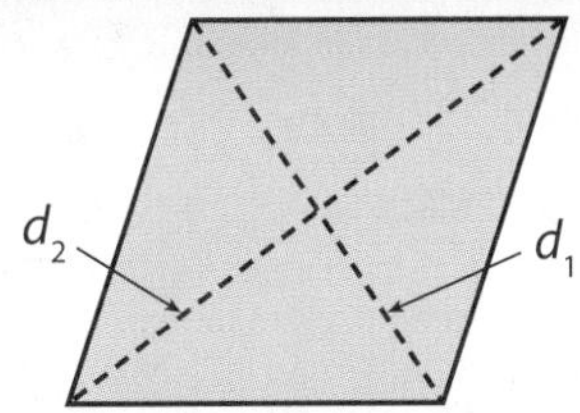

EJEMPLO 2

ESTÁNDARES COMUNES 6.G.1

Cedric construye una cometa con forma de rombo. Los palos de la cometa miden 15 pulgadas y 24 pulgadas. ¿Cuánta tela necesitará Cedric para la cometa?

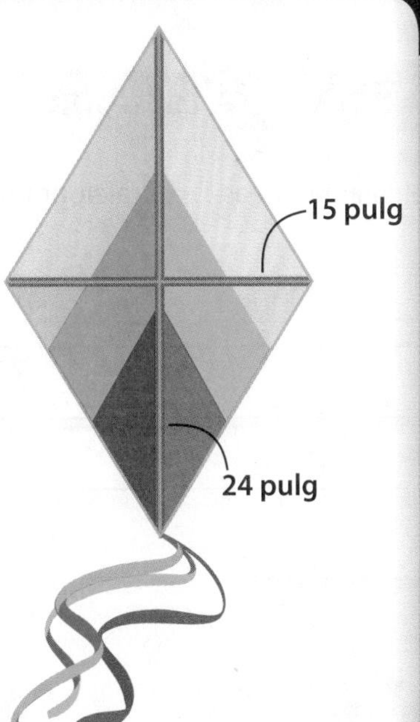

Para determinar la cantidad de tela necesaria, debes calcular el área de la cometa.

$d_1 = 15$ $\qquad$ $d_2 = 24$

Aplica la fórmula para el área de un rombo.

$A = \frac{1}{2}d_1 d_2$

$= \frac{1}{2}(15)(24)$ $\qquad$ Reemplaza.

$= 180$ pulgadas cuadradas $\qquad$ Multiplica.

ES TU TURNO

Calcula el área de cada rombo.

3. $d_1 = 35$ m; $d_2 = 12$ m

$A =$ ________ m^2

4. $d_1 = 9.5$ pulg; $d_2 = 14$ pulg

$A =$ ________ pulg^2

5. $d_1 = 10$ m; $d_2 = 18$ m

$A =$ ________ m^2

6. $d_1 = 8\frac{1}{4}$ pies; $d_2 = 40$ pies

$A =$ ________ pies^2

Práctica con supervisión

1. Calcula el área del paralelogramo. (Actividad para explorar)

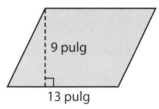

9 pulg

13 pulg

$A = bh$

$= (\_\_\_\_)(\_\_\_\_)$

$=$ ______ pulg^2

2. Calcula el área del trapecio. (Ejemplo 1)

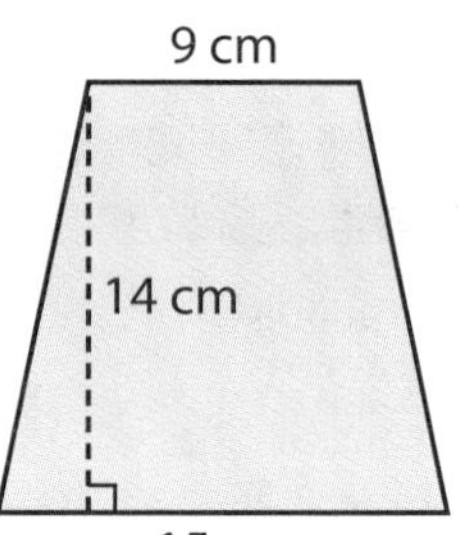

$A = \frac{1}{2}h(b_1 + b_2)$

$= \frac{1}{2}(\square)(\square + \square)$

$=$ ________ cm^2

3. Calcula el área del rombo. (Ejemplo 2)

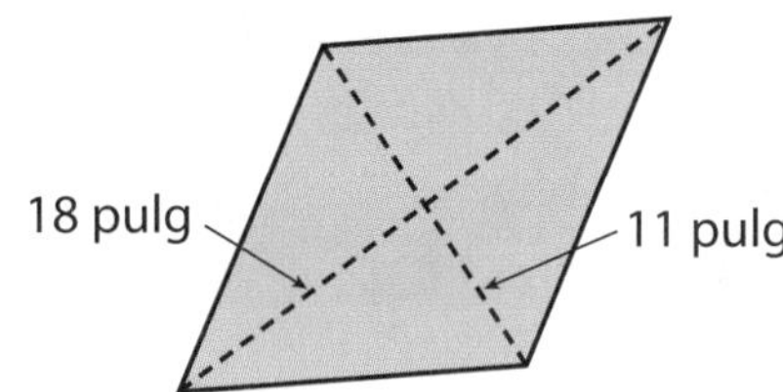

$A = \frac{1}{2}d_1d_2$

$= \frac{1}{2}(\square)(\square)$

$=$ ________ pulg^2

ÉNFASIS EN LA PREGUNTA ESENCIAL

4. ¿Cómo puedes calcular las áreas de paralelogramos, rombos y trapecios?

____

____

____

____

Nombre ______________________ Clase ______________ Fecha ______________

13.1 Práctica independiente

6.G.1

5. Calcula el área del paralelogramo.

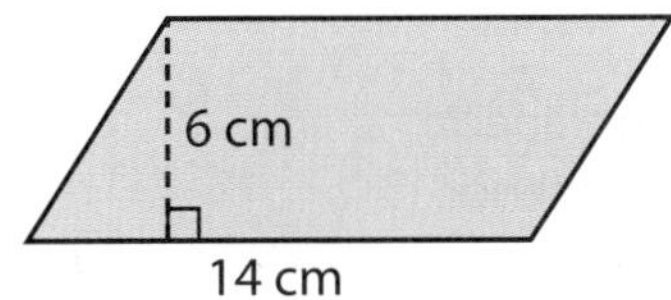

____

6. ¿Cuál es el área de un paralelogramo que tiene una base de $12\frac{3}{4}$ pulg y una altura de $2\frac{1}{2}$ pulg?

____

7. Calcula el área del trapecio.

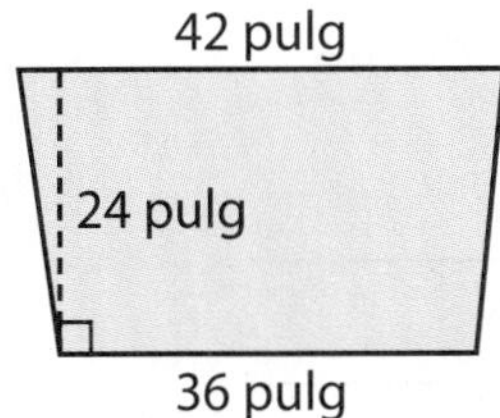

____

8. Las bases de un trapecio son 11 metros y 14 metros. Su altura es 10 metros. ¿Cuál es el área del trapecio?

____

9. Calcula el área del rombo.

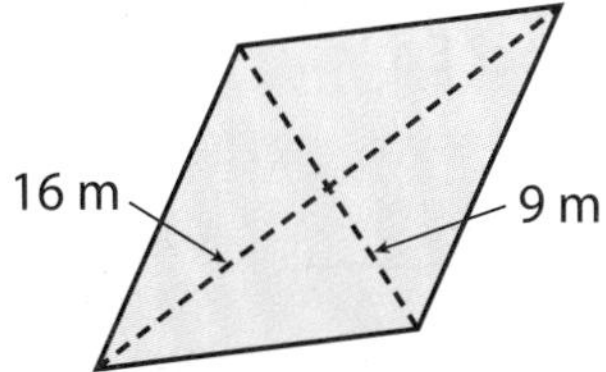

____

10. Las diagonales de un rombo son 21 m y 32 m. ¿Cuál es el área del rombo?

____

11. El asiento de una banca tiene forma de trapecio con bases de 6 pies y de 5 pies y una altura de 1.5 pies. ¿Cuál es el área del asiento?

____

12. Una cometa con forma de rombo tiene diagonales de 25 y 15 pulgadas de longitud. ¿Cuál es el área de la cometa?

____

13. Una ventana con forma de paralelogramo tiene una base de 36 pulgadas y una altura de 45 pulgadas. ¿Cuál es el área de la ventana?

____

14. **Comunica ideas matemáticas** Calcula el área de la figura. Explica cómo calculaste la respuesta.

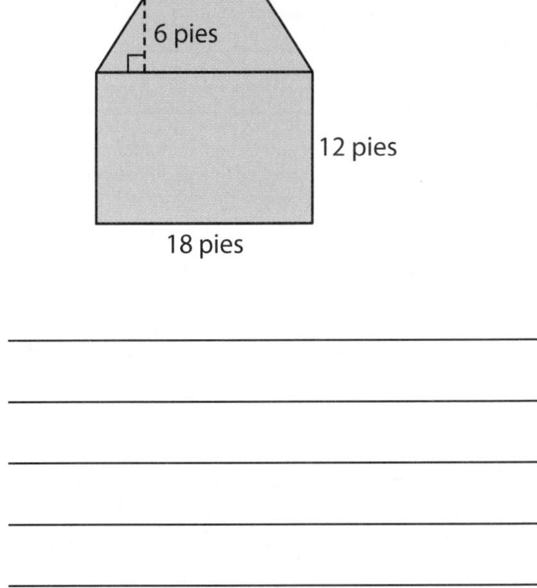

____

____

____

____

____

____

____

15. **Varios pasos** Un espacio para aparcar con forma de paralelogramo tiene una base de 17 pies y una altura de 9 pies. Un carro aparcado en ese espacio tiene 16 pies de longitud y 6 pies de ancho. ¿Qué área del espacio para aparcar no está cubierta por el carro?

____

Área de trabajo

16. **Critica el razonamiento** Simon dice que para calcular el área de un trapecio debes multiplicar la altura por la base superior y la altura por la base inferior. Luego debes sumar los dos productos y dividir la suma entre 2. ¿Es correcto lo que dice Simon? Explica tu respuesta.

____

____

____

____

17. **Varios pasos** La altura de un trapecio es 8 pulg y su área es 96 $pulg^2$. Una base del trapecio es 6 pulgadas más larga que la otra. ¿Cuáles son las longitudes de las bases? Explica cómo calculaste la respuesta.

____

____

____

____

____

____

____

18. **Representación múltiple** Las diagonales de un rombo miden 12 pulg y 16 pulg. La longitud de un lado del rombo es 10 pulg. ¿Cuál es la altura del rombo? Explica cómo calculaste la respuesta.

____

____

____

____

____

____

____

LECCIÓN

13.2 Área de triángulos

ESTÁNDARES COMUNES 6.G.1

Find the area of right triangles, other triangles, . . . by composing into rectangles . . . .

PREGUNTA ESENCIAL

¿Cómo puedes calcular el área de un triángulo?

ACTIVIDAD PARA EXPLORAR 1  6.G.1

Área de un triángulo rectángulo

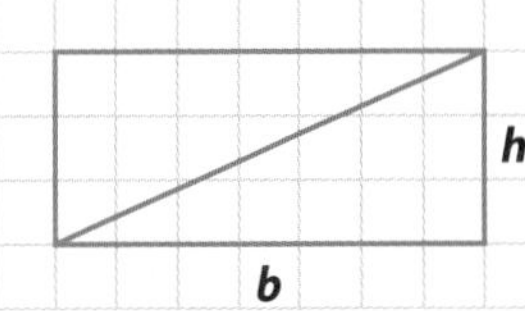

A Traza un rectángulo grande en papel cuadriculado.

¿Cuál es la fórmula para calcular el área de un rectángulo? $A =$ ____________

B Traza una diagonal en el rectángulo.

La diagonal divide el rectángulo en ________________________________.

Cada uno representa ____________________ del rectángulo.

Con esta información y la fórmula para calcular el área de un rectángulo, escribe

una fórmula para calcular el área de un triángulo rectángulo. $A =$ __________

Reflexiona

1. **Comunica ideas matemticas** En la fórmula para calcular el área de un triángulo rectángulo, ¿qué representan b y h?

____

ACTIVIDAD PARA EXPLORAR 2  6.G.1

Área de un triángulo

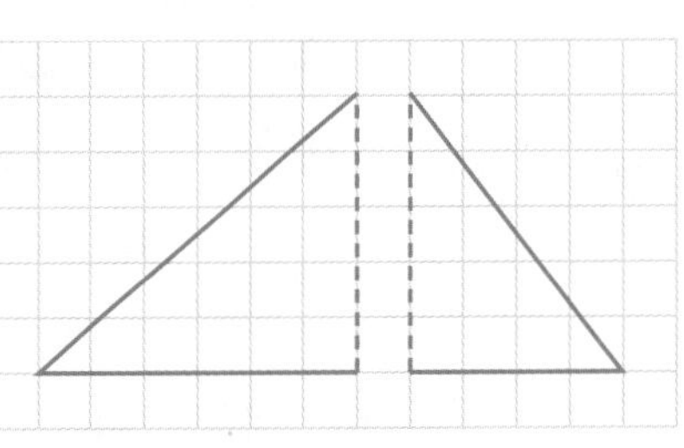

A Traza un triángulo grande en papel cuadriculado. No traces un triángulo rectángulo.

B Recorta el triángulo. Luego, úsalo como molde para hacer una copia de tu triángulo. Recorta la copia.

C Corta uno de tus triángulos en dos partes recortando a través de un ángulo y directamente hacia el lado opuesto. Ahora tienes tres triángulos: uno grande y dos triángulos rectángulos más pequeños.

Cuando se suman, las áreas de los dos triángulos pequeños equivalen al ____________ del triángulo grande.

D Coloca los tres triángulos de manera que formen un rectángulo. ¿Qué fracción del rectángulo representa el triángulo grande? ____________

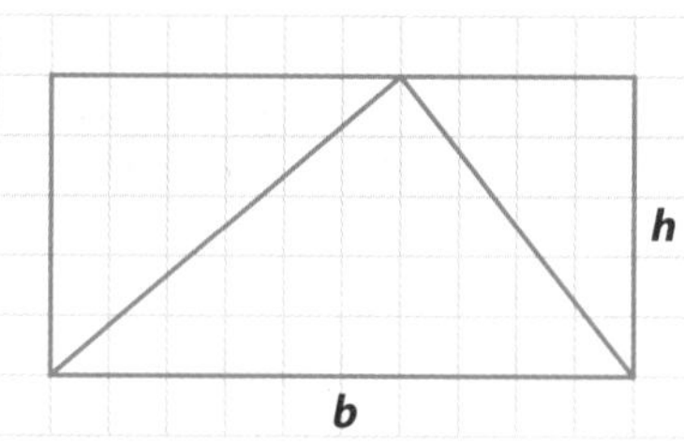

El área del rectángulo es $A = bh$. ¿Cuál es el área del triángulo grande? $A =$ ____________

¿En qué se parece y en qué se diferencia esta fórmula con la fórmula para calcular el área de un triángulo rectángulo que calculaste en la Actividad para explorar 1?

____

Reflexiona

2. Comunica ideas matemáticas ¿Qué tipo de ángulo se forma entre la base y la altura de un triángulo?

____

Calcula el área de un triángulo

Área de un triángulo

El área A de un triángulo es la mitad del producto de su base b por su altura h.

$$A = \frac{1}{2}bh$$

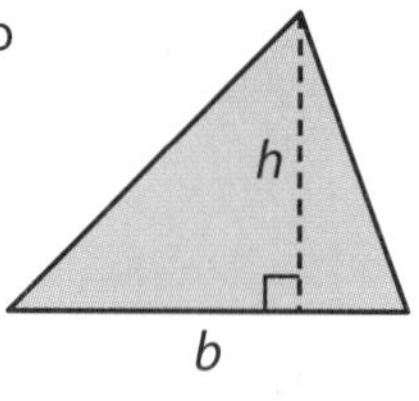

EJEMPLO 1

ESTÁNDARES COMUNES 6.G.1

Calcula el área de cada triángulo.

A

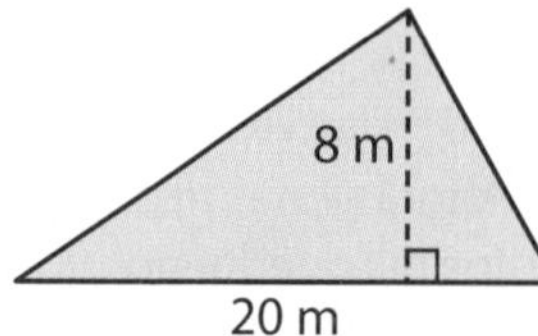

$b = 20$ metros $\quad h = 8$ metros

$A = \frac{1}{2}bh$

$= \frac{1}{2}(20 \text{ metros})(8 \text{ metros})$ Reemplaza.

$= 80$ metros cuadrados Multiplica.

Calcula el área de cada triángulo.

B

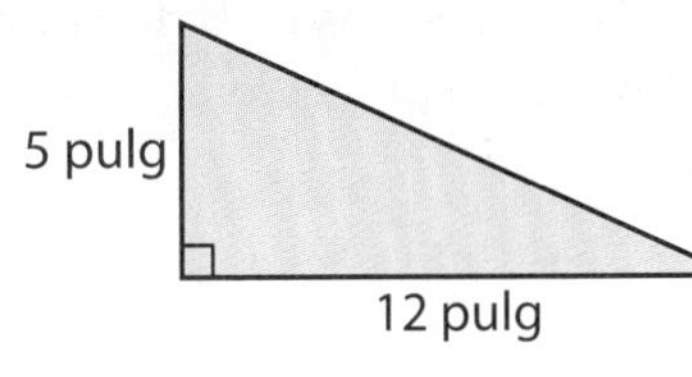

$b = 12$ pulgadas $\quad h = 5$ pulgadas

$A = \frac{1}{2}bh$

$= \frac{1}{2}(12 \text{ pulgadas})(5 \text{ pulgadas})$ Reemplaza.

$= 30$ pulgadas cuadradas Multiplica.

ES TU TURNO

Calcula el área del triángulo.

3.

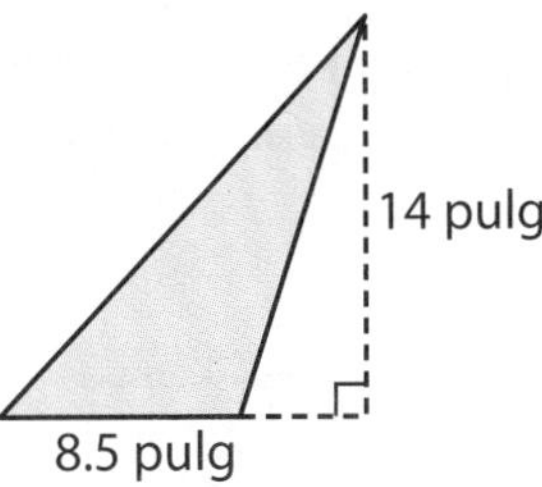

$A =$ ______________

Charla matemática

Prácticas matemáticas

¿Por qué puedes escribir la fórmula para calcular el área de un triángulo también de esta manera: $A = \frac{bh}{2}$?

Resolver problemas usando el área de un triángulo

Puedes resolver problemas de la vida real con la fórmula para calcular el área de un triángulo.

EJEMPLO 2

ESTÁNDARES COMUNES 6.G.1

Cada cara triangular de la Pirámide de la Paz en Kazajistán está formada por 25 triángulos equiláteros más pequeños. Estos triángulos tienen las medidas que se muestran en el diagrama. ¿Cuál es el área de uno de los triángulos equiláteros más pequeños?

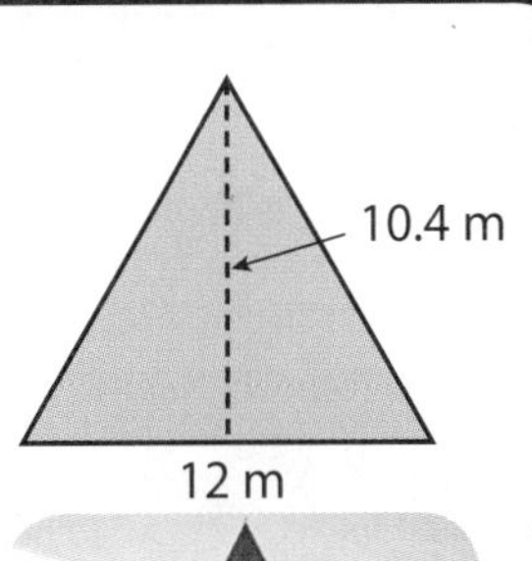

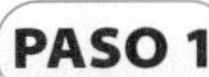

Identifica la longitud de la base y la altura del triángulo.

$b = 12$ m y $h = 10.4$ m

Calcula el área del triángulo con la fórmula.

$A = \frac{1}{2}bh$ Reemplaza.

$= \frac{1}{2}(12)(10.4)$ Multiplica.

$= 62.4$

El área de uno de los triángulos equiláteros pequeños es 62.4 m^2.

Reflexiona

4. **Persevera en la resolución de problemas** ¿Cuál es el área total de una cara de la pirámide? ¿Cuál es el área total de las caras de la pirámide, sin contar la base? (Pista: la base de la pirámide es un cuadrado).

____

____

____

ES TU TURNO

5. Amy necesita pedir una persiana para una ventana con forma triangular que tiene una base de 6 pies y una altura de 4 pies. ¿Cuál es el área de la persiana?

____

Práctica con supervisión

Calcula el área de cada triángulo. (Actividad para explorar 1 y 2, Ejemplo 1)

1. 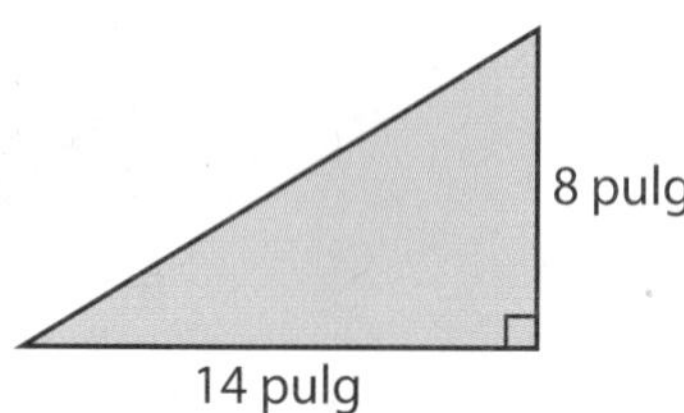

$A = \frac{1}{2}bh$

$= \frac{1}{2}(\_\_\_\_\_\_)(\_\_\_\_\_\_)$

$= \_\_\_\_\_\_$ pulg^2

2. Un banderín con forma de triángulo tiene una base de 12 pulgadas y una altura de 30 pulgadas. ¿Cuál es el área del banderín? (Ejemplo 2)

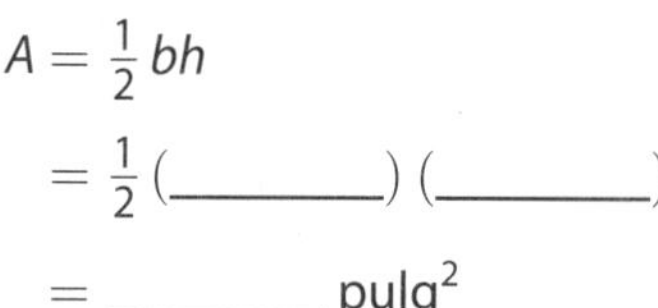

$A = \frac{1}{2}bh$

$= \frac{1}{2}(\_\_\_\_\_\_)(\_\_\_\_\_\_)$

$= \_\_\_\_\_\_$ pulg^2

ÉNFASIS EN LA PREGUNTA ESENCIAL

3. ¿Cómo puedes calcular el área de un triángulo?

____

____

____

Nombre ______ Clase ______ Fecha ______

13.2 Práctica independiente

6.G.1

Calcula el área de cada triángulo.

4.

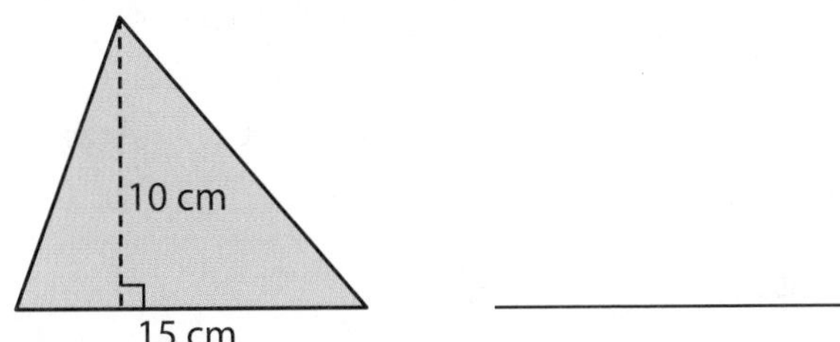

______

5.

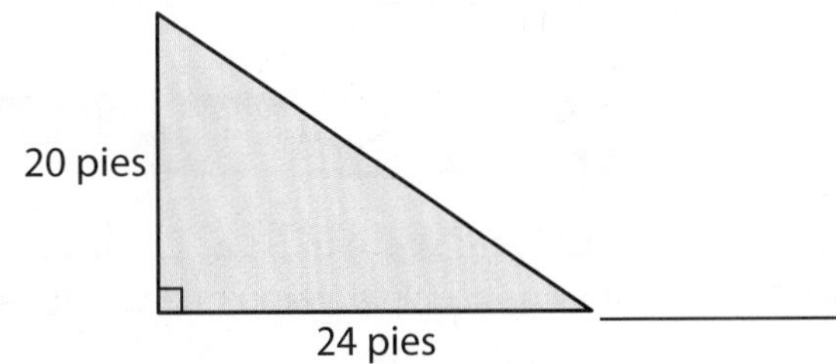

______

6.

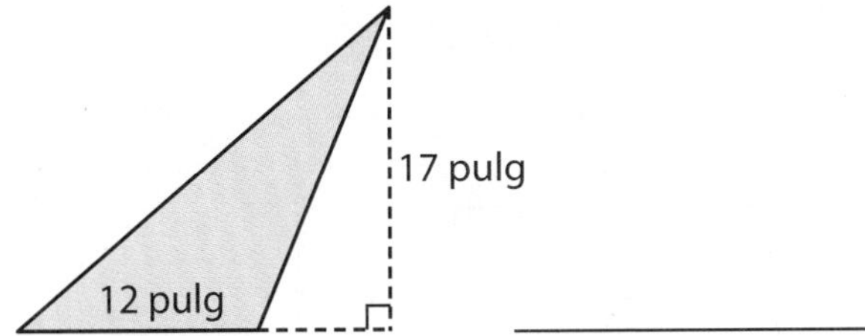

______

7.

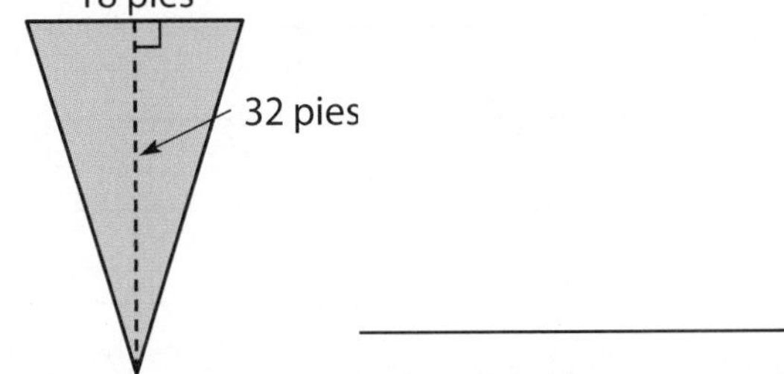

______

8. ¿Cuál es el área de un triángulo que tiene una base de $15\frac{1}{4}$ pulg y una altura de 18 pulg?

______

9. Un triángulo rectángulo tiene catetos de 11 pulg y de 13 pulg. ¿Cuál es el área del triángulo?

______

10. Un terreno triangular tiene las dimensiones que se muestran en el diagrama. ¿Cuál es el área del terreno?

______

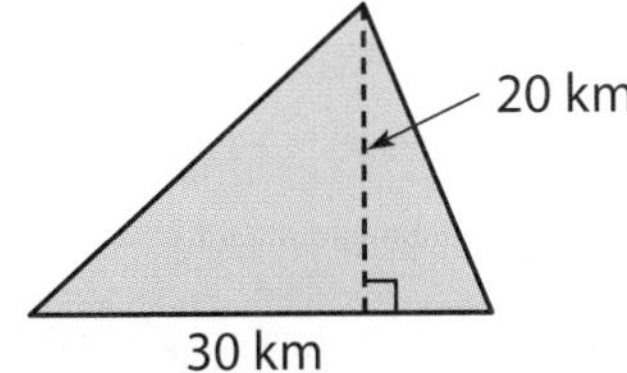

11. El frente de una tienda de campaña tiene las dimensiones que se muestran en el diagrama. ¿Cuál es el área de esta parte de la tienda de campaña?

______

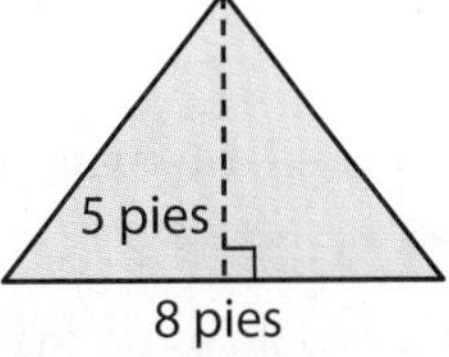

12. **Varios pasos** Los estudiantes de arte de sexto grado hacen un mosaico con azulejos con forma de triángulos rectángulos. Cada azulejo tiene catetos de 3 y 5 centímetros. Si hay 200 azulejos en el mosaico, ¿cuál es el área del mosaico?

______

13. **Critica el razonamiento** Monica tiene un pedazo de tela triangular. La altura del triángulo es 15 pulgadas y la base es 6 pulgadas. Monica dice que el área de la tela es 90 pulgadas cuadradas. ¿Qué error cometió Monica? Explica la respuesta.

______

______

14. **Varios pasos** Wayne va a pintar el lado de la casa que se muestra en el diagrama. ¿Cuál es el área que pintará? Explica cómo calculaste la respuesta.

8 pies

12 pies

25 pies

Área de trabajo

H.O.T. ENFOQUE EN ALTA CAPACIDAD DE RAZONAMIENTO

15. **Comunica ideas matemáticas** Explica cómo se relacionan las áreas de un triángulo y un paralelogramo que tienen la misma base y altura.

16. **Analiza las relaciones** Un rectángulo y un triángulo tienen la misma área. Si sus bases tienen la misma longitud, ¿en qué se parecen y en qué se diferencian sus alturas? Justifica la respuesta.

17. **¿Qué pasa si...?** Un triángulo rectángulo tiene un área de 18 pulgadas cuadradas.

a. Si el triángulo es un triángulo isósceles, ¿cuál es la longitud de los catetos del triángulo?

b. Si el triángulo no es un triángulo isósceles, ¿cuáles son todas las posibles longitudes de los catetos si son números enteros?

LECCIÓN 13.3

Resolver ecuaciones de área

ESTÁNDARES COMUNES 6.G.1

Find the area of right triangles, other triangles, special quadrilaterals, and polygons…; apply these techniques in the context of solving...problems. *Also* 6.EE.7

PREGUNTA ESENCIAL

¿Cómo puedes resolver problemas sobre áreas de rectángulos, paralelogramos, trapecios y triángulos con ecuaciones?

Resolver problemas con el área de un triángulo

Recuerda que la fórmula para calcular el área de un triángulo es $A = \frac{1}{2}bh$. También puedes usar esta fórmula para hallar dimensiones desconocidas si conoces el área y una de las dimensiones.

EJEMPLO 1 

ESTÁNDARES COMUNES 6.G.1, 6.EE.7

El equipo de lucha libre de la escuela secundaria Hudson ganó el torneo estatal y recibió como premio un banderín triangular para colgar en la pared del gimnasio de la escuela. La base del banderín es de 1.5 pies. Tiene un área de 2.25 pies cuadrados. ¿Cuál es la altura del banderín?

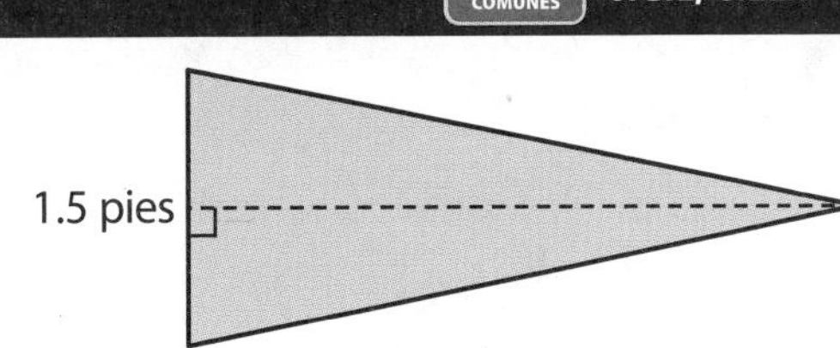

$A = \frac{1}{2}bh$	Escribe la fórmula.
$2.25 = \frac{1}{2}(1.5)h$	Escribe una ecuación con la fórmula.
$2.25 = 0.75h$	Multiplica $\frac{1}{2}$ y 1.5.
$\frac{2.25}{0.75} = \frac{0.75h}{0.75}$	Divide ambos lados de la ecuación entre 0.75.
$3 = h$	

La altura del banderín es de 3 pies.

Charla matemática
Prácticas matemáticas

¿Cómo puedes usar las unidades en la fórmula para confirmar que las unidades de la altura están en pies?

ES TU TURNO

1. Renee teje una colcha con un patrón que tiene triángulos rectángulos. Cada pieza de la colcha tiene una altura de 6 pulg y un área de 24 pulg^2.

¿Cuál es la longitud de cada pieza de la colcha? ________________

Usa el área de un trapecio para escribir ecuaciones

Puedes resolver un problema usando la fórmula para calcular el área de un trapecio.

EJEMPLO 2

ESTÁNDARES COMUNES 6.G.1, 6.EE.7

Un jardín con forma de trapecio tiene un área de 44.4 metros cuadrados. Una base mide 4.3 metros de largo y la otra 10.5 metros de longitud. La altura del trapecio es el ancho del jardín. ¿Cuál es el ancho del jardín?

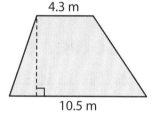

4.3 m

10.5 m

$A = \frac{1}{2}h(b_1 + b_2)$ — Escribe la fórmula.

$44.4 = \frac{1}{2}h(4.3 + 10.5)$ — Usa la fórmula para escribir una ecuación.

$44.4 = \frac{1}{2}h(14.8)$ — Suma dentro de los paréntesis.

$44.4 = 7.4h$ — Multiplica $\frac{1}{2}$ y 14.8.

$\frac{44.4}{7.4} = \frac{7.4h}{7.4}$ — Divide ambos lados de la ecuación entre 7.4.

$6 = h$

Charla matemática
Prácticas matemáticas
¿Cómo puedes comprobar que la respuesta es razonable?

El jardín tiene 6 metros de ancho.

Reflexiona

2. **Comunica ideas matemáticas** Explica por qué sumar es el primer paso después de reemplazar.

____

____

____

____

ES TU TURNO

3. El corte transversal de un tanque de agua tiene forma de trapecio. Las bases del trapecio miden 18 pies y 8 pies de longitud. Tiene un área de 52 pies cuadrados. ¿Cuál es la altura del corte transversal?

____

Evaluación e intervención en línea
my.hrw.com

Resolver problemas de varios pasos

Puedes escribir y resolver ecuaciones que representen problemas de la vida real relacionados con las relaciones en geometría.

EJEMPLO 3

6.G.1

John y Mary hacen un telón con rollos de tela para la obra de su clase. La pieza rectangular de tela en cada rollo mide 2.5 pies por 15 pies. Si el área del telón es de 200 pies cuadrados, ¿cuál es el número mínimo de rollos que necesitan?

Analiza la información

Vuelve a escribir la pregunta como un enunciado.

- Calcula el número mínimo de rollos de tela necesarios para cubrir un área de 200 pies cuadrados.

Haz una lista con la información importante.

- Cada rollo de tela es un rectángulo de 2.5 por 15 pies.
- El área del telón es de 200 pies cuadrados.

Formula un plan

Escribe una ecuación para calcular el área de cada rollo de tela.

Con el área del telón y el área de cada rollo, escribe una ecuación para calcular el número mínimo de rollos necesarios.

Resuelve

PASO 1 Escribe una ecuación para calcular el área de cada rollo de tela.

$A = la$

$A = 15 \cdot 2.5$

$A = 37.5$ pies cuadrados

PASO 2 Escribe una ecuación para calcular el número mínimo de rollos.

$n = 200 \div 37.5$

$n = 5\frac{1}{3}$

PASO 3 El problema pide el número mínimo de rollos necesarios. Dado que 5 rollos no serán suficientes, se necesitarán 6 rollos para hacer el telón.

John y Mary necesitarán 6 rollos de tela para hacer el telón.

Justifica y evalúa

El área de cada rollo es aproximadamente 38 pies^2. Como 38 pies$^2 \cdot 6 = 228$ pies^2, la respuesta es razonable.

ES TU TURNO

4. Un campo con forma de paralelogramo dentro de un parque necesita césped. El paralelogramo tiene una base de 21.5 metros y una altura de 18 metros. El césped se vende en plataformas de 50 metros cuadrados. ¿Cuántas plataformas de césped se necesitan para llenar el campo?

____

Práctica con supervisión

1. Un pañuelo triangular tiene un área de 70 pulgadas cuadradas. La altura del triángulo es $8\frac{3}{4}$ pulgadas. Escribe y resuelve una ecuación para calcular la longitud de la base del triángulo. (Ejemplo 1)

____

2. La tapa de un escritorio tiene forma de trapecio. Las bases del trapecio son de 26.5 y de 30 centímetros de longitud. El área del escritorio es de 791 centímetros cuadrados. La altura del trapecio es el ancho del escritorio. Escribe y resuelve una ecuación para calcular el ancho del escritorio. (Ejemplo 2)

____

3. Taylor quiere pintar una terraza rectangular que mide 42 pies de longitud y 28 pies de ancho. Un galón de pintura cubre aproximadamente 350 pies cuadrados. ¿Cuántos galones de pintura necesitará Taylor para cubrir toda la terraza? (Ejemplo 3)

   Escribe una ecuación para calcular el ____________ de la terraza.

   Escribe y resuelve la ecuación.

   Escribe una ecuación para calcular el ______________________.

   Escribe y resuelve la ecuación.

   Taylor necesitará ________ galones de pintura.

ÉNFASIS EN LA PREGUNTA ESENCIAL

4. ¿Cómo puedes resolver problemas sobre áreas de rectángulos, paralelogramos, trapecios y triángulos con ecuaciones?

____

____

Nombre ______________________ Clase ______________ Fecha ______________

13.3 Práctica independiente

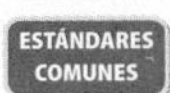
6.G.1, 6.EE.7

Entrenador personal en matemáticas

my.hrw.com

Evaluación e intervención en línea

5. Una ventana con forma de paralelogramo tiene un área de $18\frac{1}{3}$ pies cuadrados. La altura de la ventana es de $3\frac{1}{3}$ pies. ¿Cuál es la longitud de la base de la ventana? ______

6. Una vela triangular de un barco tiene una base de 2.5 metros. El área de la vela es de 3.75 metros cuadrados. ¿Qué altura tiene la vela? ______

7. Una sección de un vitral tiene forma de trapecio. La base superior es de 4 centímetros y la base inferior es de 2.5 centímetros. Si el área de la sección del vitral es de 3.9 centímetros cuadrados, ¿qué altura tiene la sección? ______

8. **Varios pasos** Amelia quiere pintar tres paredes de su salón. Dos paredes miden 26 pies de longitud y 9 pies de ancho. La otra pared mide 18 pies de longitud y 9 pies de ancho.

   a. ¿Cuál es el área total de las paredes que Amelia quiere pintar? ______

   b. Cada galón de pintura cubre aproximadamente 250 pies cuadrados. ¿Cuántos galones de pintura deberá comprar Amelia para pintar las paredes? ______

9. **Razonamiento crítico** El área de un bloque triangular es de 64 pulgadas cuadradas. Si la base del triángulo es dos veces la altura, ¿cuál es la longitud de la base y de la altura del triángulo? ______

10. **Varios pasos** Alex necesita barnizar la parte superior y la inferior de una docena de tablones rectangulares de madera. Los tablones tienen 8 pies de longitud y 3 pies de ancho. Cada pinta de barniz cubre aproximadamente 125 pies cuadrados y cuesta $3.50.

    a. ¿Cuál es el área total que Alex necesita barnizar? ______

    b. ¿Cuánto le costará a Alex barnizar todos los tablones de madera? ______

11. **Varios pasos** Lisa corta parches triangulares congruentes con un área de 45 centímetros cuadrados de una pieza de tela rectangular que tiene 18 centímetros de longitud y 10 centímetros de ancho. ¿Cuántos parches puede cortar si tiene 32 piezas de tela? ______

12. **Varios pasos** Un granjero necesita comprar fertilizante para dos campos. Un campo tiene forma de trapecio y el otro tiene forma de triángulo. El campo con forma de trapecio tiene bases de 35 y 48 yardas y una altura de 26 yardas. El campo triangular tiene la misma altura que el campo trapecial y una base de 39 yardas. Cada bolsa de fertilizante cubre 150 yardas cuadradas. ¿Cuántas bolsas de fertilizante necesita comprar el granjero? ______

13. Una cancha para jugar tenis individual tiene 78 pies de longitud y 27 pies de ancho.

a. La cancha para jugar dobles es 9 pies más ancha que la cancha para individual. ¿Cuánto mayor es el área de la cancha para dobles? ______

b. La cancha junior, para jugadores de hasta 8 años, tiene 36 pies de longitud y 18 pies de ancho. ¿Cuánta más área tiene la cancha para individuales? ______

c. La cancha para jugadores de hasta 10 años es 18 pies más corta que la de individuales. ¿Cuánto mayor es el área de la cancha para individuales? ______

14. **Saca conclusiones** El corte transversal de un lingote de metal es un trapecio. El corte transversal tiene un área de 39 centímetros cuadrados. La base superior es de 12 centímetros. La longitud de la base inferior es 2 centímetros más grande que la de la base superior. ¿Cuál es la altura del lingote? Explica.

______

______

______

ENFOQUE EN ALTA CAPACIDAD DE RAZONAMIENTO

Área de trabajo

15. **Analiza relaciones** Un espejo está formado por dos paralelogramos congruentes como se muestra en el diagrama. Los paralelogramos tienen un área combinada de $9\frac{1}{3}$ yardas cuadradas. La altura de cada paralelogramo es de $1\frac{1}{3}$ yardas.

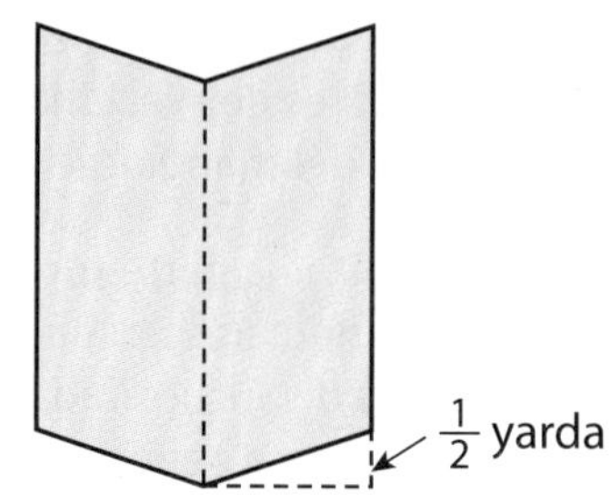

a. ¿Cuál es la longitud de la base de cada paralelogramo?

______

b. ¿Cuál es el área del *rectángulo* de pared más pequeño en el cual cabría el espejo?

______

16. **Persevera en la resolución de problemas** Una pintura hecha con acuarelas tiene 20 pulgadas de longitud por 9 pulgadas de ancho. Ramón hace un marco alrededor de la acuarela que le suma una pulgada a cada lado de la longitud y del ancho. ¿Cuál es el área del marco?

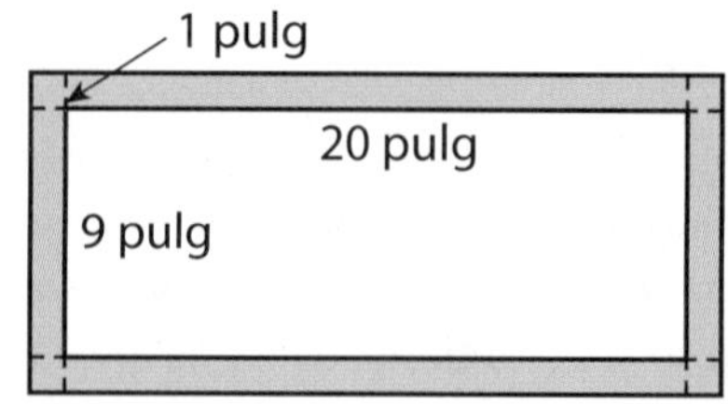

______

LECCIÓN

13.4 Área de polígonos

6.G.1

Find the area of . . . polygons by composing into rectangles or decomposing into triangles and other shapes . . . .

PREGUNTA ESENCIAL

¿Cómo puedes calcular el área de un polígono descomponiéndolo en figuras más simples?

ACTIVIDAD PARA EXPLORAR

6.G.1

Calcular áreas usando tangrams

Un tangram es un cuadrado divido en figuras más pequeñas. El área del cuadrado pequeño es 1 unidad cuadrada. Usa un tangram para calcular el área de cada una de sus piezas.

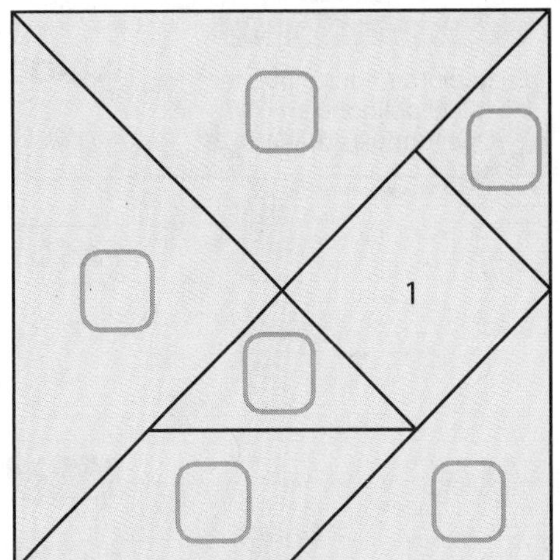

A Coloca uno de los triángulos grandes sobre el otro triángulo grande. ¿Qué es cierto sobre estos dos triángulos? ¿Qué significa esto con respecto a las áreas de estos dos triángulos?

____

B Coloca los dos triángulos pequeños sobre el cuadrado. ¿Cuál es el área de cada triángulo pequeño? Escribe esta área en el diagrama. ________________

C Ordena el cuadrado y uno de los triángulos pequeños como se muestra.

¿Cuál es el área combinada? ______________________________

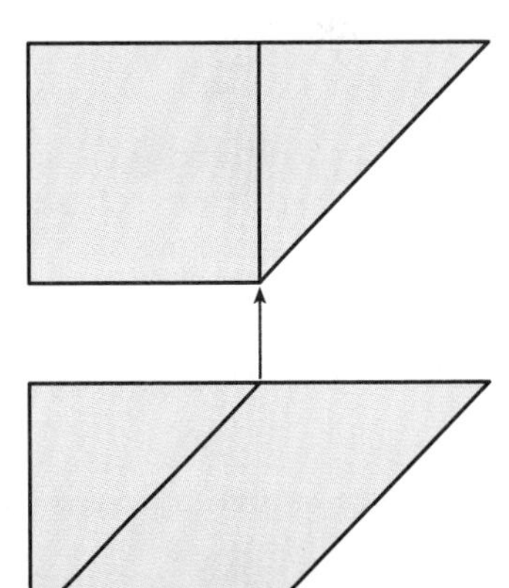

Coloca el paralelogramo y el otro triángulo pequeño sobre el triángulo y el cuadrado combinados. ¿Cuál es el área del paralelogramo? Explica.

____

____

____

____

Reflexiona

1. Razonamiento crítico Completa el resto del diagrama rellenando las áreas restantes. Explica cómo obtuviste las respuestas.

____

____

____

Calcular áreas de polígonos

Puedes calcular las áreas de polígonos descomponiéndolos en figuras más pequeñas. Luego, puedes aplicar las fórmulas de área que ya conoces.

EJEMPLO 1

ESTÁNDARES COMUNES 6.G.1

Calcula el área de cada polígono.

Charla matemática
Prácticas matemáticas

¿En qué otras figuras puedes dividir el polígono en **A**? ¿Qué fórmulas usarías?

A **PASO 1** En el diagrama, traza un segmento de recta horizontal que divida al polígono en un rectángulo y un triángulo.

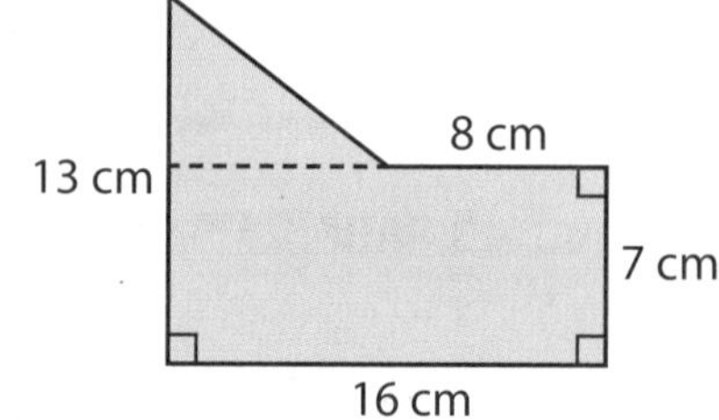

PASO 2 Calcula el área del rectángulo.

$A = bh = 16 \cdot 7 = \mathbf{112}$ centímetros cuadrados

PASO 3 Calcula el área del triángulo.

$b = 16 - 8 = 8$ $\quad$ $h = 13 - 7 = 6$

$A = \frac{1}{2}bh = \frac{1}{2} \cdot 8 \cdot 6 = \mathbf{24}$ centímetros cuadrados

PASO 4 Suma las áreas de los Pasos 2 y 3 para calcular el área total.

$A = \mathbf{112} + \mathbf{24} = 136$ centímetros cuadrados

B **PASO 1** Extiende el borde superior y el borde derecho del polígono para formar un cuadrado con lados de 60 pies. Calcula el área de este cuadrado.

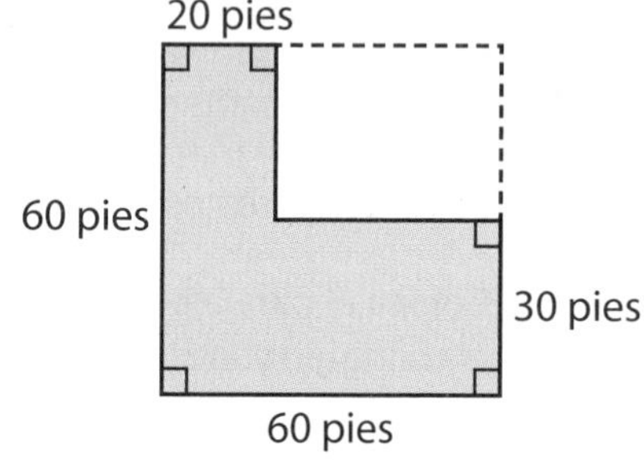

$60 \cdot 60 = \mathbf{3600}$ pies cuadrados

PASO 2 Observa que el cuadrado que dibujaste tiene una "pieza rectangular que falta". Calcula el área de esta pieza faltante.

$b = 60 - 20 = 40$ $\quad$ $h = 60 - 30 = 30$

$A = bh = 40 \cdot 30 = \mathbf{1200}$ pies cuadrados

PASO 3 Resta el área del Paso 2 del área del Paso 1.

$A = \mathbf{3600} - \mathbf{1200} = 2400$ pies cuadrados

Reflexiona

2. Describe otra manera de calcular el área del polígono en **B**.

____

____

ES TU TURNO

Calcula el área de cada polígono.

3. 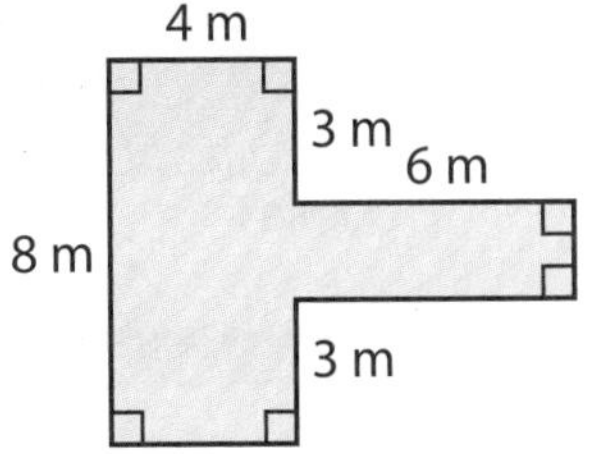

$A =$ ________ metros cuadrados

4. 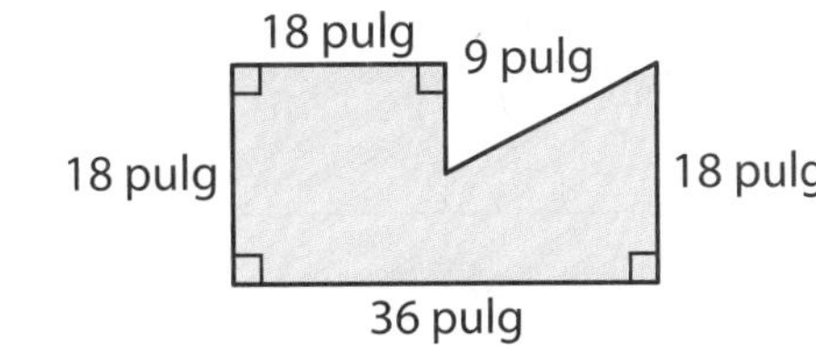

$A =$ ________ pulgadas cuadradas

Resolver problemas de la vida real

Puedes aplicar la técnica de dividir una figura en figuras más pequeñas para resolver problemas que pidan calcular el área.

EJEMPLO 2 

ESTÁNDARES COMUNES 6.G.1

Mis notas

El diagrama muestra la forma y las dimensiones del jardín de rosas de Teresa.

15 pies, 9 pies, 18 pies, 24 pies

A Calcula el área del jardín.

PASO 1 En el diagrama, traza un segmento de recta horizontal que divida al polígono en dos rectángulos, uno encima del otro.

PASO 2 Calcula el área del rectángulo más pequeño (superior).

$A = bh = 15 \cdot 9 = \mathbf{135}$ pies cuadrados

PASO 3 Calcula el área del rectángulo más grande (inferior).

La base del rectángulo más grande es de 24 pies.

La altura es de $18 - 9 = 9$ pies.

$A = bh = 24 \cdot 9 = \mathbf{216}$ pies cuadrados

PASO 4 Suma las áreas de los Pasos 2 y 3 para calcular el área total.

$A = \mathbf{135} + \mathbf{216} = 351$ pies cuadrados.

El área del jardín es de 351 pies cuadrados.

B Teresa quiere comprar una cubierta vegetal para su jardín. Una bolsa de cubierta vegetal cubre 12 pies cuadrados. ¿Cuántas bolsas necesitará?

$\frac{351 \text{ pies cuadrados}}{12 \text{ pies cuadrados}} = 29.25$ *Divide para calcular el número de bolsas necesarias.*

Teresa necesitará comprar 30 bolsas de cubierta vegetal.

ES TU TURNO

5. El diagrama muestra los planos del piso de la recepción de un hotel. Si el pie cuadrado de alfombra cuesta $3, ¿cuánto costará alfombrar la recepción?

____

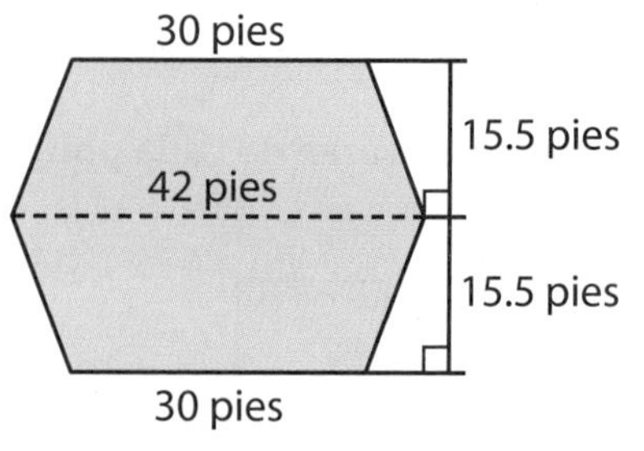

Práctica con supervisión

1. En el diagrama, el área del cuadrado grande es 1 unidad cuadrada. Dos segmentos diagonales dividen el cuadrado en cuatro triángulos de igual tamaño. Dos de estos triángulos están divididos en triángulos más pequeños azules y rojos con la misma altura y la misma base. Calcula el área de un triángulo rojo. (Actividad para explorar)

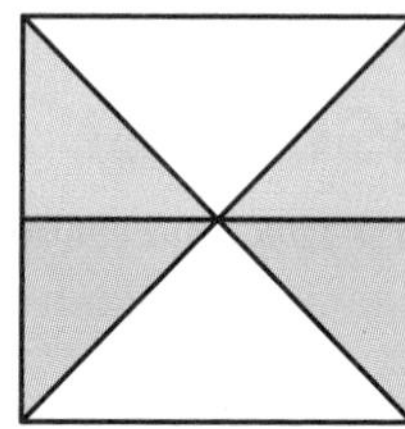

____

Calcula el área de cada polígono. (Ejemplo 1)

2. 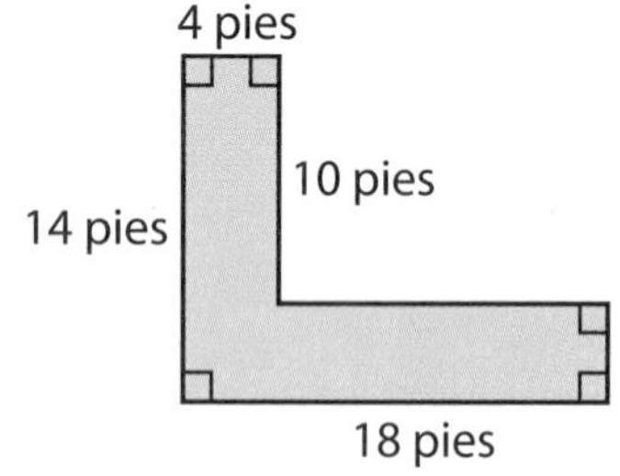

$A =$ _______________ pies cuadrados

3. 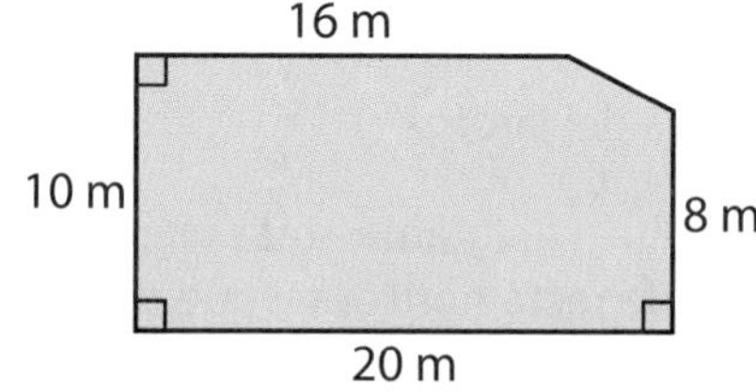

$A =$ _______________ metros cuadrados

4. Jess pinta una flecha gigante en un patio de juegos. Calcula el área de la flecha gigante. Si una lata de pintura cubre 100 pies cuadrados, ¿cuántas latas de pintura deberá comprar Jess? (Ejemplo 2)

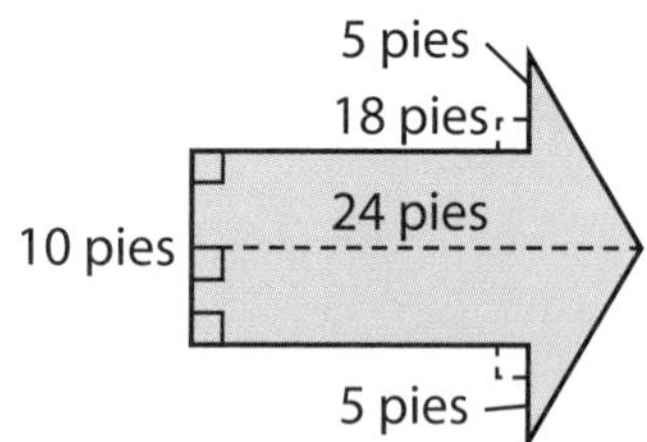

____

ÉNFASIS EN LA PREGUNTA ESENCIAL

5. ¿Cómo puedes calcular el área de un polígono para el cual no conoces una fórmula de área?

____

____

____

Nombre ________________ Clase ________________ Fecha ________________

13.4 Práctica independiente

6.G.1

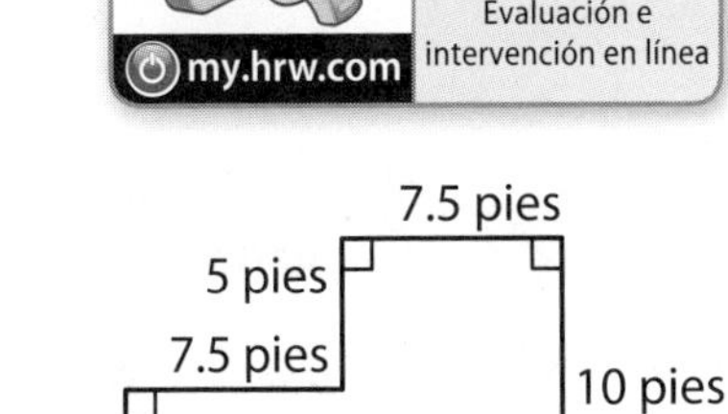

6. En el siguiente plano, se muestra la pequeña habitación que Alice quiere alfombrar de pared a pared.

7.5 pies
5 pies
7.5 pies
10 pies
5 pies
15 pies

a. Alice dice que puede calcular el área de la habitación dividiendo el plano en dos trapecios. Muestra cómo puede dividir el plano. Luego, calcula el área usando su método.

____

b. Describe otra manera de calcular el área.

____

____

c. ¿Cuánto pagará Alice por una alfombra que cuesta $4.50 por pie cuadrado?

____

7. En al patio trasero de Hal hay una terraza, un pasillo y un jardín.

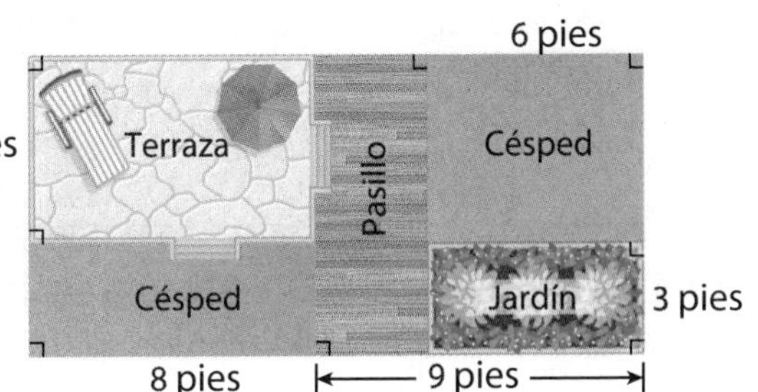

a. ¿Aproximadamente qué porcentaje del área total del patio de Hal ocupa la terraza, el pasillo y el jardín? Redondea al porcentaje entero más cercano.

____

b. Uno de los lados largos del patio de Hal está pegado a la parte trasera de su casa. Hal quiere construir una cerca que cuesta $9.75 por pie alrededor de los otros tres lados. ¿Cuánto gastará Hal en su cerca nueva? ______________

8. Los estudiantes en una clase de ebanistería hicieron una mesa con la forma que se muestra en la figura.

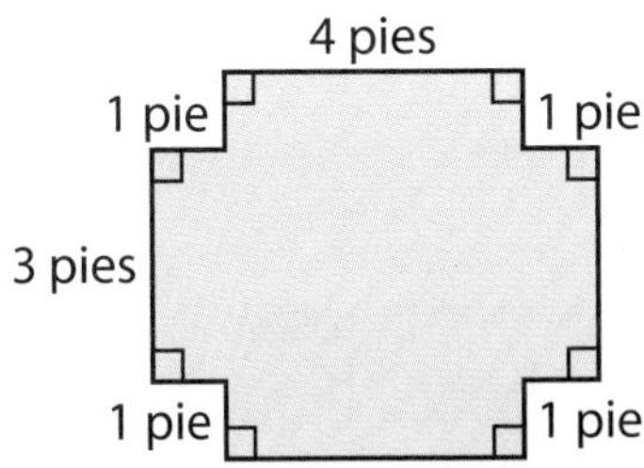

a. ¿Cuál es el área del tablero de la mesa?

____

b. Uno de los estudiantes quiere hacer el tablero de una mesa con forma de triángulo rectángulo. Éste tendrá la misma área que el de la figura. ¿Cuáles pueden ser las posibles medidas de los lados del tablero que forman el ángulo recto? Explica.

____

____

____

9. Varios pasos Chelo hace banderines con forma de triángulo de un retazo rectangular de tela. Ella recorta dos banderines rectangulares como se muestra.

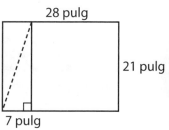

28 pulg

21 pulg

7 pulg

a. ¿Cuál es el área de un banderín triangular?

____

b. ¿Cuáles son las dimensiones de la tela que sobra después que Chelo recorta los dos banderines?

____

c. ¿Cuál es el número máximo de banderines que Chelo puede recortar de la tela? ¿Usará toda la tela?

____

Área de trabajo

H.O.T. ENFOQUE EN ALTA CAPACIDAD DE RAZONAMIENTO

10. Persevera en la resolución de problemas La base de un paralelogramo tiene 8 unidades y la altura tiene 5 unidades. Un segmento divide al paralelogramo en dos trapecios idénticos. La altura de cada trapecio es de 5 unidades. En la cuadrícula de la derecha, dibuja el paralelogramo y los dos trapecios. Luego, calcula el área de uno de los trapecios.

____

11. Persevera en la resolución de problemas La figura de la derecha es un cuadrado con un agujero triangular en uno de los lados. La razón de la altura h del triángulo a la longitud lateral del cuadrado es de 7 a 8. La razón de la base b del triángulo a la longitud lateral del cuadrado es de 1 a 2. Si el área del cuadrado es de 64 pulgadas cuadradas, ¿cuál es el área de la parte sombreada del cuadrado? Muestra el trabajo.

b

h

____

____

____

____

____

____

____

¿Listo para seguir?

13.1 Área de cuadriláteros

1. Calcula el área de la figura.

____

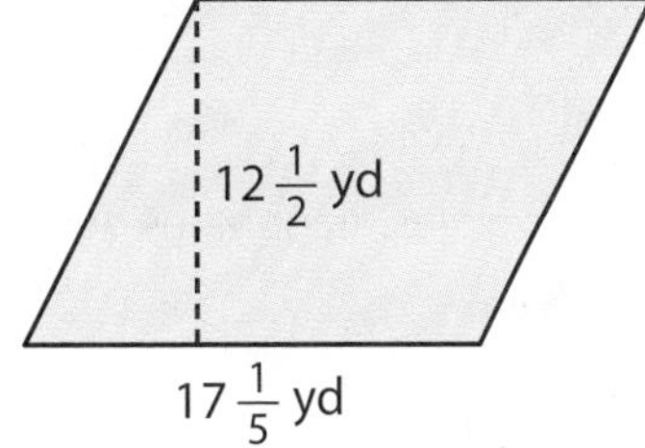

13.2 Área de triángulos

2. Calcula el área del triángulo.

____

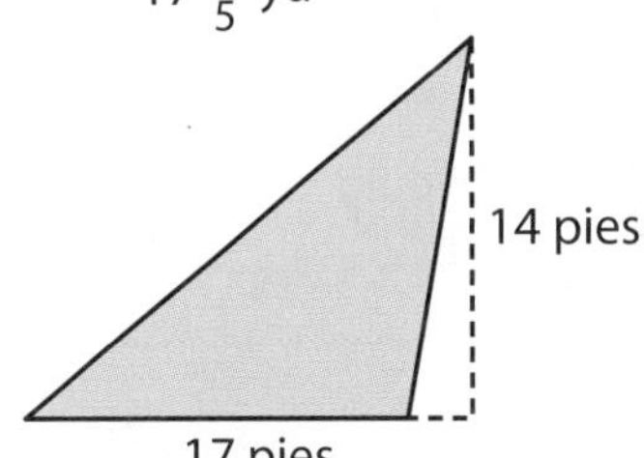

13.3 Resolver ecuaciones de área

3. Un vidrio de una ventana triangular tiene una altura de 30 pulgadas y un área de 270 pulgadas cuadradas. ¿Cuál es la longitud de la base del vidrio?

____

4. La tapa de una mesa con forma de trapecio tiene un área de 6,550 centímetros cuadrados. La base más larga mide 115 centímetros y la base más corta mide 85 centímetros. ¿Cuál es la altura?

____

13.4 Área de polígonos

5. Calcula el área del polígono.

________ centímetros cuadrados

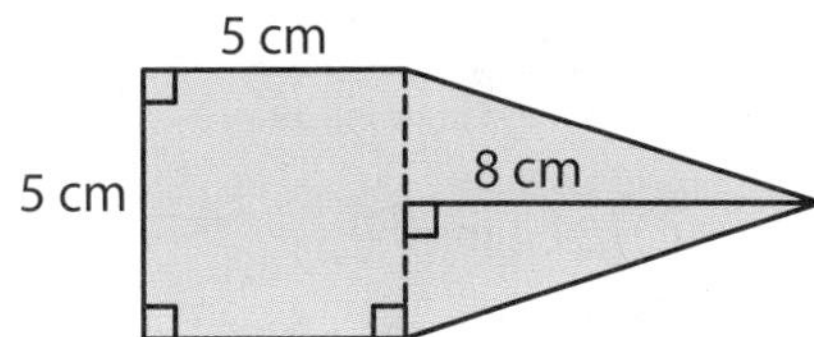

PREGUNTA ESENCIAL

6. ¿Cómo puedes usar las fórmulas del área para calcular el área de un polígono irregular?

____

____

____

____

MÓDULO 13 REPASO MIXTO

Preparación para la evaluación

Respuesta seleccionada

1. Si se dan las longitudes de las diagonales del rombo, ¿Cuál es el área?

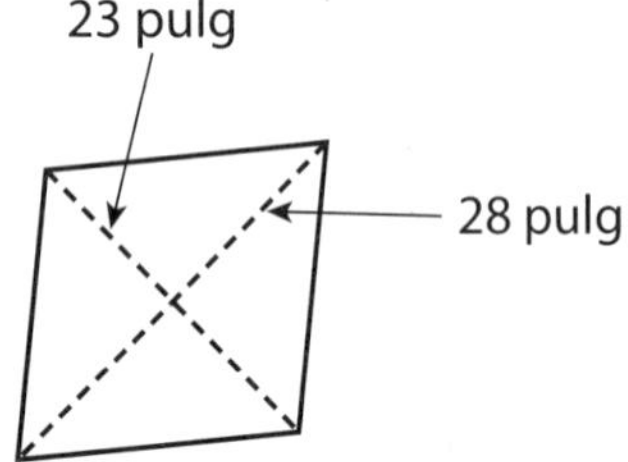

Ⓐ 161 pulg^2 Ⓒ 644 pulg^2

Ⓑ 322 pulg^2 Ⓓ 966 pulg^2

2. ¿Cuál es el área del triángulo que se muestra a continuación si el valor de h es $\frac{3}{4}$ de la longitud del lado que está rotulado en la figura?

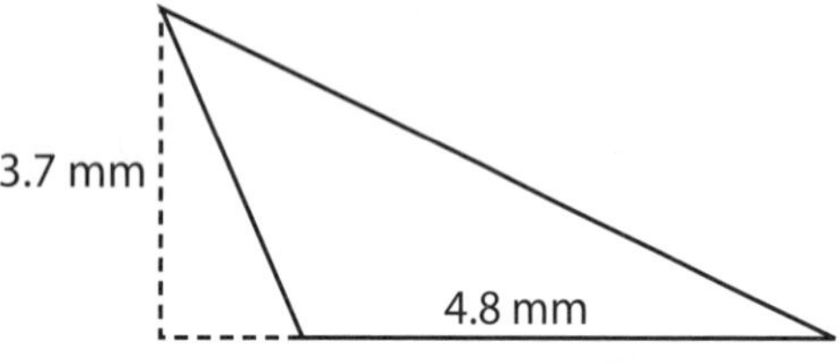

Ⓐ 3.6 mm^2 Ⓒ 8.64 mm^2

Ⓑ 6.4 mm^2 Ⓓ 17.28 mm^2

3. Tim diseña un logo el cual es un polígono cuya forma es un cuadrado unido a un triángulo equilátero. Ambos tienen lados que miden 2 centímetros y el triángulo equilátero tiene una altura de aproximadamente 1.7 cm. Calcula el área del logo.

Ⓐ 1.7 cm^2 Ⓒ 5.7 cm^2

Ⓑ 4 cm^2 Ⓓ 7.4 cm^2

4. El trapecio que se muestra a continuación tiene un área de 1,575 cm^2.

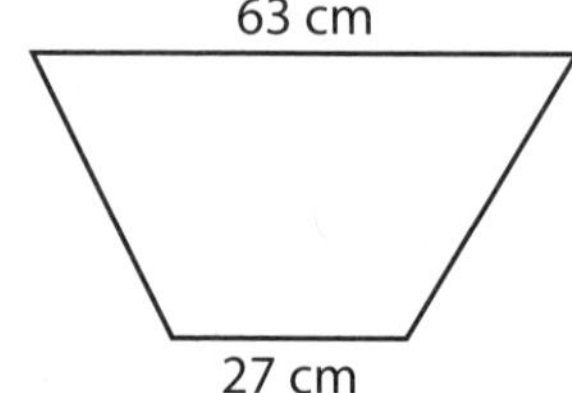

¿Qué ecuación podrías resolver para calcular la altura del trapecio?

Ⓐ $45h = 1{,}575$ Ⓒ $850.5h = 1{,}575$

Ⓑ $90h = 1{,}575$ Ⓓ $1{,}701h = 1{,}575$

Minitarea

5. Cindy diseña una fuente rectangular en un patio. El resto del patio se cubrirá con piedras.

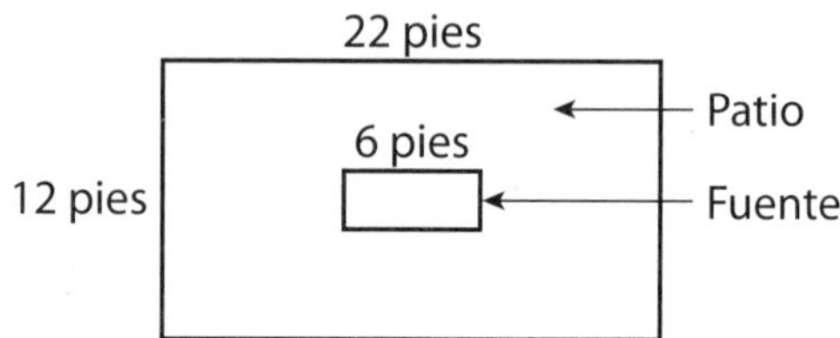

La parte del patio que se cubrirá con piedras tiene un área de 246 pies cuadrados.

a. ¿Cuál es el ancho de la fuente?

____

b. ¿Qué fracción del área del patio ocupará la fuente?

____

Distancia y área en el plano cartesiano

PREGUNTA ESENCIAL

¿Qué pasos podrías tomar para resolver un problema sobre polígonos dadas las coordenadas de sus vértices?

LECCIÓN 14.1

Distancia en el plano cartesiano

6.NS.6b, 6.NS.8

LECCIÓN 14.2

Polígonos en el plano cartesiano

6.G.3

Vídeo de la vida real

Muchas ciudades están diseñadas en una cuadrícula. Puedes usar las longitudes de las cuadras para calcular perímetros y áreas como lo haces en un plano cartesiano.

my.hrw.com

APRENDE EN LÍNEA

my.hrw.com

my.hrw.com

Las versiones digitales de todas las páginas del libro del estudiante están disponibles en línea.

Matemáticas al instante

Escanea con tu celular para entrar directamente en la edición en línea del Vídeo tutorial y más.

Matemáticas en acción

Explora interactivamente los conceptos clave para ver cómo funcionan las matemáticas.

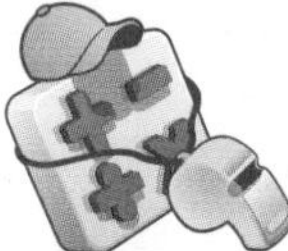

Entrenador personal en matemáticas

Obtén comentarios y ayuda al instante a medida que trabajas en las prácticas.

¿Estás listo?

Completa estos ejercicios para repasar las destrezas que necesitarás en este módulo.

Entrenador personal en matemáticas

Evaluación e intervención en línea

Representar gráficamente pares ordenados

EJEMPLO Calcula las coordenadas del punto *A*.

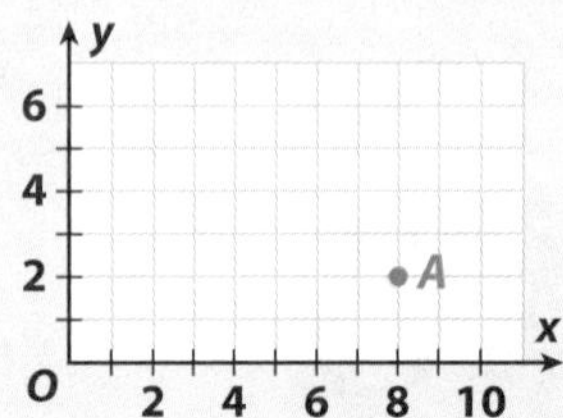

Comienza en *O*.
Cuenta 8 unidades a la derecha y 2 unidades hacia arriba desde *O*.

Las coordenadas del punto *A* son (8, 2).

Escribe el par ordenado para cada punto que se muestra en la gráfica.

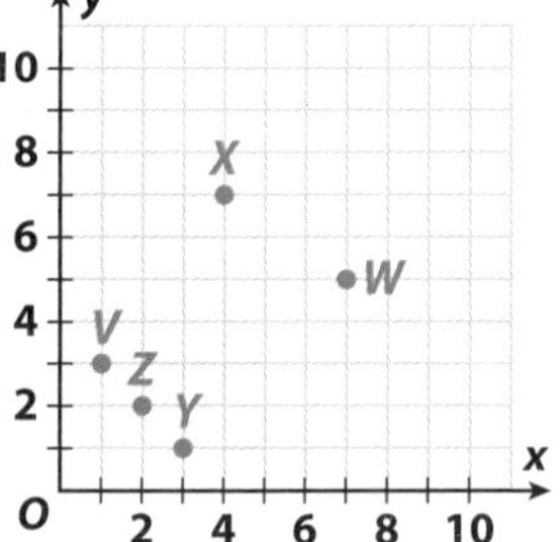

1. Punto *V* ____________

2. Punto *W* ____________

3. Punto *X* ____________

4. Punto *Y* ____________

5. Punto *Z* ____________

Identificar polígonos

EJEMPLO Escribe el tipo de polígono.

Cuenta el número de lados.
Compara los lados.
Compara los ángulos.

Hay 4 lados y ángulos congruentes. La figura es un rombo.

Identifica cada figura. Elige entre hexágono, triángulo isósceles, triángulo rectángulo y trapecio.

6. 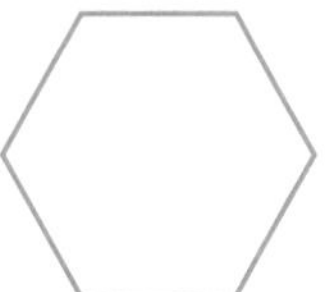 ____________

7. 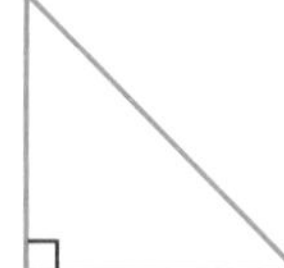 ____________

Práctica de vocabulario

Visualiza el vocabulario

Usa las palabras con ✔ para completar la gráfica.

Usa las coordenadas para calcular la distancia desde el origen hasta cada	→	Suma o resta éstos para calcular la distancia entre dos puntos en un plano cartesiano
		↓
Si se forma un rectángulo, multiplica la base por la altura para calcular el	←	Si se forma una figura, suma los lados para calcular el

Vocabulario

Palabras de repaso

✔ área *(area)*
✔ eje *(axis)*
✔ perímetro *(perimeter)*
plano cartesiano *(coordinate plane)*
✔ valor absoluto *(absolute value)*

Palabas nuevas

polígono *(polygon)*
reflexión *(reflection)*
vértice *(vertex)*

Comprende el vocabulario

Completa las oraciones usando las palabras nuevas.

1. La esquina de un rectángulo se llama ____________________.
2. La manera como aparece una imagen en un espejo es una ________________.
3. Una figura bidimensional con lados rectos es un ____________________.

Lectura con propósito

Plegado de dos paneles Crea un plegado de dos paneles como ayuda para entender los conceptos en la Lección 14.1. Rotula una de las solapas "Reflexiones sobre el eje *x*" y rotula la otra "Reflexiones sobre el eje *y*". Escribe ideas importantes sobre cada tipo de reflexión en la solapa apropiada.

MÓDULO 14

Desglosar los estándares

Comprender los estándares y las palabras de vocabulario te ayudará a saber exactamente lo que se espera que aprendas en este módulo.

ESTÁNDARES COMUNES 6.NS.8

Resolver problemas de la vida real y matemáticos representando gráficamente puntos en los cuatro cuadrantes del plano cartesiano. Incluir el uso de coordenadas y valor absoluto para calcular distancias entre puntos con la misma primera coordenada o la misma segunda coordenada.

Lo que significa para ti

Calcularás la distancia entre dos puntos en un plano cartesiano.

DESGLOSAR EL EJEMPLO 6.NS.8

Calcula la distancia entre los puntos *A* y *B*.

Suma los valores absolutos de las coordenadas *y*.

$= |3| + |-4|$

$= 3 + 4$

$= 7$

La distancia entre los puntos *A* y *B* es 7 unidades.

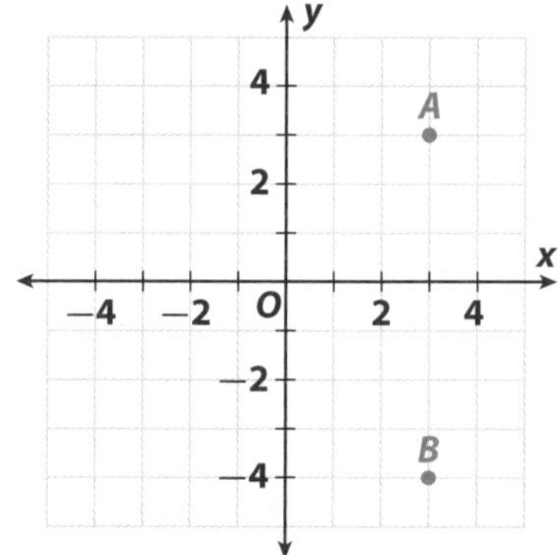

ESTÁNDARES COMUNES 6.G.3

Dibujar polígonos en el plano cartesiano dadas las coordenadas de los vértices; ... aplicar estas técnicas en el contexto de resolver problemas matemáticos y de la vida real.

Lo que significa para ti

Puedes dibujar polígonos en un plano cartesiano marcando los vértices y conectándolos.

DESGLOSAR EL EJEMPLO 6.G.3

¿Qué tipo de polígono puedes formar cuando marcas estos puntos?

Punto *A* (−4, 2)

Punto *B* (2, 2)

Punto *C* (−4, −2)

Punto *D* (2, −2)

Conecta cada punto.

Los puntos forman un rectángulo.

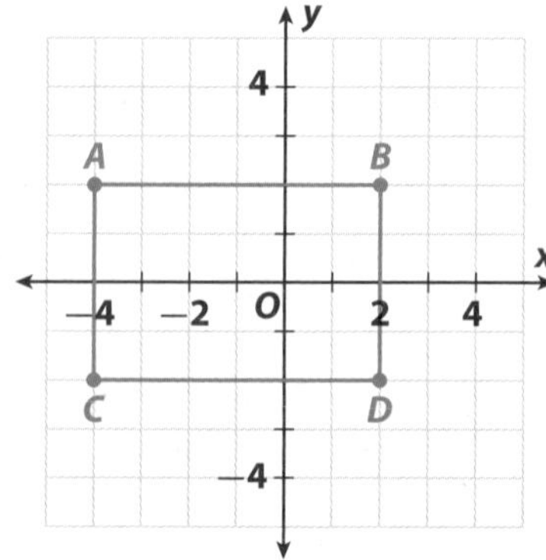

Visita **my.hrw.com** para ver todos los **Estándares comunes** desglosados.

my.hrw.com

LECCIÓN 14.1

Distancia en el plano cartesiano

6.NS.8

Solve. . .problems by graphing points. . . .Include use of coordinates and absolute value to find distances between points. . . . *Also* 6.NS.6b

PREGUNTA ESENCIAL

¿Cómo puedes usar el valor absoluto para calcular la distancia entre dos puntos con las mismas coordenadas *x* o *y*?

ACTIVIDAD PARA EXPLORAR 1

6.NS.6b

Reflejar en el plano cartesiano

Un punto en un plano cartesiano se puede *reflejar* sobre un eje. La **reflexión** se ubica en el lado opuesto del eje a la misma distancia del mismo.

Si es necesario, sostén el papel contra la luz para ver la reflexión.

Dibuja un plano cartesiano en papel cuadriculado. Rotula ambos ejes de −10 a 10.

A Marca el punto (3, −2). Luego, dobla el plano cartesiano sobre el eje *y* y calcula la reflexión de (3, −2). Anota las coordenadas del punto nuevo en la tabla.

B Desdobla el plano cartesiano. Luego, dóblalo sobre el eje *x* y calcula la reflexión del punto (3, −2). Anota las coordenadas del punto nuevo en la tabla.

C Elige tres puntos adicionales y repite los pasos **A** y **B**.

Punto	Reflexión sobre el eje *y*	Reflexión sobre el eje *x*
(3, −2)		

Reflexiona

1. ¿Cuál es la relación entre las coordenadas de un punto y las coordenadas de su reflexión sobre cada eje?

____

____

____

2. **Haz una conjetura** Un punto se refleja sobre el eje *y*. Luego, el punto reflejado se refleja sobre el eje *x*. ¿Qué relación tendrán las coordenadas del punto final con las coordenadas del punto original?

____

____

Calcular distancias en el plano cartesiano

También puedes usar los valores absolutos para calcular distancias entre dos puntos que tengan las mismas coordenadas *x* o las mismas coordenadas *y* en un plano cartesiano.

EJEMPLO 1

ESTÁNDARES COMUNES 6.NS.6b

Calcula cada distancia.

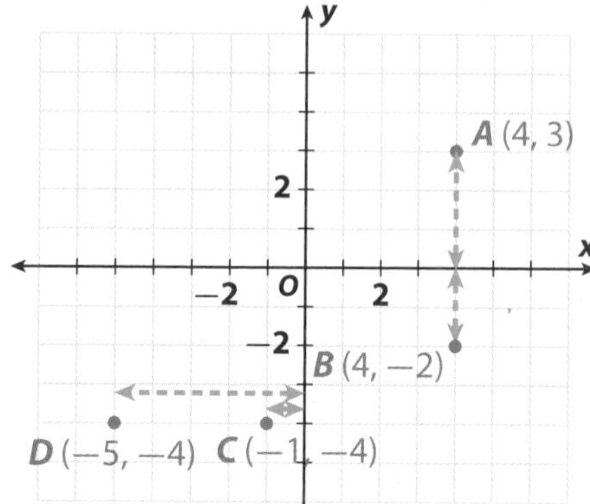

A ¿Cuál es la distancia entre el punto *A* y el punto *B*?

PASO 1 Calcula la distancia entre el punto *A* y el eje *x*.

La coordenada *y* es 3, entonces el punto *A* está a $|3|$ unidades del eje *x*.

PASO 2 Calcula la distancia entre el punto *B* y el eje *x*.

La coordenada *y* es -2, entonces el punto *B* está a $|-2| = 2$ unidades del eje *x*.

PASO 3 Calcula la suma de las distancias.

Distancia de *A* a $B = |3| + |-2| = 3 + 2 = 5$ unidades.

B ¿Cuál es la distancia entre el punto *D* y el punto *C*?

PASO 1 Calcula la distancia entre el punto *D* y el eje *y*.

El punto *D* está a $|-5| = 5$ unidades del eje *y*.

PASO 2 Calcula la distancia entre el punto *C* y el eje *y*.

El punto *C* está a $|-1| = 1$ unidad del eje *y*.

PASO 3 Calcula la distancia entre *C* y *D* calculando esta diferencia:

Distancia de *D* al eje *y* − distancia de *C* al eje *y*

$|-5| - |-1| = 4$ unidades

Charla matemática
Prácticas matemáticas

Un punto se refleja sobre el eje *y*. ¿Qué relación hay entre la distancia del punto y su reflexión a la distancia del punto original y el eje *y*? Explica.

ES TU TURNO

Calcula la distancia entre cada par de puntos.

3. $E(-4, 7)$ y $F(5, 7)$ ___________

4. $G(0, -5)$ y $H(0, -10)$ ___________

Entrenador personal en matemáticas
Evaluación e intervención en línea
my.hrw.com

Resolver problemas de distancia

Puedes resolver problemas usando la distancia entre puntos en una cuadrícula.

EJEMPLO 2

ESTÁNDARES COMUNES 6.NS. 8

Matemáticas al instante my.hrw.com

El plano cartesiano representa un mapa. Cada cuadrícula unitaria representa 20 millas. Una compañía minorista tiene almacenes en *M*(−70, 10) y *N*(50, 10). ¿Cuánto tiempo le toma a un camión que conduce a 40 millas por hora recorrer del almacén *M* al almacén *N*?

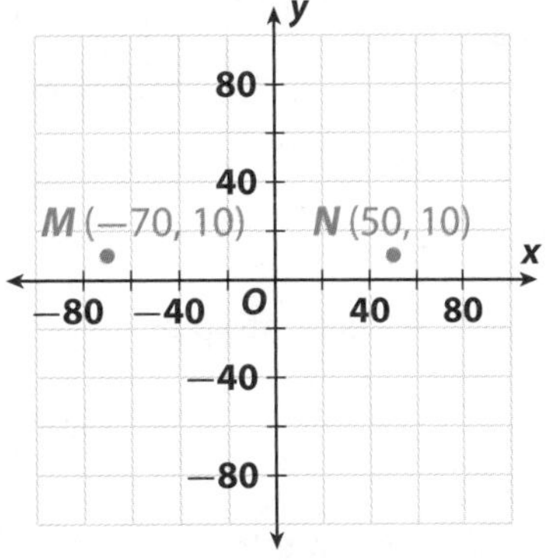

Analiza la información

Identifica la información importante.

- Un almacén está ubicado en *M*(−70, 10) y el otro está en *N*(50, 10).
- Un camión conduce de *M* a *N* a una velocidad de 40 millas por hora.

Formula un plan

- Calcula la distancia entre *M* y *N* sumando los valores absolutos de las coordenadas *x* de los puntos.
- Calcula el tiempo que le toma al camión recorrer la distancia usando la relación: distancia = tasa · tiempo.

Resuelve

Suma los valores absolutos de las coordenadas de las *x* para calcular la distancia entre el punto *M* y el punto *N* en la cuadrícula.

$$|-70| + |50| = 70 + 50 = 120$$

Los almacenes están a 120 millas uno del otro.

El camión recorre 120 millas a 40 mph. Como 120 = 40(3), el camión tardará 3 horas en viajar de *M* a *N*.

Justifica y evalúa

Calculaste la suma de los valores absolutos de las coordenadas *x* para obtener la distancia horizontal en la cuadrícula. Luego, usaste la fórmula distancia = tasa · tiempo para calcular el tiempo que le toma recorrer la distancia.

ES TU TURNO

5. Una tienda está ubicada en *P*(50, −30). ¿Cuánto tiempo le tomará a un camión conduciendo a 50 millas por hora recorrer del almacén *N* a la tienda?

____

Entrenador personal en matemáticas

Evaluación e intervención en línea

my.hrw.com

Práctica con supervisión

1. El punto (5, −2) se refleja sobre el eje *x*. ¿Cuáles son las coordenadas de la reflexión? (Actividad para explorar)

____

2. El punto (−6, 8) se refleja sobre el eje y. ¿Cuáles son las coordenadas de la reflexión? (Actividad para explorar)

____

Usa el plano cartesiano. (Ejemplo 1)

3. La distancia entre el punto *A* y el punto *B* es

unidades.

4. La distancia entre el punto *A* y el punto *C* es

unidades.

5. Marca la reflexión del punto *C* sobre el eje *y*.
¿Cuál es la distancia entre el punto *C* y su reflexión? ______________

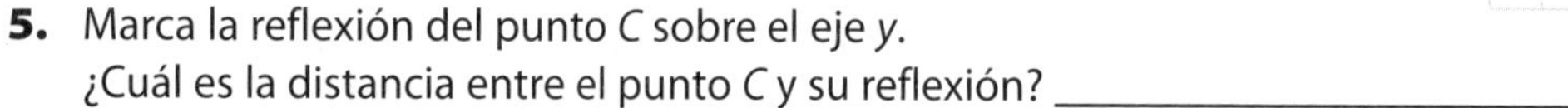

6. Marca la reflexión del punto *A* sobre el eje *x*.
¿Cuál es la distancia de la reflexión desde el eje *x*? ______________

Usa el mapa de la derecha. Cada cuadrícula del mapa representa 1 cuadra. (Ejemplo 2)

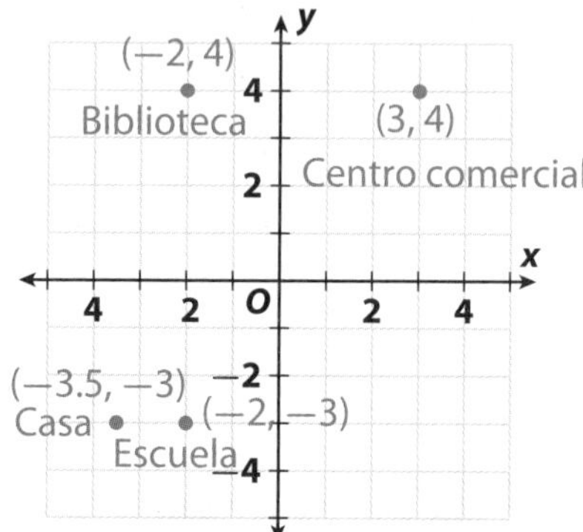

7. Yoko camina de la biblioteca al centro comercial. ¿Cuántas cuadras camina? ______________

8. Si Yoko camina una cuadra en 3 minutos, ¿cuánto tiempo le toma caminar de la escuela a la biblioteca? ¿Cuánto tiempo le toma caminar de la casa a la escuela?

____

ÉNFASIS EN LA PREGUNTA ESENCIAL

9. ¿Cómo usas el valor absoluto para calcular la distancia entre dos puntos que tienen las mismas coordenadas *x* pero diferentes coordenadas *y*?

____

____

____

____

Nombre ______ Clase ______ Fecha ______

14.1 Práctica independiente

ESTÁNDARES COMUNES 6.NS.6b, 6.NS.8

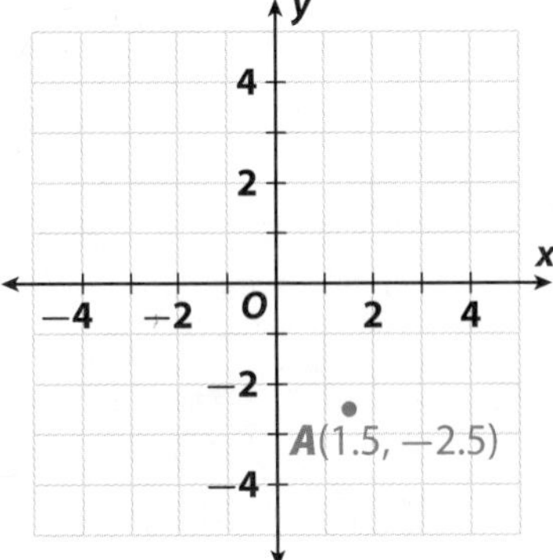

Usa el plano cartesiano.

10. Marca la reflexión del punto *A* sobre el eje *x*. ¿Cuáles son las coordenadas de la reflexión del punto *A* sobre el eje *x*? ¿Cuál es la distancia entre el punto *A* y su reflexión?

______

11. ¿Cómo puedes marcar la reflexión del punto *A* sobre el eje *y*? Escribe las coordenadas de la reflexión sobre el eje *y* e indica a cuántas unidades está la reflexión del punto *A*.

______

______

______

Calcula las coordenadas de cada punto después de la reflexión descrita. Da la distancia ente cada punto y su reflexión.

12. *R*(−5, 8) reflejado sobre el eje *x*. ______

13. *S*(−7, −3) reflejado sobre el eje *y*. ______

14. *T*(8, 2) reflejado sobre el eje *x*. ______

15. *U*(2.4, −1) reflejado sobre el eje *y*. ______

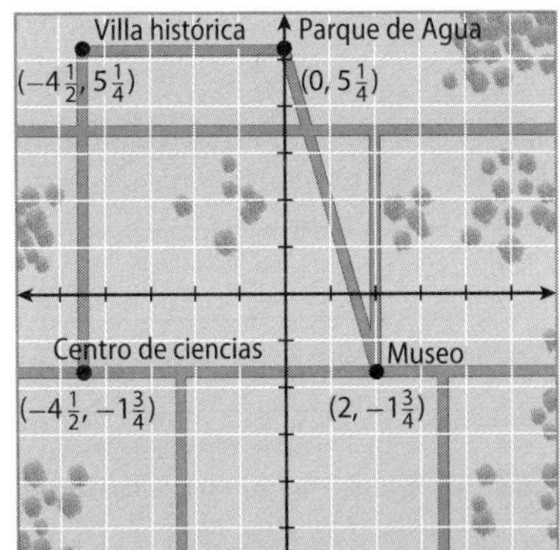

Pedro usa un sistema cartesiano para marcar en un mapa la ubicación de algunas atracciones turísticas en una ciudad grande. Cada unidad de la cuadrícula representa una milla.

16. El planetario, que no aparece marcado en el mapa, está a mitad del camino entre la villa histórica y el centro de ciencias. ¿Cuáles son las coordenadas del planetario?

______

17. Pedro quiere caminar desde la villa histórica hasta el centro de ciencias. Luego caminará desde el centro de ciencias al museo. Si camina a una rapidez de $4\frac{1}{2}$ millas por hora, ¿cuánto tiempo le tomará?

______

18. Pedro se queda en un hotel cuya ubicación es una reflexión sobre el eje *x* de la ubicación del museo. ¿En qué coordenadas se ubica el hotel de Pedro?

______

H.O.T. ENFOQUE EN ALTA CAPACIDAD DE RAZONAMIENTO

Área de trabajo

19. **Comunica ideas matemáticas** Deirdre marcó un punto *D* en el Cuadrante IV. Después de reflejar el punto sobre un eje, la reflexión quedó en el Cuadrante III. Escribe coordenadas posibles del punto *D* y su reflexión e indica por qué elegiste esas coordenadas.

20. **Explica el error** Jason marcó los puntos (4, 4) y (−4, −4) en un plano cartesiano. Dice que la distancia entre los dos puntos es 8 porque $|4| + |-4| = 8$. ¿Cuál es el error de Jason?

21. **Busca un patrón** Un punto se refleja sobre el eje *x* y luego se vuelve a reflejar sobre el eje *y*. ¿Serán iguales o diferentes las coordenadas después de estas dos reflexiones, si el punto se refleja primero sobre el eje *y* y luego sobre el eje *x*? Usa un ejemplo que apoye la respuesta.

22. **Explica el error** Bentley dice que la distancia entre *R*(−8, −3.5) y *S*(−8, −12) es $|-12| + |-3.5| = 15.5$ unidades. ¿Tiene razón Bentley? Explica la respuesta. Si Bentley no tiene razón, explica cómo calcular la distancia correcta entre los puntos.

LECCIÓN

14.2 Polígonos en el plano cartesiano

ESTÁNDARES COMUNES 6.G.3

Draw polygons in the coordinate plane;...find the length of a side... in the context of solving... problems.

PREGUNTA ESENCIAL

¿Cómo puedes resolver problemas dibujando polígonos en el plano cartesiano?

ACTIVIDAD PARA EXPLORAR En el mundo ESTÁNDARES COMUNES 6.G.3

Polígonos en el plano cartesiano

Un **polígono** es una figura plana cerrada formada por tres o más segmentos de recta que solo se unen en sus extremos. Un **vértice** es el punto donde se unen dos lados del polígono. Los *vértices* de un polígono pueden representarse como pares ordenados y el polígono puede trazarse en el plano cartesiano.

Sheila quiere hacer un patrón en el piso con losas de dos formas diferentes. Primero representa gráficamente las formas en un plano cartesiano.

A Marca estos puntos para crear la forma de una de las losas:

A(3, 5), *B*(4, 6), *C*(5, 5), *D*(4, 4)

Conecta los puntos en orden.

El polígono que se forma es un(a) ________________.

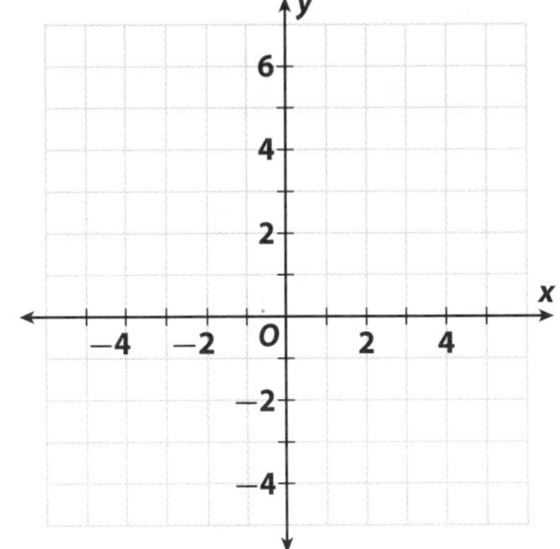

B Marca estos puntos para crear la forma de la otra losa:

P(−5, 2), *Q*(−4, 3), *R*(0, 3), *S*(1, 2),

T(1, −2), *U*(0, −3), *V*(−4, −3), *W*(−5, −2)

Conecta los puntos en orden.

El polígono que se forma es un(a) ________________.

Reflexiona

1. ¿Qué relación tiene el número de vértices con el número de lados del polígono y el tipo de polígono? Escribe dos ejemplos.

____

____

____

____

Calcular el perímetro en un plano cartesiano

Puedes aplicar lo que sabes sobre cómo calcular longitudes en el plano cartesiano para calcular el perímetro de un polígono.

EJEMPLO 1   6.G.3

La siguiente cuadrícula muestra el camino que siguió Tommy cuando caminó desde su casa en (0, 0) hasta varios sitios y luego regresó a casa. Si cada cuadrícula representa una cuadra, ¿cuántas cuadras caminó?

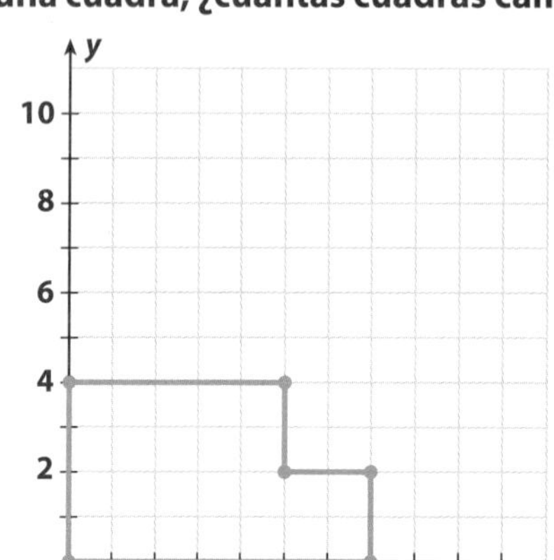

Casa (0, 0)

Biblioteca (0, 4)

Parque (5, 4)

Casa de un amigo (5, 2)

Estanque (7, 2)

Tienda (7, 0)

¿Cómo calculas la distancia entre dos puntos en el mismo cuadrante con la misma coordenada *x*?

PASO 1 Calcula cada distancia. Cada cuadrícula representa una cuadra.

De la casa de Tommy (0, 0) a la biblioteca (0, 4) hay $|4| - 0 = 4 - 0 = 4$ cuadras.

De la biblioteca (0, 4) al parque (5, 4) hay $|5| - 0 = 5 - 0 = 5$ cuadras.

Del parque (5, 4) a la casa del amigo de Tommy (5, 2) hay $|4| - |2| = 4 - 2 = 2$ cuadras.

De la casa del amigo de Tommy (5, 2) al estanque (7, 2) hay $|7| - |5| = 7 - 5 = 2$ cuadras.

Del estanque (7, 2) a la tienda (7, 0) hay $|2| - 0 = 2 - 0 = 2$ cuadras.

De la tienda (7, 0) a la casa de Tommy (0, 0) hay $|7| - 0 = 7 - 0 = 7$ cuadras.

PASO 2 Calcula la suma de las distancias.

Tommy caminó $4 + 5 + 2 + 2 + 2 + 7 = 22$ cuadras.

ES TU TURNO

2. Supongamos que el día siguiente Tommy camina desde su casa hasta el centro comercial en (0, 8) y luego camina hasta el cine en (7, 8). Al salir del cine, Tommy camina hasta la tienda en (7, 0) antes de regresar a casa.

¿Cuánto caminó? __________ cuadras

Calcular el área en el plano cartesiano

Puedes usar fórmulas de áreas conocidas para calcular áreas de polígonos en el plano cartesiano.

EJEMPLO 2 En el mundo

ESTÁNDARES COMUNES 6.G.3

Caleb piensa hacer una terraza nueva para la casa. Representa la terraza como el polígono *ABCDEF* en un plano cartesiano cuyas cuadrículas unitarias representan un pie. Los vértices del polígono son *A*(1, 0), *B*(3, 2), *C*(3, 5), *D*(8, 5), *E*(8, 2) y *F*(6, 0). ¿Cuál es el área de la terraza de Caleb?

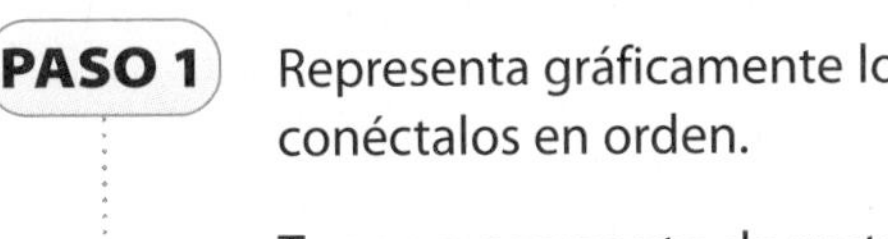

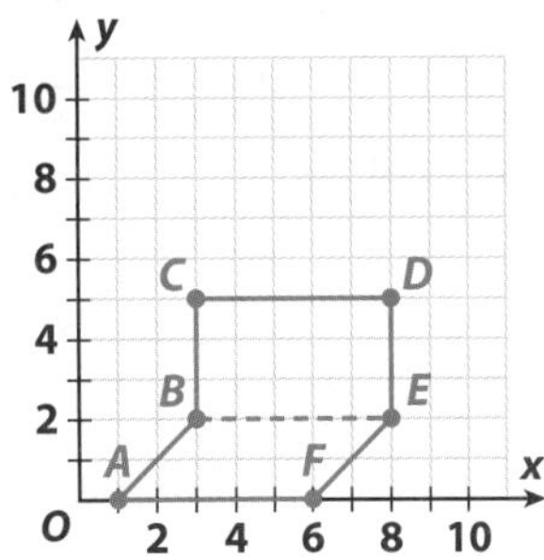

PASO 1 Representa gráficamente los vértices y conéctalos en orden.

Traza un segmento de recta horizontal punteado para dividir el polígono en dos cuadriláteros, un rectángulo y un paralelogramo.

PASO 2 Calcula el área del rectángulo usando la longitud del segmento *BE* como la base *b* y la longitud del segmento *BC* como la altura *h*.

$b = |8| - |3| = 5$ pies $\qquad h = |5| - |2| = 3$ pies

$A = bh = 5 \cdot 3 = 15$ pies cuadrados

PASO 2 Calcula el área del paralelogramo usando la longitud del segmento *AF* como la base. Usa la longitud de un segmento desde *F*(6, 0) hasta el punto (6, 2) como la altura *h*.

$b = |6| - |1| = 5$ pies $\qquad h = |2| - 0 = 2$ pies

$A = bh = 5 \cdot 2 = 10$ pies cuadrados

PASO 4 Suma las áreas para calcular el área total de la terraza.

$A = 15 + 10 = 25$ pies cuadrados

ES TU TURNO

3. Los vértices de un polígono son *L*(1, 2), *M*(1, 6), *N*(7, 6), *O*(7, 2), *P*(5, 0) y *Q*(3, 0). Representa gráficamente el polígono y luego calcula el área.

$A =$ ________ unidades cuadradas

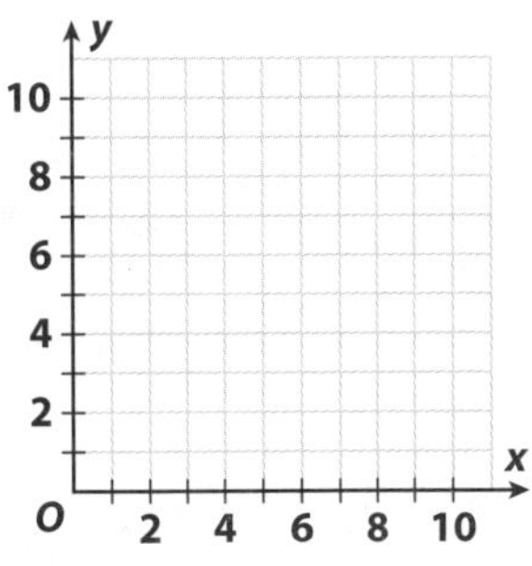

Entrenador personal en matemáticas
Evaluación e intervención en línea
my.hrw.com

Práctica con supervisión

Un jardinero usa un plano cartesiano para diseñar un jardín nuevo. El jardinero usa el polígono *WXYZ* en el plano para representar el jardín. Los vértices del polígono son *W*(3, 3), *X*(−3, 3), *Y*(−3, −3) y *Z*(3, −3). Cada unidad del plano representa una yarda.

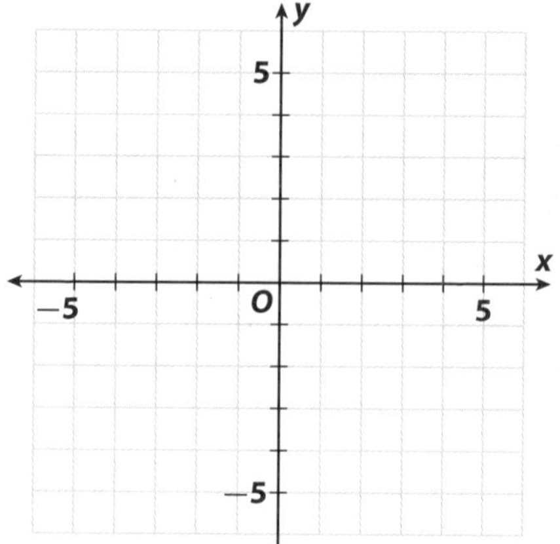

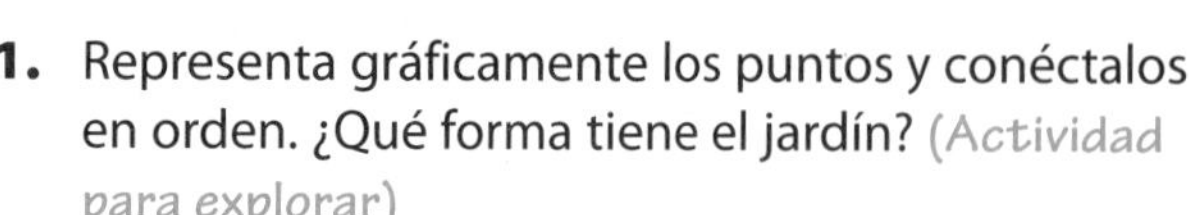

1. Representa gráficamente los puntos y conéctalos en orden. ¿Qué forma tiene el jardín? (Actividad para explorar)

____

2. ¿Cuánto cercado necesitará el jardinero para cercar el jardín? (Ejemplo 1)

   Cada lado del jardín mide __________ yardas de largo.

   El jardinero necesitará __________ yardas de cercado para cercar el jardín.

3. ¿Cuál es el área del jardín? (Ejemplo 2)

____

4. Una diseñadora de modas hace letras para chaquetas universitarias representándolas gráficamente como polígonos en un plano cartesiano. Una de las letras es el polígono *ABCDEF* con vértices en *A*(3, −2), *B*(3, −4), *C*(−3, −4), *D*(−3, 4), *E*(−1, 4) y *F*(−1, −2). Cada unidad de la cuadrícula representa una pulgada. Representa los puntos en el plano cartesiano y conéctalos en orden. Identifica la letra formada y luego calcula el área. (Ejemplo 2)

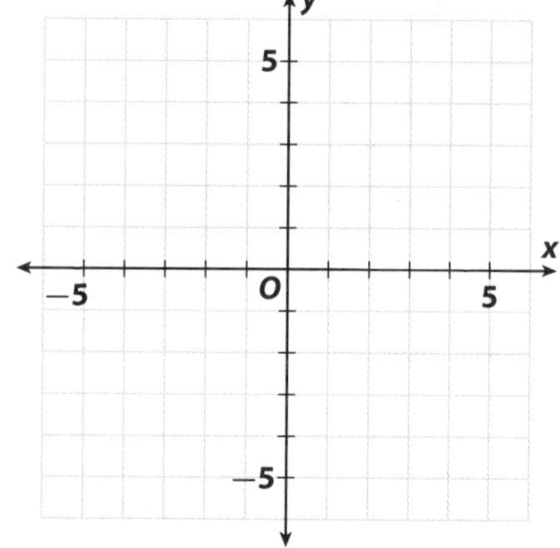

____

ÉNFASIS EN LA PREGUNTA ESENCIAL

5. ¿Cómo puedes resolver problemas de perímetro y área con un plano cartesiano?

____

____

____

____

Nombre ______________________ Clase ______________ Fecha ______________

14.2 Práctica independiente

ESTÁNDARES COMUNES 6.G.3

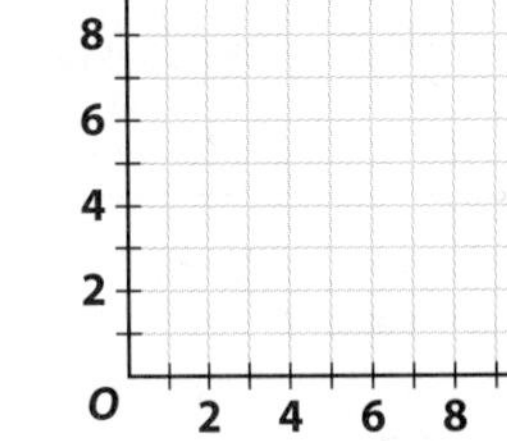

6. Un diseñador gráfico crea letras para murales representándolas gráficamente como polígonos en un plano de coordenadas. Una de las letras es el polígono *MNOPQRSTUV* con vértices en *M*(2, 1), *N*(2, 9), *O*(7, 9), *P*(7, 7), *Q*(4, 7), *R*(4, 6), *S*(6, 6), *T*(6, 4), *U*(4, 4) y *V*(4, 1). Cada unidad de la cuadrícula representa una pulgada.

a. Marca los puntos en el plano cartesiano y conéctalos en orden. ¿Qué letra se formó? ______________________

b. El diseñador usará cinta decorativa para pintar el contorno de la letra en una pared. ¿Cuántas pulgadas de cinta necesitará? ______________

c. ¿Cuánto espacio cubre la letra en la pared? ______________

d. ¿Cómo obtuviste la respuesta a la parte c? Usa los nombres de la(s) figura(s) en la respuesta.

____

____

7. **Vocabulario** El polígono que se muestra es un polígono regular porque todos los lados tienen la misma longitud y todos los ángulos tienen la misma medida.

a. El polígono es un ______________________ regular.

b. ¿Cuál es el perímetro del polígono? ______________

c. Una línea puede dividir la figura en dos polígonos idénticos de cuatro lados. Cada polígono tiene dos bases y una de las bases tiene el doble de longitud que la otra. Identifica la figura y escribe el perímetro.

____

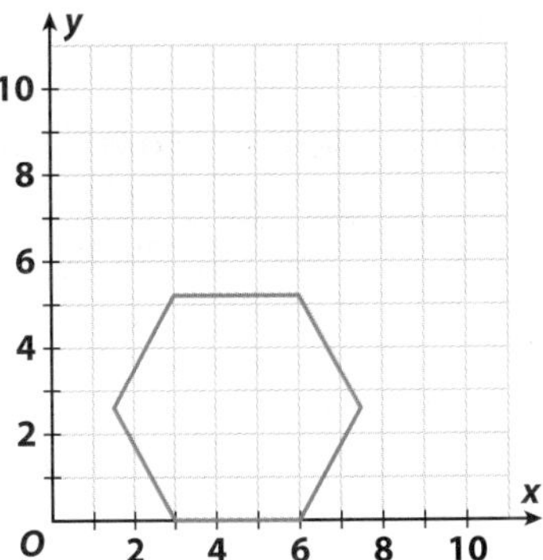

8. Jean quiere colocar muebles en su casa club y para ello dibujó un plano de la casa, como se muestra. Cada unidad de la cuadrícula representa un pie.

a. ¿Qué polígono nombra la forma del piso?

____

b. ¿Cuántos pies de rodapié se necesitan para rodear toda la casa club?

____

c. ¿Cuánta alfombra se necesita para el piso de la casa club?

____

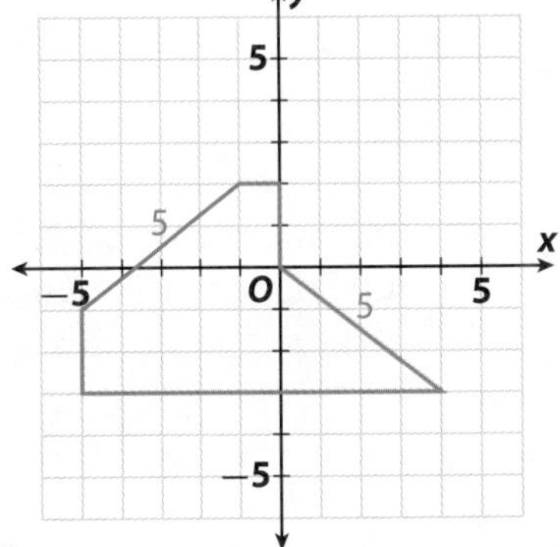

Área de trabajo

9. **Persevera en la resolución de problemas** Para calcular el área del triángulo *ABC*, Jen dibujó primero un cuadrado alrededor de la figura. Dos lados del cuadrado pasan por los puntos *B* y *C*. Los otros dos lados se unen en el punto *A*. Traza el cuadrado de Jen y explica cómo lo puedes usar para calcular el área del triángulo *ABC*.

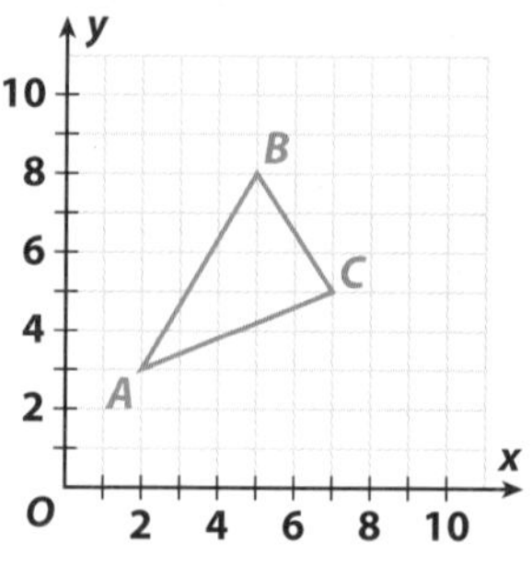

10. **Comunica ideas matemáticas** Cuando las coordenadas *A*(5, −2), *B*(3, −1), *C*(−4, −4), *D*(−3, 8) y *E*(−1, 4) se conectan en orden de la *A* a la *E*, forman los vértices de un polígono. Clasifica el polígono sin marcar los puntos. Explica la respuesta.

11. **Explica el error** La maestra de Josh dibuja un octágono regular en un plano cartesiano. Un lado tiene extremos en (1, 5) y (4, 5). Josh dice que no puede calcular el perímetro del octágono porque solo puede calcular longitudes de segmentos horizontales y verticales. Él dice que no puede calcular las longitudes de los lados inclinados del octágono. ¿Qué error comete Josh? ¿Cuál es el perímetro del octágono?

12. **Razonamiento crítico** Escribe las coordenadas de los vértices de un triángulo que pudiera tener un área de 35 unidades cuadradas. Demuestra que el triángulo se ajusta a la descripción calculando el área.

¿Listo para seguir?

Entrenador personal en matemáticas
Evaluación e intervención en línea
my.hrw.com

14.1 Distancia en el plano cartesiano

1. Refleja el punto *A* sobre el eje *x*. Rotula la reflexión como *N* y escribe las coordenadas en la gráfica.

2. Refleja el punto B sobre el eje *x*. Rotula la reflexión como *M* y escribe las coordenadas en la gráfica.

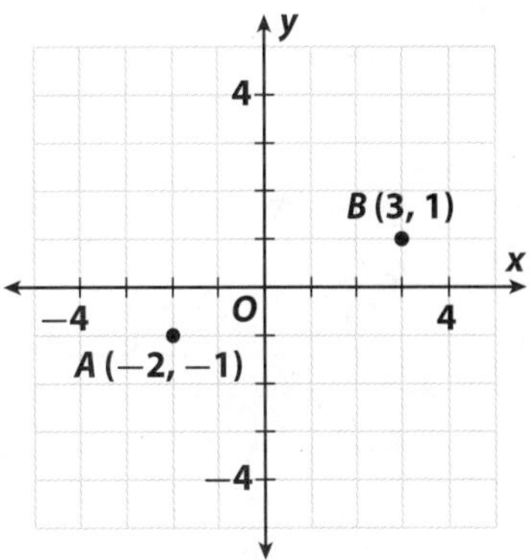

3. La distancia entre *A* y *N* es ______________.

4. Supongamos que la gráfica representa un mapa en el cual cada unidad de la cuadrícula equivale a 1 milla. ¿Cuál es la distancia entre una escuela y una biblioteca si la escuela está ubicada en el punto B y la biblioteca está ubicada en el punto *N*? ______________.

Calcula las coordenadas del punto después de cada reflexión.

5. (−5, 7) sobre el eje *x* __________

6. (2, 5.5) sobre el eje *y* ____________

Calcula la distancia entre cada par de puntos.

7. (1, 1) y (1, −2) __________ unidades

8. (−2, 3) y (−4, 3) _________ unidades

14.2 Polígonos en el plano cartesiano

9. En el plano cartesiano que se muestra, cada unidad de la cuadrícula representa 10 pies. El polígono *QRST* tiene vértices *Q*(10, 20), *R*(−10, 20), *S*(−10, −10) y *T*(10, −10) y representa el plano de una habitación. Calcula el perímetro y el área de la habitación.

____

____

PREGUNTA ESENCIAL

10. Supongamos que te dan las coordenadas de los vértices de un polígono. ¿Qué pasos podrías tomar para resolver un problema sobre el área del polígono?

____

____

____

MÓDULO 14 REPASO MIXTO

Preparación para la evaluación

Respuesta seleccionada

1. ¿Qué punto es una reflexión del punto *R* sobre el eje x?

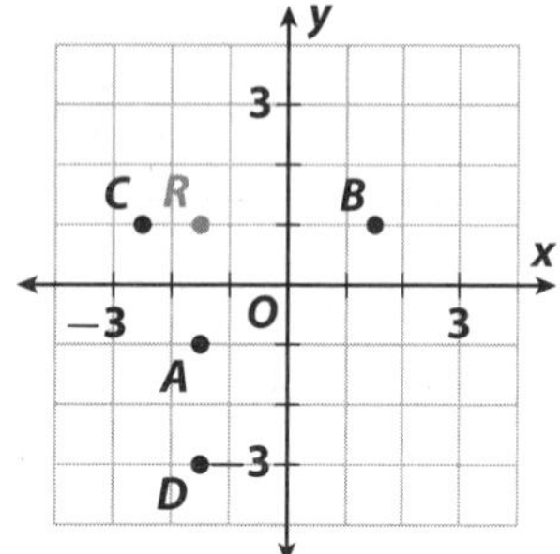

Ⓐ Punto *A* Ⓒ Punto *C*

Ⓑ Punto *B* Ⓓ Punto *D*

2. ¿Qué punto es una reflexión de (12, −8) sobre el eje *y* en un plano cartesiano?

Ⓐ (−12, −8) Ⓒ (8, 12)

Ⓑ (−8, 12) Ⓓ (12, 8)

3. ¿Cuál es la distancia entre los puntos *J* y *L* en la cuadrícula?

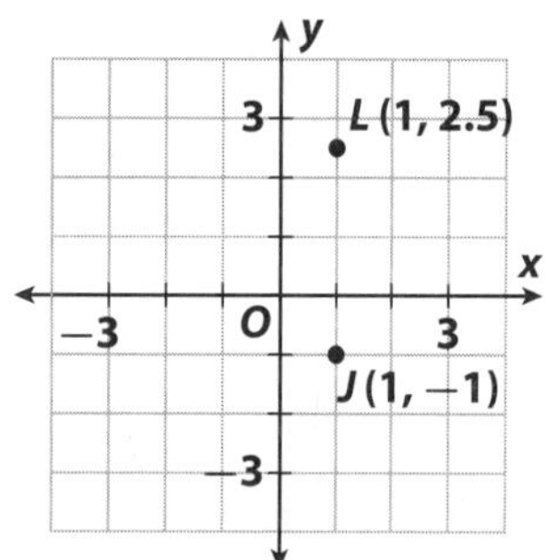

Ⓐ 1.5 unidades Ⓒ 3 unidades

Ⓑ 2 unidades Ⓓ 3.5 unidades

4. ¿Cuál es el máximo común divisor de 12 y 30?

Ⓐ 2 Ⓒ 6

Ⓑ 3 Ⓓ 12

5. ¿Cuál es la distancia entre dos puntos ubicados en (−6, 2) y (−6, 8) en el plano cartesiano?

Ⓐ 4 unidades Ⓒ 10 unidades

Ⓑ 6 unidades Ⓓ 12 unidades

6. ¿Cuánto es la suma de $\frac{1}{12} + \frac{3}{8}$?

Ⓐ $\frac{1}{6}$ Ⓒ $\frac{11}{48}$

Ⓑ $\frac{1}{5}$ Ⓓ $\frac{11}{24}$

Minitarea

7. Una artista traza el diseño de un cuadro en un plano cartesiano. Ella usa el polígono *EFGH* con vértices *E*(4, 4), *F*(−4, 4), *G*(−4, −4), *H*(4, −4) para representar la obra terminada. Cada unidad de la cuadrícula representa dos pies.

a. Traza el polígono en la cuadrícula y clasifica su forma.

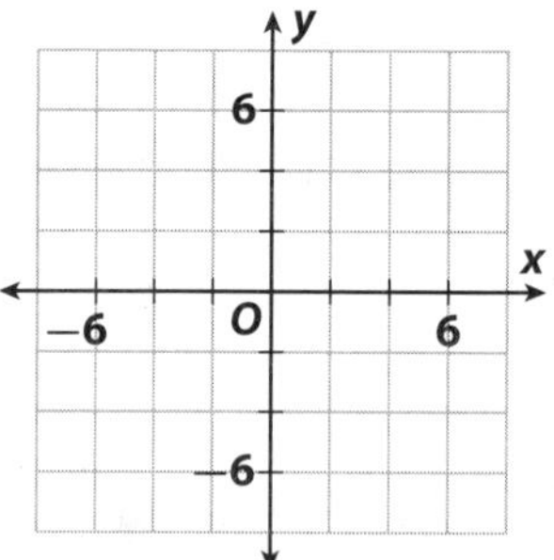

Nombra el polígono: ____________________

b. ¿Cuánta área cubrirá la obra en una pared? ____________________

Área total y volumen de sólidos

PREGUNTA ESENCIAL

¿Cómo te puede ayudar un modelo a resolver problemas de área total y volumen?

my.hrw.com

Vídeo de la vida real

Cuando se construyen o se reparan edificios u otras estructuras, el área total y el volumen son consideraciones importantes.

APRENDE EN LÍNEA

my.hrw.com

my.hrw.com

Las versiones digitales de todas las páginas del libro del estudiante están disponibles en línea.

Matemáticas al instante

Escanea con tu celular para entrar directamente en la edición en línea del Vídeo tutorial y más.

Matemáticas en acción

Explora interactivamente los conceptos clave para ver cómo funcionan las matemáticas.

Entrenador personal en matemáticas

Obtén comentarios y ayuda al instante a medida que trabajas en las prácticas.

¿Estás listo?

Completa estos ejercicios para repasar las destrezas que necesitarás en este módulo.

Entrenador personal en matemáticas

Evaluación e intervención en línea

Usar paréntesis

EJEMPLO $\frac{1}{2}(14)(12 + 18) = \frac{1}{2}(14)(30)$ Haz primero las operaciones entre paréntesis.

$= 7(30)$ Multiplica de izquierda a derecha.

$= 210$ Vuelve a multiplicar.

Evalúa.

1. $\frac{1}{2}(3)(5 + 7)$ ________

2. $\frac{1}{2}(15)(13 + 17)$ ________

3. $\frac{1}{2}(10)(9.4 + 3.6)$ ________

4. $\frac{1}{2}(2.1)(3.5 + 5.7)$ ________

Áreas de cuadrados, rectángulos, triángulos

EJEMPLO Calcula el área del rectángulo

8 pies

3 pies

$A = bh$ Usa la fórmula para el área del rectángulo.

$= 8 \cdot 3$ Reemplaza la base y la altura.

$= 24$ Multiplica.

El área es igual a 24 pies cuadrados.

Calcula el área de las figuras.

5. un triángulo con una base de 6 pulg y una altura de 3 pulg ________

6. un cuadrado con lados de 7.6 m ________

7. un rectángulo con una longitud de $3\frac{1}{4}$ pies y un ancho de $2\frac{1}{2}$ pies ________

8. un triángulo con una base de 8.2 cm y una altura de 5.1 cm ________

Práctica de vocabulario

Vocabulario

Palabras de repaso

- altura *(height)*
- área *(area)*
- base *(base)*
- prisma rectangular *(rectangular prism)*
- volumen *(volume)*

Palabas nuevas

- área total *(surface area)*
- pirámide *(pyramid)*
- plantilla *(net)*

Visualiza el vocabulario

Usa las palabras de repaso para completar la gráfica.

Figura	Fórmula del área
	$A = b \times$ ________
	$A = \frac{1}{2} \times$ ________ $\times h$

Comprende el vocabulario

Completa las oraciones usando las palabras nuevas.

1. Toda el área de todas las caras de una figura tridimensional se llama ________________.

2. Un modelo que se parece a una figura tridimensional sin desdoblar es una ________________.

3. Una figura tridimensional con un polígono como base y triángulos como lados es una ________________.

Lectura con propósito

Folleto Antes de comenzar el módulo, crea un folleto que te ayudará a aprender los conceptos del módulo. Escribe la idea principal de cada lección en cada página del folleto. A medida que estudies las lecciones, escribe los detalles importantes que apoyan la idea principal, tales como vocabulario y pasos importantes en la resolución de problemas. Consulta el folleto terminado cuando trabajes en tareas o estudies para exámenes.

MÓDULO 15

Desglosar los estándares

Comprender los estándares y las palabras de vocabulario te ayudará a saber exactamente lo que se espera que aprendas en este módulo.

ESTÁNDARES COMUNES 6.G.2

Calcular el volumen de un prisma rectangular recto con longitudes de arista fraccionarias, empacándolo con cubos unitarios de la unidad fraccionaria adecuada de longitudes de arista y demostrar que el volumen es igual al obtenerlo multiplicando las longitudes de las artistas del prisma. Aplicar las fórmulas $V = lah$ y $V = bh$ para calcular volúmenes de prismas rectangulares rectos con longitudes de arista fraccionarias en el contexto de la solución de problemas de la vida real y matemáticos.

Lo que significa para ti

Usarás la fórmula para el volumen de un prisma rectangular.

DESGLOSAR EL EJEMPLO 6.G.2

Jala tiene un acuario en forma de prisma rectangular con un volumen de 2,160 pulgadas cúbicas. La longitud es de 15 pulgadas y el ancho es de 12 pulgadas. Calcula la altura del acuario.

$$v = l \cdot a \cdot h$$

$$2{,}160 = 15 \cdot 12 \cdot h$$

$$2{,}160 = 180 \cdot h$$

$$\frac{2{,}160}{180} = h$$

$$12 = h$$

La altura del acuario es de 12 pulgadas.

ESTÁNDARES COMUNES 6.G.4

Representar figuras tridimensionales usando plantillas formadas por rectángulos y triángulos y usar las plantillas para calcular el área total de estas figuras. . . .

Lo que significa para ti

Usarás una plantilla para calcular el área total de una pirámide cuadrada.

DESGLOSAR EL EJEMPLO 6.G.4

Meg dibujó una plantilla para calcular el área total de una pirámide cuadrada.

Cara cuadrada: $A = b \times h = 16$ pulgadas cuadradas.

Cara triangular: $A = \frac{1}{2} b \times h = 6$ pulgadas cuadradas.

Total de estas áreas:
$16 + (4 \times 6) = 40$ pulgadas cuadradas.

El área total es de 40 pulgadas cuadradas

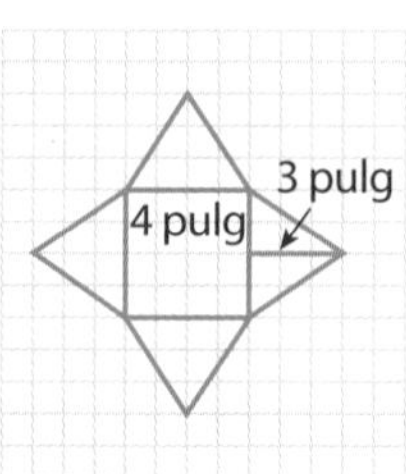

Visita **my.hrw.com** para ver todos los **Estándares comunes** desglosados.

my.hrw.com

LECCIÓN 15.1

Plantillas y área total

6.G.4

Represent three-dimensionalfigures using nets ... anduse the nets to find... surfacearea....

PREGUNTA ESENCIAL

¿Cómo puedes usar plantillas para calcular áreas totales?

ACTIVIDAD PARA EXPLORAR ESTÁNDARES COMUNES 6.G.4

Usar una plantilla

Una **plantilla** es un patrón bidimensional de figuras que puede doblarse en una figura tridimensional. Las figuras en la plantilla se convierten en las caras de la figura tridimensional.

A Copia cada plantilla en papel cuadriculado y recórtala a lo largo de las líneas azules.

Plantilla A

Plantilla B

Una de estas plantillas puede doblarse por las líneas negras para formar un cubo. ¿Cuál de las plantillas NO formará un cubo? ______________________

B En el papel cuadriculado, dibuja otra plantilla que creas que formará un cubo. Compruébalo recortando y doblando la plantilla. Compara los resultados con los de tus compañeros. ¿Cuántas plantillas diferentes hallaron para formar un cubo? ____________________

Reflexiona

¿Cómo sabes que cada una de estas plantillas no formará un cubo cuando se dobla sin recortarlas y doblarlas realmente?

1.

____

____

2.

____

____

____

ACTIVIDAD PARA EXPLORAR *(continuación)*

3. ¿Qué figuras aparecerán en la plantilla de un prisma rectangular que no es un cubo? ¿Cuántas de estas figuras habrá?

____

Área total de una pirámide

El **área total** de una figura tridimesional es la suma de las áreas de las caras de la figura. Una plantilla puede ayudarte a calcular el área total.

Una **pirámide** es una figura tridimesional cuya base es un polígono y cuyas otras caras son triángulos que se encuentran en un punto. Las pirámides se identifican según la forma de las bases.

EJEMPLO 1

ESTÁNDARES COMUNES 6.G.4

Haz una plantilla de esta pirámide cuadrada y usa la plantilla para calcular el área total.

17 pulg
16 pulg
16 pulg

PASO 1 Haz una plantilla de la pirámide.

Dibuja la base cuadrada.

Dibuja un triángulo en cada lado.

Rotula las dimensiones.

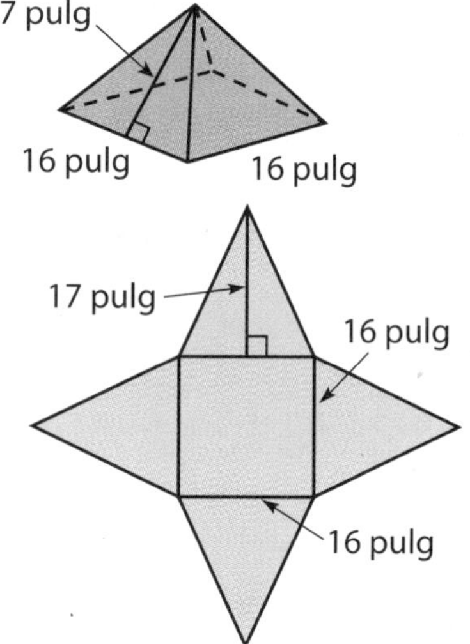

PASO 2 Usa la plantilla para calcular el área total.

Hay cuatro triángulos con base de 16 pulgadas y altura de 17 pulgadas.

El área de los 4 triángulos es de $4 \times \frac{1}{2}(16)(17) = 544$ pulg^2.

El área de la base es $16 \times 16 = 256$ pulg^2.

El área total es $544 + 256 = 800$ pulg^2.

Charla matemática
Prácticas matemáticas

¿Cuántas áreas tiene una pirámide triangular? ¿Qué forma tienen?

4. Usa una plantilla para calcular el área total de la pirámide.

____

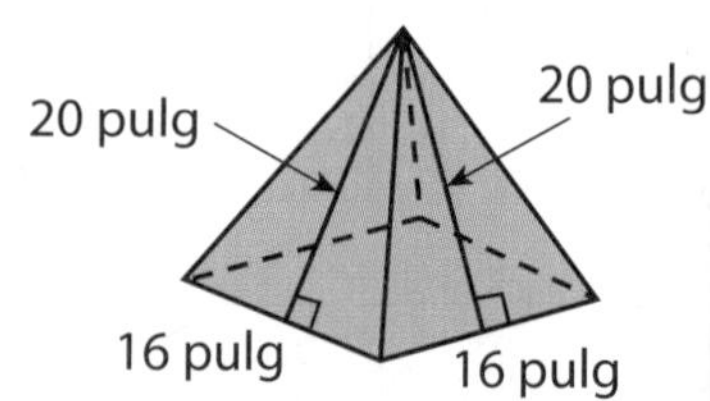

Área total de un prisma

Un **prisma** es una figura tridimensional con dos polígonos paralelos e idénticos como bases. Las otras caras son rectángulos. La forma de la base identifica el prisma.

EJEMPLO 2

ESTÁNDARES COMUNES 6.G.4

Una escultura se exhibe en un pedestal con forma de prisma cuadrado. Los lados de una base del prisma miden 3 pies de largo y la altura es de 4 pies. El director del museo quiere cubrir todo el pedestal, menos la parte inferior, con un papel plateado que cuesta $0.22 el pie cuadrado. ¿Cuánto costará el papel plateado?

PASO 1 Usa una plantilla para mostrar las caras que se cubrirán con papel plateado.

Dibuja la cara superior.

Dibuja las caras del prisma conectadas a la cara superior.

No necesitas incluir la cara inferior del pedestal.

Cara posterior
4 pies
4 pies
Lado derecho
4 pies
3 pies
4 pies
3 pies
Cara superior
3 pies
3 pies
4 pies
Lado izquierdo
4 pies
Cara frontal

PASO 2 Usa la plantilla para calcular el área que se cubrirá con papel plateado.

Área de la cara superior $= 3 \cdot 3 = 9$ pies^2

Las otras cuatro caras son idénticas.

Área de las cuatro caras $= 4 \cdot 3 \cdot 4 = 48$ pies^2

Área a cubrir $= 9 + 48 = 57$ pies^2

PASO 3 Calcula el costo del papel plateado.

$57 \cdot \$0.22 = \$12.54$

El papel costará $12.54.

Mis notas

Reflexiona

5. Razonamiento crítico ¿Qué formas verías en la red de un prisma triangular?

____

ES TU TURNO

6. La figura de la derecha es un prisma triangular. ¿Cuánto costaría cubrir las bases y las otras tres caras con un papel que cuesta $0.22 por pie cuadrado?

____

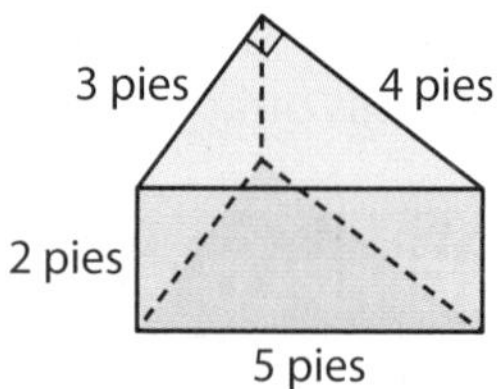

Práctica con supervisión

Se muestra una pirámide cuadrada.

1. La figura tiene __________ base cuadrada y __________ caras triangulares. (Actividad para explorar)

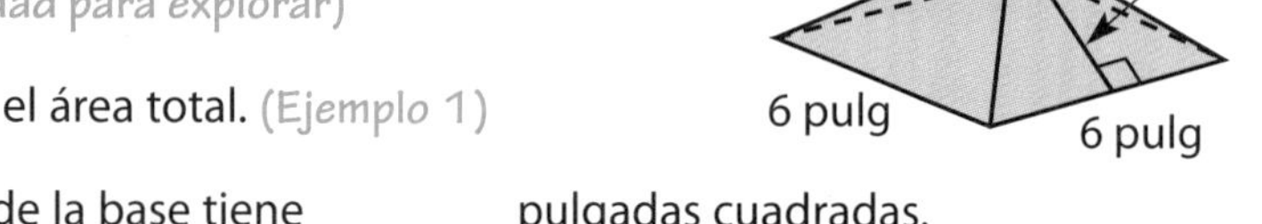

2. Calcula el área total. (Ejemplo 1)

El área de la base tiene ________ pulgadas cuadradas.

El área de las cuatro caras es de ________ pulgadas cuadradas.

El área total es de ________ pulgadas cuadradas.

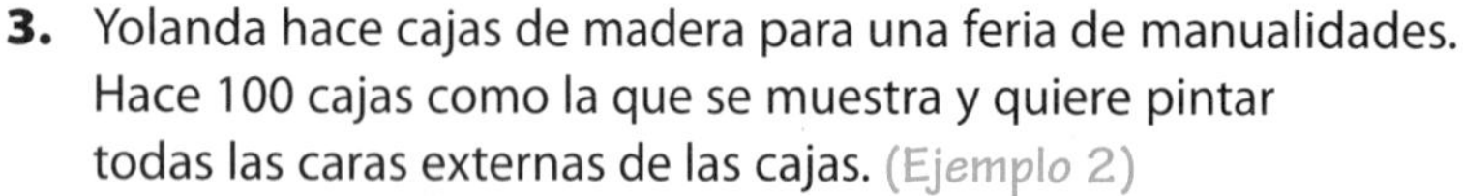

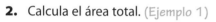

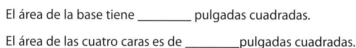

3. Yolanda hace cajas de madera para una feria de manualidades. Hace 100 cajas como la que se muestra y quiere pintar todas las caras externas de las cajas. (Ejemplo 2)

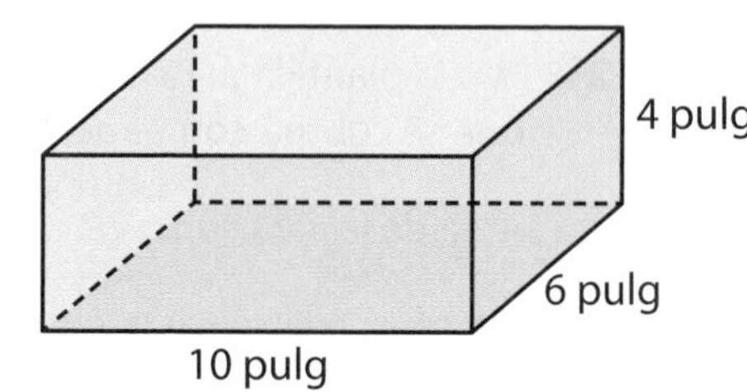

a. Calcula el área total de una caja.

____

b. Calcula el área total de 100 cajas.

____

c. Una lata de pintura cubre 14,000 pulgadas cuadradas. ¿Cuántas latas de pintura necesitará comprar Yolanda?

____

ÉNFASIS EN LA PREGUNTA ESENCIAL

4. ¿Qué utilidad tiene una plantilla para calcular el área total de prismas y pirámides?

____

____

____

Nombre ______________________ Clase ______________ Fecha ______________

15.1 Práctica independiente

6.G.4

5. Usa una plantilla para calcular el área total de la caja de cereal.

Área total: ______________

6. Inés compró una caja para empacar. La midió y tiene las dimensiones que se muestran.

a. Dibuja una plantilla de la caja para empacar y rotula las dimensiones.

ENVÍELO

3.6 pulg

15 pulg

3 pulg

4 pulg

b. Calcula el área total de la caja para empacar.

____

7. Raj construye una mesita con forma de cubo. Cada arista del cubo mide 20 pulgadas. Raj quiere cubrir la parte superior y los cuatro lados de la mesita con azulejos. Cada azulejo tiene una arista que mide 5 pulgadas de longitud. ¿Cuántos azulejos necesitará?

____

8. Santana quiere cubrir con papel aluminio una caja de regalo que tiene forma de prisma rectangular. El papel aluminio cuesta $0.03 por pulgada cuadrada. Santana puede elegir entre la caja A de 8 pulgadas de largo, 3 pulgadas de ancho y 6 pulgadas de alto; y la caja B de 10 pulgadas de largo, 3 pulgadas de ancho y 4 pulgadas de alto. ¿Cuál de las cajas costará menos cubrir con papel aluminio y cuánto menos?

____

9. **Vocabulario** Nombra una figura tridimensional que tenga cuatro caras triangulares y una cara rectangular. Nombra una figura tridimensional que tenga tres caras rectangulares y dos caras triangulares.

____

10. Víctor envolvió esta caja de regalo con papel adhesivo (sin superposiciones). ¿Cuánto papel usó?

____

11. **Comunica ideas matemáticas** Describe cómo abordas un problema de área total. ¿Qué haces primero? ¿Cuáles son algunas estrategias que puedes usar?

H.O.T. ENFOQUE EN ALTA CAPACIDAD DE RAZONAMIENTO

12. **Persevera en la resolución de problemas** Un pedestal en una tienda de artesanías tiene forma de prisma triangular. Las bases son triángulos rectángulos con lados que miden 12 centímetros, 16 centímetros y 20 centímetros. El dueño de la tienda envuelve un trozo de tela rectangular alrededor del pedestal, pero no cubre las bases idénticas del pedestal con la tela. El área de la tela es de 192 centímetros cuadrados.

a. ¿Cuál es la distancia alrededor de la base del pedestal? ¿Cómo lo sabes?

b. ¿Cuál es la altura del pedestal? ¿Cómo calculaste la respuesta?

13. **Critica el razonamiento** Robert dibuja dos prismas rectangulares A y B. Los lados del prisma A miden 5 centímetros, 6 centímetros y 7 centímetros. Los lados del prisma B miden el doble de los del prisma A: 10 centímetros, 12 centímetros y 14 centímetros. Robert dice que el área total del prisma B es el doble del área total del prisma A. ¿Tiene razón? Si no la tiene, ¿cuántas veces es el área total del prisma B tan grande como el área total del prisma A? Muestra el trabajo.

Área de trabajo

LECCIÓN 15.2

Volumen de prismas rectangulares

ESTÁNDARES COMUNES 6.G.2

Find the volume of a right rectangular prism with fractional edge lengths....

PREGUNTA ESENCIAL

¿Cómo calculas el volumen de un prisma rectangular?

ACTIVIDAD PARA EXPLORAR ESTÁNDARES COMUNES 6.G.2

Usar longitudes fraccionarias de aristas

Un cubo con una arista que mide 1 unidad de largo y 1 unidad cúbica de volumen se llena con cubos más pequeños como se muestra.

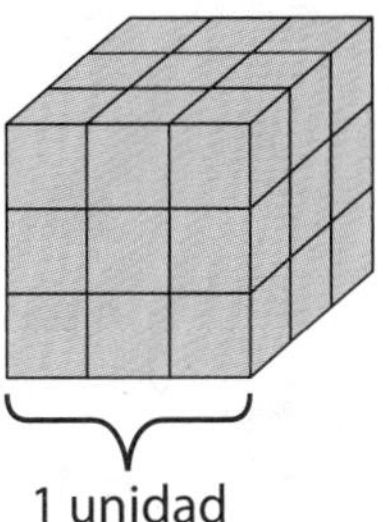

A ¿Cuántos cubos pequeños hay? ______

¿En qué se parece el volumen combinado de los cubos pequeños al volumen del cubo grande?

______

Número de cubos pequeños	·	Volumen de un cubo pequeño	=	Volumen del cubo grande
☐	·	?	=	☐

¿Cuál es el volumen de un cubo pequeño? ______ unidad(es) cúbica(s).

B Cada arista del cubo grande contiene ______ cubos pequeños.

Número de cubos pequeños por arista	·	Longitud de la arista de un cubo pequeño	=	Longitud de la arista del cubo grande
☐	·	?	=	☐

¿Cuál es la longitud de la arista de un cubo pequeño? ______ unidad(es)

C Completa:

Cada cubo pequeño tiene aristas que miden ______ unidad(es) y

tienen ______ unidad(es) cúbica(s) de volumen.

D La fórmula para el volumen de un cubo con aristas que miden ℓ es $V = \ell \cdot \ell \cdot \ell$ o $V = \ell^3$. Calcula el volumen de un cubo pequeño usando esta fórmula.

$V =$ ______ $=$ ______

ACTIVIDAD PARA EXPLORAR *(continuación)*

Reflexiona

1. Varios de los cubos pequeños en la Actividad para explorar se ordenan en un cubo mediano, como se muestra.

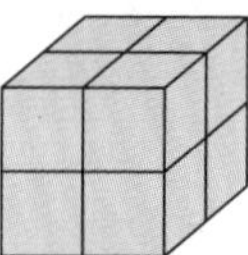

Muestra dos maneras diferentes de calcular el volumen de este cubo.

____

____

____

____

Matemáticas al instante

my.hrw.com

Calcular el volumen

Un prisma rectangular tiene seis caras. Cualquier par de caras opuestas se pueden llamar las **bases** del prisma.

Volumen de un prisma rectangular

$V = \ell a h$, o $V = Bh$

(donde B representa el área de la base del prisma; $B = \ell a$)

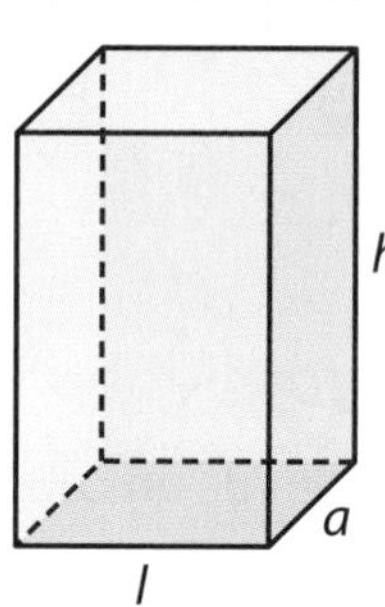

EJEMPLO 1

ESTÁNDARES COMUNES 6.G.2

Calcula el volumen del prisma rectangular.

$\ell = 3$ metros $\quad a = 2\frac{1}{4}$ metros $\quad h = 4\frac{1}{2}$ metros

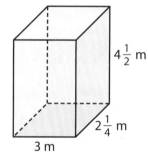

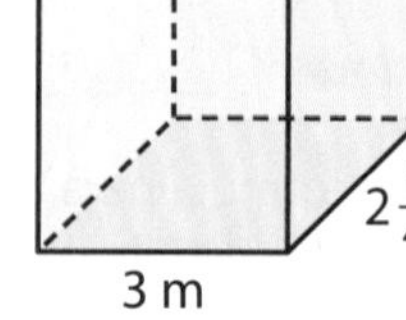

$V = \ell a h$

$= 3 \cdot 2\frac{1}{4} \cdot 4\frac{1}{2}$

$= 3 \cdot \frac{9}{4} \cdot \frac{9}{2}$ — Escribe cada número mixto como una fracción impropia. Multiplica.

$= \frac{243}{8}$

$= 30\frac{3}{8}$ metros cúbicos — Escríbelo como número mixto en su mínima expresión.

Charla matemática
Prácticas matemáticas

¿También puedes usar la fórmula $V = Bh$ para calcular el volumen? ¿Importa qué cara elijas como base?

ES TU TURNO

Calcula el volumen de cada prisma rectangular.

2.

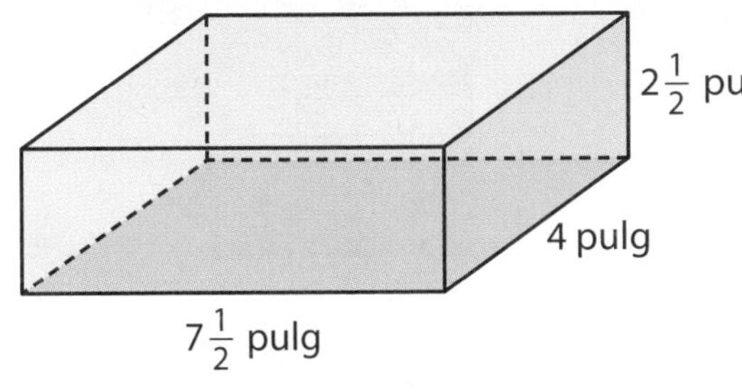

____

3. largo $= 5\frac{1}{4}$ pulgadas

ancho $= 3\frac{1}{2}$ pulgadas

altura $= 3$ pulgadas

____

Resolver problemas de volumen

Cuando resuelvas un problema de la vida real sobre el volumen de un prisma, puedes usar cualesquiera de las fórmulas de volumen que conoces.

EJEMPLO 2

6.G.2

Un terrario tiene forma de prisma rectangular. El prisma tiene $25\frac{1}{2}$ pulgadas de largo, $13\frac{1}{2}$ pulgadas de ancho y 16 pulgadas de profundidad. ¿Cuál es el volumen del terrario?

Elige uno de los lados como base y calcula su área.

$B = 25\frac{1}{2} \times 13\frac{1}{2}$ — Usa la cara de $25\frac{1}{2}$ pulgadas por $13\frac{1}{2}$ pulgadas como base.

$= \frac{51}{2} \times \frac{27}{2}$

$= \frac{1,377}{4}$ — El área de la base es $\frac{1,377}{4}$ pulgadas cuadradas. Necesitas realizar otra operación para no tener que escribir este valor como número mixto.

Calcula el volumen.

$V = Bh$

$= \frac{1,377}{4} \times 16$ — Reemplaza B por $\frac{1,377}{4}$ y h por 16.

$= \frac{1,377}{\cancel{4}_1} \times \frac{\cancel{16}^4}{1}$ — Simplifica antes de multiplicar.

$= 5,508$

El volumen del terrario es de 5,508 pulgadas cúbicas.

ES TU TURNO

4. Una piscina rectangular tiene 15 metros de largo, $10\frac{1}{2}$ metros de ancho y $2\frac{1}{2}$ metros de profundidad. ¿Cuál es el volumen?

____

Práctica con supervisión

Un cubo grande está formado por cubos unitarios más pequeños como se muestra a la derecha. Cada cubo pequeño tiene aristas que miden $\frac{1}{2}$ unidad de largo. (Actividad para explorar)

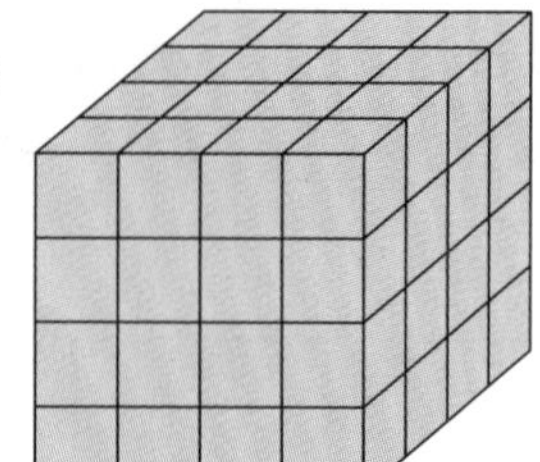

1. Cada arista del cubo grande mide ________ unidades.

2. El volumen del cubo grande es de ________ unidades cúbicas.

Calcula el volumen de cada prisma. (Ejemplo 1)

3.

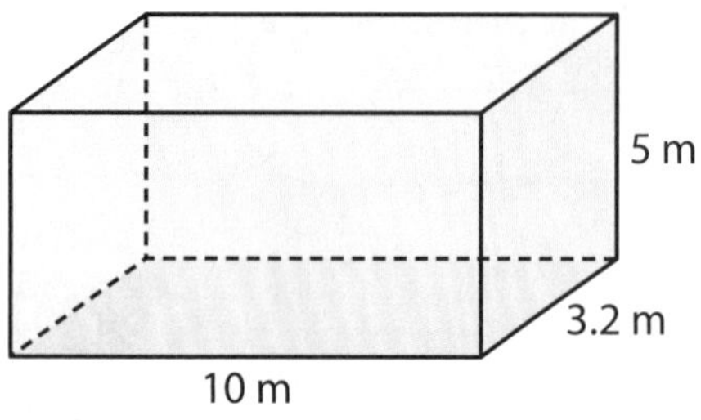

$V =$ ________ $\times$ ________ $\times$ ________

$=$ ________ metros cúbicos

4.

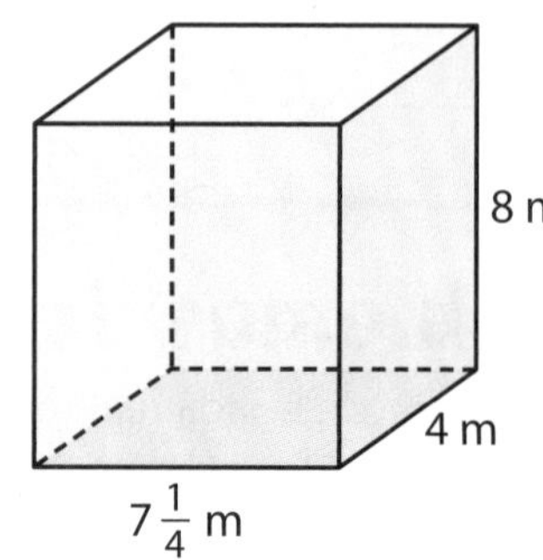

$7\frac{1}{4}$ m

$B =$ ________ $\times$ ________ $=$ ________ m^2

$V =$ ________ metros cúbicos

5.

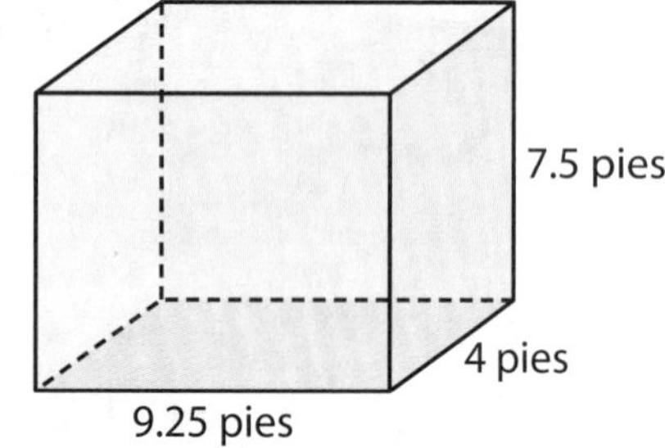

$V =$ ________ pies cúbicos

6.

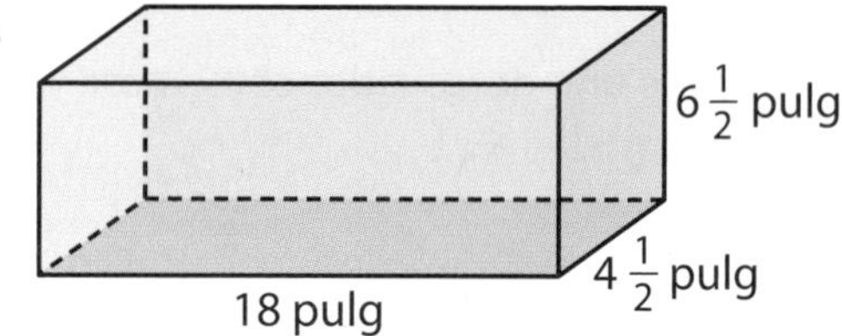

$V =$ ________ pulgadas cúbicas

7. Una caja de cereales tiene $8\frac{1}{2}$ pulgadas de largo, $3\frac{1}{2}$ pulgadas de ancho y 12 pulgadas de alto. ¿Cuál es el volumen de la caja? (Ejemplo 2) ________________

ÉNFASIS EN LA PREGUNTA ESENCIAL

8. ¿Qué dos fórmulas puedes usar para calcular el volumen de un prisma rectangular? ¿Por qué son equivalentes las dos fórmulas?

____

____

____

Nombre _______________ Clase _______________ Fecha _______________

15.2 Práctica independiente

6.G.2

9. Un bloque de madera mide 4.5 pulgadas por 3.5 pulgadas por 7 pulgadas. ¿Cuál es el volumen del bloque de madera?

____

10. Un restaurante compra un congelador que tiene forma de prisma rectangular. Las dimensiones del congelador se muestras en la figura. ¿Cuál es el volumen del congelador?

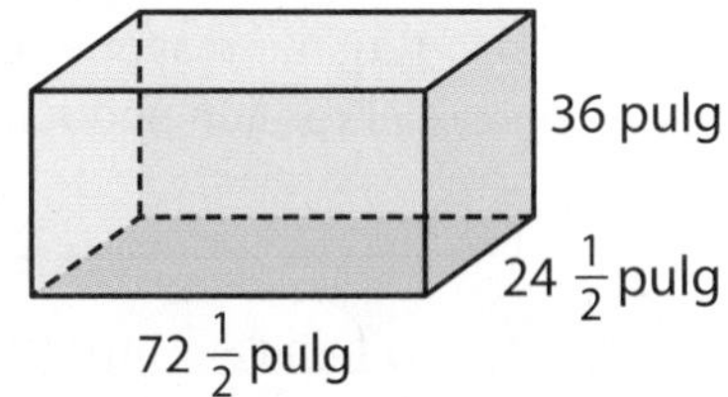

____

11. El prisma rectangular A mide 6 pulgadas por 4 pulgadas por 5 pulgadas. Las dimensiones del prisma rectangular B son el doble de las del prisma A. Calcula el volumen de cada prisma. ¿Cuántas veces es el volumen del prisma B tan grande como el volumen del prisma A?

____

12. Leticia tiene un pisapapeles pequeño con forma de prisma rectangular. Las dimensiones del pisapapeles se muestran en la figura. ¿Cuál es el volumen del pisapapeles?

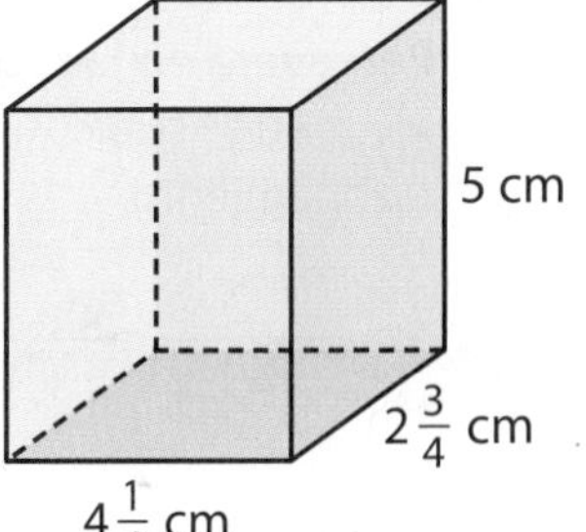

____

13. Una compañía diseña una caja para jugos. La caja tiene forma de prisma rectangular. La base de la caja mide $6\frac{1}{2}$ pulgadas por $2\frac{1}{2}$ pulgadas y la caja tiene 4 pulgadas de alto. Calcula el volumen del jugo en la caja si el jugo llena el 90% del volumen de la caja

____

14. **Ciencias** La densidad es la cantidad de masa en cierto volumen de un cuerpo. Para calcular la densidad en gramos por centímetro cúbico de una sustancia puedes usar la relación:

$$\text{Densidad} = \frac{\text{masa en gramos}}{\text{volumen en centímetros cúbicos}}$$

Un lingote de oro que mide 16 centímetros por 2.5 centímetros por 5 centímetros tiene una densidad de 19.3 gramos por centímetros cúbico. ¿Cuál es la masa del lingote de oro?

____

15. Una maleta es un prisma rectangular cuyas dimensiones son $1\frac{1}{4}$ pies por $1\frac{3}{4}$ pies por $1\frac{1}{4}$ pies. Calcula el volumen de la maleta.

____

16. La familia Smith se va a mudar y deben decidir el tamaño del camión de mudanza que alquilarán.

Dimensiones interiores de los camiones			
Tipo	**Largo (pies)**	**Ancho (pies)**	**Alto (pies)**
Camioneta	$10\frac{1}{2}$	6	6
Camión pequeño	12	8	$6\frac{3}{4}$
Camión grande	20	$8\frac{3}{4}$	$8\frac{1}{2}$

a. Una camioneta de mudanza se alquila por $94.50 diarios y un camión pequeño cuesta $162 diarios. Según la cantidad de espacio dentro de la camioneta o el camión, ¿cuál es más favorable? Explica la respuesta.

____

____

____

b. ¿Cuánto mayor es el volumen del camión grande que el volumen del camión pequeño?

____

c. La familia estima que necesitarán cerca de 1,100 pies cúbicos para mudar sus pertenencias. ¿Qué deben alquilar?

____

H.O.T. ENFOQUE EN ALTA CAPACIDAD DE RAZONAMIENTO

Área de trabajo

17. Persevera en la resolución de problemas Un cubo tiene un volumen de $\frac{1}{512}$ metros cúbicos. ¿Cuál es la longitud de cada lado del cubo? Explica el razonamiento.

____

____

18. Comunica ideas matemáticas Piensa en dos prismas rectangulares, uno rotulado prisma *P* y el otro rotulado prisma *Q*.

a. Supongamos que las bases de los prismas tienen la misma área, pero la altura del prisma *Q* es el doble de la altura del prisma *P*. ¿En qué se parecen o se diferencian los volúmenes?

____

b. Supongamos que el área de la base del prisma *Q* es el doble del área de la base del prisma *P*. ¿En qué se parecen o se diferencian los volúmenes?

____

19. Razonamiento crítico Las dimensiones de un prisma rectangular son $3\frac{1}{4}$ pies por $2\frac{1}{2}$ pies por 5 pies. Lee calculó el volumen multiplicando $12\frac{1}{2}$ por $3\frac{1}{4}$. Lola calculó el volumen multiplicando $16\frac{1}{4}$ por $2\frac{1}{2}$. ¿Quién tiene la razón? Explica.

____

____

____

____

LECCIÓN 15.3

Resolver ecuaciones de volumen

ESTÁNDARES COMUNES 6.G.2

... Apply the formulas $V = \ell wh$ and $V = bh$ ... in the context of solving real-world and mathematical problems. *Also 6.EE.7*

PREGUNTA ESENCIAL

¿Cómo escribes ecuaciones para resolver problemas que tienen que ver con el volumen de prismas rectangulares?

Escribir ecuaciones usando el volumen de un prisma rectangular

Puedes escribir una ecuación usando la fórmula para el volumen de un prisma rectangular. Luego resuelve la ecuación para calcular las medidas que faltan en un prisma.

EJEMPLO 1

ESTÁNDARES COMUNES 6.G.2, 6.EE.7

Samuel tiene un terrario para hormigas con un volumen de 375 pulgadas cúbicas. El ancho del terrario es de 2.5 pulgadas y la longitud es de 15 pulgadas. ¿Cuál es la altura del terrario de Samuel?

$V = ah$ — Escribe la fórmula.

$375 = 15 \cdot 2.5 \cdot h$ — Usa la fórmula para escribir una ecuación.

$375 = 37.5h$ — Multiplica.

$\frac{375}{37.5} = \frac{37.5h}{37.5}$ — Divide ambos lados de la ecuación entre 37.5.

$10 = h$

La altura del terrario es de 10 pulgadas.

Reflexiona

1. **Comunica ideas matemáticas** Explica cómo calcularías la solución al Ejemplo 1 con la fórmula $V = Bh$.

____

____

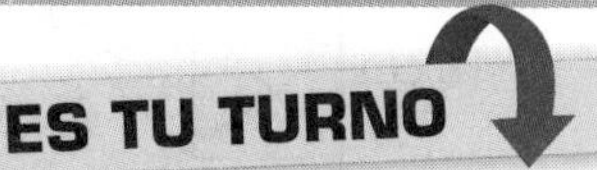

2. Calcula la altura de este prisma rectangular cuyo volumen es de $\frac{15}{16}$ pies cúbicos.

____

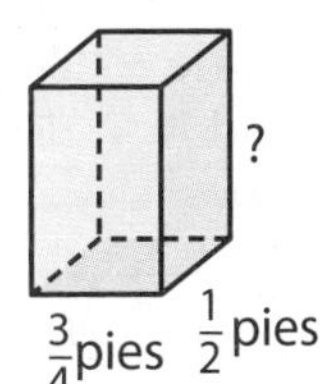

Resolver problemas de varios pasos

Un pie cúbico de agua equivale aproximadamente a 7.5 galones y pesa aproximadamente 62.43 libras.

EJEMPLO 2 

ESTÁNDARES COMUNES 6.G.2, 6.EE.7

El acuario del salón de clases puede contener 30 galones de agua. Mide 0.8 pies de ancho y tiene una altura de 2 pies. Calcula la longitud del acuario.

PASO 1 Calcula el volumen del acuario en pies cúbicos.

$$\frac{30 \text{ galones}}{7.5 \text{ galones por pie cúbico}} = 4 \text{ pies cúbicos}$$

Divide el número total de galones entre la tasa unitaria para calcular el número de pies cúbicos.

El volumen del salón de clases es 4 pies cúbicos.

PASO 2 Calcula la longitud del acuario.

$4 = \ell \cdot 0.8 \cdot 2$ — Usa la fórmula $V = lah$ para escribir una ecuación.

$4 = \ell(1.6)$ — Multiplica.

$\frac{4}{1.6} = \frac{\ell(1.6)}{1.6}$ — Divide ambos lados de la ecuación entre 1.6.

$2.5 = \ell$

La longitud de la pecera del salón de clases es de 2.5 pies.

Charla matemática
Prácticas matemáticas

¿Cuánto pesa el agua del acuario del salón de clases? Explica.

ES TU TURNO

3. Un acuario puede contener 33.75 galones de agua. Tiene una longitud de 2 pies y una altura de 1.5 pies. ¿Cuál es el ancho del acuario? ____________

Práctica con supervisión

1. Usa una ecuación para calcular el ancho del prisma rectangular. (Ejemplo 1)

____

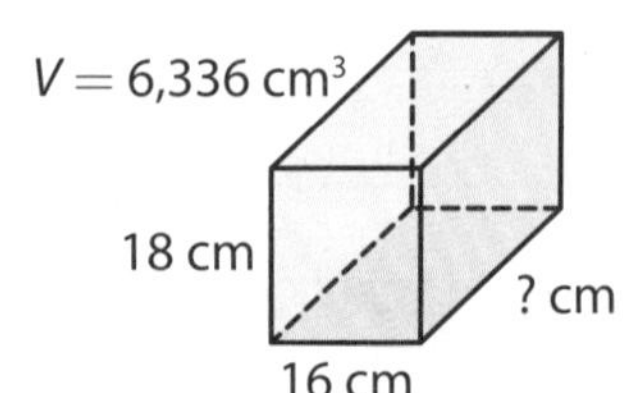

2. Un ladrillo de arcilla pesa 5.76 libras. El ladrillo mide 8 pulgadas de longitud y $2\frac{1}{4}$ pulgadas de ancho. Si la arcilla pesa 0.08 libras por pulgada cúbica, ¿cuál es el volumen del ladrillo? (Ejemplo 2)

____

Nombre ____________________ Clase ____________________ Fecha ____________________

15.3 Práctica independiente

ESTÁNDARES COMUNES 6.EE.7, 6.G.2

Entrenador personal en matemáticas

my.hrw.com

Evaluación e intervención en línea

3. Jada tiene un acuario con forma de prisma rectangular con las dimensiones que se muestran. ¿Cuál es la altura del acuario?

?
V = 3,758.75 pulgadas cúbicas
12.5 pulg
24.25 pulg

Altura = ____________________

4. El área de la base de un envase rectangular de jugo mide $4\frac{1}{2}$ pulgadas cuadradas. Si el volumen del envase es de 18 pulgadas cúbicas, ¿cuál es la altura?

Altura = ____________________

5. Calcula el ancho de una caja de cereal con forma rectangular que tiene un volumen de 3,600 cm^3 y mide 20 cm de longitud y 30 cm de alto.

Ancho = ____________________

6. Un pie cúbico de espacio se llena con aproximadamente 7.5 galones de agua. ¿Cuántos galones de agua llenarán una pecera con forma de prisma como se muestra?

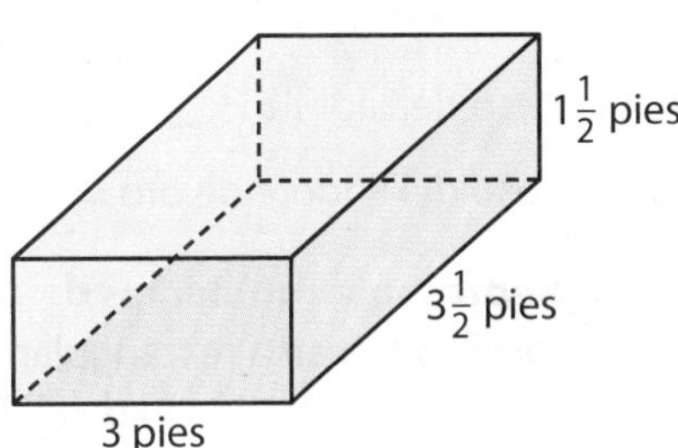

____

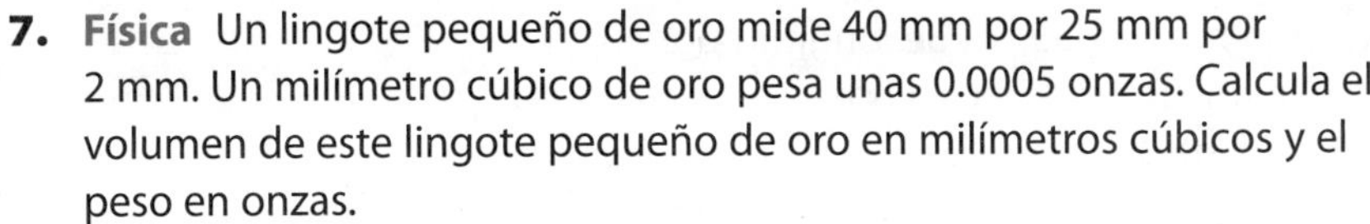

7. **Física** Un lingote pequeño de oro mide 40 mm por 25 mm por 2 mm. Un milímetro cúbico de oro pesa unas 0.0005 onzas. Calcula el volumen de este lingote pequeño de oro en milímetros cúbicos y el peso en onzas.

____

____

8. **Historia** Las piedras en el nivel más bajo de la Gran Pirámide de Egipto eran en promedio prismas rectangulares de 5 pies de longitud por 5 pies de altura por 6 pies de profundidad y pesaban 15 toneladas. ¿Cuál era el volumen de la piedra promedio? ¿Cuánto pesaba un pie cúbico de esta piedra?

____

9. Hank tiene tarjetas de 8 pulgadas por 4 pulgadas. Una pila de estas tarjetas caben dentro de la caja que se muestra y ocupan 32 pulgadas cúbicas del volumen. ¿Cuál es la altura de la pila de tarjetas? ¿Qué porcentaje del volumen de la caja ocupan las tarjetas?

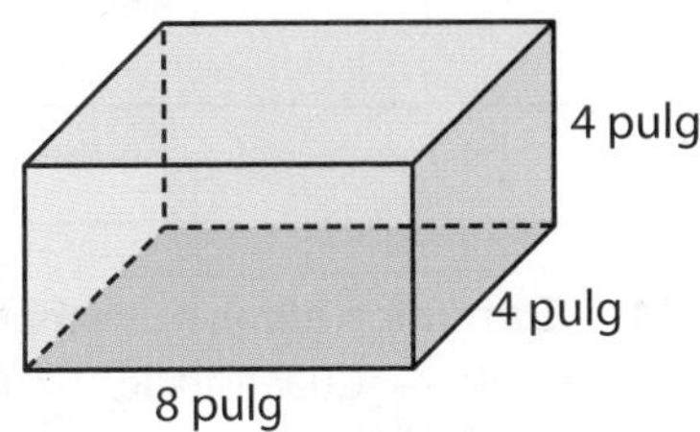

____

10. Un pez de agua dulce debe tener por lo menos un galón de agua por cada pulgada que mida el cuerpo. Roshel quiere poner en su tanque un pez dorado de aproximadamente $2\frac{1}{2}$ de longitud. El tanque mide 7 pulgadas de largo, 5 pulgadas de ancho y 7 pulgadas de altura. El volumen de 1 galón de agua es aproximadamente 231 pies cúbicos.

a. ¿Cuántos galones de agua necesitará Roshel para el pez? ______________

b. ¿Cuál es el volumen del tanque de Roshel? ______________

c. ¿Es suficientemente grande el tanque para el pez? Explica. ______________

____

H.O.T. ENFOQUE EN ALTA CAPACIDAD DE RAZONAMIENTO

Área de trabajo

11. Varios pasos Larry tiene un ladrillo de arcilla que mide 7 pulgadas de longitud, 3.5 pulgadas de ancho y 1.75 pulgadas de grosor, el mismo tamaño que los lingotes de oro que se almacenan en Fort Knox. Calcula el volumen de este ladrillo. Si el peso de la arcilla del ladrillo es de 0.1 libra por pulgada cúbica y el peso del oro es de 0.7 libras por pulgada cúbica, calcula el peso del ladrillo y del lingote de oro. Redondea las respuestas al décimo más cercano.

Volumen del ladrillo o barra = _______ pulgadas cúbicas

Peso del ladrillo = _______ libras

Peso del lingote de oro = _______ libras

12. Representa problemas de la vida real El horno eléctrico de Luisa, que tiene forma de prisma rectangular, tiene una base de 55 cm de longitud por 40 cm de ancho. Mide 30 cm de altura. Luisa quiere comprar un horno nuevo con el mismo volumen, pero distinta longitud, para que quepa mejor en su cocina. ¿Cuál es un conjunto de dimensiones posibles para este horno nuevo?

____

____

____

____

13. Representaciones múltiples A partir de la fórmula $V = Bh$, escribe una versión distinta con la que puedas calcular el área de la base B de un prisma rectangular si sabes la altura h y el volumen V. Explica qué hiciste para calcular esta ecuación.

____

____

14. Comunica ideas matemáticas El volumen de un cubo es de 27 pulgadas cúbicas. ¿Cuál es la longitud de una arista? Explica.

____

¿Listo para seguir?

15.1 Plantillas y área total

A continuación se muestra una pirámide cuadrada sentada sobre su base.

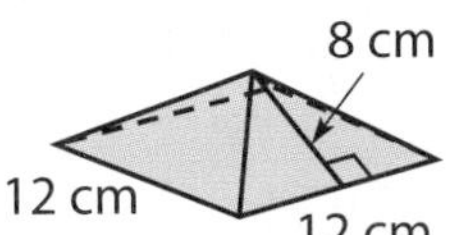

1. Dibuja la plantilla de la pirámide.
2. El área total de la pirámide es de

   ____________ centímetros cuadrados.

15.2 Volumen de prismas rectangulares

Calcula el volumen de cada prisma rectangular.

3. 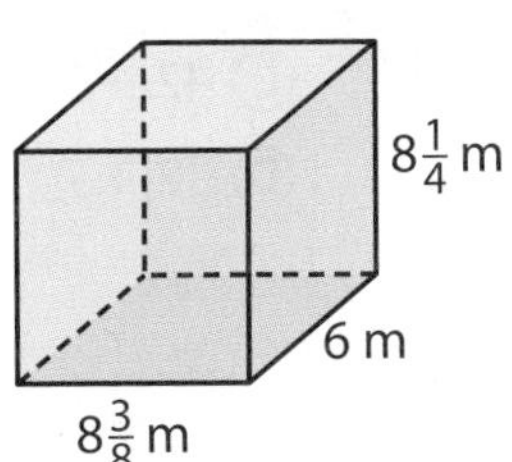

   $V =$ __________ metros cúbicos

4. 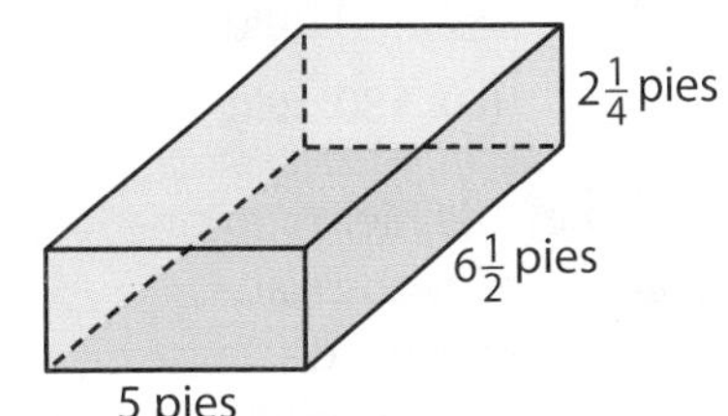

   $V =$ __________ pies cúbicos

15.3 Resolver ecuaciones de volumen

Calcula el volumen de cada prisma rectangular.

5. El volumen dentro de un cuarto de almacenamiento rectangular es de 2,025 pies cúbicos. El cuarto tiene 9 pies de alto. Calcula el área del piso. ____________
6. Un acuario que contiene 11.25 pies cúbicos de agua mide 2.5 pies de largo y 1.5 pies de ancho. ¿Cuánto mide de profundidad? ____________

PREGUNTA ESENCIAL

7. ¿Cómo te puede ayudar un modelo a resolver problemas de área total y volumen?

   ____

   ____

   ____

MÓDULO 15 REPASO MIXTO

Preparación para la evaluación

Respuesta seleccionada

1. Indira envuelve la caja siguiente. ¿Cuánto papel para envolver necesita?

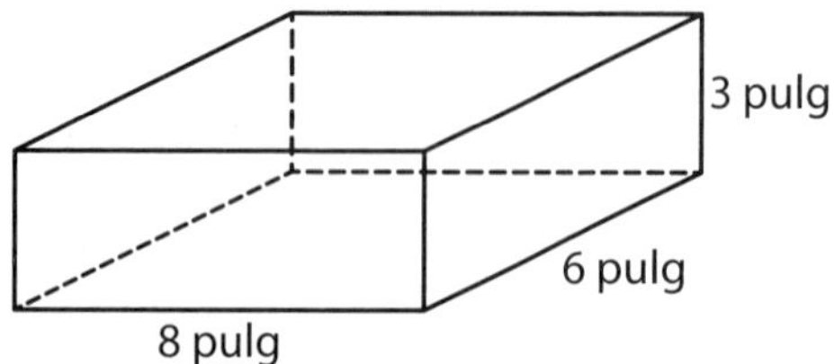

Ⓐ 34 pulg^2 Ⓒ 144 pulg^2

Ⓑ 90 pulg^2 Ⓓ 180 pulg^2

2. Colin tiene una cubeta de hielo con 12 compartimientos idénticos. Cada compartimiento es un prisma de 4 centímetros de largo, 3 centímetros de ancho y 3 centímetros de alto. ¿Cuánta agua puede contener la cubeta?

Ⓐ 36 mL Ⓒ 432 mL

Ⓑ 66 mL Ⓓ 792 mL

3. El gerente de una tienda hizo una cartelera de cartón para promocionar una marca nueva de perfume. La exhibición es una pirámide cuadrada cuya base mide 18 pulgadas en cada lado. La altura de cada cara triangular de la pirámide mide 12 pulgadas. ¿Cuánto cartón usó para hacer la cartelera?

Ⓐ 516 pulg^2 Ⓒ 756 pulg^2

Ⓑ 612 pulg^2 Ⓓ 1,080 pulg^2

4. ¿Qué expresión es equivalente a $24 + 32$?

Ⓐ $8 \times (3 + 4)$

Ⓑ $8 \times (3 + 32)$

Ⓒ $6 \times (4 + 32)$

Ⓓ $6 \times (4 + 6)$

5. Una bañera con forma de prisma rectangular mide 5 pies de largo, $3\frac{1}{2}$ pies de ancho y $4\frac{1}{4}$ pies de alto. ¿Cuánta agua puede contener la bañera?

Ⓐ $14\frac{7}{8}$ pies^3 Ⓒ $74\frac{3}{8}$ pies^3

Ⓑ $25\frac{1}{2}$ pies^3 Ⓓ $87\frac{1}{2}$ pies^3

6. En punto $(-1.5, 2)$ se refleja sobre el eje *y*. ¿Cuáles son las coordenadas del punto después de la reflexión?

Ⓐ $(-1.5, -2)$ Ⓒ $(2, -1.5)$

Ⓑ $(1.5, 2)$ Ⓓ $(2, 1.5)$

Minitarea

7. Uno de los extremos de una caja de cartón con forma de prisma cuadrado está abierta por faltarle una de las bases cuadradas. El volumen del prisma es de 810 pulgadas cúbicas y la altura es de 10 pulgadas.

a. ¿Cuál es la longitud de cada lado de la base? ______________________

b. Dibuja una plantilla de la base.

c. ¿Cuánto cartón se usó en la caja?

____

Repaso de la Guía de estudio

MÓDULO 13 Área y polígonos

Vocabulario clave
paralelogramo *(parallelogram)*
rombo *(rhombus)*
trapecio *(trapezoid)*

PREGUNTA ESENCIAL

¿Cómo puedes resolver problemas de la vida real con ecuaciones de área y volumen?

EJEMPLO 1

Calcula el área del trapecio.

$A = \frac{1}{2}(h)(b_1 + b_2)$

$A = \frac{1}{2}(10)(7 + 4)$

$A = 55 \text{ pulg}^2$

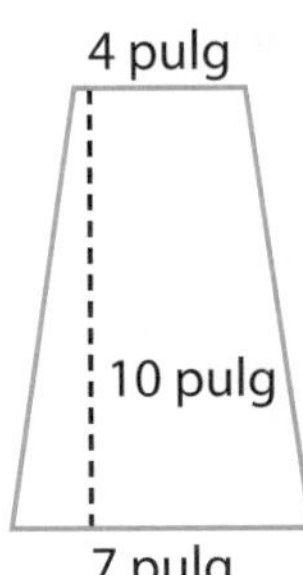

EJEMPLO 2

Calcula el área del patio de Jorge.

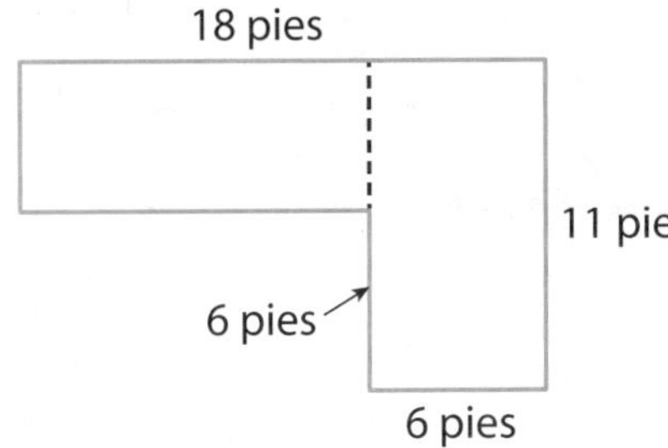

Calcula el área del primer rectángulo.

$A = bh$

$A = 12(5)$

$A = 60$ pies cuadrados

Calcula el área del segundo rectángulo.

$A = bh$

$A = 6(11)$

$A = 66$ pies cuadrados

Área total del patio $= 60 + 66 = 126$ pies cuadrados

EJERCICIOS

Calcula el área de cada figura. (Lecciones 13.1, 13.2)

1. 

____

2. 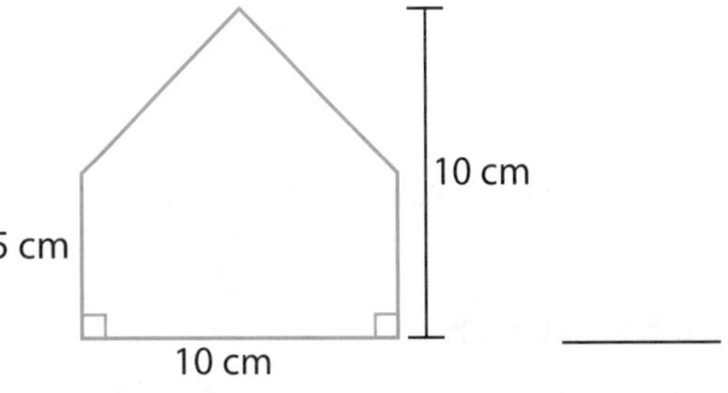

____

Calcula la medida desconocida. (Lección 13.3)

3. 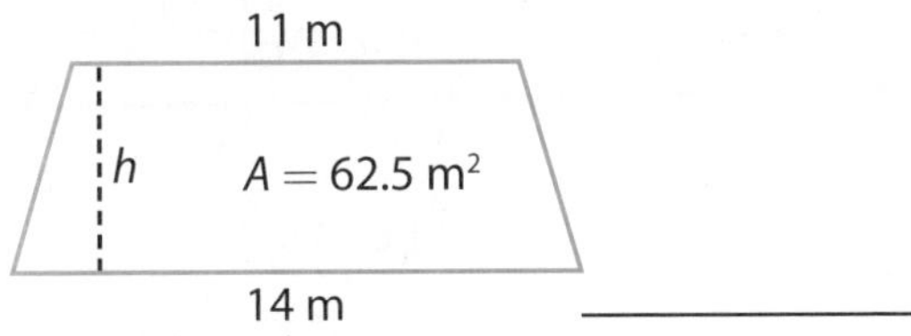

____

4. 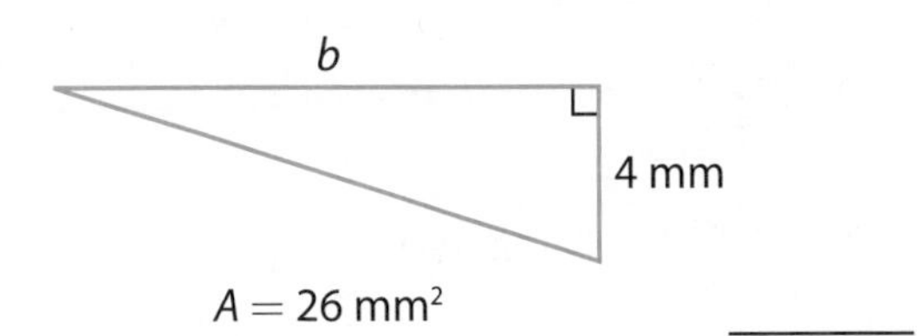

____

MÓDULO 14

Distancia y área en el plano cartesiano

Vocabulario clave
polígono *(polygon)*
reflexión *(reflection)*
vértice *(vertex)*

PREGUNTA ESENCIAL

¿Qué pasos podrías seguir para resolver un problema sobre polígonos dadas las coordenadas de sus vértices?

EJEMPLO 1

Calcula la distancia entre los puntos *A* y *B* en el plano cartesiano.

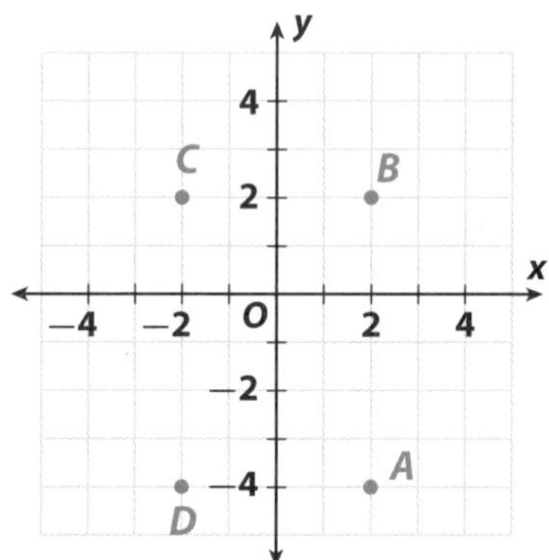

Calcula la distancia entre el punto *A* y el eje *x*.

La coordenada *y* es -4. El valor absoluto representa la distancia.

$|-4| = 4$ La distancia es 4 unidades.

Calcula la distancia entre el punto *B* y el eje *x*.

La coordenada *y* es 2. La distancia es 2 unidades.

Suma las dos distancias para calcular la distancia entre los dos puntos.

$4 + 2 = 6$ La distancia entre los puntos *A* y *B* es 6 unidades.

EJEMPLO 2

Calcula el área del rectángulo cuyos vértices son los puntos marcados en el plano cartesiano del Ejemplo 1.

Para la altura, usa la distancia entre los puntos *A* y *B* en el Ejemplo 1.

altura = 6 unidades

Calcula la distancia entre los puntos *A* y *D* y úsala como la base.

Distancia de *A* a $D = |-2| + 2 = 2 + 2 = 4$

base = 4 unidades

Calcula el área.

$A = bh = 4 \cdot 6 = 24$ unidades cuadradas

EJERCICIOS

Calcula la distancia entre los dos puntos.

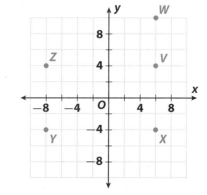

1. *Z* y *Y* 
2. *X* y *Y* ______________
3. *W* y *X* ______________
4. Calcula el área del rectángulo *XYZV*. ______________

MÓDULO 15

Área total y volumen de sólidos

Vocabulario clave

área total *(surface área)*

pirámide *(pyramid)*

plantilla *(net)*

PREGUNTA ESENCIAL

¿Cómo puedes resolver problemas de área total y volumen con la ayuda de un modelo?

EJEMPLO 1

Dibuja una plantilla y calcula el área total de la pirámide.

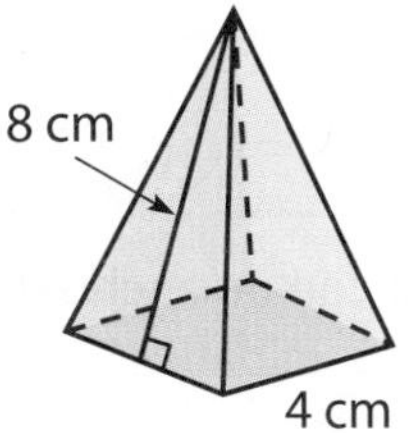

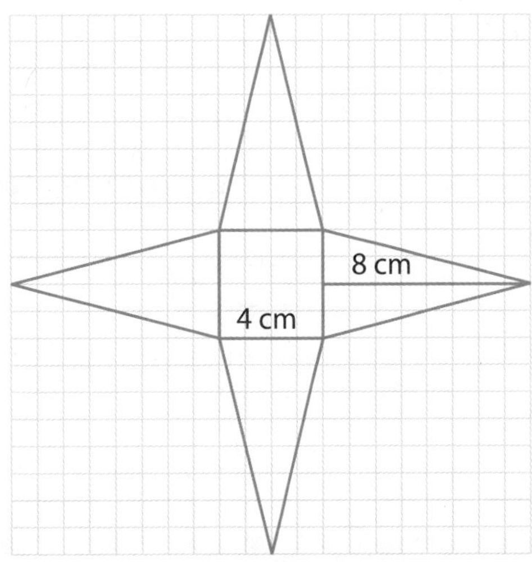

Calcula el área de la base cuadrada.

$A = bh$

$A = 4 \cdot 4$

$A = 16 \text{ cm}^2$

Calcula el área de un triángulo y multiplícala por cuatro.

$A = \frac{1}{2}bh$

$A = \frac{1}{2}(4 \cdot 8)$

$A = 16 \text{ cm}^2$

El área de los 4 triángulos es $4 \cdot 16 = 64 \text{ cm}^2$.

El área total de la pirámide es $16 \text{ cm}^2 + 64 \text{ cm}^2 = 80 \text{ cm}^2$.

EJEMPLO 2

Un centímetro cúbico de oro pesa aproximadamente 19.32 gramos. Calcula el peso de un lingote de oro que mide 6 centímetros de altura, 3 centímetros de ancho y 8 centímetros de longitud.

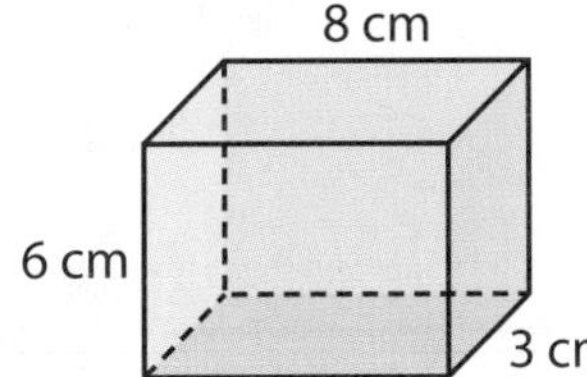

$V = lah$

$V = 8\,(3)\,(6)$

$V = 144 \text{ cm}^3$

El peso del oro es de 144×19.32 gramos, que es 2,782.08 gramos.

EJERCICIOS

Dibuja una plantilla para calcular el área total de los cuerpos geométricos. (Lección 15.1)

1.

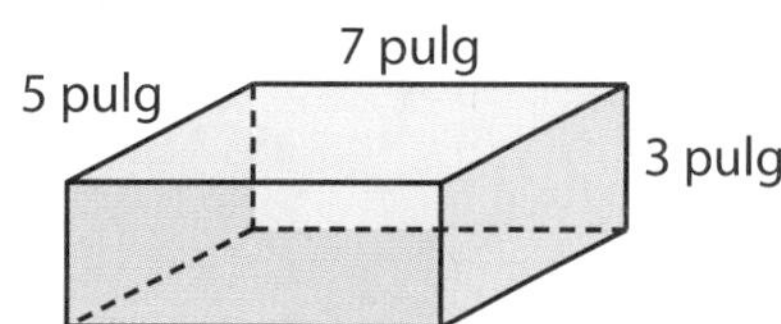

2.

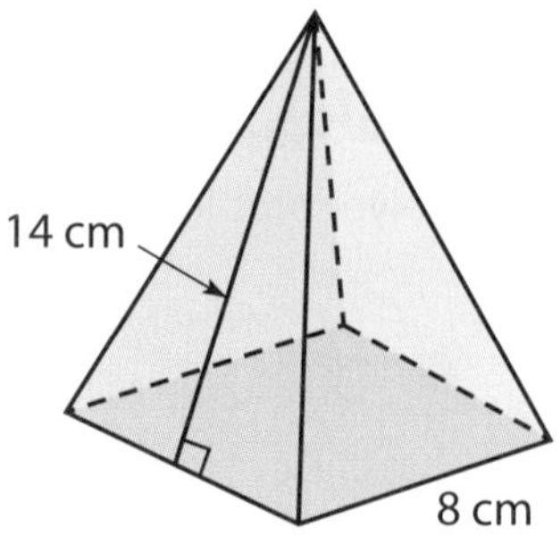

______________________ ______________________

Calcula el volumen de cada prisma rectangular. (Lección 15.2)

3.

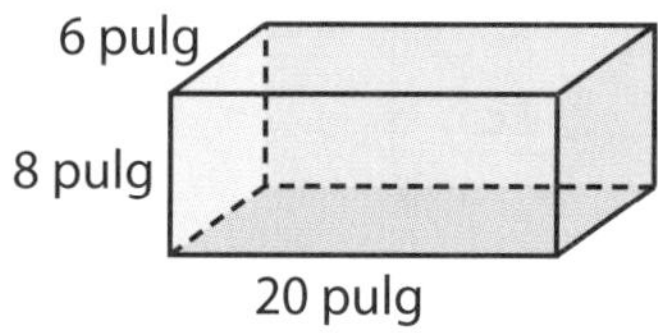

____

4. Un prisma rectangular con un ancho de 7 unidades, longitud de 8 unidades y altura de 2 unidades

____

Unidad 6 Tareas de rendimiento

1. PROFESIONES EN MATEMÁTICAS **Construcción de escenografías de teatro** Ahmed y Karina construyen una escenografía de las pirámides de Egipto con madera contrachapada para una obra de teatro de la comunidad. Las pirámides se representan con triángulos sobre una base rectangular. El diagrama muestra las medidas de la pieza de escenografía.

1 pie
1.5 pies
0.75 pies
1.5 pies
2 pies
1 pie
0.75 pies
5 pies

a. ¿Cuántos pies cuadrados de madera hay en la pieza terminada? Muestra el trabajo.

____

____

b. Las pirámides (los triángulos) se pintarán de gris y la base (el rectángulo) de negro. ¿Qué cantidad de pintura de cada color necesitarán, si cada cuarto alcanza para pintar 45 pies cuadrados? Solo deben pintar un lado del modelo, pero se necesitan dos manos de pintura. Muestra el trabajo. Redondea al centésimo de pie cuadrado más cercano.

____

____

____

ESTÁNDARES COMUNES

UNIDAD 6 REPASO MIXTO

Preparación para la evaluación

Respuesta seleccionada

1. Jessie tiene un trozo de cartón que mide 8.5 pulgadas por 11 pulgadas. Hace un portarretratos con el cartón, cortando un cuadrado de 4 pulgadas de lado del centro del cartón. ¿Cuál es el área del portarretratos?

Ⓐ 16 pulg^2 Ⓒ 93.5 pulg^2

Ⓑ 77.5 pulg^2 Ⓓ 118.5 pulg^2

2. Jermaine ordena un trozo de vidrio con forma de trapecio para crear el tablero de una mesa de patio. El precio de cada pie cuadrado de vidrio es \$25. Las bases del trapecio miden 5 y 3 pies y tiene una altura de 4 pies. ¿Cuál es el costo del vidrio?

Ⓐ \$400 Ⓒ \$800

Ⓑ \$437.50 Ⓓ \$1,500

3. ¿Cuál es el área de un trapecio cuyas bases miden 19 centímetros y 23 centímetros y cuya altura es de 14 centímetros?

Ⓐ 105 centímetros cuadrados

Ⓑ 266 centímetros cuadrados

Ⓒ 294 centímetros cuadrados

Ⓓ 322 centímetros cuadrados

4. ¿Cuál es el área del siguiente triángulo?

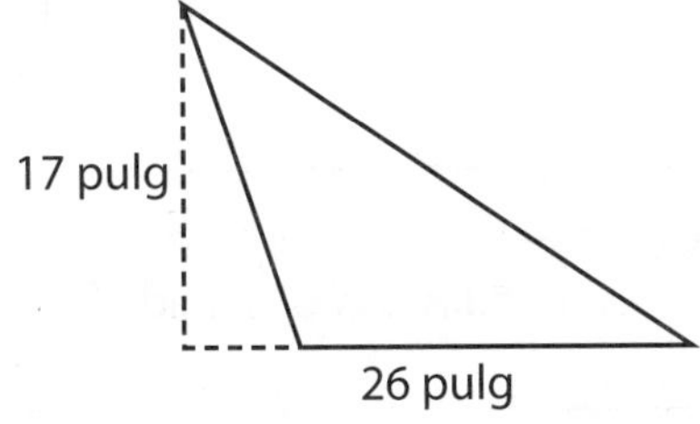

Ⓐ 110.5 pulgadas cuadradas

Ⓑ 221 pulgadas cuadradas

Ⓒ 442 pulgadas cuadradas

Ⓓ 884 pulgadas cuadradas

5. El siguiente trapecio tiene un área de 475 metros cuadrados.

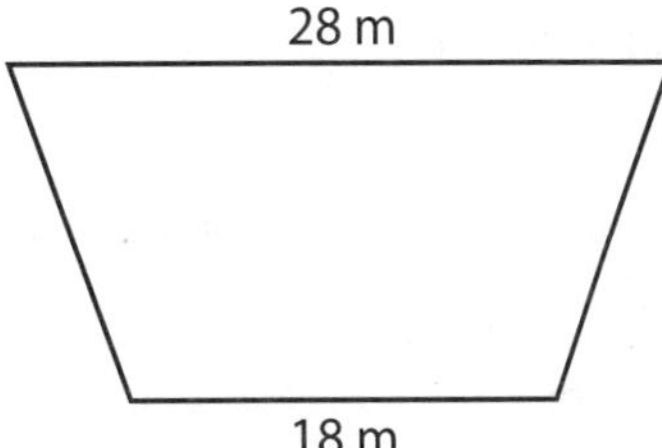

¿Qué ecuación puedes resolver para calcular la altura del trapecio?

Ⓐ $23h = 475$

Ⓑ $252h = 475$

Ⓒ $46h = 475$

Ⓓ $504h = 475$

6. Un prisma rectangular tiene un volumen de 1,500 centímetros cúbicos. Tiene una longitud de 34 centímetros y un ancho de 22 centímetros. ¿Qué ecuación puedes resolver para calcular la altura del prisma rectangular?

Ⓐ $374h = 1{,}500$

Ⓑ $28h = 1{,}500$

Ⓒ $748h = 1{,}500$

Ⓓ $56h = 1{,}500$

7. ¿Qué expresión representa la suma de 59 y x?

Ⓐ $59 + x$

Ⓑ $59 \div x$

Ⓒ $59x$

Ⓓ $59 - x$

8. ¿Qué número tiene más de dos factores?

Ⓐ 19

Ⓑ 23

Ⓒ 25

Ⓓ 29

9. ¿Cuál de los siguientes enunciados sobre números racionales **no** es correcto?

Ⓐ Todos los números enteros son también números racionales.

Ⓑ Todos los enteros son también números racionales.

Ⓒ Todos los números racionales se pueden escribir en forma $\frac{a}{b}$.

Ⓓ Los números racionales no pueden ser negativos.

Minitareas

10. Lisa compró un tanque para su cangrejo ermitaño. El tanque puede contener 1,331 pulgadas cúbicas de agua e incluye una tapa. La base del acuario es un cuadrado. La altura del acuario es de 11 pulgadas.

a. ¿Cuál es la longitud de cada lado de la base del tanque?

____

b. ¿Qué forma tiene el tanque de Lisa?

____

c. Dibuja una plantilla del tanque.

d. ¿Cuál es el área total del tanque?

____

11. Chuck hace un mapa de su vecindario. Cada unidad de la cuadrícula representa una cuadra de la ciudad. Él usa las siguientes coordenadas, donde el norte es la dirección del eje positivo de la y.

Biblioteca: (−5, 5)
Casa de Chuck: (−5, −3)
Ayuntamiento: (3, −3)

a. Marca cada punto en la siguiente cuadrícula de coordenadas.

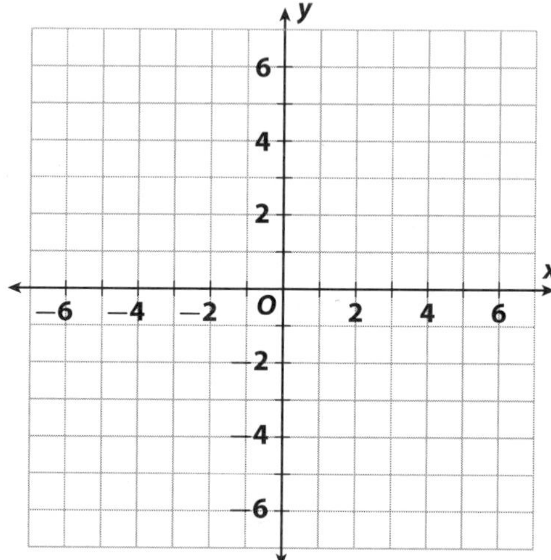

b. ¿A qué distancia vive Chuck de la biblioteca y del ayuntamiento?

____

c. Chuck decide agregar la oficina de correos al mapa. La oficina de correos está a 6 cuadras al este de la biblioteca. ¿Cuáles son las coordenadas de la oficina de correos? Márcalas en la cuadrícula de coordenadas.

____

d. ¿Qué figura obtienes si conectas los puntos del mapa?

____

e. ¿Cuál es el área de la figura en **d**? Usa cuadras cuadradas como la unidad.

____

UNIDAD 7

Medición y datos

MÓDULO 16

Mostrar, analizar y resumir datos

ESTÁNDARES COMUNES 6.SP.1, 6.SP.2, 6.SP.3, 6.SP.4, 6.SP.5, 6.SP.5a, 6.SP.5b, 6.SP.5c, 6.SP.5d

PROFESIONES EN MATEMÁTICAS

Especialista en genética Un especialista en genética es un científico que estudia y aplica la genética, una rama de la biología que se centra en los caracteres hereditarios y la variación en los organismos. Los especialistas en genética analizan cómo se pasan ciertas características de los padres a sus descendientes.

Si te interesa una carrera como especialista en genética, debes estudiar estas asignaturas de matemáticas:

- Álgebra
- Trigonometría
- Probabilidad y estadística
- Cálculo

Investiga otras carreras que requieran analizar datos.

Unidad 7 Tarea de rendimiento

Al final de la unidad, descubre cómo los **especialistas en genética** usan las matemáticas.

UNIDAD 7

Un vistazo al vocabulario

Usa este rompecabezas para repasar el vocabulario clave de esta unidad. Ordena las letras encerradas en un círculo para resolver el acertijo al final de la página.

1. **MADGEIRA ED JAAC**
2. **IGRAADMA ED SNPOTU**
3. **AHOSTIRAMG**
4. **NIADEMA**
5. **LATURCI RPEIOSRU**
6. **VANDISCEOI TSAOBUAL DEIMA**

1. Representación que muestra cómo están distribuidos los valores en un conjunto de datos. (Lección 16.3)
2. Representación en que cada dato se representa con un punto sobre una recta numérica. (Lección 16.4)
3. Tipo de gráfica de barras donde las barras representan las frecuencias de los datos en intervalos iguales. (Lección 16.5)
4. Valor intermedio de un conjunto de datos ordenados. (Lección 16.1)
5. Mediana de la mitad superior de los datos en un diagrama de caja. (Lección 16.3)
6. Distancia media entre cada dato y la media del conjunto de datos. (Lección 16.2)

P: ¿Por qué la maestra de matemáticas se viste tan bien?

R: Está siempre ___ ___ ___ ___ ___ ___ ___

Mostrar, analizar y resumir datos

LECCIÓN 16.1
Medidas centrales

6.SP.3, 6.SP.5, 6.SP.5a, 6.SP.5b, 6.SP.5c, 6.SP.5d

LECCIÓN 16.2
Desviación absoluta media

6.SP.5c

LECCIÓN 16.3
Diagramas de caja

6.SP.4, 6.SP.5c

LECCIÓN 16.4
Diagramas de puntos y distribución de datos

6.SP.1, 6.SP.2, 6.SP.4, 6.SP.5c, 6.SP.5d

LECCIÓN 16.5
Histogramas

7.SP.4, 7.SP.5

PREGUNTA ESENCIAL

¿Cómo puedes mostrar, analizar y resumir datos para resolver problemas de la vida real?

my.hrw.com

Vídeo de la vida real

Los biólogos reúnen datos de diferentes animales. Puedes describir los datos usando medidas centrales o de dispersión y representando los datos en diagramas o gráficas. En ellas pueden ver tendencias relacionadas con la población animal.

APRENDE EN LÍNEA

my.hrw.com

my.hrw.com

Las versiones digitales de todas las páginas del libro del estudiante están disponibles en línea.

Matemáticas al instante

Escanea con tu celular para entrar directamente en la edición en línea del Vídeo tutorial y más.

Matemáticas en acción

Explora interactivamente los conceptos clave para ver cómo funcionan las matemáticas.

Entrenador personal en matemáticas

Obtén comentarios y ayuda al instante a medida que trabajas en las prácticas.

¿Estás listo?

Completa estos ejercicios para repasar las destrezas que necesitarás en este módulo.

Entrenador personal en matemáticas

Evaluación e intervención en línea

Residuos

EJEMPLO

$$\begin{array}{r} 7.25 \\ 12\overline{)87.00} \\ \underline{84} \\ 30 \\ \underline{-24} \\ 60 \\ \underline{-60} \\ 0 \end{array}$$

Escribe un decimal y un cero en el dividendo.

Coloca un punto decimal en el cociente.

Agrega más ceros al dividendo si es necesario.

Calcula el cociente. Escribe el residuo como decimal.

1. $15\overline{)42}$ ________ **2.** $75\overline{)93}$ ________ **3.** $52\overline{)91}$ ________ **4.** $24\overline{)57}$ ________

Leer gráficas de barras

EJEMPLO ¿Cuántos goles marcó Alec?

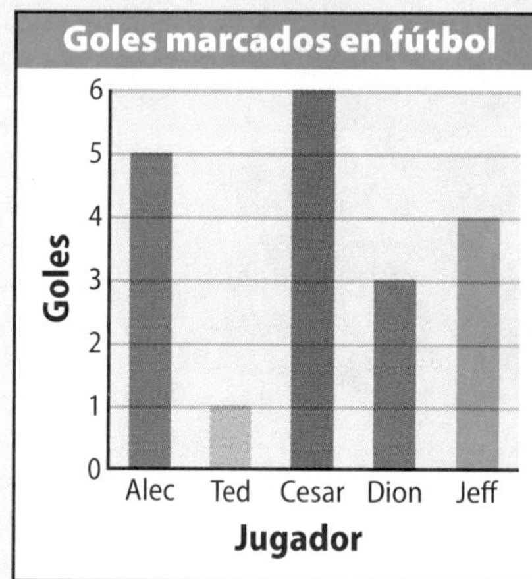

La primera barra muestra cuántos goles marcó Alec.

La barra se extiende a una altura de 5.

Alec marcó 5 goles.

5. ¿Cuántos goles marcó Dion? ________________

6. ¿Qué dos jugadores juntos marcaron igual número de goles que Jeff? ________________

7. ¿Cuántos goles menos que César marcó Alec? ________________

Práctica de vocabulario

Visualiza el vocabulario

Usa las palabras de repaso para completar el cuadro.

Introducción a la estadística		
Definición	**Ejemplo**	**Palabra de repaso**
Conjunto de datos	Las calificaciones de todos los estudiantes en una escuela	
Herramienta para recoger información de individuos	Un cuestionario repartido a todos los estudiantes para calcular el número de horas que estudia cada uno en 1 semana	
Valor que resume un conjunto de valores desiguales, obtenido mediante suma y división	Los resultados de la encuesta muestran que los estudiantes estudian regularmente 5 horas a la semana	

Vocabulario

Palabras de repaso

datos *(data)*
encuesta *(survey)*
promedio *(average)*

Palabras nuevas

cuartil inferior *(lower quartile)*
cuartil superior *(upper quartile)*
datos categóricos *(categorical data)*
desviación absoluta media, *(DAM) (mean absolute deviation (MAD))*
diagrama de caja *(box plot)*
diagrama de puntos *(dot plot)*
histograma *(histogram)*
✔ media *(mean)*
✔ mediana *(median)*
medida central *(measure of center)*
medida de dispersión *(measure of spread)*
✔ moda *(mode)*
pregunta estadística *(statistical question)*
rango *(range)*
rango entre cuartiles *(interquartilerange)*

Comprende el vocabulario

Completa las oraciones con las palabras nuevas.

1. El promedio de un conjunto de datos es la ____________________.
2. La ____________________ es el valor intermedio de un conjunto de datos.
3. El número o categoría que ocurre con más frecuencia en un conjunto de datos es la ____________________.

Lectura con propósito

Libro con capas Antes de comenzar el módulo, haz un libro con capas para aprender los conceptos en este módulo. Rotula cada solapa con los títulos de las lecciones. A medida que estudias cada lección, escribe las ideas importantes, como vocabulario y fórmulas, en la solapa correspondiente. Consulta tu libro con capas terminado mientras trabajas en los ejercicios de este módulo.

MÓDULO 16

Desglosar los estándares

Comprender los estándares y las palabras de vocabulario te ayudará a saber exactamente lo que se espera que aprendas en este módulo.

ESTÁNDARES COMUNES **6.SP.5C**

Resumir conjuntos de datos numéricos con relación a su contexto al dar medidas centrales cuantitativas (mediana y/o media) y variabilidad (rango entre cuartiles y/o desviación absoluta media), así como describir cualquier patrón general y cualquier desviación sobresaliente del patrón referente al contexto en el cual se reunieron los datos.

Lo que significa para ti

Describirás un conjunto de datos con medidas centrales.

DESGLOSAR EL EJEMPLO 6.SP.5C

A continuación se muestran las calificaciones de varios estudiantes en un examen de historia. Calcula la media y la mediana de las calificaciones. ¿Qué medida describe mejor la calificación típica de los estudiantes? Explica.

Calificaciones del examen de historia
73 48 88 90 90 81 83

Media: $\frac{73 + 48 + 88 + 90 + 90 + 81 + 83}{7} = \frac{553}{7} = 79$

Para calcular la mediana, escribe los valores en orden de menor a mayor y calcula el valor intermedio.

Mediana: 48 73 81 (83) 88 90 90

La mediana describe mejor la calificación típica.
La calificación baja de 48 afecta la media.

ESTÁNDARES COMUNES **6.SP.4**

Representar datos numéricos como puntos en una recta numérica, incluyendo diagramas de puntos, histogramas y diagramas de caja.

Lo que significa para ti

Interpretarás los datos de un diagrama de puntos, un histograma o un diagrama de caja.

DESGLOSAR EL EJEMPLO 6.SP.4

Kim comenzó a calificar cada película que ve con una escala de 1 a 10 en un sitio de Internet. Hizo un histograma que muestra cómo calificó las películas. ¿Qué te indica la forma de la distribución sobre las películas que calificó Kim?

De las 15 películas que calificó Kim, casi la mitad obtuvo un 7 o un 8; y por lo general no otorgó calificaciones extremas.

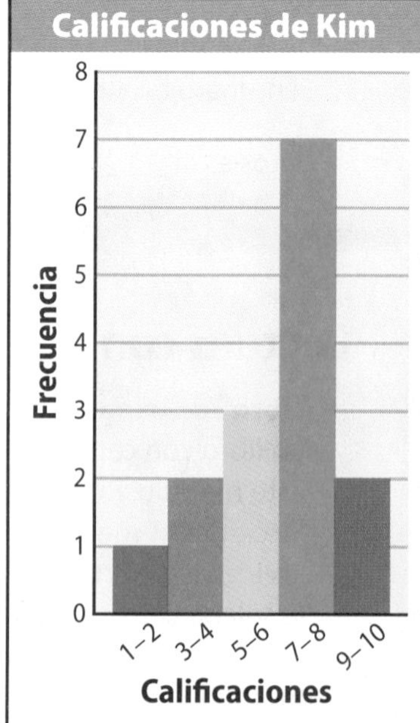

Visita **my.hrw.com** para ver todos los **Estándares comunes** desglosados.

my.hrw.com

LECCIÓN

16.1 Medidas centrales

ESTÁNDARES COMUNES **6.SP.5**

Summarize numerical data sets in relation to their context, . . . *Also 6.SP.3, 6.SP.5a, 6.SP.5b, 6.SP.5c, 6.SP.5d*

PREGUNTA ESENCIAL

¿Cómo puedes describir un conjunto de datos con una medida central?

ACTIVIDAD PARA EXPLORAR 1 

6.SP.5c, 6.SP.3, 6.SP.5a

Calcular la media

Una **medida central** es un solo número que describe un conjunto de datos numéricos. Una medida central describe un valor típico del conjunto de datos.

Una de las medidas centrales es la *media*. La **media**, o promedio, de un conjunto de datos es la suma de los valores de los datos dividida entre el número de valores en el conjunto.

Tami encuestó a cinco amigos para averiguar cuántos hermanos y hermanas tenían. Los resultados aparecen en la tabla.

Número de hermanos				
Amy	**Ben**	**Cal**	**Don**	**Eva**
2	3	1	1	3

A Representa la respuesta de cada persona con un grupo de fichas.

Amy	Ben	Cal	Don	Eva

B Ahora vuelve a ordenar las fichas para que cada grupo tenga el mismo número de fichas.

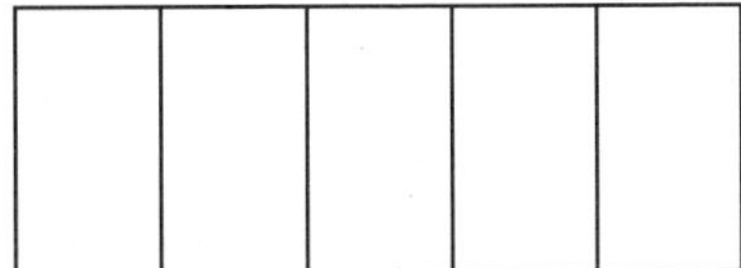

Ahora cada grupo tiene __________ ficha(s). Este valor es la media. Este modelo demuestra cómo la media "nivela" los valores de los datos.

C Calcula la media con números.

La suma de los valores de los datos es 2 + 3 + 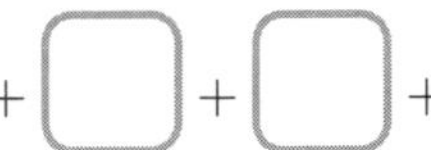 +

☐ = ☐.

¿Cuántos valores de datos hay en el conjunto? __________

ACTIVIDAD PARA EXPLORAR 1 *(continuación)*

$$\text{Media} = \frac{\text{suma de los valores}}{\text{número de valores}} = \frac{\square}{\square} = \square$$

Charla matemática
Prácticas matemáticas

Supongamos que tienes un conjunto de datos en el que todos los valores son 2. ¿Cuál es la media?

Reflexiona

1. ¿Puede la media ser mayor que el mayor de los datos en un conjunto de datos? ¿Por qué?

____

____

____

____

Matemáticas al instante

my.hrw.com

Calcular la mediana

Otra medida central es la *mediana*. La **mediana** representa el valor intermedio de un conjunto de datos ordenados.

EJEMPLO 1

En el mundo

ESTÁNDARES COMUNES 6.SP.5c, 6.SP.5b

A Un entrenador anota las distancias que corrieron algunos de los miembros del equipo de campo traviesa la semana pasada. Calcula la mediana.

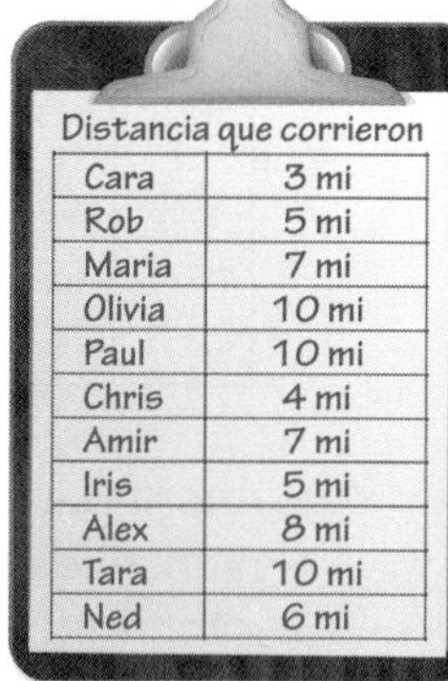

Distancia que corrieron	
Cara	3 mi
Rob	5 mi
Maria	7 mi
Olivia	10 mi
Paul	10 mi
Chris	4 mi
Amir	7 mi
Iris	5 mi
Alex	8 mi
Tara	10 mi
Ned	6 mi

Escribe los valores de los datos ordenados de menor a mayor.

3 4 5 5 6 7 7 8 10 10 10

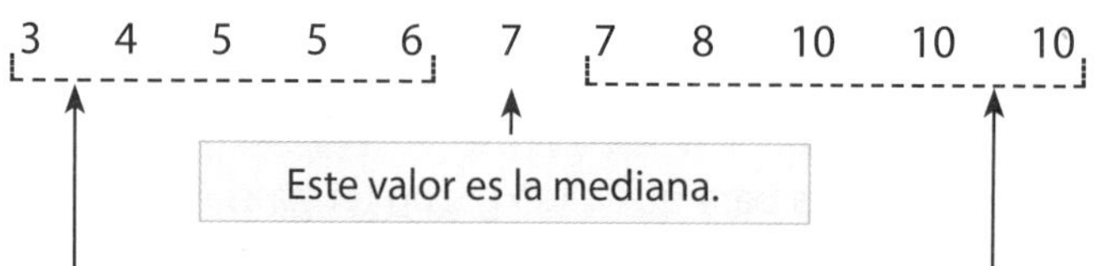
Este valor es la mediana.
Igual número de valores a cada lado de la mediana.

La mediana es 7.

Charla matemática
Prácticas matemáticas

¿Por qué el conjunto de datos de **A** tiene un valor intermedio mientras que el conjunto de datos de **B** tiene dos valores intermedios?

B Calcula la mediana de estas calificaciones de exámenes: 87, 90, 77, 83, 99, 94, 93, 90, 85, 83.

Escribe los valores de los datos en orden de menor a mayor.

77 83 83 85 87 90 90 93 94 99

Este conjunto de datos tiene dos valores intermedios: 87 y 90.

La mediana es el promedio de estos dos valores:

$$\text{Mediana} = \frac{87 + 90}{2} = 88.5$$

La mediana es 88.5.

Reflexiona

2. **¿Qué pasa si...?** ¿Qué unidades se usan para los datos en **A**? Si el entrenador hubiera anotado algunas distancias en kilómetros y otras en millas, ¿podrías calcular la mediana de los datos? Explica.

____

____

ES TU TURNO

3. Charlotte anotó el número de minutos que hizo ejercicios en los últimos diez días: 12, 4, 5, 6, 8, 7, 9, 8, 2, 1. Calcula la mediana de los datos.

____

ACTIVIDAD PARA EXPLORAR 2

6.SP.5d, 6.SP.5c

Comparar la media y la mediana

La media y la mediana de un conjunto de datos pueden ser iguales, muy cercanas o muy diferentes. Para los conjuntos de datos en los que la mediana y la media son muy distintas, una seguramente describe el conjunto de datos mejor que la otra.

Los ingresos mensuales de varios jóvenes son: $200, $320, $275, $250, $750, $350 y $310.

A Calcula la media.

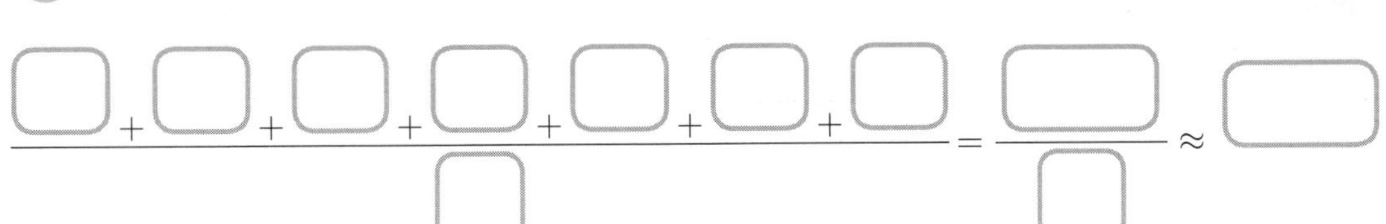

$$\frac{\square + \square + \square + \square + \square + \square + \square}{\square} = \frac{\square}{\square} \approx \square$$

B Escribe los valores de los datos del conjunto en orden de menor a mayor y calcula la mediana.

____

C La media y la mediana tienen unos $ ________ de diferencia. ¿Por qué?

____

____

D ¿Qué medida central describe mejor los ingresos mensuales típicos de este grupo de jóvenes, la media o la mediana? Explica.

____

____

ACTIVIDAD PARA EXPLORAR 2 *(continuación)*

Reflexiona

4. **Comunica ideas matemáticas** Las calificaciones de los exámenes finales de Luka en este semestre son: 70, 72, 99, 72 y 69. Calcula la media y la mediana. ¿Cuál es una descripción mejor de las calificaciones típicas de Luka en los exámenes? Explica el razonamiento.

____

____

Práctica con supervisión

1. Spencer encuestó a cinco de sus amigos para calcular cuántas mascotas tienen. Sus resultados aparecen en la tabla. ¿Cuál es la media del número del mascotas? (Actividad para explorar 1)

Número de mascotas				
Lara	**Cody**	**Sam**	**Ella**	**Maria**
3	5	2	4	1

$$\text{Media} = \frac{\text{suma de los valores de los datos}}{\text{número de valores}} = \frac{\square}{\square} = \square$$

La media del número de mascotas es ______

2. Los siguientes son los pesos, en libras, de algunos perros en una perrera: 36, 45, 29, 39, 51, 49. (Ejemplo 1)

   a. Calcula la mediana. ______

   b. Supongamos que uno de los pesos estuviera en kilogramos. ¿Podrías calcular la mediana? Explica.

   ____

3. **a.** Calcula la media y la mediana de este conjunto de datos: 9, 6, 5, 3, 28, 6, 4, 7. (Actividad para explorar 2)

   ____

   b. ¿Cuál describe mejor a este conjunto de datos, la media o la mediana? Explica.

   ____

   ____

ÉNFASIS EN LA PREGUNTA ESENCIAL

4. ¿Cómo puedes describir un conjunto de datos usando una medida central?

____

____

Nombre ____________________ Clase ____________________ Fecha ____________________

16.1 Práctica independiente

6.SP.3, 6.SP.5, 6.SP.5a, 6.SP.5b, 6.SP.5c, 6.SP.5d

Varios estudiantes en la clase de Ashton se eligieron al azar y se les preguntó cuántos mensajes de texto enviaron ayer. Sus respuestas fueron: 1, 0, 10, 7, 13, 2, 9, 15, 0, 3.

5. ¿A cuántos estudiantes se les preguntó? ¿Cómo lo sabes?

____

____

____

6. Calcula la media y la mediana para estos datos.

Media = ________ Mediana = ________

En la tabla se muestran los puntos que anotó un equipo de básquetbol en sus 6 últimos juegos. Completa 7 y 8 con los datos.

Puntos anotados					
73	77	85	84	37	115

7. Calcula la media y la mediana de los puntos.

Media = ________ Mediana = ________

8. ¿Qué medida describe mejor el número típico de puntos que anotaron? Explica.

____

____

____

A algunas personas les preguntaron cuánto tiempo tardan en viajar a su trabajo. Completa los ejercicios 9 a 11 con los datos.

16 min	5 min
7 min	8 min
14 min	12 min
0.5 hr	1 hr

9. ¿En qué unidades están los datos? ¿Qué debes hacer antes de calcular la media y la mediana del número de minutos?

____

10. Calcula la media y la mediana del número de minutos.

Media = ________ Mediana = ________

11. ¿Qué medida crees que es más típica para los datos?

____

____

____

H.O.T. ENFOQUE EN ALTA CAPACIDAD DE RAZONAMIENTO

Área de trabajo

12. Critica el razonamiento Durante dos semanas, la bibliotecaria de la escuela anotó el número de libros de la biblioteca devueltos cada mañana. Los datos se muestran en el diagrama de puntos. La bibliotecaria calculó la media del número de libros devueltos cada mañana.

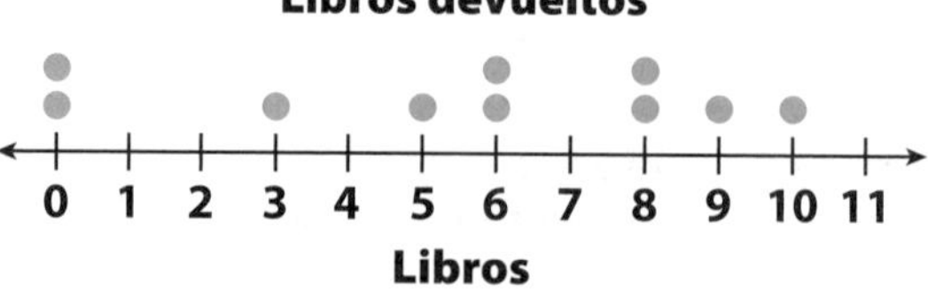

$\frac{8 + 6 + 10 + 5 + 9 + 8 + 3 + 6}{8} = \frac{55}{8} \approx 6.9$

¿Es ésta la media correcta del conjunto de datos? Si no, explica y corrige la respuesta.

____

____

13. Razonamiento crítico Las calificaciones de Lauren en los exámenes de matemáticas son: 93, 91, 98, 100, 95, 92 y 96. ¿Qué calificación puede obtener Lauren en su próximo examen de matemáticas para que la media y la mediana se mantengan igual? Explica la respuesta.

____

____

____

14. Persevera en la resolución de problemas Yuko quiere comenzar un trabajo vendiendo carros. Como obtendrá una comisión por cada carro que venda, ella averigua el precio de venta de los cuatro últimos carros que vendió cada compañía.

Compañía A: \$16,000; \$20,000; \$25,000; \$35,000;

Compañía B: \$21,000, \$23,000, \$36,000, \$48,000

a. Calcula la media del precio de venta de cada compañía.

____

b. Calcula la mediana del precio de venta de cada compañía.

____

c. Comunica ideas matemáticas En ambas compañías, Yuko obtendrá una comisión del 20% del precio de venta de cada carro que venda. Basándote en los datos, ¿dónde le recomendarías que trabaje? ¿Por qué?

____

____

____

LECCIÓN 16.2

Desviación absoluta media

ESTÁNDARES COMUNES 6.SP.5c

Summarize numerical data sets in relation to their context, such as by giving quantitative measures of ...variability (...mean absolute deviation)....

PREGUNTA ESENCIAL

¿Cómo se puede determinar y usar la desviación absoluta media de un conjunto de puntos de datos?

ACTIVIDAD PARA EXPLORAR

6.SP.5c

Comprender la desviación absoluta media

La **medida de variabilidad** es un número único que se usa para describir la extensión de un conjunto de datos. También se llama medida de dispersión. Una de las medidas de variabilidad es la **desviación absoluta media (DAM)**, que es la media de las distancias entre los valores de los datos y la media del conjunto de datos.

Los datos representan la altura, en pies, de varios edificios. Calcula la desviación absoluta media de cada conjunto de datos.

A 60, 58, 54, 56, 63, 65, 62, 59, 56, 58

Calcula la media. Redondea al número entero más cercano.

Completa la tabla.

Altura (pies)	60	58	54	56	63	65	62	59	56	58
Distancia de la media										

Calcula la DAM calculando la media de los valores de la segunda fila de la tabla. Redondea al número entero más cercano.

B 46, 47, 56, 48, 46, 52, 57, 52, 45

Calcula la media. Redondea al número entero más cercano.

Completa la tabla.

Altura (pies)	46	47	56	48	46	52	57	52	45
Distancia de la media									

Calcula la DAM. Redondea al número entero más cercano.

Charla matemática
Prácticas matemáticas
¿Cuál es la diferencia entre una medida central y una medida de variabilidad?

Reflexiona

1. **Analiza las relaciones** Compara las DAM. ¿Cómo describen las DAM la distribución de las alturas en cada grupo?

Usar la desviación absoluta media

La desviación absoluta media puede usarse para responder preguntas estadísticas de la vida real. Muchas de estas preguntas pueden tener implicaciones en las operaciones de algunos negocios.

EJEMPLO 1 

ESTÁNDARES COMUNES 6.SP.5c

Un criador de pollos quiere que todos sus pollos tengan aproximadamente el mismo peso. Prueba dos tipos de alimento para ver cuál da mejores resultados. Los pollos del Gallinero A reciben grano de marca Crecimiento de Alta Calidad; y los pollos del Gallinero B reciben grano de marca Crecimiento Máximo. El criador de pollos anota el peso de los pollos en la tabla siguiente. ¿Qué tipo de grano hace variar menos el peso?

Gallinero A: Pesos con grano Crecimiento de Alta Calidad (lb)									
5.8	6.1	5.5	6.6	7.3	5.9	6.3	5.7	6.8	7.1

Gallinero B: Pesos con grano Crecimiento Máximo (lb)									
7.7	7.4	5.4	7.8	6.1	5.2	7.5	7.9	6.3	5.6

PASO 1 Calcula el peso medio de los pollos de cada gallinero. Redondea las respuestas al décimo más cercano.

Gallinero A: $\frac{5.8 + 6.1 + 5.5 + 6.6 + 7.3 + 5.9 + 6.3 + 5.7 + 6.8 + 7.1}{10} \approx 6.3$

Gallinero B: $\frac{7.7 + 7.4 + 5.4 + 7.8 + 6.1 + 5.2 + 7.5 + 7.9 + 6.3 + 5.6}{10} \approx 6.7$

PASO 2 Calcula la distancia de la media para cada uno de los pesos.

Las distancias de la media para el Gallinero A son la distancia de cada peso a 6.3 lb.

Gallinero A: Crecimiento de Alta Calidad										
Peso (lb)	5.8	6.1	5.5	6.6	7.3	5.9	6.3	5.7	6.8	7.1
Distancia de la media	0.5	0.2	0.8	0.3	1.0	0.4	0	0.6	0.5	0.8

Las distancias de la media para el Gallinero B son la distancia de cada peso a 6.7 lb.

Gallinero B: Crecimiento Máximo										
Peso (lb)	7.7	7.4	5.4	7.8	6.1	5.2	7.5	7.9	6.3	5.6
Distancia de la media	1.0	0.7	1.3	1.1	0.6	1.5	0.8	1.2	0.4	1.1

PASO 3 Calcula la DAM de los pollos de cada gallinero. Redondea las respuestas al décimo más cercano.

Gallinero A: $\frac{0.5 + 0.2 + 0.8 + 0.3 + 1.0 + 0.4 + 0 + 0.6 + 0.5 + 0.8}{10} \approx 0.5$ lb

Gallinero B: $\frac{1.0 + 0.7 + 1.3 + 1.1 + 0.6 + 1.5 + 0.8 + 1.2 + 0.4 + 1.1}{10} \approx 1.0$ lb

Como la DAM del Gallinero A es menor, el grano Crecimiento de Alta Calidad hace variar menos el peso.

Charla matemática
Prácticas matemáticas
Una media menor o más pequeña, ¿significará siempre menor variabilidad?

ES TU TURNO

2. Dos meseros de una cafetería sirvieron 10 batidos de fruta grandes cada uno. Las tablas muestran la cantidad en cada batido grande. ¿Cuál mesero sirvió los batidos con menor variabilidad?

Cantidades en batidos grandes, mesero A (oz)									
19.1	20.1	20.9	19.6	20.9	19.5	19.2	19.4	20.3	20.9

Cantidades en batidos grandes, mesero B (oz)									
20.1	19.6	20.0	20.5	19.8	20.0	20.1	19.7	19.9	20.4

Mis notas

Usar una hoja de cálculo para calcular la DAM

Las hojas de cálculo se pueden usar para calcular la desviación absoluta media de un conjunto de datos.

EJEMPLO 2 

6.SP.5c

Una fábrica de papel prueba dos máquinas para cortar papel. Las dos están diseñadas para cortar hojas de papel de 8.5 pulgadas de ancho. Las tablas muestran los anchos de 8 hojas de papel cortadas por cada máquina. Usa una hoja de cálculo para determinar qué máquina produce menos variabilidad y, por lo tanto, hace mejor trabajo.

Anchos de hojas de papel cortadas por la máquina A (pulg)							
8.502	8.508	8.499	8.501	8.492	8.511	8.505	8.491

Anchos de hojas de papel cortadas por la máquina B (pulg)							
8.503	8.501	8.498	8.499	8.498	8.504	8.496	8.502

PASO 1 Introduce los valores de los datos para la Máquina A en la fila 1 de una hoja de cálculo, usando las casillas A a H.

	A	B	C	D	E	F	G	H
1	8.502	8.508	8.499	8.501	8.492	8.511	8.505	8.491
2								
3								

PASO 2 Introduce "mean = " (en español, media) en la casilla A2 y la fórmula =AVERAGE(A1:H1) (en español, promedio) en la casilla B2.

	A	B	C	D	E	F	G	H
1	8.502	8.508	8.499	8.501	8.492	8.511	8.505	8.491
2	mean =	8.501125						
3								

PASO 3 Introduce "MAD = " (en español, DAM) en la casilla A3 y la fórmula = AVEDEV(A1:H1) (en español, media de la desviación) en la casilla B3.

	A	B	C	D	E	F	G	H
1	8.502	8.508	8.499	8.501	8.492	8.511	8.505	8.491
2	mean =	8.501125						
3	MAD =	0.005375						

La DAM para la Máquina A es aproximadamente 0.0054 pulg.

PASO 4 Repite los Pasos 1 a 3 con los valores de datos para la Máquina B.

	A	B	C	D	E	F	G	H
1	8.503	8.501	8.498	8.499	8.498	8.504	8.496	8.502
2	mean =	8.500125						
3	MAD =	0.002375						

La DAM para la Máquina B es aproximadamente 0.0024 pulg.

La Máquina B produce menos variabilidad, así que hace mejor trabajo.

ES TU TURNO

3. Dos máquinas para hacer aspirinas están programadas para hacer tabletas que contienen 0.35 gramos de aspirina. En la tabla aparecen las cantidades reales de 8 tabletas que produce cada máquina. Usa una hoja de cálculo para determinar qué máquina tiene menor variación.

Cantidades de aspirina en las tabletas hechas por la máquina A (g)							
0.353	0.351	0.350	0.352	0.349	0.348	0.350	0.346

Cantidades de aspirina en las tabletas hechas por la máquina B (g)							
0.349	0.341	0.347	0.358	0.359	0.354	0.339	0.343

____

Práctica con supervisión

1. Un autobús recorre su ruta en aproximadamente 45 minutos. La meta de la compañía es tener una DAM de menos de 0.5 minutos. La tabla muestra el tiempo que tarda un conductor en recorrer su ruta 9 veces. ¿Cumplió el conductor la meta de la compañía? (Actividad para explorar y Ejemplo 1)

Tiempos de recorrido de la ruta del autobús (min)								
44.2	44.9	46.1	45.8	44.7	45.2	45.1	45.3	44.6

a. Calcula la media de los tiempos de recorrido. ______________

b. Calcula la DAM al décimo más cercano. ______________

El conductor del autobús **sí/no** cumplió la meta de la compañía.

2. La siguiente tabla muestra los tiempos de otro conductor en la misma ruta. Calcula la media y la DAM usando una hoja de cálculo. Introduce los valores de los datos en la fila 1, usando las casillas A a I. Introduce "mean =" (en español, media) en la casilla A2 y "MAD =" (en español, DAM) en la casilla A3. (Ejemplo 2)

Tiempos de recorrido de la ruta del autobús (min)								
44.4	43.8	45.6	45.9	44.1	45.6	44.0	44.9	45.8

La media es __________ y la DAM es ____________ minutos.

Esta vez, el conductor del autobús **sí/no** cumplió la meta de la compañía.

ÉNFASIS EN LA PREGUNTA ESENCIAL

3. ¿Qué es la desviación absoluta media y qué te indica sobre los conjuntos de datos?

____

____

Nombre ____________________ Clase ____________ Fecha ____________

16.2 Práctica independiente

6.SP.5c

Frank quiere averiguar cuántas personas viven en cada uno de los hogares de su ciudad. Realiza una encuesta aleatoria a 10 personas y les pregunta cuántas personas viven en su casa. Los resultados aparecen en la siguiente tabla.

Número de personas por hogar									
1	6	2	4	4	3	5	5	2	8

4. Calcula la media del número de personas por hogar. ____________

5. Calcula la DAM del número de personas por hogar. ____________

6. ¿Qué conclusiones puedes sacar sobre el típico número de personas por hogar? Explícalo.

____

____

____

____

A los maestros les se capacita para estandarizar las calificaciones que dan a los ensayos de los estudiantes. El mismo ensayo fue calificado por 10 maestros distintos al comienzo y al final de su capacitación. En las tablas se muestran los resultados.

Calificaciones al comienzo de la capacitación de los maestros									
76	81	85	79	89	86	84	80	88	79

Calificaciones al final de la capacitación de los maestros									
79	82	84	81	77	85	82	80	78	83

7. Calcula las DAM de las calificaciones de los maestros. ¿Mejoraron los maestros en la estandarización de sus calificaciones?

____

____

____

8. **¿Qué pasa si...?** ¿Qué significaría si la DAM de los maestros fuera 0?

____

____

En las tablas se muestra la precipitación anual en Austin, Texas y San Antonio, Texas entre 2002 y 2011. Usa los datos para los Ejercicios 9 a 11.

Precipitación anual en Austin, Texas (pulg)									
36.00	21.41	52.27	22.33	34.70	46.95	16.07	31.38	37.76	19.68

Precipitación anual en San Antonio, Texas (pulg)									
46.27	28.45	45.32	16.54	21.34	47.25	13.76	30.69	37.39	17.58

9. Usa una hoja de cálculo para calcular la media de la precipitación anual en las dos ciudades. ¿Qué ciudad tiene un mayor promedio de lluvia al año?

____

____

____

10. Usa una hoja de cálculo para calcular las DAM. Usa las DAM para comparar la distribución de la precipitación anual para las dos ciudades.

____

____

____

____

11. **Haz una conjetura** ¿Te permite la información de las tablas hacer una predicción sobre las diferencias en las cantidades de precipitación futuras en las dos ciudades? Explícalo.

____

____

____

____

12. **Pensamiento crítico** La vida de 10 efímeras adultas tiene una media de 4 horas y una DAM de 2 horas. Completa la siguiente tabla con los posibles valores de la duración de vida. Puedes usar el mismo valor más de una vez.

Vida de diez efímeras (h)									

¿Puede cualquiera de las 10 efímeras del grupo vivir 1 día entero? Justifica la respuesta.

____

____

____

H.O.T. ENFOQUE EN ALTA CAPACIDAD DE RAZONAMIENTO

Área de trabajo

13. Varios pasos Antes de introducir cualquier valor en una hoja de cálculo, introduce primero "mean =" (en español, media) en la casilla A2 y la fórmula = AVERAGE(A1:J1) (en español, promedio) en la casilla B2. Luego, introduce "MAD =" (en español, DAM) en la casilla A3 y la fórmula = AVEDEV(A1:J1) (en español, media de la desviación) en la casilla B3. Deberías obtener #DIV/0! en la casilla B2 y #NUM! en la casilla B3, como se ve a la derecha. Haz lo siguiente a continuación:

	A	B
1		
2	mean =	#DIV/0!
3	MAD =	#NUM!

a. Introduce "1" en la casilla A1. ¿Qué obtienes para la media y la DAM del conjunto de datos? Explica por qué tiene sentido eso.

____

____

____

b. Introduce "2" en la casilla B1. ¿Qué obtienes esta vez para la media y la DAM del conjunto de datos? Explica por qué tiene sentido eso.

____

____

____

c. Introduce los números 3 a 10 en las casillas C1 a J1 y observa cómo cambian la media y la DAM. ¿Aumentan, disminuyen o permanecen igual? Explica por qué tiene sentido eso.

____

____

____

14. Haz una conjetura Cada uno de los valores en el conjunto de datos aumenta en 10. ¿Tiene esto algún efecto en la DAM del conjunto de datos? ¿Por qué?

____

____

____

15. ¿Qué pasa si...? Supón que un conjunto de datos contiene únicamente números enteros. ¿Será la DAM de este conjunto de datos un número entero también? Explícalo.

____

____

____

LECCIÓN

16.3 Diagramas de caja

ESTÁNDARES COMUNES 6.SP.4

Display numerical data in plots on a number line, including ... box plots. *Also 6.SP.5c*

PREGUNTA ESENCIAL

¿Cómo puedes describir un conjunto de datos con un diagrama de caja y medidas de dispersión?

Usar un diagrama de caja

Un **diagrama de caja** muestra cómo se distribuyen, o separan, los valores de datos en un conjunto de datos.

Para hacer un diagrama de caja, primero calcula cinco valores del conjunto de datos:

- el valor menor
- el **cuartil inferior:** la mediana de la mitad inferior del conjunto de datos
- la mediana
- el **cuartil superior:** la mediana de la mitad superior del conjunto de datos
- el valor mayor

Matemáticas al instante my.hrw.com

EJEMPLO 1 En el mundo ESTÁNDARES COMUNES 6.SP.4

Matemáticas en acción my.hrw.com

En la tabla aparecen las estaturas de varios estudiantes. Haz un diagrama de caja para los datos.

Estatura de los estudiantes (pulg)					
60	58	54	56	63	61
65	61	62	59	56	58

PASO 1 Ordena los datos y calcula los valores necesarios.

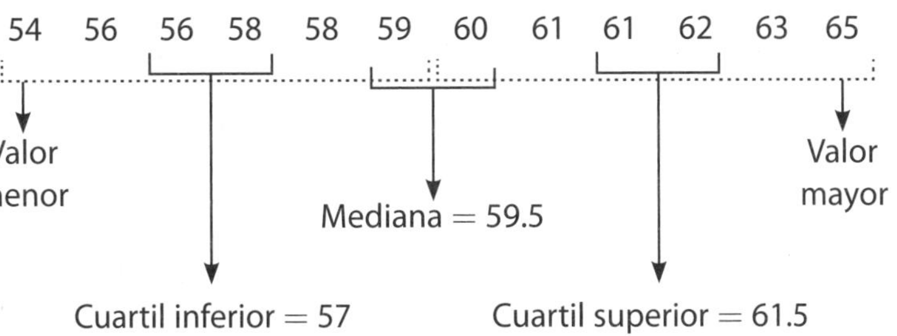

Charla matemática
Prácticas matemáticas

¿Cuántos valores de datos hay en la mitad superior del conjunto de datos? ¿Cuántos hay en la mitad inferior?

PASO 2 Dibuja el diagrama de caja.

Traza una recta numérica que incluya todos los valores de los datos.

En la recta numérica, marca puntos arriba del valor menor, el cuartil inferior, la mediana, el cuartil superior y el valor mayor.

Dibuja un segmento de recta que conecte el valor menor con el cuartil inferior.

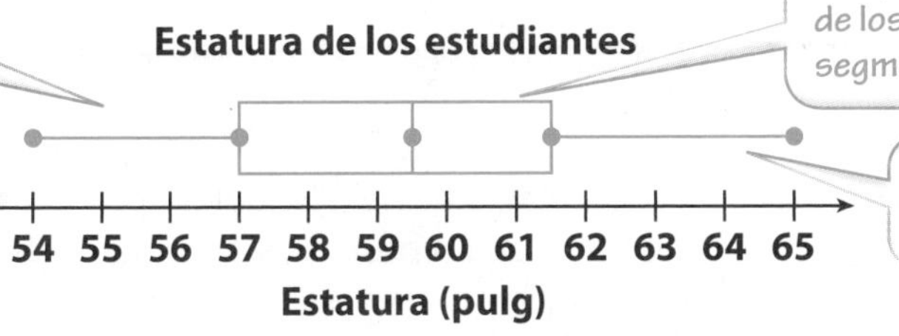

Dibuja un a caja cuyos extremos pasen a través de los cuartiles inferior y superior. Dibuja un segmento vertical a través de la mediana.

Dibuja un segmento de recta que conecte el cuartil superior con el valor mayor.

Reflexiona

1. ¿Qué porcentaje de los valores de los datos se encuentra dentro de la parte de la caja en el ejemplo? ¿Qué porcentaje se encuentra en cada uno de los "bigotes" en los extremos de la caja? ___________________

ES TU TURNO

2. En la tabla aparecen las temperaturas máximas de algunos días del mes pasado. Haz un diagrama de caja para los datos.

Temperaturas máximas diarias (°F)					
85	78	92	88	78	84
80	94	89	75	79	83

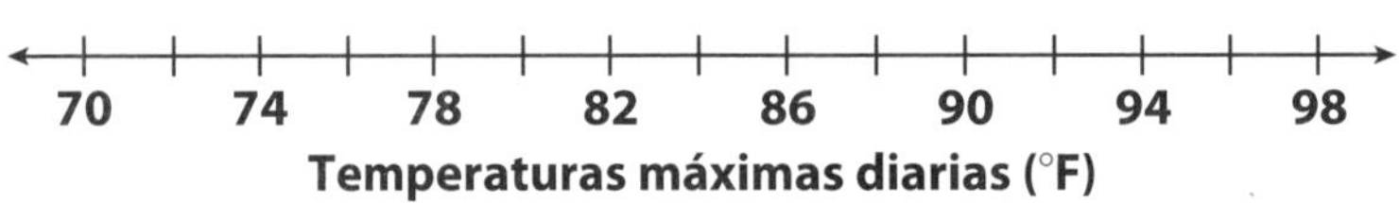

Calcular el rango entre cuartiles

Una **medida de dispersión** es un número que describe la distribución de los datos de un conjunto. Una medida de dispersión es el *rango entre cuartiles*. El **rango entre cuartiles (REC)** es la diferencia entre el cuartil superior y el inferior.

EJEMPLO 2

6.SP.5c

Los diagramas de caja comparan las edades de los bailarines en dos compañías de baile diferentes.

A Calcula el REC para cada conjunto de datos.

Grupo A: REC = Cuartil superior − Cuartil inferior

= 24 − 20 = 4

Grupo B: REC = Cuartil superior − Cuartil inferior

= 26 − 21.5 = 4.5

B Compara los REC. ¿Cómo describen los REC la distribución de las edades en cada grupo?

El REC del grupo B es un poco mayor que el REC del grupo A. Las edades en la mitad intermedia del grupo B están un poco más distribuidas que en el grupo A.

ES TU TURNO

3. Los diagramas de caja comparan los ingresos semanales de dos grupos de vendedores de diferentes tiendas de ropa. Calcula y compara los REC de las gráficas.

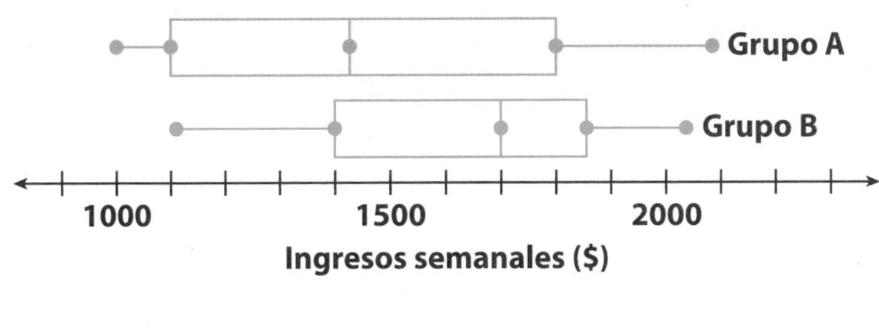

Calcular el rango

Otra medida que describe la dispersión de un conjunto de datos es el *rango*. El **rango** es la diferencia entre el valor mayor y el menor en un conjunto de datos.

EJEMPLO 3  

Los conjuntos de datos muestran las edades de los jugadores en dos equipos profesionales de béisbol. Calcula el rango de cada conjunto de datos.

Equipo A	36, 27, 28, 31, 39, 39, 28, 29, 24, 29, 30, 31, 29, 29, 28, 29, 31, 29, 32, 25, 37, 21, 26, 33, 29
Equipo B	25, 25, 26, 30, 27, 24, 29, 21, 27, 28, 26, 27, 25, 31, 22, 23, 29, 28, 25, 26, 28, 30, 23, 28, 29

PASO 1 Ordena los conjuntos de datos de menor a mayor.

Equipo A: 21, 24, 25, 26, 27, 28, 28, 28, 29, 29, 29, 29, 29, 29, 29, 30, 31, 31, 31, 32, 33, 36, 37, 39, 39

Equipo B: 21, 22, 23, 23, 24, 25, 25, 25, 25, 26, 26, 26, 27, 27, 27, 28, 28, 28, 28, 29, 29, 29, 30, 30, 31

PASO 2 Calcula el rango de los datos. Resta el valor menor del valor mayor en cada conjunto de datos.

Equipo A: $39 - 21 = 18$

Equipo B: $31 - 21 = 10$

El rango de las edades en el equipo A es de 18 años, mientras que el rango de las edades en el equipo B es de 10 años.

Charla matemática
Prácticas matemáticas
¿Cómo puedes calcular el rango de un conjunto de datos representado en un diagrama de caja?

ES TU TURNO

4. Calcula el rango de cada conjunto de datos. ¿Qué ciudad tiene un rango de datos mayor?

Promedio de la temperatura máxima mensual (°F)	
Miami, FL	76, 78, 80, 83, 87, 90, 91, 91, 89, 86, 82, 78, 84
Chicago, IL	31, 35, 47, 59, 70, 80, 84, 82, 75, 62, 48, 35, 59

____

Práctica con supervisión

En la tabla aparecen las carreras bateadas (CB) de 15 jugadores de los Marineros de Seattle en 2010. Usa los datos para los Ejercicios 1 a 7.

CB de los Marineros
15 51 35 25 58 33 64
43 33 29 14 13 11 4 10

1. Ordena los datos de menor a mayor. (Ejemplo 1)

____

2. Calcula la mediana. (Ejemplo 1) ______

3. Calcula el cuartil inferior. (Ejemplo 1) ______

4. Calcula el cuartil superior. (Ejemplo 1) ______

5. Haz un diagrama de caja con los datos. (Ejemplo 1)

0 5 10 15 20 25 30 35 40 45 50 55 60 65 70 75 80

6. Calcula el REC. (Ejemplo 2) ______

7. Calcula el rango. (Ejemplo 3) ______

ÉNFASIS EN LA PREGUNTA ESENCIAL

8. ¿En qué se diferencian el rango de un conjunto de datos y el REC?

____

____

____

____

Nombre ______________________ Clase ______________ Fecha ______________

16.3 Práctica independiente

6.SP.4, 6.SP.5c

Usa el conjunto de datos de las estaturas de varios estudiantes para los Ejercicios 9 a 12.

Estaturas de los estudiantes (pulg)
46 47 48 48 56 48
46 52 57 52 45

9. Haz un diagrama de caja para los datos.

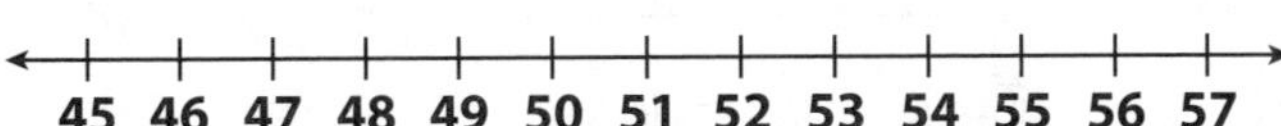

10. ¿Cuántos estudiantes hay en el conjunto de datos? ______________

11. ¿Qué método podría haberse usado para obtener los datos?

____

12. **Representa problemas de la vida real** ¿Qué otros datos puedes obtener de los estudiantes para crear un diagrama de caja? Ofrece varios ejemplos con unidades de medida, si es aplicable.

____

Completa los Ejercicios 13 a 15 con los diagramas de caja de la pluviosidad total del mismo grupo de ciudades para los meses de enero y junio.

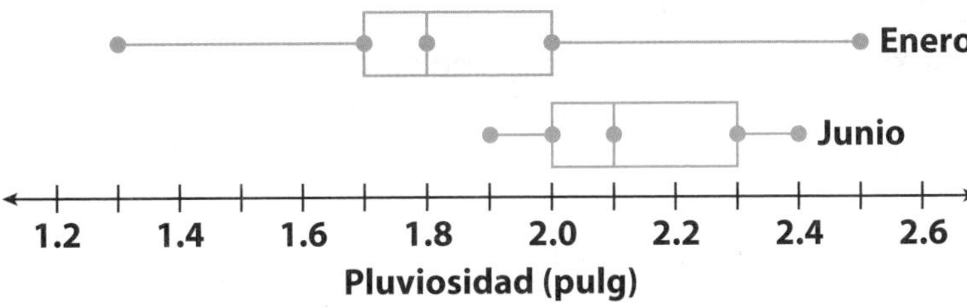

13. Calcula el REC de cada mes.

Enero = ________ pulgadas   Junio = ________ pulgadas

14. Calcula el rango de cada mes.

Enero = ________ pulgadas   Junio = ________ pulgadas

15. Compara los REC. ¿Qué puedes deducir sobre los dos conjuntos de datos?

____

____

16. Compara los rangos. ¿Qué puedes deducir sobre los dos conjuntos de datos?

____

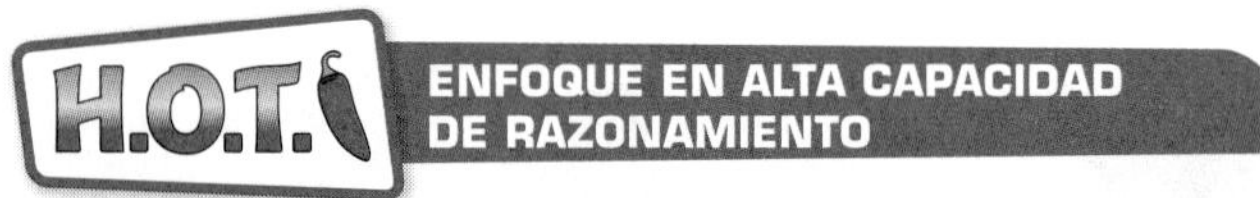

Área de trabajo

17. **Analiza las relaciones** ¿Pueden dos diagramas de caja tener el mismo rango y REC y representar datos completamente distintos? Explica.

____

____

____

____

____

18. **Representaciones múltiples** Matthew reunió datos sobre las edades de los actores en dos grupos de teatro de la comunidad. Hizo un diagrama de caja para uno de los conjuntos de datos.

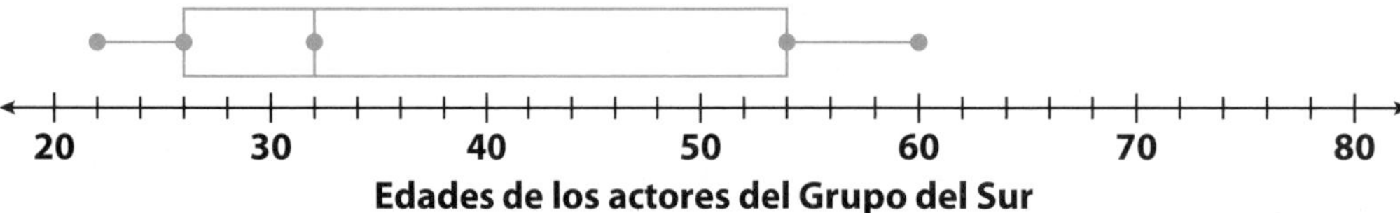

Edades de los actores del Grupo del Sur

Edades de los actores del Grupo del Norte	71, 62, 63, 21, 63, 39, 25, 26, 30

a. Calcula la mediana, el rango y el REC de cada conjunto de datos.

Grupo de teatro	Mediana	Rango	REC
Grupo del Norte			
Grupo del Sur			

b. Supongamos que quieres dibujar un diagrama de caja para el Grupo del Norte en la misma recta numérica que el Grupo del Sur. ¿Qué diagrama de caja sería más largo en total? ¿Cuál tendría la parte más grande?

____

____

____

c. **Critica el razonamiento** Mandy piensa que, como aparecen nueve valores de datos para el Grupo del Norte, entonces, para hacer la gráfica del Grupo del Sur se usaron también nueve valores de datos. Explica por qué esto no necesariamente es cierto.

____

____

____

____

LECCIÓN 16.4

Diagramas de puntos y distribución de datos

ESTÁNDARES COMUNES **6.SP.4**

Display numerical data in plots on a number line, including dot plots. . . . *Also 6.SP.1, 6.SP.2, 6.SP.5c, 6.SP.5d*

PREGUNTA ESENCIAL

¿Cómo puedes resumir y mostrar datos numéricos?

ACTIVIDAD PARA EXPLORAR

6.SP.1

Datos variables y preguntas estadísticas

La pregunta "¿Cuánto pesa un gato promedio?" es un ejemplo de una pregunta estadística. Una **pregunta estadística** es una pregunta que tiene muchas respuestas diferentes, o variables.

A Decide si cada una de las situaciones siguientes puede dar datos variables.

1. Tu hermana quiere saber el peso promedio de un gato adulto.

   ____

2. Quieres saber cuánto mide un amigo. ______________
3. Quieres saber a qué distancia está tu casa de la escuela. ______________
4. El dueño de un carro quiere saber cuánto paga la gente generalmente por un neumático nuevo. ______________
5. ¿Cuántos estudiantes había en la fila de la cafetería a las 12:30?

   ____

B ¿Para qué situaciones en la parte **A** puedes escribir una pregunta estadística? Escribe preguntas para estas situaciones.

____

____

Reflexiona

1. Elige una de las preguntas que escribiste en la parte **B**. ¿Cómo puedes calcular la respuesta a esta pregunta? ¿Qué unidades puedes usar para las respuestas?

____

____

____

Hacer un diagrama de puntos

Para responder a preguntas estadísticas es necesario recoger y analizar datos. Una forma de comprender un conjunto de datos es hacer una representación gráfica de ellos. Un **diagrama de puntos** es una representación gráfica en la que cada dato se representa con un punto arriba de una recta numérica. Un diagrama de puntos muestra la frecuencia de cada valor en el conjunto de datos.

EJEMPLO 1 

6.SP.4

El director de un equipo de béisbol escribe el número de carreras que anota el equipo en cada partido durante varias semanas. Haz un diagrama de puntos con los datos.

El equipo generalmente anota entre 0 y 7 carreras por partido, pero en un partido anotaron 11 carreras.

1, 3, 1, 7, 2, 0, 11, 2, 2, 3, 1, 3, 4, 2, 2, 4, 5, 2, 6

PASO 1 Haz una recta numérica.

Los valores de datos tienen un rango entre 0 y 11, entonces usa una escala de 0 a 11.

PASO 2 Dibuja un punto arriba de la recta numérica para cada valor de dato.

Reflexiona

2. ¿Cuántos partidos jugó el equipo en la temporada? ¿Cómo puedes saberlo a partir del diagrama de puntos?

____

____

3. ¿En cuántos partidos el equipo anotó 2 carreras o menos? ¿Cómo lo sabes?

____

____

ES TU TURNO

4. Otro equipo de béisbol anota el siguiente número de carreras en sus partidos durante varias semanas: 4, 4, 6, 1, 2, 4, 1, 2, 5, 3, 3, 5, 4, 2

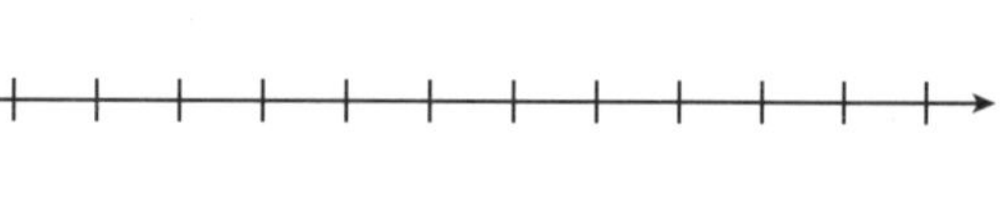

Haz un diagrama de puntos con los datos. Di cuantos partidos jugó el equipo e identifica el valor del dato que aparece con mayor frecuencia.

____

____

Interpretar un diagrama de puntos

Un diagrama de puntos te ayuda a visualizar la dispersión, el centro y la forma de una distribución de datos.

Puedes describir la separación de un conjunto de datos identificando el valor mayor y menor. También puedes buscar **valores atípicos**, que son los valores de datos en un conjunto de datos que son mucho mayores o mucho menores que los demás valores de datos.

Puedes describir el centro y la forma de los datos en un conjunto de datos en términos de *picos, agrupaciones o simetría*. Una distribución simétrica tiene aproximadamente el mismo número de valores de datos a cada lado del centro.

EJEMPLO 2

ESTÁNDARES COMUNES 6.SP.2

Mis notas

Describe la dispersión, el centro y la forma de cada distribución de datos.

A Los valores de datos se extienden de 3 a 7 sin valores atípicos.

Los datos forman una agrupación de 3 a 7 con un pico en 5, que es el centro de la distribución.

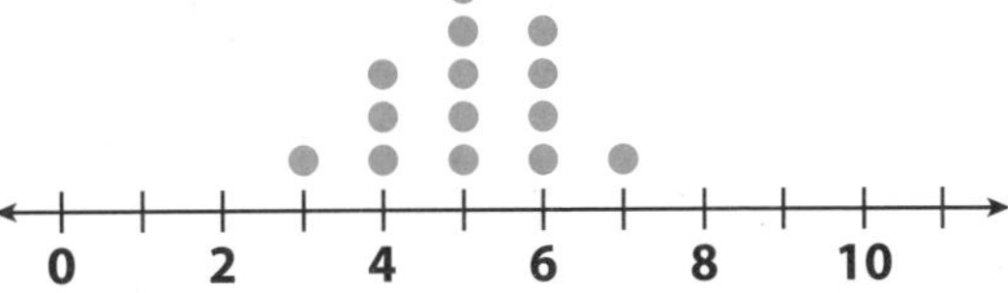

La distribución es simétrica. Los valores se agrupan en torno al centro de la distribución.

B Los valores se extienden de 1 a 9. El valor 1 parece ser un valor atípico.

Los datos forman una agrupación de 6 a 9 con un pico en 9, que es el mayor valor del conjunto.

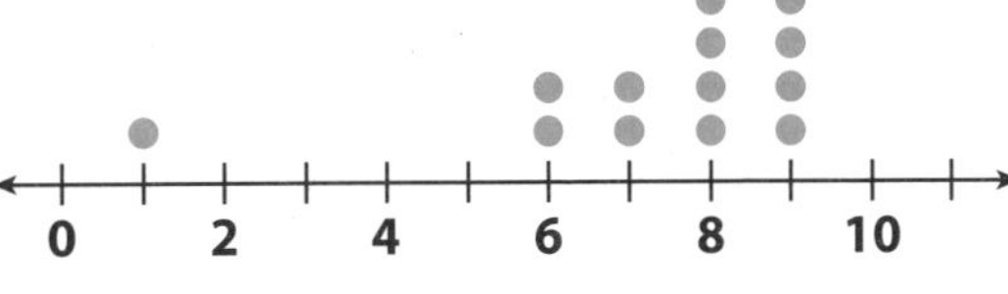

La distribución no es simétrica. Los valores se agrupan a un extremo de la distribución.

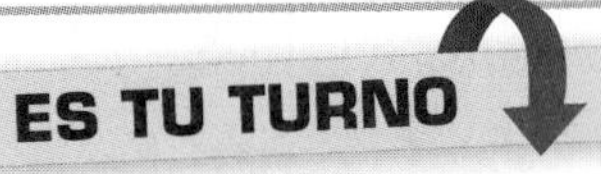

5. Describe la dispersión, el centro y la forma de la distribución de datos del Ejemplo 1.

____

____

____

____

Calcular medidas a partir de un diagrama de puntos

También puedes hallar y calcular medidas centrales y de dispersión a partir de un diagrama de puntos.

EJEMPLO 3 

ESTÁNDARES COMUNES 6.SP.5d, 6.SP.5c

El diagrama de puntos muestra el número de carreras que anotó el equipo de béisbol del Ejemplo 1 en cada partido durante varias semanas.

A Calcula la media, la mediana y el rango de los datos.

PASO 1 Para calcular la media, calcula la suma de los valores de los datos y divide entre el número de valores.

$$\frac{1(0) + 3(1) + 6(2) + 3(3) + 2(4) + 1(5) + 1(6) + 1(7) + 1(11)}{19} = \frac{61}{19} \approx 3.2$$

La media es aproximadamente 3.2.

PASO 2 Para calcular la mediana, cuenta los puntos de izquierda a derecha hasta calcular el valor intermedio. Posiblemente tengas que calcular la media de dos valores intermedios.

La mediana es 2.

PASO 3 Para calcular el rango, lee los valores menor y mayor del diagrama de puntos. Resta el valor menor del mayor.

$11 - 0 = 11$

El rango es 11.

¿Por qué la pregunta  es una pregunta estadística?

B ¿Cuántas carreras por partido anota generalmente el equipo? Explica.

El número medio de carreras es 3.2. La mediana de carreras es 2.

La forma del diagrama de puntos sugiere que el valor atípico 11 puede afectar esta medida central. Para comprobar si es el caso, calcula la media y la mediana sin incluir el valor atípico. Compara estos valores con los valores originales.

PASO 1 Calcula la media sin incluir el valor atípico.

$$\frac{1(0) + 3(1) + 6(2) + 3(3) + 2(4) + 1(5) + 1(6) + 1(7)}{18} = \frac{50}{18} \approx 2.8$$

Sin el valor atípico, la media es 2.8, que es menos que la media original de 3.2.

PASO 2 Calcula la mediana sin incluir el valor atípico.

Contando de izquierda a derecha, la mediana sigue siendo 2.

Dado que el valor atípico no la afecta, la mediana puede ser una descripción más usual de los datos. El equipo generalmente anota dos carreras por juego.

ES TU TURNO

6. Calcula la media, la mediana y el rango de los datos de la pregunta 4 de Es tu turno. ¿Cuál es el número típico de carreras que anota el equipo en cada partido? Justifica la respuesta.

Práctica con supervisión

Di si esta situación puede generar datos variables. Si es posible, escribe una pregunta estadística. (Actividad para explorar)

1. Los miembros del concejo de la ciudad quieren saber cuánta basura reciclable genera un hogar típico a la semana.

Kate preguntó a unos amigos cuántas películas vieron el invierno pasado. Usa sus datos en los Ejercicios 2 y 3.

Películas vistas el invierno pasado
0, 1, 1, 2, 2, 3, 3, 3, 4, 4, 4, 4, 5, 5, 5, 5, 6, 6, 7, 7, 7, 8, 8, 9, 9, 17

2. Haz un diagrama de puntos con los datos. (Ejemplo 1)

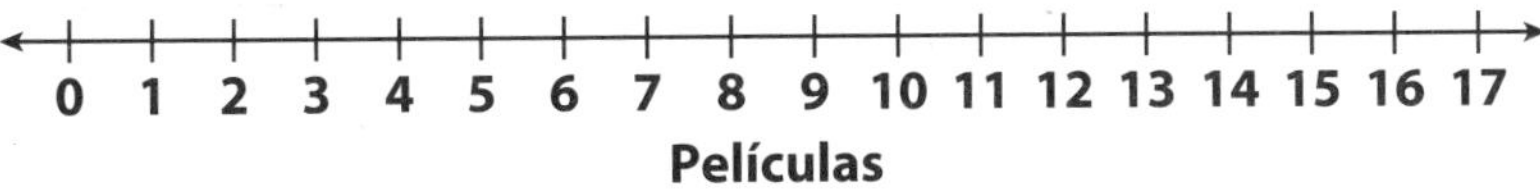

3. Calcula la media, la mediana y el rango de los datos. (Ejemplo 3)

4. Describe la dispersión, centro y forma de los datos. (Ejemplo 2)

ÉNFASIS EN LA PREGUNTA ESENCIAL

5. ¿Cuáles son algunas medidas centrales y de dispersión que puedes calcular en un diagrama de puntos? ¿Cómo te ayuda un diagrama de puntos a visualizar una distribución de datos?

Nombre ______ Clase ______ Fecha ______

16.4 Práctica independiente

6.SP.1, 6.SP.2, 6.SP.4, 6.SP.5c, 6.SP.5d

6. **Vocabulario** Describe cómo una pregunta estadística genera una respuesta variable. Da un ejemplo.

______

______

______

______

Determina si la pregunta es una pregunta estadística en los Ejercicios 7 a 10. Si es estadística, identifica las unidades de la respuesta.

7. Un coleccionista de antigüedades quiere saber la antigüedad de una silla en una tienda.

______

8. ¿Cuánto tienden a medir las personas en tu familia cercana o lejana?

______

______

9. ¿Cuánto mide Sam?

______

10. ¿Cuánto dinero gastaron en promedio tus compañeros de clase en descargar música el año pasado?

______

Resuelve los Ejercicios 11 a 14 con los siguientes datos. Los datos describen el número de días de precipitación por mes durante un año en una ciudad.

12 10 11 9 9 10 12 9 8 7 9 10

11. Haz un diagrama de puntos de los datos.

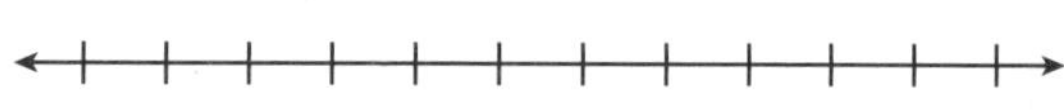

12. ¿Qué representa cada punto? ¿Cuántos meses se representan?

______

______

13. Describe la forma, centro y dispersión de la distribución de datos. ¿Hay algún valor atípico?

______

______

______

14. Calcula la media, la mediana y el rango de los datos.

______

______

15. **¿Qué pasa si...?** Durante un mes, hubo 7 días de precipitación. ¿Qué pasaría si en ese mes hubiera habido solo 3 días de precipitación? ¿Cómo cambiarían la medida central?

______

______

______

______

Resuelve los Ejercicios 16 a 20 con el diagrama de puntos del número de carros vendidos por semana en un concesionario durante la primera mitad del año.

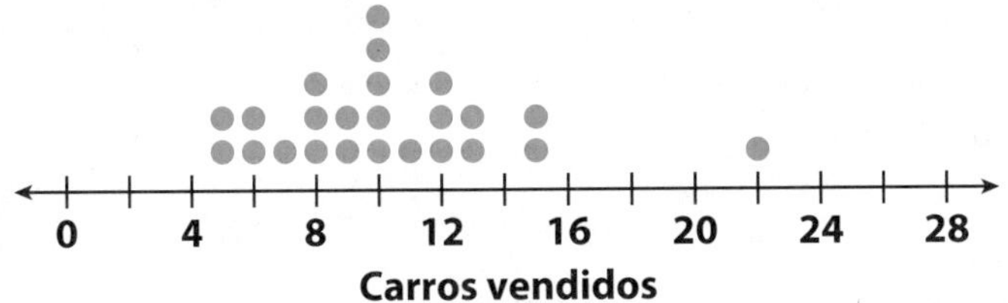

16. Calcula la media, la mediana y el rango.

Media = ________ Mediana = ________

Rango = ________

17. El dueño del concesionario decide tratar al valor 22 como un valor atípico. ¿Qué medida central o de dispersión se vería más afectada si el dueño elimina este valor atípico? Explica.

____

____

____

18. ¿Cuántos carros se venden en una semana típica en el concesionario? Explica.

____

____

19. Escribe una expresión que represente el número total de carros vendidos durante la primera mitad del año.

____

____

20. Describe la dispersión, centro y forma de la distribución de datos.

____

____

____

____

____

21. **Vocabulario** Explica cómo puedes saber la frecuencia de un valor de datos si miras un diagrama de puntos.

____

____

Resuelve los Ejercicios 22 a 26 con los siguientes datos. Los datos muestran el número de carreras que anotaron los oponentes de los Red Sox de Boston en junio de 2010.

4, 4, 9, 0, 2, 4, 1, 2, 11, 8, 2, 2, 5, 3, 2, 5, 6, 4, 0

22. Haz un diagrama de puntos con los datos.

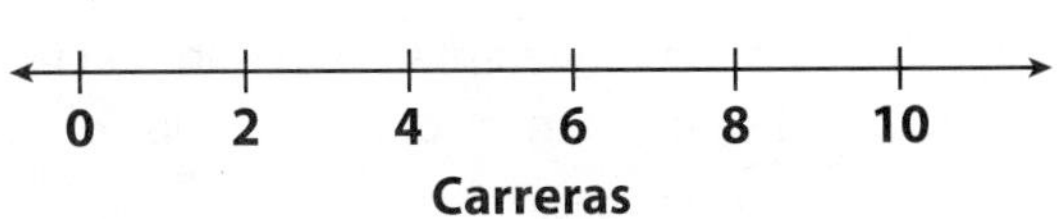

23. ¿Cuántos partidos jugaron los Red Sox de Boston en junio de 2010? Explica.

____

24. ¿Qué valor en tu diagrama de puntos tiene la mayor frecuencia? Explica qué significa esa frecuencia para estos datos.

____

____

25. Calcula la media, la mediana y el rango de los datos.

____

____

26. ¿Qué pregunta estadística puedes responder con el diagrama de puntos? Responde la pregunta y justifica la respuesta.

____

____

____

____

____

Área de trabajo

27. Un pediatra anota las edades de los pacientes que ve en un día: 1, 2, 5, 7, 9, 17, 13, 16, 18, 12, 3, 5, 1.

a. **Explica el error** Suponiendo que algunos de los pacientes son bebés de menos de 1 año, ¿qué información olvidó anotar el pediatra?

____

b. **Razonamiento crítico** ¿Puedes hacer un diagrama de puntos con los datos del pediatra? ¿Puedes calcular la media, la mediana y el rango? ¿Por qué?

____

____

____

28. **Varios pasos** Una enfermera midió el ritmo cardíaco de un paciente en diferentes momentos durante varios días.

Ritmo cardíaco (latidos por minuto)
86, 87, 89, 87, 86, 88, 90, 85, 82, 86, 83, 85, 84, 86

a. Haz un diagrama de puntos.

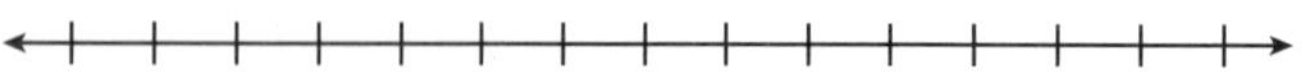

b. Describe la forma, centro y dispersión de los datos. Luego calcula la media, la mediana, el rango y REC de los datos.

____

____

____

____

c. **¿Qué pasa si...?** La enfermera anotó los datos cuando el paciente estaba en reposo. ¿Cómo pueden cambiar el diagrama de puntos y las medidas si la enfermera registra los datos mientras el paciente hace ejercicio?

____

____

LECCIÓN

16.5 Histogramas

ESTÁNDARES COMUNES 6.SP.4

Display numerical data in plots on a number line, including ... histograms.... *Also 6.SP.5*

PREGUNTA ESENCIAL

¿Cómo puedes representar datos en un histograma?

6.SP.5, 6.SP.4

Agrupar datos en intervalos

Los miembros del equipo de baloncesto de la escuela secundaria practican tiros libres. Cada jugador intenta 50 tiros libres. El número de tiros libres encestados por cada jugador se muestra a continuación.

25, 29, 29, 30, 33, 34, 35, 35, 36, 39, 42, 44

A Usa un diagrama de puntos para representar los datos.

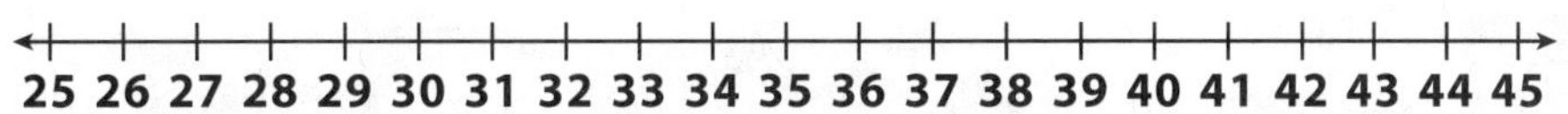

B En el diagrama de puntos, encierra en un círculo los puntos que pertenecen a cada intervalo de la siguiente tabla de frecuencias. Luego, completa la tabla de frecuencias.

Intervalo	Frecuencia
20–29	
30–39	
40–49	

Ingresa el valor para el intervalo 30–39.

C Analiza los datos. ¿Cómo se recogieron los datos? ¿Cuántos datos hay en total? ¿Cuál es la media, la mediana, el rango y el rango entre cuartiles de los datos?

Reflexiona

1. ¿Puedes usar el diagrama de puntos para calcular la media y la mediana de los datos? ¿Puedes usar la tabla de frecuencias? Explica por qué.

2. ¿Cómo hallas en un diagrama de puntos el número de valores que hay en un conjunto de datos? ¿Cómo hallas el número de valores en una tabla de frecuencias?

Matemáticas al instante

my.hrw.com

Usar un histograma

Un **histograma** es un tipo de gráfica de barras cuyas barras representan las frecuencias de datos numéricos dentro de intervalos.

EJEMPLO 1

ESTÁNDARES COMUNES 6.SP.4, 6.SP.5

Un observador de aves cuenta y anota el número de aves en un alimentador cada mañana a las 9:00 durante varios días.

12, 3, 8, 1, 1, 6, 10, 14, 3, 6, 2, 1, 3, 2, 7

Haz un histograma de los datos.

PASO 1 Haz una tabla de frecuencias.

Divide the data into equal-sized intervals of 4. Make a frequency table.

Intervalo	Frecuencia
1–4	8
5–8	4
9–12	2
13–16	1

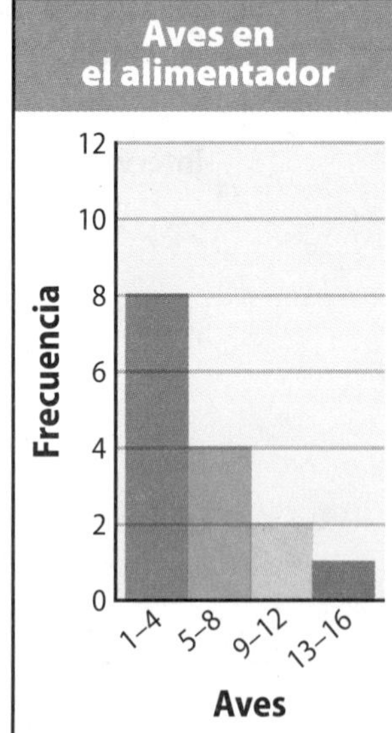

PASO 2 Haz un histograma.

Los intervalos se rotulan en el eje horizontal. El eje vertical muestra las frecuencias. Para cada intervalo dibuja una barra que muestre el número de días en el mismo. Las barras deben tener el mismo ancho y deben tocarse pero no superponerse.

Charla matemática
Prácticas matemáticas

¿Cómo mostró el histograma el número total de días que el observador de aves contó aves?

Reflexiona

3. **¿Qué pasa si...?** Supongamos que un observador de aves continúa avistando aves 3 días más y recopila estos datos nuevos: 5, 18 y 2. ¿Cómo puedes cambiar el histograma para incluir los datos?

____

____

____

ES TU TURNO

4. Kim comenzó a calificar cada película que ve con una escala de 1 a 10 en un sitio de Internet. Estas son sus calificaciones hasta ahora:

   6, 9, 8, 5, 7, 4, 8, 8, 3, 7, 8, 7, 5, 1, 10

   Haz un histograma de los datos.

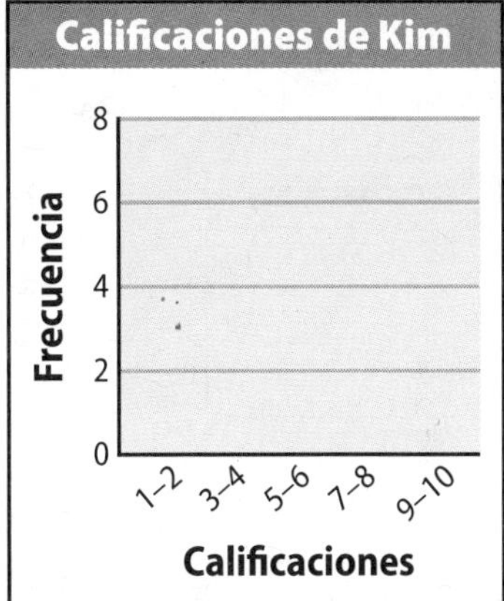

Analizar un histograma

Un histograma muestra la distribución de un conjunto de datos al agruparlos en intervalos.

Matemáticas al instante
my.hrw.com

EJEMPLO 2 

ESTÁNDARES COMUNES 6.SP.5

Usa el histograma del Ejemplo 1. ¿Qué conclusiones puedes sacar sobre los datos según la forma de la distribución?

La barra más alta es el intervalo 1–4, lo que significa que en más de la mitad de los días (8 de 15), el observador de aves solo vió entre 1 y 4 pájaros. El tamaño de las barras disminuye de izquierda a derecha, lo que muestra que es más posible que el observador de aves vea un número menor que un número mayor de aves en un día dado.

ES TU TURNO

5. Usa el histograma de Es tu turno 4. ¿Qué conclusiones puedes sacar sobre las calificaciones de las películas de Kim según la forma de la distribución?

____

____

Práctica con supervisión

1. Wendy lleva la cuenta de los mensajes de texto que envió cada día durante tres semanas. Completa la tabla de frecuencias. (Actividad para explorar)

   0, 5, 5, 7, 11, 12, 15, 20, 22, 24, 25,
   25, 27, 27, 29, 29, 32, 33, 34, 35, 35

Intervalo	Frecuencias
0–9	

Ed contó el número de asientos disponibles en cada café de su pueblo. Usa estos datos en los Ejercicios 2 y 3.

18, 20, 22, 26, 10, 12, 16, 18, 7, 8

2. Completa la tabla de frecuencias y el histograma. (Ejemplo 1)

Intervalo	Frecuencias
1–7	
8–14	
15–21	
22–28	

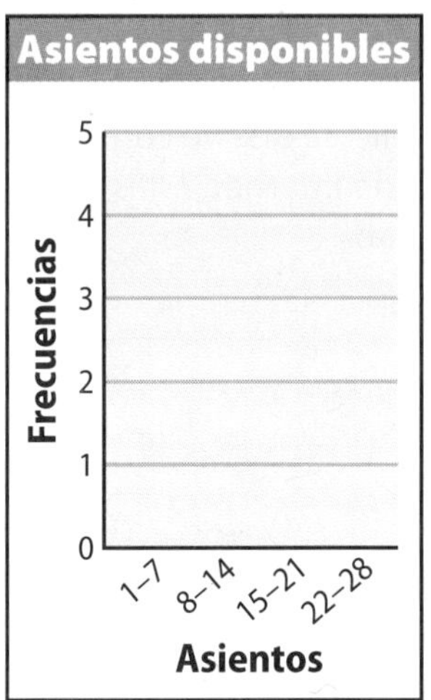

3. ¿Qué conclusiones puedes sacar sobre la distribución de los datos? (Example 2)

____

____

____

____

ÉNFASIS EN LA PREGUNTA ESENCIAL

4. ¿Cómo puedes mostrar datos en un histograma?

____

____

____

Nombre ____________________ Clase ____________ Fecha ____________

16.5 Práctica independiente

6.SP.4, 6.SP.5

Entrenador personal en matemáticas

Evaluación e intervención en línea

Un empleado de un parque de diversiones anota las edades de la gente que sube a la nueva montaña rusa durante un período de quince minutos.

Edades de los pasajeros: 47, 16, 16, 35, 45, 43, 11, 29, 31, 50, 23, 18, 18, 20, 29, 17, 18, 48, 56, 24, 18, 21, 38, 12, 23.

5. Completa la tabla de frecuencias. Luego haz un histograma con los datos.

Intervalo	Frecuencias
10–19	

Pasajeros de la montaña rusa

6. Describe dos cosas que sabes sobre los pasajeros de la montaña rusa representados por los datos.

____

____

____

____

7. **Representaciones múltiples** A continuación se muestra el número de estudiantes en cada clase del primer período de la escuela intermedia West.

9, 23, 18, 14, 20, 26, 14, 18, 18, 12, 8, 13, 21, 22, 28, 10, 7, 19, 24, 20

a. Hank hizo un histograma con intervalos de 6 a 10, 11 a 15 y así sucesivamente. ¿Cuántas barras tenía el histograma? ¿Cuál era la barra más alta? ______________

b. Lisa hizo un histograma con intervalos de 0 a 9, 10 a 19 y así sucesivamente. ¿Cuántas barras tenía el histograma? ¿Cuál era la barra más alta? ______________

c. ¿De qué otra forma podrías representar estos datos además de un histograma?

____

H.O.T. ENFOQUE EN ALTA CAPACIDAD DE RAZONAMIENTO

Área de trabajo

8. Comunica ideas matemáticas ¿Puedes calcular la media o la mediana de un conjunto de datos a partir de un histograma? Explica.

____

____

9. Varios pasos El dueño de un cine lleva un registro del número de personas que ven películas durante 21 sábados diferentes.

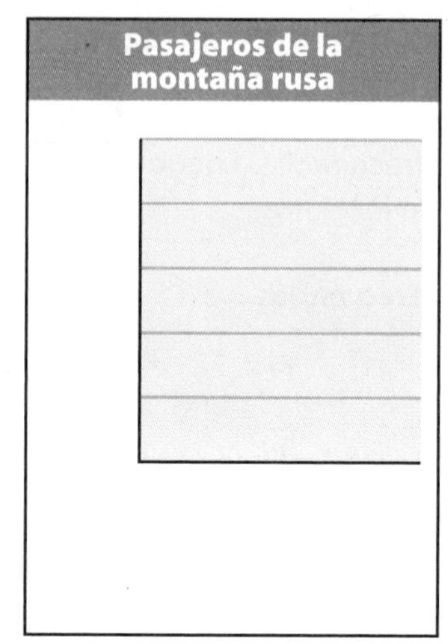

Personas que van al cine los sábados

Intervalo	Frecuencia
60–69	1
70–79	3
80–89	10
90–99	7

a. Usa los datos para hacer un histograma.

b. Haz una predicción El dueño del cine se pregunta: "¿Cuántas personas van al cine un sábado cualquiera?" ¿Qué le dirías al dueño? Usa el histograma para apoyar la respuesta.

____

____

____

____

c. Comunica ideas matemáticas ¿Es la pregunta del dueño una pregunta estadística? Explica por qué.

____

10. Explica el error Irina dice que puede hallar el rango de un conjunto de datos a partir de un histograma. ¿Tiene razón? Justifica la respuesta.

____

____

____

¿Listo para seguir?

16.1 Medidas centrales

1. Calcula la media y la mediana del conjunto de estos: datos: 2,5,9,11,17,19. ______________________

16.2 Desviación absoluta media

2. Calcula la distancia desde la media de cada valor de datos en el Ejercicio 1. Luego calcula la desviación absoluta media de los datos. ______________________

16.3 Diagramas de caja

3. Haz un diagrama de caja para el conjunto de datos.

36 42 44 52 61 70 78

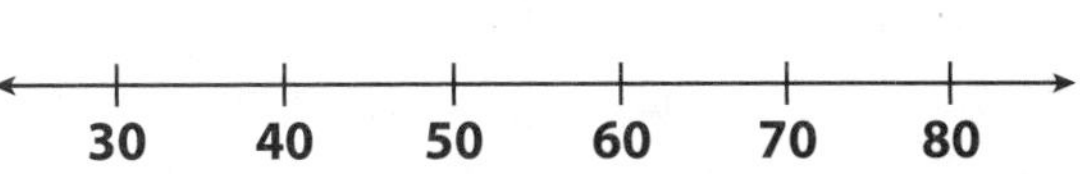

16.4 Diagramas de puntos y distribución de datos

Un equipo de béisbol anotó el siguiente número de carreras en un período de 10 juegos: 6, 6, 8, 5, 4, 6, 4, 3, 8, 4.

4. Haz un diagrama de puntos para los datos.

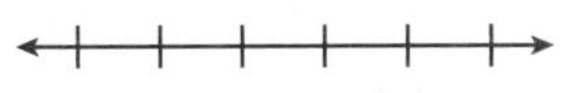

5. Calcula la media, la mediana y el rango.

____

____

16.5 Histogramas

6. Haz un histograma para el conjunto de datos.

23	45	62	19
48	10	39	54
39	16	48	12
25	32	18	4

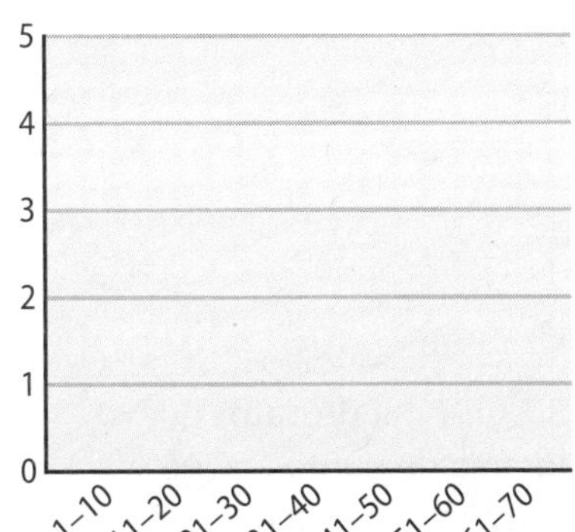

PREGUNTA ESENCIAL

7. ¿Cómo puedes representar y resumir datos en un diagrama de puntos?

____

____

MÓDULO 16 REPASO MIXTO

Preparación para la evaluación

Respuesta seleccionada

1. ¿Cuál es el rango entre cuartiles de los datos que se representan en el siguiente diagrama de caja?

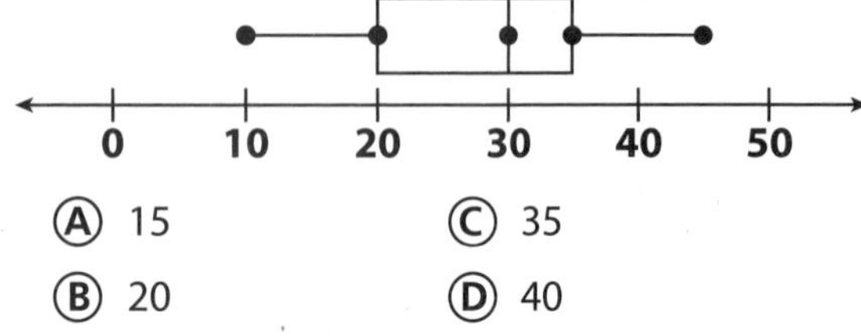

Ⓐ 15 Ⓒ 35

Ⓑ 20 Ⓓ 40

El diagrama de puntos muestra las edades de los concursantes de un programa.

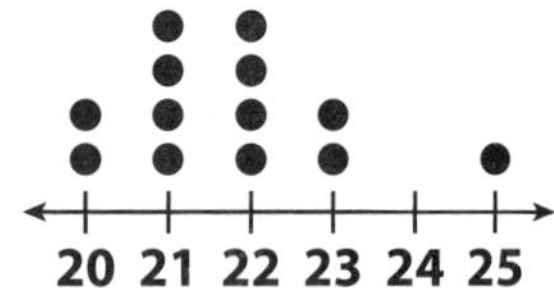

2. ¿Cuál es la mediana de los datos?

Ⓐ 21 Ⓒ 22

Ⓑ 21.5 Ⓓ 25

3. ¿Qué desigualdades se describen en el diagrama de puntos sobre las edades posibles de los concursantes?

Ⓐ $a > 20$ y $a < 25$

Ⓑ $a \geq 20$ y $a \leq 25$

Ⓒ $a < 20$ y $a > 25$

Ⓓ $a \leq 20$ y $a \geq 25$

4. Supongamos que 30, un valor de datos nuevo, se incluye en el diagrama de puntos. ¿Qué enunciado describe cómo afecta la mediana?

Ⓐ La mediana aumentaría.

Ⓑ La mediana disminuiría.

Ⓒ La mediana permanecería igual.

Ⓓ La mediana sería igual a la media.

5. Andrea registró los puntos que anotó en los últimos ocho partidos de básquetbol. ¿Cuál es la desviación absoluta media de los puntajes?

28, 32, 47, 16, 40, 35, 38, 54

Ⓐ 8.5 Ⓒ 17.75

Ⓑ 36.25 Ⓓ 38

Minitarea

6. La tabla de frecuencias muestra los datos sobre los boletos que vendieron los estudiantes.

Boletos vendidos	Frecuencias
0–9	2
10–19	4
20–29	3
30–39	1

a. Haz un histograma a partir de la tabla de frecuencias.

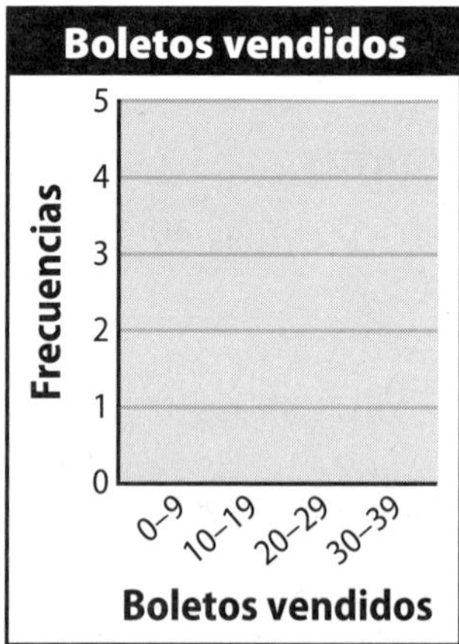

b. ¿Cuántos estudiantes vendieron boletos?

____

c. ¿Qué porcentaje de los estudiantes vendieron 20 o más boletos?

____

Repaso de la Guía de estudio

MÓDULO 16 Mostrar, analizar y resumir datos

PREGUNTA ESENCIAL

¿Cómo puedes mostrar, analizar y resumir datos para resolver problemas de la vida real?

Vocabulario clave

cuartil inferior *(lower quartile)*
cuartil superior *(upper quartile)*
datos categóricos *(categorical data)*
desviación absoluta media (DAM) *(mean absolute deviation (MAD))*
diagrama de caja *(box plot)*
diagrama de puntos *(dot plot)*
histograma *(histogram)*
media *(mean)*
mediana *(median)*
medida central *(measure of center)*
medida de dispersión *(measure of spread)*
moda *(mode)*
pregunta estadística *(statistical question)*
rango *(range)*
rango entre cuartiles *(interquartile range)*

EJEMPLO 1

A continuación, se muestran las edades de los vecinos de Thomas.

Edades de los vecinos de Thomas
30, 48, 31, 45, 42, 32, 32, 38, 34, 50, 49, 48

Haz un diagrama de caja de los datos.

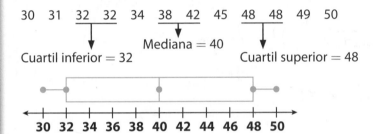

30 31 32 32 34 38 42 45 48 48 49 50

Cuartil inferior = 32

Mediana = 40

Cuartil superior = 48

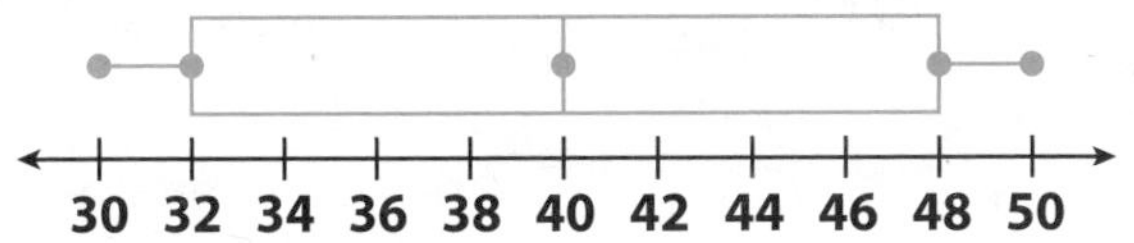

EJEMPLO 2

Calcula la media, mediana y rango de los datos en el diagrama de puntos.

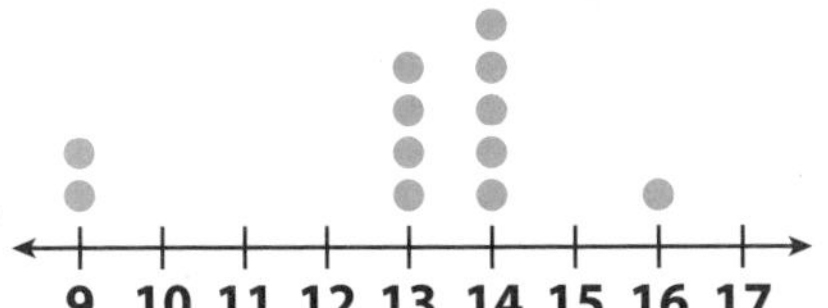

La media es 13. $\frac{2(9) + 4(13) + 5(14) + 16}{12} = 13$

La mediana es 13.5. 9, 9, 13, 13, 13, 13, 14, 14, 14, 14, 14, 16

El rango es 7. $16 - 9 = 7$

EJEMPLO 3

Calcula la desviación absoluta media (DAM) de los datos del Ejemplo 2. Redondea al décimo más cercano.

La DAM es la distancia media de cada uno de los 12 datos a la media de los datos, 13.

$$\frac{4 + 4 + 0 + 0 + 0 + 0 + 1 + 1 + 1 + 1 + 1 + 3}{12} = \frac{6}{12} \approx 13$$

La desviación absoluta media es aproximadamente 1.3.

1. Los números de goles que marcaron los 13 jugadores de un equipo de fútbol son 4, 9, 0, 1, 1, 2, 0, 0, 2, 8, 8, 3, 1. Calcula la mediana, cuartil inferior y cuartil superior. Luego haz un diagrama de caja de los datos. (Lección 16.3) ________________

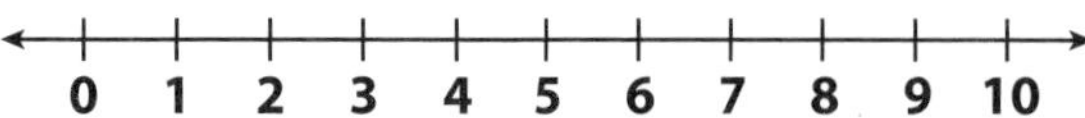

2. El entrenador anotó los tiempos que tardaron en correr una milla 15 estudiantes. Los tiempos son los siguientes: 9:23, 8:15, 9:23, 9:01, 6:45, 6:55, 7:20, 9:14, 6:21, 7:12, 7:34, 6:10, 9:15, 9:18. (Lección 16.5)

Completa la tabla de frecuencias con los datos. Luego usa la tabla para hacer un histograma.

Intervalo	Frecuencias
6–6:59	

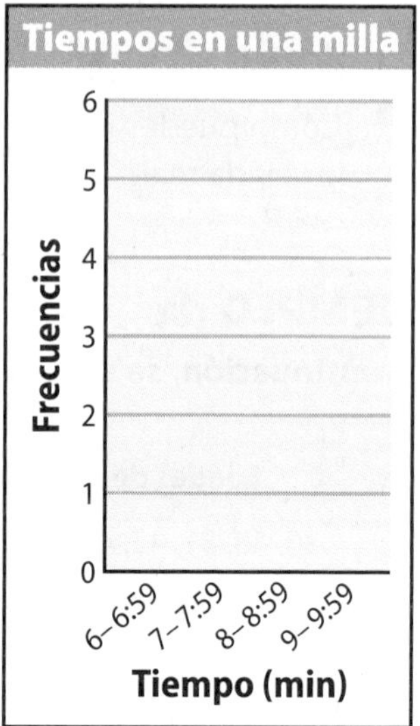

3. Calcula la media y la desviación absoluta media del conjunto de datos. Redondea al centésimo más cercano. (Lección 16.2)

Distancia diaria recorrida por Juan (mi)						
12	9	7	7	11	10	7

Media: ________ Desviación absoluta media: ________________

Unidad 7 Tareas de rendimiento

1. **PROFESIONES EN MATEMÁTICAS** Especialista en genética Kinesha reune datos sobre las estaturas de los estudiantes en la clase de ciencias. ¿Qué medidas de centro y de variación son apropiadas para los datos? ¿Cuál de las representaciones de datos que aprendiste en esta unidad podría usar Keisha para representar los datos? ¿Cuál podría usarse para mostrar las medidas de centro y variación que nombraste? Explica.

____

____

____

UNIDAD 7 REPASO MIXTO

Preparación para la evaluación

Respuesta seleccionada

1. En 6 días Jim corrió 6.5 millas, 5 millas, 3 millas, 2 millas, 3.5 millas y 4 millas. ¿Cuál es la distancia media que corrió Jim?

Ⓐ 3.75 millas Ⓒ 4.5 millas

Ⓑ 4 millas Ⓓ 6.5 millas

Usa los siguientes datos para los Ejercicios 2 y 3.

26	30	45	43	26
14	28	33	56	29

2. ¿Cuál es la media del conjunto de datos?

Ⓐ 14 Ⓒ 33

Ⓑ 26 Ⓓ 46

3. ¿Cuál es la desviación absoluta media?

Ⓐ 2

Ⓑ 4

Ⓒ 6

Ⓓ 9

4. A continuación se muestran las edades de los voluntarios en un comedor comunitario local.

34, 25, 24, 50, 18, 46, 43, 36, 32

¿Cuál es la mediana de este conjunto de datos?

Ⓐ 32 Ⓒ 34

Ⓑ 33.1 Ⓓ 50

5. ¿Qué expresión muestra la factorización prima de 120?

Ⓐ $2^3 \times 3 \times 5$

Ⓑ $2 \times 3 \times 5$

Ⓒ 10^{12}

Ⓓ $2 \times 5 \times 12$

6. El diagrama de puntos muestra el número de participantes en una feria de ciencias por grupos etarios.

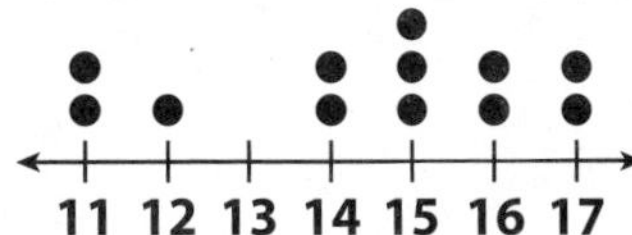

¿Cuál de los siguientes **no** apoya el diagrama de puntos?

Ⓐ El rango es 6.

Ⓑ La media de las edades es aproximadamente 14.4.

Ⓒ La moda de las edades es 13.

Ⓓ La mediana de las edades es 15.

7. Sarita anotó las distancias que corrió en 5 días: 5 millas, 4 millas, 5.5 millas, 4.5 millas y 5.5 millas. ¿Cuál es la distancia media que corrió Sarita?

Ⓐ 4.9 millas

Ⓑ 5 millas

Ⓒ 5.1 millas

Ⓓ 5.5 millas

8. En un mapa de la ciudad, 1 centímetro representa 2.5 millas. ¿Qué distancia en el mapa representaría 20 millas?

Ⓐ 6 centímetros

Ⓑ 8 centímetros

Ⓒ 12 centímetros

Ⓓ 18 centímetros

9. La razón de leones a leonas en la reserva animal es 21:20. Si hay 123 leones y leonas en la reserva, ¿cuántas son leonas?

Ⓐ 40 Ⓒ 60

Ⓑ 50 Ⓓ 70

Minitareas

10. Los estudiantes en la clase del Sr. Lorenzo reunieron las siguientes cantidades de tapas de botellas.

10, 20, 40, 50, 30, 10, 60, 10, 20
40, 30, 30, 50, 70, 50, 70, 60, 30

a. Haz un diagrama de puntos de los datos.

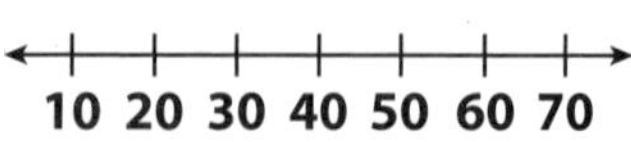

b. ¿Cuál es la mediana?

____

c. ¿Cuál es la media?

____

11. Las estaturas, en pulgadas, de 8 estudiantes son 50, 53, 52, 68, 54, 49, 55 y 51.

a. ¿Cuál es la media de las estaturas de los estudiantes?

____

b. ¿Hay algún valor atípico en el conjunto de datos? Si es así, ¿qué número es?

____

c. ¿Cuál es la estatura media, si se retira el valor atípico de los datos?

____

Lee un diagrama o una gráfica tan atentamente como si leyeras la pregunta del examen. Estas ayudas visuales contienen información importante.

12. Los datos muestran las últimas calificaciones en un examen de matemáticas en la clase del Sr. White.

98	76	76	85	43
90	85	76	98	100
75	84	95	87	98
100	57	92	67	73
56	97	100	75	100

a. Dibuja un histograma de los datos.

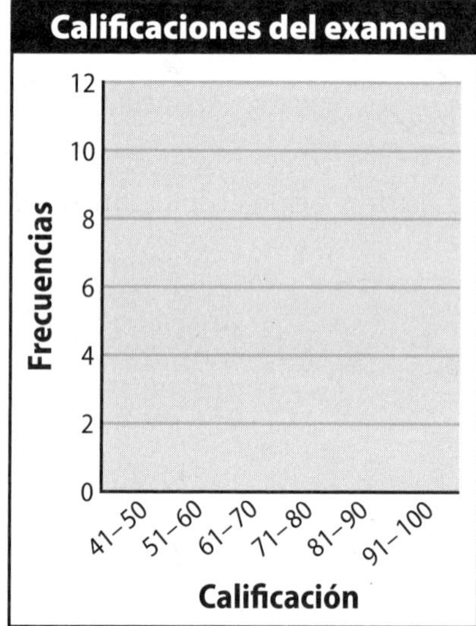

b. ¿Cuál es el valor atípico? ¿Cambiaría la apariencia de la gráfica si se retira el valor atípico?

____

____

____

UNIDAD 1 Respuestas seleccionadas

LECCIÓN 1.1

Es tu turno

6.

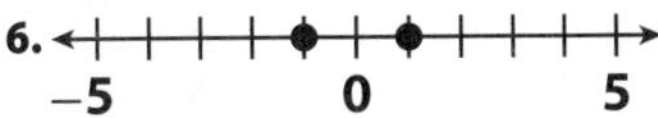

8. −10 **9.** 5 **10.** 0 **11.** 6

Práctica con supervisión

2., **4.**

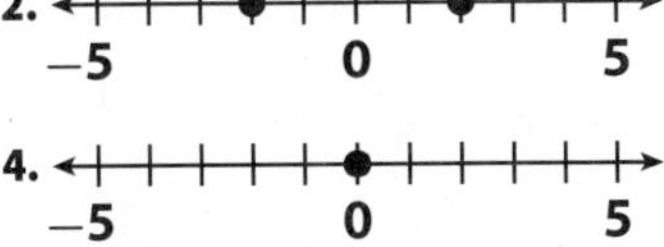

5. −4 **6.** 11 **7.** −3 **8.** 3 **9.** 0 **10.** −22

Práctica independiente

13. 17 **15.** 2 **17.** 12 **19a.** subir **b.** Tino **c.** Tino y Luis **d.** −6 **e.** No; cambio de −6 significa que Frankie bajó 6 libras. **21.** 4 unidades **23.** 14 unidades **25.** −9; está a 9 unidades de 0 en la recta numérica y 6 está a solo 6 unidades de 0.

LECCIÓN 1.2

Es tu turno

2. 4, 2, 0, −3, −5, −6

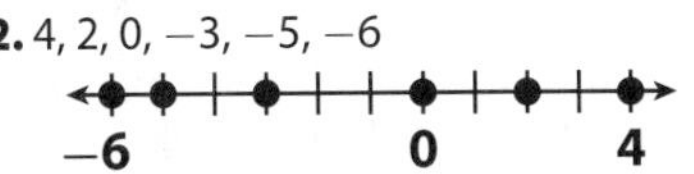

3. 9, 8, 5, 2, 0, −1, −6, −10
4. $<$ **5.** $<$ **6.** $>$
7. $-2 > -18$; $-18 < -2$
8. $-39 < 39$; $39 > -39$

Práctica con supervisión

1b. A **c.** B **2.** −9, −6, −3, 0, 1, 4, 8
3. −65, −13, −7, 7, 34, 55, 62
4. $-17 > -22$; $-22 < -17$ **5.** $<$ **6.** $<$ **7.** $>$ **8.** $>$ **9.** $>$ **10.** $<$ **11.** $<$ **12.** $>$ **13a.** $-3 < 2$ **b.** $0 > -4$

Práctica independiente

15b. E. Simpson **17.** $167 > -65$
19b. −5, −2, 2, 4, 7 **21.** $377 > 249$
23. Argentina **25.** No; −12 °F < −3 °F, entonces estaba bajando la temperatura afuera. **27.** −10, −3, 5, 16 y −3, 5, −10, 16

LECCIÓN 1.3

Es tu turno

4. La temperatura por la noche alcanzó 13 °F bajo cero.
5. 12 **6.** 91 **7.** 55 **8.** 0 **9.** 88 **10.** 1

Práctica con supervisión

1. negativo **2a.** −\$10; es una tasa, entonces representa un cambio de −\$10 en la cantidad de dinero que tiene Ryan.
b. $|-10| = 10$

−10 0

3a. más de 100 **b.** menos que Leo **c.** más de 50

Práctica independiente

5. La primera semana su saldo cambió en +\$80. La segunda semana su saldo cambió en −\$85. **7b.** abril **9a.** −5, 4, −1, 3, −2 **b.** Si la flecha se detiene en rojo resulta en un cambio de −\$5 en la cantidad de dinero de Lisa.
13. No; $-|-4| = -4$ y $|-(-4)| = |4| = 4$.

MÓDULO 2

LECCIÓN 2.1

Es tu turno

3. 7 **4.** 4 **5.** 8 equipos; 4 chicas, 5 chicos

Práctica con supervisión

1. Factores comunes: 1, 2, 4, 8; Número posible de chalecos: 1, 2, 4, 8; MCD = 8; el número máximo de chalecos = 8 **2.** 9; 9; 4; 9; 5; 9; 4; 5
3. 15; 15; 5; 15; 6; 15; 5; 6

Práctica independiente

5. 1, 2, 3, 4, 6, 12 **7.** 1, 3, 13, 39
9. 8 **11.** 5 **13.** 1 **15.** 12 **17.** 4
19. 1, 2, 4 u 8 estantes **21.** 6 grupos; 2 entrenadores y 7 jugadores
23. $8 \times (7 + 8) = 8 \times 15$
25. $6 \times (5 + 9) = 6 \times 14$
27. $11 \times (5 + 6)$ 11×11
29. $5 \times (8 + 5)$ 8×13
31. 1 es un factor de todos los números enteros. Algunos pares de números enteros solo tienen a 1 como factor común. Por ejemplo, 7 y 16 no tienen factores comunes distintos de 1. **33.** Halla todos los factores de todos los tres números y toma el máximo común divisor común a todos los tres. Por ejemplo: para el MCD de 6, 9 y 12, los factores de 6 son 1, 2, 3 y 6; los factores de 9 son 1, 3 y 9; los factores de 12 son 1, 2, 3, 4, 6 y 12. Entonces, el MCD es 3.

LECCIÓN 2.2

Es tu turno

2. 36; 4, 8, 12, 16, 20, 24, 28, 32, 36, 40; 9, 18, 27, 36, 45, 54, 63, 72, 81, 90

Práctica con supervisión

1. 36° y 72° visitas; 36° visita

Práctica independiente

3. 56 **5.** 60 **7.** 48 **9.** 45
11a. febrero 15 **b.** No; hay solo 28 o 29 días en febrero y el siguiente múltiplo común de 3 y 5 es 30.
13. 40 **15.** 120 **17.** El mcm es el mayor de los dos números.
19. 5 y 12.

MÓDULO 3

LECCIÓN 3.1

Es tu turno

3. $\frac{-15}{1}$ **4.** $\frac{31}{100}$ **5.** $\frac{41}{9}$ **6.** $\frac{62}{1}$
9. números racionales **10.** números racionales **11.** enteros y números racionales **12.** números enteros, enteros y números racionales

UNIDAD 1 Respuestas seleccionadas *(continuación)*

Práctica con supervisión

1a. 4 rollos de cinta divididos equitativamente entre los 5 amigos. $4 \div 5$. **b.** $\frac{4}{5}$ rollo **2.** $\frac{7}{10}$ **3.** $\frac{-29}{1}$ **4.** $\frac{25}{3}$
5. enteros, números racionales
6. números racionales

Práctica independiente

11. $\frac{22}{5}$, o \$4.40 **13.** Venn **15.** $\$\frac{35}{2}$, números racionales **17.** $\frac{8}{15}$ de taza

LECCIÓN 3.2

Es tu turno

2. -7, 3.5, -2.25 y $-9\frac{1}{3}$. **4.** 4.5
5. $1\frac{1}{2}$ **6.** 4 **7.** $3\frac{1}{4}$

Práctica con supervisión

1. −5 0 5

2. −5 0 5

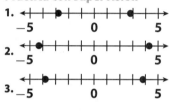

3. −5 0 5

4. −5 0 5

5. -3.78 **6.** $7\frac{5}{12}$ **7.** 0 **8.** -4.2
9. -12.1 **10.** -2.6 **11.** Están a la misma distancia de 0 en la recta numérica **12.** 5.23 **13.** $4\frac{2}{11}$ **14.** 0
15. $6\frac{3}{5}$ **16.** 2.12 **17.** 8.2

Práctica independiente

19a. Girardi \$85.23, Lewis $-$\$20.44, Stein \$116.33, Yuan $-$\$13.50, Wenner \$9.85 **b.** Wenner **c.** Stein **23.** a la izquierda **25a.** $-25{,}344$ pies
b. -5 y -4
c. −5 0 5

LECCIÓN 3.3

Es tu turno

3. 0.15, $\frac{3}{5}$, $\frac{7}{10}$, 0.85
5. -1.8, -1.25, 1, $1\frac{2}{5}$, $1\frac{9}{10}$

Práctica con supervisión

1. $\frac{3}{5}$ **2.** 0.25 **3.** $\frac{9}{10}$ **4.** $\frac{1}{10}$ **5.** 0.3 **6.** $1\frac{2}{5}$
7. 0.8 **8.** $\frac{2}{5}$ **9.** 0.75 **10.** $\frac{1}{5}$, 0.4, $\frac{1}{2}$, 0.75
11. $12\frac{3}{4}$, 12.7; $12\frac{3}{5}$ **12.** 2.3, 2.6, $2\frac{4}{5}$
13. $\frac{5}{48}$, $\frac{3}{16}$, 0.5, 0.75 **14.** $\frac{1}{5}$, 0.35, $\frac{12}{25}$, 0.5, $\frac{4}{5}$ **15.** $-\frac{3}{4}$, $-\frac{7}{10}$, $\frac{3}{4}$, $\frac{8}{10}$ **16.** -0.65, $-\frac{3}{8}$, $\frac{5}{16}$, $\frac{2}{4}$ **17.** $-2\frac{4}{5}$, -2.6, -2.3 **18.** -0.72, $-\frac{5}{8}$, -0.6, $-\frac{7}{12}$ **19.** 1.2, $1\frac{1}{3}$, 1.45, $1\frac{1}{2}$
20. -0.35, -0.3, 0.5, 0.55

Práctica independiente

23a. $6\frac{1}{6}$, 5.5, $4\frac{3}{8}$, 4.3, $\frac{15}{4}$ **b.** Claire, Peter, Brenda y Jim; Micah
c. Sí; la donación más pequeña es de $\frac{15}{4}$ de libra. $\frac{1}{2}$ es igual a $\frac{2}{4}$ de libra. $\frac{15}{4} + \frac{2}{4} = \frac{17}{4} = 4\frac{1}{4} = 4.25$ libras, que es suficiente para ganar un cupón para ver una película gratis.

UNIDAD 2 Respuestas seleccionadas

LECCIÓN 4.1

Es tu turno

1. $\frac{1}{10}$ **2.** $\frac{7}{12}$ **3.** $\frac{2}{7}$ **4.** $\frac{8}{35}$ **5.** $\frac{4}{15}$ **6.** $\frac{1}{7}$
8. 15 **9.** 12 **10.** $\frac{8}{3}$ **11.** $\frac{7}{2}$ **12.** $25\frac{9}{10}$
13. 23 **15.** $\frac{11}{21}$ **16.** $\frac{4}{15}$ **17.** $\frac{1}{24}$
18. $1\frac{11}{20}$ **19.** $6\frac{13}{15}$ **20.** $3\frac{1}{42}$

Práctica con supervisión

1. $\frac{5}{16}$ **2.** $\frac{1}{3}$ **3.** $\frac{3}{20}$ **4.** 38 **5.** $\frac{3}{4}$ **6.** 6
7. 3 **8.** 16 **9.** 24 **10.** 15 **11.** $\frac{7}{12}$
12. $\frac{7}{15}$ **13.** $\frac{1}{5}$ **14.** $\frac{24}{35}$ **15.** $3\frac{19}{24}$
16. $5\frac{19}{45}$

Práctica independiente

19a. 10 libras **b.** 5 bolsas más
21a. naranjas $= 1\frac{1}{2}$, manzanas $= 1\frac{4}{5}$, arándanos $= \frac{3}{4}$ de taza, duraznos $= 2$ **b.** Ejemplo de respuesta: Al triplicar 3 se convierte en 9. Al triplicar $\frac{1}{2}$ se convierte en $1\frac{1}{2}$. Suma $9 + 1\frac{1}{2} = 10\frac{1}{2}$.
23a. $22\frac{1}{2}$ minutos **b.** Sí, hay suficiente tiempo; 15 min para la introducción del maestro + 15 min para que los estudiantes se alisten + $22\frac{1}{2}$ min para discursos $= 52\frac{1}{2}$ min **25.** Cameron dividió un factor en uno de los numeradores entre el MCD, pero no dividió un factor en uno de los denominadores entre el MCD. Ha debido reducir a su mínima expresión $\frac{4}{9}$ a $\frac{4}{3}$ y multiplicar $\frac{1}{7}$ por $\frac{4}{3}$ para obtener el producto $\frac{4}{21}$.

LECCIÓN 4.2

Es tu turno

5. $\frac{8}{7}$ **6.** $\frac{1}{9}$ **7.** 11 **10.** $2\frac{1}{4}$ **11.** $1\frac{1}{2}$

Práctica con supervisión

1. $\frac{5}{2}$ **2.** 9 **3.** $\frac{3}{10}$ **4.** $\frac{4}{5}$ **5.** $\frac{3}{8}$ **6.** $1\frac{1}{4}$

Práctica independiente

9. Se requerirán 4 corredores.
11. $\frac{1}{10}$ libras **13.** 9 bolsas **15.** 8
17. 2; $\frac{1}{12}$ metro **19.** Mayor que $\frac{1}{2}$
21. Robyn

LECCIÓN 4.3

Es tu turno

6. 9; $10\frac{1}{2} \div 1\frac{1}{4} = 8\frac{2}{5}$; Ella necesitará 9 recipientes. **8.** $4\frac{1}{2}$ metros **9.** $3\frac{1}{4}$ yardas

Práctica con supervisión

1. 17; 17; 4; 3; $5\frac{2}{3}$ **2.** 3; 9; 3; 4; 9; $\frac{2}{3}$
3. $3\frac{5}{9}$ **4.** $2\frac{4}{5}$ **5.** $3\frac{1}{3}$ **6.** 4 **7.** $26 \div 5\frac{1}{2}$; El ancho es $4\frac{8}{11}$ pies. **8.** $230 \div 12\frac{1}{2}$; $18\frac{2}{5}$ pies

Práctica independiente

13a. No. **b.** $\frac{11}{20}$ de taza; $5\frac{1}{2}$ tazas ÷ 10 personas $= \frac{11}{2} \times \frac{1}{10} = \frac{11}{20}$ **c.** Ella necesitaría $7\frac{1}{2}$ tazas en total, de modo que necesitaría 2 tazas más de mezcla de frutas secas y nueces.
15. Sí porque la altura es $4\frac{1}{4}$ pies
17. $5\frac{1}{4}$ pies **19.** Usó el recíproco de $\frac{3}{4}$ en lugar del recíproco de $2\frac{3}{4}$.

LECCIÓN 4.4

Es tu turno

1. 10

Práctica con supervisión

1. 13

Práctica independiente

3. $8 por hora
5. 40 citas
7. 93 pedazos **9.** $1\frac{5}{24}$ galones
11. Ejemplo de respuesta: Una persona que toma un examen promedia $\frac{3}{8}$ de minuto en leer la pregunta y $\frac{5}{6}$ minutos en contestarla. Le toma 29 minutos a la persona contestar todas las preguntas. ¿Cuántas preguntas tiene el examen? 24 preguntas

LECCIÓN 5.1

Es tu turno

3. 109 **4.** 587 **7.** 231 R21 **8.** 46 R16
9. 105 bolsas; quedan 3 rocas

Práctica con supervisión

1. 30,000; 500; 60 **2.** 96 **3.** 89
4. 98 R7 **5.** 42 **6.** 61 **7.** 94 R15
8. 24 R9 **9.** 127 **10.** 81 R28
11. 300 artículos **12.** 32 asientos
13. 85 cajas

Práctica independiente

15. 268 **17.** 209 **19.** 86 R39
21. 587 **23.** 67 hileras; 8,450 ÷ 125 = 67 R75 de modo que tendrá 67 hileras llenas y una parcialmente llena con 75 árboles. **25.** 69 personas
29. Multiplica el cociente y el divisor, luego súmale el residuo al producto. Si está bien dividido, el resultado será igual al dividendo. **31.** No; 78,114 es aproximadamente 80,000 y 192 es aproximadamente 200; 80,000 ÷ 200 = 400 y 40 no se acerca a 400. **33.** Más; la cantidad completa se divide en porciones más pequeñas, de modo que haya más bolsas; como 25 es la mitad de 50, tendrán el doble de las bolsas.

LECCIÓN 5.2

Es tu turno

5. 0.69 **6.** 0.939 **7.** 7.85 8. 21.15

Práctica con supervisión

1. 0.91 **2.** 0.78 **3.** 62.35
4. 37.11 **5.** 3.955 **6.** 2.57
7. 11.949 **8.** 1.806 **9.** 30.1
10. 65.841 **11.** 23.356
12. 7.35 **13.** 37.68 **14.** 72.25
15. 31.25 pies **16.** $11.36

UNIDAD 2 Respuestas seleccionadas *(continuación)*

Práctica independiente

19. 5.495 **21.** 63.022 **23.** 11.949 **25.** 6.408 **27.** Jahmya; $0.54 más **29.** $1.53 **31a.** 27.78 minutos **b.** 32.22 minutos **33.** Ejemplo de respuesta: La suma 2.55 + (3.72 + 1.45) = 2.55 + 5.17 = 7.72. Al aplicar la propiedad conmutativa, la suma puede escribirse como 2.55 + (1.45 + 3.72) = 7.72, y al aplicar la propiedad asociativa, la suma puede escribirse como (2.55 + 1.45) + 3.72 = 7.72.

LECCIÓN 5.3

Es tu turno

3. 1; 1; 6,300; 12,600; 192.78; 2
4. 2; 2; 5,856; 39,040; 4.4896; 4
5. 49980; 428400; 48.4092
6. 8043; 22980; 919200; 95.0223
7. 38.75

Práctica con supervisión

1. 0.28

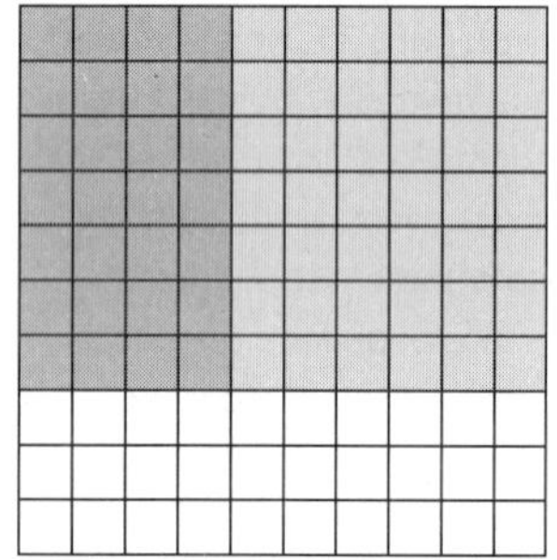

2. 2.64

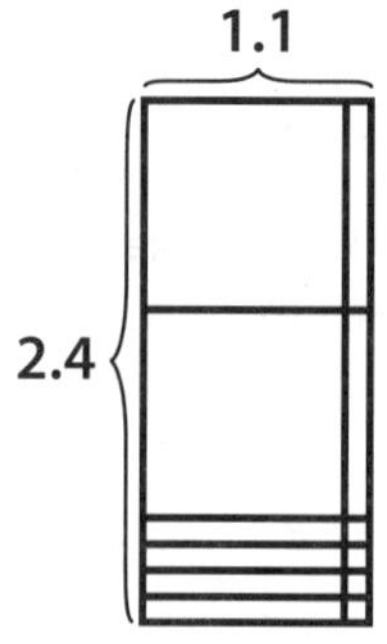

3. 0.0108 **4.** 130.055 **5.** 0.1152 **6.** 2,021.175 **7.** 14.858 **8.** 2.48292 **9.** 23.63 **10.** 173.90 **11.** 29.21 **12.** 1.06

Práctica independiente

15. 14 pulgadas **17.** $342 **19.** $15.50 **21.** $23.58 **23.** 20.425 millas **25.** 14.125 millas **27.** 3.48 es más próximo a 3 y 7.33 es más próximo a 7; 7 × 3 = 21. **29.** La estatua de oro de 22 quilates; 24.549 onzas

LECCIÓN 5.4

Es tu turno

3. 1.95 **4.** 0.92 **5.** 8.5 **6.** 18

Práctica con supervisión

1. 7.375 **2.** 3.31 **3.** 7 **4.** 0.15 **5.** 77 **6.** 2.65 **7.** 33.16 **8.** 1.95 **9.** 19 **10.** 0.3 **11.** 6.2 **12.** 405 **13.** 250 **14.** 11.8 **15.** 0.8 libra **16.** 3.5 libras **17.** 18.1 segundos **18.** 18 **19.** $2.73 por galón **20.** 20 pulgadas

Práctica independiente

23. $8.50 **25a.** 10 películas **27.** carne **29a.** 0.42 **b.** 0.25 **c.** 0.15 **31.** 42 **33.** 20 semanas

LECCIÓN 5.5

Es tu turno

2. Pagó $\frac{29}{2} \times \frac{3}{5} = 8\frac{7}{10}$ dólares o $14.5 × 0.6 = $8.70.

Práctica con supervisión

1. $134\frac{1}{2}$ millas; **2.** $397.80

Práctica independiente

3. $3\frac{1}{2}$ galones; **5.** 2 baterías **7.** $5.88; No. El miércoles ganaron $7.84. 7.84 − 5.88 = 1.96, de modo que no tienen suficiente dinero. **9.** 3 juegos **13.** 35

UNIDAD 3 Respuestas seleccionadas

LECCIÓN 6.1

Es tu turno

5. 3 : 1; 3 a 1; $\frac{3}{1}$ **6.** 8 : 3; 8 a 3; $\frac{8}{3}$
7. 1 : 1; 1 a 1; $\frac{1}{1}$ **8.** $\frac{4}{5}, \frac{16}{20}, \frac{12}{15}$ **9.** $\frac{10}{4}, \frac{15}{6}, \frac{20}{8}$

Práctica con supervisión

1. 1 a 5 **2.** 5; 3 **3.** 5; 25 **4.** 60 mascotas
5. 2 a 5; 2 : 5; $\frac{2}{5}$ **6.** 5 a 12; 5 : 12; $\frac{5}{12}$
7. Ejemplo de respuesta: $\frac{5}{6}, \frac{20}{24}, \frac{25}{30}$
8. Ejemplo de respuesta: $\frac{7}{1}, \frac{21}{3}, \frac{28}{4}$
9. Ejemplo de respuesta: $\frac{8}{14}, \frac{12}{21}, \frac{16}{28}$

Práctica independiente

11. 2 a 6, 3 a 9, 4 a 12 **13.** 16 rosas y 24 claveles **15.** 20; la razón actual de carteles de películas a carteles de bandas es 120 : 100. Si vende 24 carteles de películas, le quedarán 96. 120 : 100 = 96 : 80, de modo que debe vender 20 carteles de películas.
17a. 18 **b.** 12 **19.** 3 : 2; 30 chicas y 20 chicos **21.** Tina multiplicó 6 por 6 y obtuvo 36 y 8 por 8 y obtuvo 64. Debió multiplicar ambos términos por el mismo número.

LECCIÓN 6.2

Es tu turno

3. 12
4. 45 minutos, $\frac{27 \text{ minutos} \div 3}{3 \text{ millas} \div 3} = \frac{9 \text{ minutos}}{1 \text{ milla}}$. La tasa unitaria es 9 minutos por milla. $\frac{9 \text{ minutos} \times 5}{1 \text{ milla} \times 5} = \frac{45 \text{ minutos}}{5 \text{ millas}}$

Práctica con supervisión

1. 0.21; 0.19 **2.** tamaño familiar
3. \$48 **4.** 16 **5.** 72 **6.** 300 calorías
7. \$6

Práctica independiente

9. \$12.50 por patio **11.** Alastair
13a. 5 minutos; 7 globos **b.** $1\frac{2}{5}$ globos por minuto **c.** 14 globos
15. \$10.50 **17.** Hay 12 pulgadas en un pie y 2.54 × 12 = 30.48 centímetros por pie; hay 3 pies por yarda, de modo que 30.48 cm × 3 = 91.44 centímetros por yarda. **19.** Los costos unitarios son: \$1.10 por bolsa de 1 libra de azúcar, \$0.99 por bolsa de 2 libras de azúcar; y \$0.95 por bolsa de 3 libras de azúcar. El costo unitario disminuye al aumentar la cantidad de azúcar.

LECCIÓN 6.3

Es tu turno

1. Anna: $\frac{2}{5}$ de taza; Bailey: $\frac{3}{8}$ de taza; la razón de concentrado al número total de tazas de limonda es 2 a 5 para Anna y 3 a 8 para Bailey. Entonces, Anna tiene $\frac{2}{5}$ de taza de concentrado en 1 taza de limonada y Bailey tiene $\frac{3}{8}$ de taza. **2.** No, las razones no son equivalentes. $\frac{2 \times 4}{3 \times 4} = \frac{8}{12}$ $\frac{8}{12} > \frac{7}{12}$

Práctica con supervisión

1b. $\frac{5}{6} > \frac{4}{6}$; No, Celeste no usa la razón correcta de manzanas a naranjas;
2. No; Neha usó la razón mayor de bananas a naranjas. **3.** Tim puede leer 140 palabras en 5 minutos.
4. En promedio la cafetería vende 120 bebidas por hora.

Práctica independiente

7. \$63 **9.** 175 millas
11. 6 libras; 19 manzanas
13. aproximadamente 22 pulgadas
17. Todas las tasas deberían ser equivalentes una a la otra. Una manera de comprobarlo es dividiendo el término superior entre el inferior. Si todas las tasas están correctas, todos los cocientes serán iguales.

LECCIÓN 7.1

Es tu turno

3.

Tiempo (min)	2	3	3.5	5	6.5
Agua consumida (gal)	8	12	14	20	26

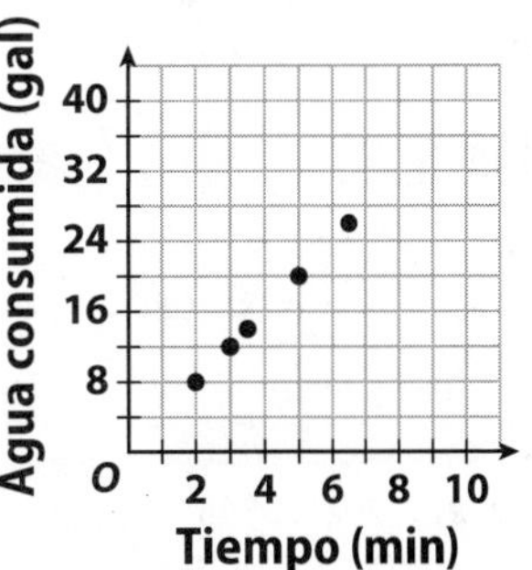

Práctica con supervisión

1. $\frac{6}{12} = \frac{9}{18} = \frac{21}{42} = \frac{27}{54}$
2.

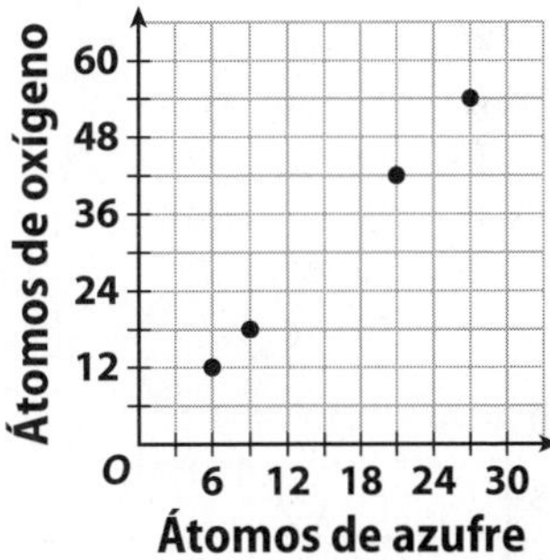

3. $\frac{2}{4} = \frac{4}{8} = \frac{7}{14} = \frac{8}{16}$
4.

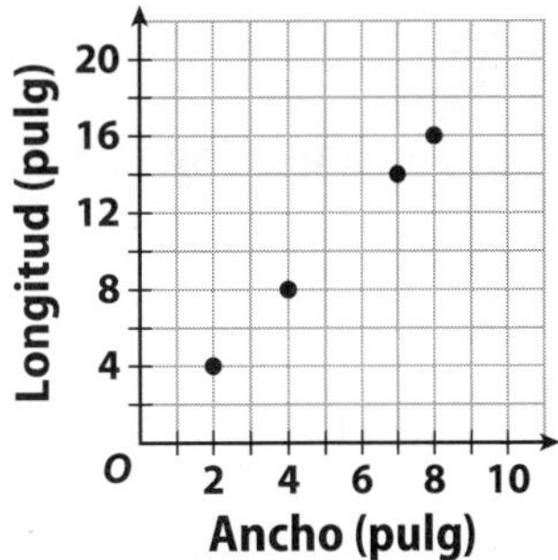

5.

Cajas	5	8	10
Velas	60	96	120

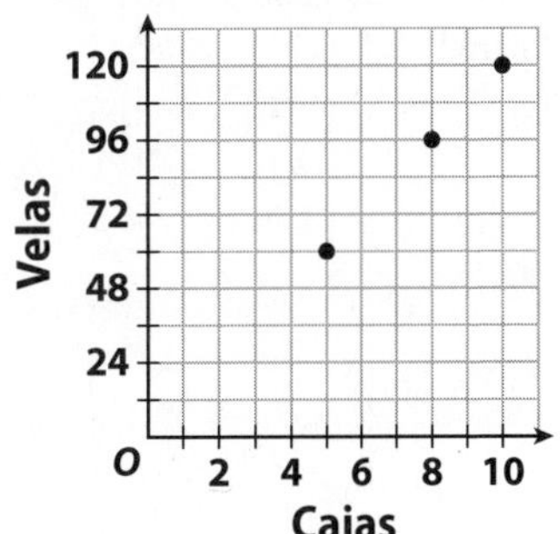

UNIDAD 3 Respuestas seleccionadas *(continuación)*

Práctica independiente

7. $\frac{\text{dinero recaudado}}{\text{sudaderas vendidas}} = \frac{\$60}{3\text{ sudaderas}} = \frac{\$20}{1\text{ sudadera}}$ = $20 por sudadera vendida **11.** $480 **13.** 330 mi

LECCIÓN 7.2

Es tu turno

1. 10 pizzas de queso **2.** 108 minutos **3.** 50 millas

Práctica con supervisión

1. 6; 6; 18 **2.** 2; 2; 2 **3.** $45 **4.** 18 pulgadas de altura **5.** 60 segundos **6.** 13 medidas **7.** 40 minutos **8.** 26 pagas **9.** 24 kilómetros

Práctica independiente

11a. 1 pulgada = 12 millas **b.** 24 millas **13a.** 60 asientos **b.** 150 asientos **15.** 45 pies **17.** Ira **19.** No, la tasa unitaria de la oruga debería ser 5 pies por minuto. **21a.**

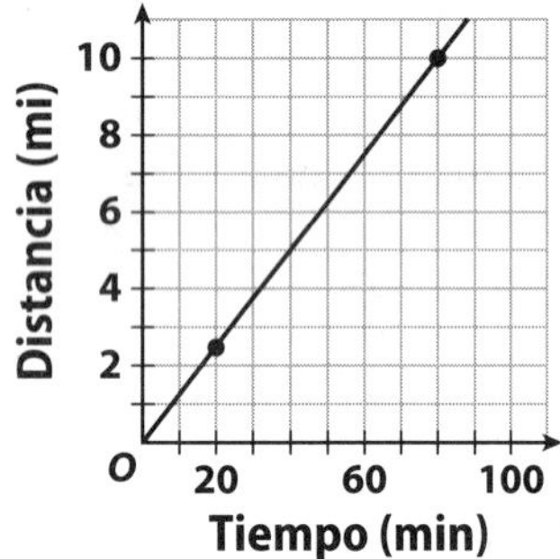

b. 80 minutos

LECCIÓN 7.3

Es tu turno

2. 72 pulgadas **3.** 2.5 metros

Práctica con supervisión

1. 3 **2.** 48 **3.** 32 tazas **4.** 12,000 libras **5.** 500 metros **6.** 3,500 gramos **7.** 1,750 mg **8.** 2.7 cm **9.** 6 libras **10.** 10 millas

Práctica independiente

13. 126; 10.5; 3.5 **15.** el tamaño grande **17.** 3 kilómetros **19a.** entre 7 toneladas y 8 toneladas **b.** No **21.** Obtienes el número original.

LECCIÓN 7.4

Es tu turno

2. 5.676 **3.** 4.27 **4.** 9 **5.** 7.40 **7.** 64.55

Práctica con supervisión

1. 8.05; 5 millas; 1.61 km **2.** 18.95; 5 galones; 3.79 L **3.** 30.48 **4.** 1.816 **5.** 18.28 **6.** 339.6 **7.** 4.73 **8.** 437.64 **9.** 2.64 **10.** 450 **11.** 64.96 **12.** 6,211

Práctica independiente

15. una pulgada **17.** una milla **19.** un litro **21.** 4 litros **23.** 22.7 kg **25.** botella de 2 litros de jugo **27.** 2.75 libras **29a.** Sí; dos recipientes de medio galón contendrán un galón, lo que es aproximadamente 3.79 litros. **b.** No; una botella de galón puede contener 3.79 litros, de modo que una botella de medio galón contendría la mitad de esa cantidad, que es solo 1.895 litros. **33.** Multiplica el número de libras por 0.454; 3.8 kg

LECCIÓN 8.1

Es tu turno

2. 90% **3.** 40% **4.** aproximadamente $\frac{2}{3}$

Práctica con supervisión

1. 4; 4; 36; 36%

2.

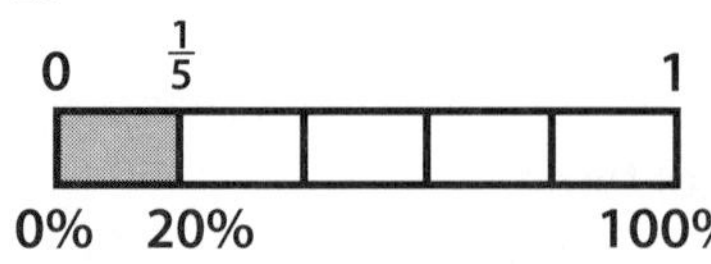

3. 10; 60% **4.** 1: 50% **5.** 1; 80% **6.** aproximadamente $\frac{2}{5}$

Práctica independiente

9. 55 **11.** $\frac{9}{10}$ = 90%, $\frac{4}{5}$ = 80%, $\frac{17}{20}$ = 85%, 80%, 85%, 90% **13.** Has usado 30% de los minutos **17.** No

LECCIÓN 8.2

Es tu turno

1. $\frac{3}{20}$, 0.15 **2.** $\frac{12}{25}$, 0.48 **3.** $\frac{4}{5}$, 0.8 **4.** $\frac{3}{4}$, 0.75 **5.** $\frac{9}{25}$, 0.36 **6.** $\frac{2}{5}$, 0. 4 **8.** 0.36, 36% **9.** 0.875, 87.5%

Práctica con supervisión

1. $\frac{3}{25}$; 0.12 **2.** 53%, $\frac{53}{100}$ **3.** 107%; $\frac{107}{100}$; $1\frac{7}{100}$ **4.** 0.35; 35% **5.** 0.375; 37.5%

Práctica independiente

7. $\frac{18}{25}$; 0.72 **9.** $\frac{500}{100}$; $\frac{5}{1} = \frac{5}{1}$; 5 **11.** $\frac{37}{100}$; 0.37 **13.** 0.625, 62.5% **15.** 3.5, 350% **17.** $\frac{68}{80} = \frac{17}{20}$; 85%; 0.85 **19.** 6 **23.** 1, 100%, 1

LECCIÓN 8.3

Es tu turno

5. 19 **6.** 81 **7.** 45 **9.** 76% **11.** 20 **12.** 500

Práctica con supervisión

1. 240 televisores son de alta definición **2.** 65; 200; 130 **3.** ×; 900; 9; 9 **4.** 21; 100; 300; 7% **5.** 9; 300

Práctica independiente

7. 48 fichas **9.** 8 páginas **11.** 252 amigos **13.** 20 **15.** 70 **17.** 1,400 **19.** 40 **21.** 20 **23.** 9 **25.** $500 **27.** $30 **29.** $175 **31.** $\frac{25}{100} = \frac{?}{50}$; 25% de 50 es 12.5.

UNIDAD 4 Respuestas seleccionadas

LECCIÓN 9.1

Es tu turno

2. 4^3 **3.** 6^1 **4.** $\left(\frac{1}{8}\right)^2$ **5.** 5^6 **6.** 81
7. 1 **8.** $\frac{8}{125}$ **9.** 144

Práctica con supervisión

2. 6^3 **3.** 10^7 **4.** $\left(\frac{3}{4}\right)^5$ **5.** $\left(\frac{7}{9}\right)^8$ **6.** 512
7. 2,401 **8.** 1,000 **9.** $\frac{1}{16}$ **10.** $\frac{1}{27}$
11. $\frac{36}{49}$ **12.** 0.64 **13.** 0.125 **14.** 1.21
15. 1 **16.** 12 **17.** 1
18. 169 **19.** $\frac{4}{25}$ **20.** 0.81

Práctica independiente

23. 3 **25.** 3 **27.** 1 **29.** 2 **31.** 4
33. 3 **35.** 8 **37.** 9 **39.** 3^4 páginas, u 81 páginas **41.** 2^6 dólares, o \$64
47. 2^6, 4^3 y 8^2

LECCIÓN 9.2

Es tu turno

1. 1, 3, 7, 21 **2.** 1, 37 **3.** 1, 2, 3, 6, 7, 14, 21, 42 **4.** 1, 2, 3, 5, 6, 10, 15, 30

Práctica con supervisión

1. 1, 2, 3, 6, 9, 18 **2.** 1, 2, 4, 13, 26, 52 **4.** $2 \cdot 3 \cdot 67$ **5.** $2^2 \cdot 3^2$ **6.** 2^5
7. $3 \cdot 3 \cdot 3$ o 3^3

Práctica independiente

9. 1×12; 2×6; 3×4
13. $2^3 \cdot 3^2 \cdot 7$ **15.** $2 \cdot 5 \cdot 23$
19. factorización prima de $27 = 3^3$

LECCIÓN 9.3

Es tu turno

2. 1.222 **3.** 170 **4.** 125 **5.** 15 **7.** 0

Práctica con supervisión

1. $3 \times 2^2 = 12$ peces ángel **2.** 16; 64; 76; 13 **3.** 3; 9; 54; 62 **4.** 6; 36; 9; 108; 101 **5.** 2; 8; 4; 32; 10

Práctica independiente

7. 19 **9.** 15 **11.** 39
15a. $3 \times 2 \times 2 \times 2 \times 2 \times = 3 \times 2^4$
b. $3 \times 2^4 - 7 = 3 \times 16 \times - 7 = 48 - 7 = 41$ mariposas

17a. $6^2 + 2 \times 6 + 24 = 72$ pulgadas cuadradas **b.** 8 pulg por 9 pulg
19. $8 \times 4 - (2 \times 3 + 8) \div 2$

MÓDULO 10

LECCIÓN 10.1

Es tu turno

1. $7n$ **2.** $4 - y$ **3.** $x + 13$
4. Ejemplo de respuesta: el cociente de x y 12 **5.** Ejemplo de respuesta: 10 multiplicado por y **6.** Ejemplo de respuesta: c más 3
7.

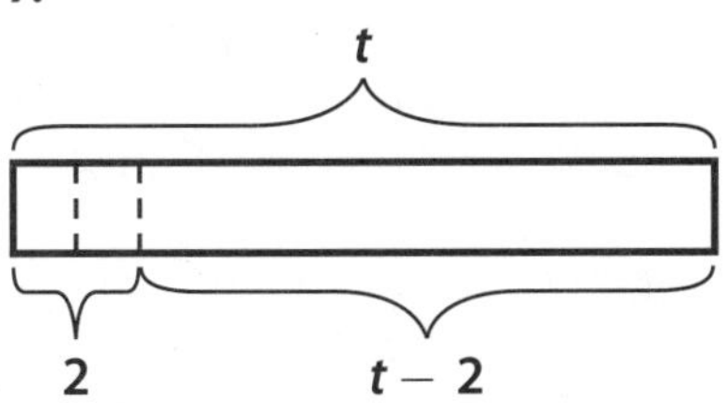

8.

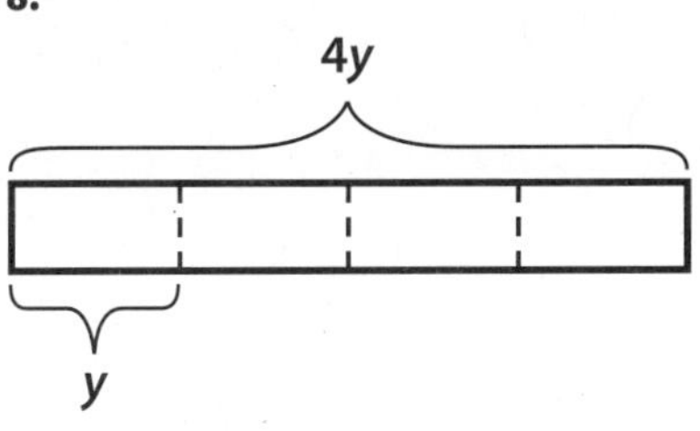

9. No; las expresiones no son equivalentes. **10.** $\frac{d}{4}$

Práctica con supervisión

1. $y - 3$ **2.** $2p$ **3.** Ejemplo de respuesta: 12 sumado a y **4.** Ejemplo de respuesta: 10 dividido entre p
5.

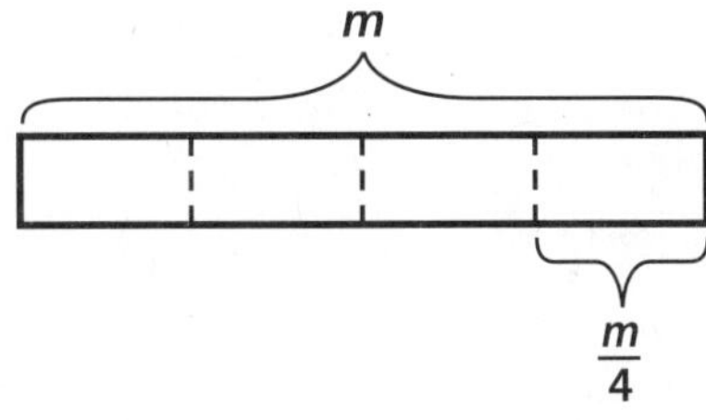

6.

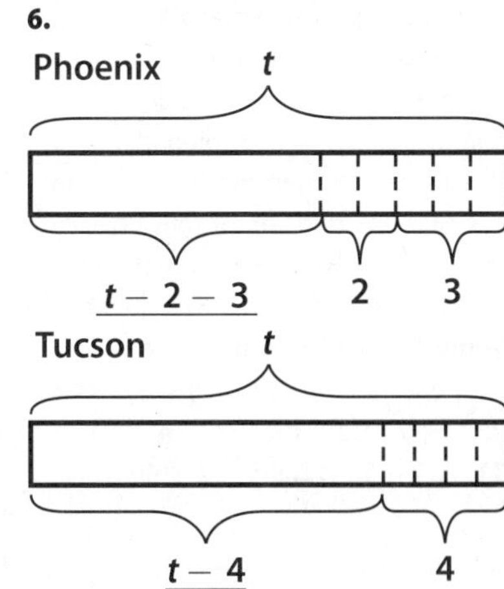

7. No **8.** $24c$

Práctica independiente

11. $\frac{n}{8}$ **13.** $b + 14$ **15.** $a - 16$
17. $3w$ **19.** $\frac{13}{z}$ **21.** $w - 8$
23. Ejemplo de respuesta: 83 sumado a m **25.** Ejemplo de respuesta: t menos 29 **27.** Ejemplo de respuesta: el producto de 11 y x **29.** Ejemplo de respuesta: k menos que 5 **31.** $8w$
33a. $3d$ **b.** $3g$ **c.** En la expresión de Mia, el número es el número de galones y la variable es el precio por galón; en la de Bob, el número es el precio por galón y la variable es el número de galones que compra.
41. $55h$ **43a.** $\frac{s}{2}$ **b.** $\frac{s}{2} - 1$ zapatos

LECCIÓN 10.2

Es tu turno

1. 32 **2.** 4.7 **3.** 3 **4.** 18 **5.** 18
6. 55 **7.** 6 **8.** 39 **9.** 17
10. 24; 8 **11.** 420

Práctica con supervisión

1. 16 **2.** 6 **3.** 2 **4.** 10.5 **5.** $2\frac{1}{18}$
6. 50 **7a.** $12x + 5$ **b.** 3; 36; 41; \$41
8a. $2a + 2l$ **b.** 7; 5; 10; 24; 24 pies

Práctica independiente

11. 42 **15.** $2(x^2)$; $2(64) = 128$ pies cuadrados

UNIDAD 4 Respuestas seleccionadas *(continuación)*

LECCIÓN 10.3

Es tu turno

3. Ejemplo de respuesta: $a(bc)$; Propiedad asociativa de la multiplicación **4.** Ejemplo de respuesta: $(3 + 4)y$; Propiedad distributiva **5.** Ejemplo de respuesta: 7×6; propiedad conmutativa de la suma **6.** $2(3x - 5) = 6x - 10$; no equivalente **7.** $2 - 2 + 5x = 5x$; equivalente **8.** Jamal compró $2x + 8$ adhesivos. $2(4 + x) = 8 + 2x = 2x + 8$; sí **9.** $5y$ **10.** $10x^2 - 4$ **11.** $2a5 + 5b$ **12.** $8m + 2 + 4n$

Práctica con supervisión

2. no equivalente **3.** Ejemplo de respuesta: ba; Prop. conmutativa de la multiplicación. **4.** Ejemplo de respuesta: $5(3x) - 5(2)$; Prop. distributiva **5.** no equivalente **6.** no equivalente **7.** $44y$ **8.** $2x$

Práctica independiente

11. Ejemplo de respuesta: $13 + x$; Prop. conmutativa de la suma
13. Ejemplo de respuesta: $(2 + a) + b$; Prop. asociativa de la suma
15. $2x^4$ **17.** $13b - 10$ **19.** $4y + 10$
21. $15y^2 - 6$ **23.** $0.5x^4 + 10.5$

25. $3x + 12 + x$ es equivalente a $4(3 + x)$. **27.** $(46 + 38 + 29)g + (29 + 27 + 17)s + (29 + 23 + 19)b$; $113g + 73s + 71b$ **29.** $36.4 + 4x$ pulg. **31.** $3x^2 - 4x + 7$; no tiene ningún término semejante.

UNIDAD 5 Respuestas seleccionadas

MÓDULO 11

LECCIÓN 11.1

Es tu turno

1. sí **2.** no **3.** sí **4.** no **5.** $f + 9 = 38$ **6.** $17n = 102$ **7.** $c - 3 = 12$ **8.** $2h = 8$ **10.** Ejemplo de ecuación: $x + 24 = 62$; $38

Práctica con supervisión

1. no; 14; 5 **2.** sí; 52; 4 **3.** sí **4.** sí **5.** no **6.** sí **7.** no **8.** sí **9.** no **10.** no **11.** sí **12.** no **13.** $8r = 256$ **14.** Ejemplo de respuesta: $\frac{f}{2} = 5$ **15.** Ejemplo de ecuación: $8x = 208$; $26 **16.** Ejemplo de ecuación: $x + 24 = 92$; 68 °F

Práctica independiente

19. $x + 8 = 31$; 23 libras **21.** Ejemplo de respuesta: $4x = 20$; Sí: $20 \div x = 4$ o $x = 20 \div 4$ **23a.** $29 - 13 = x$; $13 + x = 29$; la distancia entre Hadley y Greenville. **b.** Sí; 16 es una solución de las ecuaciones en a. **25.** Ambas ecuaciones son correctas. Otra ecuación correcta es $44 - 7 = x$. **27.** Sí, porque $4 + f = 12$ significa que hay 8 flautistas y 8 es dos veces 4. **29.** Sí

LECCIÓN 11.2

Es tu turno

4. 3.5

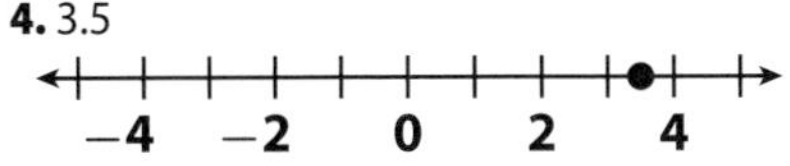

5. $\frac{5}{4}$; o $1\frac{1}{4}$

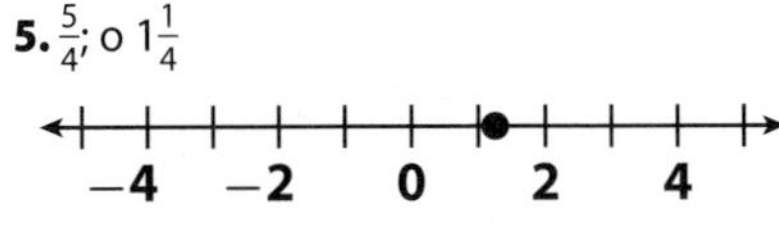

6. $x + 65 = 90$; $x = 25°$ **7.** $x + 42 = 90$; $x = 48°$

Práctica con supervisión

1a. el número de invitados que se fueron cuando acabó la fiesta. **c.** 11 **2.** 5

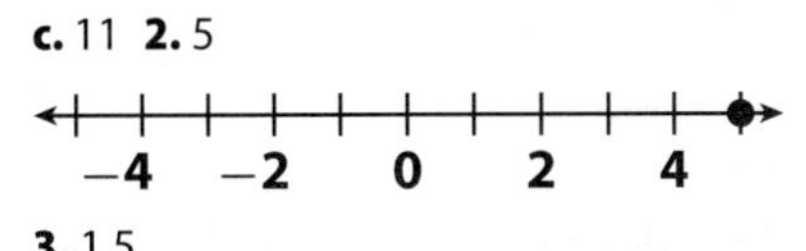

3. 1.5

−4 −2 0 2 4

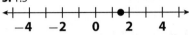

4. 4.5 **5.** 40 **6.** $\frac{5}{4}$ **7.** $x + 45 = 180$; $x = 135°$ **8.** $x = 275$

Práctica independiente

11. Ejemplo de respuesta: $14 = b - 12$; $b = 26$ **13.** Ejemplo de respuesta: $x + 8 = 37$; 29 carros compactos **15.** Ejemplo de respuesta: $m - 123.45 = 36.55$; $160 **17.** $c = 2.50$ **19a.** $1.49 + a = 2.99$; $2.49 + r = 3.99$ **b.** Tanto a como r son iguales a $1.50, entonces el descuento es el mismo.

LECCIÓN 11.3

Es tu turno

2. 7

3. 9

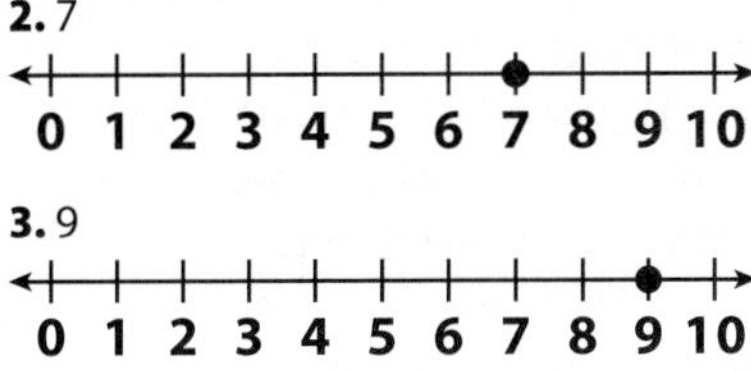

4. Ejemplo de respuesta: $\frac{x}{5} = 9$; $x = 45$; Roberto regaló $45 - 9 = 36$ tarjetas. **5.** $x = 35$

Práctica con supervisión

1a. número de millas que corre cada día **b.** 5; x; 15 **c.** 3 **2.** 9

3. 8

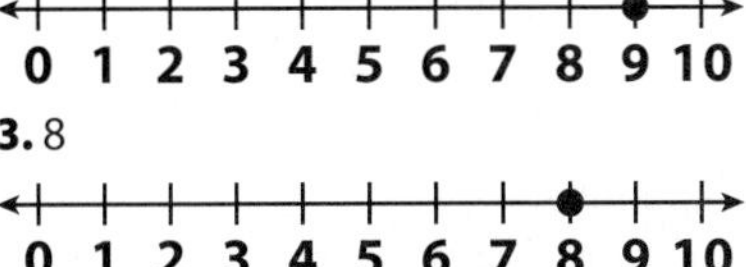

4. $24 = 6w$; $w = 4$ pulgadas; la longitud es 2 pulgadas más larga que el ancho **5.** Ejemplo de problema: El área de un rectángulo es 45 cm^2 y la longitud es 15 cm. ¿Cuánto mide de ancho?; $w = 3$

Práctica independiente

7. $\frac{c}{28} = 3$; 84 galletas **9.** $4k = 44$; 11 libros **11.** $3.5d = 14$; 4 días **13.** $\frac{w}{4} = 14$; 56 minutos **17.** 81 **19.** 31 pulgadas

LECCIÓN 11.4

Es tu turno

3.

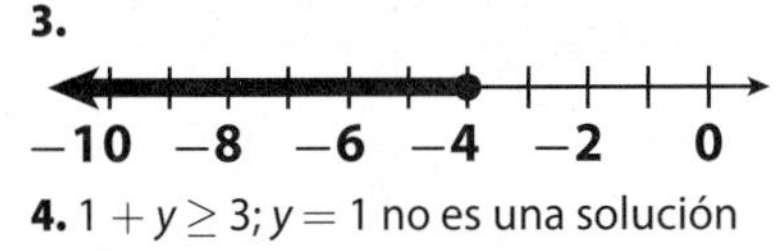

4. $1 + y \geq 3$; $y = 1$ no es una solución porque $1 + 1$ no es mayor o igual a 3. **5.** $t \leq 6$

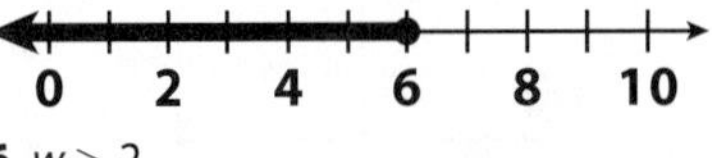

6. $w > 2$

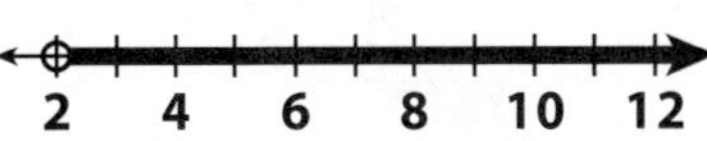

Práctica con supervisión

1. 3, 1

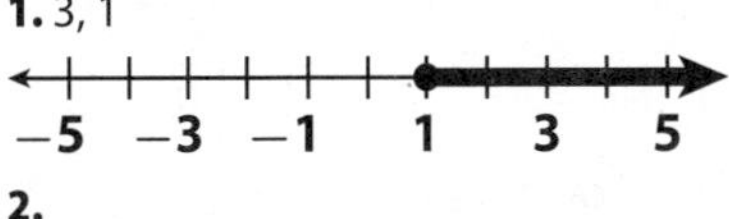

2.

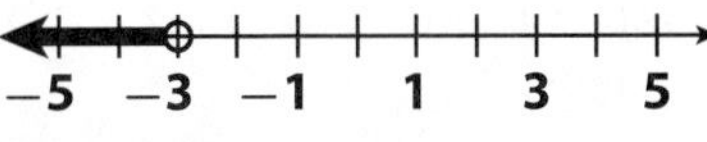

3. $4 + x < 6$

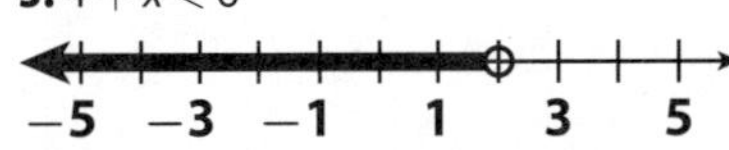

4. Sea t la temperatura en °C; $t \geq 3$

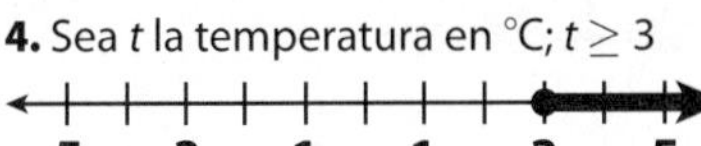

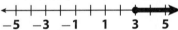

Práctica independiente

7.

11.

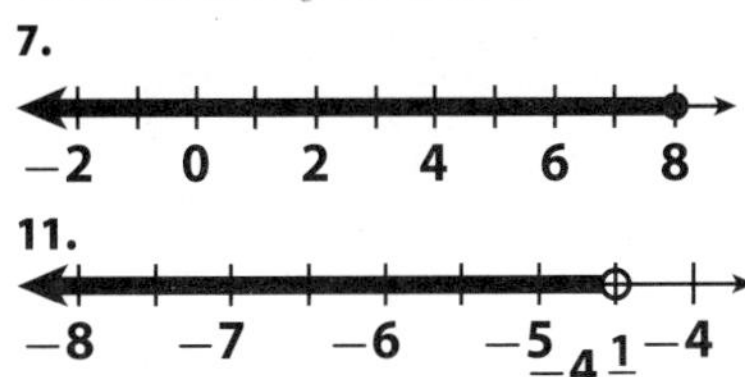

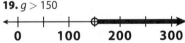

13. $x \leq -3$ **15.** $x \geq -3.5$ **19.** $g > 150$

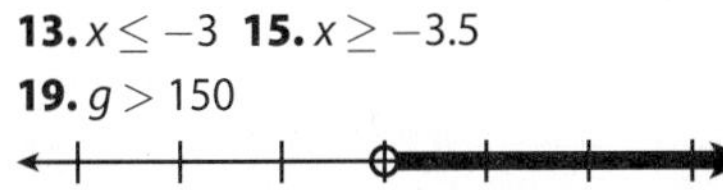

LECCIÓN 12.1

Es tu turno

4. $G(4, -4)$; IV; $E(-2, 4)$; II **5.** $F(3, 2)$; I; $H(-1, -3)$; III

6–10.

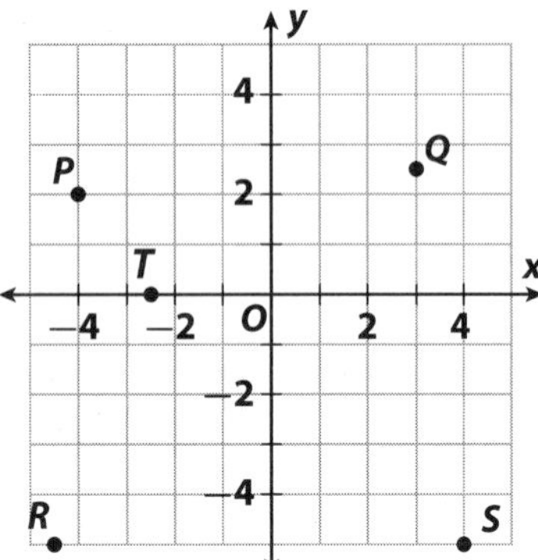

11. Ted $(-20, -20)$, Ned $(-20, 30)$

Práctica con supervisión

1. izquierda; arriba; $(-5, 1)$; II **2.** 2; 3; $(2, -3)$; IV

3—4.

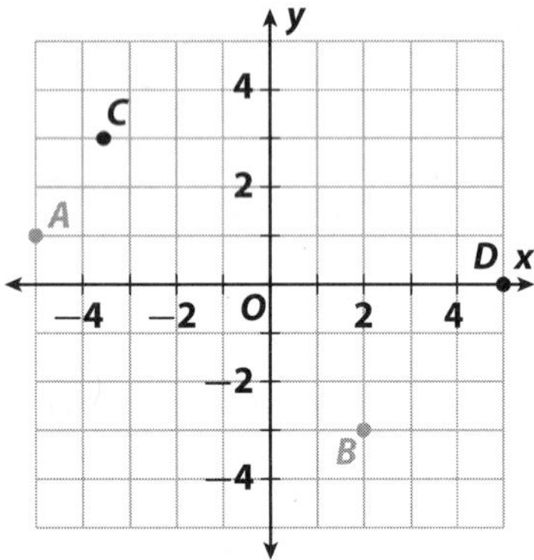

5. Cada cuadrado de la cuadrícula tiene $\frac{1}{2}$ unidad de lado.

6—7.

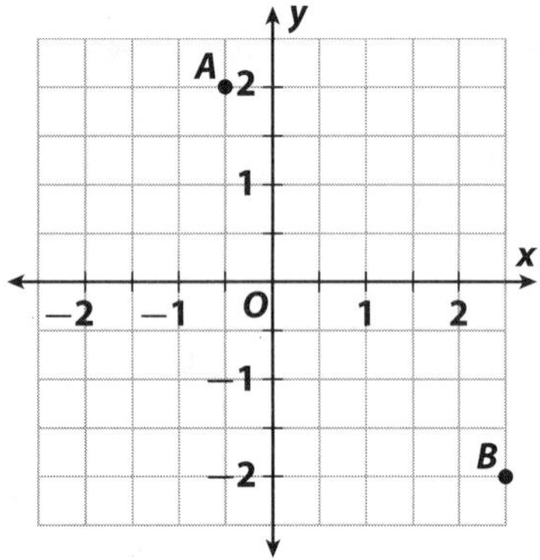

Práctica independiente

11. Sam está 3 km al sur y 7 km al este del teatro.

13. $(-3, 0.5)$

15. $W(-0.75, -1.0)$

LECCIÓN 12.2

Es tu turno

8. Ejemplo de respuesta: La abuela de Bridget le regaló una colección de 15 frascos de perfume. Bridget agrega un frasco por semana a la colección. La variable independiente es el número de semanas. La variable dependiente es el número de frascos de perfume en la colección. El valor de *y* es siempre 15 unidades mayor que el valor de *x*. **9.** Ejemplo de respuesta: Colin creó una página web para vender camisetas impresas con lemas divertidos. Gana \$16 por camiseta. La variable independiente es el número de camisetas que vende y la variable dependiente es la ganancia en dólares. A medida que aumenta la variable independiente en 1, la variable dependiente aumenta en 16. **10.** Ejemplo de respuesta: Los boletos para la obra musical de la escuela cuestan \$3 cada uno. La variable independiente es el número de boletos comprados y la variable dependiente es el costo total. El valor de *y* siempre es 3 veces el valor de *x*.

Práctica con supervisión

1. Tiempo es la variable independiente y precio es la variable dependiente.

2a.

Tiempo *x* (h)	0	1	2	2
Distancia *y* (mi)	0	60	120	180

b. Tiempo es la variable independiente y distancia es la variable dependiente. **c.** El valor de *y* es siempre 60 veces el valor de *x*.

3. El valor de la variable dependiente es 5 veces el valor de la variable independiente.

Práctica independiente

7a. número de marcadores.

b. número de bolsitas de regalo

c. La relación es multiplicativa porque *y* aumenta por un factor de 5 a medida que *x* aumenta en 1. **d.** El número de marcadores brillantes es 5 veces el número de bolsitas de regalo.

LECCIÓN 12.3

Es tu turno

2. $y = x - 2$ **3.** $y = 2.5x$ **4.** $y = x + 5$ **5.** $y = 2x$ **6.** $k = r + 5$; 57 años de edad

Práctica con supervisión

1. $y = x - 4$ **2.** $y = 4x$ **3.** $y = x + 3$ **4.** $y = \frac{x}{6}$ **5.** $c = 1.35n$; \$33.75

Práctica independiente

9. El valor de *y* es $\frac{1}{4}$ del valor de *x*. **11a.** $e = 8.25h$ **b.** $206.25 = 8.25h$; $25 = h$; 25 horas **13.** No es posible; no hay un patrón consistente entre los valores de *y* y los valores correspondientes de *x* **15.** No

LECCIÓN 12.4

Es tu turno

4.

x	$x + 2.5 = y$	(*x*, *y*)
0	$0 + 2.5 = 2.5$	(0, 2.5)
1	$1 + 2.5 = 3.5$	(1, 3.5)
2	$2 + 2.5 = 4.5$	(2, 4.5)
3	$3 + 2.5 = 5.5$	(3, 5.5)

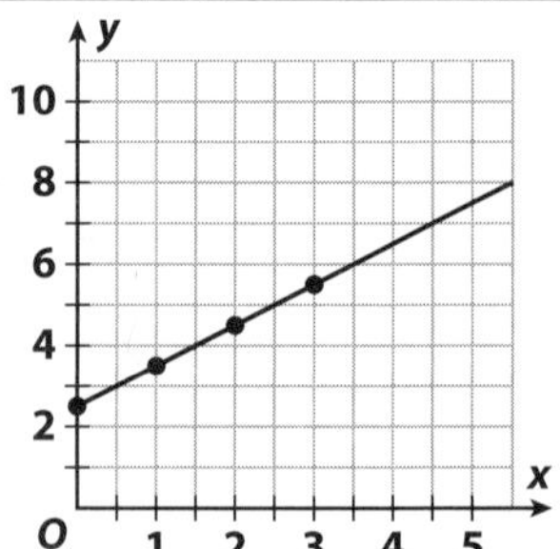

Práctica con supervisión

1. $y = 3x$

Horas de trabajo	Céspedes cortados
0	0
1	3
2	6
3	9

2.

x	0	1	2	3
y	0	1.5	3	4.5

3.

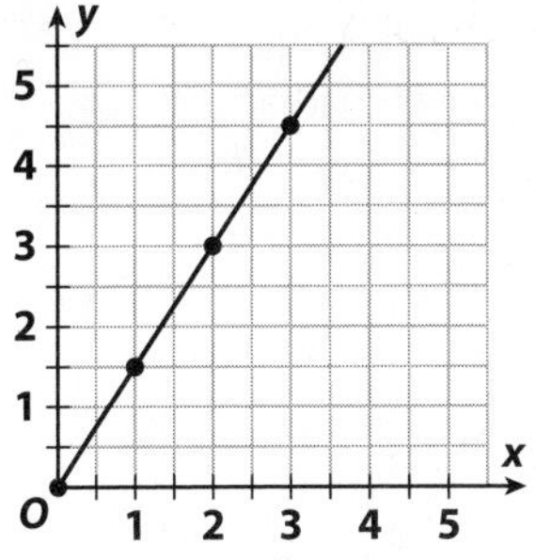

Práctica independiente

5.

Horas adicionales	0	5	10	15	20
Horas totales	20	25	30	35	40

7. 20 horas; cuando se trabajan 0 horas adicionales, el total son 20 horas

9.

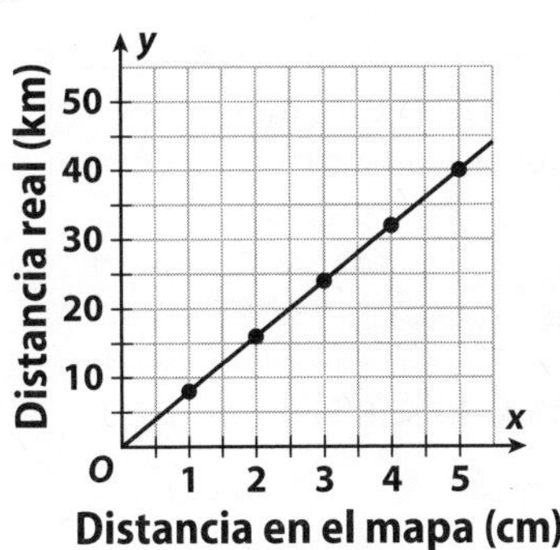

11a.

Número de entradas, x	1	2	3	4	5
Costo total ($), y	9	18	27	36	45

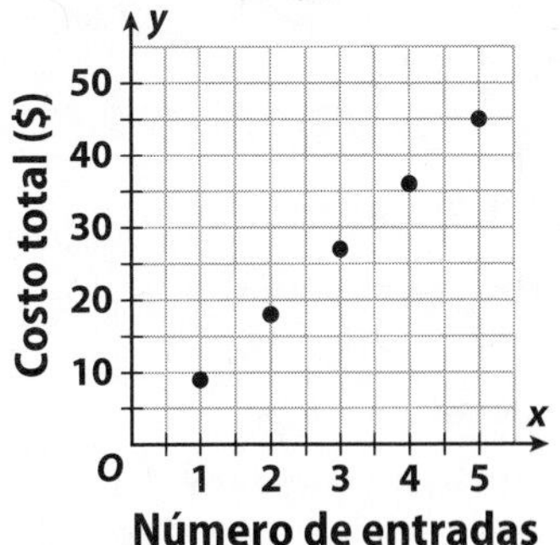

b. Dependiente; costo total; independiente: número de entradas

UNIDAD 6 Respuestas seleccionadas

LECCIÓN 13.1

Es tu turno

2. 366 **3.** 210 **4.** 66.5 **5.** 90 **6.** 165

Práctica con supervisión

1. 13; 9; 117 **2.** 14; 9; 15; 168
3. 18; 11; 99

Práctica independiente

5. 84 cm^2 **7.** 936 $pulg^2$ **9.** 72 m^2
11. 8.25 $pies^2$ **13.** 1,620 $pulg^2$
15. 57 $pies^2$ **17.** 9 pulg y 15 pulg

LECCIÓN 13.2

Es tu turno

3. 59.5 $pulg^2$ **5.** 12 $pies^2$

Práctica con supervisión

1. 14; 8; 56 **2.** 12; 30; 80

Práctica independiente

5. 240 $pies^2$ **7.** 288 $pies^2$ **9.** 71.5 $pulg^2$
11. 20 $pies^2$ **13.** Monica olvidó multiplicar por $\frac{1}{2}$. El área de la tela es de 45 $pulg^2$. **17a.** 6 pulg **b.** 1 pulg y 36 pulg, 2 pulg y 18 pulg, 3 pulg y 12 pulg, 4 pulg y 9 pulg.

LECCIÓN 13.3

Es tu turno

1. 8 pulg **3.** 4 pies **4.** 8 tarimas

Práctica con supervisión

1. $70 = \frac{1}{2}\left(8\frac{3}{4}\right) b$; 16 pulgadas **2.** $791 = \frac{1}{2}h(26.5 + 30)$; 28 centímetros
3. área; $A = 42(28) = 1{,}176$ $pies^2$; número de galones de pintura; $n = 1{,}176 \div 350 = 3.36$; 4

Práctica independiente

5. $5\frac{1}{2}$ pies **7.** 1.2 cm **9.** 16 pulg y 8 pulg **11.** 128 parches
13a. 702 $pies^2$ **b.** 1,458 $pies^2$
c. 486 $pies^2$ **15a.** $3\frac{1}{2}$ *yd* **b.** $10\frac{2}{3}$ yd^2

LECCIÓN 13.4

Es tu turno

3. 44 metros cuadrados
4. 567 pulgadas cuadradas
5. $3,348

Práctica con supervisión

1. $\frac{1}{8}$ unidades cuadradas **2.** 112 **3.** 196
4. 240 pies cuadrados; 3 latas de pintura

Práctica independiente

7a. aproximadamente 60%
b. $321.75 **9a.** 73.5 pulgadas cuadradas **b.** 21 pulgadas por 21 pulgadas **c.** 8 pancartas; sí
11. 50 pulgadas cuadradas

MÓDULO 14

LECCIÓN 14.1

Es tu turno

3. 9 unidades **4.** 5 unidades
5. 0.8 horas o 48 minutos

Práctica con supervisión

1. (5, 2) **2.** (6, 8)
3. $|5| + |-2| = 5 + 2 = 7$
4. $|5| - |1| = 5 - 1 = 4$ **5.** 2 units
6. 3 units
5–6.

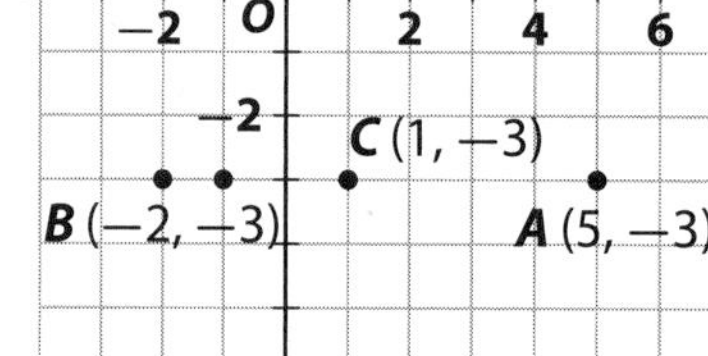

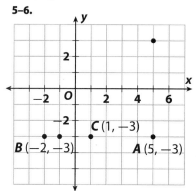

7. 5 cuadras
8. 21 minutos; 4.5 minutos

Práctica independiente

11. Coloca otro punto en el otro lado del eje *y* a la misma distancia del eje *y* que el punto *A*; (−1.5, −2.5); 3 unidades
13. (7, −3); 14 unidades
15. (−2.4, −1); 4.8 unidades
17. 3 horas

LECCIÓN 14.2

Es tu turno

2. 30 cuadras **3.** 32 unidades cuadradas

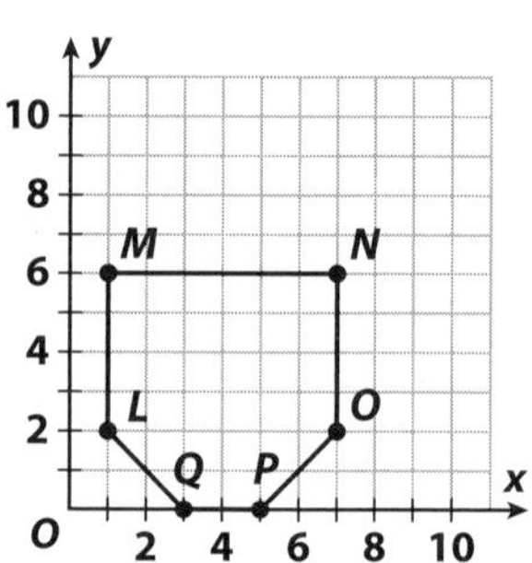

Práctica con supervisión

1. cuadrado

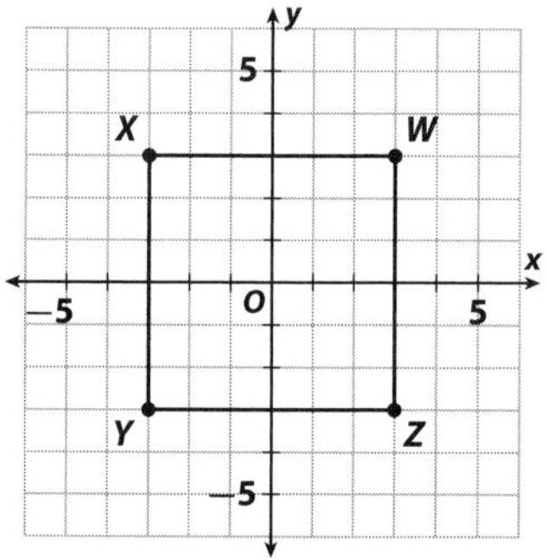

2. 6; 24 **3.** 36 yardas cuadradas
4. L; 24 pulgadas cuadradas

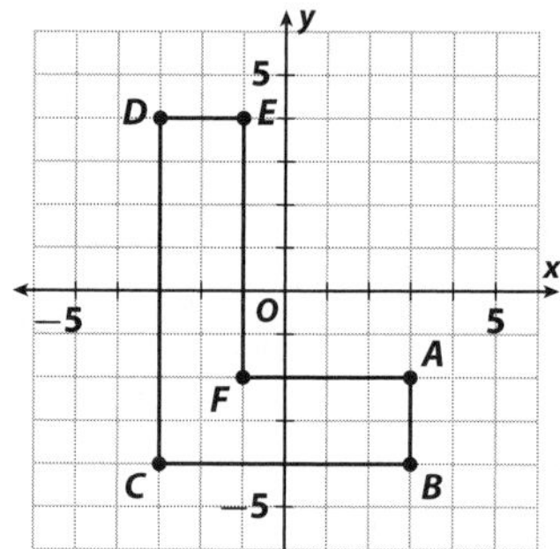

Práctica independiente

7a. hexágono **b.** 18 unidades
c. trapecio; 15 unidades **11.** El octágono es un octágono regular, de modo que todos los lados tendrán la misma longitud que el lado cuyos extremos se dan. Como la longitud de ese lado $= |4| - |1| = 3$ unidades, el perímetro del octágono es de $8(3) = 24$ unidades.

LECCIÓN 15.1

Es tu turno

4. 896 pulg^2 **6.** \$7.92

Práctica con supervisión

1. 1; 4 **2.** 36; 48; 84

3a. 248 pulgadas cuadradas

b. 24,800 pulgadas cuadradas

c. 2 latas

Práctica independiente

5. 272 pulg^2 **7.** 80 baldosas

9. pirámide rectangular; prisma triangular **11.** Ejemplo de respuesta: Decide si la figura es un prisma o una pirámide y qué forma tienen las bases y las caras. Haz una plantilla de la figura y rotula las dimensiones. Usa las fórmulas del área apropiadas para calcular las áreas de las caras y luego calcula la suma de las áreas.

LECCIÓN 15.2

Es tu turno

2. 75 pulgadas cúbicas

3. $55\frac{1}{8}$ pulgadas cúbicas

4. $393\frac{3}{4}$ metros cúbicos

Práctica con supervisión

1. 2 **2.** 8

3. 10; 3.2; 5; 160 metros cúbicos

4. $7\frac{1}{4}$; 4; 29; 232 metros cúbicos

5. 277.5 pies cúbicos

6. $526\frac{1}{2}$ pulgadas cúbicas

7. 357 pulgadas cúbicas

9. 110.25 pulgadas cúbicas

11. A: 120 pulg^3; B: 960 pulg^3; 8 veces más grande **13.** 58.5 pulgadas cúbicas **15.** $2\frac{47}{64}$ pies cúbicos **17.** $\frac{1}{8}$ m; halla una fracción que al multiplicarla por sí misma 3 veces sea igual a $\frac{1}{512}$ **19.** Ambos están correctos.

LECCIÓN 15.3

Es tu turno

2. $\frac{5}{2}$ pies o $2\frac{1}{2}$ pies **3.** 1.5 pies

Práctica con supervisión

1. $6{,}336 = 16(18)w$; $w = 22$ cm

2. $V = 72$ pulg^3; 4 pulgadas

Práctica independiente

3. 12.4 pulgadas

5. 6 centímetros

7. Volumen: 2,000 mm^3; peso: 1 onza **9.** 1 pulgada; 25%

11. 42.9; 4.3; 30.0.

UNIDAD 7 Respuestas seleccionadas

LECCIÓN 16.1

Es tu turno

3. mediana = 6.5 minutos

Práctica con supervisión

1. 15; 5; 3; 3 **2a.** 42 **b.** No **3a.** media: 8.5; mediana: 6 **b.** La mediana; Ejemplo de respuesta: la mediana es más cercana a la mayoría de los datos que la media.

Práctica independiente

5. Fueron encuestados diez estudiantes porque en la lista de datos hay 10 entradas. **7.** 78.5; 80.5
9. Minutos y horas; convierte todos los tiempos en minutos. **11.** Mediana; es más cercana a la mayoría de los datos; el valor del dato para 1hr (60 min) eleva la media **13.** 95

LECCIÓN 16.2

Es tu turno

2. La DAM del Empleado A es 0.6 oz, y la del Empleado B es 0.2 oz, así que los cafés del Empleado B mostraron menor variabilidad.
3. A: DAM $\approx$ 0.0017; B: DAM $\approx$ 0.0063; A tiene menor variabilidad.

Práctica con supervisión

1. sí
a. 45.1 min
b. 0.4 min
2. 44.9; 0.733333; no

Práctica independiente

5. 1.6 personas
7. La DAM al principio era de más o menos 3.7 y al final de unos 2.1, así que progresaron. **9.** La media de Austin es 31.855 pulg y la de San Antonio es de 30.459 pulg; Austin.
13a. media = 1, DAM = 0; Como 1 es el único valor, es la media del conjunto de datos y no se aparta de la media.
b. media = 1.5, DAM = 0.5; $1 + 2 = 3$, y $3 \div 2 = 1.5$. Además, 1 y 2 están a 0.5 de 1.5.

c. Aumento; los valores están aumentando, de modo que la media aumenta y los valores se separan más, por lo que la DAM aumenta.

LECCIÓN 16.3

Es tu turno

3. REC grupo A = \$700. REC grupo B = \$450. El REC del grupo A es mayor, entonces los salarios del 50% central del grupo A están más dispersos que los del grupo B. **4.** Miami = 15, Chicago = 53; Chicago

Práctica con supervisión

1. 4; 10; 11; 13; 14; 15; 25; 29; 33; 33; 35; 43; 51; 58; 64 **2.** 29 **3.** 13 **4.** 43 **6.** 30 **7.** 60

Práctica independiente

11. Ejemplo de respuesta: Los estudiantes podrían haber medido sus estaturas. **13.** 0.3; 0.3 **15.** Los REC son iguales. La dispersión de los elementos es igual para ambos conjuntos de datos. **17.** Sí

LECCIÓN 16.4

Es tu turno

4. 14 juegos; el elemento con más frecuencia es 4; había 4 juegos en los que el equipo anotó 4 carreras.
5. dispersión: 0 a 11.11 parece ser un valor atípico. Los datos tienen un agrupamiento del 0 al 7 con un pico en 2. La distribución no es simétrica porque los datos no están agrupados alrededor del centro de la distribución. **6.** Media: aproximadamente 3.3, mediana: 3.5, rango: 5; Ejemplo de respuesta: entre 3 y 4 carreras. La media y la mediana tienen valores cercanos y no hay valores atípicos.

Práctica con supervisión

1. Datos variables
3. Media: aproximadamente 5.2; mediana = 5; rango = 17.
4. dispersión: 0 a 17. 17 parece ser un valor atípico. La distribución no es simétrica.

Práctica independiente

7. no estadística **9.** no estadística
11.

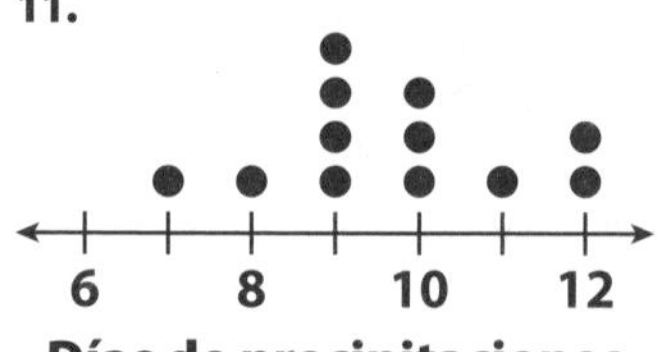

Días de precipitaciones

15. La media cambiaría a aproximadamente 9.3; la mediana se mantendría en 9.5; el rango cambiaría a 9 días. **19.** $5(2) + 6(2) + 7 + 8(3) + 9(2) + 10(5) + 11 + 12(3) + 13(2) + 15(2) + 22$ **21.** Cuenta el número de puntos sobre el valor de un dato.
23. 19; cada punto representa un juego **25.** Media: aproximadamente 3.9 carreras; mediana: 4 carreras; rango: 11 carreras **27a.** las unidades para las edades (años, meses, semanas) **b.** No

LECCIÓN 16.5

Es tu turno

4.

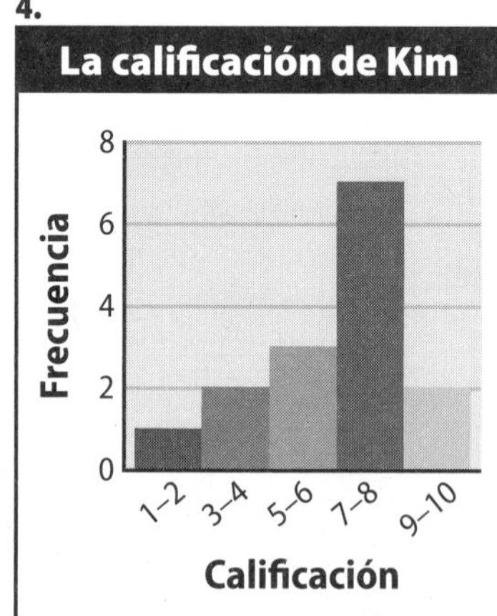

5. Ejemplo de respuesta: Kim dió calificaciones de 7 u 8 a 7 de 15 películas. Dió calificaciones de 9 o 10 a 2 de las 15 películas.

Práctica con supervisión

1.

Intervalo	Frecuencia
0–9	4
10–19	3
20–29	9
30–39	5

2. 1; 3; 4; 2

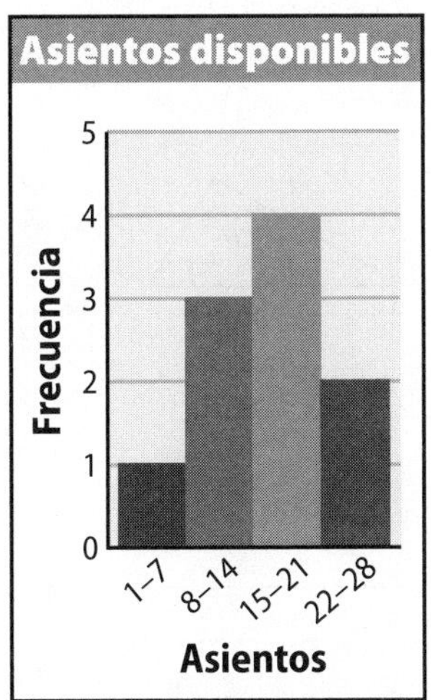

3. Ejemplo de respuesta: Solo un restaurante tiene menos de 7 asientos disponibles. Las barras aumentan en altura hasta que llegan al intervalo para 15–21 asientos y luego disminuyen en altura, mostrando que la mayoría de los restaurantes tienen 21 asientos o menos.

Práctica independiente

5.

Intervalo	Frecuencia
10–19	9
20–29	7
30–39	3
40–49	4
50–59	2

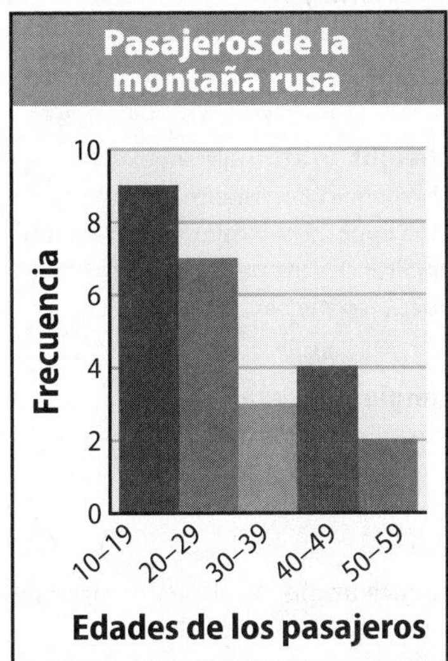

7a. 6 **b.** 3 barras; 9
c. diagrama de caja, diagrama de puntos

9.a.

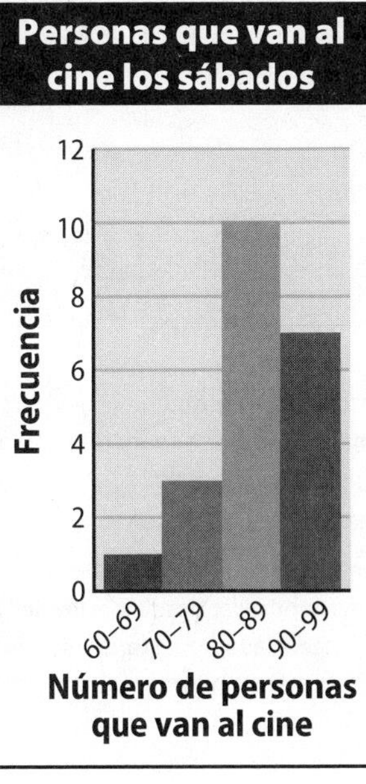

Respuestas seleccionadas

Glosario/Glossary

ESPAÑOL	INGLÉS	EJEMPLOS
agrupamiento Método que se usa para estimar una suma cuando todos los sumandos se aproximan al mismo valor.	**clustering** A method used to estimate a sum when all addends are close to the same value.	27, 29, 24 y 23 se agrupan alrededor de 25.
altura En un triángulo o cuadrilátero, la distancia perpendicular desde la base de la figura al vértice o lado opuesto. En un prisma o cilindro, la distancia perpendicular entre las bases.	**height** In a triangle or quadrilateral, the perpendicular distance from the base to the opposite vertex or side. In a prism or cylinder, the perpendicular distance between the bases.	h b
ángulo Figura formada por dos rayos con un extremo común llamado vértice.	**angle** A figure formed by two rays with a common endpoint called the vertex.	
ángulo agudo Ángulo que mide más de 0° y menos de 90°.	**acute angle** An angle that measures more than 0° and less than 90°.	
ángulo llano Ángulo que mide exactamente 180°.	**straight angle** An angle that measures 180°.	
ángulo obtuso Ángulo que mide más de 90° y menos de 180°.	**obtuse angle** An angle whose measure is greater than 90° but less than 180°.	
ángulo recto Ángulo que mide exactamente 90°.	**right angle** An angle that measures 90°.	
ángulos adyacentes Ángulos en el mismo plano que comparten un vértice y un lado.	**adjacent angles** Angles in the same plane that have a common vertex and a common side.	1 2 ∠1 y ∠2 son ángulos adyacentes.
ángulos alternos externos Dadas dos rectas cortadas por una transversal, par de ángulos no adyacentes ubicados en los lados opuestos de la transversal y fuera de las otras dos rectas.	**alternate exterior angles** For two lines intersected by a transversal, a pair of angles that lie on opposite sides of the transversal and outside the other two lines.	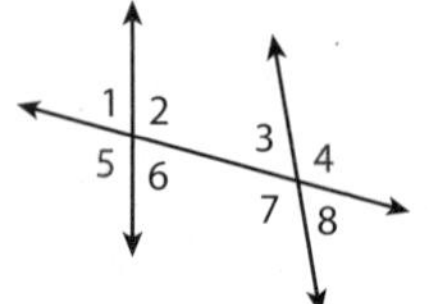 ∠4 y ∠5 son ángulos alternos externos.

ESPAÑOL | **INGLÉS** | **EJEMPLOS**

ángulos alternos internos Dadas dos rectas cortadas por una transversal, par de ángulos no adyacentes ubicados en los lados opuestos de la transversal y entre las otras dos rectas.

alternate interior angles For two lines intersected by a transversal, a pair of nonadjacent angles that lie on opposite sides of the transversal and between the other two lines.

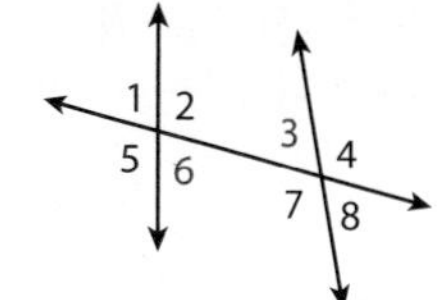

$\angle 3$ y $\angle 6$ son ángulos alternos internos.

ángulos complementarios Dos ángulos cuyas medidas suman 90°.

complementary angles Two angles whose measures add to 90°.

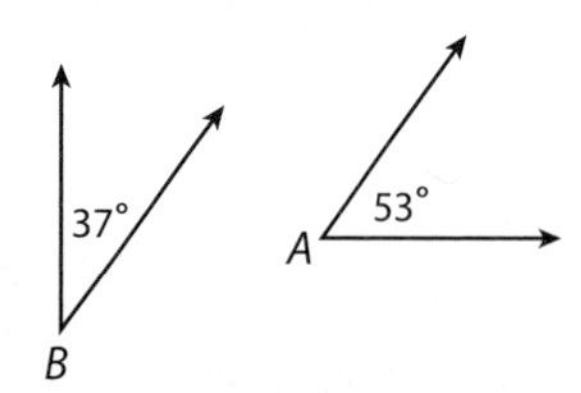

El complemento de un ángulo de 53° es un ángulo de 37°.

ángulos congruentes Ángulos que tienen la misma medida.

congruent angles Angles that have the same measure.

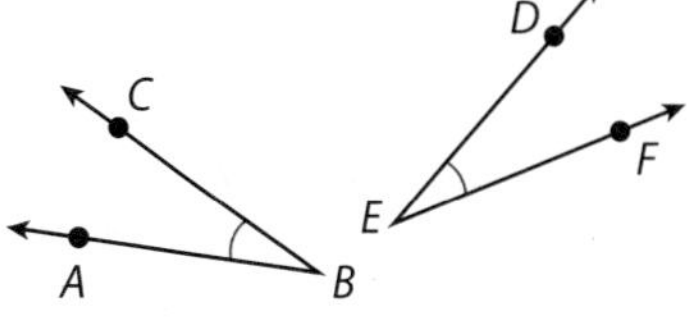

m $\angle ABC$ = m $\angle DEF$

ángulos correspondientes (en polígonos) Ángulos que se ubican en la misma posición relativa en polígonos que tienen el mismo número de lados.

corresponding angles (in polygons) Angles in the same relative position in polygons with an equal number of sides.

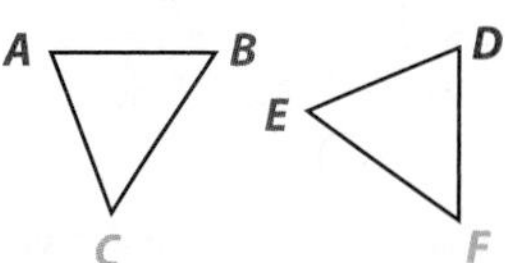

$\overline{A}$ y $\overline{D}$ son ángulos correspondientes.

ángulos correspondientes (en rectas) Ángulos en la misma posición formados cuando una tercera recta interseca dos rectas.

corresponding angles (for lines) Angles in the same position formed when a third line intersects two lines.

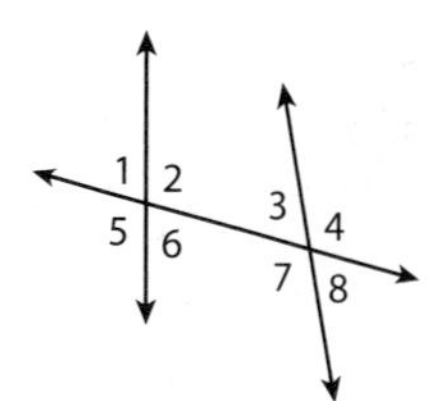

$\angle 1$ y $\angle 2$ son ángulos correspondientes.

ángulos opuestos por el vértice Par de ángulos opuestos congruentes formados por rectas secantes.

vertical angles A pair of opposite congruent angles formed by intersecting lines.

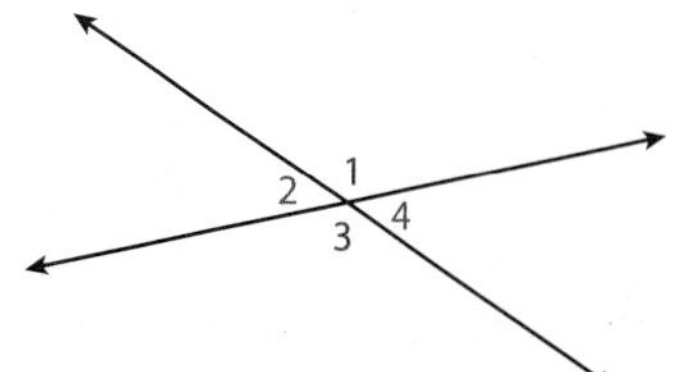

$\angle 1$ y $\angle 3$ son ángulos opuestos por el vértice.
$\angle 2$ y $\angle 4$ son ángulos opuestos por el vértice.

ángulos suplementarios Dos ángulos cuyas medidas suman 180°.

supplementary angles Two angles whose measures have a sum of 180°.

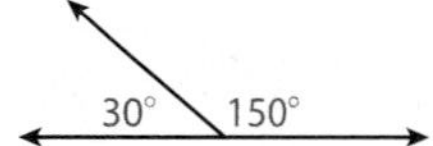

ESPAÑOL	INGLÉS	EJEMPLOS
árbol de factores Diagrama que muestra cómo se descompone un número entero en sus factores primos.	**factor tree** A diagram showing how a whole number breaks down into its prime factors.	 $12 = 3 \cdot 2 \cdot 2$
área Número de unidades cuadradas que se necesitan para cubrir una superficie dada.	**area** The number of square units needed to cover a given surface.	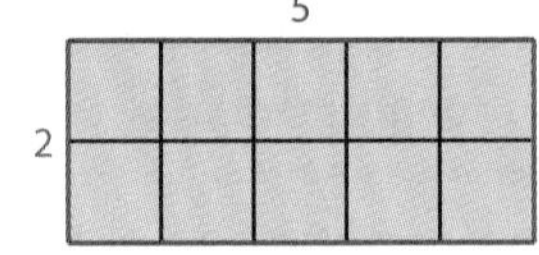 El área es de 10 unidades cuadradas.
área total Suma de las áreas de las caras, o superficies, de una figura tridimensional.	**surface area** The sum of the areas of the faces, or surfaces, of a three-dimensional figure.	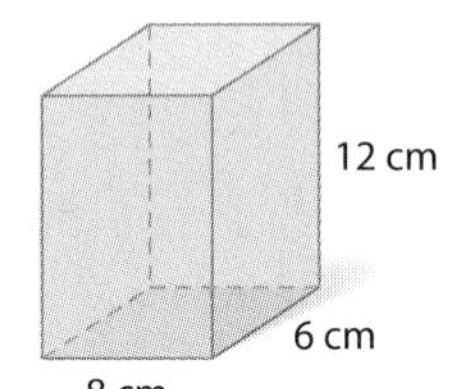 Área total $= 2(8)(12) + 2(8)(6) + 2(12)(6) = 432\text{cm}^2$
arista Segmento de recta donde se intersecan dos caras de un poliedro.	**edge** The line segment along which two faces of a polyhedron intersect.	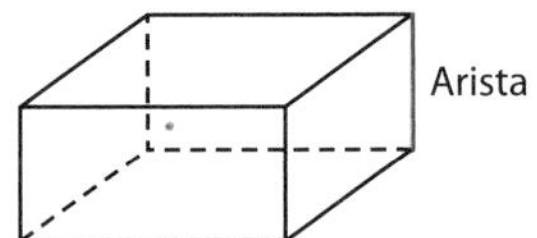
asimétrico Que no es idéntico a ambos lados de una línea central; no simétrico.	**asymmetrical** Not identical on either side of a central line; not symmetrical.	

B

ESPAÑOL	INGLÉS	EJEMPLOS
base (de un polígono o figura tridimensional) Lado de un polígono; la cara de una figura tridimensional, a partir de la cual se mide o se clasifica la figura.	**base (of a polygon or three-dimensional figure)** A side of a polygon; a face of a three-dimensional figure by which the figure is measured or classified.	 bases de un cilindro 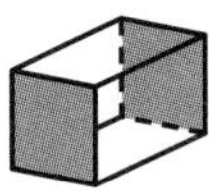 bases de un prisma 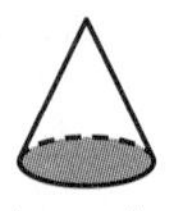 base de un cono  base de una pirámide
base (en numeración) Cuando un número es elevado a una potencia, el número que se usa como factor es la base.	**base (in numeration)** When a number is raised to a power, the number that is used as a factor is the base.	$3^5 = 3 \cdot 3 \cdot 3 \cdot 3 \cdot 3$; 3 es la base
becas Dinero que se otorga a los estudiantes para ayudarlos con la educación.	**scholarship** A monetary award to a student to support their education.	
bisecar Dividir en dos partes congruentes.	**bisect** To divide into two congruent parts.	

ESPAÑOL	INGLÉS	EJEMPLOS

calificación crediticia Número basado en la información del informe crediticio de un cliente. Mide la solvencia o la capacidad crediticia de la persona.	**credit score** A number based on information in a consumer's credit report that measures an individual's creditworthiness.	
capacidad Cantidad que cabe en un recipiente cuando se llena.	**capacity** The amount a container can hold when filled.	
capital Cantidad inicial de dinero ahorrada o recibida en préstamo.	**principal** The initial amount of money borrowed or saved.	
cara Lado plano de un poliedro.	**face** A flat surface of a polyhedron.	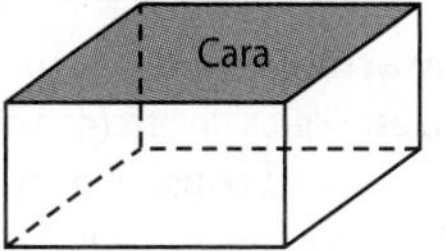
Celsius Escala métrica para medir la temperatura, en la que 0° C es el punto de congelación del agua y 100° C es el punto de ebullición. También se llama *centígrado*.	**Celsius** A metric scale for measuring temperature in which 0°C is the freezing point of water and 100°C is the boiling point of water; also called *centigrade*.	
centro (de un círculo) Punto interior de un círculo que se encuentra a la misma distancia de todos los puntos de la circunferencia.	**center (of a circle)** The point inside a circle that is the same distance from all the points on the circle.	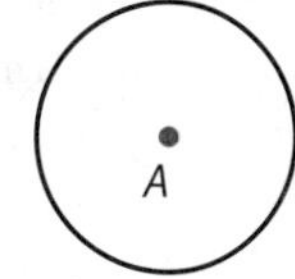
centro (de una rotación) Punto alrededor del cual se hace girar una figura.	**center (of rotation)** The point about which a figure is rotated.	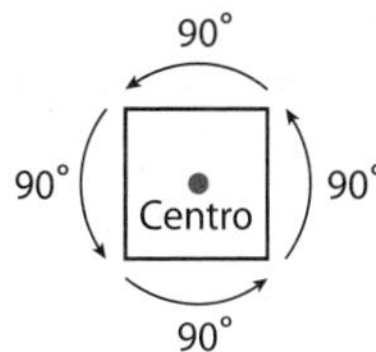
cilindro Figura tridimensional con dos bases circulares paralelas y congruentes, unidas por una superficie lateral curva.	**cylinder** A three-dimensional figure with two parallel, congruent circular bases connected by a curved lateral surface.	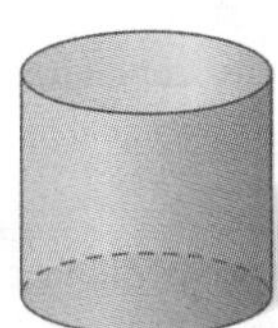
círculo Conjunto de todos los puntos en un plano que se encuentran a la misma distancia de un punto dado llamado centro.	**circle** The set of all points in a plane that are the same distance from a given point called the center.	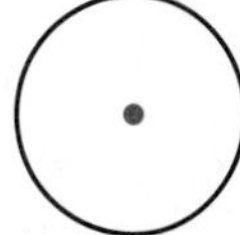

Glosario/Glossary

ESPAÑOL	INGLÉS	EJEMPLOS
circunferencia Distancia alrededor de un círculo.	**circumference** The distance around a circle.	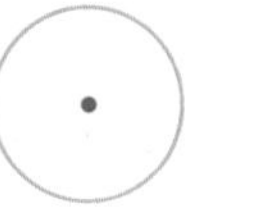 Circunferencia
cociente Resultado de dividir un número entre otro.	**quotient** The result when one number is divided by another.	En $8 \div 4 = 2$, 2 es el cociente.
coeficiente Número que se multiplica por la variable en una expresión algebraica.	**coefficient** The number that is multiplied by the variable in an algebraic expression.	5 es el coeficiente en $5b$.
combinación Agrupación de objetos o sucesos en la cual el orden no es importante.	**combination** An arrangement of items or events in which order does not matter.	Para los objetos *A, B, C* y *D*, hay 6 combinaciones diferentes de 2 objetos: *AB, AC, AD, BC, BD, CD*.
compensación Cuando un número de un problema está cerca de otro con el que es más fácil hacer cálculos, se usa el número más fácil para hallar la respuesta. Luego, se ajusta la respuesta sumando o restando.	**compensation** When a number in a problem is close to another number that is easier to calculate with, the easier number is used to find the answer. Then the answer is adjusted by adding to it or subtracting from it.	
complemento Serie de todos los resultados que no están en el suceso.	**complement** The set of all outcomes that are not the event.	Cuando lanzas un cubo numerado, el complemento de lanzar un 3 es lanzar un 1, 2, 4, 5 ó 6.
congruentes Que tienen la misma forma y el mismo tamaño.	**congruent** Having the same size and shape.	
conjetura Enunciado que se supone verdadero.	**conjecture** A statement that is believed to be true.	
conjunto Grupo de elementos.	**set** A group of items.	
conjunto solución Conjunto de valores que hacen verdadero un enunciado.	**solution set** The set of values that make a statement true.	Desigualdad: $x + 3 \geq 5$ Conjunto solución: $x \geq 2$ 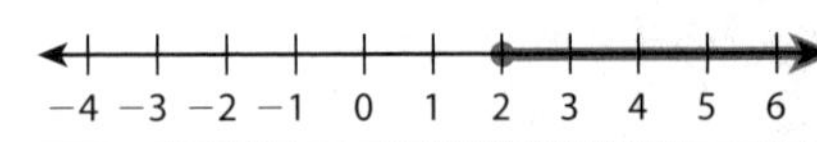
conjunto vacío Conjunto que no tiene elementos.	**empty set** A set that has no elements.	
cono Figura tridimensional con un vértice y una base circular.	**cone** A three-dimensional figure with one vertex and one circular base.	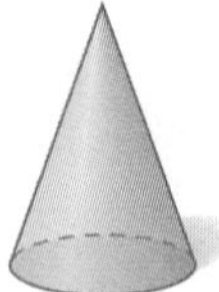
constante Valor que no cambia.	**constant** A value that does not change.	$3, 0, \pi$

ESPAÑOL	INGLÉS	EJEMPLOS
conversión de unidades Proceso que consiste en cambiar una unidad de medida a otra.	**unit conversion** The process of changing one unit of measure to another.	
coordenada *x* Primer número en un par ordenado; indica la distancia que debes desplazarte hacia la izquierda o hacia la derecha desde el origen, (0, 0).	***x*-coordinate** The first number in an ordered pair; it tells the distance to move right or left from the origin, (0, 0).	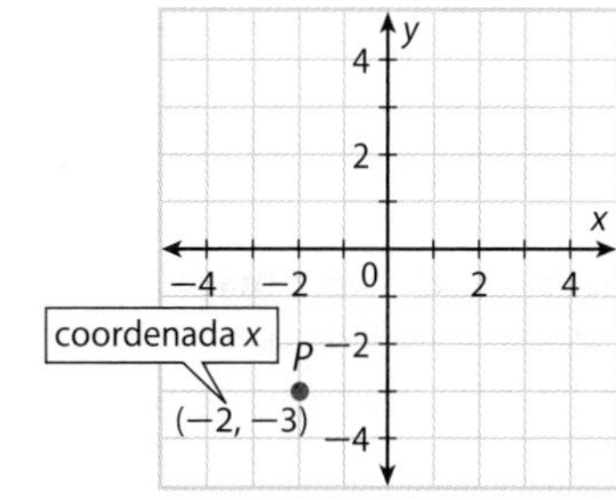
coordenada *y* Segundo número en un par ordenado; indica la distancia que debes desplazarte hacia arriba o hacia abajo desde el origen, (0, 0).	***y*-coordinate** The second number in an ordered pair; it tells the distance to move up or down from the origin, (0, 0).	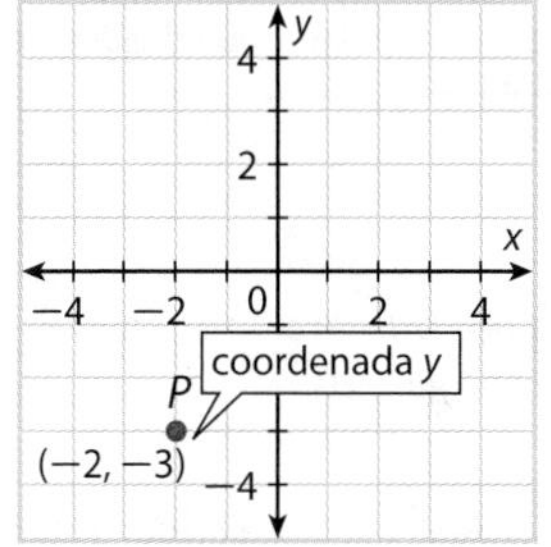
coordenadas Números de un par ordenado que ubican un punto en una gráfica de coordenadas.	**coordinates** The numbers of an ordered pair that locate a point on a coordinate graph.	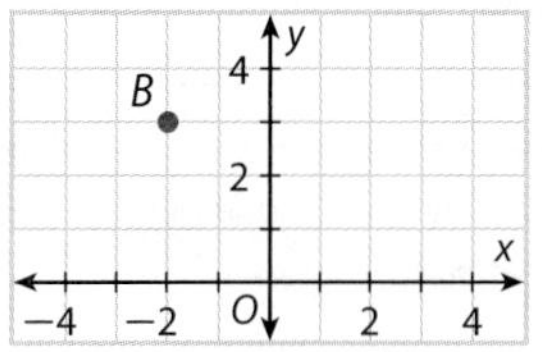 Las coordenadas de *B* son (−2,3)
correspondencia Relación entre dos o más objetos que coinciden.	**correspondence** The relationship between two or more objects that are matched.	
cuadrado de un número Producto de un número entero multiplicado por sí mismo.	**square number** A number that is the product of a whole number and itself.	25 es un número cuadrado, ya que $5^2 = 25$
cuadrado (en geometría) Rectángulo con cuatro lados congruentes.	**square (geometry)** A rectangle with four congruent sides.	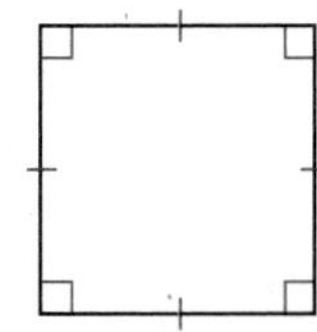
cuadrado (en numeración) Número elevado a la segunda potencia.	**square (numeration)** A number raised to the second power.	En 5^2 el número 5 está al cuadrado.
cuadrado perfecto Cuadrado de un número entero.	**perfect square** A square of a whole number.	$5^2 = 25$, entonces 25 es un cuadrado perfecto.

ESPAÑOL	INGLÉS	EJEMPLOS

cuadrante El eje *x* y el eje *y* dividen el plano cartesiano en cuatro regiones. Cada región recibe el nombre de cuadrante.

quadrant The *x*- and *y*-axes divide the coordinate plane into four regions. Each region is called a quadrant.

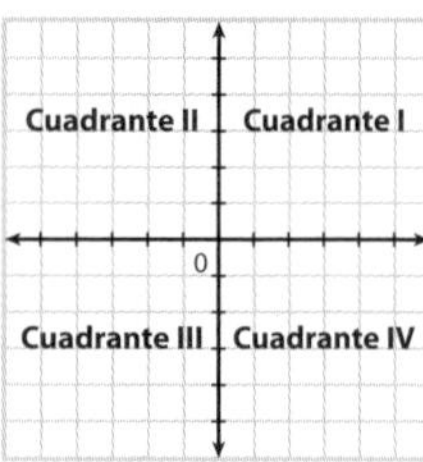

cuadrícula de coordenadas Cuadrícula formada por la intersección de rectas horizontales y rectas verticales que se usa para ubicar puntos.

coordinate grid A grid formed by the intersection of horizontal and vertical lines that is used to locate points.

cuartil Cada uno de tres valores, uno de los cuales es la mediana, que dividen en cuartos un conjunto de datos.

quartile Three values, one of which is the median, that divide a data set into fourths.

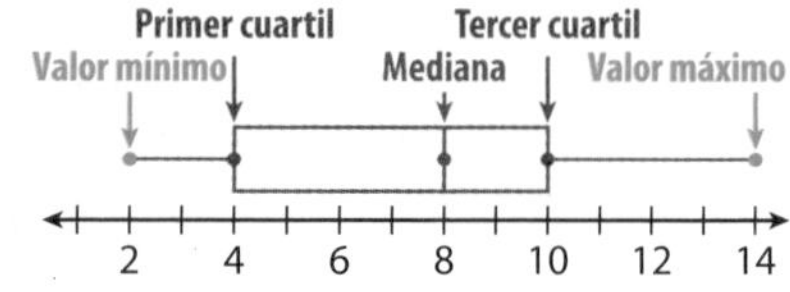

cubo (en numeración) Número elevado a la tercera potencia.

cube (in numeration) A number raised to the third power.

$5^3 = 5 \cdot 5 \cdot 5 = 125$

cubo (figura geométrica) Prisma rectangular con seis caras cuadradas congruentes.

cube (geometric figure) A rectangular prism with six congruent square faces.

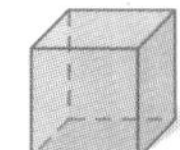

cuenta corriente Cuenta bancaria en una institución financiera que permite hacer retiros y depósitos.

checking account An account at a financial institution that allows for withdrawals and deposits.

cuerda Segmento de recta cuyos extremos se encuentran en un círculo.

chord A line segment whose endpoints lie on a circle.

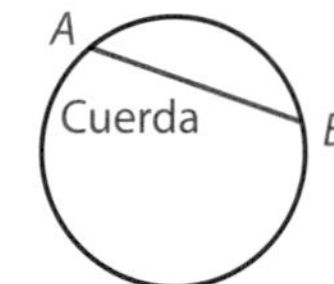

cuerpo geométrico Figura tridimensional.

solid figure A three-dimensional figure.

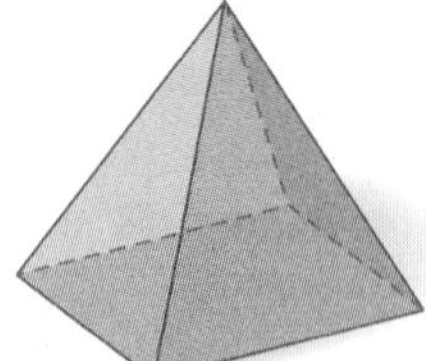

datos categóricos Datos que constan de información no numérica.

categorical data Data that consists of non numeric information.

decimal finito Número decimal que tiene fin o termina.

terminating decimal A decimal number that ends, or terminates.

6.75

ESPAÑOL	INGLÉS	EJEMPLOS
decimal periódico Decimal en el que uno o más dígitos se repiten infinitamente.	**repeating decimal** A decimal in which one or more digits repeat infinitely.	$0.75757575\ldots = 0.\overline{75}$
denominador Número de abajo en una fracción que indica en cuántas partes iguales se divide el todo.	**denominator** The bottom number of a fraction that tells how many equal parts are in the whole.	$\frac{3}{4} \leftarrow$ denominador
denominador común Denominador que es común a dos o más fracciones.	**common denominator** A denominator that is the same in two or more fractions.	El denominador común de $\frac{5}{8}$ y $\frac{2}{8}$ es 8.
descuento Cantidad que se reduce del precio original de un artículo.	**discount** The amount by which the original price is reduced.	
desigualdad Enunciado matemático que muestra una relación entre cantidades que no son iguales.	**inequality** A mathematical sentence that shows the relationship between quantities that are not equal.	$5 < 8$ $5x + 2 \geq 12$
desigualdad algebraica Desigualdad que contiene al menos una variable.	**algebraic inequality** An inequality that contains at least one variable.	$x + 3 > 10$ $5a > b + 3$
desigualdad compuesta Combinación de dos o más desigualdades.	**compound inequality** A combination of more than one inequality.	$-2 \leq x < 10$
desviación absoluta media (DAM) Distancia media entre cada dato y la media del conjunto de datos.	**mean absolute deviation (MAD)** The mean distance between each data value and the mean of the data set.	
diagonal Segmento de recta que une dos vértices no adyacentes de un polígono.	**diagonal** A line segment that connects two non-adjacent vertices of a polygon	
diagrama de acumulación Recta numérica con marcas o puntos que indican la frecuencia.	**line plot** A number line with marks or dots that show frequency.	X X X X X X X X X 0 1 2 3 4 **Número de mascotas**
diagrama de árbol Diagrama ramificado que muestra todas las posibles combinaciones o resultados de un suceso.	**tree diagram** A branching diagram that shows all possible combinations or outcomes of an event.	
diagrama de caja Gráfica para demostrar la distribución de datos utilizando la mediana, los cuartiles y los valores mínimos y máximos; también llamada gráfica de caja y bigotes.	**box plot** A graph that shows how data are distributed by using the median, quartiles, least value, and greatest value; also called a box-and-whisker plot.	Primer cuartil, Tercer cuartil Mínimo, Mediana, Máximo 2 4 6 8 10 12 14
diagrama de puntos Despliegue visual en que cada dato se representa con un punto sobre una recta numérica.	**dot plot** A visual display in which each piece of data is represented by a dot above a number line.	

ESPAÑOL	INGLÉS	EJEMPLOS
diagrama de Venn Diagrama que muestra relaciones entre conjuntos	**Venn diagram** A diagram that is used to show relationships between sets.	
diámetro Segmento de recta que pasa por el centro de un círculo y tiene sus extremos en la circunferencia o bien la longitud de ese segmento.	**diameter** A line segment that passes through the center of a circle and has endpoints on the circle, or the length of that segment.	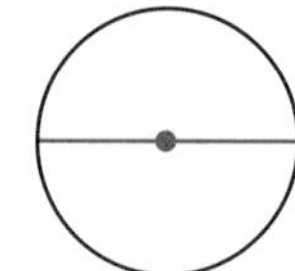
dibujo a escala Dibujo en el que se usa una escala para que un objeto se vea proporcionalmente mayor o menor que el objeto real al que representa.	**scale drawing** A drawing that uses a scale to make an object proportionally smaller than or larger than the real object.	Un plano es un ejemplo de un dibujo a escala. 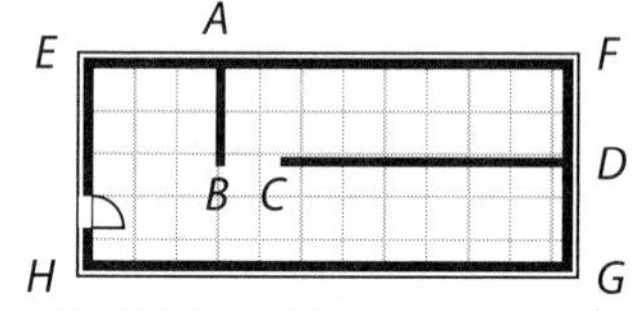
diferencia Resultado de restar un número de otro.	**difference** The result when one number is subtracted from another.	
dígitos significativos Cifras usadas para expresar la precisión de una medida.	**significant figures** The figures used to express the precision of a measurement.	
dimensión Longitud, ancho o altura de una figura.	**dimension** The length, width, or height of a figure.	
discontinuidad (gráfica) Zig-zag en la escala horizontal o vertical de una gráfica que indica la omisión de algunos de los números de la escala.	**break (graph)** A zigzag on a horizontal or vertical scale of a graph that indicates that some of the numbers on the scale have been omitted.	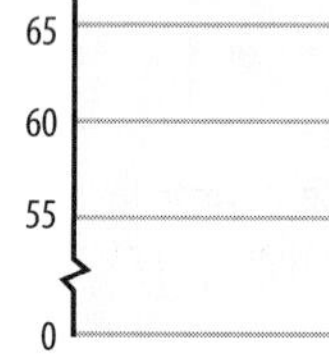
dividendo Número que se divide en un problema de división.	**dividend** The number to be divided in a division problem.	En $8 \div 4 = 2$, 8 es el dividendo.
divisible Que se puede dividir entre un número sin dejar residuo.	**divisible** Can be divided by a number without leaving a remainder.	18 es divisible entre 3.
divisor Número entre el cual se divide en un problema de división.	**divisor** The number you are dividing by in a division problem.	En $8 \div 4 = 2$, 4 es el divisor.

E

ESPAÑOL	INGLÉS	EJEMPLOS
ecuación Enunciado matemático que indica que dos expresiones son equivalentes.	**equation** A mathematical sentence that shows that two expressions are equivalent.	$x + 4 = 7$ $6 + 1 = 10 - 3$
ecuación lineal Ecuación cuyas soluciones forman una línea recta en un plano cartesiano.	**linear equation** An equation whose solutions form a straight line on a coordinate plane.	$y = 2x + 1$
eje *x* Eje horizontal del plano cartesiano.	***x*-axis** The horizontal axis on a coordinate plane.	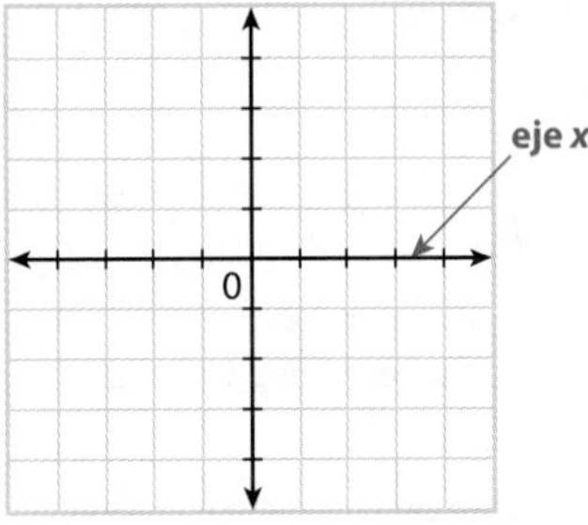
eje *y* Eje vertical del plano cartesiano.	***y*-axis** The vertical axis on a coordinate plane.	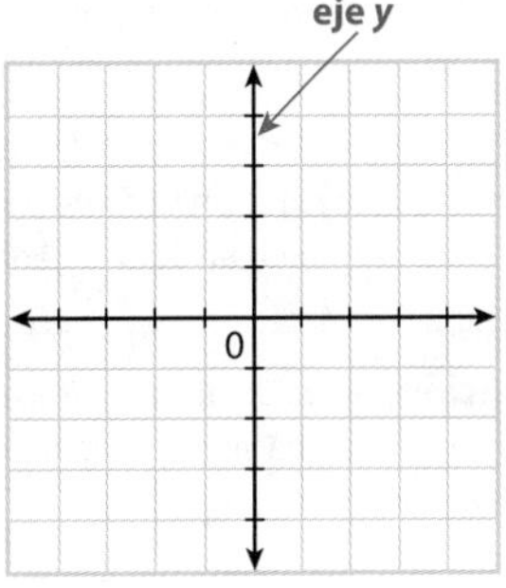
eje de simetría "Espejo" imaginario en la simetría axial.	**line of symmetry** The imaginary "mirror" in line symmetry.	
ejes Par de rectas numéricas perpendiculares del plano cartesiano que se intersecan en el origen.	**axes** The two perpendicular lines of a coordinate plane that intersect at the origin; singular: axis	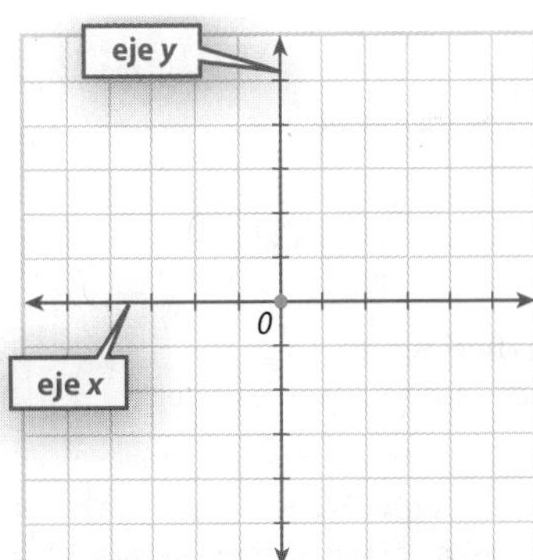

ESPAÑOL	INGLÉS	EJEMPLOS
elementos Palabras, números u objetos en un conjunto.	**elements** The words, numbers, or objects in a set.	Elementos de A: 1, 2, 3, 4
en el sentido de las manecillas del reloj Movimiento circular en la dirección que se indica.	**clockwise** A circular movement in the direction shown.	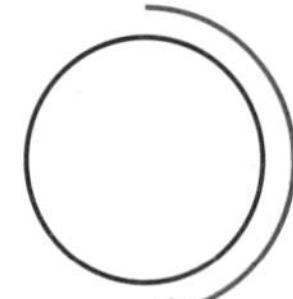
en sentido contrario a las manecillas del reloj Movimiento circular en la dirección que se indica.	**counterclockwise** A circular movement in the direction shown.	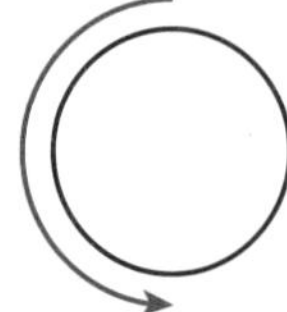
entero Miembro del conjunto de los números enteros y sus opuestos.	**integer** A member of the set of whole numbers and their opposites.	$\ldots -3, -2, -1, 0, 1, 2, 3, \ldots$
equivalente Que tiene el mismo valor.	**equivalent** Having the same value.	
escala Razón entre dos conjuntos de medidas.	**scale** The ratio between two sets of measurements.	1cm:5mi
espacio muestral Conjunto de todos los resultados posibles de un experimento.	**sample space** All possible outcomes of an experiment.	Cuando lanzas un cubo numerado, el espacio muestral es 1, 2, 3, 4, 5, 6.
estimación Solución aproximada a la respuesta exacta que se halla mediante el redondeo u otros métodos.	**estimate (n)** An answer that is close to the exact answer and is found by rounding or other methods.	
estimación por partes Técnica de estimación en la que se suman sólo los números enteros de los sumandos.	**front-end estimation** An estimating technique in which the front digits of the addends are added.	Estima $25.05 + 14.671$ con la suma $25 + 14 = 39$. El valor real es 39 o mayor.
estimar Calcular una solución aproximada a la respuesta exacta mediante el redondeo u otros métodos.	**estimate (v)** To find an answer close to the exact answer by rounding or other methods.	
evaluar Calcular el valor de una expresión numérica o algebraica.	**evaluate** To find the value of a numerical or algebraic expression.	Evalúa $2x + 7$ cuando $x = 3$. $2x + 7$ $2(3) + 7$ $6 + 7$ 13
experimento En probabilidad, cualquier actividad basada en la posibilidad.	**experiment** In probability, any activity based on chance.	Lanzar una moneda 10 veces y anotar el número de "caras".
exponente Número que indica cuántas veces se usa la base como factor.	**exponent** The number that indicates how many times the base is used as a factor.	$2^3 = 2 \cdot 2 \cdot 2 = 8$; 3 es el exponente.

ESPAÑOL	INGLÉS	EJEMPLOS
expresión Enunciado matemático que contiene operaciones, números y/o variables.	**expression** A mathematical phrase that contains operations, numbers, and/or variables.	$6x + 1$
expresión algebraica Expresión que contiene al menos una variable.	**algebraic expression** An expression that contains at least one variable.	$x + 8$ $4(m - b)$
expresión equivalente Expresiones equivalentes que tienen el mismo valor para todos los valores de las variables.	**equivalent expression** Equivalent expressions have the same value for all values of the variables.	$4x + 5x$ y $9x$ son expresiones equivalentes.
expresión numérica Expresión que incluye sólo números y operaciones.	**numerical expression** An expression that contains only numbers and operations.	
extremo Punto ubicado al final de un segmento de recta o rayo.	**endpoint** A point at the end of a line segment or ray.	A B D

F

ESPAÑOL	INGLÉS	EJEMPLOS
factor Número que se multiplica por otro para obtener un producto.	**factor** A number that is multiplied by another number to get a product.	7 es un factor de 21, ya que $7 \cdot 3 = 21$.
factor común Número que es factor de dos o más números.	**common factor** A number that is a factor of two or more numbers.	8 es un factor común de 16 y 40.
factorización prima Número escrito como el producto de sus factores primos.	**prime factorization** A number written as the product of its prime factors.	$10 = 2 \cdot 5$ $24 = 2^3 \cdot 3$
Fahrenheit Escala de temperatura en la que 32 °F es el punto de congelación del agua y 212 °F es el punto de ebullición.	**Fahrenheit** A temperature scale in which 32 °F is the freezing point of water and 212 °F is the boiling point of water.	
figuras congruentes Dos figuras cuyos lados correspondientes y ángulos son congruentes.	**congruent figures** Two figures whose corresponding sides and angles are congruent.	
forma desarrollada Número escrito como la suma de los valores de sus dígitos.	**expanded form** A number written as the sum of the values of its digits.	236,536 escrito en forma desarrollada es 200,000 + 30,000 + 6,000 + 500 + 30 + 6.
forma estándar (en numeración) Número escrito usando dígitos.	**standard form (in numeration)** A number written using digits.	Cinco mil doscientos diez, en forma estándar es 5,210.
forma exponencial Cuando se escribe un número con una base y un exponente, está en forma exponencial.	**exponential form** A number is in exponential form when it is written with a base and an exponent.	4^2 es la forma exponencial de $4 \cdot 4$.

ESPAÑOL	INGLÉS	EJEMPLOS
fórmula Regla que muestra relaciones entre cantidades.	**formula** A rule showing relationships among quantities.	$A = la$ es la fórmula para el área de un rectángulo.
fracción Número escrito en la forma $\frac{a}{b}$, donde $b \neq 0$.	**fraction** A number in the form $\frac{a}{b}$, where $b \neq 0$.	
fracción impropia Fracción cuyo numerador es mayor que o igual al denominador.	**improper fraction** A fraction in which the numerator is greater than or equal to the denominator.	$\frac{5}{5}$ $\frac{7}{3}$
fracción propia Fracción en la que el numerador es menor que el denominador.	**proper fraction** A fraction in which the numerator is less than the denominator.	$\frac{3}{4}, \frac{1}{13}, \frac{7}{8}$
fracciones distintas Fracciones con distintos denominadores.	**unlike fractions** Fractions with different denominators.	$\frac{3}{4}$ y $\frac{1}{2}$ son fracciones distintas.
fracciones equivalentes Fracciones que representan la misma cantidad o parte.	**equivalent fractions** Fractions that name the same amount or part.	$\frac{1}{2}$ y $\frac{2}{4}$ son fracciones equivalentes.
fracciones semejantes Fracciones que tienen el mismo denominador.	**like fractions** Fractions that have the same denominator.	$\frac{5}{12}$ y $\frac{3}{12}$ son fracciones semejantes.
frecuencia Cantidad de veces que aparece un valor en un conjunto de datos.	**frequency** The number of times a data value occurs.	En el conjunto de datos 5, 6, 7, 8, 6, el elemento 6 tiene una frecuencia de 2.
frecuencia acumulativa Frecuencia de todos los valores de los datos que son menores que o iguales a un valor dado.	**cumulative frequency** The frequency of all data values that are less than or equal to a given value.	
frecuencia relativa Razón del número de veces que ocurre un suceso o dato (frecuencia) al total del número de sucesos o datos.	**relative frequency** The ratio of the number of times an event or data value occurs and the total number of events or data values.	
función Relación de entrada-salida en la que a cada valor de entrada le corresponde un valor de salida.	**function** An input-output relationship that has exactly one output for each input.	6, 5, 2, 1 → −4, −1, 0

ESPAÑOL	INGLÉS	EJEMPLOS

grado Unidad de medida para ángulos y temperaturas.

degree The unit of measure for angles or temperature.

gráfica circular Gráfica que usa secciones de un círculo para comparar partes con el todo y con otras partes.

circle graph A graph that uses sections of a circle to compare parts to the whole and parts to other parts.

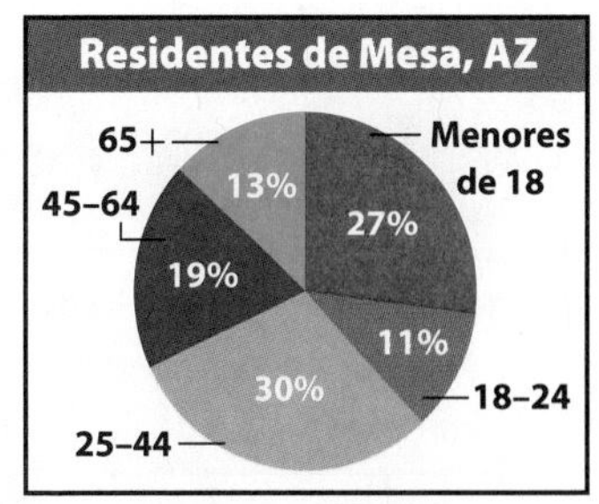

gráfica de barras Gráfica en la que se usan barras verticales u horizontales para presentar datos

bar graph A graph that uses vertical or horizontal bars to display data.

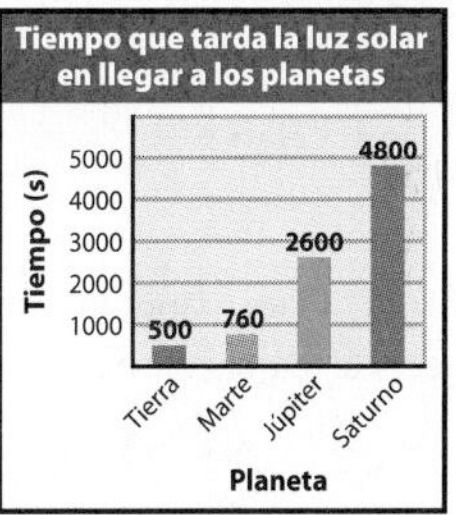

gráfica de doble barra Gráfica de barras que compara dos conjuntos de datos relacionados.

double-bar graph A bar graph that compares two related sets of data.

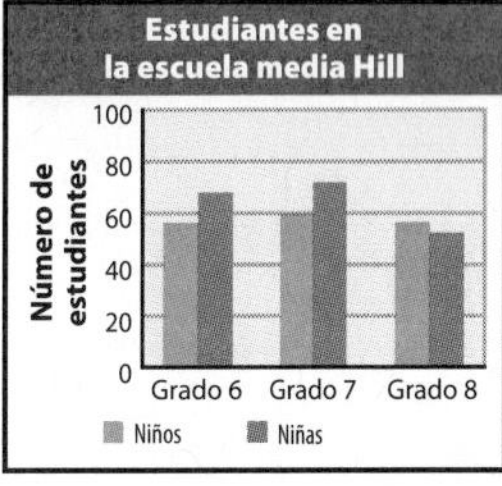

gráfica de doble línea Gráfica lineal que muestra cómo cambian con el tiempo dos conjuntos de datos relacionados.

double-line graph A graph that shows how two related sets of data change over time.

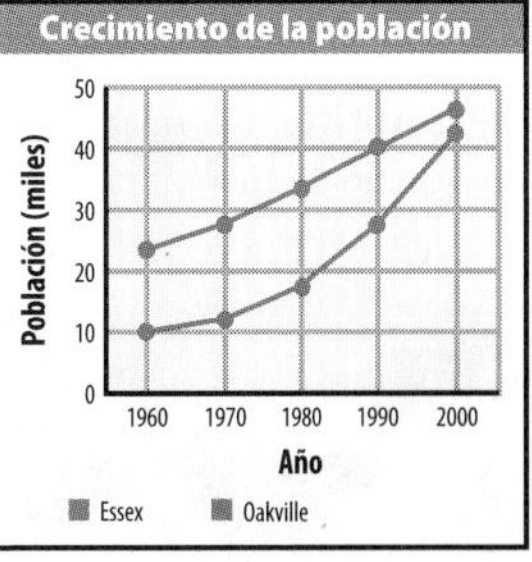

gráfica de una ecuación Gráfica del conjunto de pares ordenados que son soluciones de la ecuación.

graph of an equation A graph of the set of ordered pairs that are solutions of the equation.

ESPAÑOL	INGLÉS	EJEMPLOS
gráfica lineal Gráfica que muestra cómo cambian los datos mediante segmentos de recta.	**line graph** A graph that uses line segments to show how data changes.	

ESPAÑOL	INGLÉS	EJEMPLOS
heptágono Polígono de siete lados.	**heptagon** A seven-sided polygon.	
hexágono Polígono de seis lados.	**hexagon** A six-sided polygon.	
hipotenusa En un triángulo rectángulo, el lado opuesto al ángulo recto.	**hypotenuse** In a right triangle, the side opposite the right angle.	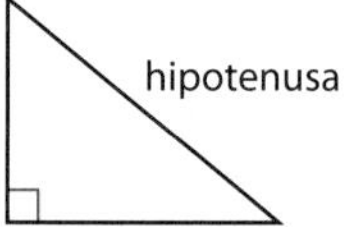
histograma Gráfica de barras que muestra la frecuencia de los datos en intervalos iguales.	**histogram** A bar graph that shows the frequency of data within equal intervals.	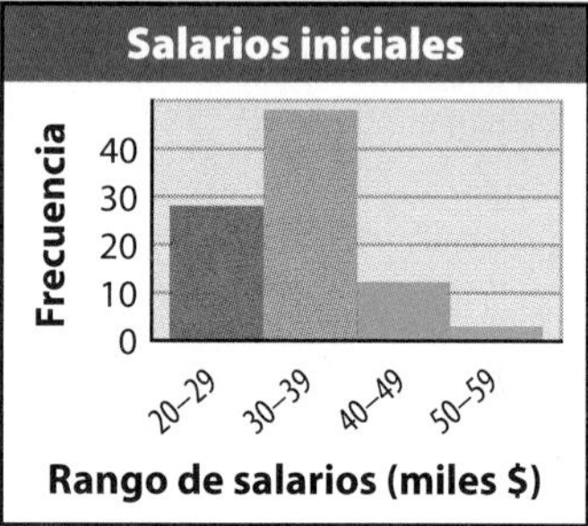
historia crediticia Información del manejo de dinero y pago de cuentas por parte de un cliente.	**credit history** Information about how a consumer has borrowed and repaid debt.	

ESPAÑOL	INGLÉS	EJEMPLOS
igualmente probables Resultados que tienen la misma probabilidad de ocurrir.	**equally likely** Outcomes that have the same probability.	Cuando lanzas una moneda, los resultados "cara" o "cruz" son igualmente probables.
impuesto sobre las ventas Porcentaje del costo de un artículo que los gobiernos cobran para recaudar fondos.	**sales tax** A percent of the cost of an item, which is charged by governments to raise money.	

ESPAÑOL	INGLÉS	EJEMPLOS
informe crediticio Informe que contiene información detallada sobre el historial crediticio de una persona.	**credit report** A report containing detailed information on a person's credit history.	
interés Cantidad de dinero que se cobra por el préstamo o uso del dinero, o la cantidad que se gana al ahorrar dinero.	**interest** The amount of money charged for borrowing or using money, or the amount of money earned by saving money.	
interés simple Porcentaje fijo del capital. Se calcula con la fórmula $I = Prt$, donde P representa el capital, r la tasa de interés y t el tiempo.	**simple interest** A fixed percent of the principal. It is found using the formula $I = Prt$, where P represents the principal, r the rate of interest, and t the time.	
intersección (de conjuntos) Conjunto de elementos comunes a dos o más conjuntos.	**intersection (sets)** The set of elements common to two or more sets.	
intervalo Espacio entre los valores marcados en una recta numérica o en la escala de una gráfica.	**interval** The space between marked values on a number line or the scale of a graph.	
inverso aditivo El opuesto de un número.	**additive inverse** The opposite of a number.	-4 es el inverso aditivo de 4.
inverso multiplicativo Uno de dos números cuyo producto es igual a 1.	**multiplicative inverse** One of two numbers whose product is 1.	El inverso multiplicativo de $\frac{3}{4}$ es $\frac{4}{3}$.

ESPAÑOL	INGLÉS	EJEMPLOS
justo Se dice de un experimento donde todos los resultados posibles son igualmente probables.	**fair** When all outcomes of an experiment are equally likely, the experiment is said to be fair.	Cuando lanzas una moneda justa, hay igualdad de probabilidades para cara y cruz. Cada una tiene una probabilidad de $\frac{1}{2}$.

ESPAÑOL	INGLÉS	EJEMPLOS
lado Línea que delimita las figuras geométricas; una de las caras que forman la parte exterior de un objeto.	**side** A line bounding a geometric figure; one of the faces forming the outside of an object.	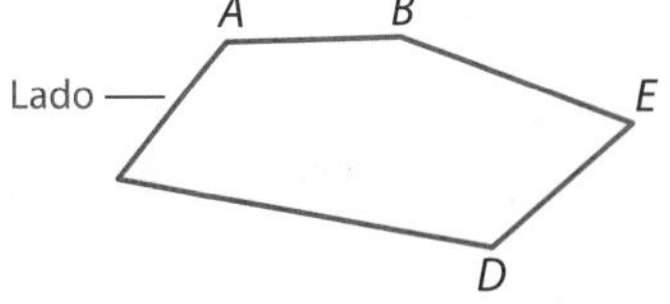
lados correspondientes Lados que se ubican en la misma posición relativa en polígonos que tienen el mismo número de lados.	**corresponding sides** Sides in the same relative position in polygons with an equal number of sides.	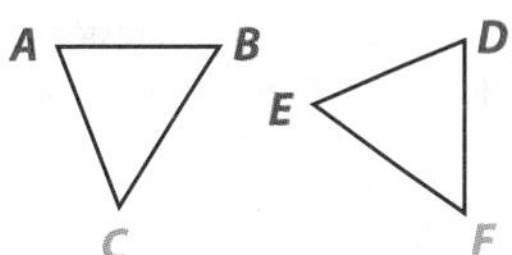 $\overline{AB}$ y $\overline{DE}$ son lados correspondientes.

Glosario/Glossary

ESPAÑOL	INGLÉS	EJEMPLOS
línea de reflexión Línea sobre la cual se invierte una figura para crear una imagen reflejada de la figura original.	**line of reflection** A line that a figure is flipped across to create a mirror image of the original figure.	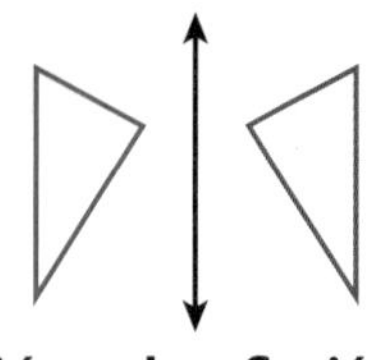 **Línea de reflexión**

M

ESPAÑOL	INGLÉS	EJEMPLOS
máximo común divisor (MCD) El mayor de los factores comunes a dos o más números dados.	**greatest common factor (GCF)** The largest common factor of two or more given numbers.	El MCD de 27 y 45 es 9.
media Suma de todos los elementos de un conjunto de datos dividida entre el número de elementos del conjunto. También se llama *promedio*.	**mean** The sum of the items in a set of data divided by the number of items in the set; also called *average*.	Conjunto de datos: 4, 6, 7, 8, 10 Media: $\frac{4+6+7+8+10}{5} = \frac{35}{5} = 7$
mediana Número intermedio o la media (el promedio) de los dos números intermedios en un conjunto ordenado de datos.	**median** The middle number or the mean (average) of the two middle numbers in an ordered set of data.	Conjunto de datos: 4, 6, 7, 8, 10 Mediana: 7
mediatriz Recta que cruza un segmento en su punto medio y es perpendicular al segmento.	**perpendicular bisector** A line that intersects a segment at its midpoint and is perpendicular to the segment.	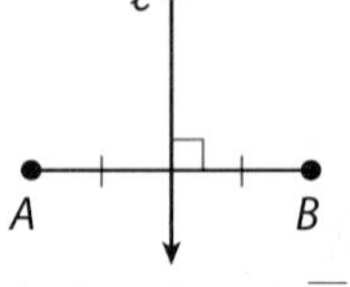 ℓ es la mediatriz de $\overline{AB}$.
medición indirecta Técnica de usar figuras semejantes y proporciones para calcular una medida.	**indirect measurement** The technique of using similar figures and proportions to find a measure.	
medida central Medida que se usa para describir el centro de un conjunto de datos. También se conoce como medida de tendencia central.	**measure of center** A measure used to describe the middle of a data set. Also called measure of central tendency.	
medida de dispersión Medida que describe la separación en una distribución de datos.	**measure of spread** A measure that describes how far apart the data are distributed.	
mínima expresión (de una fracción) Una fracción está en su mínima expresión cuando el numerador y el denominador no tienen más factores comunes que 1.	**simplest form (of a fraction)** A fraction is in simplest form when the numerator and denominator have no common factors other than 1.	Fracción: $\frac{8}{12}$ Mínima expresión: $\frac{2}{3}$
mínimo común denominador (mcd) El mínimo común múltiplo de dos o más denominadores.	**least common denominator (LCD)** The least common multiple of two or more denominators.	El m.c.d. de $\frac{3}{4}$ y $\frac{5}{6}$ es 12.

ESPAÑOL	INGLÉS	EJEMPLOS
mínimo común múltiplo (mcm) El menor de los múltiplos (distinto de cero) de dos o más números.	**least common multiple (LCM)** The smallest number, other than zero, that is a multiple of two or more given numbers.	El m.c.m. de 10 y 18 es 90.
moda Número o números más frecuentes en un conjunto de datos; si todos los números aparecen con la misma frecuencia, no hay moda.	**mode** The number or numbers that occur most frequently in a set of data; when all numbers occur with the same frequency, we say there is no mode.	Conjunto de datos: 3, 5, 8, 8, 10 Moda: 8
modelo a escala Modelo proporcional de un objeto tridimensional.	**scale model** A proportional model of a three-dimensional object.	
muestra Parte de un grupo que se encuesta o estudia.	**sample** A part of a group being surveyed.	En una encuesta sobre los hábitos alimenticios de los estudiantes de escuela media, la muestra son 100 estudiantes elegidos al azar para ser encuestados.
múltiplo Producto de un número y cualquier número entero distinto de cero es un múltiplo de ese número.	**multiple** The product of a number and any nonzero whole number.	
múltiplo común Número que es múltiplo de dos o más números.	**common multiple** A number that is a multiple of each of two or more numbers.	15 es un múltiplo común de 3 y 5.

N

ESPAÑOL	INGLÉS	EJEMPLOS
notación científica Método que se usa para escribir números muy grandes o muy pequeños mediante potencias de 10.	**scientific notation** A method of writing very large or very small numbers by using powers of 10.	$12{,}560{,}000{,}000{,}000 = 1.256 \times 10^{13}$
numerador Número de arriba de una fracción; indica cuántas partes de un entero se consideran.	**numerator** The top number of a fraction that tells how many parts of a whole are being considered.	$\frac{3}{4}$ ← numerador
número compuesto Número mayor que 1 que tiene más de dos factores que son números enteros.	**composite number** A number greater than 1 that has more than two whole-number factors.	4, 6, 8 y 9 son números compuestos.
número impar Número entero que no es divisible entre dos.	**odd number** A whole number that is not divisible by two.	
número mixto Número compuesto por un número entero distinto de cero y una fracción.	**mixed number** A number made up of a whole number that is not zero and a fraction.	$5\frac{1}{8}$
número negativo Número menor que cero.	**negative number** A number less than zero.	−2 es un número negativo −4 −3 −2 −1 0 1 2 3 4

Glosario/Glossary

ESPAÑOL	INGLÉS	EJEMPLOS
número par Número entero que es divisible entre dos.	**even number** A whole number that is divisible by two.	2, 4, 6
número positivo Número mayor que cero.	**positive number** A number greater than zero.	2 es un número positivo. −4 −3 −2 −1 0 1 2 3 4
número primo Número entero mayor que 1 que sólo es divisible entre 1 y él mismo.	**prime number** A whole number greater than 1 that has exactly two factors, itself and 1.	5 es primo porque sus únicos factores son 5 y 1.
número racional Número que se puede expresar como $\frac{a}{b}$, donde a y b son enteros y $b \neq 0$.	**rational number** A number that can be written in the form $\frac{a}{b}$, where a and b are integers and $b \neq 0$.	$3, 1.75, 0.\overline{3}, -\frac{2}{3}, 0$
números compatibles Números que están cerca de los números dados y hacen más fácil la estimación o el cálculo mental.	**compatible numbers** Numbers that are close to the given numbers that make estimation or mental calculation easier.	Para estimar $7{,}957 + 5{,}009$, usa los números compatibles 8,000 y 5,000: $8{,}000 + 5{,}000 = 13{,}000$.

ESPAÑOL	INGLÉS	EJEMPLOS
operaciones inversas Operaciones que se cancelan mutuamente: suma y resta, o multiplicación y división.	**inverse operations** Operations that undo each other: addition and subtraction, or multiplication and division.	
opuestos Dos números que están a la misma distancia de cero en una recta numérica.	**opposites** Two numbers that are an equal distance from zero on a number line.	5 y −5 son opuestos 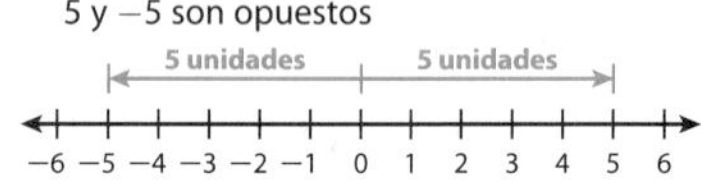
orden de las operaciones Regla para evaluar expresiones: primero se realizan las operaciones entre paréntesis, luego se calculan las potencias y raíces, después se realizan todas las multiplicaciones y divisiones de izquierda a derecha y, por último, todas las sumas y restas de izquierda a derecha.	**order of operations** A rule for evaluating expressions: first perform the operations in parentheses, then compute powers and roots, then perform all multiplication and division from left to right, and then perform all addition and subtraction from left to right.	$3^2 - 12 \div 4$ Evalúa la potencia. $9 - 12 \div 4$ Divide. $9 - 3$ Resta. 6
origen Punto de intersección entre el eje x y el eje y en un plano cartesiano: (0, 0).	**origin** The point where the x-axis and y-axis intersect on the coordinate plane; (0, 0).	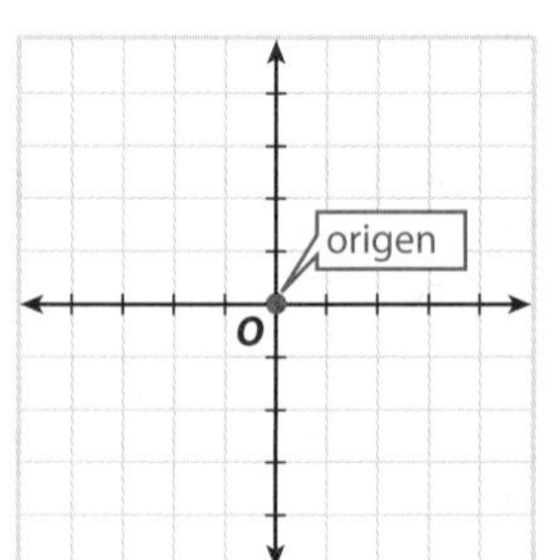

ESPAÑOL	INGLÉS	EJEMPLOS

par nulo Un número y su opuesto, que sumados dan 0.

zero pair A number and its opposite, which add to 0.

18 y −18

par ordenado Par de números que sirven para ubicar un punto en un plano cartesiano.

ordered pair A pair of numbers that can be used to locate a point on a coordinate plane.

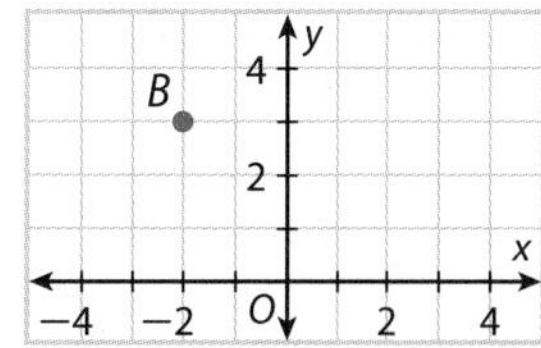

Las coordenadas de *B* son (−2, 3).

paralelogramo Cuadrilátero con dos pares de lados paralelos.

parallelogram A quadrilateral with two pairs of parallel sides.

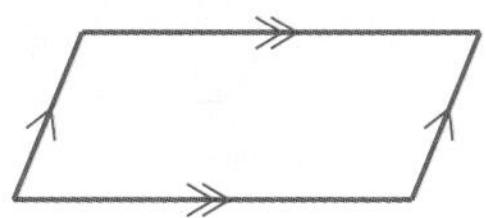

pendiente Tasa de cambio constante de una recta.

slope The constant rate of change of a line.

	+1	+3	+2	+1	
x	0	1	4	6	7
y	1	2	5	7	8
	+1	+3	+2	+1	

$\frac{1}{1} = 1$ $\frac{3}{3} = 1$ $\frac{2}{2} = 1$ $\frac{1}{1} = 1$

pentágono Polígono de cinco lados.

pentagon A five-sided polygon.

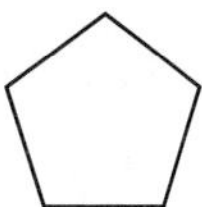

perímetro Distancia alrededor de un polígono.

perimeter The distance around a polygon.

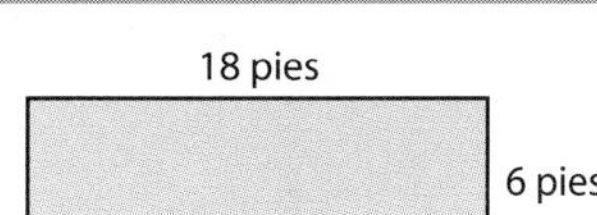

permutación Arreglo de objetos o sucesos en el que el orden es importante.

permutation An arrangement of items or events in which order is important.

Para los objetos *A, B* y *C,* hay 6 permutaciones distintas: *ABC, ACB, BAC, BCA, CAB, CBA.*

pi (π) Razón de la circunferencia de un círculo a la longitud de su diámetro; $\pi \approx 3.14$ o $\frac{22}{7}$.

pi (π) The ratio of the circumference of a circle to the length of its diameter; $\pi \approx 3.14$ or $\frac{22}{7}$.

pirámide Poliedro cuya base es un polígono; tiene caras triangulares que se unen en un vértice común.

pyramid A polyhedron with a polygon base and triangular sides that all meet at a common vertex.

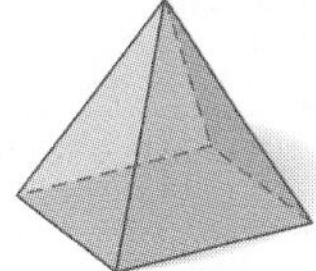

Glosario/Glossary

ESPAÑOL	INGLÉS	EJEMPLOS
plano Superficie plana sin grosor y que se extiende infinitamente.	**plane** A flat surface that has no thickness and extends forever.	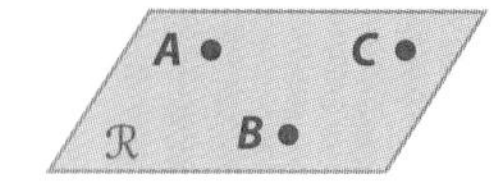 plano *R* o plano *ABC*
plano cartesiano Plano formado por la intersección de una recta numérica horizontal llamada eje *x* y otra vertical llamada eje *y*.	**coordinate plane** A plane formed by the intersection of a horizontal number line called the *x*-axis and a vertical number line called the *y*-axis.	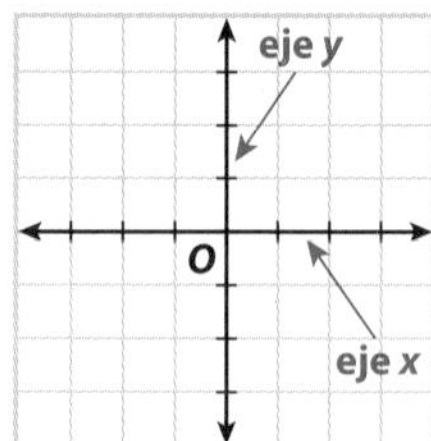
plantilla Arreglo de figuras bidimensionales que se doblan para formar un poliedro.	**net** An arrangement of two dimensional figures that can be folded to form a polyhedron.	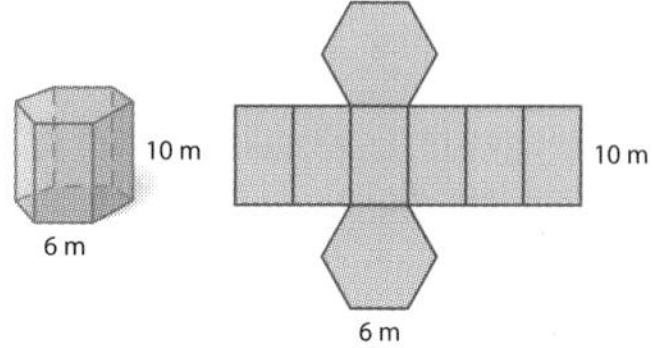
población Grupo completo que es objeto de estudio.	**population** The whole group being surveyed.	En una encuesta sobre los hábitos alimenticios de los alumnos de escuela media, la población son todos los estudiantes de escuela media.
poliedro Figura tridimensional cuyas superficies o caras tienen forma de polígonos.	**polyhedron** A three-dimensional figure in which all the surfaces or faces are polygons.	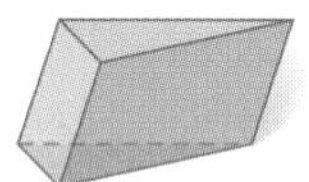
polígono Figura plana cerrada, formada por tres o más segmentos de recta que se intersecan solo en sus extremos.	**polygon** A closed plane figure formed by three or more line segments that intersect only at their endpoints.	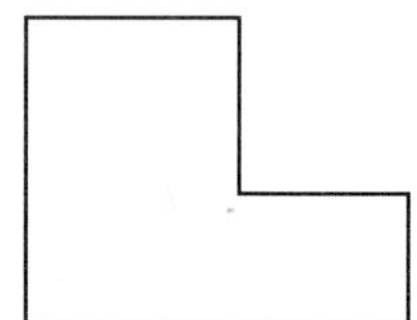
polígono regular Polígono con lados y ángulos congruentes.	**regular polygon** A polygon with congruent sides and angles.	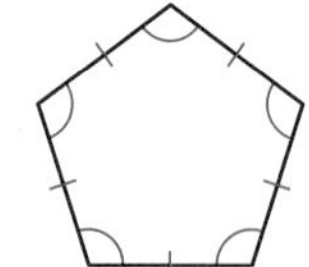
porcentaje Razón que compara un número con el número 100.	**percent** A ratio comparing a number to 100.	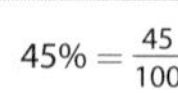 $45\% = \frac{45}{100}$
potencia Número que resulta al elevar una base a un exponente.	**power** A number produced by raising a base to an exponent.	$2^3 = 8$, entonces 2 a la 3ª potencia es 8.
predicción Pronóstico sobre algo que puede ocurrir en el futuro.	**prediction** A guess about something that will happen in the future.	
pregunta estadística Pregunta con muchas respuestas o variables diferentes.	**statistical question** A question that has many different, or variable, answers.	

ESPAÑOL	INGLÉS	EJEMPLOS
prisma Poliedro con dos bases congruentes con forma de polígono y caras con forma de rectángulos.	**prism** A polyhedron that has two congruent, polygon-shaped bases and other faces that are all rectangles.	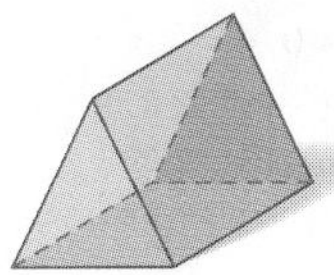 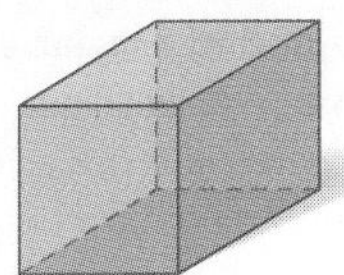
prisma rectangular Poliedro cuyas bases son rectángulos y cuyas otras caras tienen forma de rectángulos.	**rectangular prism** A polyhedron whose bases are rectangles and whose other faces are rectangles.	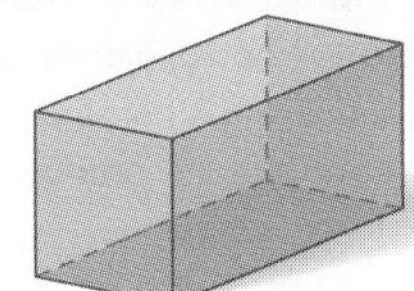
prisma triangular Poliedro cuyas bases son triángulos y cuyas otras caras tienen forma de rectángulos.	**triangular prism** A polyhedron whose bases are triangles and whose other faces are rectangles.	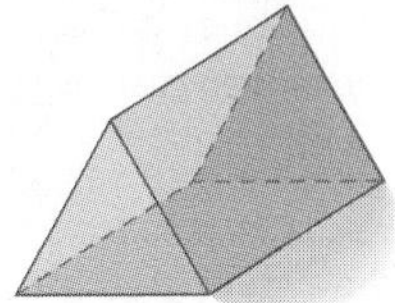
probabilidad Número entre 0 y 1 (o 0% y 100%) que describe qué tan probable es un suceso.	**probability** A number from 0 to 1 (or 0% to 100%) that describes how likely an event is to occur.	Una bolsa contiene 3 canicas rojas y 4 canicas azules. La probabilidad de elegir una canica roja al azar es de $\frac{3}{7}$.
probabilidad experimental Razón del número de veces que ocurre un suceso al número total de pruebas o al número de veces que se realiza el experimento.	**experimental probability** The ratio of the number of times an event occurs to the total number of trials, or times that the activity is performed.	Kendra lanzó 27 tiros libres y encestó 16. Su probabilidad experimental de encestar un tiro libre es $\frac{\text{número encestado}}{\text{número de intentos}} = \frac{16}{17} \approx 0.59$.
probabilidad teórica Razón del número de las maneras que puede ocurrir un suceso al número total de resultados igualmente probables.	**theoretical probability** The ratio of the number of ways an event can occur to the total number of equally likely outcomes.	Cuando lanzas un cubo numerado, la probabilidad teórica de sacar un 4 es $\frac{1}{6}$.
producto Resultado de multiplicar dos o más números.	**product** The result when two or more numbers are multiplied.	El producto de 4 y 8 es 32.
producto cruzado Producto de los números multiplicados en diagonal cuando se comparan dos razones.	**cross product** The product of numbers on the diagonal when comparing two ratios.	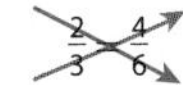 Para la proporción $\frac{2}{3} = \frac{4}{6}$, los productos cruzados son $2 \cdot 6 = 12$ y $3 \cdot 4 = 12$.
programas de trabajo y estudio Programas que permiten a los estudiantes universitarios trabajar y así ganar dinero para las matrículas universitarias.	**work-study programs** Programs in which students are able to work at jobs on campus to make money to pay their college tuition.	
promedio Suma de los elementos de un conjunto de datos dividida entre el número de elementos del conjunto. También se le llama *media*.	**average** The sum of the items in a set of data divided by the number of items in the set; also called *mean*.	Conjunto de datos: 4, 6, 7, 8, 10 Promedio: $\frac{4+6+7+8+10}{5} = \frac{35}{5} = 7$
propiedad asociativa de la multiplicación Propiedad que establece que agrupar tres o más números en cualquier orden siempre da como resultado el mismo producto.	**Associative Property of Multiplication** The property that states that for three or more numbers, their product is always the same, regardless of their grouping.	$2 \cdot 3 \cdot 8 = (2 \cdot 3) \cdot 8 = 2 \cdot (3 \cdot 8)$

Glosario/Glossary

ESPAÑOL	INGLÉS	EJEMPLOS
propiedad asociativa de la suma Propiedad que establece que agrupar tres o más números en cualquier orden siempre da como resultado la misma suma.	**Associative Property of Addition** The property that states that for three or more numbers, their sum is always the same, regardless of their grouping.	$2 + 3 + 8 = (2 + 3) + 8 = 2 + (3 + 8)$
propiedad conmutativa de la multiplicación Propiedad que establece que multiplicar dos o más números en cualquier orden no altera el producto.	**Commutative Property of Multiplication** The property that states that two or more numbers can be multiplied in any order without changing the product.	$6 \cdot 12 = 12 \cdot 6$
propiedad conmutativa de la suma Propiedad que establece que sumar dos o más números en cualquier orden no altera la suma.	**Commutative Property of Addition** The property that states that two or more numbers can be added in any order without changing the sum.	$8 + 20 = 20 + 8$
propiedad de identidad (de la multiplicación) Propiedad que establece que el producto de 1 y cualquier número es ese número.	**Identity Property (for Multiplication)** The property that states that the product of 1 and any number is that number.	$5 \times 1 = 5$ $-8 \times 1 = -8$
propiedad de identidad (de la suma) Propiedad que establece que la suma de cero y cualquier número es ese número.	**Identity Property (for Addition)** The property that states the sum of zero and any number is that number.	$7 + 0 = 7$ $-9 + 0 = -9$
propiedad de la suma de los opuestos Propiedad que establece que la suma de un número y su opuesto es cero.	**Addition Property of Opposites** The property that states that the sum of a number and its opposite equals zero.	$12 + (-12) = 0$
propiedad de multiplicación del cero Propiedad que establece que el producto de cualquier número y 0 es 0.	**Multiplication Property of Zero** The property that states that the product of any number and 0 is 0.	$6 \times 0 = 0$ $-5 \times 0 = 0$
propiedad distributiva Propiedad que establece que, si multiplicas una suma por un número, obtendrás el mismo resultado que si multiplicas cada sumando por ese número y luego sumas los productos.	**Distributive Property** The property that states if you multiply a sum by a number, you will get the same result if you multiply each addend by that number and then add the products.	$5(20 + 1) = 5 \cdot 20 + 5 \cdot 1$
propina Cantidad que se agrega al total de una factura por servicios. Por lo general, es un porcentaje del total de la factura.	**tip** The amount of money added to a bill for service; usually a percent of the bill.	
proporción Ecuación que establece que dos razones son equivalentes.	**proportion** An equation that states that two ratios are equivalent.	$\frac{2}{3} = \frac{4}{6}$
prueba Cada repetición u observación de un experimento.	**trial** Each repetition or observation of an experiment.	En el experimento de lanzar un cubo numerado, cada lanzamiento es una prueba.
punto Ubicación exacta que no tiene tamaño.	**point** An exact location that has no size.	*P* • punto *P*

ESPAÑOL	INGLÉS	EJEMPLOS
punto medio Punto que divide un segmento de recta en dos segmentos de recta congruentes.	**midpoint** The point that divides a line segment into two congruent line segments.	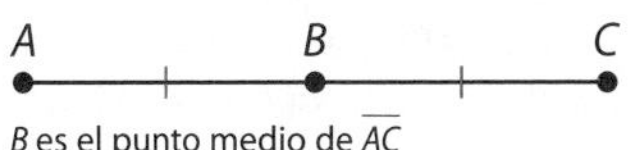 B es el punto medio de $\overline{AC}$

ESPAÑOL	INGLÉS	EJEMPLOS
radio Segmento de recta con un extremo en el centro de un círculo y el otro en la circunferencia, o bien la longitud de ese segmento.	**radius** A line segment with one endpoint at the center of a circle and the other endpoint on the circle, or the length of that segment.	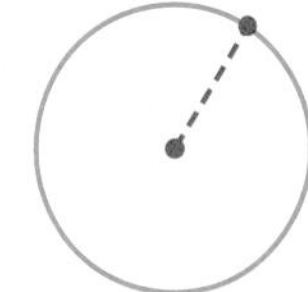
raíz cuadrada Se denomina raíz cuadrada de un producto al número que se multiplica por sí mismo para formar dicho producto.	**square root** A number that is multiplied by itself to form a product is called a square root of that product.	$16 = 4 \cdot 4$ y $16 = -4 \ -4$, entonces 4 y -4 son raíces cuadradas de 16.
rango (en estadística) Diferencia entre los valores máximo y mínimo de un conjunto de datos.	**range** In statistics, the difference between the greatest and least values in a data set.	
rango entre cuartiles (REC) Diferencia entre el tercer cuartil (superior) y el primer cuartil (inferior) de un conjunto de datos, que representa la mitad central de los datos.	**interquartile range (IQR)** The difference of the third (upper) and first (lower) quartiles in a data set, representing the middle half of the data.	**Mitad inferior** | **Mitad superior** 18, (23), 28, | 29, (36), 42 **Primer cuartil** | **Tercer cuartil** Rango entre cuartiles: $36 - 23 = 13$
rayo Parte de una recta que comienza en un extremo y se extiende siempre en una dirección.	**ray** A part of a line that starts at one endpoint and extends forever in one direction.	D
razón Comparación de dos cantidades mediante una división.	**ratio** A comparison of two quantities by division.	12 a 25, 12:25, $\frac{12}{25}$
razones equivalentes Razones que representan la misma comparación.	**equivalent ratios** Ratios that name the same comparison.	$\frac{1}{2}$ y $\frac{2}{4}$ son razones equivalentes.
recíproco Uno de dos números cuyo producto es igual a 1.	**reciprocal** One of two numbers whose product is 1.	El recíproco de $\frac{2}{3}$ es $\frac{3}{2}$.
recta Trayectoria recta que no tiene grosor y que se extiende infinitamente.	**line** A straight path that has no thickness and extends forever.	ℓ
rectángulo Paralelogramo con cuatro ángulos rectos.	**rectangle** A parallelogram with four right angles.	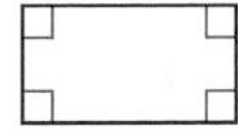

Glosario/Glossary

ESPAÑOL	INGLÉS	EJEMPLOS
rectas oblicuas Rectas que se encuentran en planos distintos, por eso no se intersecan ni son paralelas.	**skew lines** Lines that lie in different planes that are neither parallel nor intersecting.	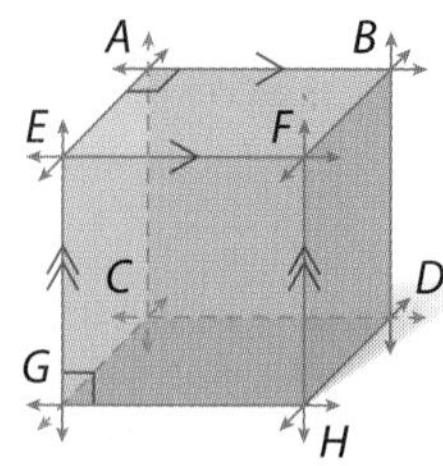
rectas paralelas Rectas que se encuentran en el mismo plano pero que nunca se intersecan.	**parallel lines** Lines in a plane that do not intersect.	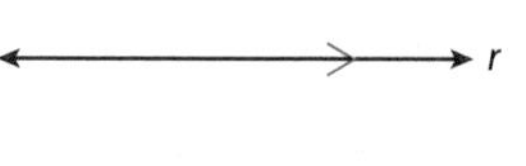
rectas perpendiculares Rectas que al intersecarse forman ángulos rectos.	**perpendicular lines** Lines that intersect to form right angles.	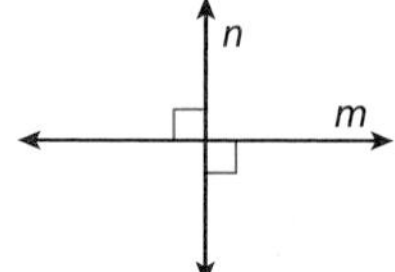
rectas secantes Rectas que se cruzan en un solo punto.	**intersecting lines** Lines that cross at exactly one point.	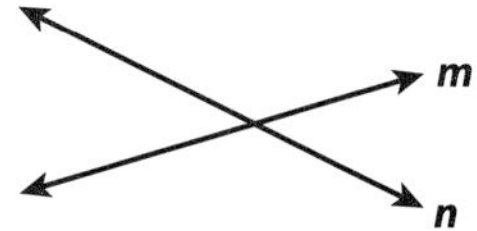
redondear Reemplazar un número por una estimación de ese número hasta cierto valor posicional.	**rounding** Replacing a number with an estimate of that number to a given place value.	2,354 redondeado al millar más cercano es 2,000; 2,354 redondeado a la centena más cercana es 2,400.
reemplazar Sustituir una variable por un número u otra expresión en una expresión algebraica.	**substitute** To replace a variable with a number or another expression in an algebraic expression.	
reflexión Transformación que ocurre cuando se voltea una figura sobre una recta.	**reflection** A transformation of a figure that flips the figure across a line.	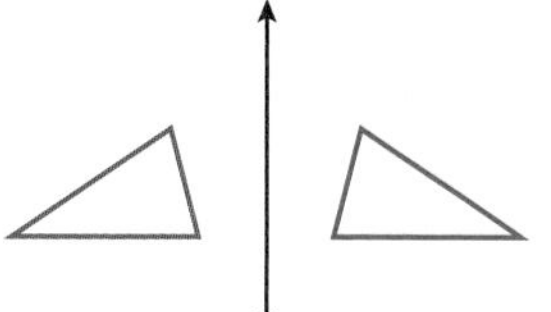
resolver Calcular una respuesta o solución. 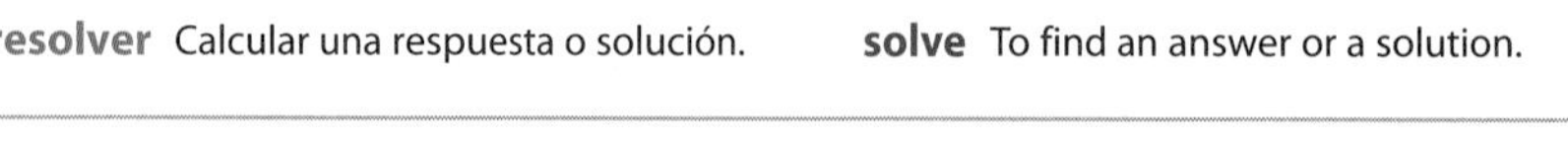	**solve** To find an answer or a solution.	
resultado Posible resultado de un experimento probabilístico.	**outcome** A possible result of a probability experiment.	Cuando lanzas un cubo numerado, los resultados posibles son 1, 2, 3, 4, 5 y 6.
rombo Paralelogramo en el que todos los lados son congruentes.	**rhombus** A parallelogram with all sides congruent.	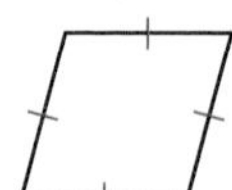
rotación Transformación que ocurre cuando una figura se gira alrededor de un punto.	**rotation** A transformation in which a figure is turned around a point.	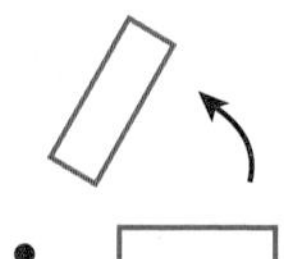

ESPAÑOL	INGLÉS	EJEMPLOS

segmento Parte de una recta formada por dos extremos y todos los puntos entre éstos.	**segment** A part of a line made of two endpoints and all points between them.	A B
segmento de recta Parte de una recta entre dos extremos.	**line segment** A part of a line between two endpoints.	A B
segmentos de recta congruentes Dos segmentos que tienen la misma longitud.	**congruent line segments** Two line segments that have the same length.	Q R P S
semejantes Figuras que tienen la misma forma, pero no necesariamente el mismo tamaño.	**similar** Figures with the same shape but not necessarily the same size are similar.	
simetría axial Una figura tiene simetría axial si una de sus mitades es la imagen reflejada de la otra.	**line symmetry** A figure has line symmetry if one half is a mirror image of the other half.	
simetría rotacional Si una figura se puede rotar alrededor de un punto en un ángulo menor de 360° de forma tal que la imagen coincide con la preimagen, tiene simetría rotacional.	**rotational symmetry** A figure that can be rotated about a point by an angle less than 360° so that the image coincides with the preimage has rotational symmetry.	90° 90° 90° 90°
simplificar Escribir una fracción o expresión numérica en su mínima expresión.	**simplify** To write a fraction or expression in simplest form.	
simulación Representación de un experimento, por lo regular de uno cuya realización sería demasiado difícil o llevaría mucho tiempo.	**simulation** A model of an experiment, often one that would be too difficult or too time-consuming to actually perform.	
sistema métrico Sistema decimal de pesos y medidas empleado universalmente en las ciencias y por lo general en todo el mundo.	**metric system** A decimal system of weights and measures that is used universally in science and commonly throughout the world.	centímetros, metros, kilómetros, gramos, kilogramos, mililitros, litros
sistema usual de medidas Sistema de medidas que se usa comúnmente en Estados Unidos.	**customary system** The measurement system often used in the United States.	pulgadas, pies, millas, onzas, libras, toneladas, tazas, cuartos, galones

ESPAÑOL	INGLÉS	EJEMPLOS
sobrestimación Estimación mayor que la respuesta exacta.	**overestimate** An estimate that is greater than the exact answer.	100 es una sobrestimación alta para la suma $23 + 24 + 21 + 22$.
solución de una desigualdad Valor o valores que hacen verdadera una desigualdad.	**solution of an inequality** A value or values that make an inequality true.	Desigualdad: $x + 3 \geq 10$ Conjunto de soluciones: $x \geq 7$
solución de una ecuación Valor o valores que hacen verdadera una ecuación.	**solution of an equation** A value or values that make an equation true.	Ecuación: $x + 2 = 6$ Solución: $x = 4$
subconjunto Conjunto que pertenece a otro conjunto.	**subset** A set contained within another set.	
subestimación Estimación menor que la respuesta exacta.	**underestimate** An estimate that is less than the exact answer.	100 es una subestimación de la suma $26 + 29 + 31 + 27$.
subsidio Dinero que se otorga a estudiantes que no se necesita devolver.	**grants** Money awarded to students that does not need to be repaid.	
sucesión Lista ordenada de números.	**sequence** An ordered list of numbers.	2, 4, 6, 8, 10, . . .
sucesión aritmética Sucesión en la que los términos cambian la misma cantidad cada vez.	**arithmetic sequence** A sequence in which the terms change by the same amount each time.	La sucesión 2, 5, 8, 11, 14 . . . es una sucesión aritmética.
suceso Resultado o serie de resultados de un experimento o una situación.	**event** An outcome or set of outcomes of an experiment or situation.	Cuando se lanza un cubo numerado, el suceso "número impar" consiste en los resultados 1, 3 y 5.
suceso simple Suceso que tiene solo un resultado.	**simple event** An event consisting of only one outcome.	En el experimento de lanzar un cubo numerado, el evento de que el resultado sea 3 es un suceso simple.
sucesos dependientes Dos sucesos son dependientes si el resultado de uno afecta la probabilidad del otro.	**dependent events** Events for which the outcome of one event affects the probability of the other.	Una bolsa contiene 3 canicas rojas y 2 canicas azules. Sacar una canica roja y luego sacar una azul sin volver a colocar la primera canica es un ejemplo de sucesos dependientes.
suma Resultado de sumar dos o más números.	**sum** The result when two or more numbers are added.	
sumando Número que se suma a uno o más números para formar una suma.	**addend** A number added to one or more other numbers to form a sum.	En la expresión $4 + 6 + 7$, los números 4, 6 y 7 son sumandos.
superficie lateral En un cilindro, superficie curva que une las bases circulares; en un cono, la superficie curva que no es la base.	**lateral surface** In a cylinder, the curved surface connecting the circular bases; in a cone, the curved surface that is not a base.	Superficie lateral

tabla de frecuencias Tabla en la que se organizan los datos de acuerdo con el número de veces o la frecuencia con que aparece cada valor.

frequency table A table that lists items together according to the number of times, or frequency, that the items occur.

Conjunto de datos: 1, 1, 2, 2, 3, 4, 5, 5, 5, 6, 6
Tabla de frecuencias:

Datos	Frecuencia
1	2
2	2
3	1
4	1
5	3
6	2

tabla de funciones Tabla de pares ordenados que representan soluciones de una función.

function table A table of ordered pairs that represent solutions of a function.

x	3	4	5	6
y	7	9	11	13

tarjeta de crédito Tarjeta de pago plástica emitida por una institución financiera que le permite al cliente comprar bienes y pagar por servicios a crédito.

credit card A plastic card issued by a financial company allowing a customer to buy goods or services on credit.

tarjeta de débito Tarjeta electrónica emitida por una institución financiera que le permite al cliente acceder a sus cuentas para retirar dinero o pagar por bienes y servicios.

debit card An electronic card issued by a financial institution that allows a customer to access their account to withdraw cash or pay for goods and services

tasa Razón que compara dos cantidades medidas en diferentes unidades.

rate A ratio that compares two quantities measured in different units.

tasa de cambio Razón que compara la diferencia entre dos valores de salida con la diferencia entre los valores de entrada correspondientes.

rate of change A ratio that compares the difference between two output values to the difference between the corresponding input values.

El costo de enviar una carta aumentó de 22 centavos en 1985 a 25 centavos en 1988. La tasa de cambio fue de $\frac{25-22}{1988-1985} = \frac{3}{3} = 1$ centavo por año.

tasa de interés Porcentaje que se cobra o que se gana sobre una cantidad de dinero; ver *interés simple*.

rate of interest The percent charged or earned on an amount of money; see *simple interest*.

tasa unitaria Una tasa en la que la segunda cantidad de la comparación es una unidad.

unit rate A rate in which the second quantity in the comparison is one unit.

10 cm por minuto

teorema de la suma de un triángulo Teorema que establece que las medidas de los ángulos de un triángulo suman 180°.

Triangle Sum Theorem The theorem that states that the measures of the angles in a triangle add to 180°.

término (en una expresión) Partes de una expresión que se suman o se restan.

term (in an expression) The parts of an expression that are added or subtracted.

términos semejantes Términos con las mismas variables elevadas a los mismos exponentes.

like terms Terms with the same variables raised to the same exponents.

$3a^2b^2$ y $7a^2b^2$

ESPAÑOL	INGLÉS	EJEMPLOS
teselado Patrón repetido de figuras planas que cubren totalmente un plano sin superponerse ni dejar huecos.	**tessellation** A repeating pattern of plane figures that completely cover a plane with no gaps or overlaps.	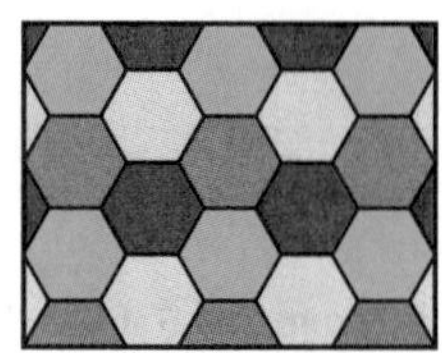
transformación Cambio en el tamaño o la posición de una figura.	**transformation** A change in the size or position of a figure.	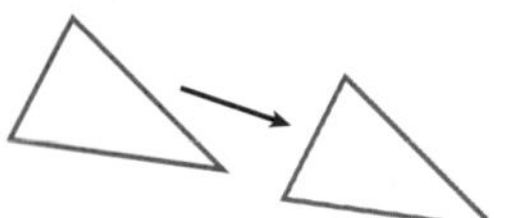
transportador Instrumento para medir ángulos.	**protractor** A tool for measuring angles.	
trapecio Cuadrilátero con un par de lados paralelos.	**trapezoid** A quadrilateral with exactly one pair of parallel sides.	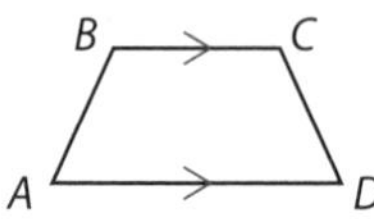
traslación Desplazamiento de una figura a lo largo de una línea recta.	**translation** A movement (slide) of a figure along a straight line.	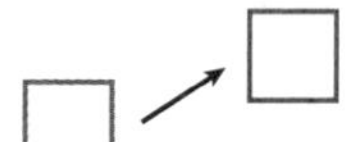
triángulo Polígono de tres lados.	**triangle** A three-sided polygon.	
triángulo acutángulo Triángulo en el que todos los ángulos miden menos de 90°.	**acute triangle** A triangle with all angles measuring less than 90°.	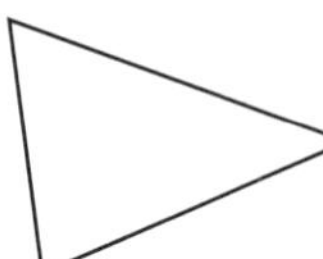
triángulo equilátero Triángulo con tres lados congruentes.	**equilateral triangle** A triangle with three congruent sides.	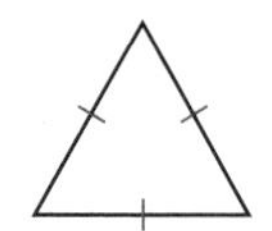
triángulo escaleno Triángulo que no tiene lados congruentes.	**scalene triangle** A triangle with no congruent sides.	
triángulo isósceles Triángulo que tiene al menos dos lados congruentes.	**isosceles triangle** A triangle with at least two congruent sides.	
triángulo obtusángulo Triángulo que tiene un ángulo obtuso.	**obtuse triangle** A triangle containing one obtuse angle.	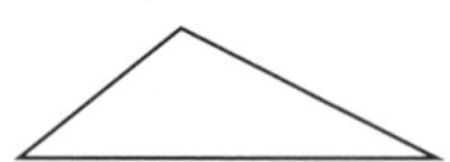
triángulo rectángulo Triángulo que tiene un ángulo recto.	**right triangle** A triangle containing a right angle.	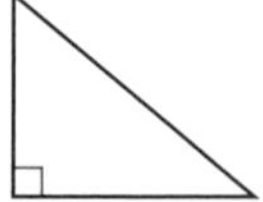

ESPAÑOL	INGLÉS	EJEMPLOS

ESPAÑOL	INGLÉS	EJEMPLOS
unión Conjunto de todos los elementos que pertenecen a dos o más conjuntos.	**union** The set of all elements that belong to two or more sets.	

ESPAÑOL	INGLÉS	EJEMPLOS
valor absoluto Distancia a la que está un número de 0 en una recta numérica. El símbolo del valor absoluto es $\| \ \|$.	**absolute value** The distance of a number from zero on a number line; shown by $\| \ \|$.	$\|-5\| = 5$
valor atípico Valor mucho mayor o menor que los demás valores de un conjunto de datos.	**outlier** A value much greater or much less than the others in a data set.	Mayoría de los datos; Media; Valor atípico
valor de entrada Valor que se usa para sustituir una variable en una expresión o función.	**input** The value substituted into an expression or function.	Para la regla $y = 6x$, el valor de entrada 4 produce valor de salida de 24.
r de salida Valor que resulta después sustituir un valor de entrada determinado una expresión o función.	**output** The value that results from the substitution of a given input into an expression or function.	Para la regla $y = 6x$, el valor de entrada 4 produce un valor de salida de 24.
variable Símbolo que representa una cantidad que puede cambiar.	**variable** A symbol used to represent a quantity that can change.	En la expresión $2x + 3$, x es la variable.
ariable dependiente Valor de salida de a función; variable cuyo valor depende del r de la entrada, o variable independiente.	**dependent variable** The output of a function; a variable whose value depends on the value of the input, or independent variable.	Para $y = 2x + 1$, y es la variable dependiente. Valor de entrada: x valor de salida: y.
variable independiente Valor de entrada de una función; variable cuyo valor determina el valor de la salida, o variable dependiente.	**independent variable** The input of a function; a variable whose value determines the value of the output, or dependent variable.	Para $y = 2x + 1$, x es la variable independiente. Valor de entrada: x valor de salida: y.
variación (variabilidad) Dispersión de los valores de un conjunto de datos.	**variation (variability)** The spread of values in a set of data.	El conjunto de datos {1, 5, 7, 10, 25} tiene mayor variación que el conjunto de datos {8,28, 9, 9, 9}.
vértice En un ángulo o polígono, el punto de intersección de dos lados.	**vertex (vertices)** On an angle or polygon, the point where two sides intersect.	C, A, B — *A es el vértice de $\angle CAB$.*
volumen Número de unidades cúbicas que se necesitan para llenar un espacio.	**volume** The number of cubic units needed to fill a given space.	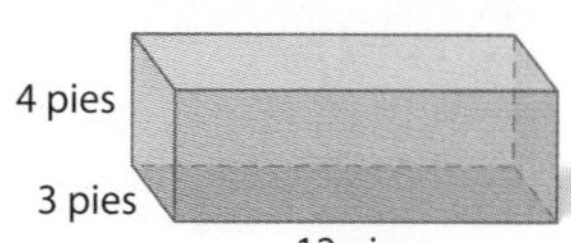 4 pies; 3 pies; 12 pies. Volumen $= 3 \cdot 4 \cdot 12 = 144$ pies^3

Glosario/Glossary

Índice

D

E

N

O

P

Índice

Q

R

Índice

S

T

U

V

Y

HOJA DE REFERENCIA DE EVALUACIÓN

TABLA DE MEDICIONES

Longitud

1 pulgada = 2.54 centímetros

1 metro = 39.37 pulgadas

1 milla = 5,280 pies

1 milla = 1,760 yardas

1 milla = 1.609 kilómetros

1 kilómetro = 0.62 millas

Masa/Peso

1 libra = 16 onzas

1 libra = 0.454 kilogramos

1 kilogramo = 2.2 libras

1 tonelada = 2,000 libras

Capacidad

1 taza = 8 onzas líquidas

1 pinta = 2 tazas

1 cuarto = 2 pintas

1 galón = 4 cuartos

1 galón = 3.785 litros

1 litro = 0.264 galones

1 litro = 1000 centímetros cúbicos

FÓRMULAS

Área

Triángulo $A = \frac{1}{2}bh$

Volumen

Prisma rectangular recto $V = Bh$ o $V = lwh$